法制史学会70周年記念若手論文集

身分と経済

編集委員

額 定 其 労

佐 々 木 健

高 田 久 実

丸本由美子

慈 学 社

序文

一

「法科派法制史」と「文科派法制史」。古くて新しい、法制史研究にとって永遠の方法的二大潮流である。文科派は、社会史・文化史を取り込み、歴史研究の対象として法を取り上げる。そして、史料に耽溺し、史料に語らせる。更には、エクセル表の奴隷たるを厭わない例もある。

しかし、我々の研究発表は、常に、現代語で提示される。観察者の時代的被制約性については措く。それでも、史料用語で全てを語ることは不可能である。少なくとも、用語を繋ぐ現代日本語が不可欠である。しかも、我々の学術用語は、多くの場合、欧米由来の翻訳語に少なからず影響されている。これを回避するに、原語を示しても解決には至らない。分析概念を放棄して、説明は成立し得ないであろう。従って、翻訳を断念する敗北主義は、対話可能性を著しく減少させる点で、有益とは言えない。

法科派と文科派に戻ろう。文科派は、決して繰り返すことのない一回的事実としての史実を再構成し、文脈化し、説明する。従って、その新規性・独創性は、視角、光の当て方に依拠する。こうして、文科派法制史は、多くの歴史学と同様、開かれた解釈可能性のうち、その一つに依拠した暫定的結論を導く。歴史は再生産を待つ訳である。新史料、新解釈、新視角による更新を不断に前提とする。正にそれ故にこそ、細分化され、「蛸壺」化する。見たところ、紀元前一〇世紀から今日までを三〇の世紀に分け、世界を約二〇〇の国民国家に分けた、都合六千の細分化された分野の総合体である。「長い一六世紀」など、枠を超える研究が有効である一方で、世紀を初期・中葉・末期に分けるなど、ややもすれば近視眼的となる。ある地域の一時代を述べるに過ぎず、残る五九九九の「歴史」とは異なる、独自の世界である。

法科派は、そうした細分化に抗い、「法」の観点から横断と比較とを試みる。「全ての歴史は現代史である」。だから、社会経済史的な背景を捨象するとの批判は必ずしも当たらない。現代の法学用語で、歴史的現象を記述する。基礎法学の一分野として、法思想史、法理論との対話基盤をも提供する。

翻って文科派は、緻密な実証研究、史料批判、法社会史的アプローチにより、実相分析を深化させてきた。法の歴史性を抉り出し、相対化した視点から法を再検討する。そうした歴史的法を支える社会構造、法の基盤を問う。

今日、新時代の法制史研究は、そうした法科派・文科派の両側面を兼備した法史学たることを求められている。

二

長い前置きを踏まえ、本論集の趣旨と編集経緯とを概説しよう。

法制史学会理事会は、若手会員に研究発表の場を提供し、法制史研究の新展開を期し、併せて会員の交流活動を発展させるべく、記念論集刊行を計画した。分野ごとに四名の編集委員が委嘱され、公募・査読を経て、編集委員会で慎重に検討し、一二本の論文が掲載されることとなった。古代から近現代、日本から東洋・西洋へと広がる、意欲作の集成である。現時点での到達点を示し、未完を自覚し、更新を俟つ法制史の研究として、世に問い批評を乞う趣旨に出たものである。少なくとも、編者のそうした意図は一定程度、果たされたものと信じる。

とは言え、日本古代、明代以前の支那、モンゴル以外の東洋、古代ギリシアやオリエント、中世以降のイベリア、ガリア（フランス）、ドイツ以外の中東欧、連合王国については、扱う論考の掲載に至らなかった。また、本邦の法制史学では専門家の少ない地域、南アジアや北欧、アフリカ、南北アメリカについても、世界規模での研究進展に呼応する投稿が望まれたが、残念ながらカバーすることが出来なかった。編者の発信力、求心力が不足したことに起因すると思われ、反省している。

編集委員会が初回会合で協議した結果、「身分と経済」を緩やかな共通論題として原稿を募集することとした。法科派・文科派の双方に跨る論考であれば、必然的に、身分制社会や法と経済学に近い社会史的要素を含むと考えられたからであり、近代法史においても当事者・行為者の法的地位（身分）が重要論点となるからでもある。それは同時に、実質的に、若手会員の自由な発想による問題設定を尊重することにもなる。現に、本論集に採録される論文は、以下に見る通り、豊かな構想力による多彩な発想に出たものばかりであった。

三

縦書き横書きに分けた著者名五十音順の目次に従い（但し、横組み論文は、巻末よりの収録順である）、採用論文の概要を紹介しておく。

清代モンゴルでは、貴族に仕える従属民が、貴族と並び奴隷を保有する主人たり得た。しかし、同時に、貧窮した貴族が従属民を売却する例が知られる。検討が及んでこなかった役所台帳を分析し、取引価額に二倍の開きすら見出される記録から描く、奴隷が従属民へと身分を転換する動態は、経済秩序との関係でも興味深い。

明治以降の日本でも、特許を外国人や法人にも認め産業を育成する必要が生じたが、個人発明家を保護すべく工業所有権が求められた。そうして法人における職務発明が区分され、実用新案が登場する。企業は研究開発に関し個人の出願も排さず、しかし同時に既に明治期から会社出願も見られる。日本的資本主義の一端が解明されたことになる。

清代の府は、末端行政を担う州県と頂点たる皇帝とを繋ぐ仲介機関の一つであった。その長官が直接に訴えを受理・審理することは、「越訴」に関し府が初審機関でもあったことを意味する。従って当初は規制されたが、各種の事案処理史料が語る通り、迅速を要するなど性格上、府が解決するに相応しい事例では、中央の負担軽減にも資するため問題視されないことがあり得た。府のもう一つの機能である。

鎌倉期の相論事例分析から、権門裁判の非対称性を構造的に把握する試みは、法廷の争奪を指摘する。本来は公武の調整を要する筈であるが、焦点の奪取ないし論点の争奪に至ったというのが現実であった。訴訟プロセスにおける両当事者の戦略的行動を分析する方法は、政治システムを遠景に、訴訟の本質に迫る。

古代ローマ社会における、質物売却、和解、遺言指定相続人を紡いで見通せば、往時の債権回収の姿が浮かび上がる。しかしそれは同時に、表見（法定）相続人が承継しないことを奇貨として、債務者が和解を撤回する姿でもある。また、和解の有利不利を誤解した債権者側真正相続人が、残債務請求により和解撤回を認めたこととなり窮地に陥る。皮肉である。

鎌倉室町期における刑罰も、政権により免じられ得る。特に、追善や祈禱の多い「中央」京都では、赦免の詳細が時系列上でも描かれる。やがて公武の綱引きを伴いつつも、社会における刑罰認識にも作用した。為政者個人の特性にも依拠するため、釈放の範囲にも広狭が生じる。前後の時代、同時代の東洋西洋世界とも対話可能な論点である。

領邦高権を有する貴族身分の親族相続法は、果たして公法か私法か。それは、家法による王位継承が、憲法秩序と交わり一部を政治問題化させながら、他方で大審院判決と学説とに見える公法学・民刑事法学の解釈論をも規定する様に対応する。教義学《ドグマーティク》を踏まえた法制史は、法学全般との対話基盤を提供する。

政治参加もする「町人」、即ち都市共同体の構成員を政治的主体《アクター》と捉える蘭語文献。明治に先立つ西洋法の学習受容「継受」として、市民権が公民権でもある点を理解し伝える訳出の苦心。私権享有が出生を契機とする自然人への「法人格承認」の帰結であり、公民権として停止剥奪可能でもあるとの認識は、訳語の不統一こそが物語る。

植民地たる台湾では、日本内地に準じた監獄が整備されつつ、「未成年」概念や教化・処遇の面で、総督府を通じ近代化が見られたか。それはしかし、帝国主義の現れか。裁判記録から司法の運用実態に迫れば、年齢に応じた刑事責任能力・是非弁識能力が語られる。他方で少年法を施行し得る基盤を欠いたが、やがて司法機関たる感化施設と並び行政機関たる収容所とが併存する。こうして、法社会史の地平を拡げる。

法学者個人に注目する場合、ややもすれば法思想史的観点から解釈技法や理論を、或いは社会史的観点から出自や経歴を、それぞれ検討しがちである。そうではなく、近接する時期の法学者相互を比較する立脚点を目指し、具体的な紛争解決の姿が、法規とその適用という形を借りて描かれる。民刑の峻別法が異なるローマ社会にあって、責任の重畳による治安維持との指摘は貴重である。

明治初期の刑法典導入により、官吏の行為規範たる律令なる行政法を脱し、従って官職を全うさせる「贖」は身分的換刑として否定される。他方で罰金は代納可能を特徴とし、無資力免責ないし追徴の可否が問題となる。金銭剥奪は、連座を否定すべき個人処罰の要請と緊張関係に立つ。同時にそれは、間接強制の手段でもある点で、拡がりを見せる。

係争物の不提示は、時に損害賠償責任を伴う。古代ローマでも、奴隷不提示制裁金を係争物価額に近付け、履行が促される。しかし、奴隷が得るべき相続財産など逸失利益があれば制裁は増額され、他方で奴隷が負う債務も考慮し、金銭評価が減額され得る。当時のエリート遺贈文化、貨幣経済、金融システムがこれを下支えしていた。経済史との架橋である。

四

日本法が、漢字文化圏の中で生成展開し、西洋法の「継受」により世界的混交を迎え、同時に外地へも波及したことは明白であろう。戦後民主主義を経た我々には、新時代のグローバル法が待ち受ける。学会も、若手会員も、アジア各国や欧米諸国を往来し、各地から研究者や留学生を受け入れるなど、人的交流も盛んである。日本に与えた影響だけでなく、日本が与えた影響にも注目が集まり、今や一国法制史を墨守するよりは、比較法制史の伝統に従った成果が目立つ。様々な出自を背景とする会員を得て、学会は多様な研究を呼び込む結節点として、その核《ハブ》・要たる役割を増しつつある。

五

このように幅広い分野、時代、地域に跨る論集の発行に当たっては、前述の通り、学会理事会の主導があった。また、投稿論文は、会員による査読意見で大幅にその質が向上した。若手にとって得難い経験であり、貴重な財産でもある。この場を借り、改めて、理事会、査読者、会員各位に御礼申し上げる。

令和元年　初夏

編集委員会（五十音順）

額定其労
佐々木健
髙田久実
丸本由美子

身分と経済　目次

序文

縦書き論文の部

奴隷なのか、従属民なのか

清代モンゴルにおける主従関係と人身売買

額定其労

はじめに

一　清代モンゴルの奴隷と役所台帳

二　奴隷の売買

三　従属民の売買

四　主従関係の経済的内実

おわりに

はじめに

清代のモンゴル（1635–1911）では、奴隷だけでなく、従属民も売買されていた。従属民は奴隷よりも社会階級的に高い身分に属したが、どちらも売買の対象であったという点に即して考えれば、事実上、身分的な相違がなかったのではないかという疑問が生じる。しかし、実態はどうだったのだろう。特に、同一の貴族に仕える奴隷と従属民にとって、それぞれの主従関係の中身が同じものであったかどうかは興味深い問題である。そもそも、なぜ従属民までもが売買の対象となっていたのか。また、人身売買が身分秩序や経済事情とどのように関係していたのか。本稿では、清代の乾隆期（1736–1795）における、モンゴルでの奴隷と従属民の売買を手がかりに、同時代のモンゴルにおける主従関係の経済的内実を明らかにしたい。

身分が経済と関係してきたことは、広く知られている知見である(1)。清代モンゴルにおいても、身分は様々な面で経済と関わっていた。例えば、奴隷や女性、子供、さらには一般の従属民の売買や贈与のほか、結納の額、税収、貢租賦役の提供、御用金・献金による身分取得などである(2)。本稿ではこのうち、主従関係のもとで行われていた、奴隷と従属民の売買に焦点を絞るが、その理由は次のとおりである。当時の主従関係は、モンゴル社会と清朝国家構造の基本でありながら、経済的な問題と複雑に絡んでいた。つまり、主従関係に隠れている経済的内実は、清代モンゴルにおける身分と経済の関係を示す一つの好材料となるのである。

モンゴルにおける身分は、伝統的に大きく貴族と従属民の二つに分かれており(3)、一般的に、後者は前者に従属し、貢租賦役を負担する身分であった（albatu, qariyatu；従属民）。清代になると、それまで貴族が支配していた従属民の大多数が、制度的に清朝皇帝の従属民として位置づけられ（quyaγ, sumun-u arad；箭丁）、少数の従属民がもとの貴族の支配下に残された（qamjilγa；随丁。活仏の従属民は šabinar）。このようにして清朝皇帝の従属民となった者は、国家に対して奉公することとなり、もとの貴族の従属民としてその支配下に残された者は、それぞれの貴族に対し、経済や労働の面での役務を負うこととなった(4)。しかし、これらは実際には厳密に区別されておらず、清朝皇帝の従属民となった者が、その後もモンゴル貴族に従属することも広く行われてきた(5)。また、後述するように、貴族、従属民のいずれもが奴隷を持つことができたことから、本稿で言う主従関係とは、奴隷―主人、および、従属民―貴族のいずれの関係をも含むものとする。

本稿で清代モンゴルの主従関係を取り扱うのは、同時代のモンゴルに関する豊富な文書資料が残されているにもかかわらず、モンゴルの伝統的な身分秩序、とりわけ身分と経済の関係がほとんど解明されていないからである(6)。従来、遊牧社会では奴隷があまり必要とされなかったと言われてきたが、最近の研究では、奴隷が中央アジアの遊牧社会に普遍的に存在したという指摘もなされており（Eden 2018：6）、遊牧社会における奴隷の実態の解明が待たれている。もし、遊牧社会に奴隷が広く存在したとすれば、他の国や地域の奴隷と比べ、どのような特徴をもっていたのだろうか。この問いに対して、本稿が、ささやかながら知見を提供できれば幸いである。

以下、まず**一**で、本稿の主要なテーマの一つである奴隷身分と、奴隷および従属民の売買が記録されている役所台帳について概観する。次いで**二**で、奴隷の売買について、**三**で、従属民の売買についてそれぞれ考察する。その際、イフ・ジョー盟ハンギン旗と、ジョスト盟ハラチン中旗を主な研究対象とする(7)。そして、ここまでの考察から得られた知見をもとに、**四**で、主従関係の経済的内実について、従属民の経済的価値と奴隷解放問題を中心に検討する。最後に、本稿の要点をまとめた上で、今後の課題を提示したい。

一　清代モンゴルの奴隷と役所台帳

1　清代モンゴルの奴隷

清代モンゴルの奴隷についてはあまり知られていないため、まずはこれを概観したい。「奴隷」の原語は国や民族によって様々だが、清代モンゴルでは地域の間でさえ相違があった。例えば、アラシャ旗では、奴隷を指す用語として **büle**（労働力）や **ger-ün büle**（家の労働力）、**boγol**（奴隷）が使われたが[8]、後述するように、ハラチン中旗では **ger-ün boγol**（家の奴隷）や **boγol** がよく用いられ、**ger-ün köbegün**（家の男児）や **ger-ün kümün**（家の人）、**medel**（下人）は稀にしか見られない（IMA 504–1–21, 504–1–36）。また、ハルハのハンオール盟左翼後旗の役所台帳では **köbüd**（**köbegüd**, 男児たち）と表記されることが圧倒的に多く、ほかに **boγol** や **medel**, **kitad**（漢人）、**ger-ün kümün**, **ger-ün köbüd**（**ger-ün köbegüd**, 家の男児たち）、**ger-ün ulus**（家の人々）が散見される（二木 1987 : 33）。後に詳しく述べるように、ハンギン旗でも同じく **köbüd** や **ger-ün kümün**, **ger-ün köbüd** が多く使われ、そのほかに **boγol** や **mdel**、時として貴族がもつ奴隷のみを指す **γal-un kümün**（厨房の人）も用いられた[9]。

このように、モンゴル語には奴隷を意味する様々な用語があったが、なかでも **ger-ün boγol**（家の奴隷）は、奴隷を指す法的な専門用語としての性格が強いと見受けられる。これについては、ger-ün boγol という用語が蒙古例にも現れているほか[10]、罪を犯した者が奴隷として誰かに無償ないし有償で譲渡される場合に、この奴隷を köbüd（男児たち）ではなく、boγol（奴隷）というのが一般的だったことからも明らかだろう[11]。一方、köbüd の語は一三世紀にも存在したのであり（二木 1987: 34; Rachewiltz 2004, vol. 2: 835）、前述のように清代モンゴルでも広く使われていた。従って、清代モンゴルに限って言えば、奴隷を指すモンゴル語のうち、boγol 系統は法的意味合いが強く、köbüd 系統は社会的・文化的性格が強いと理解してよいだろう[12]。しかし、上述の諸事例からも分かるように、この二系統の用語は厳密に使い分けられていたわけではなく、どれが優先的に用いられるかについては、地域によるところが大きかったと見受けられる。

さて、清代モンゴルにおける奴隷の実情は、どのようなものであったのだろうか。後に述べるように、奴隷には男性も女性もおり、また、年齢の制限も認められない。奴隷は「ノヨン」や「エジェン」と尊称されるそれぞれの主人（貴族または従属民）に隷属し、主人は自分の奴隷を支配すると同時に、監督の責任を負った[13]。奴隷は自分の主人のみに奉仕し、従属民のように清朝皇帝や旗、あるいは貴族に対して奉公することは、通常なかったと考えられる。

清代モンゴルの奴隷には、一切の自由がなかったわけではない。奴隷は私産を保有することが可能であり（拙稿 2011㈠: 110；中村 2002b: 130–31；Нацагдорж 1965: 85）、ある程度の空間的な移動も許された。ただ、通常は主人と同居するか、主人の家の近くに居住しなくてはならず[14]、主人の家畜の世話（農業の場合は農耕の手伝い）から、家内召使の役割まで果たしていた[15]。また、結婚が許されていたが、多くの場合は主人が結納金を負担するか、別の奴隷を購入することで結婚が叶えられた[16]。後で詳しく述べるように、奴隷は売買や贈与の対象でもあった[17]。

では、清代モンゴルでは一体どのくらいの奴隷がいたのだろうか。残念ながらその総数や総人口に占める割合は不明だが、一部の旗には奴隷に関する統計が残存している。例えば、ハンオール盟左翼後旗には、乾隆一二（1747）年に一五七人の奴隷が登記されており、その内訳はそれぞれ、貴族がもつ奴隷が三五人、大小役人が二七人、ラマが六三人、一般の従属民が三二人であった（Нацагдорж 1965：83）。この左翼後旗はハンオール盟の中では大きな旗であり、一九世紀前半の統計によると、六、二八九戸、二六、五三五人であった（二木 1984：34）。これらの数字からは、次の二つの知見が得られる。第一に、奴隷の大部分は貴族やラマ、役人など少数の有力者によって保有され、人口の大多数を占める従属民がもつ奴隷の数は少なかったということ。第二に、同旗の総人口に占める奴隷の割合が極めて少ないということである。

また、時代がくだるにつれ、奴隷の数は徐々に減少していく。右記のハンオール盟左翼後旗の奴隷は、乾隆一二（1747）年に一五七人だったのが、咸豊五（1855）年には四二人にまで減っており、また、同盟の別の旗である右翼左旗の奴隷は、乾隆三二（1767）年に一〇六人だったのが、咸豊五（1855）年には九人にまで減少している。このように、ハルハにおける奴隷は一九世紀末には殆どいなくなるほど減少した（Нацагдорж 1965：83–84）。また、ハンギン旗では乾隆五二（1787）年に七七三人であった奴隷が（QQJYD 26：375）、嘉慶一二（1807）年には四九一人となり（QQJYD 26：396–97）、さらに同治二（1863）年になると一三八人にまで減少した（QST 1：105）。二〇世紀前半の諸調査によると、内モンゴルに奴隷は残存していたものの、その数は決して多くなかった[18]。このように、奴隷が徐々に減っていったことの主因は、奴隷の解放にあったとみられる（詳細は後述）。

2　清代モンゴルの役所台帳

清代モンゴルの奴隷に関する情報は、同時代の裁判記録や人口統計にも散見されるが、最も集中的に記録されているのが旗役所の台帳であろう。ここでいう台帳とは、旗役所によって作成・保管された、民事的な事柄を中心に記録された台帳のことであり、本稿では便宜上「役所台帳」と呼ぶことにする。(19) 清代モンゴルのすべての旗で、この種の役所台帳が作成されていたか否かについては定かでないが、少なくとも、いくつかの旗には存在していたことが知られている。例えばオトグ旗には、種子が食用となる「チュリヘル」という草本植物が生えた土地の譲渡や離婚案件などが中心に記録された役所台帳が存在しておあり、筆者は別稿でその紹介および内容の分析を行った（拙稿 2018 : 118–27）。また、すでに言及したように、ハンオール盟左翼後旗には家畜とその他の財産の相続や、奴隷の解放などを記録した役所台帳が存在していた。(20)

本稿では特に、ハンギン旗の役所台帳二冊と、ハラチン中旗の役所台帳二冊を取りあげる。まず、ハンギン旗の役所台帳二冊にはいずれも、離婚と婚約破棄、奴隷、従属民、その他の人身売買や贈与、養子縁組、少数の死刑を含めた刑事事件の判決や、民事的紛争の処理結果などが記録されている。一冊目が乾隆一二（1747）年から同二三（1758）年まで、二冊目が乾隆三九（1774）年から同四七（1782）年までの記録であり、どちらも QQJYD 25（119–227, 229–320）に影印版の形式で収録されている。(21) 同旗の役所台帳にあるほとんどの単独記録は、例えば「同日 Jambala 蘇木の Ayusi は妻を帰し、Dalai 蘇木の貴族 Abida に引き渡し、代わりに羊二頭を取って档案に記した」(22) という事例に見られるように、極めて簡潔であり、案件の詳細な経緯は省かれており、同旗の役所台帳の記録は、必要最小限の情報のみに止まっている。

次に、ハラチン中旗の二冊の役所台帳は、一冊目が乾隆三五（1770）年から同三九（1774）年まで、二冊目が乾隆四四（1779）年から同四八（1783）年までの記録である。[23]内容についてはハンギン旗の役所台帳と概ね同様だが、こちらは養子縁組に関する記録が著しく多く、また、少数の人命案件の記録を含んでいる。また、ハンギン旗の役所台帳とは異なり、詳細が記録されている。これについて、一冊目の一例を通して検討する。

蘇木章京 Sayintusatu が報告して記録すること。Joriytu 蘇木の Elbeg の Soytamal という名の四歳の女児を銭十千文の代価を払って奴隷にし、連れてきて養育し続け、現在では三年がたち七歳になりました。そのため、将来たがえることもあり得ることですので、報告して記録するように一緒に来ました、と。Elbeg の言葉には、娘を四歳の時に売り、託して与え、今七歳になったことや、家内の召使にするのか、それともインジとしてやるのかは買った人の勝手に属すると話し合ったことは事実であります、と。報告して記録した。これは Nančung が書いた。乾隆三六年春の初月二二日の印を開印する集会で、協理殿をはじめ全臣下の前で。[24]

これは最も短い事例の一つだが、構造的には典型的なものであり、同記録の中に、両当事者が揃って旗役所に来たこと、当事者の一方だけでなく、もう一方にも事実確認をしたこと、また、旗長に報告して記録したこと、担当書記の名前、ならびに記録時に在席していた役人の情報が含まれている。また、ハンギン旗の台帳では日付が省略され、冒頭で「同日」と記されるのが通例であるのに対し、ハラチン中旗の台帳では各記録の最後に日付が明記されており、両者の書式には形式的な相違がある。

では、清代モンゴルにおける役所台帳の作成は、いつから始まったのだろうか。具体的な開始時期は不明だが、おおよそモンゴルの公文書が一気に増え始める、乾隆期（1736–1795）以降だと考えられる。とはいえ、役所台帳を作成し始めた契機は特定できない。ただ、蒙古例において、養子を迎える場合は旗長などに報告する旨規定されていることから(25)、少なくとも、養子関係の記録が著しく多いハラチン中旗の役所台帳については、清朝の法律に従って成立した可能性がある。一方、ハンギン旗の役所台帳については離婚や婚約破棄に関する記録が大半であり、その台帳としての淵源は①モンゴルの伝統、②同旗のイノベーション、③清朝の法律のどれかに求められるだろう(26)。いずれにせよ、両旗の役所台帳は、当事者が合意した民事的性格の強い事柄が中心に記録されている点で、いずれも公証記録としての性格をもっており、この点からすれば、役所台帳における奴隷や従属民の売買に関する記録は、史料としての信憑性が高いと評価できる(27)。

二　奴隷の売買

1　ハンギン旗の場合

ハンギン旗では乾隆五二（1787）年の時点で、計七七三人の奴隷（女奴隷を含む）が確認されている。これらには、平民にあたる役人ならびに従属民に隷属する者もいれば、貴族に隷属する者もいるのだが、記録上はいずれの場合も一貫して ger-ün kümün（家の人）と記されている。(28) また、同一の記録によれば、同年のハンギン旗には貴族が二二四人、彼らの随丁（qamǰiysan ere）が九二四人、箭丁（quyay arad）が四、九六二人と記録されており（合計六、一一〇人）、これらについては一部の未成年の貴族を除き、みな成人男性であると考えられる。(29) 当時のハンギン旗の総人口を正確に伝える資料は存在しないが、これらの数字に限って言えば、男性のおよそ一割が奴隷を一人もっていたことになる。むろん、貴族と彼らの従属民（随丁・箭丁）の全員が奴隷をもっていたわけではないが、(30) 乾隆五二年頃のハンギン旗では社会のいたるところに奴隷が存在していたと理解してよいだろう。

次に、ハンギン旗における奴隷売買の実態について考察する。**表1**と**表2**に、同旗の役所台帳（QQJYD 25 : 119–227, 229–320）に基づいた奴隷売買の詳細をまとめた。**表1**は乾隆一二（1747）年から同二三（1758）年、**表2**は乾隆三八（1773）年から同四六（1781）年のものである。まず、**表1**と**表2**の内容について補足説明しておきたい。原文で「奴隷」と明記されていない少数の事例についても、ここでは奴隷扱いとした（**表1** No.10, 11, 12, 26、**表2** No.3, 11）。特に**表2** No.3 における「奴隷」は、同 No.2 における奴隷の弟であることから（QQJYD 25 : 239）、奴隷であることはほぼ間違いないだろう。

ハンギン旗には、蘇木という、原則一五〇人の箭丁からなる軍事行政組織が三六（道光一九［1839］年以降は三五）あり、四～六の蘇木を一人の扎蘭章京（計八人）が管轄していた（QST 1: 98–102）。蘇木に属する箭丁は、役所台帳で「某蘇木の某」という形式で、所属蘇木と共に書かれているため、**表1**と**表2**では原文に従い「箭丁」を採用した。一方、随丁による奴隷の売買は役所台帳には見られない。しかし、別の文書からは随丁も奴隷を保有していたことが確認されており（QQJYD 26 : 321–25）、先に述べた乾隆五二（1787）年の九二四人の随丁の存在と合わせて考えると、当時、随丁が奴隷売買に関与していなかったとは考えにくい。よって、統計記録上は随丁と箭丁が区

表1　乾隆12（1747）年～同23（1758）年のハンギン旗における奴隷の売買

No	記録日付	売主身分	買主身分	身分関係	奴隷情報	契機	取引価格	奴隷の用語
1	不明	箭丁	貴族	主従	10人		大型家畜２・羊25	köbüd
2	12.10.08	箭丁	扎蘭		２人	犯罪	大型家畜４	köbüd
3	〃	貴族（ダラド旗）	貴族	異旗	夫婦２人		馬２・牛１	ger-ün kümün
4	〃	箭丁（オトグ旗）	箭丁	異旗	１人		駱駝１・羊50	ger-ün kümün
5	〃	箭丁	箭丁 奴隷の兄	同一蘇木	１人		馬３・なめした牛皮１・フェルト１・狐皮１・銀１両	köbüd
6	〃	箭丁	扎蘭		４人	死刑	大型家畜４	köbüd
7	13.01.21	タブナン	協理		３人		牛２・羊10	köbüd
8	〃	箭丁	箭丁		４人		大型家畜９	köbüd
9	13.05.15	箭丁	箭丁		２戸５人		大型家畜10・羊山羊計18	köbüd
10	〃	箭丁	箭丁		４人		馬１・牛４・長麻２	不明
11	13.07.03	貴族	箭丁（ダラド旗）	異旗	１人		30両	不明
12	13.閏7.15	貴族	タブナン	同一蘇木	１人	犯罪	大型家畜３	不明
13	13.12.19	驍騎校	貴族	主従	父子３人		羊100・大型家畜10	ger-ün köbüd
14	〃	箭丁	扎蘭章京		１人	死刑	馬１・牛１	köbüd
15	14.05.07	蘇木章京	箭丁		23歳１人		未記載	köbüd
16	14.07.18	箭丁	箭丁	同一蘇木	１人		大型家畜５	köbüd
17	14.11.04	箭丁	貴族		１人		大型家畜７	ger-ün köbüd
18	〃	箭丁	箭丁	同一蘇木	１人		債務相殺＋馬１	köbüd
19	〃	箭丁	蘇木章京	同一蘇木	１人		大型家畜５	köbüd
20	14.12.19	箭丁	蘇木章京	同一蘇木	１人		駱駝１・馬１	köbüd
21	15.03.29	箭丁	箭丁		１人		馬１・牛２・羊15	köbüd
22	〃	箭丁	貴族		１人		馬１・牛５	köbüd
23	〃	箭丁	貴族	主従	１人		銀３両・牛１	ger-ün köbüd
24	〃	箭丁	蘇木章京	同一蘇木	１人		銀30両・羊30・駱駝１	ger-ün köbüd
25	〃	箭丁	貴族	主従	１人		羊90	köbüd
26	15.10.15	僧侶（オトグ旗）	扎蘭	異旗	２人		未記載	未記載
27	16.09.25	箭丁	協理	主従	１人		牛２・羊山羊20	ger-ün kümün
28	17.02.25	箭丁	箭丁	同一蘇木	５人		大型家畜７・羊30	köbüd
29	〃	箭丁	箭丁		女１人		大型家畜１	köbüd
30	17.05.14	貴族	箭丁	同一蘇木	５歳男児１人		馬１・銀１両	köbüd
31	〃	箭丁	貴族	主従	６人		駱駝１・馬１	köbüd
32	〃	箭丁	箭丁		１人		大型家畜５	köbüd

33	18.01.20	箭丁	貴族		1人		牛1・羊5	köbüd
34	18.05.13	平民僧侶	平民僧侶（ダラド旗）	異旗	1人		馬1	köbüd
35	〃	貴族僧侶	箭丁		3人		大型家畜4	köbüd
36	〃	箭丁	奴隷		1人		大型家畜6	köbüd ger-ün kümün
37	18.06.14	箭丁	箭丁		1人		大型家畜5	köbüd
38	19.01.29	箭丁	扎蘭		1人		馬2・牛3	ger-ün kümün
39	19.03.02	夫人	平民僧侶		4人		駱駝1	ger-ün kümün
40	19.05.15	夫人	箭丁		14歳1人		馬2・牛1	ger-ün kümün
41	19.12.15	箭丁	貴族		女1人		牛1・銀4両	boγol
42	〃	箭丁	箭丁		1人		馬1・牛1	köbüd
43	〃	箭丁	箭丁	同一蘇木	1人		牛1・羊5	köbüd
44	20.11.20	蘇木扎蘭	護衛		4人		馬3・牛1・銀9両	ger-ün kümün
45	〃	蘇木扎蘭	護衛		12歳男		馬1	ger-ün kümün
46	21.閏9.09	箭丁	箭丁		1人		山羊10・牛1	köbüd
47	〃	箭丁	管旗章京		夫婦・羊20ロバ1		馬1・牛1・羊20	köbüd
48	〃	箭丁	貴族		2人		馬1・牛1	köbüd
49	〃	箭丁（ザサグ旗）	護衛	異旗	1人		銀4両5銭	köbüd
50	〃	箭丁（オトグ旗）	貴族	異旗	1人		銀19両	ger-ün kümün
51	〃	箭丁	蘇木章京	同一蘇木	夫婦・息子娘計6人		銀13両6銭・牛2	ger-ün kümün
52	〃	驍騎校	貴族	主従	3人		銀15両5銭・牛2・馬1	ger-ün kümün
53	〃	箭丁	箭丁		1人		牛2・馬1	ger-ün köbüd
54	23.11.20	箭丁	箭丁		1人		大型家畜7	ger-ün köbüd
55	23.11.30	箭丁	貴族	主従	夫婦2人		去勢したと牝牛2・羊10	ger-ün kümün

注：（1）　記録日付は台帳記録とおり元号旧暦で示した（例えば、No.2にある12.10.08は「乾隆十二年冬の初月の初八」のことである。以下、同様）。（2）「タブナン」（No.7, 12）は貴族の平民婿のことであり、「大型家畜」（boda, No.1ほか）とは駱駝や馬、牛の総称であり、羊と山羊の小型家畜とは対照的な概念である。また、No.10に見られる「長麻」は一種の荒い布のこと。（3）　表中に多くの役職名があるが、その序列は次のとおりである。つまり、旗長につぎ、協理（必ず貴族出身）、管旗章京、梅林章京、扎蘭章京、蘇木章京、驍騎校、領催という順であった（「蘇木章京」以外は、原文では「梅林」や「扎蘭」などと略称されている場合は表中でも略称を用いた）。（4）　No.44とNo.45にある「蘇木扎蘭」（sumun-u ǰalan）がどんな役人を指すのか不明だが、旗役所で職務を持っていない、田舎においてもっぱら蘇木の統括業務にあたる扎蘭章京のことである可能性が高い。

表2　乾隆38（1773）年～同46（1781）年のハンギン旗における奴隷の売買

No	記録期日	売主身分	買主身分	身分関係	奴隷情報	契機	取引価格	奴隷の用語
1	38.07.10	箭丁	箭丁		6歳男児		馬1・牛1	ger-ün kümün
2	39.08.16	箭丁	管旗章京		1人	贖罪	駱駝1・馬2	ger-ün kümün
3	〃	箭丁	箭丁		1人	贖罪	駱駝1・馬2・銀6両	未記載
4	40.06.03	箭丁	貴族		夫婦息子計4人		牛9・馬1・羊20・銀6両	ger-ün kümün
5	40.08.15	驍騎校	管旗章京		兄弟2人	犯罪	牛2	ger-ün kümün
6	〃	箭丁	平民僧侶	同一蘇木	1人		銀7両	ger-ün kümün
7	〃	貴族	貴族僧侶	兄弟	1人		牡馬1・牝牛1・牝山羊1	ger-ün kümün
8	〃	貴族	箭丁		1人		借金銀6両相殺・馬1・駱駝1・羊10	ger-ün kümün
9	41.06.07	箭丁	梅林		父子4人		銀10両・馬牛3	ger-ün kümün
10	41.09.20	箭丁	箭丁		1人		大型家畜5	ger-ün köbüd
11	〃	箭丁	箭丁		7人		大型家畜20・羊11	不明
12	42.01.24	箭丁	貴族		女1人		仔連れの牛1・3歳牛1	ger-ün köbüd
13	〃	平民僧侶	平民僧侶	同一蘇木親戚	25歳男		牛1	ger-ün köbüd
14	42.10.11	箭丁	護衛	同一蘇木	1人		馬1・牛3	ger-ün köbüd
15	42.11.23	平民僧侶	梅林		男とその母妹3人		馬1・牛1	ger-ün köbüd
16	43.01.24	箭丁	管旗章京		1人	返還	銀10両・馬1	ger-ün kümün
17	43.06.10	箭丁	護衛		26歳男		銀12両	ger-ün kümün
18	43.11.15	貴族	貴族	兄弟	父子2人	困窮	馬1・牛2・服1着	γal-un kümün
19	44.06.10	箭丁	箭丁		2人		馬2	ger-ün kümün
20	〃	貴族	平民僧侶		8歳男児		牝牛1・羊山羊3	ger-ün köbüd
21	46.01.21	箭丁	箭丁		1人	困窮	馬2	ger-ün kümün
22	〃	平民僧侶	護衛		1人		馬1・牛2	ger-ün köbüd
23	47.01.22	護衛	箭丁		1人		馬1	ger-ün kümün
24	47.11.06	箭丁	箭丁		女1人		仔連れの牛1・羊山羊10・銀3両・ズック1	ger-ün kümün
25	48.01.22	平民僧侶	箭丁	同一蘇木親戚	女1人		ロバ1	köbüd

注：No.20における売買対象の8歳の男性奴隷は、売主である貴族の奴隷ではなく、彼の従属民の奴隷にあたる（QQJYD 25: 287）。つまり、本事例では、貴族が自らの従属民の奴隷を他人に売ったことになるが、詳細は不明。

別されていても、役所台帳では区別されず、両者とも「某蘇木の某」と記された可能性があることを断っておきたい。

また、本稿で売買行為を定義するにあたっては、特に贈与との区別を念頭においた。役所台帳には、奴隷を旗長に「捧げて」(bariyad)、その見返りに家畜を与えられるなどして「奨励」される(šangnayad)事例が記録されているが(例えばQQJYD 25 : 259)、それらは双方向の贈与とも見なせるうえ、全ての場合に「奨励」されていたわけではないため、表中には含めていない。しかし、「売買する」(qudalduqu)という動詞は使わないが、「与えて」(öggüged)、「受け取った」(abuba)と表現されている事例については、売買として取り扱った(**表1** No.13, 25, 27)。

二　奴隷の売買

さて、**表1**と**表2**について、いくつかの点を指摘したい。第一は、奴隷を取引する側の身分に制限が見られないことである。両表で示されているとおり、奴隷は貴族・箭丁・役人・僧侶の間で売買されている。さらに、箭丁が自分の奴隷(köbüd)を別の人の奴隷(ger-ün kümün)に売った事例が一件見られる(**表1** No.36)[31]。この事例はほかには見当たらない特殊なものであり、当時の奴隷取引の自由度を垣間見ることができる。とはいえ、奴隷売買は取引する側の身分そのものには制限されていないものの、身分関係に全く縛られなかったわけではないようである。**表1**では平民(箭丁・役人)が自分の奴隷を貴族(協理を含む)に売った事例が一四件あるが、そのうち八件における取引当事者同士は主従関係をもっている。つまり、従属民が自らの奴隷を売り出す際は、その従属民が従属する貴族が優先的に買い入れるという「権利」意識と慣習が、当時の社会に存在したとみられる。しかし、貴族が奴隷を売り出す際には、貴族―従属民の主従関係には縛られていないように見える。

第二に、奴隷の取引は旗内を基本とするが、旗内の行政単位である蘇木には制限されていないことである。即ち、奴隷は、売主と買主が同一蘇木に属するか否かを問わずに売買されている。そもそも、奴隷は蘇木に管轄されていなかったため、その売買は蘇木章京などの、蘇木の役人に報告されることはなかっただろう。ここで興味深いのは、旗を超えた奴隷の売買である。そのような事例が**表1**に八件あるが、相手先であるダラド旗、オトグ旗、ザサグ旗のいずれもハンギン旗と隣接し、また、ハンギン旗と同じくイフ・ジョー盟に属する旗である。[32] しかし**表2**によると、乾隆三八（1773）年から同四六（1781）年までの間は、旗を跨ぐ奴隷売買の事例は見られない。これについては、この時期になると奴隷売買自体が減少したという背景もあるが、旗を跨ぐ人身売買が清朝によって禁じられるようになったことによる可能性もある。[33]

第三に、前に触れたが、奴隷売買が減少傾向にあることである。**表1**には乾隆前期の一二年間の五五件（平均すると約五件弱／年）、**表2**には乾隆後期の九年間の二五件（平均すると約三件／年）の奴隷売買が含まれており、乾隆期（1736–1795）の後半にかけて、ハンギン旗における奴隷売買が減少していったことがうかがえる。[34] 後述するが、その主因は奴隷解放と、奴隷が養子として迎えられていったことにあるようである。

第四に、役所台帳を見る限り、奴隷の取引価格に基準が見られないことである。**表1**、**表2**における奴隷売買の価格を、奴隷の人数を考慮に入れて比較しても、価格について一定の基準を見いだすことは困難である。例えば、**表1** No.40では一四歳の奴隷（性別不明）が馬二頭と牛一頭で売買されており、No.45では翌年に一二歳の男性奴隷が馬一頭で取り引きされている。このように、年齢や取引された時期にさほど差がないにもかかわらず、奴隷の価格には歴然とした相違が見られる。よって、年齢や性別が記録されていない奴隷の価格が、どのような基準で決められたかについては、なおさら不明である。奴隷の価格については、取引当事者間の合意によって決められたものと思われるが、その際に考慮された要素としては、取引当事者とくに売主の経済的状況（緊迫か否か）、奴隷の質（体質や容姿など）や能力、奴隷がもつ財産、奴隷と取引当事者、さらには取引当事者間の人間関係などが想定される[35]。

第五に、奴隷売買の契機として売主の生活困窮や、奴隷本人、または主人による犯罪があげられることである。売主である奴隷の主人の生活困窮に関しては、例外（**表2** No.18, 21）を除いて明記されてはいないが、それが殆どの奴隷売買の理由であったことが推測される。**表2** No.2とNo.3における奴隷は、主人が他人に呪いをかけた罪で処罰されたが、罰として没収される家畜が足りなかったため売られている。それ以外の「犯罪」（**表1** No.2［羊の窃盗］、No.12［駆け落ち］、**表2** No.5［羊の窃盗］）や「死刑」（**表1** No.6［羊の窃盗］、No.14［羊の窃盗］）[36]の場合は、奴隷本人（**表2** No.5では兄）が罪を犯したが、これも罰として没収される家畜がいなかったため、第三者がその奴隷を買い取ることで肩代わりしている。ただし、この場合に第三者が優先的に購入するという決まりがあったわけではない。**表1** No.2では、奴隷の主人も罰として没収される家畜をもっていなかったため、また**表2** No.5では奴隷の主人に家畜はいたが、奴隷が主人に対して「従順に奉仕しない」（küčü-ben ögčü ǰokilduqu ügei）［QQJYD 25 : 248］ため、奴隷が第三者に売られている。なお、「死刑」の事例では、奴隷やその主人に家畜がいるかどうかについては、原文で触れられていない。

最後に、奴隷を表す用語の変化について指摘しておきたい。**表1**では大半がköbüd（男児たち）と表されているが、**表2**ではger-ün kümün（家の人）が全体の半分以上（一四回）となっている。前述のように、乾隆五二（1787）年の統計資料では一貫してger-ün kümünが用いられており、また、後の統計資料でも同様である（QQJYD 26 : 354–97 ; QST 1 : 105）。つまり、**表1**から**表2**にかけての用語の変化は、乾隆後期から、役所においての用語としてger-ün kümünが採用されつつあったことを示している。奴隷を指す用語がköbüd（男児たち）からger-ün kümün（家の人）へ変わりつつあったことは、奴隷の労働力としての経済的価値が重要視されるようになっていたことを示唆する可能性もあろう。

2　ハラチン中旗の場合

ハラチン中旗は、康熙四四（1705）年にハラチン右旗から分離して設立された旗で、乾隆期（1736–1795）には五一（後に四八）の蘇木があった。同旗は内モンゴルで最も早い時期から開墾が進められた旗である（金海ほか 2009：35–36）。**表3**に、同旗役所台帳に基づいた奴隷売買の詳細をまとめた（IMA 504-1-21, 504-1-36）。これによると、乾隆三五（1770）年から同四八（1883）年までの一四年間に一〇件の奴隷売買が登録されており、平均すると年に一件足らずの奴隷売買が記録されていたことが分かる。

表3について、いくつかの点を指摘すると、まず、同時代のハンギン旗の奴隷売買（**表2**）に比べ、ハラチン中旗の奴隷売買は、ほぼ金銭や脱穀した粟によって支払いがなされており、ハンギン旗の事例で多く見られた家畜による取引は、No.1とNo.2を除けば見られない。この差異は、両旗の遊牧と農耕という生産方式の相違を反映するものだが、ハンギン旗の場合と同様、ハラチン中旗の取引価格からも、一定の基準を抽出することは困難である。ハラチン中旗においても奴隷の価格は、やはり取引当事者の経済的状況や、奴隷の経済的価値、当事者たちにまつわる人間関係など、多くの要素が総合的に考慮された上で、売主と買主の交渉によって最終的に決められていたとみられる。もちろん、上述のように、貧窮や借金を原因に行われた奴隷売買の場合は、売主が買主と対等な価格交渉ができたとは必ずしも言えない。

次に、**表3**にある情報に限って言えば、奴隷が閑散・箭丁・役人・僧侶の間で取引されていることから、奴隷売買をめぐる身分的な制限は認められない（ここで言う「閑散」については表3注（2）を参照）。また、同一蘇木の中でも、別の蘇木との間でも奴隷の売買が行われている。さらに、No.8では、旗を跨ぐ奴隷売買の事例も一件記録されている。同事例では、ハラチン中旗の箭丁が、同右旗の箭丁と奴隷の売買を行っているが、ハラチン中旗も同右旗もジョスト盟に属する旗であり、上述のイフ・ジョー盟の場合と同様、旗を跨ぐ奴隷売買については盟内の諸旗に限ったと理解してよいだろう。なぜなら、役所台帳の記録では、奴隷売買は盟内に限り、盟を跨ぐ事例が見られないからである。なお、同旗役所台帳には、貴族による奴隷売買の事例が一つも含まれていない（その理由については現在のところ不明）。

第三に、大半の事例では、奴隷売買の理由が売主（つまり当該奴隷の主人）の経済的困窮であると役所台帳に明記されている。例外としてNo.2では、妻を亡くした買主が結婚の目的で女奴隷を買い入れている（IMA 504-1-36：25a）。また、No.6には奴隷売買の理由が明記されていないが、売主側から奴隷を売ることをもちかけていることから（IMA 504-1-21：45a）、No.6における奴隷売買もまた、経済的困窮による可能性が高いと思われる。No.8については奴隷が逃亡とあるが、買主はその奴隷と既知の間柄であり、また居場所についての情報も把握していたため売買が行われている（IMA 504-1-36：32a）。つまり、ハラチン中旗でもハンギン旗の場合と同じく、奴隷売買の理由は殆どの事例において、経済的困窮であったことが分かる。

最後に、奴隷を指す用語について触れておく。表3の多くで、奴隷は ger-ün boyol（家の奴隷）あるいは boyol（奴隷）と記されているが、ger-ün kümün（家の人）と表記されたり（No.5）、女奴隷の場合は sibegčin（女召使）と表記される事例も見られ（No.2, 3）、用語が厳密に統一されてはいなかったことが分かる。Boyol は一三世紀のモンゴルにも存在した奴隷を指す用語だが（Rachewiltz 2004, vol. 2：648–50）、すでに述べたように、清代では強い法的性

表3　乾隆35（1770）年～同48（1783）年のハラチン中旗における奴隷売買

No	記録期日	売主身分	買主身分	身分関係	奴隷情報	契機	取引価格	奴隷の用語
1	35. 04. 22	未亡人	閑散		42歳男	困窮	仔連れの牛１・銀15両	boγol
2	38. 02. 31	箭丁	箭丁	同一蘇木	22歳女	妻死	銀40両・馬１・牛１	boγol ; sibegčin
3	39. 05. 16	箭丁	箭丁		37歳母・11歳長男・９歳次男	困窮	銭145千文・脱穀した粟２担	boγol ; sibegčin
4	〃	箭丁	箭丁		53歳夫・29歳妻・12歳息子	困窮	銀60両・銭102千文	boγol
5	39. 05. 27	箭丁	驍騎校	親戚	30歳夫・27歳妻・４歳娘	困窮	銀80両・脱穀した粟１担５斗	ger-ün boγol ; ger-ün kümün
6	39. 11. 16	箭丁	平民僧侶		39歳夫・55歳妻・27歳長男・19歳次男	不明	銀100両	ger-ün boγol
7	46. 09. 22 (42. ///. ///)	箭丁	箭丁	従兄弟	29歳（乾隆42年時）男	困窮	脱穀した粟10担・銀10両	ger-ün boγol
8	46. 11. 16	箭丁	箭丁（ハラチン右旗）	親戚	29歳男	逃亡	銭40千文	ger-ün boγol
9	48. 01. 20	箭丁	箭丁	同一蘇木	10歳男児	困窮	脱穀した粟２担・銭34千文	ger-ün boγol
10	48. 10. 16	箭丁	扎蘭章京		70歳超夫妻・全財産と共に	困窮	銀100両	ger-ün boγol

注：（1）　ハラチン中旗の役所台帳でも、ハンギン旗の場合と同じく、売主と買主の身分が「某蘇木の某」のように示されているため、原文の形式に従い「箭丁」と表記した。（2）No.1 における「閑散」とは箭丁や随丁として登録されていない平民を指しているようである。Lubsangčoyidan（1981: 40）によると、長男が箭丁や随丁として登録されたが、次男以降は登録されず、それらが閑散と言われていたのであろう。（3）　No.7 は乾隆46（1781）年に登録されているが、奴隷の売買自体は同42（1777）年に行われている（月日は不明）。（4）「取引価格」欄にある「脱穀した粟」の原語は amu である。

格をもつようになっていた。なぜ ger-ün boγol が使われるようになったかなど、由来については現在のところ不明だが、この用語自体は、少なくとも形式的には tosqon-u boγol（村の奴隷）[37]と対照的であり、当時のハラチン中旗ではこの二つを区別するために使われていた可能性もある。

三　従属民の売買

では、ハンギン旗とハラチン中旗の従属民については、どのように売買されていたのだろう。表4（ハンギン旗）と表5（ハラチン中旗）に、上述の四冊の役所台帳に基づいた、両旗における従属民売買の詳細をまとめた。表に示されているように、乾隆一三（1748）年から同四七（1782）年の間のハンギン旗では一〇件、乾隆三九（1774）年から同四八（1783）年の間のハラチン中旗では六件の従属民売買が記録されており、両表から、従属民の売買は貴族間で行われるものであり、原則として、貴族が自らの従属民を別の従属民に売ることはなかったことが分かる。[38]

奴隷の売買と比較すると、従属民の売買の事例は少なく、これは特にハンギン旗において明白である。同旗の役所台帳によると、乾隆期の二一年間に奴隷売買が八〇件であるのに対し（表1・表2）、従属民の売買は計一〇件となっている（表4）。また、ハラチン中旗の場合は一四年間における奴隷売買が一〇件だが（表3）、従属民売買は六件となっている（表5）。これらの数字に限って言えば、両旗における従属民売買の頻度は二年に一件程度であった。つまり、前述のとおり、従属民の人数は奴隷よりはるかに多かったにもかかわらず、従属民の売買の頻度は奴隷より少なかったのである。その原因については後述するが、従属民は頻繁に贈与されたり、相続目的で分与されていたため、従属民の売買の数イコール従属民の人身譲渡の数ではない(39)。

また、奴隷売買の場合と同様、従属民の価格がどのような基準で決められていたかについては明らかでない。さらに言えば、従属民の価格が奴隷より高かったかといえば、諸表に基づく限りそういったことも認められない。そこで、従属民の価格を理解するには、まずはその従属民が、従属している貴族にどの程度の経済的な価値を提供していたかを理解する必要があろう。筆者は別稿において、清代のハラチン左旗と同右旗で、従属民（箭丁）が自分の「ノヨン」たる貴族に「定額の白いアルバ（貢租賦役）」として、現物と労役を提供していたと指摘した(40)。またハラチン右旗では、箭丁各戸は経済力に応じて、頭等から六等にランクづけられ、それが「定額の白いアルバ」を徴収する際の基準となっていた（拙稿 2012：175）。**表5**に示されているように、ハラチン中旗における従属民売買が役所台帳に記録される際は、その従属民の名前・年齢・性別のほか、その戸がもっている家屋財産や耕地面積が記されている。従って、ハラチン中旗では、貢租賦役提供の基準になる従属民の戸の財産や人数が、従属民売買の価格交渉の材料になっていた可能性が高い。

従属民が売買される契機としては、二つの理由があげられる。第一に、経済的困窮である。例えば、ハラチン中旗の役所台帳には「生活が困窮し、借金が大きくなった」（aǰu törökü toryodaǰu, öri siri-tei boluysan ［IMA 504-1-36: 49b］）、あるいは「貧しくなり困った」（ügeyigüreǰü γačiydaqu ［IMA 504-1-36：54a］）など、売主、貴族が自らの従属民を売った理由が記されている。ハンギン旗の役所台帳にはこれほど明記されていないが、売主、あるいは従属民本人の借金を理由に売買されている事例がある（**表4** No.10, 5）。従って、生活困窮や借金返済の理由で行われていた従属民売買の場合は、取引当事者間では対等な価格交渉ができなかった可能性もあると言える。第二に、経済的困窮以外の理

三　従属民の売買

表4　乾隆13（1748）年～同47（1782）年の間のハンギン旗における従属民の売買

No	記録期日	売主身分	買主身分	売買対象の従属民	売買（交換）価格	従属民の用語
1	13.01.21	貴族	貴族・管旗章京(王旗)	1人	銀30両・馬3・服1着	albatu
2	15.10.13	貴族	旗長	僧侶1人	仔連れの馬5・子連れの牛5・四歳牝馬1・三歳牝馬1・去勢した牛1・駱駝2	albatu
3	16.09.25	貴族	貴族	父子4人	別の従属民父子4人	不明
4	16.09.28	貴族	貴族	2人	5［欠字］	albatu
5	16.11.25	貴族	旗長	3人	従属民本人の借金銀13両の返済	albatu
6	18.06.14	貴族	貴族	父子2人	別の従属民父子2人	albatu
7	19.閏4.10	貴族夫人	貴族	3人	大型家畜5	albatu
8	19.05.///	貴族	貴族	1人	大型家畜2	不明
9	20.11.20	貴族	驍騎校	男児1人	大型家畜5	albatu
10	47.01.22	貴族	旗長	父子7人	売主の利息付借金銀78両の返済	albatu

注：（1）　売主と買主の関係が原文では明記されていないため、ほかの表と異なり本表では「関係」欄を設けていない。（2）　No.1にある「王旗」とは、イフ・ジョー盟左翼中旗の俗称である。（3）　No.2, 5, 10における「旗長」はザサグ（ハンギン旗では「ジャサグ」と発音される）のことであり、原文ではbeyise（貝子）と、旗長の爵位「固山貝子」（qosiγun-u beyise）の略称で示されている。（4）　No.3, 8における売買対象は原文では名前のみで示され、それらが従属民なのか、奴隷なのかは明記されていない。ただ、奴隷である場合は奴隷身分が明記される事例が多いため、No.3, 8における売買対象を本表では従属民扱いした。（5）「売買（交換）価格」における「交換」は、No.3とNo.6における従属民を従属民で交換することを指す。

由である。**表4** No.3, 6では同じ人数の従属民が相互に交換されており、これについては経済的困窮以外の、人間関係を含むなんらかの理由があったと考えられる。これもまた、従属民売買には価格に関する一定の基準が認められないことの所以であろう。

また、従属民という用語が、原文でどのように表記されているかについても重要である。ハンギン旗の事例では未記載の例外を除いて、一貫してalbatu（貢租賦役負担者）と表記されている（**表4**）。しかし、蘇木に関しては一切言及されていないため、売買対象の従属民が通常蘇木に属する箭丁なのか、それとも蘇木に属さない随丁

表５　乾隆39（1774）年～同48（1783）年の間のハラチン中旗における従属民の売買

No	記録期日	売手身分	買手身分	関係	売買対象の従属民	売買価格	従属民の用語
1	39. 02. 24	貴族	護衛貴族	親戚	１戸２人（箭　丁37歳・妻21歳）・家屋財産及び耕地と共に	銀60両	albatu ; dangsa-tai albatu
2	39. 03. 16	貴族僧侶	貴族僧侶		１戸８人（箭丁＋二番目の弟箭丁夫妻・長男箭丁22歳・次男４歳＋三番目の弟領催夫妻・生まれて３ヶ月間の息子）・家屋財産及び耕地（自作450頃）と共に	銀110両	albatu ; dangsatu albatu
3	48. 10. 16	貴族	貴族長		１戸３人（随丁夫婦娘）・耕地（自作200頃90畝・貸し出し耕地24畝）と共に	銀50両	qamǰilɣa
4	〃	貴族	貴族長		兄１戸４人（箭　丁55歳・妻22歳・長男19歳・次男７歳）・弟１戸２人(随丁46歳・妻36歳)・耕地（自作53畝・貸し出し耕地２頃34畝）と共に	銀100両	dangsatu ere ; qamǰilɣa
5	48. 12. 13	貴族僧侶兄弟２人	貴族	親戚	１戸４人（父箭丁54歳＋長男随丁32歳＋次男箭丁20歳・妻26歳）・耕地（２頃70畝）と共に	銭100千文	albatu ; qamǰilɣa
6	48. 12. 13	貴族	貴族	親戚	１戸10人（箭　丁63歳・長男26歳・次男15歳・三男１歳＋二番目の弟32歳・妻18歳＋三番目の弟31歳・妻23歳・娘３歳＋僧侶30歳）・耕地（自作３頃20畝・貸し出し耕地20畝）と共に	銀220両	albatu

注：（１）　No.3, ４における「貴族長」（daɣamal tabunang）は、貴族の分枝集団の管理に当たる役職である。ハラチン地域における貴族長については拙稿（2012）とブレンソド（2013）を参照。（２）　清朝における１頃（イコール100畝）は、メートル法で換算すると614. 4アールに相当する（小川ほか 1973：1224）。

なのかについては、原文からは判断できない。これに対してハラチン中旗の事例では、箭丁が **albatu** や **dangsatu/-tai albatu**（登記された貢租賦役負担者）、あるいは **dangsatu ere**（登記された男）と表記され、随丁については公式的な名称である **qamǰilya** と記されている（**表5**）。また、ハラチン中旗で箭丁が売買される場合は、元の蘇木から移籍させない旨も併記されることが多い（**表5** No.1, 2, 5, 6）[41]。いずれにせよ、モンゴルの伝統的な貴族―従属民の主従関係と、その従属民を指す **albatu** という用語が、清代のハンギン旗とハラチン中旗に生き残っていたことは明白である。

四　主従関係の経済的内実

1　従属民の経済的価値

清代モンゴルでは、奴隷のみならず、貴族と主従関係にある従属民も売買されていたことは、先に述べたとおりである。これまでの考察により、奴隷は従属民と貴族の間で売買されることがあったが、従属民は貴族の間でのみ売買され、また、奴隷を別の奴隷に売ることや、従属民を別の従属民に売ることは、特例を除いて不可能だったことが明らかになった。つまり、奴隷売買と従属民売買のいずれの場合にも身分秩序による制限があり、身分に関係なく売り渡されていたわけではないと言える。しかし他方で、奴隷身分にも従属民身分にも経済的価値が存在したからこそ売買の対象となっていたことは言うまでもない。

では、奴隷と従属民は、主人に対してどの程度の経済的価値を提供していたのだろうか。前述のように、奴隷については、解放されない限り主人に対して奉仕していたものとみられ、つまり奴隷は、主人にとって無償の労働力であると同時に、その衣食住を保障しなくてはならない経済的な負担でもあった。この負担が、奴隷が頻繁に売られた要因の一つであるように見受けられる。当時の経済困窮の解決策として、生活基盤である家畜（ハンギン旗の場合）や耕地（ハラチン中旗の場合）を売ることよりも、労働力でありながら消費者でもある奴隷を売るほうが、より現実的だったのだろう。

対して従属民は、後で詳しく述べるように、従属する貴族に提供する奉仕が限定的であり、また貴族には、自らの従属民の衣食住を保障する義務もなかったようである。なぜなら、従属民は自立した生活を送っていたからである（モスタールト 1985：58）。そのため、従属民の売買の条件としては、売買後もその従属民の自立性が担保されることが重要であった。例えば、**表5 No.1** では、売買対象の従属民男性が役所において「買い取ったノヨン **Gönčög erke** は我々を家に入れないで、家屋と財産を耕地と共に〔元どおり〕使うことを許したうえで、登記された従属民とするため、私は売買されても不満ありません」（IMA 504-1-21：31b）と証言している。ここに現れる「家に入れない」（**ger-tü oruγul ügei**）という表現は、恐らく奴隷にしないことを意味しており、また「登記された従属民」（**dangsatu albatu**）とは三年（もしくは四年）に一度清朝皇帝の従属民として「丁冊」に登録される箭丁のことである[42]。よって、本事例で売買対象となっている従属民は、売買後に新しい主人である貴族に財産を奪われてしまうことを警戒しており、売買後も自立性を保とうとしていることがうかがえる。

従属民は自らの財産の多寡と労働力に応じて、従属する貴族に貢租賦役を提供しなければならなかった。前述のように、ハラチン地域の従属民は貴族に対して現物と労役を提供していた。ハラチン中旗には、「定額の白いアルバ」という、蘇木単位で貴族に提供される、貢租賦役があった。例えば、道光七（1827）年一〇月一六日に旗役所に提出された報告によると、同旗の扎蘭 Bayanboo 管轄 Altansang の蘇木の箭丁が提供した「定額の白いアルバ」の内訳は次のとおりだった。即ち、牛一頭、羊二五頭、バター三六斤、酒六甕、脱穀した粟三六壺、春秋に二回集める薪七二車のほか、必要に応じて提供された家の修理や庭の手入れのための牛車および閑散の労働力である(43)。「定額の白いアルバ」の量は、むろん蘇木によって異なっていたが(44)、蘇木ごとに徴収することで、各貴族による恣意的な徴収を防いでいたと思われる(45)。

ハンギン旗においても、従属民は貴族に対して貢物（degeǰi）や賦役を提供していた（QQJYD 25 : 159）。しかし、同旗の役所台帳には、貢租賦役の量に関する詳しい記録は存在しない。モスタールト（1985 : 58）によると、イフ・ジョー盟では、有力な貴族は自分の従属民に耕作や若馬の訓練、家畜の放牧、搾乳、針仕事などの労役を課していた。ハルハ地域においても、貴族はその従属民を「子供の分与財産」（keüked-ün ömči）としたり、また、家畜一〇頭につき一頭を三年ごとに徴収する「タタリ」、食肉用の家畜である「シュース」、および、乳製品や、燃料とするための家畜の糞拾いなどの労役を課し、そのほかにも貴族の債務を代わりに負担させていた（二木 1984 : 30–31）。以上のように、従属民が貴族に提供する貢租賦役の量と形式には、地域差があったものとみられる(46)。

このように、従属民には貢租賦役という経済的価値が付随していたため、従属民は売買以外にも、贈与されたり、嫁ぐ娘の付け人（インジ）として譲渡されることがあった（QQJYD 25 : 139, 123 など）。また、すでに述べたように、従属民、とりわけ蘇木に登記されている箭丁は、貴族だけでなく、蘇木に対しても貢租賦役を負担しなければならなかった。即ち、従属民が貢租賦役負担者として関与した領域は、貴族の私的領域にとどまらず、蘇木、ひいては旗ないし清朝という公的領域にも及んでいた。次に検討するとおり、貴族も蘇木も、貢租賦役を徴収できる従属民の取得に積極的であったため、それが奴隷解放の一つの要因となった。

2　奴隷から従属民へ

従属民は、貴族だけでなく蘇木に対しても貢租賦役を提供しなくてはならない、経済的に負担の多い身分であった。しかし、奴隷はそれらの負担を抱えてでも、奴隷身分から解放されることを希求した。奴隷が解放されて従属民になろうとした背景には、奴隷の社会的地位が最下位であるという、身分意識が働いていたようである。特に、従属民がもつ奴隷は「奴隷の奴隷」（boγol-un boγol）と呼ばれ、貴族の奴隷よりも社会的地位が低いと認識されていた（Нацагдорж 1970 : 84）。また、女奴隷は、「他人の奴隷であることから解放され、白き従属民の妻になる」[47]ことを好んだ。この「白き従属民」（čaγan albatu）とは従属民の俗称で、彼らが「白い骨」をもつ（čaγan yasutan）とされる貴族に従属していたことから、そう呼ばれていた。いずれにしても、奴隷から解放されて従属民になりたいという意識は、奴隷が徐々に解放されていったことの一因であった。

とはいえ、奴隷から解放されるのは容易なことではなかった。奴隷の解放には、まず、主人の同意が必須であり[48]、その同意を得るためには、奴隷本人、または奴隷が従属民となった場合に仕える予定の貴族が、主人に一定額の財を提供しなければならなかった。さらに、蘇木も無関係ではなかった。以下に、奴隷の解放について一例をあげる。乾隆一三（1748）年のハンギン旗役所台帳の記録に次のような事例が存在する。

同日。Sonom 蘇木の Čaγanküü と Abaküü, Möngke たちは、自らの奴隷 Ubasi, Lubsang, Očir, Gümbü, Čongqu,

Sengge, Alay, Aǰara, Tangyud, Manggitai, Sirab, Tuǰi, Sarda, Qambuu の計十四人を同じ蘇木の中で自分たちが従属する貴族 Babai に解放して与えた。自分たちは貢租賦役がなく過ごそうとしたのである。また、彼ら（奴隷たち）から相当の数の家畜を取り、揃ってきて台帳に記録した(49)。

この事例では、一四人の奴隷が従属民である主人たちに、「相当の数の家畜」（baqan baqan ömči mal）を与える見返りとして解放されている。これにより、この一四人は従属民へと身分が上昇したが、今度は新しい主人である貴族、および行政的に所属する蘇木に対する貢租賦役を負うこととなった。この事例に限って言えば、奴隷を解放した側の従属民たちは、その後はそれまで彼らが負担していた貢租賦役を免除されることになった。つまり、これらの従属民が負担していた貢租賦役については、以降は解放された一四人の奴隷が従属民となって、負担することになったのである。

このように、従属民による奴隷解放をめぐっては、従属民―奴隷の関係と、従属民―貴族・蘇木の利害関係の二つを調整する必要があった。また、これらは各事例を通して一様に記録されていないことから、むしろ柔軟なものであったように見える。なぜなら、奴隷の解放にあたって、貴族が奴隷の主人に家畜や金銭を提供する事例もあれば（例えば QQJYD 25 : 144–45, 199 ; IMA 504-1-36 : 6b–7a）、貴族の従属民にすることに全く言及されておらず、単に「箭丁にして解放」するとしか書かれていない事例（例えば QQJYD 25 : 246）、逆に、「貴族の従属民にする」としか書かれていない事例（IMA 504-1-36 : 6b–7a）が見られるからである。よって、それぞれの事例がどのように調整されたかを特定することは、役所台帳に基づく限り困難である。

また、貴族が財産を受け取る見返りに、自らの奴隷を従属民として解放する事例もある。例えば、ハンギン旗役所台帳の記録（乾隆三九［1774］年夏の中［五］月一三日付）に、次のような事例が見られる。貴族Jigǰiǰab は、Bandi という奴隷をもっていた。その Bandi の近親である蘇木章京 Dürsi は、貴族 Jigǰiǰab に駱駝一頭と羊山羊計五頭、銀三両を与えて、奴隷たる Bandi を「蘇木の箭丁として出し、同一の貴族である Jigǰiǰab の従属民にした」（QQJYD 25：239）。つまり、貴族 Jigǰiǰab のもとで、Bandi は奴隷身分から解放され、従属民へ変わったのである。これにより、Bandi は、それ以降は従属民として、貴族 Jigǰiǰab と蘇木の両方に対し貢租賦役を負担し始めたのだろう。

奴隷の解放については、上述のようないわゆる「金で買う」パターンのみではなく、主人が奴隷の奉仕を評価し、従属民として解放する例も見られる。二木（1987：37）によると、ハンオール盟左翼後旗における奴隷解放に関する文書の大半は、死を目前にした主人によって旗役所に提出されている。即ち、同旗では、主人が自分の奴隷の奉仕を認め、死ぬ前にその奴隷を解放することが多かったのである。(50) また、主人によって正式に奴隷から解放されるケース以外にも、主人の養子になることで従属民身分を獲得する奴隷が少なからずいた。(51) 当時は子供が絶えず売買されて奴隷になってはいたが、(52) このような動きにより、奴隷の総数については前述のとおり減少傾向であった。

すでに触れたように、奴隷が減少したもう一つの要因は、貴族や蘇木の従属民需要にあった。従属民は貴族や蘇木に対して貢租賦役を負うため、奴隷を解放して従属民とすることは、貴族や蘇木にとって有益であった。特に、蘇木の人口減少や貧困化に伴い、(53) 旗、あるいは清朝から、蘇木に割り当てられる貢租賦役を負担することが困難になっていった。(54) そのため、蘇木にとっては、奴隷を解放して箭丁とし、貢租賦役を負担させることが必要となっていった。とはいえ、旗は奴隷の解放を認めてはいたものの、積極的な奴隷解放策には乗り出さなかったように見える。その理由としては、そもそも奴隷に身分上昇の意識が存在していたため、経済的な条件が揃えば自然に解放されていく見通しであったこと、また、旗からのトップダウン型の奴隷解放策は、奴隷の主人らの反抗を引き起こす危険があったこと、加えて、経済的に自立していない奴隷に対し、旗側が救済策を講じる必要が発生するというデメリットを孕んでいたことが考えられる。

清朝は宣統元（1909）年に、奴隷制度を法的に廃止したが（田中 1956：10）、すでに述べたとおり、モンゴルにおける奴隷は二〇世紀半ばまで残存しており、蒙蔵委員会が民国一九（1930）年に蒙古会議に提出して可決された「解放蒙古奴隷辦法案」には、モンゴルの奴隷解放問題が法的に扱われている。[55] ここで問題とされたのは、経済的に自立していない奴隷の解放であり、同法案第九条には、解放された奴隷が、私産が全くないか、僅少で生活が不可能な場合、所轄の旗によって速やかに生計の計画を立てるべきであることが定められている（熊 1924：119）。これは、裏を返せば、当時の奴隷をめぐる身分関係には、貧困者に対する社会福祉的な役割があったと言える。これはまた、経済的に自立できない奴隷の解放が事実上困難であったことを物語っており、それゆえに、モンゴルでは事実上、奴隷が容易になくならなかったのだろう。

おわりに

従来の研究では、もっぱら貴族と従属民の主従関係における貢租賦役の問題が注目されてきた。これに対し本稿では、清代モンゴルにおける主従関係の経済的内実を、奴隷と従属民の売買にまで広げて考察した。具体的には、乾隆期（1736–1795）のハンギン旗とハラチン中旗の事例を中心に、奴隷と従属民の売買の実態を解明した上で、そうした人身売買の基礎である、主従関係とその経済的内実について解明した。その結果、まず、奴隷と従属民をめぐる人身売買が、身分秩序による制限を受けていたことが指摘された。端的に言えば、奴隷は貴族や従属民を問わずに主人の間で売買されたが、奴隷を奴隷に売ることは原則許されなかった。また、従属民は彼らが従属する貴族間で取引されたが、従属民を従属民に売ることは特例を除いてなかった。また、奴隷と従属民の売買は旗内を原則とし、旗を跨ぐことが稀にあっても、盟内に限ったという実態も確認された。

奴隷と従属民の売買は、殆どの場合は主人の経済的困窮を原因としていた。また、従属民の数が奴隷よりはるかに多かったにもかかわらず、売買の頻度が奴隷の売買よりも少なかった。ただし、従属民は贈与や子供の分与財産の対象ともなっていたため、従属民売買の数イコール従属民譲渡の総数ではなかった。さらに、奴隷と従属民の売買に関して価格に関する一定の基準を見出すことができないことから、人身売買の価格は、取引当事者の経済的状況や売買対象にまつわる事情などの様々な要素に左右されていたと見受けられる。一方、本稿で検討した両旗の奴隷と従属民の売買には、売買の頻度や支払い方法（家畜か金銭か）などをめぐって相違が見られる。つまり、両旗に限っていえば、清代モンゴルにおける奴隷と従属民の売買には地域性が認められる。

奴隷と従属民が売買の対象となっていたのは、それらに経済的価値が付随していたからにほかならない。奴隷が主人に対し、通常、年季制限なく奉仕していた一方で、従属民は自らが従属する貴族、行政的に所属する蘇木や蘇木を通じて、旗や清朝に対する貢租賦役を負担した。また、奴隷は総じて従属民のように経済的に自立していなかったため、特に貧困に陥った主人にとっては経済的に負担となることもあり、これが、奴隷が従属民よりも頻繁に売られていた理由の一つであると考えられる。清代モンゴルにおいても、奴隷制度のあったその他多くの国や地域に一般的であったように、主人は奴隷の衣食住を保障しなければならなかったからである[56]。むろん、従属民の売買が奴隷よりも少なかったことの背景として、従属民の取引が貴族に限っていたことも考慮されるべきであろう。

一方で、奴隷は徐々に解放されていった。その原動力となったのは、主として奴隷本人の身分上昇の意識と、蘇木や貴族による、貢租賦役負担者である従属民需要の拡大であった。特に後者の要因について言えば、前資本主義社会であった清代モンゴルにおける奴隷解放は、個人（特に貴族）ではなく、国家に奉仕する自由民に対するニーズ拡大による、奴隷解放のパターンと類似するところがある[57]。他方、清代モンゴルでも、旗や清朝による開墾政策の実施に伴った自由な農業労働者の需要があったが、それはモンゴル人奴隷の解放に頼らず、中国本土から流入してきた漢人佃戸によってほぼ満たされている[58]。清代モンゴルにおける奴隷解放は、モンゴル社会の内在的需要によるところが大きいと言えるが、他方においては、当時の人口減少や地域経済の後退の結果ともみられる。

本稿で、清代モンゴルでは奴隷が私有財産をもつことが可能であったと述べた。これは、奴隷は主人の財産であり、奴隷の財産も主人の所有物だという見方と異なる知見である[59]。清代モンゴルでは、奴隷が主人の私有財産として社会一般に認識されていたのかどうかについては不明だが、少なくとも、法律上はそのように規定されていなかったようである。奴隷は私産をもち、また多くの地域で「家の人」（ger-ün kümün）と呼ばれていたことを合わせれば、モンゴルにおける伝統的な奴隷身分には、厳密に制度化されていないという側面があったと言える。

そして、奴隷の定義の曖昧さは従属民の定義とも関係する。特に、同一の貴族に仕える奴隷と従属民が実際にどのように区別されていたかは、判断しにくいところがある。例えば、清代のハラチン中旗では、奴隷が主人に奉仕することを指して「貢租賦役を提供している[60]」と記されており、これは従属民が貴族に奉仕する場合と、言い方として何ら変わりがない。また、本稿で取り上げた役所台帳には、奴隷なのかそれとも従属民なのか、あるいはその中間的存在なのかが明確ではない記録が見られる（例えば QQJYD 25 : 133）。ハルハでは嘉慶一五（1810）年に「貴族の従属民と平民の奴隷とを区別する」という決定がなされており[61]、これはつまり、貴族—従属民と、平民（従属民）—奴隷という主従の構造を呈するものであり、当時のハルハの貴族にとって従属民は奴隷相当だったのかという疑問をいだかざるを得ない。これらの問題を含め、モンゴルにおける伝統的な奴隷身分が、法的・社会的にどのように定義されていたか、またそれが、清朝の法律や満洲文化にどのように影響されていたかについては、さらなる検討が必要である。

最後に、本稿の位置づけをしておきたい。身分に関しては、社会学や法学の視点からの研究が多いが、今後は歴史における経済実践と結びつけて考察することも大事であろう。本稿では主従関係における人身売買について考察したが、冒頭で述べたように、清代モンゴルを含めた多くの社会では、身分は様々な点で経済と関係してきた。つまり、身分に経済的な側面があることは既知の知見となっている。身分と身分関係にまつわる様々な経済現象については「身分経済」と定義することが可能であり、よって、本稿を「身分経済論」の呼び水としたい。

（1）例えば士農工商の四民身分のうち、「農」「工」「商」の身分については、職業の生産性が高い順から序列化されたものである。「士」については君主に仕えて統治を支えるがゆえに、ほかの三身分よりも上位と考えられていたが（Howland 2001 : 356）、江戸時代の日本では、武士社会の人口が経済を圧迫していたことも史実として知られている（深谷 2006 : 25）。また、一九世紀のイギリスでは、実業家への軽蔑や紳士身分への憧れが経済後退の主因になるほど、身分と経済が強く結び付いていた（Wiener 1981）。また、特定の身分に対して免税策を採るか否かが、国家の税収に直接関係する問題であったことは言うまでもない。他方、一五～一六世紀のスペインにおけるイダルゴ身分の例に見られるように（Crawford 2014）、免税のために特権的な身分を維持しようとする試みも広く存在したものとみられる。

さらに、名声と尊厳の追求が、経済的な意思決定を含めた、人間の行動を決定する重要な動機であることは、経済学者たちによって長らく認められてきたことである（Weiss and Fershtman 1998：807）。ヴェブレンは彼の『有閑階級の理論』の中で「衒示的（あるいは顕示的）消費」（conspicuous consumption）理論を提起し、衒示的消費は高度に組織化された産業社会で、財力を誇示して評価を得るための一つの手段であると論じている（ヴェブレン 2016：124）。このような財力や身分を示すための「見せびらかし消費」は、ぜいたく品市場の発展を助長する可能性を秘めている（メイソン 2000）。なお、身分に関する経済学の視点からの研究としては Heffetz and Frank（2010）も参照。

（2）本稿における「身分」は広義の身分概念によっており、即ち、社会における個人の地位を意味する身分と、身分関係における身分の両方を含意している。

（3）この二つの身分分類は血統を基本とする。貴族はタイジやタブナンのことであるが、本稿では便宜上、いずれも「貴族」とする。タイジはチンギス・ハーン父系一族の血統をつぐ男性で、タブナンは彼の功臣ジェレム一族に由来する。例外を除いて、貴族は清代モンゴルのほぼ全域を支配した。モンゴルにおける氏族制度や貴族―従属民関係の概要については、Jagchid and Hyer（1979：245–92）を参照。

（4）清代モンゴルの貴族―従属民の身分関係と貢租賦役については、岡（2007：109–30, 147–73）および拙稿（2012：174–75）、同（2018：116–17）、二木（1984）を参照。

（5）二木（1984：28–29）および拙稿（2018：116–17）を参照。また、地域によってはモンゴルの伝統に由来したと思われる、貴族―役人―平民の身分分類も存在した。例えば清代モンゴルのイフ・ジョー盟の各旗では、貴族（tayiji）や、役人（yamutad）、平民（arad）という身分分類が存在した（拙稿 2018：109）。ただし、ここに見られる「役人」は平民出身者を指し、貴族出身の役人は「貴族」と呼ばれたようである。

なお、「盟」と「旗」は、いずれも清代モンゴルにおける行政組織の名称であり、前者は後者の上位組織である。また、旗は原則一五〇人の従属民からなる「蘇木」（sumu）という、多数の軍事行政組織によって構成された。なお、清代モンゴルでは役人の序列がかつてないほど細分化されたが、この問題については、本稿では検討しないことを予め断っておく。

(6) 管見によれば、伝統モンゴルの身分制度の専門的研究は、マルクス主義の観点から清代以前における奴隷制を概観した高(1980)と、清代ハルハ・モンゴルの貴族—従属民の関係や役人システムを取り扱った岡(2007)しか存在しない。なお、身分制度について断片的に紹介する研究は存在するが、それらについては後述する。

(7) この二つの旗を研究対象とする理由は他でもなく、奴隷と従属民の売買が記録された役所台帳が残されているからである。なお、清代のイフ・ジョー盟は内モンゴルの西南部に当たる河套地域に位置し、ジョスト盟は内モンゴルの東南部にあった。両盟の地理と行政の詳細については金海ほか(2009: 68–76, 28–39)を参照。

(8) これらの用語は、アラシャ旗裁判記録文書の内容から知られている。例えば、拙稿 Chuluu (2017: 24, 26) および ALBA 101-3-73 (62) を参照。

(9) QQJYD 25 (119–227, 229–320). モスタールト (1985: 57) も、ハンギン旗が属するイフ・ジョー盟では、奴隷を指す用語として köbüd が一般的であったと述べている。

(10) 例えば『蒙古律例』巻六、および巻七を参照 (Баярсайхан 2004: 135–77)。「蒙古例」は、清朝がモンゴルに対して定めた専用法『蒙古律例』と『理藩院側例』の総称である。

(11) IMA 504-1-21, 504-1-36; QQJYD 25: 119–227, 229–320. 清代ハルハ(現モンゴル国)の裁判文書に見られる奴隷を表す用語については萩原(2006)を参照。なお、ハルハのハンオール盟左翼後旗の役所台帳に収められている一例の中では、「私のフブード(köbed)のボヤントは、私に背き自由になろうとしたが、罰せられ、私の元に戻された。一昨年、ボール(boγol)として使役し続けることはできない……」と記されており(二木 1987: 26; 中村 2002b: 124)、処罰以前は köbüd(男児たち)であったが、処罰後は boγol(奴隷)と称されている興味深い事例も存在する。

(12) この問題に関して二木(1987: 34)は、平民所有の奴隷の用語には köbüd があてられるのが一般的と指摘しているが、貴族がもつ奴隷にどの用語が用いられたかについては言及していない。一方、Lubsangčoyidan (1981: 43) は、平民がもつ奴隷は köbüd ではなく、boγol と称されたと述べている。前者はハルハ、後者はハラチンの事情を表すものとみられるが、後述のハンギン旗では、奴隷の名称をめぐって平民と貴族との間で厳密な使い分けは認められない。

(13) ハラチン中旗では奴隷は自らの主人を「ノヨン」と敬称したのに対し(IMA 504-1-21, 504-1-36)、ハルハでは「ノヨン」

（ノヤン）のほかに「エジェン」という呼び方もあったらしい（二木 1987；中村 2002b；Нацагдорж 1965：87）。

（14）例えば、清代アラシャ旗の裁判文書の中で、「箭丁であった Očirmasun の奴隷 tegülder は、自分勝手に色んなところに行ったため、所轄の蘇木の護衛 Kesigtü に管理させて使わせるように……」（ALBA 101-5-15：23）とあり、奴隷が自分の意思であちこち移動することが禁じられていたことが分かる。また、柏原・濱田（1919：403, 412）によると、ジリム盟ホルチン左翼南旗の一農家は「正房」以外に、「廂房」を別に設けて奴隷の寝室にあてており、また、シリンゴル盟西ウジュムチン旗の遊牧民一家では奴隷が主人家族と同居していたようである。酒井（1936：52）は、これは一九一八～一九年の調査に基づいた実態だろうと述べている。

（15）奴隷が主人の家畜等の世話をしていたことは容易に想像できるが、家内召使の役割も果たしていたことは、ハンギン旗では貴族の奴隷が γal-un kümün（厨房の人）とも呼ばれることからうかがえる。例えば QQJYD 25（304）を参照。

（16）このような事例は多々見られる。例えば、ハラチン中旗については IMA 504-1-21と IMA 504-1-36、ハンギン旗については QQJYD 25（119–227, 229–320）をそれぞれ参照。

（17）全国人民代表大会民族委員会辦公室（1958：72）によると、アラシャ旗では奴隷は贈与の対象にはなったが、売買されることは許されなかった。ただ、同資料は一九五七年頃の聞き取り調査によるものであるため、清代アラシャ旗における奴隷の実態を反映したとは言い切れないが、差し当たり、清代アラシャ旗では奴隷の売買が禁じられていた可能性があると理解しておこう。

（18）例えば、モスタールト（1985：57）は、イフ・ジョー盟では奴隷が「今日なお残存しているかどうか定かではない」と述べている。モスタールト（1881–1971）は一九〇六年から一九二五年までイフ・ジョー盟に滞在したと言われ（モスタールト 1985：54「訳者まえがき」）、氏の言及は二〇世紀初頭の同地域では奴隷が殆ど見られなかったことを示唆している。また、田村（1942：113）は同盟のジュンガル旗の河套地域では一家族が奴隷をもっている以外、奴隷は殆ど見られなかったと記述している。柏原・濱田（1919：403, 412）も参照。

（19）役所台帳は「大档案」（yeke dangsa）と俗称されたが、それが台帳の表題と一致するとは限らない。例えば、ハラチン中旗の役所台帳の表紙には、「大台帳」（yeke temdeg-ün debter）という用語が使われているのに対し（IMA 504-1-21, 504-1-36）、イフ・ジョー盟オトグ旗の役所台帳の表紙には「冊子」（debter）、ハンギン旗の役所台帳の表紙には「档案」（dangsa）が用いられている（IMA 514-1-8；QQJYD 25：236）。しかし、どちらの旗の役所台帳も、その記録の中身から「大档案」と俗称されていたことが分かる。

(20) 中村（2002b：118）は、同旗の役所台帳（tamaya-yin yamun-u dangsa）は乾隆期（1736–1795）にのみ一冊だけ存在し、嘉慶期（1796–1820）以後は提出された文書が台帳に書き写されず、そのまま保管されるようになったと記述している。同旗における役所台帳の内容の詳細については Нацагдорж（1971）と二木（1987）、中村（2002b）および同（2011）を参照。なお、史料介紹としては中村（2002a）を参照。

(21) この二冊の役所台帳については、筆者は二〇一三年に内モンゴル自治区オルドス市档案館にて、その原本を閲覧したことがある。ハンギン旗には、このような役所台帳がほかにもあったようである。それは、同旗の乾隆四〇（1775）年の役所台帳の記録に、乾隆二八（1663）年の台帳記録が調べられている事実が記録されているからである（QQJYD 25：250）。しかし、それが現存しているかどうかについては、まだ把握されていない。

(22) QQJYD 25：121.「同日」は「乾隆一二（1747）年冬の初（10）月初一」であり（QQJYD 25：120）、貴族 Abida は女性の父または兄弟の一人だろうが、これについては明記される事例も多い。また、女性の親族側から受け取った「羊二頭」は、婚約時に提供された結納の返しにあたる家畜と見受けられる。本事例では明記されていないが、ほかの事例では当事者同士が「一緒に来て台帳に記した」と明記されている場合がある（例えば QQJYD 25：120）。なお、本稿では史料を提示する際に、すべて旧暦を使用している。以下、同様。

(23) この二冊の役所台帳は内モンゴル自治区档案館に所蔵されている（IMA 504-1-21, 504-1-36）。同様の台帳がこの二冊以外にも保管されているとのことだが、筆者による調査はそれらには及んでいない。

(24) IMA 504-1-21：8b–9b. 以上、できるだけ原文に忠実に訳した。「蘇木章京」とは蘇木の長官であり、「インジ」とは娘が嫁ぐ際に連れて行かせる付け人で、平民の場合は奴隷、貴族の場合は奴隷も従属民もインジとして送らせることがあった。また、「協理」とは旗長であるザサグの補佐役にあたる、貴族出身の役人のことであり、「報告して記録した」における「報告」は旗長への報告を指している。

(25)『蒙古律例』巻二「戸口差徭」[nögüge debter, erüke ǰarulγa-yin ǰüil]（Баярсайхан 2004 : 71, 73）。蒙古例における養子縁組規定の変遷に関しては島田（1982 : 291–313）を参照。

(26) 旗役所における、台帳を含めた文書記録システムの起源や性格については別稿に譲りたい。なお、清代モンゴルの旗役所の裁判記録文書の起源や特徴については拙稿（2011）および Chuluu（2017）を参照。

(27) しかし、奴隷や従属民の売買と贈与に関する、全ての譲渡行為が役所台帳に登録されたとは断言できない。人身売買や贈与は所属の変更、ひいては貢租賦役負担に関係するため、旗役所、とりわけ蘇木組織にとっては、それらを把握する必要があったことが容易に想像できる。とはいえ、役所台帳に登録することが人身売買や贈与の必須条件であったのかどうかは不明であり、今後の課題とする。

(28) Tngri-yin tedkügsen-ü tabin qoyaduγar on-u ulaγan šuγum-un debter［乾隆五十二年の赤線の冊子］（QQJYD 26 : 321–75）。ここでいう「赤線」（ulaγan šuγum）とは、貴族の家系図を描く際に使われた赤い線のことであるが、本冊子のように、貴族の系譜や貴族個人がもつ従属民や奴隷の統計記録の名称にも用いられた。

(29) QQJYD 26 : 321–75. 未成年貴族については、「爵位に達していない貴族」（ǰerge-dü kürügedüi tayiǰi）と記されている。これは、一八歳未満のため清朝によって付与される王公や一等～四等の爵位をまだ授かっていない貴族を意味する。一方で、随丁や箭丁が未成年か否かについては文書では記されていない。ただ清朝の法律によれば、随丁も箭丁も成年になってから登録されていたため、ハンギン旗の統計記録における随丁と箭丁のいずれも一八歳以上と推測される。これらに関する清朝の法律については『理藩院則例』巻二、巻三（Nayiraltu & Altan'orgil 1989: 75, 190; 上海大学法学院ほか 1998 : 44, 109）を参照。

(30) この点は、上記 Tegri-yin tedkügsen-ü tabin qoyaduγar on-u ulaγan šuγum-un debter（QQJYD 26 : 321–75）から知られている。

(31) この事例では、奴隷に売られた奴隷はその後も身分的にはそのままであったと考えられる。後述するように、「奴隷の奴隷」（boγol-un boγol）という言い方はあったが、それは従属民の奴隷に適用された。

(32) 旗を跨ぐというのは必ずしも空間的に二つの旗を横断するということに限らない。イフ・ジョー盟の各旗では、盟内の別の旗に属する人々が移住することがあり（例えば、拙稿 2018 : 136）、ハンギン旗について言えば、同旗にも同盟の別の旗に属する人が居住し、現地の人々と奴隷売買や婚約を通した交流があったと思われる。

(33) 例えば、『蒙古律例』巻二によれば、乾隆三七（1772）年には登録されている従属民（箭丁・随丁）の売買が禁止され、またそれ以外の者であっても外旗に売ることは禁ずる旨規定された（Баярсайхан 2004： 85）。清代モンゴルにおける、身分の法的位置づけに関する詳細な検討は別稿に譲る。

(34) もちろん、ここでいう奴隷売買の数はあくまでも役所台帳によるものであり、現実の奴隷売買の数を正確に示すものとは必ずしも言い切れないだろう。一方、現実にどの程度の奴隷売買が役所台帳に登録されずに行われていたのかについてもまた不明である。いずれにしても、奴隷と奴隷売買の数が減少傾向にあったことは間違いないだろう。

(35) 奴隷取引における当事者間の合意や価格設定の理解には注意が必要である。後述するように、奴隷売買の契機は主として売主の貧窮である。特に、借金の返済に追われたり、生活が困窮したりする売主が自分の奴隷を投売りすることもあったであろうから、その場合は常に対等な交渉や合理的な価格設定ができたとは考えがたい。

(36) 「死刑」を指す用語は、**表1** No.6 では alaqu yala torγaǰu（死刑に処し）[QQJYD 25: 125]、同 No.14 では köbčideǰü alaqu yala torγaγsan（絞首刑に処した）[QQJYD 25： 139] となっている。

(37) IMA 504-1-21： 23a–23b. Tosqon-u boγol（村の奴隷）は、個人や家に属さない、文字どおり村に属する共同体の奴隷であろう。共同体が奴隷をもつこと自体は決して珍しいことではなく、例えば古代ギリシアではそうしたことがあった（Katz 2009： 244）。

(38) **表4** No.9 では貴族が自分の従属民を平民役人の驍騎校に売っているが、その従属民は男の子（küü）であり、また買主が役人であるという特殊な状況のため、典型的な従属民売買の事例だとは言えない。

(39) 従属民の贈与や相続目的での分与が、ハンギン旗役所台帳には多く見られる。また、奴隷の贈与の場合は、貴族に献じて従属民にすることが多い。詳しくは QQJYD 25（119–227, 229–320）を参照。

(40) なお、現物には食料（粟や豚など）、燃料（薪・炭など）、飼料などがあり、労役には軍馬飼育、庭の掃除、出張業務の手伝いなどが含まれた。詳しくは拙稿（2012： 175, 200）を参照。

(41) なお、**表5** No.3, 4 の二つの事例には、元の蘇木から移籍させないという趣旨の文言は明記されていない。No.3 の従属民については蘇木に属さない随丁であることが理由だが、No.4 の箭丁については、なぜ蘇木の管轄について言及されていないのか不明である。なお、清代のハラチン中旗では、箭丁と随丁の区別がはっきりしていたことは、ブレンソド（2014）によって指摘されている。

（42）これはハラチン中旗の事例であり、同旗における「登記された従属民」については、**表3**の注（2）も参照。

（43）**IMA 504-7-693-4.** 本事例に現れる甕（malu）や壺（quu）のメートル法換算値は現在のところ不明である。清朝における一斤は現在の五九六・八二グラムに相当する（小川ほか 1973：1224）。なお、「閑散の労働力」（sula büle）は具体的にどのような者を指していたのかは分からないが、「丁冊」に登記されていていない男ないし奴隷を指している可能性が高い。ハラチン中旗では、「登記されていない村の人」（dangsa ügei tosqon-u kümün）または「村の奴隷」（tosqon-u boγol）と称される奴隷身分も存在している（IMA 504-1-21：23a–23b）。従って、蘇木も、奴隷もしくは蘇木に与えられた賦役を専業的に遂行するための従属民をもっていた可能性が高い。詳細に関しては今後の研究に期する。

（44）上記 IMA 504-7-693-4 には三通の文書、つまり三つの蘇木の「定額の白いアルバ」の報告が含まれており、そのうち一つの蘇木の「定額の白いアルバ」の量が残りの二つの蘇木の量と異なっている。

（45）蘇木ごとに集められた「定額の白いアルバ」が、貴族の間でどのように分配されたかは不明。また、ハラチン中旗では、貴族が自分の従属民に臨時の貢租賦役を要求していたのかどうかを明確に示す証拠も、まだ見つかっていない。ただ、ハラチン左旗では、従属民が提供する貢租賦役に「旗の筋」（qosiγun-u qariya）と「個人の筋」（öber-ün hariya）の二種類があり、後者には「定額の白いアルバ」が含まれていることからすれば（IMA 503-1-207）、清代のハラチン地域では、従属民による臨時の貢租賦役もあったことが推測される。なお、ハラチン左旗における貢租賦役については、拙稿（2012：200）に具体的な記述がある。

（46）むろん、従属民が貴族に提供する貢租賦役に対し、法的制限がなかったわけではない。特に貢物については蒙古例に制限や罰則規定が含まれている。蒙古例の規定そのものについては『蒙古律例』巻二（Баярсайхан 2004：77, 79）と『理藩院側例』巻十二（Nayiraltu & Altan'orgil 1989：245–46）を、また規定の逐条的検討については島田（1982: 235–43）を参照。なお、道光二四（1844）年にハルハの四盟では課税に関する法律が定められ、そこには従属民が貴族に対して提供する、貢租の額に関する規定も含まれている。これに関して詳しくは二木（1984：33–36）を参照。

(47) IMA 504-1-21：28b. 原語は kümün-ü medel-eče γarču čaγan albatu-yin eme bolqu.
(48) 稀に、主人の同意ではなく、奴隷本人が旗役所に主人の虐待を訴えて奴隷から解放される例も見られる（QQJYD 25：257）。
(49) QQJYD 25：131. 文中の「同日」は「夏の中（五）月一五日」のことである（QQJYD 25：130）。
(50) その場合は一般に、「奉仕してきたことを考え」（ači tusa-tai yabuγsan-i sanaǰu）、あるいは「死後の魂のための功徳を考え」（ükükü sünesün-dü buyan-i sanaǰu）という理由があげられている（Нацагдорж 1970：85–86）。特に後者のフレーズには、奴隷から解放されることは奴隷本人の意思に沿っているため、主人による奴隷解放は功徳をつむことであるという意味合いが含まれており、当時の奴隷たちは奴隷身分から脱出することを希求していたことがうかがえる。
(51) 奴隷を養子として迎えることは従属民に限らず、貴族も行っていた。前者についてはハンギン旗とハラチン中旗の両方に確認できるが（例えば QQJYD 25：264；IMA 504-1-21：9b–10a）、後者についてはハンギン旗のみで確認されている（QQJYD 25：249）。
(52) ハンギン旗の役所台帳には、従属民が自分の子供や姉妹を他人に売る事例が散見されるが（例えば QQJYD 25：235, 252, 271）、ハラチン中旗の役所台帳によると、子供売買の殆どが女児売買である（例えば IMA 504-1-21：8b–9a）。
(53) 清代モンゴルでは蘇木人口が減少傾向にあったことは、モスタールト（1985：67）にも指摘されている。また、ハンギン旗の事例を見ると、乾隆五二（1787）年に四、九九二人だった箭丁が（QQJYD 25：321, 375）、同治二（1863）年に四、五二八人にまで減少している（QST 1：98, 105）。蘇木の箭丁の貧困化については、例えば乾隆二二（1757）年のハンギン旗の役所台帳の記録に、イフ・ジョー盟ダラド旗の一蘇木の「従属民が貧困化し、軍用の馬や駱駝」を提供できなくなっていたことが記されている（QQJYD 25：221–22）。
(54) 箭丁が蘇木単位で負う義務としては、主に兵役、哨所・宿駅勤務や、それらに必要な諸費用の負担が含まれた（二木 1984：31）。また、イフ・ジョー盟では、箭丁が清朝に軍用の馬や駱駝を提供する義務も負っていた（QQJYD 25：221）。
(55) 酒井（1936：58）によれば、同法案は満洲事変により施行されることなく立ち消えてしまった。
(56) 清水 2015：14. 一八世紀の西インド諸島では、主人が奴隷の衣食住を賄うために、奴隷に一部の土地を割譲して耕させていたことは、この現象をよく裏付けている。これに関して詳しくは Brown（2016）を参照。また、パターソン（2001）も合わせて参照。

(57) 一七〜一九世紀のロシアとヨーロッパでは労働力の獲得をめぐって貴族と国家は緊張関係にあった。即ち、貴族は農民をコントロールしていたのに対して、ロシア国家は自由な労働力を需要していたのである。詳細については、Stanziani（2008）と同（2009）を参照。

(58) 清代モンゴルにおける漢人流入と開墾の概要については、金海ほか（2009：209–304）を参照。

(59) 奴隷は主人の所有物か否かに関する議論については、パターソン（2001：61–71）を参照。

(60) IMA 504-1-21：12a. 原語は alba bariǰu yabuqu.

(61) Нацагдорж 1965：84.「貴族の従属民と平民の奴隷とを区別する」の原語は qan kümun-ü albatu, qaraču kümün-ü kitad-i ilγan salγaqu だが、これが公的に定められたフレーズなのか、それとも口語を基にした記述なのかは不明である。ただ Нацагдорж（1965：84）に基づくと、これは平民がもつ奴隷を箭丁や随丁として登記することを意味した。

参考文献

一次資料

ALBA 101-3-73：*Jarγu-yin ǰüil-i sidkegsen yerü qauli-yin dangsa*［訴訟の件を処理した公の法の档冊］（Alasha Left Banner Archives）

ALBA 101-5-15［裁判を記録した档冊。題目不明］（Alasha Left Banner Archives）

IMA 503-1-207：*Jalan Sayintu-yin ǰakiruγsan Saranǰab sumun-u arad qosiγun ba öber-ün qariya-bar alba bariγsan-i bayičaγan bičigleǰü ergün medegülkü debter*［扎蘭 Sayintu の管轄する Saranǰab 蘇木の箭丁が旗と自分の筋で貢租賦役を提供したことを調べて記録し、報告して献じる冊子］（Inner Mongolia Archives）

IMA 504-1-21：*Tngri-yin tedkügsen-ü yučin tabuduγar on-u qabur-un dumdadu sara-eče yučin yisüdüger on-u ebül-ün segül sara-du kürtele sidkegsen aliba kereg-üd-i temdegleǰü abuγsan yeke temdeg-ün debter*［乾隆三十五年春の中月から三十九年冬の末月までに処理したすべての案件を書き取った大台帳］（Inner Mongolia Archives）

IMA 504-1-36：*Tngri-yin tedkügsen döčin dörbedüger on, namur-un segül sara-yin qorin qoyar-eče, döčin naimaduγar on-u ebül-ün segül sara-yin arban γurban kürtele, sidkegsen aliba kereg-üd-i temdegleǰü abuγsan yeke temdeg-ün debter*［乾隆四十四年秋の末月の二十二から四十八年冬の末月の十三までに処理したすべての案件を書き取った大台帳］（Inner Mongolia Archives）

IMA 504-7-693-4［定額の白いアルバ（貢租賦役）の報告文書。題名無し］（Inner Mongolia Archives）

QQJYD 25: *Qanggin qosiγun-u ǰasaγ yamun-u dangsa*［杭錦旗扎薩克衙門档案］25（呼倫貝爾：内蒙古文化出版社、二〇一六年）

QQJYD 26: *Qanggin qosiγun-u ǰasaγ yamun-u dangsa*［杭錦旗扎薩克衙門档案］26（呼倫貝爾：内蒙古文化出版社、二〇一六年）

QST 1：*Qanggin-u suyul teüke*［杭錦文史］1（1990）

解放蒙古奴隷辦法案：熊耀文（1924）『総理対於蒙蔵之遺訓及中央対於蒙蔵之法令』（蒙蔵委員会）所収「解放蒙古奴隷辦法案」

蒙古律例（モンゴル語）：Баярсайхан, Б. 2004. *Mongγol čaγaǰin-u bičig*［蒙古律例］（Улаанбаатар）所収のモンゴル文蒙古律例（木版印刷影印本、乾隆五四（1789）年版）

理藩院則例（モンゴル語）：Nayiraltu & Altan'orgil. 1989. *Γadaγadu Mongγol-un törö-yi ǰasaqu yabudal-un yamun-u qauli ǰüil-ün bičig*, degedü/dooradu［理藩院則例　上・下］（Qayilar：Öbör Mongγol-un suyul-un keblel-ün qoriya）

理藩院則例（中国語）：上海大学法学院・上海市政法管理幹部学院・張栄铮・金懋初・劉勇強・赵音（1998）『欽定理藩部則例』所収の『理藩院則例』［漢文、光緒一六（1890）年版］（天津：天津古籍出版社）

二次資料

ヴェブレン・ソースタイン（2016）『有閑階級の理論』［新版］［村井章子訳］（東京：筑摩書房）

額定其労（2010）「アラシャ旗裁判記録文書とその書式」『内陸アジア史研究』25：75–95.
――（2011）「清代モンゴルのアラシャ旗における裁判」（一、二、三）『法学論叢』170.1：101–19; 170.2: 136–61; 170.3：119–39.
――（2012）「清代ハラチン・モンゴルの右翼旗における裁判」『東北アジア研究』16：167–204.
――（2018）「役所と「地方」の間――清代モンゴルのオトグ旗における社会構造と裁判実態」『法制史研究』67: 103–59.
岡洋樹（2007）『清代モンゴル盟旗制度の研究』（東京：東方書店）
小川環樹・西田太一郎・赤塚忠（1973）『新字源』（東京：角川書店）
柏原孝久・濱田純一（1919）『蒙古地誌』［上中下］（東京：冨山房）
金海・斉木徳道爾吉・胡日査・哈斯巴根（2009）『清代蒙古志』（呼和浩特：内蒙古人民出版社）
高文徳（1980）『蒙古奴隷制研究』（呼和浩特：内蒙古人民出版社）
酒井見二（1936）「蒙古奴才の史的考察」『満蒙』［第十七年］（大連：満洲文化協会、1936年）5：45–59［復刻版　東京：不二出版、2000年］
島田正郎（1982）『清朝蒙古例の研究』（東京：創文社）
清水和裕（2015）『イスラーム史のなかの奴隷』（東京：山川出版社）
全国人民代表大会民族委員会辦公室（1958）『内蒙古自治区巴彦淖爾盟阿拉善旗情況　阿拉善旗調査材料之三』（北京：全国人民代表大会民族委員会）
田中克己（1956）『清初の奴隷』（大阪：帝塚山学院短期大学）［『帝塚山学院短期大学研究年報』第四号の抜刷］
田村英男（1942）「蒙古社會の構成的基層単位としての蘇木――伊克昭盟準噶爾旗河套地（河北）を中心として」『滿鐵調査月報』22.2：64–114.
中村篤志（2002a）「モンゴル国立歴史中央文書所蔵の財産関係文書――清代ハルハ・トシェート＝ハン部左翼後旗の文書について」『歴史』98：123–42.
――（2002b）「財産関係文書を通じてみた清代モンゴル旗社会の社会関係」『集刊東洋学』87：134–114.

——（2011）「清朝治下モンゴル社会におけるソムをめぐって——ハルハ・トシェートハン部左翼後旗を事例として——」『東洋学報』93.3：366–342.

萩原守（2006）『清代モンゴルの裁判と裁判文書』（東京：創文社）

萩原守・額定其労（2014）「モンゴル法制史研究動向」『法制史研究』64：171–211.

パターソン・オルランド（2001）『世界の奴隷制の歴史』［奥田暁子訳］（東京：明石書店）［原著 Patterson 1982］

深谷克己（2006）『江戸時代の身分願望——身上がりと上下無し』（東京：吉川弘文館）

二木博史（1984）「ホショー内における平民の貢租・賦役負担——清代ハルハ・モンゴルの場合」『内陸アジア史研究』1：25–40.

——（1987）「清代ハルハ・モンゴルの奴隷解放文書について」『東洋法史の探究』（東京：汲古書院）：21–43.

ブレンソド（2013）「清代内モンゴルの旗内社会に於ける貴族とその管理様態——ハラチン三旗を事例として——」『内陸アジア史研究』28：53–74.

——（2014）「清代中期以降のモンゴル社会における随丁分与問題をめぐって——内モンゴル・ハラチン中旗を事例として——」『日本モンゴル学会紀要』44：53–66.

メイソン（2000）『顕示的消費の経済学』［鈴木信雄・高哲男・橋本努訳］（名古屋：名古屋大学出版会）

モスタールト・アントワーヌ（1985）「オルドス・モンゴルに関する民俗資料」（村上正二訳）『モンゴル研究』16: 54–86.

Brown, Eleanor Marie. 2016. “On the Evolution of Property Ownership Among Former Slaves, Newly Freedmen”（June 23, 2016）. GWU Legal Studies Research Paper No. 2016–22； GWU Law School Public Law Research Paper No. 2016–22. Available at SSRN: http：//ssrn.com/abstract=2799648

Chuluu, Khohchahar E. 2017. “The Making of Mongolian Judicial Records： Chancellery Practices of the Alasha Banner Under the Qing Empire,” *Zentralasiatische Studien* 46： 7–28.

Crawford, Michael J. 2014. *The Fight for Status and Privilege in Late Medieval and Early Modern Castile, 1465–1598*. Pennsylvania： The Pennsylvania State University Press.

Eden, Jeff. 2018. *Slavery and Empire in Central Asia*. Cambridge, UK： Cambridge University Press.

Нацагдорж, Ш. 1965. Гэрийн хувуудийн учир［奴隷について］. «Шинжилэх Ухааны Академийн Мэдээ» No. 2： 83–88.

——. 1970. Монголчуудын өвлөх эрхийн тухй［モンゴルの相続制度について］. Tomus IV, Fasc. 6. УБ.

Heffetz, Ori and Frank, Robert H. 2010. “Preferences for Status： Evidence and Economic Implications,” in Jess Benhabib, Alberto Bisin, Matthew Jackson eds. *Handbook of Social Economics*, vol. 1A： 69–91, 1st Edition. North Holland.

Howland, Douglas R. 2001. “Samurai Status, Class, and Bureaucracy： A Historiographical Essay,” *The Journal of Asian Studies* 60.2： 353–80.

Jagchid, Sechin and Hyer, Paul. 1979. *Mongolia's Culture and Society*. Boulder, Colo.： Westview Press.

Katz, Stanley N.（editor in chief）. 2009. *The Oxford International Encyclopedia of Legal History*, vol. 5. Oxford： Oxford University Press.

Lubsangčoyidan. 1981. *Mongγol-un ǰang aγali-yin oyilaburi*［蒙古風俗総覧］（Qa. Dambiǰalsan注釈）. Hökeqota: Öbör Mongγol-un arad-un keblel-ün qoriya.

Patterson, Orlando. 1982. *Slavery and Social Death： A Comparative Study*. Cambridge, Massachusetts, and London, England： Harvard University Press.

Rachewiltz, Igor de. 2004. *The Secret History of the Mongols： A Mongolian Epic Chronicle of the Thirteenth Century*, 2 vols. Leiden/Boston： Brill.

Stanziani, Alessandro. 2008. “Serfs, Slaves, or Wage Earners? The Legal Status of Labour in Russia from A Comparative Perspective, from the Sixteenth to the Nineteenth Century,” *Journal of Global History* 3： 183–202.

——. 2009. “The Legal Status of Labour in the Seventeen to the Nineteenth Century： Russia in A Comparative European Perspective,” *International Review of Social History* 54： 9–39.

Weiss, Yoram and Fershtman, Chaim. 1998. “Social Status and Economic Performance： A Survey,” *European Economic Review* 42： 801–20.

Wiener, Martin J. 1981. *English Culture and the Decline of the Industrial Spirit, 1850–1980*. Cambridge, UK: Cambridge University Press.

〈付記〉 本稿は、平成二九・三〇年度東京大学卓越研究員スタートアップ経費による研究成果の一部である。

近代日本における特許権者の素描

大泉 陽輔

はじめに

一　個人特許権の時代

二　法人特許権の登場

三　特許権者の二分化

四　法制上の二分化

五　企業による特許管理の一齣

結　語

はじめに

「第四次産業革命」[1]の只中にあるとされる今日の経済社会において知的財産法制に対する関心はますます高い。しかしながら該分野は法制史学において未開拓のまま置かれている。特許法に代表される産業財産権法の史的分析は近代日本における産業発展の法的基礎を明らかにし法制史と経済史を架橋する意義を有する。本稿は近代日本における特許権者の特性（特許権者の構成および特許取得・管理の態様）を描出することを通じて特許法制と産業社会との関係の一端を提示することを目的とする。蓋し特許権者の特性は、産業構造が投影される点で経済史と連関するとともに、そこで示された特許制度の利用実態が制度運用者側に要請された執行体制像を浮かび上がらせる点で立法史研究や制度分析といった典型的法制史学へと結び付くことから、特許法史研究の基礎作業として有益な視角と言える。

近代日本における特許権ないし特許活動の史的分析については経済史学に優れた先行研究を求めることができる。第一に、特定の産業分野における技術革新の指標として特許統計を用いるもので大塚啓二郎氏や清川雪彦氏などの研究[2]が存在する。もっとも、これらは特許権の利用実態そのものに着目する本稿の関心からはやや外れる。第二に、特許統計[3]の数量分析をなすもの[4]である。特許活動ひいてはイノベーションの長期的動向の究明はこのような観点からの研究の得意とするところと言える。しかし、発明者・企業による具体的な特許管理や、特許法制と技術開発との関係を明らかにするにはやはり記述的な分析が不可欠であろう。そこで西村成弘氏による近年の研究[5]に代表される、特定の企業に着目してその特許管理を考察するものが第三の類型として挙げられる[6]。西村氏は東京芝浦電気の特許管理、とくにゼネラル・エレクトリック社（GE）との提携関係について詳細に分析し、GEの特許管理活動を契機として日本企業に特許管理能力が蓄積されるプロセスを明らかにした。同氏の成果は近代日本における特許権者の実態を示すものとして示唆に富む。ただし、個人発明家が有する特許権が多数を占めることもまた技術後進国たる近代日本に確かな事実であり、近代日本における特許権者の肖像を描くには個人特許権も含めた考察が必要となる。この点、紡織機械工業を事例として戦間期に特許権を企業に帰属させる「発明の法人化」現象が見られたとする谷口豊氏の指摘は重要である[7]。谷口氏によれば「発明の法人化」には個人取得特許権の法人への譲渡および個人の発明が予め法人内職務として前提されるいわゆる職務発明の二つのケースがあり、それらは綿紡織業の拡大を背景に研究開発が活性化された一九二〇年代後半以降に展開された。併せて、企業内において研究開発機能の集中およびその設計部門からの分離という動きがあったとされる。本稿もまた「発明の法人化」概念に異を唱えるものではなく、むしろ分析枠組みにつき同氏に負うところが大きい。しかしながら、谷口氏の考察対象は主として「発明の法人化」の生じた転換期に限られているため、個人発明への関心がやはりやや希薄であるとともに転換期以前を含めた検討の余地は残されている。

特許権者には自身の特許権を経済的に有効活用しうる主体もあれば、他方で特許権から十分な利益を引き出し得ず管理コストをも負担し得ない主体も存在する。さらに、後述するように初期の特許法制が模造の弊害に苦しむ零細発明家の救済を目的とする一方、明治三二年法以降の特許法が徐々に法人発明・近代技術を念頭に置いて制定されるに至る通り、零細特許権者・大特許権者の区別は日本近代特許法制の展開を分析するうえで有用な分析軸である。

もっとも、個人特許権と零細特許権者、あるいは法人特許権と大特許権者は必ずしも対応しない。御木本幸吉のごとく個人が大発明をなす例もあれば、法人発明のなかには個人経営による小発明も含まれよう。しかしながら、これらを区別することは史料上限界がありその基準の設定も容易でない。そこで本稿では次善の策ながら、零細特許権者・大特許権者に近似し特許統計にも可視化される指標として個人・法人別という分析方法を採用する。

以上を踏まえて本稿は個人発明・法人発明の双方を含めた特許権者の実態について法制度と関連させながら通時的に検討することによって技術後進国たる近代日本における特許法制の意義・機能を明らかにする。検討の起点は明治期に遡る(8)。

なお、本稿は筆者が執筆中の博士論文の一部を構成するものである。本稿の考察から析出される近代日本に要請された特許法制像の実現過程およびその限界と位置付けに関する立法史的論考・制度分析については別稿を準備したい。

一　個人特許権の時代

日本における発明保護法制の必要性は早くも明治初年に多くの論説によって主張され、明治四年には「専売略規則」が公布された。しかし、同規則は程無く翌年に執行停止となる。その後の本格的な立法作業は明治一四年に設立された農商務省において高橋是清を主任として開始された。法案審議過程において制度取調局御用掛であった井上毅による特許制度反対意見が提出される(9)。これは我国今日の急務は欧州の事物の模倣にあることなど六項目を理由として特許制度を時期尚早とするものであったが、結局採用されることはなく明治一八年に「専売特許条例」(太政官第七号布告)が制定された。当時の新聞からは、発明をなした者が他人に自らの発明を模造され、ために窮乏に陥っていることが問題となっていたことが窺える。[10]井上が近代工業技術を念頭に置いたうえで技術の流伝を重視して特許法制に反対したのに対し、国内においては模造の弊害の防止こそが要請されており専売特許条例はそれに応えるべく制定されたものであった。事実、農商務省は「近年社会ノ開明ニ赴クニ随ヒ工業上ノ発明ヲナス者陸続輩出スルアリ。然ルニ一旦其発明ヲ世ニ公ニスルヤ忽チ他人ノ模造スル所トナリ、為メニ多年心神ヲ労シ夥多ノ金員ヲ費シタルモノモ其労費ヲ償フ能ハサルノミナラス却テ損失ヲ蒙ムラサル者幾ト稀ナリ」[11](句読点筆者)として、模造の弊害を根拠に特許法制の必要性を主張しており、要するに専売特許条例の立法目的は発明家を窮乏から保護し、下からの積み上げによる技術発展を目指すことにあった。「今后は恣に自他の発明品を擬造し発明者が多年の歳月と費用とを費やし非常の辛苦を嘗め始めて成功し是より将に占めんとする人の利益を奪ふ如き弊害も自然其跡を絶つに至り(中略)彼の米国の如き隆盛の域に至るも敢て期し難きの業にあらざるべし」とする『中外物価新報』明治一八年四月一八日に見られるごとく国内世論はこれを歓迎した。専売特許条例に外国人特許権が認められていないことは上述の立法目的から当然であった。専売特許条例は依然簡略的なものであったが、高橋の欧米視察を経て主としてアメリカ法を参照して明治二一年に制定された特許条例(勅令第八四号)をもって特許の定義・要件等の充実が図られ、ここに日本における近代特許法の素地が確立した。[12]

しかしながら、模造の弊害の防止は発明者の栄耀に直結しなかった。特許局は明治二一年一二月一二日から同月二五日にかけて八回に亘って「特許発明実施ノ状況」と題した調査報告を官報に連載している。その趣旨は、施行以来いまだ幾許もなく殖産興業に対する特許法制の影響を把捉しがたいところ、取り急ぎ特許権者から報告書を徴収することで参考資料に供するというものであった。報告条項は発明実施の年月および経過年月数、発明品販売数額および代価総額、販路の状況、特許により生じた損益、発明実施の形跡、特許権侵害者の有無等の諸点に及び、計一六九の事例報告を得た。

特許権者自身による自由記述という調査手法の性格上、統計的な分析には馴染みにくいが、調査報告からは多寡含めて純利を上げる発明も当然存在する一方、[13] 初期経費は償わないながら販路に望みありとする者を除いてもなお、苦境に立つ発明者が多く存在したことが窺える。軽便焚附木（特許第二〇号）の発明者某は、明治一八年一二月より同発明を実施するもその製品が臭気を帯び黒煙を発するために不評を来し、同二〇年九月ついに製造を見合わせるに至った。[14] 雪木履（特許第一〇九号）の発明者某は、明治一九年一二月の発明実施以降需要甚だ少なく、改良を考案中だが特許証を返納するほかないと述べる。[15]

事業失敗の要因としては発明自体に起因するもののほか、利便性が周知されていないこと、製品が高価であることなどを挙げる報告が散見される。また、早沸瓶（特許第七六号）の発明者某は当初盛んであった販路が昨今大いに閉塞し特許以来千円余の不足を生じているところ、拡張には多額の資金を要するため目下検討中であるという。[16] 釜蓋（特許第一九二号）の発明者某は、その製造一時中止の要因のひとつとして事業拡張の資金を給し得なかったことを挙げる。[17] 言うまでもなく発明者は資本家でないことが一般であり事業資金の獲得は必須にして困難な課題であった。[18] 高橋是清は欧米視察からの帰国後におこなったと思われる講演のなかで英国工芸会会員カンムピンノキ氏なる人物の言を引用しながら「発明者ハ通常金持チニアラズ。概シテ言フトキハ発明者ハ其発明ヲ実行シ之ヲ発達セシムル手段ニ就テハ殆ント自カラ何事モ為シ得ザルモノナリ。故ニ製造人又ハ資本者ニ頼ラザルヲ得ズ」[19]（句点筆者）と述べ、特許の存在が発明家と資本家の連携を促すと説いた。しかしながら、その実際上の効果は疑問なしとしない。当時の発明家と資本家の関係を詳らかにする史料は寡聞にして知らないものの、個人発明家の資本不足は後述のごとく時期を下って深刻な問題であり続けたため、専売特許条例・特許条例期においてもやはりその提携は円滑でなかったと考えてよいであろう。国立日本文化研究センター民事判決原本データベースには発明実施に関する資金提供をめぐる事案が収録されている(20)。

以上のように、専売特許条例・特許条例が発明活用の枠組み・事業展開の契機を与えたとしても、特許権から具体的な利益を上げる者は少なく、特許局は右の調査報告をもって「今之ヲ通覧スルニ専売権侵害ノ如キハ殆ト之ナク専売特許ニ由リ生セル損益ニ至リテハ損失ノ方多ニ居ルカ如シ(21)」と総括した。特許局の調査以後の新聞記事もまた往々にして特許権の利用状況に悲観的である。『中外商業新報』明治二三年一月三〇日は「特許後一ヶ年を経て其損益を計算し利益ある発明品はいと少なしと云ふ」と伝える。また、『時事新報』明治二九年二月二七日は「之(特許権――筆者)を得たるが為め出願人に幾何の利益ありしか聞くところ少きのみならず中には特許権を得たるのみにて之を放擲したるものもあり」と述べたうえで、「皆愚にも附かざる品のみ多きは畢竟学理を知らざる人の投機的出願に属するが為め」と分析する。転機は資本主義経済の本格的な成立を俟たねばならなかった(22)。

二　法人特許権の登場

明治政府の最重要課題が不平等条約改正にあり、国内の法体制整備、とくに基本法典の編纂がこれと密接不可分の関係にあったことは法制史の常識であるが、知財法制の整備もまたそれに与るところがあった。すなわち、欧米諸国からの日本における自国民の知的財産権保護の要請に応え、改正条約の附属議定書のなかでパリ万国工業所有権保護同盟条約（以下、パリ条約と略称。同条約第二条は締盟国間の内国民待遇を定める）への加盟を約し、そのための法改正が必要となった。[23]そこで特許条例にも改正が施され明治三二年特許法（法律第三六号）として公布された。同改正によりパリ条約加盟国の出願者にも特許付与が認められることとなる。また、本稿の関心からは明治三二年法によって特許出願の主体として新たに法人が加わったことも特筆に値する。ここに特許権者として外国人・法人が登場した。[24]なお、明治三二年法はパリ条約加盟に備えた応急的改正法であり、商工業の発展と相俟ってさらに充実した発明保護が必要となり明治四二年特許法（法律第二三号）の公布に至った。この間、明治二一年に一八三件であった特許登録件数は、明治三二年には二九七件、明治四二年には一八六八件へと急増しており、[25]制度利用の進展が窺える。うち外国人特許権は、年ごとの変動はあるものの平均して三〇パーセント程度を占める。[26]

時をほぼ同じくして日本経済は産業資本確立期を迎える。日清戦争での勝利による賠償金獲得による正貨準備および財政規模の増大を背景に、戦後の公定歩合引き下げによる景気好転を端緒として、明治二八年後半から鉄道・銀行・紡績を中心に（第一次）企業勃興が生じた。[27]加えて、日露戦後の輸出好転による貿易黒字および金融緩和、さらに鉄道国有化による公債流動化の期待もまた明治三九年に企業設立ブームをもたらした。ここでのブームは鉱業・製造業を含む多くの産業に及び、金属・機械、化学、食料品などの後発の諸分野において新企業が多く台頭した。[28]このような背景のもと株式会社が増設され近代的企業の基礎が確立した。準則主義を掲げる明治商法はこれを法的に助長した。また、清国からの賠償金を契機として明治三〇年に金本位制が採用されたことで電気機械をはじめゴム・石鹸・ガラスなどの分野や軍需産業において外資輸入が促進され、しばしば技術導入がこれに伴った。[29][30]

この際、特許契約は技術導入の有用な媒介項となる。三菱合資は蒸気タービンにつきすでに二件の日本特許権を取得していたイギリスのパーソンズ社から明治三七年にリアクション式蒸気タービンの製作販売権を購入した。[31] わが国初の外資会社である日本電気はアメリカのウェスタン・エレクトリック社（ＷＥ）が五四パーセントを出資して明治三一年に設立した。同社は売り上げの二パーセント程度を支払うことを条件にＷＥが有する特許の日本における独占的再実施権を得ることで技術導入を進めた。また、ＷＥの技術につき日本特許申請をおこない、[32] 明治四〇年時点で四四件の特許権を保有するに至った。[33] 東京電気は明治三八年にＧＥが株式の五一パーセントを取得したことを背景にＧＥとの間に特許協定を締結した。これにより同社は白熱電球に関するＧＥの特許権の独占的使用権を得た。その後、明治四〇年・大正元年の追加契約によってライセンスの範囲が拡張された。ここでの技術供与の対価は増資による新株の一定部分のＧＥへの無償譲渡であった。[34]

やがて導入した技術を改良して新たに特許を取得するケースも見られるようになる。日本窒素肥料の常務取締役であった藤山常一は、明治四一年四月に日窒がイタリアのジェネラーレ・ペル・ラ・シアナミード社から導入したフランク・カロー式石灰窒素製造法に改良を施して日窒式製造法を発明し、明治四四年九月特許第二〇七三〇号を取得している。[35] タール工業においては下村孝太郎が大阪舎密工業でベルギーのセメ・ソルベー社からのソルベー式副産物回収炉の導入を成功させたのち、明治四一年に有煙炭から低温乾溜により高級コークスを製造する方法を発明した（特許第一三五八三号）ほか、八幡製鉄所で下村の教えを受けた黒田泰造が大正六年に黒田式と呼ばれる副産物回収コークス炉を開発した（特許第三一五四二号）。[36] また、外国技術の改良という点では豊田佐吉の発明もここに挙げることができよう。明治三三年に輸入されたノースロップ自動織機が日本の原糸に不適合であったことなどから普及に至らなかったところ、すでに国産力織機の開発を成功させていた豊田商会の豊田佐吉はこれに刺激を受け、明治三六年に日本で初めての杼換え自動織機（特許第六七八七号）を完成させた。その後、明治四二年にシャトル交換の機構を洗練させた織機（特許第一七〇二八号）を開発し、大正一四年にはのちにプラット社と市場分割協定を締結することになる自動織機Gモデル（特許第六五一五六号）を完成させた。この間、豊田は明治三九年に豊田式織機を、その辞任後に豊田自動織布工場（明治四四年）を、大正七年に豊田紡織を、大正一五年にはGモデル生産の専門会社として豊田自動織機を設立している(37)。

以上のように、明治三二年法以降、日本の特許法制は世界へ開放され、資本主義確立期において特許権は民間企業の外国技術導入に法的枠組みを与えた。明治三二年の産業財産権法制の整備を、条約改正による世界的な資本主義法制への平準化によって規定された明治政府の法律整備の一過程として「明治三二年体制」中に位置付けた利谷信義氏の見解(38)はまったく至当である。特許権を媒介とする技術提携契約は第三者使用禁止効を内在する点で投資の安全を担保し、また特許にかかる発明は多くが国際的にも先端的であり日本のキャッチアップに大きく貢献した。中松盛雄特許局事務官は明治三九年時において特許法制の国際化の影響を「外国商標または発明の多数を収容せしに拘らす、我国の商工業は之が為め毫も阻害せられすして、却て興奮刺激し益々進歩発達の勢を呈せり(39)」と評した。

三　特許権者の二分化

明治三二年法による法人・外国人の登場は特許権が有効に機能する契機となったが、いまだ特許権者の大多数は個人発明家であった。明治三五年に登録された日本人特許は六七二件（外国人特許は一九九件）であるところ、そ

権利譲渡広告および特許実施広告の例

△特許譲渡▽
●特許第二四九九〇号
引窓紐止め自在具
本品は引窓の紐を引きて戸を閉ちたる時其紐を結び付ける等の手数なく容易に固定して後戻りすることなからしむる簡単なる構造の金物なり引窓の紐に限らす揚け幕帆綱若くは物を綴る場合等にも応用し得るか故に用途甚た広し
右特許権譲渡致度につき譲受希望の御方は左記へ御来談を乞ふ
東京市（中略）
村瀬

特許実施広告
一特許第五五五〇号　電気孤光燈
一特許第八九七八号　繊条製造法ノ改良
一特許第二〇一〇五号　危急調速器
一特許第二〇一〇六号　化学的化合物ノ還元法
一特許第二〇一〇七号　硼素化セル導体ノ製造方法ノ改良
右特許権者　ゼネラル、エレクトリック、カムパニー
（中略）
右特許ヲ相当条件ノ下ニ使用又ハ譲受ケントスル方ハ特許権者ノ代理人タル拙者ヘ御申出有之度候也
大正三年六月三日
東京市（中略）
岸　清一

のうち法人特許はわずかに一一件、日本人特許全体に占める割合は一・六パーセントに過ぎなかった(40)。

個人発明家の情況は依然概して暗い。『東京朝日新聞』明治三六年八月三一日は「縉紳富豪の公共的に発明家を保護し研究の資本を貸与するが如きは絶無にして、偶之れ有るものは即ち発明家を喰ひ物にせんとする山師的商人のみなり」と伝え、「発明創作を奨励せよと云ふも発明前に之を保護するとは容易ならざるとなればせめて発明後には其効益の多少を考察して発明者に相当の褒賞を附与する様になすべし」と説く。早くも個人発明の保護としての特許制度の限界が指摘され報償制度が提言されている点が興味深い。他方、資本家側の主張として「儲かる儲からぬと言ふ様な考を去り兎に角発明事業奨励のため資本を投ぜよと迫まつても資本家が是に応じないのは止むを得ない」とする渋沢栄一の論はもっともであるが、渋沢はさらに「発明家には割合に狂人じみた人の多い。(中略)仮に発明そのものはいいにしても其の発明者が半狂者の様な人であるならば資本家は其の半狂者相手に金を出すことは一寸躊躇する」(句点筆者)と述べ発明家への不信を隠さない(41)。

採算が合わないまま特許料不納に陥る発明家も多く存在したと推測され、明治四二年度の特許取消一五九七件のうち一三二二件が料金不納を原因とするものであった。特許局はこれを「注意スヘキ現象ナリ(42)」としている。また、当時の『発明』(後述する帝国発明協会が発刊する雑誌)誌上には個人発明家が特許権を手放したものと思われる権利譲渡広告がしばしば掲載された。前頁に掲げた二例は個人発明家にかかる特許第二四九九〇号の譲渡広告および比較のために掲げた外国企業(ここではGE)の特許実施広告、いずれも『発明』一一巻五号(一九一四年)からの引用である。引用にあたっては個人発明家による広告・(外国)企業による広告それぞれのうち一般的な性格のものを選んだつもりである。両者を比較してみると個人発明家による譲渡広告の特徴として、①弁理士の仲介(43)がないこと、②発明の売り込み文句を含むこと、③「相当条件」を付していないこと(無条件であることを明記する広告も見受けられる)、④「使用」を含まず専ら譲渡を呼びかけることが挙げられる。これらは広告者が特許管理コストを負担し得ず早急の譲渡を希望していることを窺わせる。比較的優良な発明をなした者であっても資金不足・販路確保の困難は同様で、後述する帝国発明協会による地方表彰を受けた者にあっても「家屋敷は勿論、家財道具の一部も売払って研究の資金と生活費の維持とに充」て、製品を売り出すも再三再四失敗に失敗を重ね、「一家は将に餓死の状態に瀕するに至った」(44)とする経験談が語られた。

このように個人発明家は資本主義の確立とともにますます苦境に立っており、明治三七年には「発明家を成可く資本家に結び着ける」ことを主たる使命として工業所有権保護協会が設立された。すなわち、初代会長の清浦奎吾は明治四四年におこなった東京商業会議所における講演のなかで同協会の設立動機について、「発明家は始めは素寒貧が多い。或は職工上りと言ふやうなものが多い。折角発明しても、その発明の考案中に資本は尽きてしまふ。或は折角発明が出来ても、その発明の試験をする費用さへも続かない。如何に発明家が苦心しても、その発明の効用を全ふする迄はなかなか力が続かない。斯ふ言ったやうな訳から致して、一面発明家の綱引きで先き走りも致しませうし、後押しもする。努めて、発明者の擁護者となって、その発明の立派に成り立つやうに援助して行きたい」(45)と述べている。同協会は清浦農商相のほか久米金弥特許局長・中松盛雄同事務官・宿利英治同事務官らが発起人となって設立に至り、『工業所有権雑誌』の創刊(明治三八年。同四三年に『発明』へ改題)のほか発明展覧会や特許大会を主催するなど特許制度の普及・啓発に努めた。なお、明治三九年には社団法人へ改組、同四三年には「帝国発明協会」へ改称している。

前節で述べた通り、特許権を有効に活用しうる主体としてすでに法人が登場しており、ここに個人・法人への特許権者の二分化が生じた。このことは法制上にも影響を与えることとなる。

四　法制上の二分化

特許権者の二分化の法的表現は、企業発明につき特許法における職務発明規定の充実、個人発明ないし小発明につき特許法外への保護の移行として現れた。

小発明への法制上の対応としてはドイツ法をもとに明治三八年に制定された実用新案法（法律第二一号）が挙げられる。実用新案法の保護にかかる考案は「物品ニ関シ其形状構造又ハ組合ハセニ係リ実用アル考案」とされているところ、「自然力ノ利用」を要しない点で特許法の対象とする発明とは厳密には別物である。(46) しかし、「我邦ノ如キ家庭工業、即チ此小工業ノ最モ盛ナ国柄ニ於キマシテハ実用新案的ノ新工夫ヲ保護スルト云フ必要ハ最モ切実」(47)であると貴族院特別委員会において清浦農商相が述べるごとく、個人発明家ないし零細発明家を念頭に置いていたことは明らかである。実用新案比率（特許件数と実用新案件数の合計に占める実用新案件数の割合）・個人特許比率（個人特許件数と法人特許件数の合計に占める個人特許件数の割合）が在来産業技術において一貫して高いと指摘する関権氏の戦前特許データ分析(48)はその傍証である。(49)

しかしながら、資本を欠く零細発明家には独占権の享受ではそもそも足りず、補助金等の発明奨励政策に保護を求めるのは必然であった。明治四三年一〇月の帝国発明協会主催特許大会では「発明考案ノ懸賞募集、特許又ハ登録品ノ実施幇助、発明家考案家ノ実施研究其他発明考案奨励上必要ナル事項ヲ確実ニ実施スヘキ見込アル法人又ハ其他ノ団体ニ適当ノ金額ヲ補助セラレンコトヲ政府ニ建議スルコト」(50)なる補助金給付の要求が決議された。また、明治四五年には発明協会評議員野口栄吉ほか二名が、①東京・大阪に発明検校所を設け発明を検校しまたは懸賞募集の方法により奨励すること、②そのために政府は明治四五年より十年間毎年五万円の補助金を下付することを内容とする発明事業奨励補助金下付の請願をおこなっている。(51) ところがこの請願は衆議院議決を経たのち、「篤ト其ノ緩急軽重ヲ計較考慮シ財政ノ都合ヲ見計ヒ相当ノ方法ヲ講セムコトヲ期ス」とする牧野伸顕農商相の意見に基づき、予算の都合上見合わせとなった。その後、野口は大正二年、同四年にも発明奨励補助金に関する請願書を提出している。

これらの動きは大正六年に「発明奨励費交付規則」（農商務省令第二八号）として実を結ぶ。同規則により、①有益な発明の見本製作ならびにこれに関する試験、(52) ②共進会の開催、③発明奨励に関する講演会の開催、④懸賞募集、⑤表彰、⑥その他農商相が必要と認めた事項に奨励費が交付されることとなり、(53) 大正六年から昭和一六年までの間に二一三万二〇一四円が計上された。帝国発明協会も発明表彰事業実施のため同規則による大正七年度奨励金下付を申請し、同八年二月に三万三三七〇円が交付された。同年、「発明表彰規程」を定め、第一回帝国発明表彰が実施された。翌年には規程を改定し、帝国発明表彰と地方発明表彰の二本立てとなった。(54) 昭和八年に実施された第三回帝国発明表彰では「発明家の推薦を認め、隠れたる発明家の摘発に努め」(55) るなど草の根的発明家にも留意していたことが窺える。さらに同協会は研究指導・見本製作・設備貸与等の便宜を図るべく大正一一年に発明協会研究所を開設した。これは一般の利用に供する点で前例のないものであった。

他方、法人発明はむしろ特許法内に規定を充実させる。明治四二年法で初めて職務発明規定が設けられ、同法では使用者主義が採用された（第三条）。(56) この職務発明規定は簡素なものであったが大正一〇年に改正された特許法では発明者主義へ転じるとともにその充実が図られる。

第一次大戦による国際的な海上輸送力の急減は日本の海運業の発展をもたらした。また、ヨーロッパ諸国が軍需品を中心とする輸入国へ転じたことはアメリカの好況に結び付き、これが生糸を中心とする日本の対米輸出を増大させた。さらに、軍需品・食料品需要に基づく対ヨーロッパ輸出のほか、ヨーロッパの輸出余力低下により供給不足となったアジア市場への輸出も拡大した。海運業・貿易業の活況は造船業・鉄鋼業における企業設立ブームを呼び、さらに工作機械・電気機械工業などへ波及した。加えて、ヨーロッパからの輸入圧力の解消は比較劣位にあった化学工業の輸入代替需要を生み、合成染料・硫安肥料などの成長の契機となった。このように第一次大戦は日本に輸出先行型成長をもたらし、重化学工業化を誘発した(57)。この間、大正六年に工業所有権戦時法（法律第二一号）が制定され、二三二件の敵国人特許権に対して四九一件の専用権が設定され、ハーバー法（アンモニア）、ビリター・ライカム法（電解ソーダ）、アンスラキノン誘導体（合成染料）などとくに化学工業技術の進展に影響を与えた(58)。

右のような産業の展開を背景に、発明にも新たな傾向が生じた。明治三二年には全特許のうち六・四パーセント（三八件）であった化学分野の特許件数が大正四年には一九・二パーセント（三四二件）(59)へ伸びるなど発明の高度化が見られ、『横浜貿易新報』大正四年一〇月一八日が「近時発明傾向一変の形勢を現はし化学的製品化学薬品等の方面を初め兎角科学的発明傾向を助長し居れる跡頗る明かなるに至れり」と伝える通り、学理の応用としての性格を帯びるものが増加した。当然その主役は研究機関や企業であり、大正一四年に広瀬基特許局技師（機械部長）は「大体特許出願の趨勢は手工的より漸次機械的に進んで居る、又一方に於て空想から実地に進んで居る。それから又学者或は専門家の出願が非常に増加して居る。従つて大会社或は大工場の出願が非常に多くなつて居ります(60)」と論じた。明治三五年には日本人特許全体のなかでわずか一・六パーセントであった法人特許は大正一三年には二一・〇パーセントを占めるに至る。[61] 「某工術ニ養成セラレタル人ト之ニ従事セザル関係ナキ人ト孰レガ其工術ニ関シテ大発明ヲ為シ得べキヤト言ヘバ幼少ノ時ヨリ其工術ニ於テ教育セラレザル人ガ却テ之ヲ為スベシト云フベキナリ」[62]と述べる高橋是清特許局長の時代は疾うに過去のものであった。[63] 科学技術重視の風潮は研究機関の設立ブームを呼び、大正三年から昭和五年の間に四〇余の国立試験研究機関が新設され、とくに大正七年から一〇年にかけて設立が集中している。[64] また、民間工業研究機関も大正一二年末時点で一六三か所が存在するに至り、うち一一八か所が大正三年以降の設立であった（四か所につき設立年不詳）。[65] これらの研究機関において発明の重要性は言うまでもなく、大正六年に設立された理化学研究所は「理化学ノ独創的研究ヲ旺盛ナラシメ、以テ工業其ノ他一般産業ノ発達ヲ期スルト共ニ、我邦人ノ発明能力ヲ発揮シテ、智能上ノ生産力ヲ充実スルハ我邦目下ノ急務」[66]とする意識のもとに誕生した。[67]

科学技術の占める地位が大きくなる情勢は特許法制に対する認識にも影響を与え、発明者保護、事件処理の公正迅速、権利の安定を図るべく特許法の改正が求められることとなり、大正一〇年特許法（法律第九六号）の公布に至った。同法第一四条は職務発明に関する規定であるが、発明者主義へ転じたほか、明治四二年法に比して詳細な規定を置くに至ったことが注目される。同条の文言は以下の通りである。

第一四条　被用者、法人ノ役員又ハ公務員ノ其ノ勤務ニ関シ為シタル発明ニ付テハ性質上使用者、法人又ハ職務ヲ執行セシムル者ノ業務範囲ニ属シ且其ノ発明ヲ為スニ至リタル行為カ被用者、法人ノ役員又ハ公務員ノ任務ニ属スル場合ノモノヲ除クノ外予メ使用者、法人又ハ職務ヲ執行セシムル者ヲシテ特許ヲ受クルノ権利又ハ特許権ヲ承継セシムルコトヲ定メタル契約又ハ勤務規程ノ条項ハ之ヲ無効トス

第二項　使用者、法人又ハ職務ヲ執行セシムル者ハ被用者、法人ノ役員又ハ公務員ノ其ノ職務ニ関シ為シタル発明ニシテ性質上使用者、法人又ハ職務ヲ執行セシムル者ノ業務範囲ニ属シ且其ノ発明ヲ為スニ至リタル行為カ被用者、法人ノ役員又ハ公務員ノ任務ニ属スル場合ノモノニ付其ノ被用者、法人ノ役員若ハ公務員カ特許ヲ受ケタルトキ又ハ其ノ者ノ特許ヲ受クルノ権利ヲ承継シタル者カ特許ヲ受ケタルトキハ其ノ発明ニ付実施権ヲ有ス

第三項　被用者、法人ノ役員又ハ公務員ハ前項ノ発明ニ付テノ特許ヲ受クルノ権利又ハ特許権ヲ予メ定メタル契約又ハ勤務規程ニ依リ使用者、法人又ハ職務ヲ執行セシムル者ヲシテ承継セシメタル場合ニ於テ相当ノ補償金ヲ受クルノ権利ヲ有ス

第四項　使用者、法人又ハ職務ヲ執行セシムル者ニ於テ既ニ支払ヒタル報酬アルトキハ裁判所ハ前項ノ補償金ヲ定ムルニ付之ヲ斟酌スルコトヲ得

（以下略）

馬場穎一政府委員（特許局事務官）によれば同条の制定趣旨は、職務発明は「会社ニ於テ生レタ所ノモノ」であるため使用者に無償で実施権を与えることが「所謂企業的原理」に照らして相当である（第二項）が、「本来ナラバ発明シタ人間ガ特許ヲ得ルノガ原則」であることに鑑みて被用者に相当の補償金を受ける権利を与える（第三項）というものであった。(68)このように実施権・補償金を含む充実した職務発明規定が設けられたこと自体、発明における企業・研究機関の重要性の高まりを示すものと言えるが、ここではさらに同条の背景にある労資関係観を探るべく審議過程に少々立ち入ることとしたい。

右の通り第三項は、職務発明についての特許を受ける権利または特許権をあらかじめ定めた契約または勤務規程によって使用者に承継させた場合の被用者の補償金を受ける権利を定めたものであるが、衆議院における審議過程では使用者が実施権を取得した場合（第二項）にも補償金を認めるべきとする修正が施された。中松真卿政府委員（特許局事務官）によればその修正趣旨は以下の二点にあった。第一に、特許権が会社に帰属することを恐れて会社を辞めてから出願する事態の防止である。また、発明家を安心して会社に置いておくことができる点で会社にとっても利益であるという。第二に、実際上において発明奨励のため会社が職工・技師に相当の補償金を与えることがおこなわれていることに鑑みて、発明を会社が実施する場合に限って相当の補償金を支払うことは必ずしも不当ではないとする。(69)ところがこの修正は貴族院において強力な反対に遭った。その先陣に立った池田長康の意見は「実施権ヲ有シテ居ルガ、併シソレハ一方権利ヲ行フ場合ニ於テ相当ノ補償金ヲ向ウヘヤラナケレバナラヌ、又其相手方ハ補償金ヲ受ケル処ノ権利ヲ持ッテ居ル、（中略）此二ツノ点ニ於キマシテ法規上、聊カ矛盾ガアルヤウニ私ハ考ヘラレマス」(70)とするものであった。これに対し田中隆三政府委員（農商務次官）が、発明させるために雇った者の場合にも相当の補償金を与えることが第一四条の趣旨であるところ、使用者の実施権取得の場合につき補償金を認めなければ「発明シタ雇人ハ発明権ハ貰ヘマスケレドモ、ソレヲ外国ニ持ッテ行ッテ金ニスルコトハ頗ル困難デアル、所謂空権ヲ握ルヤウナ虞」があるため、この場合にも補償金請求権を認めることが妥当であると応じ、(71)以下、衆議院修正の是非が議論される。

ここでの直接の論点は使用者・被用者間の利益の分配につきどこに均衡を見出すか（企業内で生じた発明につき使用者が実施権を取得するのは当然であり特許権自体は発明者に残るため被用者に補償金請求を認める必要はないと見るか、被用者が発明をなしたことにより使用者がそれを実施する利益を得ていることに変わりないため被用者は当然それに見合う補償金を得るべきと見るか）であるが、議論の端々に労資関係への意識が垣間見られる。

重工業大経営の労資関係について詳細な分析をおこなった兵藤釗氏によれば、第一次大戦がもたらした重工業の飛躍的な拡大は労働需要の急増を招くとともに労働者の自立的な生活者としての意識と賃金に対する権利意識の高まりを促し、物価の騰貴による生活危機の進展と相俟って本格的な労働運動が台頭することとなった。他方、従来の「主従の情誼」に基づく「経営家族主義」的施策が不能となったことを受けて経営者は「協調主義」に基づく労務管理（たとえば労資関係の安定化装置としての工場委員会制度）を目指すこととなる(72)。これを通じて、以後企業内昇進の慣行化および直接的管理体制（職場管理者が職長を管理上の補助者としつつ管理にあたる体制）の強化が進展する(73)。

このような労資関係の展開は右の第一四条第三項の議論にも影響を与えたらしく、衆議院修正削除を主張する意見は補償金をめぐって被用者と使用者の間に「種々ナル紛争ヲ起スヤウナ惧レガアル」とするものであり、他方、修正支持者は「今日ノ時勢ハ思想上ノ変化ヲ来シテ居ル、ソレガ使用者（被用者の誤りか――筆者）ノ地位ト云フモノヲ成ルベク向上セシムル必要ガアルノデ、是等ニ対シテ相当ノ補償ヲナサシムルト云フコトガ、必要デアル」旨を力説した(74)。また、木場貞長は修正に反対する理由として、「近頃ハ労働者ノ鼻息モ荒イ時節デアッテ、（中略）資本家労働者ト云フガ如キ大ナル紛議モ起シ兼ネヌ」ことを挙げ(75)、対して岡田文次は空気が荒くなっているからこそ「出来ルダケ雅量ヲ示シテヤルモノハヤルト云フ事ニシタ方ガ」よいとして衆議院修正を支持した(76)。このように議論内容自体はやや理念的・平行線的色彩を帯びつつ結局、修正削除論が多数を占め貴族院において第三項は原案に復することとなった。衆議院へ回付された際、清瀬一郎は「労働者技師ノ権利ニ関スル問題デアルガ故ニ、衆議院ニ於テハ、主義トシテ之ニ同意スベカラズ(77)」と強く反対したが、会期が切迫していることもあり可決されることとなった。

以上のように大正一〇年法は企業内発明の活用に資するべく詳細な職務発明規定を用意したが、それは第一次大戦後の産業構造の変化・労資関係の展開に機敏に応ずるものであった。他方、特許法の主たる対象から外れつつある感の深い個人発明家は特許法外に保護を恃むこととなった。特許権者の二分化を反映して法制上も二重構造をとるに至った。

五　企業による特許管理の一齣

本節では企業による特許管理の一端を主に電気化学工業（現デンカ株式会社）を例に検討したい。

電気化学工業は藤山常一の創設に成る。藤山は明治四五年に日本窒素を退陣したのち北海カーバイド工場を設立、そこで日窒の特許権を侵害しない装置の考究を進め、のちに電化式と呼ばれる石灰窒素製造法[78]を発明し大正三年に特許を取得した（特許第二五五五七号）。その後、個人資本による経営には限界があるとして大正四年に団琢磨・牧田環・藤原銀次郎などの三井系有力者の援助を受けながら北海カーバイドと藤山の特許権一切を譲受するかたちで電気化学工業が設立された。

しかしながら、設立と前後して日窒との間に特許争訟が生じる。日窒が三菱系資本と提携していたことからこの争訟は「三菱三井大争議」と称された[79]。争議は大正三年に日窒が電化式石灰窒素製造法特許（第二五五五七号）の無効を求めて審判を提起したことに始まる。その主張は、電化式は日窒式特許（第二〇七三〇号およびその追加特許

【第25557号特許無効審判事件】

第一審	審判第2866号	大正4.7.24.	請求不成立
抗告審①	抗告審判第859号	大正7.4.27.	一部無効
上告審①	大正７年（オ）第459号（日窒上告）	大正7.10.16.	一部破棄
上告審①	大正７年（オ）第599号（電化上告）	大正7.10.16.	一部破棄
抗告審②	抗告審判第859号	大正9.11.13.	請求不成立
上告審②	大正10年（オ）第96号	大正10.6.22.	破棄差戻
抗告審③	抗告審判第859号	大正12.5.5.	請求不成立
上告審③	大正12年（オ）第501号	大正14.5.30.	上告棄却

たる第二四三一七号）により特許出願前すでに公知となっていたとするものである。これに対して電化側は日窒式が電気熱を利用するのに対して、電化式は化合熱のみにより窒素化合物を製造するものであり両者は異なるとして反駁した。一回目の抗告審判以降は電化式の実施可能性も争点となる。清浦奎吾・高峰譲吉・渋沢栄一・和田豊治らの有力者が仲裁を試みるも功を奏さず、一時は「五百万円の大会社も或は解散の止む無きに至るやも知れざる状態」(80)であったが、日窒鏡工場・電化苫小牧工場での実験検証を含め、抗告審・上告審それぞれ三回を経て大正一四年五月三〇日の大審院判決により日窒の上告が棄却され、十余年におよぶ争訟は電化の勝利をもってようやく終局を迎えた(81)。このように設立早々長期に及ぶ特許紛争を経験した電気化学工業は特許権の重要性に対して比較的高い認識を持っていたものと推測される(82)。

それでは電気化学工業における発明にかかる特許権はいかに管理されていたか。稿末の表は戦前期に登録された電気化学工業ないしその従業員の特許権を示したものである。まず代理人について、従業員（古崎秀次郎・水野敏行・原田梧楼）が代理人となるケースが一定数確認できる。企業内部の技術者が弁理士資格を取得した例として、武田長兵衛商店の鍵谷基保（昭和一四年弁理士資格取得）・松居祥二（昭和二三年弁理士資格取得）(83)や東京電気の小松茂八（大正六年頃から出願業務に従事）が知られ、また本表にも登場する杉村信近もかつて芝浦製作所内の特許担当者であった（大正一二年に芝浦製作所を退社して杉浦万国特許事務所を開設）(84)。電気化学工業の場合もこれらと同様、出願の便宜のため従業員に弁理士資格を取得させたものと思われる。昭和二年に取得されたデットノルスケ社特許の代理がすべて古崎によってなされていることは、外国企業との技術提携につきその特許業務の窓口に社内の弁理士が従事することが便宜とされたためであろう。その他、代理人について特許第八〇九九二号（昭和三年八月二九日出願）以降、杉村信近・小林来三の名が頻出しており、何らかの業務委託関係があったことが推測される。

次に職務発明の動向を探るべく特許権者に着目すると、設立から長らくの間、例外はあるものの原則として発明者自身によって特許権が取得されていたことが分かる。これはいまだ研究開発体制が十全でなく出願件数が少なかったことによると思われる。また、とくに設立初期には第一次大戦後の労働者の権利意識の醸成が影響し、発明にかかる特許権は発明者のものと観念されていた可能性もある。海軍の例ではあるが、大正一二年に安藤謐次郎海軍少佐が、「当時ノ艦政本部長及総務部長ガ(85)『現社界ノ思想ニ鑑ミ海軍大臣ガ部下ノ考案ヲ全部国家的ニ取リ上クルハ個人人格ヲ無視スルモノナリトノ批判ヲ受クル虞アリ』トノ意見ヲ有セラレタル為」に自身による出願を認められている(86)。時折見られる例外（電気化学工業が権利者として登録されるケース）の背景を明らかにする史料は管見に触れないが、さしあたり該発明の重要性に鑑みて、会社が出願・管理コストを負担して特許権を確保することが妥当と認められたものと解しておきたい。再び海軍の例ではあるが、明治四五年に河野左金太海軍大佐は松本和海軍艦政本部長に宛てて「小官ノ意旨タル固ヨリ営利的ニ無之候ノミナラズ年々納税ノ負担ニハ堪ヘサルヲ以テ（中略）海軍ニ於テ其手続御履行被成下候得バ小官ノ幸栄無之上」として海軍による特許出願を申し出ている(87)。

会社による権利取得がなされるようになったのは特許第一二四九四三号（昭和一一年九月四日出願）以降のことで

あった。さらに昭和一二年一二月には発明考案取扱規程が制定されており、この頃から会社による特許管理が本格化したと言える。同規定は、発明の届出義務、および原則として特許を受ける権利は会社が承継すること、これに対して相当の補償金を支払うことを定めていた(88)。このような特許管理の本格化は試験研究体制の確立の時期とおおよそ一致する。電気化学工業は設立から間もない大正五年にすでに目黒に分析所を設けアンモニアソーダ法や金属アルミニウムなどの研究をおこなったが、第一次大戦後の不況の煽りを受けて大正八年に早くも閉鎖された。昭和四年には東京府立商工奨励館試験所内に工務実験室を開いたが、これは「実験室に値しないほどの貧弱な施設(89)」であった。やがて充実した研究所が必要となるに至り、昭和一三年に目黒研究所が設立された。その後同研究所は昭和三七年に町田へ移転し中央研究所へと改組された。以上のように、特許法上の職務発明規定はすでに大正一〇年に整備されていたものの、電気化学工業において会社出願が開始され、また発明・特許に関する内規が定められたのは昭和一〇年代に入ってから、研究機構が本格的に強化刷新されるのと歩調を合わせてのことであった。

企業・官公庁における職務発明に関する内規については帝国発明協会編『発明年鑑』昭和一五年版・同一六年版に掲載された調査結果が存在する。これには、①使用者たる法人が権利を承継することを定めるものとして八機関（造幣局、専売局、東京電燈、理化学研究所、日本光学工業、南満州鉄道、郡是製糸(90)、昭和製鋼所）、②使用者たる法人は権利を当然には承継しないとするものとして、三機関（鉄道省、日本製鉄(91)、昭和鉱業(92)）、③単に褒賞ないし表彰制度により処理することを定めるものとして一八機関（逓信省、内閣印刷局、農林省、三井鉱山、明電舎、横浜電線製造所、東京電気（東京芝浦電気(93)）、富士電気製造、日本毛織、オリエンタル写真工業、保土谷曹達、川崎造船所、東京瓦斯、大日本製糖、愛知時計電機、浅野セメント(94)、大同製鋼、日満アルミニウム）が掲げられている。このように昭和期に入っても発明者個人が出願するケースは一定数存在したことが窺え、そこには日本製鉄のごとき大企業も含まれていた。さらに、この調査によれば権利関係を定める職務発明規程を持たない企業・官公庁はむしろ多数を占めた。特許部門の設置は職務発明規程の制定よりもさらに遅れたであろう。八幡製鉄所は昭和一二年から会社の業務として出願手続きをおこなうようになり（それ以前は個人ベースに委ねられた）、その後昭和一九年に能率課に特許掛を設けた[95]。武田薬品工業が特許部門を創設したのも戦後のことであり、昭和二五年、研究所事務課に特許係を置いた。この特許係は同二八年に研究所特許課として独立した。明治四三年の創業当初から多くを会社出願によっていた日立製作所であっても日立工場に特許係を設けたのはようやく昭和八年になってからであった[96]。

以上、断片的な史料によるものではあるが、企業による特許管理について権利者や職務発明規程をもとに検討した。電気化学工業は藤山常一の発明にかかる特許権を主力として創業し、またその当初から日本窒素との長期に及ぶ特許争訟を余儀なくされたことから特許権に対する認識は高かったと思われるが、その電気化学工業であっても発明者個人による出願がしばらく続き、本格的な研究体制の整備にあわせて会社による権利取得がなされるようになった。他の主要企業・官公庁についても昭和一六年時に至ってなお、少数派ながら個人出願がおこなわれる機関が存在した。さらに、権利関係を定める職務発明規程を持たず単に表彰規程等により処理するものはむしろ多数であり、特許部門の設置は大企業であっても戦後に設けられるものが多かったと思われる。大正一〇年法は科学技術主義の情勢のもと存在感を大きくする法人特許を念頭において第一四条に職務発明規定を置き、業務範囲に属しかつ任務上なされた発明について事前の契約・勤務規程による特許を受ける権利または特許権の承継を認めたのであるが、企業による特許管理の実態はこれとややギャップがある。特許権の法人への帰属ないし職務発明規程の導入は各企業の研究体制の動向などの事情を踏まえて採用されるものであり、大正一〇年法はこれに先んじて法人に発明活用の枠組みを与えるものであった。

結　語

本論集の共通論題に「経済」が掲げられているところ、本稿は技術発展（経済）と特許法制（法）の関係についてとくに個人・法人別の特許権者の特性に着目して考察した（加えて、個人・法人を経済活動における広義の「身分」と見ることもできよう）。本稿の論旨を要約すれば以下の通りである。

近代日本における特許法制は早々に廃止された専売略規則を除くならば明治一八年の専売特許条例に始まる。明治二一年には特許条例が制定され以後の特許法制の基礎が整う。これら初期特許法制は模造の弊害に苦しむ個人発明家の救済を目的とするものであった。しかしながら、特許権は事業展開の道具を与えるものであったが、その利用実態を見るに特許権から具体的な利益を獲得するケースは少数であった。特許権が本格的に機能し始める契機となったのは明治三二年法が特許権の享有主体として法人・外国人を登場させたことである。日清・日露戦後の企業設立ブームおよび日清戦後の賠償金を元手とする金本位制の採用を背景に外国からの技術導入が進展したところ、特許権は技術導入の媒介項として便宜であり民間企業における技術発展を扶翼した。また、導入技術の改良の試みも散見された。

このことは特許権者の構成から捉えれば個人・法人への特許権者の二分化であった。資本主義の確立とともに個人発明家はますます苦境にあり、管理コストを負担し得ず特許権を手放すケースも多く存在した。帝国発明協会の前身として明治三七年に設立された工業所有権保護協会は発明家と資本家の提携斡旋を主たる目的として誕生した。

このような特許権者の二分化は法制上にも現れる。法人発明の占める地位が大きくなることの法的表現として明治四二年法には職務発明規定が置かれた。第一次大戦中のヨーロッパからの輸入圧力解消を契機とする輸出先行型成長・重化学工業化がもたらした科学技術主義は技術発展における法人発明の重要性をさらに高め、大正一〇年法では職務発明規定の充実が図られた。他方、零細発明の保護はむしろ特許法外に用意され明治三八年に実用新案法が制定された。また、資本不足により独占権の付与ではそもそも足りない零細発明家は発明奨励補助金による保護を求めることとなり数次に亘って請願が提出され、大正六年の発明奨励費交付規則へと結実する。帝国発明協会は同規則による補助金を用いて大正八年以降発明表彰事業を実施し、同一一年には発明協会研究所を開設した。

本稿では企業における特許管理の動向についても検討した。藤山常一の発明にかかる特許権を主力として創立し、また創立早々に日本窒素との特許争議を余儀なくされたことから、特許権に対する比較的高度な認識を有したと思われる民間主要企業の電気化学工業においてさえ、創設後二十余年に亘って発明者個人による特許出願がなされていた。会社による特許権取得が慣行化されるのは昭和一一年以降であり、本格的な研究開発体制が整うのに前後してのことであった。他の主要企業においても発明者自身による個人出願は少数派ながら存在し、権利関係を定める職務発明規程を持たず単に表彰規程等により処理する企業、特許部門を置かない企業については戦前期を通じてむしろ多数であったと思われる。

以上の考察からいわゆる「発明の法人化」はいかに捉えられるか。「発明の法人化」の指標は必ずしも一義的ではないが、まず、権利者の絶対数に着目するならば「発明の法人化」はいまだ過渡期であった。確かに法人特許権は逓増していたが、戦前期を通じて個人特許権を上回ることはなかった(97)。次に経済活動に占める位置を指標とするならば、例外があることは言うまでもないが、個人発明が華々しく機能したことはなく、いまだ法人特許権が登場しない初期特許法制期においても同様であった。よってこれに関する「発明の法人化」はそもそも存在しない。

先行研究における「発明の法人化」は「個人ではなく企業が特許を取得する」[98]こととされ、谷口豊氏はさらに①譲渡型（個人取得特許権の法人への譲渡）と②職務型（個人の発明が予め法人内職務として前提されたいわゆる職務発明）に分類しこれらが一九二〇年代後半以降に進展したとする。いま前者の動向を論じる用意はないが、資本主義の確立に伴い特許権者の二分化が深くなり、幾多の個人発明家が特許権を手放す旨の広告を掲載し、研究機関や企業が技術開発の主要舞台となるなか、個人発明が法人へ譲渡されるケースが増加したとは考えにくい。後者については、戦間期においても個人出願による企業、職務発明規程を持たない企業が存在したことは前述の通りである。他方で、会社出願に着目すれば早くもこれを戦間期以前におこなう企業が存在したことも夙に知られている。GEと提携関係にあった都合上、他企業に先んじて特許管理能力が蓄積されることとなった東京電気では明治三九年にすでに特許権を会社に帰属させるケースが見られ、大正六年には企業内部で出願業務がおこなわれるようになった。[99]同様に芝浦製作所も大正初年には専任の特許管理担当者を置いていた。[100]また、三菱造船は明治三三年の同社初の特許以降多くが会社出願にかかり、大正一〇年法の制定を受けて同年に「三菱造船株式会社職員発明ニ関スル規程」を定め、職務発明にかかる特許を受ける権利または特許権を会社が承継する方針を明確にした。このように職務型の「発明の法人化」についても各企業の研究開発体制の拡充度などと相俟って早晩様々であり、一概に戦間期をもって「発明の法人化」が生じたとする見解は今後さらに検討する余地があろう。他方、法制上においては比較的明確に「発明の法人化」が観念できる。個人発明家の保護として出立した特許法制が明治三二年法による法人特許権の登場から明治四二年法を経て充実した職務発明規定を有する大正一〇年法に至る過程をもって日露戦後から戦間期にかけて法制上の「発明の法人化」が進展したと捉えることはできよう。

最後に、本稿が明らかにした特許権者の特性から日本近代特許法制を経済的背景と連関させて位置付け、法（特許法制）と経済（技術開発ないし特許活動）の関係について考察を試みたい。これまで述べてきた通り、近代日本における特許法制は資本主義の確立に適応する形で改正されてきた。各法制における経済的背景については本節でも触れたところであるが、本稿はさらに職務発明規定の制定過程における議論が労資関係をめぐる潮流を反映したものであることを指摘した。しかし、急いで付け加えるならばそれらは、法と経済の関係についてとくに資本主義的再生産の場面について語られたような〈経済的諸関係の範型を法的規範として公認したもの〉(101)ではなく、〈来るべき技術発展に備えて発明の活用枠組みを与えるもの〉であった。専売特許条例による独占権付与という新手法を採用しての発明保護、明治三二年法による外国人特許権・法人特許権の登場およびそれを契機とする特許権を媒介とした技術導入、大正一〇年法における職務発明規定はいずれもこのように解することができる。言うまでもなくその活用枠組みを利用できるか否か、あるいは利用するか否かはそれぞれの発明者や企業に委ねられる。特許権を取得したまま苦境を脱し得ない零細発明家や大正期・昭和期に至ってなお職務発明規程を有しない企業が存在したことは前述の通りである。もっとも、これは特許法制の意義を減却するものではない。本稿の視角からは特許法制が技術開発を直接推進したことは示し得ないが、日本近代特許法が経済情勢に機敏に呼応しつつやがて訪れる技術発展に対応しうる枠組みを用意した意義を示すことはできよう。企業における職務発明管理の実態について指摘した大正一〇年法とのギャップは法制度が技術開発体制の成長期を見据えてやや大きめの衣服を着せたものであった。戦前期日本の産業技術の動向を技術後進国ながら概して順調な発展を遂げた(102)ものと見るならば、その一翼を担ったのは以上のような特許法制であった。

特許の社会史を俯瞰するには本稿が残した課題はいまだ山積している。史料上の制約から特許ライセンス契約の態様や職務発明の担い手たる労働者の実像について十分に考察できなかった。また、個人・法人という分析枠組みを採用した帰結として各産業分野間の差異を捨象することとなったほか、外国人特許権とくに両大戦との連関の視座を欠くこととなった。これらの史料調査・検討は今後の課題としたい。

さて、法人発明にかかる近代技術を中心に機能する特許社会において、経済的背景に寄り添いつつ来るべき技術発展に発明活用の枠組みを用意する特許法制は、その運用に着目すれば比較的高度の発明を捌く専門知を備えた執行体制を不可欠とする。近代日本は技術後進国であったにもかかわらず、否、技術後進国であるからこそ一層の鋭意をもって、遅くとも明治三二年法期以降の近代技術に基づく特許発明の増加に合わせて、高度の技術的判断に堪える執行体制を整備する必要があった。この点、筆者は別稿をもって特許局審査官・審判官に人的資源が充実する過程について特許審判の性質論を踏まえながら論じたことがある[103]。本稿はそのプロローグである。

注

(1) 内閣府経済財政諮問会議「経済財政運営と改革の基本方針2018」(二〇一八年)など。
(2) 大塚啓二郎「綿工業の発展と技術革新」(南亮進ほか編『日本の工業化と技術発展』(東洋経済新報社、一九八七年)、清川雪彦「技術の改良・普及と競争志向的企業家精神」(同『日本の経済発展と技術普及』(東洋経済新報社、一九九五年)。
(3) 明治一八年から昭和五八年までの特許出願・登録件数の長期統計は特許庁編『工業所有権制度百年史』別巻(発明協会、一九八五年)一三〇―一三二頁から得ることができる。また、特許庁編『特許制度70年史』(発明協会、一九五五年)一四〇―一四一頁は明治一八年から昭和二八年までの特許出願件数と各種経済指標を重ね合わせたグラフを示す。
(4) 関権『近代日本のイノベーション』(風行社、二〇〇三年)、斎藤孝「戦前の日本における特許と経済変動」(『経済論集』

三九巻二号、二〇一四年）など。
（5）西村成弘『国際特許管理の日本的展開』（有斐閣、二〇一六年）。
（6）その他、企業の特許管理に着目した研究として服部時計店に関するピエール＝イヴ・ドンゼ「戦前期日本時計産業におけるイノベーション」（『経済論叢』一八五巻三号、二〇一一年）、三菱造船に関する前田裕子「職務発明の対価：その歴史的考察」（『国民経済雑誌』一九一巻六号、二〇〇五年）などがある。
（7）谷口豊「戦間期における日本紡織機械工業の展開」（『久留米大学産業経済研究』二六巻一号、一九九五年）。
（8）なお、本稿との直接の関連は薄いが新たな研究動向として今泉飛鳥「特許制度の導入プロセスとその社会・経済的意義」（『社会経済史学』八三巻二号、二〇一七年）がある。特許の利用実態に関するこれまでの研究が専ら技術革新と関連付けて検討されてきたのに対し、今泉氏は生産・流通の諸活動に関する制度の再編成の文脈のなかで理解される必要があると指摘する。
（9）「発明免許法意見」（井上毅伝記編纂委員会『井上毅伝』史料篇第一（国学院大学図書館、一九六六年））三九八―四〇一頁。
（10）島剛「発明権論」（『郵便報知新聞』明治一一年二月六日）、田村維則「専売権ヲ与フルノ論」（『東京日日新聞』明治一四年七月一一日）など。
（11）「発明専売特許条例制定ノ件」（国立公文書館所蔵『公文録』明治一八年・第九六巻・明治一八年四月・農商務省）。
（12）なお、所管官庁として明治一八年に「専売特許所」が農商務省工務局の商標登録所内に置かれた。その後、専売特許所は翌一九年に「専売特許局」と改められ農商務省内の一局となる。さらに明治二〇年には「特許局」なる外局となりこれが特許行政にあたった（「特許局官制」（勅令第七三号））。
（13）代表的な事例として、錦莞莚織機（特許第二三号）の発明者磯崎眠亀は同発明をもって数額百十個・価額二四四三円を販売し「相当ノ利益」を得たと報告している。
（14）『官報』明治二二年一二月一八日。
（15）『官報』明治二一年一二月二四日。
（16）前掲註（15）。

(17)『官報』明治二一年一一月二五日。

(18) 幕末の幕臣・明治初期の官僚であった小野友五郎は明治一〇年に退官したのち製塩技術の改良に尽力したが、「此長年間ニ幾多之費用を要し或ハ試験場設置又ハ製塩場建築此他各地ニ技手派遣等にて出費相嵩ミ終ニ家産を蕩尽して残す所なく」なったという(「塩業経歴」(明治二九年四月)(広島県立文書館所蔵『小野友五郎家文書』))。小野の発明にかかる特許に、特許第六八一号・第一四六〇号・第二一八一号(および改訂特許第五八号)・第二七〇四号がある。小野友五郎については藤井哲博『小野友五郎の生涯』(中央公論社、一九八五年)に詳しい。

(19)「帰朝後行ヒタル講演草稿」(特許庁図書館所蔵『高橋是清氏特許制度ニ関スル遺稿』第四巻)。

(20) 大阪始審裁判所明治二〇年八月一八日判決「軽便精米器械専売特許締約履行及附帯計算請求ノ訴訟」。原告は軽便精米器械(明治二〇年六月に特許出願をおこなっているが特許取得には至っていない)を発明したが資金不足のため被告へ相談のうえ明治一九年三月、被告の出資により同器械を販売する旨の約定を締結する。ところがその後、実地試験の低調を見た被告が翻意したことで同器械の製造を見合わせることとなり、原告は約定の履行を求めて出訴した。大阪始審裁判所は契約の解除を認めて原告の請求を退け、控訴審判決(大坂控訴院明治二〇年一二月一四日判決「軽便精米器械専売特許定約履行及附帯計算請求ノ詞訟 控訴」)もこれを相当とした。民事判決原本データベースに収録されている特許関係事件は五件のみで、うち二件が本事案の始審および控訴審判決である(二〇一八年八月八日閲覧)。なお、残る三件のうち一件は折込脚(特許第六九二号)の発明者である原告の頼談を経て被告との間に該特許権を共有とする代わりに被告が原告に対し発明料を支払う旨の契約を取り結んだもので、発明者が資金不足に悩んだケースのひとつであると推察される(東京地方裁判所明治二四年五月一二日判決「専売特許品発明料請求事件」)。

(21)『官報』明治二一年一一月一二日。

(22) しかしながら、専売特許条例・特許条例の制定が徒労に終わったと見るのは早計に過ぎる。例外的ながら大発明は確かに存在し、御木本幸吉は明治二九年すでに真珠素質被着法の特許(第二六七〇号)を、豊田佐吉は明治二四年に木製人力織機の特許(第一一九五号)を、明治三一年に動力織機の特許(第三一七三号)を取得しており、これらに初期特許法制の成果を見出すことはできよう。また、外国人特許権が認められていなかったことは、産業社会に外国技術への対応力を獲得するまでの猶予をもたらし、特許行政にとっては高度の技術を処理するだけの人的資源充実の準備期間となったと捉えることができる。庄司直美氏・石戸光氏の経済分析は、低所得国における特許制度整備は、高度な技術に対応できないため外国企業とのライセンス契約の増加をもたらさず、仮に技術情報を入手できたとしても研究開発に結び付けることができないため、負の所得移転を惹き起こすことを指摘している（庄司直美ほか「知的財産権強化の経済効果分析」（『アジア経済』四五巻一一・一二号、二〇〇四年））。

(23) 外国人特許権をめぐる条約改正交渉の経過については、岡野多喜夫「条約改正と明治三二年特許法の成立」（『中央学院大学論叢商経関係』八巻二号、一九七三年）、特許庁工業所有権制度史研究会編『特許制度の発生と変遷』（大蔵省印刷局、一九八二年）八一―一〇八頁などに詳しい。また、鶴岡聡史「井上期条約改正交渉と知的財産権（上・下）」（『法学研究』八九巻五号・六号、二〇一六年）は井上馨外務卿期に外国人産業財産権の問題を議論する場として条約改正会議が選ばれるに至った経緯について論じている。

(24) 外国人特許権についてより正確に言えば、ドイツをはじめとする諸国との間に改正条約中の産業財産権条項をパリ条約に先んじて批准と同時に実施する旨の取り決めがなされており、日独通商航海条約（明治二九年一一月一八日批准交換）第一七条が外国人特許権承認の嚆矢である。

(25) 特許庁編［一九八五］前掲註（3）一三〇頁。その後、第一次大戦期にはやや低迷するが、大正一〇年に三五九三件に達すると、一九三〇代は五〇〇〇件程度で推移、一九四〇年代に入るとさらに増加し、昭和一九年には戦前期最多の八三三六件を記録した（特許庁編［一九八五］前掲註（3）一三二頁）。

(26) 外国人特許権の占める割合は一九三〇代には減少するが、なお二〇パーセント程度と高水準で推移する。しかし、昭和一八年には戦時体制の進展により八・一パーセントへと急落し、その後、終戦まで外国人特許権に関する統計は存在しない（特許庁編［一九八五］前掲註（3）一三一頁）。なお、出願件数に占める登録件数の割合は明治三一年を除いて外国人のほうが一貫して高い。

(27) 石井寛治『日本の産業革命』（講談社、二〇一二年）一四三―一四七頁。なお石井氏は、民間工場においては製糸・紡績・発火物・織物・煙草・製紙の六分野にとって日清戦後の企業勃興が重要であったことも指摘している。

(28) 中村隆英「マクロ経済と戦後経営」(西川俊作ほか編『産業化の時代(下)』(日本経済史5)(岩波書店、一九九〇年))三一—三三頁。

(29) 周知のことながら技術導入それ自体はすでに明治初期において維新政府がお雇い外国人方式によって進めていた。お雇い外国人の人数は明治八年に最多の五二七人を数え、うち二〇五人が技術者であった(梅溪昇『お雇い外国人』(講談社、二〇〇七年)二二二頁)。その後、経費削減のため一八八〇年代にはお雇い外国人はほぼ姿を消し、初期留学者・大学卒業者・工業高等学校卒業者をはじめとする日本人技術者がこれに代わった。一八八〇年代以降は、資本財の輸入にともなう「もの」に体化された技術移転方式(たとえば紡績業におけるイギリスからの二千錘紡機の輸入および民間十基紡へのその払い下げなど)が一般的であったとされる。これに対し、一九〇〇年代以降の技術移転は諸外国の大企業との技術援助契約を媒介とするところに特徴があった(内田星美「技術移転」(西川俊作ほか編『産業化の時代(上)』(日本経済史4)(岩波書店、一九九〇年))二八二—二九一頁)。

(30) 通商産業省編『商工政策史』第一三巻(工業技術)(商工政策史刊行会、一九七九年)一〇六—一〇七頁。また鈴木淳氏によれば、外国人特許権の登場により、新鋭機械の輸入代替につき特許権を有する外国企業との提携が一般となるとともに、特許権の取得を前提とする発明活動や特許にかかる製品への投資が活発となったとされる(鈴木淳『明治の機械工業』(ミネルヴァ書房、一九九六年)一七九頁)。

(31) 三菱造船株式会社編『創業百年の長崎造船所』(三菱造船株式会社、一九五七年)一五一頁。パーソンズはその後、昭和三年までに五〇件の蒸気タービン関連特許を取得している(特許庁編『工業所有権制度百年史』上巻(発明協会、一九八四年)二六〇頁)。

(32) これに関連して、戦前の電気分野では外国で開発された技術を日本企業が特許出願するケースが多いことが夙に指摘されている。富田徹男氏によれば、これは電気分野を主導するアメリカに反トラスト法規が存在するところ、地域分割の国際カルテル形成のための代替手段として特許権が選択されたことの帰結であるという(富田徹男「知的所有権」(中岡哲郎ほか編『産業技術史』(山川出版社、二〇〇一年)四五六—四五八頁)。

(33) 日本電気社史編纂室編『日本電気株式会社百年史』(日本電気株式会社、二〇〇一年)六七頁。

(34) 長谷川信「技術導入から開発へ」(由井常彦ほか『大企業時代の到来』(日本経営史3)(岩波書店、一九九五年))一三一頁。なお、同論文に「一九〇四年協定」とあるのは「一九〇五年」の誤りと思われる(東京芝浦電気株式会社総合企画部社史編纂室編『東京芝浦電気株式会社八十五年史』(東京芝浦電気株式会社、一九六三年)一五―一六頁)。

(35) フランク・カロー式は、電極を置いた鉄筒内で粉末状のカーバイドを熱しながら窒素ガスを混入させることで石灰窒素を得る方法であるが、完成した石灰窒素はいったん炉内を冷却させてから取り出す必要があり、その製造は断続的なものであった。対して藤山の発明にかかる改良法は、鉄筒の上部で石灰窒素を製造し下降する間に冷却するものであり、連続的な作業を可能ならしめた(デンカ60年史編纂委員会編『デンカ60年史』(電気化学工業株式会社、一九七七年)九二頁)。なお、特許第二〇七三〇号はのちに北海電化工業をはじめ多数の石灰窒素製造業者に分権され石灰窒素工業の発展に寄与した(電気化学工業編『デンカの歩み50年』(電気化学工業株式会社、一九六五年)一一〇頁)。

(36) 特許庁編前掲註(31)二五一―二五二頁。ソルベー式・黒田式については燃料協会編『日本のコークス炉変遷史』(燃料協会、一九六二年)七五頁以下、一一六頁以下に詳しい。

(37) 石井正『知的財産の歴史と現代』(発明協会、二〇〇五年)一八八―一九七頁、清川前掲註(2)二九七―二九九頁。

(38) 利谷信義「戦前の日本資本主義経済と法」(渡辺洋三編『現代法と経済』(岩波講座現代法7)(岩波書店、一九六六年)一三一頁。

(39) 中松盛雄「工業所有権に関する国際的保護を論す」(『工業所有権雑誌』五号、一九〇六年)。

(40) 特許局『特許発明明細書』各号をもとに筆者がそれぞれ数え上げた。

(41) 渋沢栄一「資本家の側より見たる発明及発明家」(『工業所有権雑誌』二九号、一九〇八年)。

(42) 特許局『第五次特許局年報』(一九一一年)五〇頁。なお、明治四二年における特許登録は一八六八件、現存特許権数は一二一六七件である。

(43) GE特許の実施募集を仲介する岸清一はスポーツ界の功労者として知られる弁護士であるが、GEをはじめとする外国企業の特許出願業務にもしばしば携わっていた。なお、岸については岸同門会編『岸清一伝』(岸同門会、一九三九年)に詳しい。

(44)「第四回発明地方表彰被表彰者発明経験談(三)」(『発明』二一巻一〇号、一九二四年)。

(45) 発明協会『発明協会70年史』(発明協会、一九七四年)五〇―五一頁所引。

(46) 清瀬一郎『工業所有権概論』(巌松堂書店、一九一一年)三〇八―三一〇頁。また、考案と意匠は物の外形に関する観念である点で共通しつつも前者が実用を、後者が趣味を目的とする点で異なるとされる。実用新案法案理由書には「特許法及意匠法ノ保護ノ範囲ニ属セサル実用的新案ヲ簡易ナル方法ニ依リテ保護シ以テ工業ノ発達ヲ助長セムトス」とある(「実用新案法ヲ定ム」(国立公文書館所蔵『公文類聚』第二十九編・明治三十八年・第十七巻・産業一・農事・商事・工事))。

(47)「第二十一回帝国議会貴族院実用新案法案特別委員会議事速記録第一号」(明治三八年一月二三日)一頁。

(48) 関前掲註(4)一二二―一二三頁。

(49) 個人・法人別の検討を除けば、実用新案制度が戦前期日本の産業の後進性・中小工業の発展に適合するものであったことは夙に指摘されている(特許庁編[一九五五]前掲註(3)一七七頁、特許庁編前掲註(31)二二七頁―二三〇頁など)ほか、近年の論考として桜井孝「制度創設期の我が国の実用新案制度について」(『特許研究』五八号、二〇一四年)がある。

(50) 発明協会編前掲註(45)一二一頁。

(51)「発明事業奨励補助金下付請願ノ件」(国立公文書館所蔵『公文雑纂』明治四十五年―大正元年・第四十三巻・帝国議会二十八回二)。なお、これに先んじて野口は明治四四年に、欧米諸国に比して我国産業は大いに軒軽であり特許制度のみでは足りず発明奨励保護の途を講じることは目下の急務であるとして補助金下付の請願をおこない、衆議院での議決および閣議決定を得たが「財政ノ都合ヲ見計」らうものとされそのままに置かれた(「発明事業奨励補助金下附請願ノ件」(国立公文書館所蔵『公文雑纂』明治四十四年・第三十巻・帝国議会・帝国議会(第二十七回三))。

(52) 米田英夫「発明奨励に就いて」(『繊維工業学会誌』一巻四号、一九三五年)二五七―二六一頁には当時までに補助金が交付された発明の一覧が掲載されている。これによれば全一三五件のうち一三三件が個人に対する交付である(ただし、青柳栄司や八木秀次といった帝国大学教授なども含まれる)。

(53) 大正七年の一部改正(農商務省令第二三号)により「発明ニ関スル研究室ノ開設」および「道府県発明陳列所ノ設置並道府県陳列所ニ於ケル発明品ノ陳列」が新たに補助事業に加えられた。

(54) 発明協会編『発明協会百年史』(発明協会、二〇〇六年)一四二―一四三頁。
(55) 発明協会編前掲註(45)一八九頁。
(56) 同条の文言は以下の通り。

第三条 職務上又ハ契約上為シタル発明ニ付特許ヲ受クルノ権利ハ勤務規程又ハ契約ニ別段ノ定アル場合ヲ除クノ外其ノ職務ヲ執行セシムル者又ハ使用者ニ属ス

第二項 職務ノ執行又ハ契約ノ履行ニ依ル勤務中公務員又ハ被用者ノ為シタル発明ニシテ職務上又ハ契約上為シタルモノニ非サル発明ニ付発明前予メ特許ヲ受クルノ権利又ハ特許権ヲ譲渡セシムルコトヲ定メタル勤務規程又ハ契約ノ条項ハ之ヲ無効トス

(以下略)

(57) 橋本寿朗「巨大産業の興隆」(中村隆英『二重構造』(日本経済史6)(岩波書店、一九八九年))八三―九五頁、沢井実ほか『日本経済史』(有斐閣、二〇一六年)二五〇―二五一頁。
(58) 通商産業省編前掲註(30)二二一頁、特許庁編前掲註(31)四一一頁。これらの専用権は戦後も存続することとなった(「工業所有権戦時法ニ依ル専用権ニ関スル件」(大正九年一月一〇日勅令第九号))。なお、敵国人工業所有権をめぐる学説の動向、あるいは戦争目的による私権制限に対する法学者の抵抗については伊藤孝夫「第一次世界大戦と工業所有権」(『法学論叢』一三八巻一・二・三号、一九九五年)を参照されたい。
(59) 特許局『第一次特許局年報』(一九〇六年)附表第一七表、同『第七次特許局報告』(一九二二年)二二―二六頁をもとに集計。
(60) 広瀬基「発明界の現状と発明奨励」(『機械学会誌』二八巻九四号、一九二五年)八一頁。
(61) 個人と法人の共有特許二件および軍事上秘密にして明細書を確認できない特許二件は法人特許に含めた。さらに、法人内発明と推測される個人特許(特許権者の所属として法人が列記されているもの、法人の代表者を特許権者とするものなど三八件)を加えればその割合は二三・八パーセントとなる。
(62) 特許局『特許発明明細書』をもとに集計。特許庁編前掲註(31)五八八頁には「その比率(「全特許に対して法人権利者のものが占める割合」——筆者）が10％を超えるのは大正13年を過ぎてからのことである」という記述がある。しかし筆者が数えたところによれば該年における全特許件数は一九二九件、うち日本人特許は一三八五件、さらにそのうち法人特許は二九一件である。全特許件数を分母にとったとすれば日本法人特許権の占める割合は一五・一パーセントまで下がるが、個人・法人の構成を示す指標としてはやや不適切であろう。

(63) 前掲註（19）。

(64) 広重徹『科学の社会史』（中央公論社、一九七三年）九〇—九一頁。

(65) 「民間工業研究機関」（『工業彙報』二巻二号、一九二四年）二四六頁。

(66) 「理化学研究所設立ニ関スル草案」（通商産業省編前掲註（30）二三四頁所引）。

(67) 理化学研究所は大正一五年五月時において一〇三件、昭和一八年六月時において七四二件の特許を取得している（理化学研究所編『財団法人理化学研究所案内』大正十五年版（理化学研究所、一九二六年）六二頁、同昭和一八年版（一九四三年）三八頁。

(68) 「第四十四回帝国議会衆議院特許法改正法律案外四件委員会議録（速記）第三回」（大正一〇年二月二六日）一一頁。

(69) 「第四十四回帝国議会貴族院特許法改正法律案外四件特別委員小委員会議事速記録第三号」（大正一〇年三月二二日）一頁。

(70) 前掲註（69）二頁。

(71) 前掲註（69）二頁。

(72) 他方、中小経営では一九二〇年代後半においても争議が頻発し、労働組合法案の流産により労働争議調停法が事実上機能停止に陥るなかで事実調停のかたちで国家による介入が進行したことが西成田豊氏によって明らかにされている（西成田豊『近代日本労資関係史の研究』（東京大学出版会、一九八八年）第三章）。もっとも西成田氏の研究においても、中小資本に対する国家の介入について考察される一方、労資関係そのものについては明らかにされていないことが指摘される（佐口和郎「西成田豊著『近代日本労資関係史の研究』」（『歴史と経済』三二巻三号、一九九〇年）七〇頁）。

(73) 兵藤釗『日本における労資関係の展開』（東京大学出版会、一九七一年）三二一頁以下。兵藤氏は戦前日本の労務管理は日露戦争を起点として「間接的管理体制」から「直接的管理体制」へ移行したとする構図を描く。その法史学上の位置は矢野達雄「労働法史」（石川一三夫ほか編『日本近代法制史研究の現状と課題』（弘文堂、二〇〇三年））を、経済史学上の位置は武田晴人『異端の試み』（日本経済評論社、二〇一七年）第一七章を参照されたい。
(74) 和田彦次郎副委員長発言（「第四十四回帝国議会貴族院特許法改正法律案外四件特別委員会議事速記録第四号」（大正一〇年三月二三日）一頁。
(75) 前掲註（74）三頁。
(76) 前掲註（74）四頁。
(77) 「第四十四回帝国議会衆議院議事速記録第三十五号」（大正一〇年三月二六日）九三二頁。
(78) 外部からの炉内の加熱を要する従来の製法に対して、本発明はカーバイドと窒素ガスを化合させた際の反応熱を利用する（デンカ60年史編纂委員会編前掲註（35）九三頁）。
(79) 『東京朝日新聞』大正七年三月三日。
(80) 『東京朝日新聞』大正七年五月二日。
(81) 明治四二年法・大正一〇年法では、無効審判の審決に不服がある者は特許局へ抗告審判を請求、さらに不服がある場合には法令違背を理由とする場合に限り大審院へ上告することができた（明治四二年法第八一条・第八五条、大正一〇年法第一〇九条・第一一五条）。
(82) 事件の経過については岸同門会編『岸清一訴訟記録集』特許審判篇第一輯（巌松堂書店、一九三七年）三―二一頁に詳しい。
(83) 武田二百年史編纂委員会編『武田二百年史（本編）』（武田薬品工業株式会社、一九八三年）六六八頁。
(84) 西村前掲註（5）一二二―一二八頁。
(85) 大正一二年二月二一日に安藤の出願が認許されていることに鑑みて、岡田啓介艦政本部長・村越八郎総務部長を指すと思われる。
(86) 「特許出願（3）」（防衛省防衛研究所所蔵『公文備考』大正一二年・巻一一一・物件）。
(87) 「特許出願（2）」（防衛省防衛研究所所蔵『公文備考』明治四十五年―大正元年・巻九二・物件七止）。

(88) 石川清編『電気化学工業株式会社三十五年史』(電気化学工業株式会社、一九五二年) 三一〇頁。
(89) デンカ60年史編纂委員会編前掲註 (35) 三三一頁。
(90) 郡是製糸は、「特許権承継補償規定」第一条に該当するときは特許を受ける権利を会社が承継するとしている (発明考案奨励規程第七条但書) が、筆者の調査が及ばず同条の文言は見出せていない。
(91) 日本製鉄は、従業員が自ら特許出願等をおこなう場合には会社の承認を要するとし、会社は特許を受ける権利または特許権を承継することができると定める (従業者勤務発明取扱規程第三条・第四条)。
(92) 昭和鉱業は、業務に関する発明にかかる特許出願につき会社と発明者の共同名義によるものとする (発明奨励規程第二号)。
(93) 東京電気は、会社が特許権を取得した場合または会社のために有益と認められた場合を褒賞の対象とする。ただし、筆者の調査が及ばず、いかなる場合に会社が特許権を取得するのかは不明。
(94) 浅野セメントは、事業上有益な発明考案であって出願前あらかじめ会社に届出をなし特許を受ける権利を会社に承継せしめた者または特許権を会社に譲渡した者を褒賞の対象とする (社員褒賞規程第二条第二号)。
(95) 八幡製鉄所所史編さん実行委員会編『八幡製鉄所八十年史 (部門史)』下巻 (新日本製鉄株式会社八幡製鉄所、一九八〇年) 五二—五三頁。
(96) 日立製作所臨時五十周年事業部社史編纂部編『日立製作所史1』(日立製作所、一九六〇年) 一二〇頁。
(97) 昭和一二年における日本人特許 (三七二八件) に占める法人特許 (一一八九件) の割合は三一・九パーセント (個人と法人の共有特許七件および軍事上秘密にして明細書を確認できない特許二件は法人特許に含めた)。さらに、法人内発明と推測される個人特許 (三四六件) を加えればその割合は四一・二パーセントとなる (特許局『特許発明明細書』各号をもとに筆者が集計)。
(98) 西村前掲註 (5) 九二頁。
(99) 東京電気が内規として有したのは褒賞規程のみであったと思われることは前節で述べた通りである。また、芝浦製作所も「一々事に当つて解決するより外なかつた」らしく、「明治三十五、六年頃には出願は大概各自に於てし、或は特許権の使用料を本人に支払つたこともあり、その後は特許権を会社に譲渡したものに対して、賞金又は奨励金を支給したこともあつた」という（木村安一編『芝浦製作所六十五年史』（東京芝浦電気株式会社、一九四〇年）、一八二頁）。

(100) 西村前掲註（5）第三章。

(101) 藤田勇「法と経済の一般理論」（渡辺編前掲註（38））九―一二頁。

(102) 沢井実『近代日本の研究開発体制』（名古屋大学出版会、二〇一二年）五二二頁によれば終戦直後の技術者のなかには、技術水準については欧米に準ずる程度に達していると認識し、むしろ製品量産のための生産技術に立ち遅れを痛感する者も存在した。

(103) 拙稿「近代日本における特許法執行体制の形成過程（一）―（三・完）」（『法学論叢』一八一巻五号、一八三巻三号、一八四巻三号、二〇一七―二〇一八年）。

【付　記】本稿は平成二九年度・同三〇年度日本学術振興会特別研究員奨励費による成果の一部である。

別　　表

【戦前期における電気化学工業の特許権一覧】

特許番号	特許登録	発明者	権利者	代理人
21926	明治45. 4. 2.	藤山常一		石原卯八・飯田治彦
22981	大正元. 11. 5.	藤山常一		石原卯八・飯田治彦
23307	元. 12. 28.	藤山常一		石原卯八
23762	2. 4. 10.	藤山常一		石原卯八・飯田治彦
23826	2. 4. 22.	藤山常一		石原卯八・飯田治彦
25557	3. 3. 6.	藤山常一		
25743	3. 4. 6.	藤山常一		飯田治彦
26730	3. 10. 23.	藤山常一		飯田治彦
28090	3. 8. 7.	藤山常一	電気化学工業	
36557	9. 6. 12.	藤山常一	電気化学工業	
37259	9. 10. 11.	藤山常一		
41323	10. 12. 27.	藤田健二		
42278	11. 4. 10.	古崎秀次郎		
42345	11. 4. 18.	藤田健二		
42476	11. 5. 4.	古崎秀次郎		
42694	11. 5. 30.	石川義一	電気化学工業	
43420	11. 9. 8.	藤山常一		
43712	11. 10. 13.	藤田健二		中松盛雄ほか２名
43713	11. 10. 13.	藤田健二		中松盛雄ほか２名
44044	11. 11. 30.	古崎秀次郎		中松盛雄ほか２名
44045	11. 11. 30.	古崎秀次郎		中松盛雄ほか２名
50542	12. 6. 19.	藤田健二		飯田治彦
50678	12. 7. 18.	藤田健二		古崎秀次郎
60217	13. 3. 22.	古崎秀次郎		
60268	13. 3. 29.	藤山常一		中松盛雄ほか２名
60504	13. 4. 23.	ゼーダーベルグ	デットノルスケ社	
61073	13. 8. 30.	古崎秀次郎		水野敏行
61151	13. 9. 8.	古崎秀次郎		
62898	14. 3. 18.	藤山常一		飯田治彦
63668	14. 4. 25.	ジエンス・ウエストリー[1]	電気化学工業	長島鷲太郎ほか１名
64571	14. 7. 3.	ゼーダーベルグ	デットノルスケ社	長島鷲太郎ほか１名
64660	14. 7. 8.	藤山常一		飯田治彦

66082	14. 10. 5.	藤山常一		飯田治彦
66370	14. 10. 26.	藤山常一		飯田治彦
66876	14. 12. 12.	古崎秀次郎		中松盛雄ほか2名
68465	15. 5. 31.	内藤寛		布施若瑳
71271	昭和2. 3. 3.	藤山常一		中松盛雄ほか2名
72546	2. 7. 11.	石川清		
73778	2. 10. 6.	後藤栄		飯田治彦
73801	2. 10. 7.	マーリン・ウエルザー[2]	デットノルスケ社	古崎秀次郎
73802	2. 10. 7.	エム・セキユー[3]	デットノルスケ社	古崎秀次郎
73962	2. 10. 14.	藤山常一		飯田治彦
74241	2. 11. 1.	マーリン・ウエルザー[4]	デットノルスケ社	古崎秀次郎
75082	3. 1. 17.	古崎秀次郎		宮原徹
76077	3. 3. 27.	岩城正二・水野敏行		古崎秀次郎
78812	3. 11. 1.	古崎秀次郎		
80092	4. 1. 23.	富田佐二郎		杉村信近ほか1名
82013	4. 6. 5.	衛藤久市		中松盛雄ほか1名
82093	4. 6. 10.	日比勝治		杉村信近ほか1名
82298[5]	4. 6. 24.	日比勝治		杉村信近ほか1名
83563	4. 10. 5.	橋本三郎		中松盛雄ほか2名
83565	4. 10. 5.	橋本三郎		中松盛雄ほか1名
83671	4. 10. 14.	衛藤久市		杉村信近ほか1名
83678	4. 10. 14.	藤原銀次郎	電気化学工業	杉村信近ほか1名
84132	4. 11. 15.	内藤寛		
84170	4. 11. 18.	内藤寛		布施若瑳
85587	5. 2. 24.	近藤銕次		中松盛雄ほか1名
85689	5. 2. 28.	山崎信吉・柾円治		中松盛雄ほか2名
85792	5. 3. 11.	水野敏行		小林来三
86632	5. 5. 12.	秋子貢		杉村信近ほか1名
86633	5. 5. 12.	日比勝治		杉村信近ほか1名
86634	5. 5. 12.	日比勝治		杉村信近ほか1名
86635	5. 5. 12.	日比勝治		杉村信近ほか2名
88257	5. 9. 10.	内藤寛		小林来三
88500	5. 9. 29.	水野敏行		小林来三

別　表

89187	5. 11. 18.	日比勝治		杉村信近ほか1名
90215	6. 2. 9.	日比勝治		小林来三
90762	6. 3. 24.	日比勝治		杉村信近ほか1名
92508	6. 8. 21.	日比勝治		杉村信近ほか1名
92841	6. 9. 18.	橋本三郎		小林来三
93520	6. 11. 9.	日比勝治		杉村信近ほか1名
94608	7. 2. 17.	原田梧楼		小林来三
95486	7. 4. 16.	日比勝治		杉村信近ほか1名
95996	7. 5. 27.	青野武雄		杉村信近ほか1名
96373	7. 6. 23.	日比勝治		杉村信近ほか1名
96550	7. 7. 7.	日比勝治		小林来三
96661	7. 7. 16.	吉高八郎治		杉村信近ほか1名
96669	7. 7. 18.	ウイスドム	電気化学工業	杉村信近ほか1名
98043	7. 10. 31.	日比勝治		杉村信近ほか1名
100515	8. 4. 11.	水野敏行		小林来三
101469	8. 6. 12.	西雄一	電気化学工業	小林来三
101502	8. 6. 13.	日比勝治		杉村信近ほか1名
104056	8. 12. 7.	石川清		小林来三
104057	8. 12. 7.	青野武雄		小林来三
106449	9. 6. 9.	日比勝治		杉村信近ほか1名
107596	9. 9. 10.	青野武雄[6]		小林来三
108357	9. 11. 8.	日比勝治		小林来三
108847	9. 12. 14.	日比勝治		杉村信近ほか3名
110002	10. 3. 20.	富岡重憲		杉村信近ほか3名
111573	10. 7. 13.	内藤寛・藤崎辰夫		小林来三
114470	11. 2. 13.	近藤鋹次		小林来三
115283	11. 4. 9.	日比勝治		杉村信近ほか3名
115285	11. 4. 9.	日比勝治		杉村信近ほか3名
115647	11. 5. 8.	原田梧楼		小林来三
116106	11. 6. 8.	原田梧楼		小林来三
118498	11. 12. 15.	日比勝治		小林来三
118866	12. 1. 20.	日比勝治		杉村信近ほか3名
120113	12. 4. 20.	内藤寛		杉村信近ほか3名
123346	13. 1. 13.	佐藤清次郎		小林来三

123455	13. 1. 24.	世良隆二		杉村信近ほか3名
124943	13. 5. 12.	安藤仁	電気化学工業	杉村信近ほか3名
125744	13. 7. 12.	衛藤久市	電気化学工業	杉村信近ほか3名
127282	13. 11. 10.	佐藤清次郎	電気化学工業	杉村信近ほか3名
129498	14. 3. 29.	近藤銕次	電気化学工業	中松盛雄ほか2名
129499	14. 3. 29.	香川勲	電気化学工業	中松盛雄ほか2名
131014	14. 7. 8.	日比勝治・青野武雄	電気化学工業	小林来三
132479	14. 10. 5.	西雄一	電気化学工業	杉村信近ほか3名
132517	14. 10. 7.	西雄一	電気化学工業	小林来三
133349	14. 11. 17.	佐藤清次郎	電気化学工業	杉村信近ほか3名
133352	14. 11. 17.	西雄一	電気化学工業	杉村信近ほか3名
133402	14. 11. 21.	原田梧楼	電気化学工業	小林来三
135300	15. 3. 11.	中山廉	電気化学工業	小林来三
137729	15. 8. 5.	西雄一	電気化学工業	杉村信近ほか3名
140687	15. 12. 23.	近藤銕次	電気化学工業	
145912	16. 10. 3.	中山廉[7]	電気化学工業	
147239	16. 12. 16.	庄野唯衛・北川長次郎	電気化学工業	
147760	17. 1. 22.	井上仁		
150373	17. 5. 6.	建部鐘治	電気化学工業	橋村正治
155841	18. 4. 5.	北川長次郎・庄野唯衛[8]	電気化学工業	小林来三
158678	18. 9. 2.	石川清	電気化学工業	小林来三
159895	18. 10. 30.	片桐清三郎	台湾電化	小林来三
160979	19. 1. 14.	北川長次郎	電気化学工業	原田梧楼
165377	19. 7. 22.	滝川敏	電気化学工業	原田梧楼

電気化学工業編前掲註（35）471－474頁、特許局『特許発明明細書』各号をもとに作成。なお、電気化学工業編前掲註（35）には石川清の発明にかかる特許第72564号が記載されているが『特許発明明細書』からはその存在を確認できなかった。

註 1 電気化学工業編前掲註（35）ではゼーダーベルグ。
2 電気化学工業編前掲註（35）ではゼーダーベルグ。
3 電気化学工業編前掲註（35）ではゼーダーベルグ。
4 電気化学工業編前掲註（35）ではゼーダーベルグ。
5 電気化学工業編前掲註（35）では82292号とされているが誤り。
6 電気化学工業編前掲註（35）では日比勝治。
7 電気化学工業編前掲註（35）では中山廉・坂本忠八・林讃生。
8 電気化学工業編前掲註（35）では北川長次郎のみ。

清代中国における府の初審機能

越訴の受理と審理に着目して

木下　慎梧

一　はじめに

清代の中国において、行政の頂点に立つ皇帝から末端の州県に至る各級行政機関が裁判を行っていたことは、周知の通りである。その中でも、原則としてあらゆる案件の初審を担う末端の州県に最も近く、その直属の上級機関に当たるのが府である。(1) 本稿は、この府の裁判機能の一端を考察するものである。

これまでの府に関する研究には、いくつかの系統のものが見られる。まず、広く府の司法・行政システム全体における位置づけや役割について考察した研究があり、戦前の臨時台湾旧慣調査会によりまとめられた研究報告書『清国行政法』と呉吉遠氏の論考が、その代表である。(2) いずれも、府はあくまで州県を監督する官（治官之官）に過ぎず、州県のように直接人民に接して統治を担う機関ではなかったとの結論を導き出している。また、特に府の裁判機能に特化した研究も存在し、徒刑以上の刑罰を科す際に行われる覆審を担当する機関としての府の機能を解明した滋賀秀三氏及び那思陸氏の論考が、それに属する。(3)

さらに、上控を処理する機関としての府の機能に着目した研究も行われている。「上控」とは、一旦制度上初審を担当する州県で受理されたり、またはその後審理が開始された案件につき、訴訟当事者が審理の遅延や判断の不公平等を理由に上級機関へ訴えることを指す。但し上控を行うには、初審を担当する州県に訴えを起こさなければならず、これを飛び越えて直接府を含めた上級機関に訴えることは、「越訴」として扱われ、禁止の対象となっていた。(4) 張翅氏の論考によれば、多数の上控事案が府によって処理されていたのであり、(5) 府は上控制度にとって欠か

せない役割を担っていた。(6)

一方で、府の長官たる知府が残した史料には、府が州県を飛び越えた越訴を受理し、初審として訴訟を処理していたことを伝える記述が含まれている。この点に関して、滋賀秀三氏は上級機関が越訴を受理し審理に乗り出すことがあり得た点を指摘しており(7)、また粛一山氏は、知府はより上級の道以上の官とは異なり、州県官の上官ではあったものの、裁判を含め、州県官のように直接民衆に接する官であったと述べている(8)。しかしながら、これらの研究では、府における訴訟の受理と審理に関して、それ以上の具体的な言及がなされておらず、府がどのような越訴案件を受理し審理していたのか、また、州県を飛び越えた訴えを上級機関が受理し、そこで審理を行う場合があった背景等については、十分な検討がなされていない。

そこで本稿では、越訴を軸として、清代の府が州県の裁判を監督する機関としてのみならず、初審として案件の処理を行っていた具体例を検討し、清代の法制における府の位置づけの再考を試みると共に、府において州県を飛ばした越訴が受理され得た背景についても検討する。以下、まず**二**において、府における越訴の受理や審理の前提として、越訴を禁止する律例等の成文法規定を概観する。次に**三**では、当時の知府の記録から府が越訴を受理し審理していた実態につき、実例を通して考察する。そして**四**においては、越訴に対応する立場にあった地方官僚達の見解を考察し、府(及びその他の上級機関)で越訴が受理され得た背景を分析する。(9)

二　律例による越訴の規制

前近代中国では、訴えはまず州県に提起され、そこから案件の重要度及び刑罰の軽重、あるいは訴訟当事者の上訴等により、上級機関へと案件が移され、そこで審理がなされたり差し戻されたりする構造になっていた。[10]即ち、訴えはまず州県に提起されるべきものであり、それを飛び越えた訴え、つまり「越訴」は、律例の規定上禁止されていた。

越訴の禁止規定は、既に唐律に見られ、その後の歴代王朝もこれを引き継いでいる。[11]明清時代の律例注釈書の記述によれば、その理由は国家機関の上下関係秩序の遵守や本来直接人民に向き合って統治に当たる州県官の権威維持にあるとされ、[12]その他「健訟」の防止（これについては後述する）といったことも、その理由であった。[13]

本節では、清代中国の府が受理、審理していた越訴の制度的背景を理解する前提として、越訴の禁止に関する律例の規定を概観する。まずは、順治三（一六四六）年に清代最初の律である順治律が成立して以来、清末まで変更を加えられることなく存続した律文を取り上げる。

【刑律・訴訟・「越訴」条】

およそ軍民の訴訟は、皆下から始めて上に訴える。もし管轄の〔被告の居住地の〕官司を飛び越え直ちに上司に赴いて訴えたならば、〔訴えの内容が事実であったとしても〕笞五十に処する〔管轄の官司が受理しない、ある

いは受理されても審理が正しくなされない場合に、初めて上司に訴えることができる）。……[14]

本律文は明律をほぼ踏襲したものであるが、順治律では小註が加えられた[15]。その小註には、民衆が州県の上司へ訴え出る際の条件が述べられており、条文上は上級官へ訴え出る条件を何等規定していない明律に比べ、どのような場合にそれが許されるのかが、明確になっている[16]。

そしてこの律文をさらに補強するものとして、康熙年間（一六六二〜一七二二年）初期に次の定例が定められた。

【康熙年間の定例】

もし事情が原審の担当官に関連するものであって、〔そこでの〕訴えをよしとしない場合、あるいは冤抑があっても審断が不公平である場合、訴状内に訴えた先の官署・〔そこでの〕審理状況を明白に記載しなければならず、そこで初めて受理を許す。

もし未だ州県に訴えを起こしていない、あるいは州県に訴えを起こしたがその審断を待たずに越訴した場合は、越訴した者を処罰する。

もし上司が越訴を受理した場合、例に違反して訴状を受理した官員を懲戒処分に付す。州県の全ての大小の事件で、もし審断に不公平や是非が反対になるといった問題がある、あるいは別の機関が〔真実を〕明らかにしたという場合は、原審の官員を厳しく処分する[17]。

この定例は康熙一九（一六八〇）年成立の『刑部現行則例』に収録されており、当時既に律に加えて、刑部の則例として越訴に関する規定が成立していたことが分かる(18)。本定例前段では、原則として律と同様に越訴を禁止しつつ、原審の官員に関する事案及び原審の審理が不公平である場合に限り、限定的ながらも管轄外の官へ訴えることを容認しており、律小註の規定を確認するものと言える。一方で手続要件として、上級機関への訴状には、州県に訴えた際のそこでの扱いを述べることが求められており、無制限に越訴を許すのではなく、あくまでも非常救済手段であるとの位置づけを示している。

またこの定例で注目すべきは、越訴をした者のみならず、それを受理した上司をも制裁対象としている点である。これは越訴禁止の実効性を高めることを目的とするものであって、清朝としては越訴はあくまでも予備的手段・例外的救済措置として認めるのであり、その無制限の受理には警戒を抱いていたのである。本定例は康熙年間中に越訴条例一〇として律例へ組み込まれ(19)、大きな改正を経ることなく清末に至るまで存在した(20)。

しかしながら、律の「越訴」条や「越訴」条例一〇は、なおも遵守されていなかったらしく、乾隆六（一七四一）年の上諭において、乾隆帝は次のような認識を示している。

従来から誣告と越訴は、最も良民にとっての害であった。……未だ州県に訴えていないのに道や府に訴え、道や府へ訴えていないのに督撫や〔布政・按察の両〕司に訴える。いずれも皆この類である。しかしながら、……大吏たる者は濫りに訴訟を受理し、上下の体系を理解せず、そしてただ名ばかりの管理職である。こうしてずる賢い連中は訴訟を起こし計略がうまくいくといって他人の私事を暴くことが風俗となり、村々ではゴタゴタが絶えず、まさに痛恨事と言うべきである。

誣告・越訴は律に明文規定があるものの、力を尽くして執り行おうとする者は少ない。以後、……およそ下僚で訴えを起こしていない場合、督撫・〔両〕司・道・府は、濫りに訴訟を受理してはならない。既に下級官に訴えた上で上控した者は、必ずその情理に偽りがなさそうかどうか、先に原告を取り調べ、その後で受理する。もし発審して訴えが虚偽であることが分かれば、誣告と越訴二つの罪名で処罰すべきである。……どのように酌量して定例とするのか、刑部に命じ、審議して上奏させる。(21)

上諭において乾隆帝は、越訴や誣告の多さを指摘した上で、上司が濫りに訴訟を受理していると批判し、これが訴訟の多発を招く一因となっていると述べる。清律の基になった明律の本文によれば、越訴で非難・処罰される対象は、上司に訴えを起こした民衆である。しかし乾隆帝に至っては、本来州県に提起されるべき訴訟が上司（ここでの上司は必ずしも府に限られないが）に提起され、しかもそれが少なからず受理される現実を、より問題視していた。

そしてこの上諭がきっかけとなり、「越訴」条に以下の条例が加えられた。

【「越訴」条例一四】

訴えを未だ直近の管轄の役所に提起していないにも拘らず、安易に督撫・〔両〕司・道・府に赴いて訴えを起こした場合、もし督撫・〔両〕司・道・府が濫りに受理したならば、例に照らして懲戒処分に付す。既に直近の管轄の役所に提訴した上でさらに上控を行った場合、先に原告の取り調べを行い、果たして情理に審理するだけの内容を有していれば、そこで初めて受理する。もし審理したところ〔当該上控が〕虚偽であったなら、「誣告は加等して処罰する」との規定(22)に照らして罰する他、先に該犯を枷号一ヶ月に処して晒し

者とする。(23)

本条例は、これまでの律や例では必ず言及されていた、越訴の訴訟当事者を処罰する内容が見られず、専ら越訴を受理した上級官を問題としている。注目すべきは、それまで「上司」と抽象的な表現でまとめられていた越訴を受理する主体が、具体的に「督撫・司・道・府」と言及されている点である。もちろん、これは単に表現を改めただけであり、律や「越訴」条例一〇後段の規定も、具体的には督撫から府にかけての官員を念頭に置いていたはずである。しかしながら先の上諭にある通り、乾隆帝は訴訟の多発の原因には上級官による越訴の受理があると認識していたことからすると、越訴を受理した責任を問われる官を具体的に記載することで、懲戒処分の対象が一層明確となり、これら上級官に対しより強い警告を発することになったのではないだろうか。

少なくとも明律以来、律例等の規定上は、越訴を起こす側にこそ問題があるとされ、越訴を受理する上司を対象とした規定は存在していなかった。(24)しかし本「越訴」条例一四においては、こうした上司をも処罰の対象としており、「越訴」の責任の所在を拡大するものとして注目すべきであろう。(25)このことは、本稿**四**で後述する地方官僚の越訴に対する考え方と対照的であり、律例等の規定と官僚達の実際の認識との差異を考える上で重要となる。

以上の上諭や条例の文言、制定経緯からは、康熙年間以降、最初から府を含めた上級機関に赴き訴えを起こす者が少なからず存在し、越訴の提起及びその受理の禁止にも拘らず（職権によって上級機関が犯罪者を捕らえた場合等の例外は存在したが）(26)、府以上の上司衙門の現場では厳守されていなかったことが窺える。

そこで**三**においては、律例の規定に反して、州県の直近の上司である府が州県に提起されていない越訴を受理した上で、直接審理を行った事例を検討する。

三　府における越訴の受理・審理

1　知府張五緯による訴訟の受理と審理

ここからは、地方官の判決文集である「判語」等、知府やその経験者が残した記録を取り上げて検討し、当時の府における越訴の受理と、そこでの審理の実態を解明する。

まず、嘉慶年間（一七九五～一八二〇年）に湖南省や直隷省で知府を務めた張五緯の扱った訴訟記録が、彼の著作『風行録』と『講求共済録』の中にまとまった形で残っていることから、そこに収録された案件を検討する。最初に取り上げるのは、彼が湖南省岳州府で知府を務めた時期の一案である。

【事例一】(27)

被告劉継祥は、困窮していた原告で水手の朱太和を世話し、結婚や仕事の面倒まで見てやっていた。ある時劉継祥と朱太和の得意先である材木商人がやってきた。商人は劉継祥に（おそらく材木の運搬要員として）水手一〇人を雇いたいと述べたが、金額を巡って折り合いがつかなかった。商人がその場から去ってしまったため、眼病で目が見えにくい劉継祥は朱太和を商人の下へ行かせ、再度の交渉を試みた。すると朱太和は勝手に金額を相談して決めて水手を雇い、金のやり取りを済ませてしまった。

このことを知った劉継祥と彼の妻は朱太和を非難し、朱太和は恥ずかしさのあまり怒り出して彼女を罵り、ついで劉継祥を掴んで彼の辮髪を引き抜いて落とした。朱太和は自身に道理がないとよく分かっていたため、機先を制して先に府へ赴き、（争いで自分が受けた）傷の確認を訴え出た。

このようにして、知府張五緯は朱太和の訴えを受理した(28)。朱太和は県を通さず直接府に訴えを起こしており、本来ならば越訴の罪に問われ、訴えも受理されるべきでなかったはずであるが、ここではそうした形跡が見当たらない。

張五緯は朱太和の訴えを受理した後、早速案件の調査及び審理を始めることにした。やや長くなるが、以下に判語中の審理経過の部分を掲げる。

【事例一の審理経過】

本官が自ら取り調べを行ったところ、上述の事情が悉く明らかとなった。また劉継祥の供述によれば、「〔私は〕現に眼病を患っているのに、どうして人と急に殴り合うことができようか。……〔朱太和と私が〕取っ組み合った状態で街路に出たところ、朱栄太が宥めて解散させ、この時点で朱太和には殴られた傷がなかった」とのことであった。

これを朱太和に問うたところ、すぐさま供述を翻し、今度は「劉継祥の妾がレンガで殴ってきたのだ」と主張する。傷跡を調べたところ、額の総門の四箇所の傷は、共に皮膚が破れて出血しており、傷跡が同じで形はいずれも殴られたものではない。……〔朱太和が〕自分でレンガを用いてわざと負傷し誣告していることは、既に疑いがない。良心に背いて欺き狡猾なところを逐一問い詰めてやると、白状した。……

これが朱太和が府に訴えてきて、今回の取り調べをしたことの顚末である。……該犯朱太和は水手の中でも命知らずかつ良心に背いても平気な人間であり、こうした輩は実に情理の許さないものである。今既に自分から法の網にかかり、そして国法の許すところではない。……本官は取り調べの後、直ちに恩を忘れ義に背いた無頼である朱太和を枷号に処し、衆人の晒し者とした。……劉継祥は濫りによからぬ輩と交際し、自ら門を開けて盗賊を招き入れたのと同じであるから、今回の責任もまた自身にある。

汝等士商軍民人等は、この件を戒めとすべく、本官が讞語中で今回のことに関して忠告し、また損益を述べた誠意に背かぬように。以上の通り判じ、並びに諭す。(29)

上記の判語からは、知府が自ら法廷を開いて関係者を訊問している様子が分かる。(30) また、原告が殴打されたと訴えたが、実際にはそうした事実はなく、原告は府に訴えたがため、逆に枷号の処罰を受けるという結果になっている。諍いを理由とした単純な誣告と言えるが、処罰に際して特に律例の罪名に言及している訳ではなく、むしろ張五緯の常識的な判断で結論が出されており、州県での自理案件の処理と異なる点はないと言える。

なお、この判語中「〔本官は〕すぐに委員に調査の上で、供述を取って提出させ、それを確認している間に、……」との箇所があり、知府が委員に予審としての調査を行わせていたことが分かる。(31) しかしながら、事実関係に対する評価や判断は、判語から窺うに徹頭徹尾知府張五緯によるものであり、委員の役割は、あくまでも事実関係の確認をしたに止まっていると考えるべきであろう。

次は、張五緯が直隷省大名府の知府に転じた後の案件である。

【事例二】[32]

江西省の出身で山東省にて薬屋を営んでいる喩永坤が、用事で大名府へやってきた。彼が劇場を通り過ぎようとしたところ、王大用と張進徳が賭場を開いていた。喩永坤はこれを見て賭博に参加したが、負けた額が大きく、金を失ったばかりか、その場で支払う金額に足りなくなってしまった。

王大用はすぐさま喩永坤の荷物を取り上げたため、彼は王大用と約束し、共に町へ行って金を入手することにした。そうして王大用を誘い出し、府に到ったところで訴え出た。

本件は、賭博のトラブルから府へ提起された訴えである。原告喩永坤は自らの意思で賭博に参加して大負けし、手持ちの金で払い切れなかったため、府城で金を工面すると言って博徒の王大用を誘い、（おそらく二人が共に）府衙門に来た所で訴え出た[33]。

史料の記述には越訴や喩永坤を非難する文言は確認できず、この案件について、張五緯は時間を置かずに受理し、審理を開始したと見られる。案件としては金銭の負債という民事的な要素と、犯罪行為である賭博という刑事的な側面の両方を併せ持ったものである。張五緯は、後述の通り審理の過程で賭博を厳禁している旨を述べていることから、治安・風俗対策として本件のような賭博関係事案を放置しておけず、早急な対応が必要だと判断して受理したのであろう。

続いて、本件における審理経過を検討する。

【事例二の審理経過】

本件を取り調べたところ、王大用は事実を認めた。査するに、賭博は法を犯すものであり、本官は懇ろに告示を下し厳禁している。それというのも、ただ単に例を遵守して職務を遂行している訳ではなく、実に回・漢の軍民皆が各自の正業を務め、賭博で失わずに今ある金を現在の父母の世話に使い、また賭博で失わずに貯めた金を両親の老後の世話に使い、賭博で失わずに運用した金を不動産の購入に用い、衣食を豊かにすることを望んでいるのである。……

およそ善類で教化の勧めを受けない者はなく、姦徒で墓穴を掘らない者はいない。今回喩永坤が王大用を誘って町にやってきたことは、まさに姦徒が墓穴を掘ったものである。お前達のような教化の勧めを受けない者は、当然引っ立てて戒めとしなければならない。……

本官が取り調べた結果、以上の事情が明らかとなった。お前達各自が恥を知り、かつ喩永坤は釈放の上帰郷することを求めていることを考慮し、均しく枷号を免じることとする。訴状によれば〔王大用に取り上げられた〕旅行用の袋は既に返還されている。よって原告・被告を法廷のこの場で釈放し、「再び賭博をせず、並びに各々自ら進んで賭博仲間に過ちを改めるよう勧める」という誓約書を取り、記録として保管しておく。以上の通り判じる。(34)

張五緯は喩永坤の訴えを審理したところ、王大用が賭博の事実を認めた。張五緯は賭博の害や金銭の使い道に関して懇々と説諭した後、彼等二人を釈放するとの判断を下している。本来賭博は杖八十に処せられるはずだが、(35)張五緯は王大用について「墓穴を掘った」として自業自得の者だと非難する一方、喩永坤に対しては、賭博という不法行為を知府が探知するきっかけを作ったことや現地の人間でないことを勘案してか、特別な非難や追及をしていない。また上述の引用箇所では省略したが、判語の原文では賭博の害を説諭しており、その上で両名から「自ら進んで賭博仲間に過ちを改めるよう勧める」との内容を含む誓約書を取っており、本件裁判を教化の手段として用いることを重視していることが窺える。

判語の内容からは、上級機関としての性格は全く見られず、賭博の揉め事による駆け込みの訴えを受理し懇々と説諭する等、知府が直接民衆に接して教化を施す様子が窺える。本件は、州県官のように民衆と向き合う知府の様子を映し出した案件であると言えるだろう。

この次に紹介するのは、張五緯が直隷省広平府で知府を務めていた際の案件である。

【事例三】(36)

原告王成名は、年老いた際の資金として銭文と土地を有していた。しかし被告の呉三と王二禿の両名はこれを知って謀議を巡らせ、王成名の息子である王三を騙してそれら財産を奪おうと考えた。呉三は王三を賭博に誘って負けさせ、続いて彼の家にやってきて強引に金を要求し罵ったり殴打したりした。ここで王成名が府に赴いて訴え出た。

本件においても、賭博に起因したトラブルにより訴訟が起こされている。判語の原文中には越訴であるとの指摘は見られないものの、張五緯が扱った他の案件で見られるような、県での審理に関する言及がないことから、ここでも直接府へ訴えたものであると考えられる(37)。

この案件で特徴的なのは、事実認定の後に長々と賭博の害について述べている点であり、「本官が善を勧め悪を禁じた各告示では、最初に不孝について言及し、次に賭博の誘惑について述べたところである。現在法を尽くして究治している者の多くは、尊長を犯したり賭博をしたり等している輩である」[38]との文言が見られる。本件は知府張五緯が重視する風俗・治安関係の二つの事項に関係していることから、訴訟を受理したものであると考えられる。

続いて、本件の審理経過を検討する。

【事例三の審理経過】

審し得たり。呉三・王二禿・王三は同じ村に居住し、呉三・王二禿は車を押すことを生業としていた。王三は田舎の愚民で年が若く、逆に父王成名は年老いて衰え、息子をしつけることができないまま、遂に王三は騙されて賭博に赴いた。査するに、共に賭博に参加した呉三の弟呉四と王二禿の弟王四を含め、呉・王両家の兄弟は皆勝ち、一人王三のみが負けた。王三をいかさまにかけたことは、問わずとも分かる。……

呉三・王二禿・呉四・王三等はそれぞれ処罰し、もってずる賢く頑迷な輩の戒めとする他、呉三・王二禿からは、「二度と他人を騙して土地を売らせない」旨の誓約書を取って記録する。〔本官は〕愚昧で頑迷な輩にこのことが周知されず、過って罪を犯すことを恐れ、判語中とりわけ詳細に諭知し懇ろに誡める。……直ちに各属に命じて一体に命令通り処理させる。各々この命を固く遵守し、くれぐれも故意に違反して咎めを受けることのないようにせよ。以上の通り判じる。[39]

この判語では、張五緯はいかさまによって王三が負けたことを認定した上で、王成名の財産を狙った四名につきそれぞれ処罰するとしているが、具体的にどのような処罰を科すのかに関しては言及がない。おそらくは上申せずに府限りで完結させる案件であろうから、徒刑に至らない笞刑・杖刑・枷号刑のいずれか、もしくはそれに代わる手段での処罰が行われたものと考えられる。

ここでも案件の受理から処罰までが府において行われており、この意味では、州県での自理案件の処理と異なることはない。なお本判語の末尾には、各州県への通達内容も記載されており、単に府で事案を処理したばかりでなく、本件をきっかけとして、管内の各州県に命を下すものとなっている。史料中に具体的な言及はないが、あるいは張五緯はこうした効果を予想し、管内各地に知らしめるべき案件だと踏んだために受理したのではないだろうか。

次に検討するのは、張五緯が直隷省天津府知府を務めた時期の一案である。

【事例四】(40)

天津県（天津府の附郭）(41)の張保徳には妻がおり、その兄宋青山は劉名十から金を借りたが、その際張保徳の名義を無断で使用していた。このため、劉名十は事情を知らない自身の所へ高利による借金の取り立てに来たとの理由で、張保徳は直接府へ訴えを起こした。

本件では、借金の取り立てによる案件の訴えが提起されている。(42)また、知府張五緯は原告張保徳に対し、なぜ宋青山と共に県へ訴えず、すぐさま越訴をしたのかと述べているが、やはりここでもそれを処罰したり問題視する様子は判語中に見当たらない。

続いて、本件の審理経過について検討する。

【事例四の審理経過】

査するに、高利で搾取することは重大な違法行為である。しかしながら、お前の妻の兄は、どうして〔高利による金銭貸借は違法であると〕知っていながらわざと借金をしたのか。その後まだお前に知らせていないのに、なぜお前は貸与された金額や月日を逐一指摘できるのか。いわんや劉名十は、宋青山が借りた銭はお前の名義であると述べている。宋青山が名前を偽って勝手に借金をしたのか否か、〔張保徳・宋青山・劉名十の〕三者を対質させ、虚実を明らかにする。全くどうして〔お前は〕訴状の中に宋青山のことを書いておきながら、彼のことを述べないのか。また、宋青山と共に県に訴えず直ちに越訴を行ったのか。

明らかに本官が高利の搾取を禁じており、訴えれば必ず受理されると踏んで、言いがかりをつけて負債を否定しようとしているのであろう。既に本心がその言辞に表れている。本官は着任以来、訴えの受理・不受理はただ情理によって判断しており、これまでにはっきりと曉諭を下している。

どの訟棍(43)が大胆にも本府の前で商売を構え刀筆を弄んでいるのか、代書はどうして借銭や無理な取り立ての経緯を問うて明らかにせず、濫りに訴状を書いて〔官公認の代書屋が訴状を作成したことを示す〕印章を押したのか。この訴状は代書の周得中が作成したものなのか否か、高利で搾取する劉名十及び原告・被告・代書等を直接呼び出し、まとめてそれぞれ訊問するのを待て(44)。

知府張五緯は、原告張保徳の越訴を受理し、劉名十の高利による借金の取り立てが「法紀を犯す」と断じた上で、訴状内の矛盾点を次々と指摘し、妻の兄である宋青山が自分の名で借金をしたとの訴えが虚偽であり、関係者を集めて訊問すれば明らかになるとした。その上で、今回県ではなく府へ訴え出たのは、知府である彼自身が高利による金銭貸借を禁じており、こうした件で訴えれば必ず受理されると踏んでのことだと述べる。もしこれが事実であるとすれば、原告は知府の施政方針を逆手に、敢えて直接府へ赴いたことになり、訴えを起こす民衆の側からも、最初に訴えを起こす先として、府という選択肢があり得たと指摘できよう。(45)

そして判語の末尾で、このような訴えがなされるのは訟師と代書屋に原因があるとし、劉名十及び当該代書屋をまとめて取り調べるとの言葉で締めくくられている。知府は、県に訴えず府に越訴した点に言及しながらも、訴えを受理し、その内容面での多数の矛盾点を指摘して実質的な審査を行っている。また、判語の末尾に書かれた関係者の処罰に関しても、直接越訴を問題としてはおらず、訟師による入れ知恵や、代書屋が訴えの内容をきちんと確認せずにいい加減な訴状を作成しているという非難に限られており、越訴を理由とする具体的な処罰には触れていない。

2　その他の知府による訴訟の受理と審理

以上、張五緯という一人の知府が訴訟を受理したケースをまとめて取り上げたが、ここでは、他の知府による訴訟受理のケースについて検討を行う。まずは、道光年間（一八二一～一八五〇年）に山西省の朔平府で知府を務めていた張集馨の一案を確認する（本事例では、事実の経過が簡潔に史料に記載されているため、事実関係の紹介においても、史料をそのまま引用する）。

【事例五】[46]

崞県〔山西省代州（直隷州）属下の県〕の民人常俊元の訴えがあった。〔その訴えによると〕彼の息子の常尚寛は、州〔朔平府属下の朔州〕民の田氏を娶り妻とした。結婚して八年が経ち、幸いにも懐妊に至った。常家は四世に渡って男子が一人しかおらず、家系を絶やさないためには、この子供を頼りに後継ぎを繋いでいくしかない。

しかしながら今春、田氏の兄である田鉄旦が〔彼と田氏の〕母が重い病気にかかったと誑かして彼女を実家へ連れ戻した挙句、他所へ売ってしまった。そこで、訴えを受理した私がすぐさま田鉄旦を出頭させて厳しく取り調べたところ、……[47]

この一件で、原告の常俊元は、犯人（被告）の居住地であった朔州の上官である朔平府に訴え、張集馨は直ちにこれを受理している[48]。案件を受理した詳細な状況は記載されていないが、本件を収録した張集馨の著書『道咸宦界見聞録』では、他に州県が先に受理していたり上申した等の案件については、その経緯を比較的詳細に記載しているため[49]、本件は張集馨の判断により、上控でない事案を受理したものだと考えられる。ここでは、彼が越訴を問題にした形跡は全くなく、後述の本件に対する判断の場面でも、先に州県へ訴え出なかったことについて、一切言及していない。

続いて、本件の審理経過を取り上げる。

【事例五の審理経過】

……訴えを受理した私がすぐさま田鉄旦を捕らえて厳しく取り調べたところ、田氏は寿陽県〔山西省平定州（直隷州）の属県〕の相手方へ売ったものの、彼女が妊娠しているため、まだ婚姻はさせていないと供述した。私は寿陽県知県の鐘汪傑に緊急の書簡を送り、差役に命じて田氏を探させるようにした。そして田氏を役所へ出頭させ、夫の常尚寛にその場で身柄を引き取らせた上で、妹を騙し他所へ売った罪により、田鉄旦を厳しく罰した(50)。常尚寛・田氏夫妻は元の鞘に納まり、胎児も無事であった。誠に快事である(51)。

張集馨は訴えを受理した後、自らの管轄区域外の県への捜査協力要請も含めて、事案解決のために迅速な対応を行っている。最終的には、騙されて他家へ売られた妻を夫の下に帰すことに成功しているが、妻の兄である犯人については厳しく処罰したと述べるに止まり、律例を引用したり具体的な刑罰を記載することはしていない。案件を上申したことに言及していないことからすると、自身限りの処理を行ったと考えられる。ここでもまた、知府は案件の受理とその解決とを自身の判断で独自に行っており、州県における自理案件の処理と似た機能を有していた一例と言えるだろう。

さらにもう一つの事案を取り上げる。この案件は、道光年間に邱煌が陝西省鳳翔府で知府を務めた際の二つの判語から成り立っている。

【事例六】

「判語一」(52)

周月甫（被告で鳳翔県民である周懐の父）は、存命の頃に范文傑（原告范遵箴の父）から銀四〇〇両を借用していたが、返済はしていなかった。

嘉慶二二（一八一七）年になり、周月甫は自ら銀三四両を譲渡し、その上で仲介人を立て、息子周懐の土地や建築物の一部を范文傑に出典した。但しその房地・畑地はなお自身が管理し、これらの土地からは毎年銀一五両を支払って二一年満期とし、もう一つの六畝の土地からは毎年銀一二両を支払って五年を満期と定めた。そして、そこで得られた金から返済を行い、元本を返済し終えた時点で土地や建物も返還することで、范文傑と合意していた。

しかしながらその後二〇年余り経過しても、周月甫は少しも弁済をしなかった。周懐は道光一二（一八三二）年に父が范文傑に譲った土地・建物をさらに出典し(53)、張賓・何連に管業（管理・経営）させるようになった(54)。范遵箴と彼の店の店員汪巨川はこれを知り、府に訴え出た。

以上が**判語一**の出訴に至る経過であり(55)、続いて**判語二**を検討する。この案件は、一件目の訴えが解決した（係争対象の土地・建物は范遵箴が管理することとなった）翌年に同じ土地・建築物を巡って二件目の訴えが発生したものである。

「判語二」(56)

判語一で係争の対象となった土地・建物の自身への帰属が確認された范遵箴は、これらを周豊に出典することにした(57)。ところが、その内の畑地と建物三間は、**判語一**で登場した張賓が秘かに先んじて占拠していた。このため両者は交渉の末、張賓は周豊へ畑地の賃料を支払うと共に、本来周豊が承典するべき建物を返還することにした。こうしたところ、張賓は建物からの退去と畑の賃料の支払いを拒んだため、周豊は府へ訴えた。

以上が**判語二**の出訴に至る経過である。(58)これら二件の判語を収録した『府判録存』には、各案件の出訴に至る経過が比較的詳細に記載されており、先に県で訴えが受理されている場合はその旨の言及がある。しかしながら、本件では県での訴訟受理や審理に関する記述がなく、府へ直接訴え出たものと考えられる。

この訴えに対し、知府邱煌はいずれも越訴について一切の言及をせずに訴訟を受理し、審理を始めている。また、実際の訴状にどのような記載がなされていたのかは不明であるが、これらの判語の案件は、純粋に本来州県で初審が行われるべき戸婚田土の細案であり、命盗の重案とは全く関係がない。審理に際しても誣告が問題になっていないことから、少なくとも訴訟受理あるいは審理の早い段階において、これらが重案でないことは知府も認識していたはずである。

即ち、刑事的性格に乏しく治安維持に関係がないばかりか、直接風俗の維持に関わるものではない戸婚田土の細案でさえも、知府により受理されることがあり得たのである。

続いて本件の審理経過を検討する。

【事例六の審理経過】

「判語一の審理経過」

訊問の結果、以上の事実が判明した。そこで、張賓・何連に命じて建築物・土地を周懐に返還させた上で、范遵箴に管業させる。……

〔被告の〕周懐は自身の父親周月甫がこの契約を結んでいたことを知らず、張賓・何連もまた建築物・土地が重典されていたことを知らなかったため、情に許すべき点がある。よって各々重典で得た金銭の没収を免じる。[59] 周懐に命じて、自身の土地二畝につき何通等を証人として張賓・何連に典として与え、以前の価格の引き当てとする。……原告・被告の両当事者はこの断に承服しており、誓約書を取って案件を終結させる。以上の通り判じる。[60]

「判語二の審理経過」

取り調べたところ、張賓の供述によれば、この〔周豊が出典した〕内の建物三間は、〔**判語一**で登場した〕周懐の財産である。張賓自身は、周懐から承典したもので、それは范遵箴が典に出した内に含まれていないという。

査するに、范遵箴が〔周豊に〕出典した畑地は西半分であって、現在張賓の建物は正に〔当該〕西側にあり、その敷地は当然范遵箴が出典した土地の中に含まれている。范遵箴が〔周懐から〕承典したのが先であり、張賓が建物を建てたのは後であったことから、范遵箴の典の契約書には、この建物三間の表記がないのだ。つまり、張賓は人を欺いて信用させようと意図し、この建物の敷地を指して「范遵箴が典に出したものではない」と主張したのである。……

よって、張賓に命じて、毎年周豊に敷地〔つまり畑地〕の賃料一串を支払わせる。また、周豊が承典した北側の建物二間半・南側の建物二間・楼房半間の全てについても、張賓が直ちに退去して周豊へ引き渡すよう命じる。[61]〔張賓は〕抵抗して先延ばしし、咎を得てはならない。誓約書を取ってこの旨を記録する。以上の通り判じる。

判語一・二では、共に複数回出典された土地や建物を巡って紛争が発生している。判語中比較的言及が多いのは目的物の来歴に関する点であり、通常の州県での審理と同様に、これをポイントとして審理していたことが分かる。

判語一では、ここでの原告范遵箴側に理があるとし、現在の土地の使用者である張賓・何連に対し、ここでの被告周懐へ当該土地を引き渡させ、また周懐には范遵箴に土地の管業をさせるよう命じた。本件は重典であることから、本来は科刑の対象となる行為だが、周懐自身は父周月甫による土地契約の事情を知らず重典に出し、張賓・何連もその事情を知らなかったことから、処罰はなされていない。その上で周懐に対し、土地の管業権を失った張賓・何連への補償を命じている。

また**判語二**では、ここでの被告張賓が本来自身が権利を有しない土地・建物につき虚偽の主張をしていると断じ、一次承典者であるここでの原告周豊に、土地・建物を返還するよう命じた。また、毎年周豊に敷地の小作料一串を支払わせることも命じており、これは張賓が正当な承典者として権利を獲得した土地の分の金銭であると考えられる。

審理の進め方に関しては、原告・被告や証人達の証言や契約書の内容を調べて、誰が管業するのか、その際にやり取りされた金銭はいくらかといった契約の内容を確認し、それに従った解決方法を与えている。

受理した機関が府であることを除き、審理で行っていることはやはり州県と同様で、府が州県の機能を直接代行しているとも言え、上司とは異なった府の側面を窺い知ることができる。

次の事例も、邱煌が道光年間に陝西省で知府を務めた時期のものである。

【事例七(62)】

原告厳懋修の父厳信と被告厳懋徳の父厳恭とは兄弟（厳恭が兄で厳信が弟）である。厳恭が亡くなった後の嘉慶一九（一八一四）年に、厳信と厳懋徳とで家産分割を行い、それぞれ別々に生活を営んでいた。そして、厳信は家産分割で得た土地の一部を、おいの厳懋徳に典として与えて契約書を交わした。

しかしながら厳信は厳懋徳に出典した土地や建物を勝手に流用したため、厳懋徳は土地を取り上げ、契約書を隠してその土地を返還せず、退去もしなかった。加えて、家産分割前に陳夢・卜丞が厳家から借り、店を開いて商売するために使った銀一五〇両も、全て厳懋徳が回収したままで、本来家産分割の対象として均分されるべきであるにも拘らず、未だに均分していない。ここで、厳懋修が訴え出た。

本件では、家産分割後の財産に関して、訴えが提起されている。訴状の実物自体は当然確認できないが、重案にこじつけた案件の誇張は判語中に確認できず、概ね最初から純粋に財産問題の解決を求めての訴えであったものと考えられる。また、この本件を収録した『府判録存』の他の案件においては、県で初審が行われたり上控がなされている場合には、その旨が記されていることから、本件は県ではなく、府へ直接提起された案件だと推定される(63)。

続いて、本件の審理経過を検討する。

【事例七の審理経過】

原告厳懋修の供述によれば、「以前の家産分割契約書は被告厳懋徳の家で紛失し、売った園の元々の契約〔書〕は、なお厳懋修が持っている。……」とのことである。しかしながら既に家産分割の証拠はなく、もし臆断して給付すれば、必ずや厳懋徳の心を承服させられないであろう。厳懋徳の家産分割証書を調べたところ、村の西園の東半分・門前の苗木は、共に「公中」との字句が記載されている。このことから、園の東半分がなお共用の財産に属すると考えられる。……また、厳懋修が言うには、「以前三畝七分の土地を厳懋徳に出典したが、彼が勝手に典の契約書を書き換え、四畝とした」とのことである。よって厳懋徳に命じて出典した土地を三畝七分に書き改めた上で厳懋修に交付して保管させ、以て争いの発端をなくす。……

原告・被告両当事者は、喜んで以上の裁定に服するとのことであるから、誓約書を取って記録しておく。以上の通り判じる。(64)

ここでは目的物たる家産に関し、誰が何を管業するのか、契約書の内容や原告・被告の供述を、一点ずつ細かく突き合わせて確認しており、両者共に納得のゆく結論が得られるよう慎重に審理を進めていることが窺える。審理自体は州県で行われることと差はないものの、むしろこうした細かい点の審理までも知府が直々に行っている点に注目すべきであろう。本件は重大案件ではなく、また何年も訴訟合戦が続いた懸案でもない。そうした事案でさえも、場合によっては府において受理され、そこで慎重な審理がなされるということは、府が州県と同様の性格をも有する場面の一例と言えるだろう。

続く最後の事例は、賈臻が道光末年に河南省河南府で署知府（代理知府）の任にあった時期のものである。

【事例八】(65)

蔡乙と王甲は同じ地域に住んでいたが、ある時王甲が蔡乙の娘に調姦(性的嫌がらせ)を働き、蔡乙が訴え出た。そこで知府は直ちに王甲を召喚して取り調べた。

この案件は、娘が性的嫌がらせの被害を受けたとして、被害者の父が府へ赴き、相手の男を訴えたものである。出訴に至る経過は簡潔に述べられているに過ぎず、「役所に来て訴えた(来轅具控)」との記載に限られるものの、同一史料の他の案件では、県や按察司等他の機関へ訴え出ている場合はその旨の言及があり、また「本官は直ちに差役を派遣して甲を出頭させた(本府立将甲差提到案)」と述べられていることから、府に直接訴えが起こされ、知府が直ちに初動対応を行ったものと考えられる(66)。

続いて、本件の審理経過に関する検討を行う。

【事例八の審理経過】

本官が直ちに甲を召喚して訊問したところ、「悪戯はしたが姦通はしていない」と言うに止まる。訴状に記載された「服を破いて皮膚を傷つけた」との事情(67)は、怒りのあまりに書いたものであって、誇張していると言わざるを得ない。よって甲を例に照らし枷号に処して懲罰とする。その言葉や顔色を見ると、恥と恐れが表れている。刑の期日を迎えて釈放することで、今回の事件を十分懲らしめたことになるであろう。……甲は差役に命じ護送して帰郷させ、さらに県に命じて保証人に身柄を引き渡して厳しく監督させ、問題を起させないようにする。

以後乙家について、もし言いがかりをつけられて騒動を起こされ心安らかに暮らすことができなくなれば、これはただ甲に責任を問う。乙の娘は年齢を問うたところ満一五歳であって、玉の如き身の貞操を守った。独り志を守ってめげず、危うくか弱い身を捨てるところであった。婦人といえども、実に男子に恥じないものであり、貧家でありながら大切な道理を守り切った。本官はこのことを深く喜ぶものであり、ここに、県に命じて乙及びその姻族の某姓の者を集め、法廷にて奨励し、以て本官の激励の意を示した。加えて何か褒美を取らせようと考え、銅鏡二枚と金の飾り花二つを乙に与え、娘の持参金の助成とさせた。……(68)

本件では、被害者の父である乙が犯人である甲を訴えた後、署知府賈臻は直ちに被疑者を法廷に召喚して取り調べを行っている。しかしここで乙の元来の主張（娘が強姦された、あるいは強姦されかかったとの趣旨であろう）に誇張があると判断し、甲は強姦の既遂犯に適用される絞監候や未遂犯に適用される杖一百流三千里ではなく、枷号刑を科せられることとなった。判語の中で具体的な刑罰規定は引用されていないが、調姦の罪を定めた条例が適用されたものと考えられる(69)。

またここでは、犯人を処罰した後、貞操を守り通したとして被害者の少女を褒め称えると共に、署知府である自身が、直々に法廷で被害者の父親に鏡や金の飾り花といった高級な品を与えて当人の婚姻持参金に当てさせる等、踏み込んだ援助を行っている。こうした細かな対応からは、州県官の監督を行うに止まらず、州県を飛び越えた訴えに対して、自ら積極的に事案の処理を行おうとする署知府の姿勢を窺い知ることができる。

3 小結

以上、知府及び署知府が残した八件の事例について検討を行った。ここで、府の初審機能の実態をまとめることとする。

まず、府は州県に訴えが起こされていない案件の受理及び審理を行っていたが、そこには事案の重大性がその線引きとはなっていなかった。府で受理しその後審理された案件は、戸婚田土の細案もあれば、命案や盗案といった重大事案とまでは至らずとも、より刑事的性格強いものまで、やや広がりを見せている。

通常、徒刑に至らない事案は「州県の自理」とされ、本稿一で述べたように、先行研究でも「府の自理案件」とは雲南省や貴州省等における府の親轄地域の案件か、属下の州県に関わる上控案件のことを指すものとされている。しかしながら、実際には上司の関与が必ずしも必要とされない、あるいは判語の文面から察するに、上司たる府で審理する必然性や緊急性があるとは考え難い案件でさえも、府が受理し直接審理を行っていた。つまり、府も州県と同様に、民衆からの訴えを受理し、初審として審理を行う場合が存在していたのである。

前近代中国の審級の前提として、重大事案であるほど上級機関に上げ、そうでない事案ほど下級機関限りで処理させるとの方針が採られていたことは周知の通りだが、上述の事例からは、州県の上司たる府であるがため、重大事案に限り受理して審理を行っていた訳ではないことが分かる。越訴を禁止する律例の規定からすれば、州県の上級機関である府は、越訴を受理してはならないのはもちろん、仮に受理したとしても知府が自ら審理せず、州県に批発して審理を命じれば済むはずである。(70)

当然ながら、殺人や強盗といった強い凶悪性が認められる案件であれば、緊急性の都合上、府以上の機関に訴えがなされた場合でも、そのまま受理して捜査や審理に乗り出す可能性はあり得たであろう。しかしながら、戸婚田土の細案（特に判語中原告等の誣告について触れておらず、訴えが起こされた初期の段階で知府が緊急性の乏しい案件であろうと認識し得たであろう事案）をも知府が受理した上で審理を行い、その上堂々と判語という形で出版までしていたとなると、**二**で取り上げた律例規定と大きく矛盾する。

それでは、律例による越訴の規制が存在し続けていたにも拘らず、実際には府へ持ち込まれた訴訟がそのままそこで審理されていたのは、どのような理由からであろうか。とりわけ、訴えを前にした知府が必ずしも越訴を問題視していなかったのはなぜであろうか。

四　越訴を受理する背景

ここまで、**二**では越訴を規制する律例の規定を、**三**ではそれら律例とは異なった府における越訴の受理及び審理の実態を検討した。そこで**四**においては、越訴への対応に当たる立場にあった官僚達（越訴を受理した上司及び本来全ての初審を担当する州県官等を含めた地方官）は、どのような理由から律例の規定に反した越訴の受理や審理を行ったのか、その背景を検討する。史料の制約上、知府やその任官経験者以外にも検討対象を広げるが、当時越訴への対応を迫られた側がどのような認識を有していたのかを知ることは可能である。

まず、清初の順治年間（一六四四～一六六一年）から康熙年間前半にかけて、知府を含めた地方官を歴任し、その清廉さで知られた于成龍の記録を取り上げる。彼は康熙年間初期に湖北省黄州府知府を務めた際、上司から裁判手続きの簡略化についての検討を命じられ、その復命文書において、次のように述べている(71)。

民間の訴訟をただ有司が受理することを許し、越訴を禁止しているのは、ただ力のある紳士や長年役所に巣食っている胥役が〔こうした訴訟を〕掌握することを恐れてのことである。官僚達も賄賂を受け取り人情に負けているのかもしれず、あるいは偏見を持ち、あるいは〔職務を〕疎かにする過失が多く、よって民の冤を晴らせずに、さらには天の和を犯すのである。民が上控することを許し、もって積弊を清算するという手段は、誠に緩めることができない(72)。

ここで于成龍は、現地の郷紳・胥役の他、訴訟を扱う官僚達〔主に州県官を指すのであろう〕が必ずしも信用できる存在ではなく、民衆の訴えが適切に処理されないことの問題点を挙げる。そして、こうした問題を解決するためにも上控を許す必要があり、それを緩めてはならないのだとし(73)、引き続いて当時の黄州府の現状を述べる。

……しかしながら、州県は裁判手続きの始まりであるものの、まだ州県に訴えを起こしてないのにすぐさま上控に赴く場合があり、原告が州県に居ながら直ちに被告が上控に赴く場合があり、また原告・被告が共に州県に訴えを起こし、まだ審理・判断を受けていないのに急いで上控する場合があり、一つの事件であちこちの役所に訴え、いろいろと一定でない(74)。

そしてこうした状況が存在する中で、彼は次のような対策を行った。

私于成龍は、かつて訴訟〔ここでは、注（4）で述べた「広義の越訴」の意〕を禁止する布告を出しており、そこではもし州県が民の訴えを受理せず、あるいは既に受理し案件として係属しているのに審理をしていないならば、府に赴いて訴えることを許し、州県が受理しない・案件が係属しても審理しないといったことの年月や事情を、努めて訴状で明確に記載するようにさせた。……もし州県が既に審理しているが、あるいは賄賂を受け取って人情に流され、あるいは意地を張って職務を疎かにし、民の隠された苦しみを顧みない場合は、府に赴いて冤を訴えることを許し、努めて訴状に州県の審語を添付させる。……果たして〔原審の州県官に〕不法等の弊害があれば、軽重を分別し、軽い場合は記過し、重い場合は弾劾する。民情の真偽を観察する中で、州県の優劣を見分ける意味にことよせ、無理な訴訟を禁止し、そして官の守るべき礼法を厳しく実施するのである。(75)

于成龍が行った対策は、律例の規定を遵守したものであり、越訴に直面した知府としては、これが言わば正当な解決策であった。しかしながら、律例の規定に従い、訴訟の適正な処理による民衆の不満の解消と州県官の綱紀粛正を同時に図るとの目的で行った彼の告示は、結局期待した成果を得られていなかった。

以上は私成龍の苦心であり、既に各属下の官に通行し、諭を掲示させている。しかしながら、悪者どもは蔑

ろにして遵守しない。黄州の民に善良な者はなく、天を傷つけ理を害すること、これより酷いものはない。(76)

このように、康熙年間に数々の治績を挙げた官僚として有名な于成龍でさえも、律例を遵守して越訴の対策を行ったところで、州県での裁判に不満を持つ民衆の救済と、越訴の処理との兼ね合いは達成できていなかったのである。つまり、律例の規定通りに処理している限り、この問題は解決できないことになる。

一方でこの史料からは、当時の越訴を巡る知府の認識を窺い知ることができる。即ち上級官への訴えに関しては、最初から州県を飛び越えて訴えを起こす越訴は違法だが、適法な上控については民衆の不満を解消したり、州県官の職務遂行能力を認知できる重要な機会ともなり得るとして、決して否定的には受け取められておらず、それどころか、むしろ肯定的に捉えられている。

また、同じく清初順治年間から康熙年間にかけて、府のさらに上に位置する省の布政使・按察使や督撫を歴任した鄭端は、次のように述べている。

思うに、頑固な民が越訴するのは、情において憎むべきであるが、しかしながらまた冤抑があってそれが晴らされず上司へ訴える者もいるのであって、これを禁じるのは道理に外れている。もしその越訴を憎んで過度に懲罰を加えたならば、おそらく上司はこれを聞いて必ずや深く恨み、なおかつ以後噂を聞いて越訴する者は、必ず捏造して州県を謗ったり、あるいは髪を切り落としたり首を切ったりして、死んでも元の州県へ批発されることを望まなくなる。(77)

鄭端は、越訴自体は否定的に評価しながらも、場合によっては真の冤抑を訴える民もおり、敢えて越訴を禁止することは道理に外れると述べ、越訴への対応には柔軟であるべきだとする。また、越訴を行った者に対して過度な懲罰を加えることに反対し[78]、上司がこれを問題視したり、後に越訴する者が管轄の州県への発回を拒否して過激な行動に出る可能性があるとして、越訴への厳しい対応を戒めている。

さらに、越訴に対する清代地方官の見解として、時代の下った乾隆年間（一七三六～一七九五年）に幕友[79]や知県を務めた汪輝祖の著書『学治臆説』の言及を取り挙げる。彼はここで、以下のように述べている。

民の気質は本来静かなものである。しかしながら悪に任せて彼等を虐げたり、悪に任せて彼等の邪魔をしたりすれば、施す恩はなく、〔地方官としての〕威厳もまた保つことが困難になる。ここにおいて質朴であろうとする者は、またわだかまりが極まって奮い立とうと思い、上官に訴えざるを得なくなる。上官がその事情が切迫しているのを憐れんで訴えを取り上げると、頑迷な民は噂を聞きつけ恣意に暴き立てて訴えを起こすのであって、地方官はどうすることもできない[80]。

汪輝祖は、人々が上級官に訴え出るのは止むを得ない事情があってのことであり、上司自身もそれを不憫に思って案件処理に乗り出すと指摘している。ここで言及されているのは、上級官に訴えるということは何がしか重大な事情があるのだろうとの推定がなされ得るもので、乾隆帝の上諭にある「上司が濫りに越訴を受理している」旨の批判は、正に地方官僚達のこうした認識により生じた事態であった。

逆に言えば、差し迫った状況にある可能性の民衆を前にして、機械的に越訴の受理を拒むことは憚られるという認識が、地方官達には存在した。つまり、州県を飛び越えて上司に訴えを起こすことは、正当な理由のない場合も多々あるものの、官の側に訴えが深刻なものであるとの印象を抱かせ、州県官及び知府を含めた上級官に対して、訴訟受理の圧力として作用し得たのである。[81]

清代最初期に官僚を務めた人物[82]と乾隆期に官僚を務めた人物とがほぼ同様の見解を有していることからも、一方で正当な理由なき越訴を問題視しつつ、他方で過度にそれを却下して正当な訴えを放置する事態は許されないという官僚達の意識が、清一代を通じて（少なくとも汪輝祖が地方官を務め、『学治臆説』が出版された乾隆末期・嘉慶年間頃までは）継続していたと言えるだろう。[83]

五　おわりに

元来、府は直接民衆に接する州県に対し、それらを監督する機関であると考えられており、この機能が府の中心的な役割であったことは言うまでもない。これに対し本稿では、越訴を通じて清代の裁判機関としての府の位置づけを再検討するという観点から、律例の越訴に関する規定と府での裁判事例、そして越訴に対する見解を述べた地方官の著作を用いて、その初審を担う機関としての機能及びその背景を解明してきた。そこからは、府が州県を飛び越えた訴訟を受理して判断を下すケースが見られ、本来初審を担う州県の監督機関という側面のみならず、府自体も初審を担う機関としての実態を有していたことが明らかとなった。

本稿で紹介した案件の中では、**事例二**や**三**の賭博といった、行政官として知府が重視する政策（あるいは中央政府や省上層部から厳命されている事柄）に関連する案件や、**事例八**のように貞操の保持という名教に関わりの強い案件、**事例五**のような緊急を要する事案であった場合には、知府にとって、自ら主導的に訴訟を処理する動機が強かったと推察される。

しかし紹介した案件からは、重大あるいは難解で州県の手に余るような事件でないにも拘わらず、府において実際には案件が受理され、審理も行われるケースが存在したことが分かる。このような実態からは、知府が実際に訴訟を審理するに当たって、事案の重大性とは関係なく、むしろ、もし自身に事案が持ち込まれたならば、それをどう処理するのか、自ら審理することで地方官としてどのような効果が期待できそうか等の観点に着目していたと考えられる(84)。

そして、清代の地方官達は越訴への警戒感を抱きつつも、上級機関への訴えにはそれなりの理由が存在し得るのであって、形式的にそれを却下することは避けるべきだとの認識を有していた。逆に言えば、こうした官僚達の意識こそが、民衆による越訴（及び上控）という上級機関への訴えの継起を生み出していたのである。

なお、本稿では越訴に限定して論を進め、誣告については立ち入って論じなかった。しかしながら、清代において誣告は越訴以上に問題とされていながら(85)、実際に処罰されるケースは少なかったことからすると(86)、越訴もまた誣告と同様あるいはそれ以上に、実際に処罰されるケースは稀だったのであろう。

また、こうした府における事案処理が、下僚たる州県や道・按察司・督撫といった府の上司による案件処理との関連上、具体的にどのような位置づけがなされるのかという点や、越訴を始めとした地方上級機関への訴えと首都北京へ出向いて訴える京控との関連については、具体的な検討ができなかった。

加えて越訴について言えば、本稿では清朝における、中央で制定された律例規定と地方官の認識や対応の差異を明らかにしたに過ぎない。越訴への対応の時期による違い、さらには州県でなくその上司に直接訴えを起こした民衆の側の意識については、より具体的な検討が必要となろう。以上の通り残された問題は少なくないが、これらは今後の課題とし、ここで稿を閉じることとしたい。

（1）州県の上に、府と同格の直隷州（長官は直隷州知州）が置かれる場合もある。直隷州はその管轄区域の内、自身の親轄地域に対しては通常の州として機能し、それ以外の属下の州県に対しては上司として機能するという、やや複雑な性格を有する機関である。このため、本稿では対象を府に限定して論じる。

（2）『清国行政法』第一巻下五三頁（第二編行政組織・第四章地方官庁・第一節支那本部・第八款知府）及び呉吉遠『清代地方政府司法職能研究』一四九頁以下。『清国行政法』は、「知府以下ハ人民ニ直接スル地方官タルコト前ニ一言セルガ如シト雖モ、実際ハ少数ノ例外ヲ除キ、知府ハ総テ州県庁ヲ通ジテ其管内ノ治務ヲ為スモノニシテ、其人民ニ対スル関係ハ州県庁ノ如ク密接ナラズ。従ヒテ知府ノ主タル職掌ハ、寧ロ下級官庁ノ監督ニ在ルモノ、如シ」（濁点・句読点は筆者による）と述べ、府の長官である知府について、府の長官である知府は直接人民の統治を担う機関の一種であるとしながらも、その役割は限定的であるとしている。呉吉遠氏は、督撫から州県に至る省内の各級機関の考察を行い、府及び同格の直隷州の司法面での機能の解明を行っている。そこでは「所属州県への教化の実施・社会治安維持の督促」・「親轄地の訴えの審理と所属州県の自理案件の審査」等大きく四つの機能に分けて論述しており、基本的に府は州県の監督機関として位置づけられている。また、府や直隷州による州県への監督以外の司法上の機能に関しては、『会典事例』に記された貴州省の府の親轄地方に関する箇所や、直隷州の親轄地方の裁判に関する箇所で簡潔に述べるに止まり、「概ね訴訟の自理は府・直隷州の主要職責に属さず、律例の規定は曖昧で、清代の人もあまり論及していない（大概自理民詞不属府・直隷州的主要職責、清律例規定模糊、清人也少以論及）」（『清代地方政府司法職能研究』一六八頁以下）とする。

(3) 滋賀『清代中国の法と裁判』一一三頁以下・一二三頁以下及び那思陸『清代中央司法審判制度』一九四頁・一九八頁。滋賀氏は、府（及び直隷州）の司法上の機能につき、州県の審理を覆審という形でチェックして按察司に送るという役割や、州県での審理に不満を有する人民の上控を受け付ける上訴機関としての機能を指摘している。一方でこうした州県の監督・再審査機関に含まれない府の役割に関しては、ごく一部の箇所で府や直隷州の親轄地方に関して直接初審を行っていたことを指摘する以外に、具体的な論及はなされていない。また、那思陸氏は府や直隷州を第二級司法審判機関と位置づけ、徒罪以上の案件の覆審を行って道や按察司に送るという機能に言及している。しかしながら、ここでもそれ以上府に関しての具体的な言及はなされていない。

(4) 清代の史料中、「越訴」には二種類の形態が含まれる。一つは、そもそも州県に訴えを起こさず、直接上級機関に訴えを起こした場合（狭義の越訴）である。もう一つは、これに加えて一度州県に訴えたものの、そこでの審断がまだ下されていない段階で上級機関へ訴えることをも含める場合（広義の越訴）である。よって広義の越訴は、審理の遅延等を理由とする（適法な）上控との区別が曖昧ともなるが、この場合は適法な上控なのか違法な越訴なのかが、訴えの内容によって事後的に区分される（**本稿二**で言及する刑律・訴訟・「越訴」条及びその各付属条例を参照）。

(5) 張翅『冤抑与訴訟——清代上控制度研究』一〇八頁以下。張翅氏は、道光年間の河南省河南府知府の判語である『判語録存』に収録された一〇〇件の事案を検討している。その結果、府の担当する案件のほとんどが上控案件であり、他の道以上の官と比べ最も多くの上控案件を審理する機関であると共に、府自らに上控された案件のみならず、道以上の上官から審理を命じられた案件も多数に上っていたと指摘している。またこうした上控案件の審理に際して州県に下げ渡すことは少なく、多くを知府自らが審理していたとする。

(6) その他「上控」を扱った研究としては、于明氏が訴訟経済や官僚制の維持・適正運用の観点から、「上控」と「審転」の関係及び末端の裁判機関である州県を飛び越えて上級機関へ直接訴える「越訴」を考察している（于明「司法審級中的信息・組織与治理——従中国伝統司法的〝上控〟与〝審転〟切入」）。また、柏樺氏は清代の「上控」・「京控」・「叩閽」の用語法について明確な区分が出来ていないとの考えから、当時の史料を基にその区分方法を述べている（柏樺「清代的上控・直訴与京控」）。この他張彦麗氏は、日本やアメリカの研究による前近代中国の法制を巡る議論にスポットを当てつつ、西洋近現代法における

「上訴」と前近代中国での「上控」との差異に着目し、近代以前における中国固有の紛争解決方法の性質を論じている（張彦麗「上控視野下的法・社会与国家——兼評日・美学者之間的一場論争」）。但し以上の上控の研究においては、必ずしも清代の上控や上級機関での具体的な手続きの有り様は検討されていない。

(7) 滋賀『清代中国の法と裁判』三九頁注（47）。

(8)「府置知府（従四品）一人、統轄管内一切職務、並指揮監督下級官庁事務。但与督撫司道不同。督撫司道、専在監督下級官庁、対於人民、無直接之関係。若知府、則係牧民官、親任撫育教養之責。至於徴収租税、裁判案件、水旱災荒之賑恤、典礼旌表之挙行、亦知府職内事也」（粛一山『清代通史』第一冊五四一頁）。

(9) なお、貴州省や雲南省には府の親轄地域が存在し、そこでは府が州県と同様に直接初審として訴訟を処理したが、本稿の性格上、これらは論及の対象としない。

(10) 滋賀『清代中国の法と裁判』二二頁以下。

(11) 宋代の越訴については、青木敦「北宋末〜南宋の法令に附された越訴規定について」において検討がなされている。また、明代初期の越訴規制法令の制定経過と当時の越訴対策については、谷井陽子「なぜ「冤抑」を訴えるのか——明代における告状の定型」が詳しい。但し谷井陽子氏の論考は、主に中央政府への越訴（清代では中央政府へ訴え出ることを特に「京控」と呼び、通常の上控や越訴と区別して論じられることが多い）を検討対象としており、地方機関たる府への越訴を検討の対象とする本稿とは、やや射程が異なる。

(12) 明代の『読律瑣言』四〇〇頁には、著者雷夢麟の見解として、「自下而上、則卑官得以尽其職、尊官得以視其成。若越本管官司、輒赴上司称訴者、則有軽視卑官之意、且非設官分職之義。故雖得実、亦笞五十」とある。また、清代康熙年間の『大清律輯註』（下）七九八頁には「聴断詞訟、下官之職也。詞訟必自下官、軍民之分也。下官未経受詞、烏知其聴断必虧枉。而輒赴上司称訴、蔑視本管之官、挟借上司之勢、越分妄逞、即非良善。律貴誅心、此越訴之所以有罪也」とあり、これらはいずれも国家機関の上下関係秩序や州県官の権威の維持を、越訴禁止の理由に挙げている。

(13) 青木敦「北宋末〜南宋の法令に附された越訴規定について」第一章でも、宋代における越訴禁止の目的として、この三つを挙げる。

(14) 原文は「凡軍民詞訟、皆須自下而上陳告。若越本管官司、輒赴上司称訴者、(即実、亦)笞五十(須本管官司不受理、或受理而虧枉者、方赴上司陳告)。……」(『読例存疑重刊本』第四冊九七七頁)。なお、本稿引用の史料中、〔 〕は筆者による注記、( )は史料原文の注記をそれぞれ表す。

(15) その内容は、明代末期万暦四〇(一六一二)年の序文がある明律注釈書『律例箋釈』の内容とほぼ同一であり、これを正式に律として条文化したものと考えられる。谷井俊仁「清律」によれば、順治律で加えられ、その後の清律にも引き継がれた小註は、明律の注釈書を基にして成立したものである。「越訴」条小註の出所については不明だが、『律例箋釈』は順治律制定の際に引用された注釈書の一つであることからも、その影響の系譜を推察することができる。

(16) 明律の原文は「凡軍民詞訟、皆須自下而上陳告。若越本管官司、輒赴上司称訴者、笞五十。……」で、清律に付された小註がなく、いかなる場合に上司へ訴えることが可能であるのか、条文上は不明確である。

(17) 原文は「如事款有礙本官不便控告、或有冤抑審断不公、須於状内将控過衙門・審過情節開載明白、方許准理。若未告州県或已告州県不候審断越訴者、将越訴之人治罪。若上司官准其越訴者、将違例准状之官議処。州県一応大小事件、如有審断不公・顛倒是非者、或経別衙門審出、将原問官題参厳加議処」。『刑部現行則例』「訴訟」(『中国珍稀法律典籍集成』丙編第三冊五四六頁)。

(18) なお、光緒『会典事例』巻八一六・刑部九四・刑律訴訟・越訴二には、康熙二二(一六八三)年における本条例後段とほぼ同じ、「凡民間詞訟、有未告州県、或已告而不候審断、輒行越訴者、治罪。上司官准其越訴者、議処。其州県果有審断不公、顛倒是非、経別衙門審出者、題参厳加議処」との議准を載せる。

(19) 本稿引用の条例番号は、『読例存疑重刊本』による。

(20) 『大清律例』刑律・訴訟「越訴」条例一〇。原文は「凡在外州県有事款干礙本官不便控告、或有冤抑審断不公、須於状内、将控過衙門審過情節、開載明白、上司官方許受理。若未告州県或已告州県、不候審断越訴者、治罪。上司官違例受理者、亦議処」。

(21) 原文は「従来誣告・越訴、最為良民之害。……未控州県、即控道府、未控道府、即控院司、比比若是。……為大吏者濫准詞訟、不思上下之体、而但沽肯管事之名。于是刁健之人、以興訟為得計、而告訐成風、閭閻不勝其擾累、深可痛恨。雖誣告・

越訴、律有明条、而実力奉行者少。嗣後、……凡未経在下控告者、院司道府、不得濫准。其業経在下控理、復行上控者、必其情理近実、先将原告窮詰、然後准理。若発審属虚、誣告与越訴二辠並坐。……其如何酌量定例之処、著刑部妥議具奏」(『乾隆朝上諭檔』第一冊七一八～七一九頁〔上諭番号一七六六〕乾隆六年五月一〇日上諭)。また、『高宗純皇帝実録』巻一四二・乾隆六年五月癸酉条にも同一の上諭を載せる。但し『上諭檔』と『実録』では若干の文字の違いがある他、『実録』では『上諭檔』掲載上諭の末尾から、さらに「尋議奏誣告・越訴……如院司道府濫行准理、照上司違例受理例議処」との文が続く。

(22)『大清律例』刑律・訴訟「誣告」条。

(23) 原文は「詞訟未経該管衙門控告、輒赴控院司道府、如院司道府濫行准理、照例議処。其業経在該管衙門控理、復行上控、先将原告窮詰、果情理近実、始行准理。如審理属虚、除照誣告加等律治罪外、先将該犯枷号一箇月示衆」(『読例存疑重刊本』第四冊九八二頁)。

(24) なお明清律とは逆に、唐律(及びそれを引き継いだ宋刑統)の闘訟律五八条においては、「諸越訴及受者、各笞四十」と定められており、律文上は、越訴を行った者と受理した官員の双方が最初から罪に問われた。

(25) 但し、清末の著名な法律家で刑部尚書も務めた薛允升は、「枷号を加えることについては、近頃この規定を引用するものは絶えて少ない(加枷号、近則引此例者絶少)」(『読例存疑重刊本』第四冊九八二頁「越訴」条例一四按語)と述べており、少なくとも彼が枷号規定の空文化を指摘した光緒年間(一八七五～一九〇八年)には、本条例に表れる(広義の)越訴者への処罰も既に空文化していた模様である。

(26) 滋賀『清代中国の法と裁判』三九頁注(47)。

(27)『風行録』巻二「堂判巴陵民朱太和案」(『歴代判例判牘』第八冊二五三頁以下)。

(28) 史料原文中、訴えを受理した際の箇所には、「〔朱太和〕情知理虧、随先発制人、赴府喊稟験傷。〔本府〕当即委員験訊、録供呈閲」とある。なお、「喊稟」については注(33)を参照。

(29) 原文は「遂経親提研訊、審悉前情、並拠劉継祥供称、『現患目疾何能与人急殴。……扭出当街、旋経朱栄太勧息解散、並未将伊殴傷』。等語。質之朱太和、則頓改前供。又称、『係劉継祥之妾用磚塊所殴』。査験傷痕、頭額総門四傷倶皮破血出、傷痕一律。形非被殴。……其為自用磚瓦劃破誣告、已無疑義。種種昧良欺詐凶狠之処、逐層駁詰、已拠供認不諱。……此朱太和赴府喊稟、先後審訊之原委也。……該犯朱太和乃水手中之亡命兼昧良者、実為情理所不宥。今既自投羅網、即為国法所不宥。……本府訊明後、当将忘恩負義之棍徒朱太和枷号示衆。……至劉継祥濫交奸匪、無異開門揖盗、亦属咎由自取。爾士商軍民人等、均当引以為戒、毋負本府於讞語中就事論交痛言損益之至意也。此判並論」（『風行録』巻二「堂判巴陵民朱太和案」（『歴代判例判牘』第八冊二五三頁以下））。

（30）州県での審理の模様については、滋賀『清代中国の法と裁判』一四五頁以下、寺田『中国法制史』一六三頁以下を参照。

（31）原文は「当即委員験訊、録供呈閲。正在査核間、……」。清代の委員による審理に関しては、江兆涛「清代委員会審研究」を参照。

（32）『講求共済録』堂断「江西客人喩永坤与大名県民人王大用同賭一案」（『明清法制史料輯刊（第一編）』第一六冊二二一頁以下。『古代判牘案例新編』第一九冊九頁以下にも同一案件を収録）。

（33）史料原文中、訴えを受理した際の箇所は、「喩永坤遂約同王大用進城取銭、誘其到府喊稟。質之、王大用供認不諱」とある。「到府喊稟」との状況から察するに、喩永坤達が府衙門の付近に至った際、そこへ駆け込む形で訴え出たのであろう。なお那思陸『清代州県衙審判制度』八六頁以下によれば、「喊稟」とは、地方官庁に設置してある銅鑼や太鼓を鳴らして訴える方法である。また張翅『冤抑与訴訟』八九頁によれば、「喊控」という口頭によって訴える方法も存在した。いずれも、主に重大あるいは緊急を要する事案の訴えに用いられた。

（34）原文は「質之、王大用供認不諱。査、賭博有干法紀、本府諄諭厳禁。原不僅遵例奉行、実欲回漢軍民等、各皆務正習上、以不輸之現銭養贍現在之父母、以不輸所積之銭為双親寿計終身之事、以不輸運用生発之銭置買房産、使一家豊衣足食之苦心耳。……大凡善類無不受勧、奸徒莫不自敗。即如喩永坤之誘王大用来城、此即奸徒之自敗。爾輩之不受勧者、倶当引以為戒也。……本府訊悉前情、因念各知愧懼、且喩永坤求釈還郷、是以均免枷示。銭褡業拠呈繳給還。原・被随即当堂開釈、仍取具「不敢再賭、並各情願転勧賭友改過」甘結備案。此判」。

（35）『大清律例』刑律・雑犯「賭博」条。

（36）『講求共済録』堂断「審断広平呉三等合設賭局誘騙以致王三蕩産一案」（『明清法制史料輯刊（第一編）』第一六冊二五三頁以下。『古代判牘案例新編』第一九冊四一頁以下にも同一案件を収録）。

(37) 史料原文中、訴えを受理した際の箇所は、「呉三誘之〔王三〕来家賭輸、旋即登門、強索・詈殴屡加、以致王成名赴府具控。提訊之下、審得」とある。

(38) 原文は「本府勧禁各条、首言不孝、次即誘賭。現在尽法究治之徒、多係犯尊賭博等事」。

(39) 原文は「審得。呉三・王二秃・王三同村居住、呉三・王二秃向以推車営生。王三郷愚年少、王成名衰老無能未経約束、遂被誘赴賭。査、同賭之呉四即呉三之弟・王四即王二秃之弟、両家弟兄倶贏、惟王三一人独輸。其為局騙、不問可知。……除将呉三・王二秃・呉四・王三等分別究治、以儆刁頑、並取具、呉三・王二秃『不得再施局誘騙売地畝』甘結、存案。誠恐愚頑不能周知、難免悞犯之失、故於判語中特為詳細論知、諄切誥誡。……並即分飭各属、一体遵照辦理矣。各宜凛遵、慎毋故犯干咎。此判」。

(40) 『講求共済録』批詞「天津県民人張保徳呈控宋青山等重利一案」(『古代判牘案例新編』第一九冊二五三頁以下)。

(41) 府の衙門が所在する都市(府城)に置かれる県。滋賀『清代中国の法と裁判』一三頁・二二頁注(31)を参照。

(42) 史料原文中、直接訴えを受理したとの言及はないが、後述するように、張五緯が「又不邀同宋青山赴県呈控、輙行越訴」と述べつつ審理を行っていることから、本件が県を通さず直接府に提起された訴えであったことが分かる。

(43) 「訟棍」とは、訴訟請負人あるいは訴訟アドバイザーとも言える「訟師」の蔑称である。

(44) 原文は「査、重利盤剥大干法紀。但爾妻兄何以明知故借。既未向爾通知、何以能将所借銭数・月日、逐一指証。況劉名十既称、宋青山借用銭文、係爾出名。是否宋青山捏名冒借、自応三面待質、以証虚実。何反置宋青山于不問詞内、並不声明、又不邀同宋青山赴県呈控、輙行越訴。明係因本府有重利盤剥之禁、有告必准、計図頼欠業。已情見乎詞。本府莅任以来、准駁民詞、惟憑情理。業已分晰明白曉論在案。何物訟棍胆敢在本府前賈弄刀筆。代書因何不問明借銭・索要原委、冒写用戳。此詞是否即係代書周得中所作、候親提重利盤剥之劉名十及原・被・代書等、一併分別訊究」。

(45) 劉名十が具体的にどれほどの利息をつけて借金を取り立てたのかは史料に記載されていないが、利息の規制については、『大清律例』戸律・銭債「違禁取利」条に規定がある。

(46) 『道咸宦界見聞録』二八頁。

(47) 原文は「有嶂県民常俊元呈控。伊子常尚寛娶州民田氏女為妻、結褵八載、幸得有妊。其家四世単伝、恃此血線。今春忽為媳兄田鉄旦誆母病重、接帰拐売。余立拘田鉄旦到案厳詰、……」

(48) 史料原文中、直接訴えを受理したとの言及はないが、文脈上即座に府で受理されたことは明らかである。

(49) 他の機関が関与した案件については、『道咸宦界見聞録』四二頁以下「介休富民呉龍図等十六人、控告侯生芸領本騙呑等情。案本在県審訊、……」、五六頁以下「朔郡武生某、為其継母所控淩虐弟妹、逼逐其母等情。経朔州詳革衣頂、不服審訊。……余回任後、始拠朔州将人拠解到。……」、九七頁以下「隆昌県葉允喜与胞嫂黄氏通姦一案。……仍問斬候、屡経部駁。葉允喜于秋審呼冤、又京控三次、……仍照本律問擬各絞決、不問斬也。因施延数年有意逃罪、奏請即行処決」、九八頁以下「遂寧県徐鈞通報邑婦胡氏与其姑蔣謀死親夫一案。余細閲来詳、……胡氏・姑嫂遂誣服。……案完後、即将胡氏・姑嫂脱去赭衣、交親属領回。……」、一〇八頁以下「仁寿県王驟子、本武生之子。年二十一歳、基性流蕩。同村有嫠婦范氏、……王驟子糾約匪棍彭姓、……范氏聞声起救、即被彭匪等用刀刺傷左腋、倒地呼号。……次早、范氏央族人赴県具控。署県恒泰不加審察、将抱告重責、鎖押溺桶旁。……范氏冤憤莫伸、赴司具控、余即提審。……」等の箇所が挙げられる。

(50) 一度嫁いだ妹を騙して連れ去り他人に売って妻とした場合、管見の限りで『大清律例』中に直接該当する規定は見当たらないが、戸律・婚姻「典雇妻女」条例一によって、刑律・賊盗「詐欺官私取財」条の規定に照らして、夫家から送られた娉財の金額に応じ、窃盗に準じて処罰された可能性がある。また強引に連れ帰った場合には、戸律・婚姻「強占良家妻女」条例四により、杖一百流三千里に処せられた可能性もある。

(51) 原文は「……余立拘田鉄旦到案厳詰、拠称売至寿陽、因腹孕未曽成婚。余飛檄寿陽令鐘汪傑、并作函加属鐘令飭役査伝田氏到案、付其夫常尚寛当堂領回、而厳治田鉄旦誆売之罪。缺月重円、蚌珠不失、亦快事也」(『道咸宦界見聞録』二八〜二九頁)。

(52) 『府判録存』巻一「道光十九年十月二十日審看得甘粛清水県客民范遵箴□□(二文字分欠字)夥汪巨川抗告鳳翔県民周懐等一案」(『明清法制史料輯刊(第一編)』第一八冊四七七頁以下)。

(53) 史料上直接には確認できないが、この時点で周月甫は既に死去していた可能性がある。また范文傑については、この訴訟の時点で存命しているかどうかは不明である。

(54) このように、一度出典された土地や建物を承転者がさらに出典することを「転典」と呼ぶ。清代の「典」に関しては、寺田浩明「田面田底慣行の法的性格──概念的検討を中心にして」、同「清代中期の典規制にみえる期限の意味について」、同『中国法制史』四五頁以下を参照。

(55) 史料原文中、訴えを受理した際の箇所は、事件の経緯を述べた上で「范遵箴同舗夥汪巨川査知控府、訊悉前情」とある。

(56) 『府判録存』巻四「道光二十年三月十五日審得鳳翔県民周豊抗告張賓一案」（『明清法制史料輯刊（第一編）』第二〇冊一〇九頁以下）。

(57) 判語二の内容から、実際には判語一と判語二との間に、范遵箴が判語一で得た土地・建物を周豊へ出典した際、周豊が金銭を支払わなかったと訴え出たが、府の審理で無事に解決したという一件が存在したと分かる。

(58) 史料原文中、訴えを受理した際の箇所は、「詎張賓抗不騰（史料原文の表記は「謄」だが、字形や発音の相似による誤字と考えられる）房亦不交佃、致周豊赴府具控。訊拠張賓供称、……」とある。

(59) 重典を行ったりその事実を知っていた場合は、『大清律例』戸律・田宅「典買田宅」条により、窃盗に準じて処罰され、不正に得た利益は官に没収される。

(60) 原文は「訊悉前情。断令張賓・何連、将房地・楼園退給周懐、転交范遵箴管業。……周懐不知伊父周月甫有此前約、張賓・何連亦不知房地重典、情有可原。各免追価入官。断令周懐将己地二畝、憑何通等当給張賓・何連、以抵前価。……両造允服取具遵結完案。此判」。

(61) 原文は「訊拠張賓供称、『此内厦房三間、係周懐之業。伊向周懐承典、並不在范遵箴所典之内』等供。査、范遵箴所典之場園、係西半面、現在張賓厦房実在西辺、其地基自包在范遵箴所典之中。因范遵箴承典在先、張賓修屋在後、是以范遵箴当契、並無此厦房三間名目。張賓意図朦混、遂指称『此房地基不在范遵箴所典之内』。…随断令張賓毎年給周豊地基佃銭一串。所有周豊承典北面厦房二間半・南面厦房二間・楼房半間（この箇所の史料原文の表記のみ「問」だが、誤字あるいは版木の不良による誤植と考えられる）、着張賓即行騰（注(58)と同じく、史料原文の表記は「謄」だが、誤字と考えられる）出、与周豊交清。不得抗延干比。取具遵結存巻。此判」。

(62) 『府判録存』巻三「道光二十年三月初一日審得鳳翔県民厳懋修具控堂兄厳懋徳一案」（『明清法制史料輯刊（第一編）』第一九冊四七三頁以下）。

（63）史料原文中、訴えを受理した際の箇所は、「係厳懋徳収回、□（一文字分欠字）未与懋修均分、以致赴控。提集両造、査訊……」とある。

（64）原文は「査訊厳懋修供称、『従前分析合同、係在厳懋徳家遺失、至所売園子原野約、尚収存厳懋徳処。……』等語。但既無分析可拠、若臆為断給、必不足折服厳懋徳之心。査験厳懋徳分関、開載庄西園于東面半所、以及門前樹株、倶係公中字様。似此項園子東面半所、尚属公中之産。……又厳懋修供称、『従前将地三畝七分当給厳懋徳。経懋徳私改当約、朦写四畝』。随断令厳懋徳写明当地、只有三畝七分字拠、給厳懋修収執、以杜争端。……両造悦服、取具遵結存巻。此判」。

（65）『退崖公牘文字』巻一「偃師民人王甲調姦蔡乙之女未成案判」（『明清法制史料輯刊（第一編）』第二四冊八七頁以下）。

（66）史料原文中、訴えを受理した際の箇所は、「甲調乙女、乙来轅具控。本府立将甲差提到案」とある。

（67）訴状に記載されたこの事情は、刑律・犯姦・「犯姦」条の強姦規定小注における強姦の成立要件と一致する。蔡乙は訴状で王甲が娘を強姦しようとしたと訴え出たのであろう。

（68）原文は「本府立将甲差提到案。訊止言語、「戯謔並未成姦」。原呈所称「毀衣裂膚」各情、気忿之余、未免言之過甚。因将甲照例枷責示懲。察其辞色、慙与畏。倶遂於満日疎枷、亦足以蔽斯獄矣。……甲着交批差帯回、飭県交保厳加管束、毋許滋事。以後、乙家如有人藉端滋鬧、不能安居、惟甲是問。乙女問年及笄、守身如玉。独標清操、幾擲微軀。雖巾幗、実無愧鬚眉、以小家而克完大節。本府深嘉、尚焉即仰該県伝集乙及其姻家某姓、当堂奨励、告以本府嘉勉之意。再酌賞花紅並将本府発去銅鏡両面・金花双朶、賞給乙、為其女助奩。……」。

（69）『大清律例』刑律・犯姦「犯姦」条例一三「凡調姦・図姦未成者、経本婦告知親族、郷保即時稟明該地方官、審訊如果有拠、即酌其情罪之重軽、分別枷号・杖責、報明上司存案」に従った処置と考えられる。

（70）那思陸氏も、「民人上控、如為越訴、上司衙門常発回原州県審判」（那思陸『清代州県衙門審判制度』八八頁）と指摘している。しかしながら、本稿で紹介した事例から、これに当てはまらない場合が存在していたことは明らかである。

（71）『于成龍集』六六頁以下（政書巻二・黄州書「請禁健訟条議」）。

（72）原文は「如民間詞訟止許有司准理、而禁止越訴、惟恐勢豪紳衿・積年衙蠹一手把定。有司受賄徇情、亦未可定、或執一偏之見、或多疎略之失、以致民冤莫伸、上干天和。是許民上控、以清積弊、誠不可緩也」。

(73) 寺田『中国法制史』一八五頁以下でも、「末端官僚に対する監督の目を補うために上級官が民衆に対して不良官僚の告発を積極的に奨励することは中国官僚制の常套手段」だと述べる。

(74) 原文は「但州県為発跡之始、有未控州県而径赴上控者、有原告在州県而被犯径赴上控者、有原・被倶控州県、未経審断而急赴上控者、一事而衙門告遍、種種不一」。

(75) 原文は「成龍曽有禁訟条約、如州県不准民詞、或已准埸案不審、許赴府控告、務於状内開明州県不准・埸案不審年月情由。……如州県已経審理、或受賄狗情、或執拗疎略、不恤民隠、許赴府申冤、務於状内粘連州県審語。……果有不法等弊、分別軽重、軽者記過、重者参革究擬、於審察民情真偽之中、寓甄別州県優劣之意、於以禁刁訟而厳官方」。

(76) 原文は「此成龍一片苦心、已通行各属張掛曉諭、而奸棍藐不遵依。黄民無良、傷天害理、莫此為甚」。

(77) 原文は「按刁民越訴情雖可悪、然亦有冤実未伸而上訴者、禁之非理也。若悪其越訴而過懲之、恐上司聞之必加深恨、且以後聞風越訴者、必捏毀州県、或割髪刎頸、甯死不願批本州県」(鄭端『政学録』巻五「聴訟」(『官箴書集成』第二冊三二六頁))。

(78) 越訴を行った者に懲罰を加える主体について、史料中に明示はないが、州県官を想定しているのであろう。

(79) 地方官が自らの費用負担で招聘した私的な補佐・相談役。滋賀『清代中国の法と裁判』一三頁、寺田『中国法制史』一五八～一五九頁を参照。

(80) 原文は「民気本静也。縦悪以陵之、縦役以擾之、恩既莫敷、威亦難済。於是願撲者、亦鬱極思奮、不得不奔愬於上官。上官憫其情迫而理之、刁民聞風以起恣意訐告、而地方官不可為矣」(汪輝祖『学治臆説』巻上「民気宜静」(『官箴書集成』第五冊二七九頁))。

(81) もちろん官の側からすれば、民の不満が解消されず問題となり、結果自己の勤務評価が下がったり、統治上の困難が生じることを嫌い、こうした処置を行うべきでないと考えていたに過ぎないという可能性はある。

(82) 明末清初に地方官を務めた李漁も、その著書『資治新書』巻首「論一切詞訟」において、「督撫・司・道諸公欲不准理、無奈満紙冤情。令人可悲可涕、又係極大之題、非関軍団・銭糧、即係身家性命、有保邦治民之責者、焉有聞乱不惊、見死不救者乎」と述べ、冤抑が書き連ねられた訴状を前にしては、軍事や税務に関係しない(官の側が重視しない)事案であろうとも、上司はそれを無視できないとしている（『李漁全集』第一六巻二二頁）。

(83) なお、乾隆末期から嘉慶期にかけて地方官を歴任した左輔は、「歴任上司越控不禁、向院投牒、既紛且囂、穢瑣不経、肆陳無忌、不叩親審、即叩親提、視節署逓呈、竟若捕衙巡検之易而可玩、殊乖体統」と述べ、地方では上級官が実際上越訴を禁じていないとして、当時の現状を批判している（『皇朝経世文続編』巻二三・吏政六・大吏・「呈初萊陽中丞吏治事宜」）。

(84) 但し、本稿で検討した知府の判語の数からも窺えるように、張五緯という人物の残した判語には、自身が訴訟の受理から審理までを一貫して行ったケースが比較的多く残されているのに対し、他の知府ではこれほど多くない。元になった案件の檔案（公文書）そのものが残されていないという史料上の制約は大きいが、判語が著者の業績を残すための出版物であることからすると、それぞれの任地や時期、あるいは知府個人の方針によって、訴訟の受理・審理への積極性が大きく異なっていた可能性がある。

(85) 中央の刑部での裁判例を集めた『刑案匯覧』等の刑案集には、誣告に関する裁判事例が多数掲載されているのに対し、越訴の事例は非常に限られているという事実からも、このことが推定できる。

(86) 滋賀『清代中国の法と裁判』六五頁では、訴訟の受理に関して、誣告であったとしても、官憲はそれなりの理由があれば、誣告した者に対して、概ね刑罰を科さなかった点を指摘している。また中村茂夫「清代の判語に見られる法の適用——特に誣告、威逼人致死をめぐって——」においても、戸婚田土の訴えに付随する誣告に対して、地方官は誣告の規定を容易には適用しなかったとする。

【参考文献一覧】

「史料関係」

『于成龍集』（清）于成龍著、志安主編『于成龍集』（中国、山西古籍出版社、二〇〇八年）

『官箴書集成』官箴書集成編纂委員会編『官箴書集成』（中国、黄山書社、一九九七年）

『乾隆朝上諭檔』『乾隆朝上諭檔』（中国、檔案出版社、一九九一年）
光緒『会典事例』『清会典事例』（中国、中華書局、一九九一年）
『高宗純皇帝実録』『清実録』（中国、中華書局、一九八五年）
『皇朝経世文続編』（清）盛康輯『皇朝経世文続編』（沈雲龍主編『近代中国史料叢刊』第八三三巻—二、台湾、文海出版社、一九七二年）
『古代判牘案例新編』楊一凡編『古代判牘案例新編』（中国、社会科学文献出版社、二〇一二年）
『大清律輯註』（清）沈之奇撰、懐効鋒・李俊点校『大清律輯註』（上）（下）（中国、法律出版社、二〇〇〇年）
『中国珍稀法律典籍集成』丙編、楊一凡主編『中国珍稀法律典籍集成』丙編（中国、科学出版社、一九九四年）
『道咸宦界見聞録』（清）張集馨著『道咸宦界見聞録』（中国、中華書局、一九八一年）
『読律瑣言』（明）雷夢麟撰、懐効鋒・李俊点校『読律瑣言』（中国、法律出版社、二〇〇〇年）
『読例存疑重刊本』（清）薛允升著、黄静嘉編校『読例存疑重刊本』（台湾、成文出版社、一九七〇年）
『明清法制史料輯刊（第一編）』国家図書館出版社影印室編『明清法制史料輯刊（第一編）』（中国、国家図書館出版社、二〇〇八年）
『李漁全集』（清）李漁著『李漁全集』（中国、浙江古籍出版社、一九九二年）
『歴代判例判牘』楊一凡等主編『歴代判例判牘』（中国、中国社会科学出版社、二〇〇五年）

「研究関係」

青木敦「北宋末～南宋の法令に附された越訴規定について」（『東洋史研究』五八巻二号、一九九九年）
于明「司法審級中的信息・組織与治理——従中国伝統司法的〝上控〟与〝審転〟切入」（中国、『法学家』、二〇一一年第二期）
江兆涛「清代委員会審研究」（中国、『福建江夏学院学報』、二〇一五年第五期）
呉吉遠『清代地方政府司法職能研究』（再版、中国、故宮出版社、二〇一四年）

滋賀秀三『清代中国の法と裁判』（創文社、一九八四年）
滋賀秀三編『中国法制史　基本史料の研究』（東京大学出版会、一九九三年）
粛一山『清代通史』（修訂第六版、台湾、台湾商務印書館、一九八五年）
谷井俊仁「清律」（前掲滋賀秀三編『中国法制史　基本史料の研究』）
谷井陽子「なぜ「冤抑」を訴えるのか――明代における告状の定型」（夫馬進編『中国訴訟社会史の研究』（京都大学学術出版会、二〇一一年））
張彦麗「上控視野下的法・社会与国家――兼評日・美学者之間的一場論争」（中国、『文史哲』、二〇〇三年第一期）
張翅『冤抑与訴訟――清代上控制度研究』（中国、中国社会科学出版社、二〇一三年）
寺田浩明「田面田底慣行の法的性格――概念的検討を中心にして」（東京大学『東洋文化研究所紀要』第九三冊、一九八三年）
寺田浩明「清代中期の典規制にみえる期限の意味について」（『東洋法史の探究――島田正郎博士頌寿記念論集』（汲古書院、一九八七年））
寺田浩明『中国法制史』（東京大学出版会、二〇一八年）
中村茂夫「清代の判語に見られる法の適用――特に誣告、威逼人致死をめぐって――」（新潟大学『法制理論』第九巻第一号、一九七六年）
那思陸『清代州県衙門審判制度』（台湾、文史哲出版社、一九八二年）
那思陸『清代中央司法審判制度』（台湾、文史哲出版社、一九九二年）
柏樺「清代的上控・直訴与京控」（中国、『史学集刊』、二〇一三年第二期）
臨時台湾旧慣調査会編『清国行政法』（復刻版、台湾、南天書局、二〇〇一年）

優先的判断事項の争奪と出訴方法

鎌倉末期公家訴訟にみる「沙汰之肝要」設定の実態

黒瀬　にな

はじめに
1 問題の所在
2 着眼点と構成
一 摂津国輪田荘西方領家職相論 概説
二 正和二年公家訴訟の経緯
1 院宣を武家に「掠申下」すのは口入なのか、そしてそれは不法なのか
2 旧領家円真の経路変更
三 考 察
1 本事例にみえる論理
(1) 旧領家側
(2) 九条家側
2 「切り札」の提出をめぐって
(1) 焦点の奪取
(2) 論点と法廷の争奪戦
おわりに

はじめに

1　問題の所在

本論文における考察の起点となるのは、新田一郎によって提起された「切り札」論[1]である。これは、笠松宏至がその著書の終章で示した〈「入門」対「入理非」の理念対立〉説への批判として、規範の存在形態に関する社会的認識が中世を通して変容した点を捉えるべきことを主張したものであった[2]。

笠松の論考「入門」は、鎌倉時代の末から史料上に出現する「入門」（いりかど）という用語を手掛かりに、「入理非」（りひにいる）というこれも史料用語との対比を行うことで、「入門」を「『観念』の場における正邪の裁断」、「入理非」の方は「理非の淵底を究める」＝「証文と証言の究明によって立証される『事実』の世界」という異なる裁判理念にそれぞれ対応させ、鎌倉中期を例外として日本史上前者の理念が圧倒的に優勢であったと見通すものであった。

またそれを継承しつつ、鎌倉幕府裁判に関する実証研究をおこなった古澤直人は、十三世紀末（弘安・正応年間）頃から、不応訴（召文違背）を理由とした機械的訴訟処理や[3]、裁許不履行・幕命違反による所領没収（下知違背の咎）[4]が実施されるようになり、幕府裁判の厳格性・一般性が顕著になることを解明したが、分析結果の意味づけにおいて笠松説を援用し、鎌倉中期にみられた「理非裁断の理念」(5)が末期の即決主義下では衰退して「裁判の政治への従属」(6)が進むとした。

新田は古澤の研究成果を摂取しつつも、そうした鎌倉後期の変化を裁判理念の問題として捉えることを批判する。「入門」については曾て石井良助が示した基礎的理解(7)に立ち返った上で史料を検討し、十四世紀に公武双方で実施された手続であり、「提出された論点を基に事案に審理を加える最初の段階で、限定された論点について(8)」審理するものであったと位置づけ、その論証過程で次のような見方を打ち出した。

新田説によれば、鎌倉時代後期、訴訟手続は「切り札」をめぐる沙汰として構成されるようになったという。この「切り札」という比喩的表現は、

- 「それが認められた場合には訴訟そのものに直ちに決着」がつくような「主張の『肝要』の部分(9)」、
- 「事案そのものの個別具体性から離れて一般的に妥当すると期待される規範(10)」、
- 「究明されるべき『理非』の論点として殊更に『肝要』な点、他に提起されうる『理非』の主張を直ちに退けうる『沙汰之肝要』の論点(11)」、

のように言葉を換えながら提示されるが、要するに〈他の事情を排して結論を直に導出しうる規範・論点〉といった意味に解することができる。この点に関わる新田の見解の概略を示すと、以下の通りである。鎌倉時代中期まで、幕府の訴訟裁断において重要だったのは、当事者の提起する様々な論点について互いに主張を尽くさせることによって、個別的な納得ないし妥協を引き出すことであり、一般性や執行力が弱い点に特徴があった。しかし鎌倉時

代後期には、蒙古襲来への備えという戦時体制構築の必要を大きな動力として、朝廷と幕府との協働による体制改革＝公武徳政が推し進められた。その一環である公家訴訟制度整備を通して公家法と武家法とが等質化していったことにより、手続形式上の客観的な諸原則の共有が進み、公家および武家の訴訟手続は双方一体の「公方の法」として社会一般に対することとなったとされる。そのような変化の過程で、十三世紀後半には秩序認識の転換が起こってくるという。現象としては、既往の判決・命令が存在することなどの理由で、個別具体的な事情に分け入ることなく直接的に結論が導かれ判決が下される傾向が出てくる。古澤の明らかにしたような、手続規則の形式的運用もその一つである。つまり、ある一定の形式に則って訴訟が処理され、一定の要件を満たせば一定の結論が導かれ、そうして下された命令には拘束力が生じる、そのような判断様式や発想がみられるようになったというのである。(12)

このような判断様式において働く規範を新田は「切り札」と呼ぶ。それは換言するならば、訴訟当事者においては裁判の決め手となることを期待して主張する論点であり、裁許者においては裁決導出の決め手となる基準であるといえよう。「入門」の沙汰が成立する十四世紀初頭には、「沙汰に決着をつける『切り札』となりうる『肝要』の規範」なるものが存在するのだということが社会的に認識されるようになっており、それを前提条件として「入門」の手続も成り立ち得たという。すなわち、「一般性をもって機能する」という規範の存在形態が社会的に認識されるようになったことで、そのような社会的認識に支えられて、論点を局限した篩い分けの手続である「入門」が成立したと考えるわけである。(13)(14)

新田は、「肝要之沙汰」と「入理非」（沙汰の論点をさらに細部へ拡張すること）とが対立的なものではないことを強調しつつ、次のように述べる。

「入門」と「入理非」を「二つの裁判理念」として対比する笠松氏の見解は妥当ではない。対比しうるとすれば、「切り札」の適用という「肝要」の判断形式を含む……一連の沙汰の体系全体と、そうした或る程度の一般的な有効性を期待される「切り札」がそもそも存在せずいわば判断基準の手探りによって進行しなければならない沙汰の体系全体とであり、つまりは「切り札」の存在の有無であろう。(15)

〈一般性をもった正当化の「切り札」を有するか否か〉という対比軸を設定し、その対比軸に照らして規範認識の変化を読み取ろうとする、この着想はまた、法社会史の旗手とされる笠松にも〈鎌倉幕府政治の三段階論〉(16)の強い影響がみられることを看破し、従来の問題構成それ自体を批判する議論であった。

このような「切り札」論は、笠松説批判としては大きな意義を有したと考えるが、その射程については、いまだ検討の余地がある。まず、十三世紀末に「法意識」の変化を推定する根拠のほとんどは幕府法についての議論であるが、社会一般の規範認識を問題にするのであれば、検討対象を広げる必要があろう。また、新田の議論はあくまでも大枠の仮説を提示したものであって、訴訟の場に即した具体的検証が尽くされているとはいえない。

もちろん、すでに色々な角度から論評はなされており、(17)日本中世史を見渡しても、〈人々一般を捕捉する抗事実的な法〉が中世後期に向けて生成されていくという結論部分は浸透しつつあるように見受けられる。(18)だが、「切り札」論や「入門」論といった、訴訟や裁判そのものの問題は、新田同書における議論の出発点に置かれ、いわば建物の礎石ともいうべき重要な位置を占めるにもかかわらず、現在まで十分に顧みられていないのではなかろうか。(19)

本稿では、ひとまず当該理論の内部から、すなわち〈鎌倉後期の裁判が「『切り札』をめぐる沙汰」と呼びうるものになっている〉という見立てはいったん受け入れた上で、その見立てを具体化する作業を通して、検証を試みる。

初めに断っておくが、本稿は「入門」の手続を復元する研究ではない。むしろその前提をなす、この時代の訴訟のあり方について、〈裁判において優先的に審理され、かつ決め手となるべき一般性をもつ規範〉つまり「切り札」の働きを検討することによって考えようとするものである。

2　着眼点と構成

主要な題材として取り上げるのは、摂津国輪田荘をめぐる鎌倉後期の紛争である。比較的有名な事例だが、本稿の関心に照らしても有益な素材と考えられる。本件は、本家と領家の対立を本質とする紛争から武家訴訟および公家訴訟に展開した事案であるが、「入門」の手続ではない。新田説に対する批判の中には、「切り札」を「入門」に特殊な判断形式として理解するものがある。渡邉正男は、新田を含む複数の先行研究が、元亨三年（一三二三）、薩摩国国分寺領相論にかかる鎮西探題での「入門」を「正和の神領興行法」を適用する手続と見做してきた点につき、再検討の結果、これを否定した（この批判自体は的確な指摘である）。その上で、「『正和の神領興行法』を適用する裁許の多くが、『入門』の語は見られないにも関わらず、当該所領が神領か否か、訴論人に神領を知行する『器量』があるか否かという、いわば『切り札』に基づく判断形成と類似のあり方をしている」とし、「鎌倉時代末期の、訴訟における判断の基準と判断のあり方の変化については、いますこし慎重かつ広範な検討が必要」と述べる[20]。しかし新田説の趣旨によると、「切り札」の有無というのは規範に関する社会的認識の問題であって、個別の手続に限定されるものではなく、渡邉のいう「類似のあり方」は「類似」なのではなく「切り札」そのものと理解すべきである。こういった現状を踏まえ本稿では、鎌倉時代末期の、幕府法廷の外側かつ「入門」以外の場面における、「肝要の沙汰」の有無ないしその様相を示しうるものとして、輪田荘の事例を取り上げる。

事案の検討に入る前に、分析にあたっての筆者の視点を提示しておく。平安時代後期以来、日本中世の訴訟においては、どの出訴先へいかにして出訴するかが重要な意味を持った。これは受訴者が第三者としてではなく当事者の上司として処分を下すという当該期裁判の性格とも密接に関連し、身分や縁故を獲得しそれを活用することが上位者から裁許を得るための欠くべからざる手段であった。鎌倉中後期においても、「縁」が強く作用する院政期以来の公家訴訟の性格は、徳政により変化しつつなお残存していたと指摘されている(21)。本稿ではこの点――出訴先の選択と所縁の問題――を切り口としてみたい。

新田のいう「切り札」（ないし「切り札」が存在する状況）とは、「それが法だから」という理由づけが他の諸々の個別事情に優先して主張を正当化したり判断の根拠となったりするような思考様式のことであり、手続規範・実体規範を問わず、主張や判断の形式性、および論理の短絡（ショートカット）がみられるかどうかが弁別基準となる（と筆者は理解する）。訴訟の中では様々な論拠や攻撃材料が提示され、行き交うものであるが、本稿では荘園の領有構造の認識および、領有を正当化する基準という論点に注目する。これは事案の中できわめて「切り札」的に提示されるのであるが、この論点をめぐって、あるいは論点を設定する段階から、当事者双方によってどのような綱引きが行われていたか、すなわち論点設定の試みとその困難について明らかにするのが、まず一つの課題である。

またそれは、訴訟・裁判の舞台（＝法廷）をどこに据えるかという、訴訟繋属の問題とも分かち難く結びついている。訴訟を起こす者たちは、伝手をたどり、自己に有利と思われる出訴先へ訴えを持ち込むことによって事態を切り拓こうとする。この基本的な行動原理は日本中世を通じて認められるが、一方でその表出の仕方には、様々なバリエーションがありうる。本稿の扱う鎌倉後期についていえば、公家政権の意志を執行・実現する機関としての六波羅探題の役割が大きくなっており、公武連携の進展は沙汰の移管や執行にかかわる新たな問題を惹起している。また、訴訟制度の発展・精緻化に伴い、当事者にとっては自らの訴訟行為を論理的に正当化する必要性も増大しつつあったことが想定できる。そのような当該時期固有の事態において、訴訟関係者たちは出訴先の選択とそこで所縁が果たす役割についてどのように捉え、訴訟行為の正当化や批判をおこなっているだろうか。すなわち舞台設定の試みとその困難について考察すること、これがもう一つの課題である。

本稿では、先に述べた「切り札」の問題（これは〝論点〟に関する問題といえる）と、出訴方法をめぐる問題とを関連づけつつ、この時代の訴訟における〈規範的主張のぶつかり合いの様相〉を明らかにしたい。規範認識は、実際の訴訟過程ではいかなる形で表出し、闘わされ、展開するのか。それを具体的に考えていくことは、新田説の適用可能範囲（適用限界）を考えることにもつながりうるであろう。

一において、検討対象となる輪田荘およびそこで発生した領家職相論の概略を簡単に押さえたのち、**二**では、当該相論が公家法廷に持ち込まれた正和二年（一三一三）の訴訟の経過をたどりながら、手続の問題を中心として、注目すべき議論や行為を抽出する。それを踏まえ**三**では、より実体的な論点も含め、当事者による「切り札」の提示方法や訴訟戦略、受訴者の対応等を分析し、上述の課題について総合的に考察する。

一　摂津国輪田荘西方領家職相論　概説

輪田荘は、現在の兵庫県神戸市兵庫区、和田岬付近の港湾地帯に位置した九条家領荘園である。ここでは鎌倉～

室町期にわたって様々な種類の紛争が断続的に発生するが、本稿では「西方」と呼ばれる領域の領家職に関する鎌倉末期の相論を扱う(22)。

延久の荘園整理（一〇七一年）以来の正子内親王家領輪田荘に、橘経遠寄進田畠（いずれも藤原宗通―宗子領）を合併しつつ周辺の所領も取り込む形で、久安四年（一一四八）前後に最勝金剛院領輪田荘が立荘され、九条家に伝わったとされている(23)。当荘は、鎌倉時代後期になると西方と東方に分かれており、西方は永仁六年（一二九八）より地頭請所とされ、東方は嘉暦三年（一三二八）以前に下地中分となっている。

西谷正浩によれば、西方領家職相論は、「本所」の地位をめぐる本家―領家間相論と性格づけられる。それまで荘園経営の実権を握ってきた領家が、本家たる九条家と対立して領家職を改替されたことから訴訟に発展したものである。裁許状と呼べる文書としては、元亨四年（一三二四）十一月廿一日付の後醍醐天皇綸旨(24)が残存し、その文中では九条家が「本所」と認定されている。最終的には、領家の権限を九条家が吸収する方向で一円領主化していくこととなった(25)。

ただし、活発に相論が展開されている時期と、裁許状発給時期には開きがある。公家訴訟は正和元年（一三一二）から翌二年にかけ第二次伏見院政下で行われているが、そこから後伏見院政・第二次後宇多院政を挟んで約一一年後、後醍醐親政期になって上述の綸旨発給をみるのである。元亨四年の裁許前後の経緯は、詳細を示す史料がないため不明であるが、年数の開きや皇統の交代を踏まえると、訴訟手続のまとまりとしては、正和年間のものとは別個の事態と捉えるべきであろう。

本稿で主に問題とするのは、正和二年（一三一三）の公家訴訟である。ここでは、改替された旧領家円真（および雑掌静成）と本家九条家との間で、二問二答の訴陳が交わされた。

二　正和二年公家訴訟の経緯

1　院宣を武家に「掠申下」すのは口入なのか、そしてそれは不法なのか

円真（幼名羅睺羅丸）は、母である月輪良兼室源氏女から輪田荘西方領家職を承継したが、嘉元二年（一三〇四）頃にはすでに、東方領家京極局（真浄）との間で領家職をめぐり紛争が発生していたらしい。それに伴い、地頭から納められるはずの請料年貢銭が円真方に入らなくなったため、納入を求めて西方雑掌静成が地頭を六波羅探題に訴えたところ、徳治二年（一三〇七）までに三度の下知を得た。[26]しかしなおも年貢銭は支払われなかったのであるが、この問題の根本は、九条家が円真に代えて当主師教女房たる真浄に輪田荘西方を与えたことにあった。

それを承服できない旧領家円真および円真の下で実務にあたってきた旧雑掌静成は、延慶三年（一三一〇）、地頭義清の請料不払いにつき、義清と新領家真浄を相手取って六波羅へ訴え出た（**図解1**①・②）。四番引付での沙汰は三年間に及んだが、九条家方は正和元年（一三一二）頃、新雑掌頼秀の名で、二条前中納言に嘱して伏見院に武家への口入を依頼する（③）。

伏見院は九条家方の要望に応え、**図解2**④のように院宣を発給する。[27]院宣を受けた六波羅は、請料用途（年貢・乃貢）は頼秀方へ沙汰し渡すべきことを決定する（⑤）。

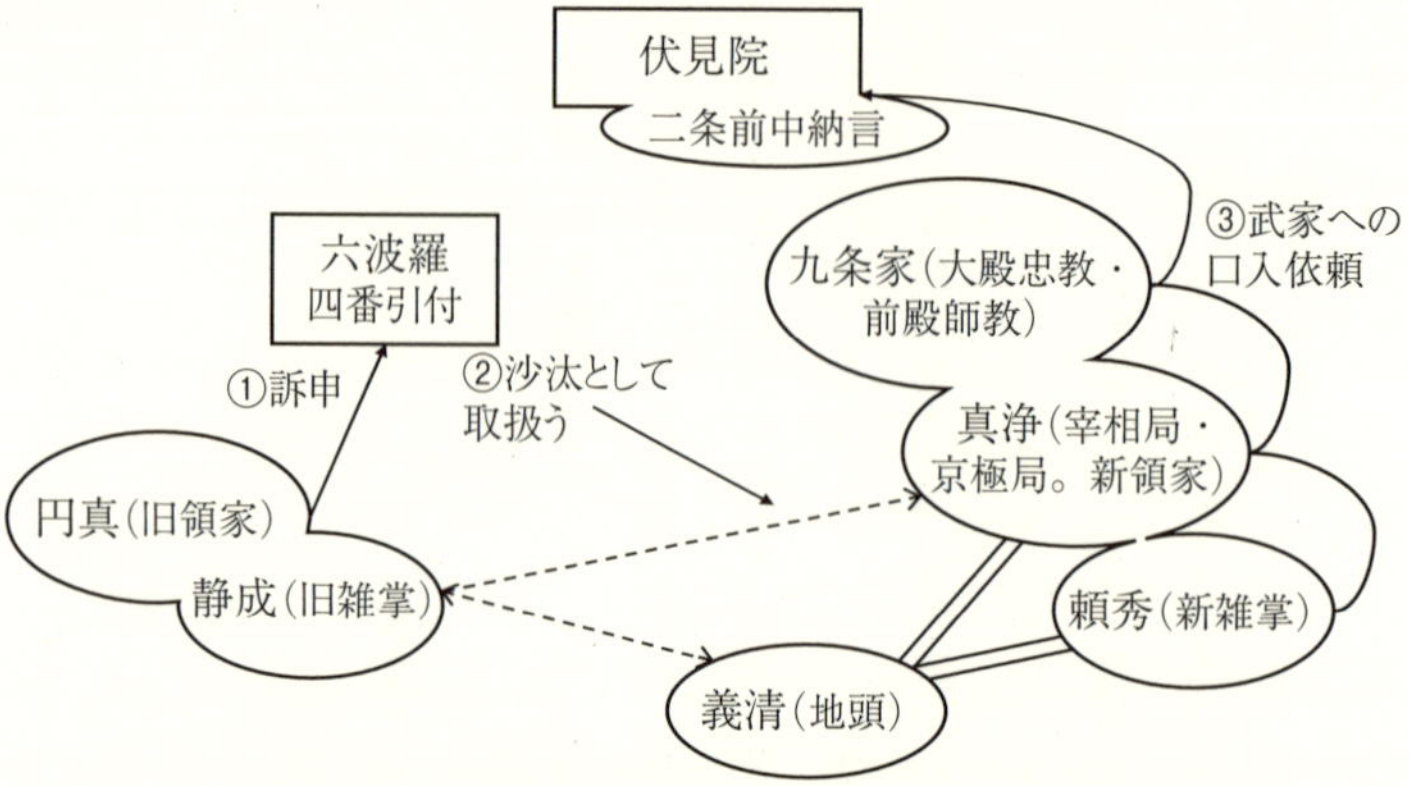

図解1　延慶三年（1310）～正和元年（1312）

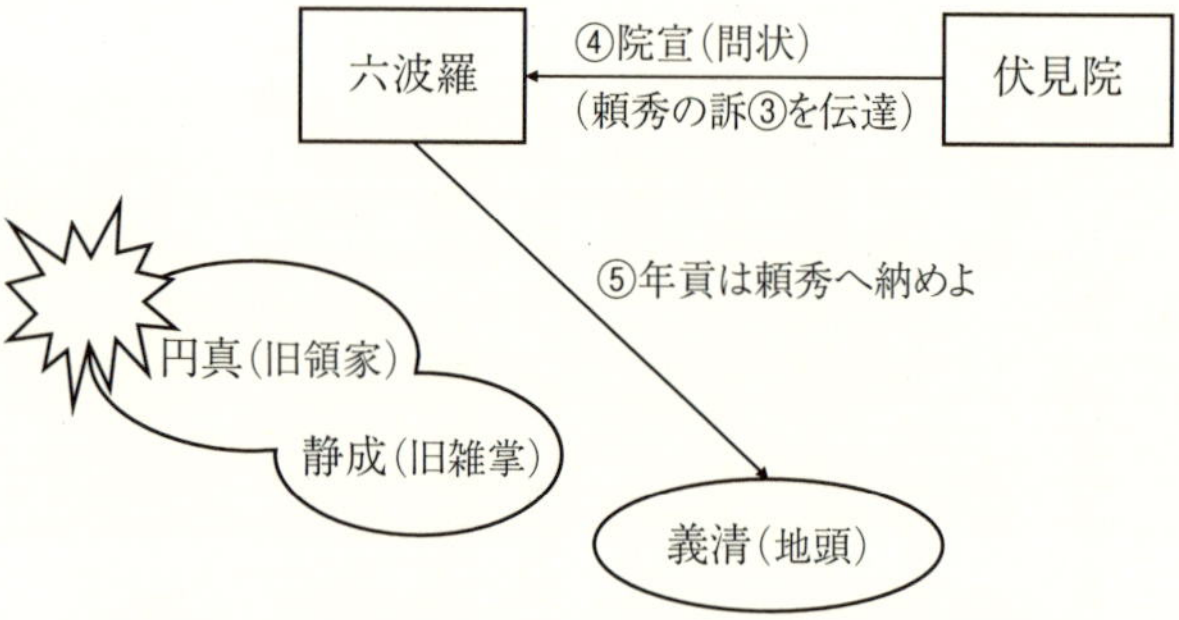

図解2　正和元年（1312）末～二年（1313）初頭

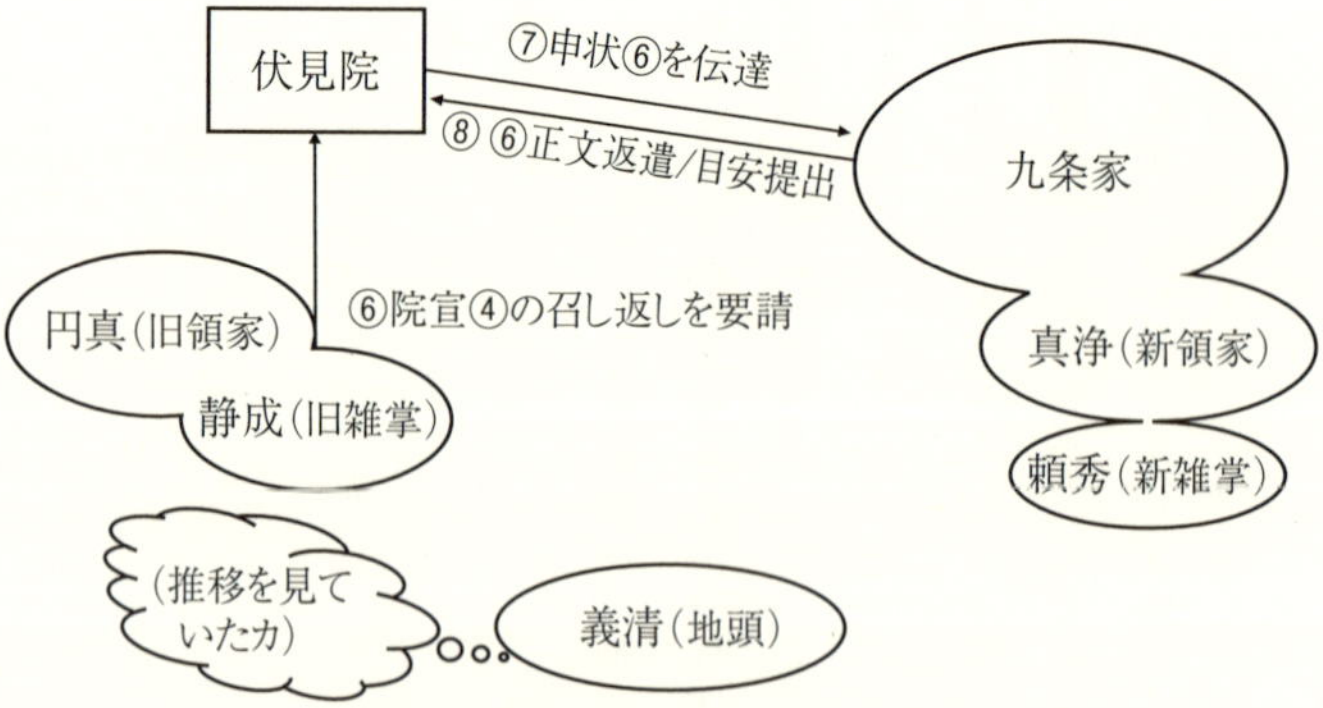

図解3　正和二年（1313）三～四月

こうした事態に、円真側雑掌たる静成は、正和二年三月、院宣④の召し返しを求めて訴え出た（**図解3⑥**）。その訴状が、次に引用する**【史料イ】**である。

【史料イ】　正和二年（一三一三）三月日静成申状案[28]

（端裏書）「円真申状案〈具書を副う、正文奉行人に返し遣わす〉正和二　四」

摂津国輪田庄雑掌静成謹んで言上す、

早く御奏聞を経られ、頼秀二条前中納言家に属して掠め申し下す所の院宣を閣かれんと欲す、……三个年間武家として沙汰を経られ、既に重ねて下知に預かる処、頼秀・義清等術計を失い、院宣を掠め下して武家の下知を抑えらるる、堪え難き間の事、

……

右当庄は、月輪禅定殿下《九条兼実》の御時、去ぬる建永元年十二月日、美濃国石田庄ならびに銭貨佰拾貫文・能米佰斛に相博せられ、基輔朝臣より羅睺羅丸〈今は円真〉まで九代相伝相違無きの地なり、而るに去ぬる弘長年中、本所より煩費を成さるるの間、奏聞を経るの処、違乱無く領知せしむべきの由、勅裁に預かり了んぬ、彼の弘長の勅裁は、後嵯峨法皇不易の勅許なり、而るに真浄、武家被管の身として、或る時は京極局と号し、今は宰相局と称し、其の名を変々に構え、九条殿の御挙状を掠め給わり、地頭義清を相語らい、其の煩いを致すの間、武家に於いて訴え申すの処、……真浄・義清ら術計を失い、御沙汰の最中、院宣を武家に掠め申し下すの条、奸謀の至りなり、且つがつ沙汰未断の最中、権門の状を執り進らする事は、武家古今不易の制法なり、何ぞ況んや院宣に於いてをや、此れ等の次第を顧みず仙洞を掠め奉るの条、尤も重科を招く、てえれば、所詮、頼秀掠

め申す所の院宣を閣かれ、建永相博御下文ならびに武家度々下知状に任せて年貢庄務の沙汰を致すべきの旨、院宣を武家に下されんが為、懇款に耐えず、言上件の如し、……

ここで静成は、相手方の真浄と義清が、「御沙汰の最中」にもかかわらず、伏見院を欺いて六波羅宛ての院宣を手に入れたと批判している。この批判を支える理屈は、〈「沙汰未断之最中」に「権門之状」を執り進らせることは「武家古今不易之制法」違反である。まして院宣など言うまでもない〉というものである（——の傍線部）。「武家古今不易之制法」とは、御成敗を待たずに権門の書状を幕府へ持ち込むことを禁止した、御成敗式目第三〇条[29]に当たる。つまり円真側は、院をいわば〝最強の権門〟と捉え、〈敵方のやり口は権門中の権門を武家訴訟に介入させる行為だ〉と論難しているのである。

しかしながら、伏見院から院宣を受け取った六波羅の側は、真浄らの行為を問題としないばかりか、**図解2**の⑤で示したように、九条家方に年貢を納めるよう地頭に命ずる対応をとる。

こうした六波羅の対応については、武家による「勅命施行」の問題として木村英一[30]が言及している。「勅命施行」とは、木村の定義を引くと、

畿内・西国の訴訟案件に関して、院（天皇）が一方の訴訟当事者の要請を受けて院宣（綸旨）の形で六波羅探題への指令を発し、関東申次を介して院宣（綸旨）を受理した六波羅探題が両使などの機構をもってその趣旨を施行するという、鎌倉後期に確立した方式[31]

のことで、いわゆる「悪党召し取りの構造」もこの内に含まれる。木村はこのような〈一方当事者の要請によって出された勅命が、武家の機構をもって伝達・実行される〉という仕組みに着目して「勅命施行」と名付け、その機能を分析した。それによると、鎌倉後期には、六波羅法廷における裁判の現状打開や権益の維持・確保の手段として、しばしば訴訟当事者が公家政権の介入を要請することがあった。要請を受けた公家政権は「尋沙汰」を命じる院宣・綸旨を発給するが、これは実質的には訴人の訴訟に対する吹挙状ともいえるものであり、このような勅命を受けた六波羅は、それまで進めていた裁判を停止し、勅命の趣旨に沿って問題を処理する傾向にあったという。木村はこの議論の根拠の一つとして輪田荘の事例を取り上げ、「六波羅探題の訴人・論人に対する姿勢は、『問状院宣』を受理する前後で一変している」と指摘する。(32)(33)

木村は、「院宣・綸旨という『権門之状』以上に権威のある文書によって」式目三〇条の規定が「公然と破られている」と表現するが、筆者としては、円真らの「況於　院宣哉」という理屈の方に注目したい。ここには、次のような認識のギャップを看取することができる。すなわち、円真らは権門の最たるものとして院を捉えているのに対し、六波羅は権門の枠外（口入問題にならないほど超越した存在）として見ているといえる。(34)

とはいえ、円真も仮に逆の立場に立ったなら、つまり武家訴訟だけでなく院に頼るのが有利だと判断したなら、やはり同様の行動に出たのではなかろうか。この問題は、院という存在の特殊性に起因する部分が大きいと考えられる。院政を敷く上皇は、秩序体系の頂点に位置する「治天」として、国制上誰も代替することのできない重要な立場にあるが、同時に権門としての性格も一面では有しており、必ずしも武家と上下関係にあるわけでもない。〈院が誰かの訴訟を推挙してやることと、訴訟を受けて勅命を下すこと〉、〈他の機関に対する口入と下命〉、〈陳情を武家へ繋いでやる口入と、院のもとから武家へ沙汰を移管すること〉――それらの境目は曖昧であり、曖昧であるからこそ、そこに理屈をこねる余地（「手続かくあるべし」という主張を展開する余地）が生まれている。

2　旧領家円真の経路変更

さて、円真方の訴えを受けて公家訴訟が動き出したところで（**図解3⑦・⑧**）[35]、九条家側は六波羅へ働きかけ、再び下知を獲得する（**図解4⑨・⑩**）[36]。

このような経緯で、円真にとっては、いかにして六波羅の動きを封じるかが問題となった。そこで活用したのが、六波羅と伏見院の両方に顔が利く存在とのコネクションである。その点を次にみていきたい。

ここで登場するのが、権僧正実静という人物である。実静は、代々関東申次を輩出する西園寺家出身の山門僧で、正和二年（一三一三）七月には後伏見天皇女御である広義門院寧子の御産——皇子（量仁＝光厳天皇）生誕時——で御験者を務めるなど、伏見院との関係も深いとみられる[37]。

次に掲げる六月一九日の円真申状によると、これ以前に円真は「勅裁が出るまで待つべき旨の院宣を六波羅に下されたい」と、実静を通して伏見院へ申し入れようとした（——の傍線部、**図解5⑪**）のだが、実静は不審に感じたのか、九条殿へ問い合わせてしまう（……の鎖線部、**図解5⑫**）。円真はそのことに対して不満を表明しつつ、再度の申し入れをおこなっているのである（なお宛所の「宰相律師」は実静の側近と推測される。）。

【史料ロ】（正和二年〔一三一三〕）六月十九日円真（重）申状案[38]**（図解6⑬）**

摂津国輪田庄の間の事、相伝の次第・濫妨の子細、度々言上せしめ候い了んぬ、……

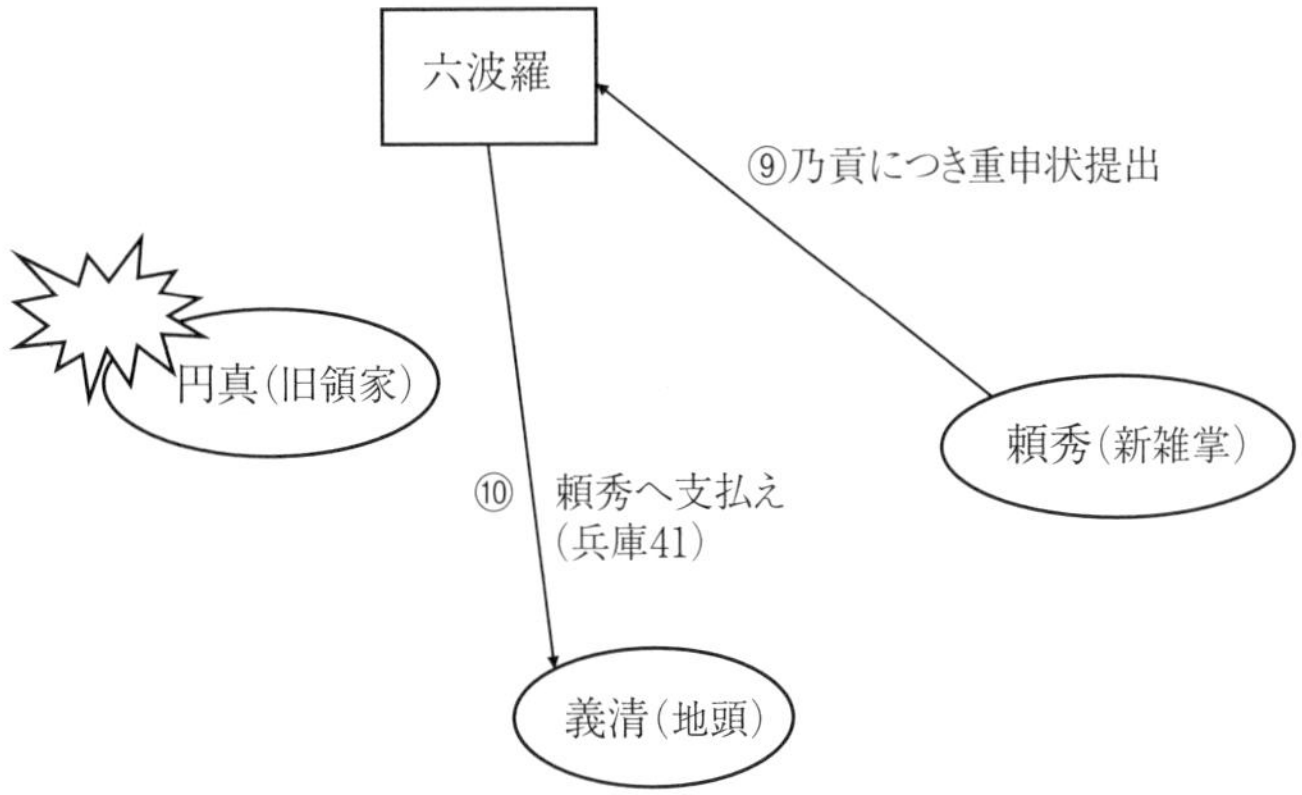

図解4　正和二年（1313）六月二日まで

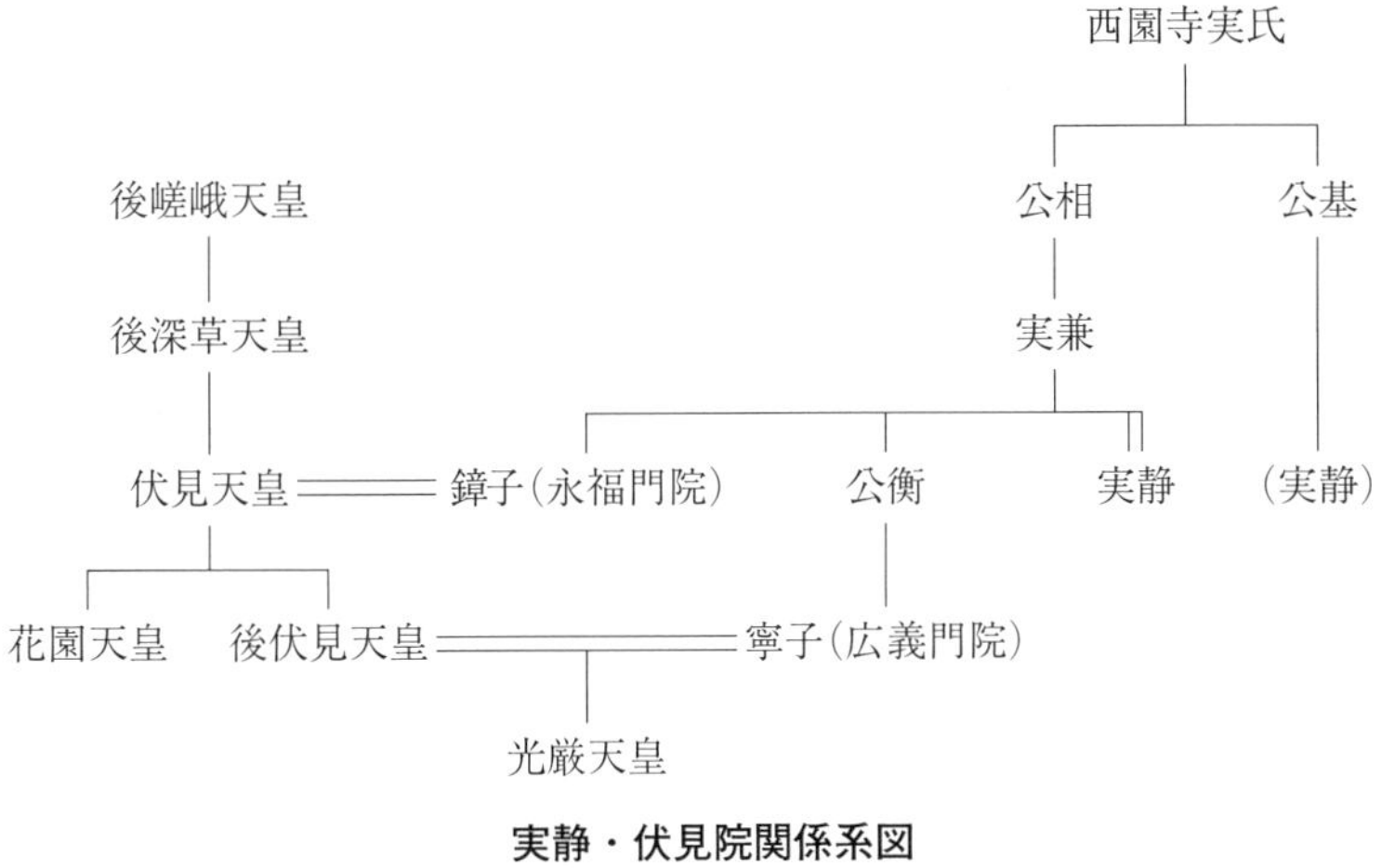

実静・伏見院関係系図

……所詮、相伝の真偽に就き是非を究め決せらるるの間は、彼の請料に於いては、左右無く両方に沙汰し渡すべからず、勅裁の時、得理の方に運送すべきの由、院宣を武家に下されなば、且つがつ愁歎の眉を開き、宜しく歓喜の掌を合わすべく候や、此れ等の趣、去る比言上せしめ候の処、此の申状を以て九条殿に尋ね申され候と云々、此の条頗る所存を貽し候、相伝の理非に於いては尤も訴陳を究められ左右有るべき事に候か、仍て九条殿の御事書に就き、忩ぎ重ねて子細を言上せしめ候、今申し入れんと欲する次第に至りては何ぞ必ずしも本家の御散状に依るべく候や、天憐を垂れられ御沙汰に及び候わば、いよいよ一陀羅尼の功労を勤修し、須く四海安全の御願を祈り奉るべきの由、相存じ候、重ねて御執奏候の様、申し御沙汰有るべく候、恐々謹言、

六月十九日　　円真

謹上　宰相律師御房

この円真の再要請を受けて、翌日には実静の書状が発給された。

【史料ハ】（正和二年〔一三一三〕）六月廿日実静書状案(39)**（図解6⑭）**

（端裏書）「実静僧正状案〈円真重申状案を副う〉　正和二　七　廿三　事書を相副え帥卿の許に遣わす」

摂津国輪田庄の間の事、円真重申状此くの如し、子細状に見え候か、然るべきの様、申御沙汰候や、恐々謹言、

六月廿日　　権僧正実静

謹上　平二位殿

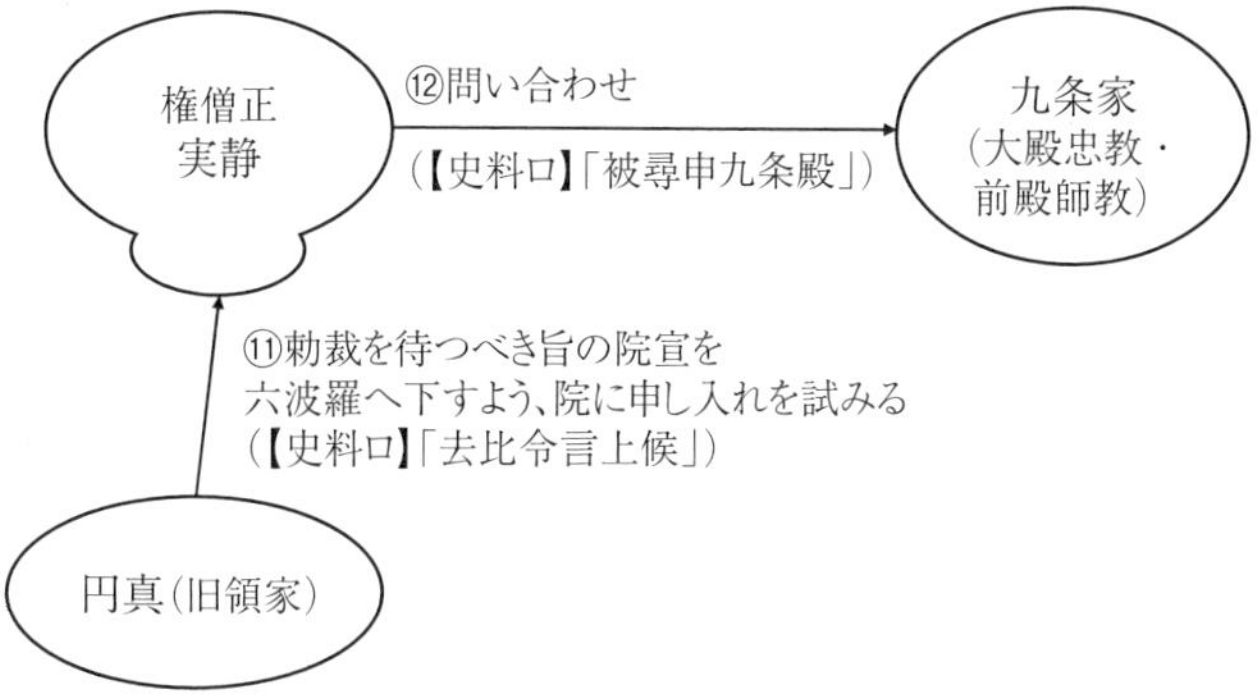

図解 5　正和二年（1313）六月

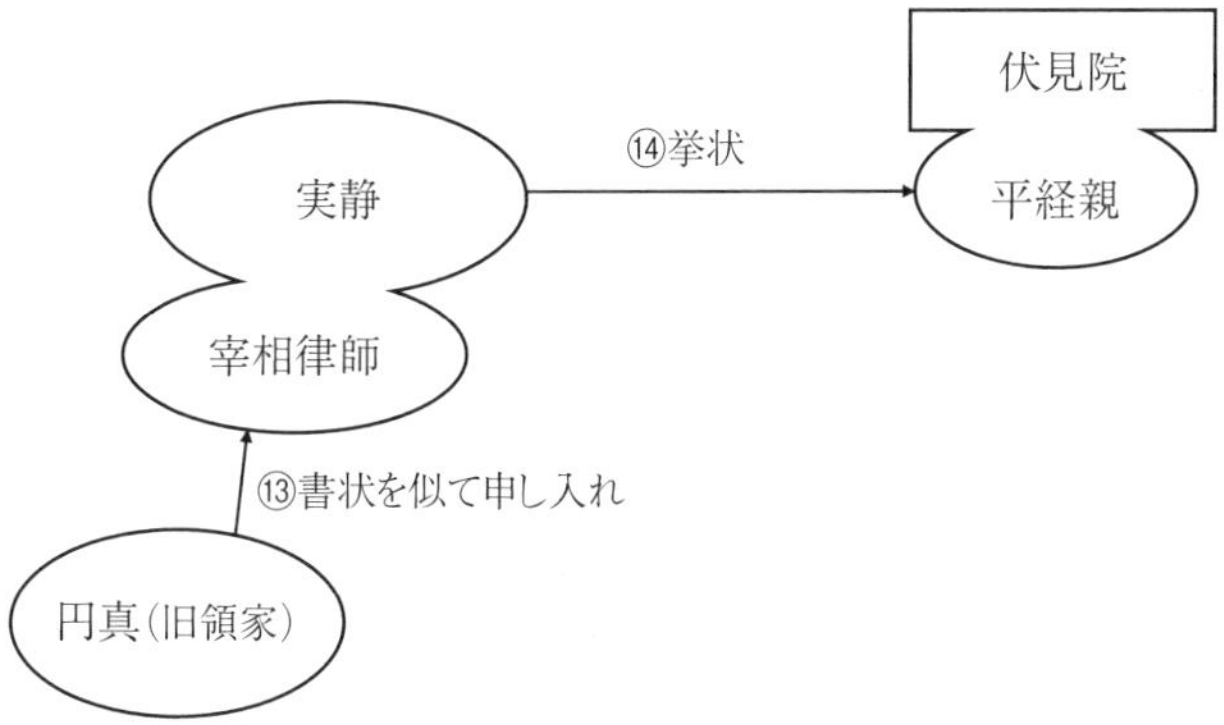

図解 6　正和二年（1313）六月十九日・廿日

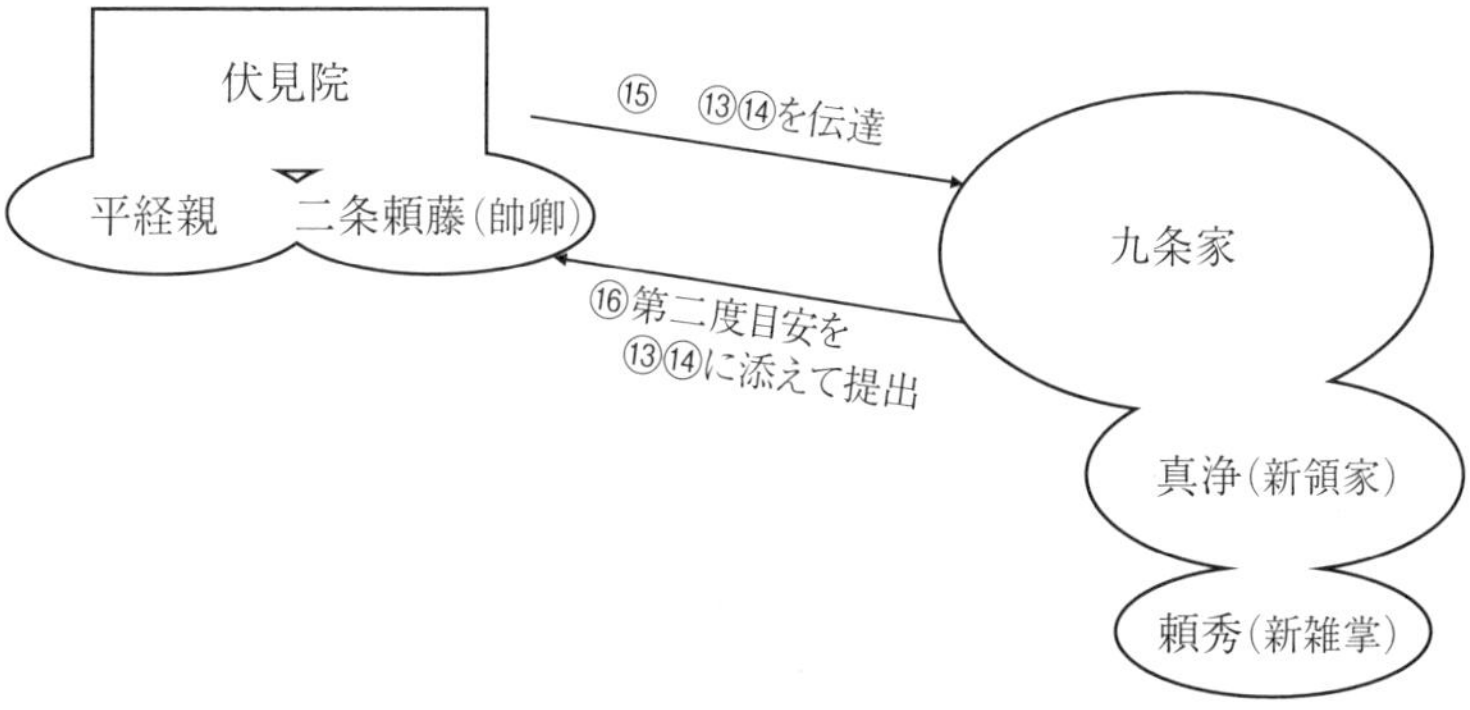

図解 7　正和二年（1313）六月末〜七月廿三日

この実静書状案は、【史料ロ】を挙達する吹挙状である。宛所の「平二位」は、院伝奏・評定衆の平経親を指す[40]。すなわち実静は、円真の申状に自らの挙状を添えることで、院伝奏に話を通してやったわけである。ルートを整理すると、〈円真→実静→伝奏経親－伏見院〉となる。

ところで【史料ハ】の端裏書は、九条家で記したと考えられるものだが、それによれば、九条家は円真申状（図解7⑮で受領）への返答である第二度目安＝「事書」（後掲【史料ニ】）を「師卿」に宛てて出している（図解7⑯）。「師卿」とは大宰権帥藤原頼藤のことで、家名を二条とも葉室ともいい、伏見院の伝奏・評定衆を務めた人物である。さらに頼藤は、実は先に見た図解1の③で九条家から伏見院への依頼を取り次いでいた「二条前中納言」と同一人物である[41]。

このように、円真から実静、実静から平経親を介して伏見院、また九条家から二条頼藤を介して伏見院という、院側近ルート〈円真→実静→伝奏経親－伏見院－伝奏頼藤←九条家〉が成立していたことがわかる。伝奏に話を通すことで院にアプローチするというのは、政務・交際のための意思疎通手段としては一般的なものといえよう。

一方、先ほど言及した、円真方の最初の訴状である【史料イ】は、九条家で注記したと思われる端裏書によると「奉行人」を通してやり取りされていた。一般的に、鎌倉後期の公家訴訟において、訴陳状の召し整えは事務方である職事・弁官が担当したことが指摘されており[42]、【史料イ】の場合も、「奉行人」との記載のみで人名が明記されない点からすると、職事弁官を通る訴訟経路〈当事者⇅職事弁官⇅伝奏⇅上皇〉でやり取りされたと考えられる。

このように見てくると、円真にとって実静を通すルートとは、院伝奏に直接的に接続する方策であったことがわかる。この接続方策は、通常の訴訟の経路を取らず、奉行人を飛ばして訴えるという意味において、藤原良章の指摘[43]した庭中の性格とも共通性がみられる。実静を介した平経親への申し入れは、藤原の言い回しに倣って〈奉行をこえた上訴〉と呼んでも差し支えないだろう。

九条家の目安を見ると、円真のこの行為は、相当な批判の対象になっている。

【史料二】（正和二年七月）九条家第二度目安案(44)（図解7⑯）

……当庄の事、先度条々委しく申され畢んぬ、之に就き、猶(1)円真所存あらば、重ねて理非を申すべきの処、a其の儀無く、自由の状を捧ぐるの条、奸曲の至極なり、……

……開墾本主寄進の後葉として別勅に預かると雖も、本所が為不忠を現し敵対を成すの時は、之を改替せられ本所管領の例、諸権門御領等毛挙に遑あらず、況や(2)当庄は、氏女・円真等開発寄進の子孫に非ず、本所重代の御家領を以て恩給するの条、自余の所見は暫く閣き、先ず円真所進の建永の状に分明なり、……(3)事繁きに似ると雖も、簡要只此の段に在り、此れ等の次第、先度条々篇目を立て申さるるの処、円真無理の間、閉口失詞し畢んぬ、仍て今度b中路に於いて、左右無く院宣を武家に下さるべきの由、自由の状を捧げ叡聞を掠め奉るの条、罪科の至極、言語の覃ぶ所に非ざるか、(4)凡そ庄円《ママ》相論の法、道理の淵源を究められ、財主を定めらるるは、古今の例、憲章の謂なり、何ぞ円真の濫訴に限り、c理非を閣き雅意に任すべけんや、……

……の鎖線部（abc）にいわく、**【史料ロ】**⑬は、訴訟の途中で「自由の状を捧」げて「叡聞を掠」める行為であり、このような武家宛て院宣発給の要求を許しては、「理非」をなおざりにして相手方の我意を通させてしまうことになる、という。すなわち九条家は、奉行人のもとで訴陳に番えている最中にそれを迂回して院にアクセスする（「叡聞を掠め奉る」）のは不当である、として円真方を非難するとともに、〈当方は「理非」を訴陳状でまともに究めようとしているし、正攻法でやっている〉との態度を示しているのである。

しかし思い起こされたいのは、九条家自身、武家訴訟の最中に、六波羅への口入を院に依頼していた（**図解1**③→**図解2**④）ことである。自らの院宣獲得の件に関しては、二度の目安いずれにおいても、円真側からの批判に答えようとしていない。

九条家第二度目安ののち、正和二年の公家訴訟は、裁許なきまま小休止することとなる。頼秀による正和二年八月の年貢注文[45]によれば、武家訴訟が行われていたのが同年七月までとのことであるから、この時期以降、真浄・頼秀方へ納入するようにとの六波羅の判断は変わらなかったとみえる。伏見院も、双方の訴状を受け付けるところまではしたものの、それ以上武家に口入したり裁許を出したりといった積極的な行為には出ず、それは次の後伏見院も同様で、結局後醍醐親政期に入るまで真浄・頼秀当知行で経過したものと思われる。

三　考　察

1　本事例にみえる論理

前掲注（25）西谷論文は、本件領家職相論について、輪田荘の上司職のあり方を中世後期に向けて大きく転換させるものであったと指摘する。九条家領荘園のうち室町時代まで存続しえたものは、鎌倉後半期〜南北朝期における荘園制再編の動きの中で、九条家による主体的な荘園支配体制の更新が成功したところに限られる。輪田荘もその一つである。

荘園の支配体制の再編とは、重層的な領有体系を解消し、本所一円領を形成していくことを意味するが、その過程においてはしばしば本家・領家による「熾烈な相克」（西谷同論文二三一頁）が発生した。この相克は、十三世紀半ば以降における本主興行の徳政と関連するものである。弘長公家新制（一二六三年）の条文に、「寄附他に異なる地」・「由緒相伝の所」を本家が「押領」しようとして「本家領家不和」となった荘園については「道理を尋ね究め、庄務を返付すべし」とあるように、後嵯峨院の政権は、本家による不当な改易から領家の相伝権を保護することを徳政の一環として打ち出した。その基本的な政策方針は北朝政権まで受け継がれる(46)。

こうした本主興行の徳政の展開につれ、「本所」概念にも変化が生じる。従来、荘務を委託する本所―受託する預所という関係を表現する相対的な概念であった「本所」の語が、「荘園の排他的支配権者」（本所一円地の領主）という意味を帯びるようになった。これは、弘長年間以来の公家法廷の裁許が、「荘園の実権掌握者を確定する」機能を果たしたことが原因として考えられるという。その結果、本家―領家間相論は、「荘園支配者たる『本所』の地位の争奪戦」という性格を持つようになる(47)。

本事案に即していうと、九条家は本件領家職相論を〈本家と領家のいずれが「本所」（＝排他的支配権者）であるか〉という争いと認識し、その判別基準を領家職が〈開発寄進余流による相伝の職か、九条家によって恩給された遷代の職か〉という点に求めた。元亨四年の後醍醐天皇綸旨では「円真、建永政所下文を捧げて子細を申すと雖も、本所の進止たるべきの上は、勅裁の限りに非ず(48)」との判断が示されるが、これは「領家職の進止権をもつ本所」が本家すなわち九条家であることを確定する裁決であり、その後は「本家の意志を中心に上司職の再編が進められ」ていったという。[49]

そのようにして、領家・預所の「相伝」とされた所領は、領家・預所が荘務を全面的に掌握するいっぽう本家は不知行化していき、反対に領家・預所の知行が本家からの「恩給」によるものと認められた所領については、「本所」の持つ補任権を根拠に、本家に奉仕しない領家の更迭が進められ、本家が荘務を把握するようになる。

西谷の指摘を念頭に、両当事者の主張・論拠を整理してみよう。

(1) 旧領家側

まず、輪田荘の領有に関してであるが、そもそも輪田荘の領家職（＝預所職）には単純に割り切れない来歴がある。当荘は久安年間に最勝金剛院領として成立した後、平氏政権によって知行を奪われ、平氏の没落後に再興されるという経緯を辿っている。その際に九条兼実から輪田荘の預所として再興を任されたのが、兼実の信頼の厚かった家司藤原基輔である。[50] 基輔の死後、娘の刑部卿局の時に一度美濃国石田荘との相博（交換）が行われたが、しばらくして再び石田荘との相博により局の女子が補任された。この相博時に発給を受けた政所下文が、正和の公家訴訟における旧領家円真の重要な拠り所の一つとなる。その後の伝領過程には不明な部分もあるのだが、円真方としては、基輔以来「九代の相伝」に相違なきことを証明しようと試みている。

【史料イ】にて「建永相博御下文」と呼ばれている、建永元年（一二〇六）十二月日九条兼実家政所下文案[51]は、女房刑部卿局の申請を承認する形で、仏事用途の進納を条件に永く子孫相伝することを認めたものであった。刑部卿局の解状は、

> 当御庄は、親父基輔朝臣、相伝の理に任せ、預所職として知行すべきの由、去ぬる寿永二年八月十五日政所御下文を賜り了んぬ、……

と始まり、

> ……爰に御仏事用途を進納するの輩、永く輪田御庄を賜うべきの由、粗々其の聞こえ有り、茲に因って、且つは猶累代の旧跡を存じ、且つは臨時の課役を止めらるれば、彼の御仏事用途料何ぞ構えて勤めざらんや、

と結ばれるもので、解状の引用に続いて示される九条家の判断は「当庄は相伝の御家領なり、而るに御仏事用途料能米佰斛・銭佰拾貫を進納するに依って、永く彼の局の女子〈業資王嫡女〉に給う所なり、早く子孫相伝し領知せしむべきなり……」というものであった。これらの記述からいえるのは、輪田荘は九条家にとって「相伝の御家領」であると同時に、基輔の家系にとっても「相伝の理」・「累代の旧跡」を有する（と観念される）所領であったということである。当時は基輔を預所職に補任してからまだ年数が浅く、刑部卿局も九条家に仕えていたため、預所の相伝の理を認め子孫による領知を許すことが、本家の支配（本家側の相伝）を脅かすような問題に展開するとは思われなかったのであろう。

円真側はこれを根本の公験としつつ、弘長二年の後嵯峨院宣(52)など幾つかの書証を加えて、知行の正当性根拠＝「相伝之真偽」・「相伝之理非」（**【史料ロ】**）を主張する。

次に、手続面に関しては、以下のような認識を述べている。

1　はじめ武家において訴訟となっていたところ、九条家側が院の口入を得てしまった。
2　口入の不当を院に訴え、荘務執行権は真浄・頼秀ではなくこちらにあることを武家へ伝えてほしいと要求。（以上【史料イ】）
3　九条家から初度目安が提出され、公家訴訟では「相伝の真偽」が主題に据えられることとなった。
4　この公家訴訟において勅裁が出されるまで、六波羅を制止してほしい。
5　六波羅を止めることと、相伝の理非の究明とは、扱いを異にすべき問題である。（以上【史料ロ】）

五番目の点を詳しくみると、相伝の真偽については九条家相手に訴陳に番うことを厭わないが（「相伝の理非に於いては尤も訴陳を究められ左右有るべき」）、公家訴訟終了まで六波羅探題の下知を差し止めるための院宣発給（発給要請および発給の判断）においては、九条家の言い分を聞く必要はない（「今申し入れんと欲する次第に至りては何ぞ必ずしも本家の御散状に依るべく候や」）との旨である。この理屈は、〈武家への訴えは、地頭との関係を中心とする請料納入問題につき元々真浄以下を相手取って起こした訴えであり、九条殿が口を挿むべきものではない〉、ただし〈荘園所職の帰属に関しては、本家との間で公家訴訟において決すべき性質のものであるため、受けて立つしかない〉という趣旨でひとまず理解できよう。

(2)　九条家側

西谷は、九条家の二通の目安（図解3⑧および図解7⑯にあたる）の検討から、九条家が「本家の『恩給』した所職の改替は、基本的に本家の自由だ」という認識を持っていたことを読み取っている。(53)

筆者の関心に基づいてもう少し仔細に見てみると、初度目安において注目すべき主張は、

・……公領たるに依って労功に募り懇望し申すの条、分明なり、仍って縦い之を宛行わると雖も……或いは春日社季頭料所に寄進し、本所が為条々不忠を現すの間、改替せらるる所なり、……件の建永御下文案に於いては、当家の御領御管領たるの所見なり、更に円真の得理に非ざる者かな……

・……当庄は、九条禅定殿下累代御家領の条、子細に及ばず、就中、円真訴状の如くんば、本所より煩費を成さるるの間、奏聞を経ると云々、当家本所に御坐あるの条、円真同じく自称すること勿論なり……

・……源氏女・円真らに於いては、開発寄進領主の子孫に非ず、別勅綸旨院宣を帯びず、たまたま備進する所の証文案の如くんば、本家御下文、本所御得理の所見なり……(54)

といった点で、「恩給」の語は見えないものの、仏事用途進納(「労功」)と引き換えに預所職を与えたというのであるから、趣旨としては、恩領であると言いたいのであろう。

第二度目安(**【史料二】**)では、次のような形で論点提示がなされている。傍線部(2)において、〝本所による恩給か、開発寄進の子孫による相伝か〞という基準が示される。傍線部(3)に「簡要只此の段に在り」とあるように、これが九条家の考える〈肝要の論点〉なのである。これらはさらに傍線部(4)で、「財主を定め」るために「淵源を究め」るべき「道理」と言い換えられている。また傍線部(1)では相手方円真に対し、九条家初度目安に即して「理非」につき陳弁することを求めているが、それもつまるところ、この基準に即した回答のことであろう。

九条家は円真側が相伝を立証するために提出した建永下文を逆手に取って、領家職が九条家の「御管領」であることは本状に明らかだ、と主張する。論理としては、①九条家は本所として任免権を有し、しかも領家職は恩給として下賜したのだから、九条家の進退自由である、②仮に領家の相伝であったとしても、円真は不忠を現したため改替は正当である、というわけである。[55] また初度目安よりも第二度目安の方が、何が「理非」であるか、という点がより明確化・先鋭化している。

九条家は〈恩給の所領ならば本所による領家(預所)改替は自由〉との法理を、〈肝要の論点〉として提示する(**【史料二】**)が、この論点提示は、はじめに述べた議論に即していえば、〈「切り札」を出す行為〉とみることができる。西谷は、本件相論の裁許について、「現地の具体的な事実関係など」を「捨象」し、「立荘時の由緒にもとづく抽象的な基準」によってなされた判断だったと指摘する。そしてそれは、神領興行法の扱いとも共通するものであった。[56] 本事例と「切り札」論との接点はここにある。[57]

もっとも、これは古来より将来にわたって永劫不変の法理などでは全くなく、あくまでも時代の産物であるということは、さきに説明した通りである。実際のところ、鎌倉時代を通して「本所」が一円支配者であったわけではないのだが、百年前に記された資料をここ半世紀の間に変化してきた秩序認識に基づいて再解釈することにより、「誰が本所(「財主」)か」を論じているのである。

円真方は、自らの相伝権については強く主張するが、「恩給ではない」という主張はしていない。まして、「誰が本所か」といった議論には応じていない。これは意図的というよりも、そもそものような認識枠組みを有しない(あるいは変化について行けていない)のではなかろうか。なぜなら円真方は昔ながらの用法で「本所」の語を使っているからである。[58]

西谷は、本件相論の論点が「当領家職が領家の『相伝』か、本家による『恩給』(遷代・遷替)かというテーマに集約され」、「治天の法廷は、これを本家の『恩給』と認定して九条家の勝訴とした」と述べるが、[59] 正和二年の時点においては、「相伝」保護の政策・法理から、「本所」の地位を争うという論点把握までの間には、まだ越えるべき谷間〔隔たり〕が存在したのではないかと考えられる。この論点「集約」は当然の帰結というわけではなく、九条家の積極的な主張によって推し進められた「集約」であったのではないだろうか。

2　「切り札」の提出をめぐって

訴訟の場に「切り札」を提出したとして、その後起こりうる展開は、出した「切り札」の強さ、いわば〈他事情排斥力〉を以て勝つことができるか、あるいは、他の「切り札」が上回り負けてしまうか、といったところであろう。

ただし、新田も認めるように「そもそも何が『切り札』となるか」は「必ずしも明確でな」く、「『切り札』と『特段の事情』や、或いは別の『切り札』との関係を律する明確なルール」は存在しない[60]。また輪田荘の領家職問題において、大局的に見た場合には、西谷のいう通り論点の集約や裁許基準の形成が起きたといえるとしても、正和二年の相論においてはなお色々なせめぎ合いが行われており、そうすんなりと事は運んでいない。

したがって、ただテーブルに札を出すだけでは何も決まらないということに留意する必要がある。実際の訴訟においては、いかにして「切り札」を「切り札」たらしめるか、そのための場の整備や提示の仕方が重要になってこよう。だとすると、論点提出以前の段階から闘いは始まっており、そのことが訴陳状の文面や主張の構成にも影響するのではないか、と予想できる。

以上を踏まえ、ここからは、誰と誰との争いか／何が問題なのか／争いの種類は何か、といった点をめぐる問題が、誰を通して何処に訴えるべきか／誰を引き入れることなら是とされるか、という手続規範の問題として訴訟の表面に浮上してくる様子にしばらく注目してみたい。

(1) 焦点の奪取

裁許基準の形成や論点の集約に関連して、〈相伝ではなく恩給だ〉という点が九条家にとって重要であったことを窺わせるのが、「相伝」の文字を削除する改変引用である。

九条家は初度目安において、円真側提出の具書（先述の建永元年政所下文案）を引用しながら一々反論を加えていくのだが、その引用部分は、もともとの下文案の原文よりも九条家に都合のいいように仕上がっている。原文で「親父基輔朝臣、相伝の理に任せ、預所職として知行すべきの由」となっており、「相伝の理に任せ」を落としている。また原文で「且つは猶累代の旧跡を存じ、且つは臨時の課役を……」とあるところ、引用では「基輔朝臣預所職として知行すべきの由」とあるところ、引用では「且つは旧跡を存じ、且つは臨時の課役を……」となっており、「累代の」という語が省かれている。

訴陳状における文書の引用は、必ずしも一言一句たがわず引き写すことが求められるわけではないものの、九条家目安では殊に預所職の「相伝」に関わる字句だけが選択的に省略されている。建永の下文では、石田荘との相博以前、預所初代基輔の代から、（刑部卿局の自称とはいえ）「相伝の理」があるとされていた。本家による改替自由を導くには、相手の領家職相伝の脆弱性、要保護度合いの低さを指摘することが必要だが、基輔の段階で既に「相伝の理」を有していたとなると、九条家にとっては都合が悪いのである。

しかし具書の原文も審理担当者の手に渡っているのであるから、こういった細工はあまり意味を成さないようにも思えるが、おそらく効果があるからそうするのだとすれば、このような書き方は、「相伝」文言そのものから目を逸らしてしまおうとする手法、とみることができるのではなかろうか。九条家は、審理担当者が具書を精読しないことを期待した上で、訴陳状の本文内でのアピール力（押しの強さ）を以て読み手の認識を自己に有利な方向へ引っ張ろうとしたのかもしれない。

これに加えて九条家の手法を振り返ると、**【史料ニ】**でみたように、自分たちの「理非」、つまり理／非弁別基準となるべき〈肝要の論点〉を提示し、あくまでそれについての「淵源」を究めるよう要求している。九条家は、円真らの申状は「理非について答えていない」といって攻撃するが、旧領家側は彼らなりに「相伝之理非」を示そうとしており、「理非」を究めること自体を軽んじたり放棄したりしているとまではいえない。九条家初度目安に対し迅速に返答しなかったのも、単に答えに窮したからではなく、**図解4**⑨・⑩のように九条家側が六波羅探題を動かして下知を得てしまったため、六波羅との関係で対応に追われたという事情も考えうるのである。

また、**ニ2**で指摘した通り、円真による実静－平経親ルートでの院への上訴（接続方策）について、九条家は厳しい批判を加える一方、自分たちが六波羅への口入の院宣を獲得した件に関する円真側からの非難に対しては、一切答えようとしていない。九条家の口入依頼（**図解1**③）は院宣の発給（④）に結びついたから、伏見院の承認を得た正当なものであり回答するまでもないということなのかもしれないが、実際の行為の質としては大差ない。自らが相手方を批判する論理と矛盾しかねない点については、申し開くのではなく答えないことにする、といったやり方を採っているのである。

このような主張方法について固有の意義を見出そうとするならば、これらは相論の焦点そのものを奪取するための工夫といえるのではないだろうか。〈どの切り札を採るべきか〉という基準が定まっていない状況下では、訴訟の論点自体が闘いによって勝ち取られるべきものなのである。そのため、訴陳状という限られた書類平面の上においても、いわば政治的な言説のセンスが必要となり、〈肝要の論点〉に関する規範的主張もそのような言説の中に組込まれることで全体として効果を発揮するように提示されている。

(2) 論点と法廷の争奪戦

次に、訴訟主体や訴訟の構図をいかに設定するかという問題について検討すると、九条家の方は、本件紛争を本所に対する違乱事案と捉えていた。

他方で円真はというと、円真の持つ領家職は必ずしも開発寄進によるものとはいい難く、公家法において一般の累代相伝に対する保護は開発寄進余流よりも弱いため[61]、当時の政策基調とも合致する九条家の主張に対抗するには不利であったかと思われる。だがそのような中でも、自らの利益を守るために最大限の試みをしている。始めは地頭義清を相手とする年貢納入問題として六波羅に訴え、次いで新領家真浄を相手方に加える。舞台が公家訴訟に移ってからは新雑掌頼秀を含めて相手どり、かつて得た円真方有利の武家の下知に真浄らが背いたことを主張する[62]が、その最初の訴状**【史料イ】**の主眼は六波羅へ発給された院宣の召し返しであった。公家訴訟においても、六波羅との関係が喫緊の課題であったといえる。これは、九条殿との全面対決および、九条家との関係という勝てる保証のない根本問題を回避しつつ、有利な効果を迅速に引き出そうと企図したものと解することができる[63]。

六波羅との関係ということでいえば、真浄および円真雑掌静成[64]がともに公武双方に連なる人物だった点も注目される。特に真浄は九条家の女房であったというから[65]、公家社会に根ざしながら武家とのつながりも構築しているわけであり、鎌倉末期の公武交錯するネットワークを垣間見ることができる。

このような当事者のあの手この手に対し、公家政権の態度はどうであったか。最終的に後醍醐天皇綸旨は「本所の進止たるべき」と判示するが、訴訟手続の分析という本稿の観点からすると、一で指摘したように、手続的には元亨の裁許と正和の訴陳とは分けて捉えるべきものである。正和年間における伏見院の対応は、一見したところ受動的あるいは放任主義のようにも見受けられる。提出された文書を当事者間で行ったり来たりさせながら双方の言い分を聞くだけ聞き、依頼に従って六波羅探題に連絡し、といった対応を取っている間に、事態がより複雑化し錯綜していく側面が認められるからである。

しかし気をつけるべきは、その過程にも伏見院の判断が働いていた点である。一の相論概説の箇所で「二問二答の訴陳が交わされた」と述べたが、これら訴陳はそれぞれ様式も内容も経路も異なる。特に注意したいのは、円真が実静－院伝奏ルートを辿り、**【史料ロ】**を捧げて「天憐」を求めた際に希望していたのが、九条家を介さず六波羅を制止してもらうことだった点である。この書状様式の申状を奉ったとき、円真としてはそれを訴陳状のつもりで提出したわけではなかったのではあるまいか。権僧正実静が円真から頼まれたのは、**【史料ロ】**傍線部（――）の通り、公家訴訟終了まで「請料に於いては左右無く両方に沙汰し渡すべからず」との院宣を六波羅探題に下してもらえるよう、伏見院に申し入れることだったのであり、円真は、この点についてわざわざ「九条殿に尋ね申」すことはないでしょう、とも懇請している（同〰〰波線部の「何ぞ必ずしも本家の御散状に依るべく候や」）。

だが、その希望は叶わなかった。伏見院は、九条家からの対六波羅口入依頼に対しては、円真の意向を確かめることもなく院宣を発給してやる（**図解1～2**）一方で、円真からの依頼については、六波羅に伝えるのではなく九条家に流している（**図解5～7**）。円真申状は結局、伝達経路を除けば通常の〈問答（応酬）用の訴陳状〉と同じ扱いを受けて九条家に送付され、九条家はそれに対し第二度目安を以て打ち返しているのである。しかし九条家による先の口入依頼も、仮に円真の方へ回送されてきていたら、公家訴訟の訴陳状になっていた可能性はあった。何を訴陳問答の内に組み入れるかが、受訴者の決定に懸かっていたといえる。円真から依頼を受けた実静も、はじめは院に取り次いでやるのではなく九条殿に話を通そうとしており、実静・伏見院ともに、まずは九条家に尋ねるという判断をしている。

円真は、公家訴訟の当事者の位置に立つことは可能であり、訴陳問答を行うことはできているが、六波羅宛て院宣発給は認められなかった。この時点で本所九条家の全面進止を是認する結論が出ていたわけではなかろうが、本家の意向は手続上配慮されている。もっとも、弘長三年法第二二条にも「先ず本家に触れ」るとあり(66)、本家の尊重は当然ともいえる。〈領家に対する本所〉としての本家の支配権限は、本来的には外部から規制されるものでなく、領家保護政策の推進も本家の立場を領家と同等まで落とすことを意味するわけではない。訴訟手続の構造という観点からいえば、訴陳の当事者間だからといって、訴訟法上水平関係にあるものとして取り扱われるとは限らないことに改めて注意しておきたい(67)。

さて、旧領家側・九条家側双方による様々な工夫を観察してわかるのは、裁判権力から引き出したい効果は多様であり、望む効果を引き出すためには〈どこで何の訴訟をするか〉〈選んだ出訴先をいかに手繰り寄せるか〉が大切だったことである。また、苦心して手繰り寄せなければ院を呼び込むことはできない。二1で検討したように、武家による勅命の施行が期待される一方で公－武法廷間の調整がシステム化されていないことは、出訴先選択や出訴経路開拓の重要度を高めるとともに、それらの行為が訴訟の中で問題とされる一因にもなったであろう。

このように訴訟の中では、〈今、何が問題か〉＝〈優先的に判断されるべき問題は何か〉と同時に、〈どの裁判権力からどのような処分（効果）が出されるべきか〉を争っている。本質的には、後者の方が重要な問題であったのではないだろうか。まず、六波羅から地頭への請料進納命令は直接的にプラスの効果を生じるものである。そして六波羅に影響を与えうる院の発言は、中間的なものでも効果はあるが、さらに治天の法廷で正式な勝訴（領有の承認）が得られれば、より効能が大きく確実である。そのため新・旧領家側双方ともが、六波羅に働きかけるのと並行して院を訴訟に引き込もうとし、さらに互いのそうした動きを牽制しようとする意図が、「当領家職の恩給／相伝如何について公家法廷で訴陳を究めるべきだ」、あるいは「地頭の請料未納問題を武家法廷で解決すべきだ」、「公家訴訟をするなら武家訴訟は停止すべきだ」といった、訴陳状における主張の構成に反映されている。

すなわち、論点設定（問題設定）闘争が、法廷ないし出訴先の設定闘争と連動しているといえるだろう。つまり、実際には外部からの力の引き込みとそれを阻止しようとする動きといったものが進行しているわけだが、それが公家訴訟という一定の枠の中に入ってきたときに、問題の設定をめぐる対立という形をとって争われるのである。

おわりに

本稿では、正和年間における訴訟の実態につき、優先的に判断される論点の決定と出訴方法との関係に注目しつつ、実際の訴訟プロセスの中では規範認識（「肝要」の判断形式も含め）がいかに表出・展開され衝突するのか検討してきた。

まず、「切り札」の相対性や不確実性については、新田も留意はしていたが、あくまで理論上の想定に留まっていた。本稿ではその具体的な一例を示し得たと考える。「簡要」の論点の設定ないし集約というのが実態としてはどのような出来事であったかと問えば、〈どの切り札を採るべきか〉という基準が定まっていない状況下において、様々な手段で訴訟の論点自体を勝ち取る必要があった。本件事案において九条家にとっての「理非」であり「切り札」であったのは、〈相伝ではなく恩給だ〉という点である。だが、〈肝要の論点が何か〉を確定させること自体、それほどたやすいものではなかった。正和二年の相論当時、「相伝」保護の政策・法理から「本所」の地位を争うという論点把握までの間には、まだ隔たりが存在した。元亨四年の裁許に向けて起こる論点集約は、必ずしも当然の帰結ではなかったと思われる。反対に旧領家円真から見れば、そこに闘う余地があったといえよう。一方公家政権の対応は、厳密な手続規則と裁判基準に則った処理というのとは異なるものであった。双方の申状を受け付けた上で、当事者をいわば泳がせつつ様子を見ていたようでもあるが、六波羅への口入の可否や、当事者提出文書を訴陳状扱いするか否かの判断は院のものであった。訴陳問答を実施するという点だけに焦点を当てれば、〈手続が保障されている〉という印象を与えうるが、当事者から院の手許に来た訴えや要請を、ある場合には六波羅採題へ挙達し、ある場合には訴陳扱いするといった運用がなされるということは、訴陳問答というのも訴訟制度の総体の中に置いてみるとある種の不公平さを孕んだものといいうるだろう。

また本事案は、「切り札」確定問題が、公家訴訟の内部あるいは武家訴訟の内部で完結せず、横断的な展開を見せる場合があることを示すものである。「勅命施行」に関わる点として言及したように、公武両法廷に提起された訴えをいかに捌くかという点において、特に悪党案件でない通常の訴訟の取り扱いは多分に流動性を残していた。当事者が両法廷を同時に利用する一方で調整ルールが整っていないことは、出訴先選択や出訴経路開拓の重要度を高めるとともに、それらの行為が訴訟の中で非難の応酬の対象とされる一因ともなったであろう。公家の権威を呼び込むことができれば、武家を動かせる可能性が高まるため、当事者は手段を尽くして院を引き込もうとする。通常の訴訟提起の方法では引き出すことのできない、有用な文書とその効果を得るための一つの方策として、交際ルートを活用した出訴が行われたと考えられる。このように、出訴先の選択や訴訟の舞台設定をめぐる闘争は、外部からの力の引き込みとそれを阻止しようとする動きという性格を持っており、これが訴訟の枠の中に入ってくると、〈何が問題か〉をめぐる主張の対立という形をとって争われることになるのである。

さらには、真浄や静成にみられるような、当事者と公家・武家双方との関係の構築が、公武間で訴訟を行き来させる一動因になったのではないだろうか。こうした関係のあり方には、いくつかの段階を想定することができる。海津一朗の研究を参照すると、鎌倉後期、文永・弘安異国合戦の頃には、幕府配下の武家被官および朝廷配下の京都被官という対になる身分呼称が成立し、一円領形成と相俟って「支配系統の単線化」ないし「多元的分散的な存在」の「一元化」(68)が推し進められた。しかしそれ以前、鎌倉中期までは、両属的な存在は当たり前のものであり、特段規制対象とはされていなかった(69)。本事例についてみると、円真および静成は、地頭義清はもちろんのことながら、九条家女房真浄の「武家被管の身」としての側面(**【史料イ】**)を捉えて六波羅に訴えた可能性がある(70)。武家勢力と京都勢力との法的な切り分けがなされても、それが現実に浸透していくのは一件一件の訴訟や悪党検断を通してであるから、多元的なつながりを結ぶ人々の実態にすぐに大きな違いは生じなかったであろう。そうした人々は、観念上に引かれた線を跨ぐようにして多元的関係を構築・維持していたと考えられる(71)。その一方で、本件**【史料イ】**においては、「武家被管の身」でありながら九条家との所縁を活用して院の口入を得ることが不当な行為として指弾されており、言葉の上での線引きが明確に示されている。静成も円真に仕えながら武家に出仕していたのだが、引かれた線を跨いで活動するという実態にかかわらず、相手を非難する際にはその線を利用している。ここには、両属性が当然のものではなくなる一方で実際には非常に有用であるという、矛盾した状況が看取される。

さて、訴訟における「切り札」に関する新田の議論は、裁許者の判断の分析が中心であったが、本稿では、当事者による主張の段階ではいかなる事象が起きているかという点に注目して観察をおこなった。また新田は、「ローカルな社会(72)」あるいは「個々の現場の状況(73)」の外側から、「文脈の別を超えた『正しさ(74)』」を供給する存在として、国制上の役割の面で公家・武家が一体化していくことを重視する。個別の文脈を超えた規律の成立という指摘は、「切り札」論の延長上に提示されたものと解される。この点で新田が着目する土地売券の徳政担保文言などにおいては、公武の一体化ひいては公方の成立という面が見やすい。一方で、「公家武家」の沙汰の只中に実際に踏み込んでいった人々からは、公武権力は具体的にどのように見えていただろうか。検討結果からすると、確かに公・武の法廷には、他の諸権力から際立って相双ぶ特殊な機構という性格が認められる。しかしながら本稿で検討した非悪党事案に関する限り、システム的に一体化まではしておらず、それぞれと人的関係を結んで一つ一つ個別に効果を引き出す必要があった。そして、**【史料イ】**で静成が述べるように、院もいまだ「権門」の側面を有している。美川圭(75)が指摘するように、院の裁判も本来は本所裁判（或いは権門裁判）の性質を持つものであった。御成敗式目第三〇条も、制定当時においては、鎌倉幕府とそれ以外の権力間での「法圏」の分立に関わるものであった(76)が、鎌倉後期になると、武家および公家の役割は本所としてのそれを超えて国家的なものに変容していく。六波羅探題に対する院宣発給を「権門の口入」とする旧領家側の主張は、そのような変化の時代の複雑な状況を反映したものとして読むことができる。

規範の存在形態の変容に関する新田の構想は、中世から近世にわたる長い射程を持つものであるが、筆者にはその全体について論じる準備はない。本稿は、鎌倉後期における規範認識の転換に関わる点に絞って、「切り札」論を従来とは異なる側面から見てみようとしたものである。「はじめに」**2**で述べたように、当該時期には、訴訟における所縁の重要性は当然のこととしてあった。しかしそれがただのミクロ政治的駆け引きでは済まず、治天の法廷における「切り札」確定問題という現象に結びついている。「入門」手続以外の訴訟案件についても、そこでの規範のあり方に関し、「切り札」の観点から一定の説明をすることは可能といえよう。ただし、それが規範の存在形態を語る上で最善の方法であると断言するつもりはない。新田説の理論面に関しては、その基盤となっているN・ルーマン、H・L・A・ハートらの議論に遡った検討が必要になる可能性もあり、それらの日本中世法へのあてはめが適切か否かも、いま一度点検してみることが或いは有効かもしれない。そうした点を押さえつつ、公武の役割が大きく再編成される足利義満将軍期に至るまでの間にも、訴訟における論点の争奪のあり方がいかに変化していくのか、公武裁判の機能に注意しながら訴訟の実態に即して具体的に検証を重ねることが求められると考える。

注

(1) 新田一郎『日本中世の社会と法』(東京大学出版会、一九九五年、原形初出一九九三—九四年)。以下、引用文献についてはすべて敬称を略す。
(2) 笠松宏至「入門」(『日本中世法史論』東京大学出版会、一九七九年)。
(3) 古澤直人「鎌倉幕府法の展開」(『鎌倉幕府と中世国家』校倉書房、一九九一年、後半部初出一九九〇年)。
(4) 古澤直人「鎌倉幕府法の効力」(前掲注(3)古澤著書、初出一九八八年)。
(5) 前掲注(3)古澤論文、一七八頁。
(6) 前掲注(3)古澤論文、一七九頁。
(7) 「入門を以て沙汰すとは要点に就て沙汰すると云ふ様な意味」(石井良助『中世武家不動産訴訟法の研究』弘文堂、一九三

八年、二八八―九頁〔第一篇注四七〇〕。高志書院二〇一八年刊行の新版では二五九―六〇頁。）。
(8) 前掲注（1）新田著書四〇頁。
(9) 前掲注（1）新田著書三〇頁。
(10) 前掲注（1）新田著書三五頁。
(11) 前掲注（1）新田著書四〇頁。
(12) 前掲注（1）新田著書四七―六〇頁、一一二―四頁、一三四―九頁、一七七―八三頁、二〇〇―二頁。
(13) 前掲注（1）新田著書六三頁。
(14) 前掲注（1）新田著書三五頁。
(15) 前掲注（1）新田著書四一頁。
(16) 佐藤進一「鎌倉幕府政治の専制化について」（『日本中世史論集』岩波書店、一九九〇年、初出一九五五年）が代表的な論考である。
(17) 西村安博「書評　新田一郎著『日本中世の社会と法』」（『法制史研究』四六、一九九七年〔年報一九九六〕）、植田信広「書評〔同上書〕」（『日本歴史』五八八、一九九七年）、市沢哲「一四世紀政治史の成果と課題」（『日本史研究』五四〇、二〇〇七年）他。
(18) 稲葉継陽『日本近世社会形成史論』（校倉書房、二〇〇九年）二六頁、佐藤雄基「中世の法と裁判」（『岩波講座日本歴史第7巻　中世2』岩波書店、二〇一四年）一四八頁・一七四頁、外岡慎一郎『武家権力と使節遵行』（同成社、二〇一五年）一二四頁、など。
(19) 新田自身、注（1）同書の議論の敷衍・発展といえる論考を多数公表している。重要なものとして、「検断沙汰の成立と検断システムの再編成」（西川洋一・新田一郎・水林彪編『罪と罰の法文化史』東京大学出版会、一九九五年）、「日本中世の紛争処理の構図」（歴史学研究会編『紛争と訴訟の文化史』青木書店、二〇〇〇年）、「中世」（大津透・大藤修・新田一郎・水林彪編『法社会史』山川出版社、二〇〇一年）など。しかしそれらは、「切り札」論自体を深化させるものではない。批判としては、例えば長又高夫「中世法における「入門」の意味」（『國學院大学日本文化研究所紀要』八七、二〇〇一年）、渡邉正男「「正和の神領興行法」と「入門」」(『鎌倉遺文研究』一三、二〇〇四年)があるが、新田説の正確な理解に基づくものとは必ずしもいえない部分がある。

(20) 前掲注(19)渡邉論文五七頁。傍点は引用者が付した。

(21) 棚橋光男『中世成立期の法と国家』(塙書房、一九八三年)、井原今朝男「本所裁判権の一考察」(『日本中世の国政と家政』校倉書房、一九九五年、初出一九九三年)、川端新「平安後期公家訴訟制度の研究」(『荘園制成立史の研究』思文閣出版、二〇〇〇年、成稿一九九二年)、金井静香「公家政権の裁許と「縁」」(大山喬平編『中世裁許状の研究』塙書房、二〇〇八年)、新田一郎「書評『中世裁許状の研究』」(『日本史研究』五六九、二〇一〇年)、前掲注(18)佐藤雄基論文等による。

(22) 使用史料は、宮内庁書陵部蔵「九条家文書」。テキストは『兵庫県史 史料編 中世8』(兵庫県、一九九四年。「九条家文書」の校訂・解説担当は石田善人。)を基本とし、『図書寮叢刊 九条家文書』二(宮内庁書陵部、一九七二年)・五(一九七五年)および東京大学史料編纂所蔵写真帳(6171.68–22)により校合した。

また、本件相論に言及する輪田荘概略として、木南弘「摂津国八部郡輪田荘の盛衰」(『歴史と神戸』二一(三)〔通巻一一二〕、一九八二年)、今井林太郎「摂津国輪田荘の一考察」(『大手前女子大学論集』一六、一九八二年)を挙げておく。古澤直人「「公方」の成立に関する研究」(前掲注(3)古澤著書、特に三一九―二二頁)、樋口健太郎「室町時代の摂津国輪田庄と赤松氏」(『神戸大学史学年報』二一、二〇〇六年)からも示唆を得た。

(23) 正木有美「摂津国輪田荘の成立過程と内部構造」(『ヒストリア』二〇五、二〇〇七年)六七頁・七六頁。

(24) 『兵庫県史 史料編 中世8』「九条家文書」(摂津国所領関係)四七号(＝『図書寮叢刊 九条家文書』三四〇号、『鎌倉遺文』二八八八七号)。出典名は、以下それぞれ「兵庫」「図書寮」「鎌遺」と略称する。

(25) 西谷正浩「公家権門における家産体制の変容」(『日本中世の所有構造』塙書房、二〇〇六年。一九九八年初出の論文二本を改稿したもの)。

(26) 嘉元二年二月八日六波羅下知状案(兵庫三六＝図書寮三三五(六)、鎌遺二一七四一)、嘉元二年三月廿一日六波羅下知状案(兵庫三七＝図書寮三三五(七)、鎌遺二一七七三)、徳治二年三月十二日六波羅下知状案(兵庫三九＝図書寮三三五(八)、鎌遺二二八八九)。

（27）後掲**図解4**⑩に対応する正和二年六月二日六波羅御教書案（兵庫四一＝図書寮三三六、鎌遺二四八八一）において、「先度下知を加え畢ぬ」と言及されるもの。

（28）兵庫四〇（＝図書寮三三五（一）、鎌遺二四八三七）。原漢文（以下同）。傍線・記号等は引用者が付した。〈 〉は割書を表す。

（29）一、遂問註輩、不相待御成敗、執進権門書状事

右預裁許之者、悦強縁之力、被棄置之者、愁権門之威、爰得理之方人者、頻称扶持之芳恩、無理之方人者、竊猜憲法之裁断、黷政道事職而斯由、自今以後慥可停止也、或付奉行人、或於庭中、可令申也、（『中世法制史料集』第一巻による。）

（30）木村英一「勅命執行にみる鎌倉後期の六波羅探題」（『鎌倉時代公武関係と六波羅探題』清文堂、二〇一六年、初出一九九九年）。

（31）前掲注（30）木村論文二三五頁。

（32）正和二年六月十九日円真申状案（兵庫四二）による表現。これは**図解2**の④、**【史料イ】**にいう「頼秀掠め申す所の院宣」と同じものを指す。ただし、本事案で伏見院から六波羅へ発給されたという「問状」の内容が実際に「尋沙汰」を命じるものだったかどうかは不明である。

（33）前掲注（30）木村論文二四二頁。

（34）前掲注（30）木村論文二四三頁。

（35）（正和二年四月）九条家初度目安案（兵庫四四＝図書寮三三八、鎌遺二四八九五）。

（36）正和二年六月二日六波羅御教書案（兵庫四一＝図書寮三三六、鎌遺二四八八一）。

（37）『尊卑分脈』（新訂増補国史大系）、『御産御祈目録』（続群書類従三三下 雑部）、『続日吉山王利生記』（同二下 神祇部）。

実静と円真との具体的な接点は不明であるが、おそらくは円真も山門に属し、その縁を伝ったと推測される。

（38）兵庫四二（＝図書寮三三七（二）、鎌遺二四八九四）。

（39）兵庫四三（＝図書寮三三七（一）、鎌遺二四八九七）。

(40) さしあたり、花園天皇日記研究会編「『花園天皇日記（花園院宸記）』正和二年六月記」（『京都大学国文学論叢』三五、二〇一六年）一二五—六頁を参照。

(41) 藤原頼藤は正安二年（一三〇〇）任権中納言、翌年十月に辞す。延慶元年（一三〇八）九月八日より伝奏に加わり、同三年（一三一〇）大宰権帥に任じている（『公卿補任』〈新訂増補国史大系〉）。『公卿補任』や『尊卑分脈』など後世の史料における頼藤の家名は「葉室」であるが、同時代には「二条」と呼ばれていた。根拠史料を幾つか挙げておくと、

(1)『公衡公記』永仁六年（一二九八）七月廿二日条、廿七日条。これは徳仁親王・木村真美子「西園寺家所蔵『公衡公記』」（『学習院大学史料館所蔵史料目録一五　西園寺家文書』学習院大学史料館、一九九八年。人名索引を除き同題で『学習院大学史料館紀要』一〇、一九九九年に補訂再録。）による。

(2)『御譲位部類記』（『群書類従』第七輯公事部所収。『実任卿記〈継塵記〉』に依拠して編まれた部分。）永仁六年七月廿二日条。

(3)『御幸始部類記』（同第三輯帝王部所収）永仁六年八月五日条。

いずれも、伏見天皇の譲位および後伏見天皇の践祚に関連する記事で、「二条宰相〈頼藤〉」との記載がある。当該期、頼藤という実名の公卿は一人しかおらず、(2)(3)に「二条中納言〈資高〉」とある藤原資高は嘉元二年（一三〇四）に没しているため該当しない。なお、延慶年間には伏見院の評定衆として「二条前中納言」がみえるが（森茂暁「「延慶法」の紹介」〈『鎌倉時代の朝幕関係』思文閣出版、一九九一年、初出一九八七年〉三八三頁・三八五頁）、これも同一人であろう。

(42) 本郷和人『中世朝廷訴訟の研究』（東京大学出版会、一九九五年）、富田正弘「公家政治文書の発給過程と系譜」（『中世公家政治文書論』吉川弘文館、二〇一二年、初出一九八三年）。ただし手続の過程では治天への奏事が必要となる。

(43) 藤原良章「公家庭中の成立と奉行」（『中世的思惟とその社会』吉川弘文館、一九九七年、初出一九八五年）。

(44) 兵庫四五（＝図書寮三三九、鎌遺二四八九六）。

(45) 兵庫四六（＝図書寮三三四、鎌遺二四九六五）。

(46) 本主興行（一般荘園における）の説明は、西谷正浩「徳政の展開と荘園領有構造の変質」（『日本中世の所有構造』塙書房、二〇〇六年、初出一九九二年）による。なお高橋一樹「重層的領有体系の成立と鎌倉幕府」（『中世荘園制と鎌倉幕府』塙書房、

二〇〇四年）は、下位者の相伝権の保護・強化という点では、公家徳政以前に、承久の乱後の鎌倉幕府による「承久没収地」預所職の返付・安堵およびその後の継続的介入の影響を重視すべきだと指摘する。本稿で取り扱うのは徳政が一定程度進展したのちの観念のありようであるため、変化の原因については検討の余地はあるものの、さしあたり西谷説を踏襲しておく。

(47) 前掲注（25）西谷論文二四五頁。

(48) 前掲注（24）兵庫四七。

(49) 前掲注（25）西谷論文二〇〇頁・二四五頁。

(50) 前掲注（23）正木論文七二―三頁。

(51) 兵庫三（＝図書寮三三三（一）〔断簡〕および三三五（二）、鎌遺一六五六六）。

(52) 弘長二年（一二六二）三月一日後嵯峨上皇院宣案（兵庫六＝図書寮三三三（二）／三三五（三）、鎌遺八七七六）。譲与を受けた大江氏女に輪田荘を安堵するもの。円真方はこれを「不易の勅許」（**【史料イ】**）と呼ぶ。

(53) 前掲注（25）西谷論文二〇〇頁。

(54) 前掲注（35）兵庫四四。

(55) これは弘安八年（一二八五）十一月十三日宣旨第六条（『中世政治社会思想　下』〔岩波書店、一九八一年〕五八頁、『中世法制史料集　第六巻』〔岩波書店、二〇〇五年〕一六〇頁、公家法法規三五五条）に依拠する主張と推測される。笠松宏至「中世の政治社会思想」（前掲注（2）笠松著書、初出一九七六年）、市沢哲「鎌倉後期公家社会の構造と「治天の君」」（『日本中世公家政治史の研究』校倉書房、二〇一一年、初出一九八八年）、前掲注（46）西谷論文も参照。

(56) 前掲注（25）西谷論文二四五頁、川添昭二「鎮西探題と神領興行法」（日本古文書学会編『日本古文書学論集6』吉川弘文館、一九八七年、初出一九六三年）一八七頁。

(57) 新田が「入門」沙汰における「切り札」の例として正和の神領興行法を取り上げた（前掲注（1）著書三四―五頁）のは、渡邉正男（前掲注（19）渡邉論文）の指摘するように事例として不適切ではあったものの、新田は徳政関係規範一般について、（「入門」に限らず）形式的要件に基づく判断の表れとしての意義を見出している（「書評　海津一朗著『中世の変革と徳政』」『史学雑誌』一〇四（八）、一九九五年）。

(58) 静成申状案にみえる「去ぬる弘長年中、本所より煩費を成さるるの間、奏聞を経る…」といった記述(**【史料イ】**)に対し、九条家初度目安は半ば揚げ足を取るようにして「円真は九条家が本所だと自ら述べているではないか」と指摘する。
(59) 前掲注(25)西谷論文二四四頁。
(60) 前掲注(1)新田著書四一頁。
(61) 前掲注(46)西谷論文一七三―六頁。
(62) 二―1注(26)参照。
(63) **【史料イ】**波線部「真浄、武家被管の身として、或る時は京極局と号し、今は宰相局と称し、其の名を変々に構え…」。
(64) 兵庫四五(**【史料ニ】**後略部分)によれば、静成は六波羅における審議内容漏脱の罪により、正和二年七月二日以降「永く武家出仕を止められ」たという。逆にそれ以前は武家に出仕していたことが読み取れる。
(65) 兵庫四二(**【史料ロ】**中略部分)に「敵方宰相局〈九条前殿祗候女房〉」とある。
(66) 弘長三年(一二六三)八月十三日宣旨(『中世政治社会思想　下』〔岩波書店、一九八一年〕四二一頁、『中世法制史料集　第六巻』〔岩波書店、二〇〇五年〕一一九頁、公家法法規二五六条)。三―1冒頭の西谷説紹介において言及したのと同じ条文である。
(67) この点は権門裁判・初期鎌倉幕府裁判等にも共通する特徴である。訴論人の非対称性は十四世紀の公家裁判においても顕在であるといえよう。もっとも、対立関係にある両者が「訴人」対「論人」という訴訟上の立場に置かれること自体、意義あることである(近藤成一「鎌倉幕府裁許状の事書について」『鎌倉時代政治構造の研究』校倉書房、二〇一六年、初出一九九八年)。ただし、訴論人および裁許者の位置どりの捉え方については近年議論が進められているところであり、少なくとも、裁許者を上にして正三角形の三頂点にそれぞれを配するような形での三極構造として理解することは適切でない(たとえば前掲注(21)新田書評を参照)。
(68) 海津一朗『中世の変革と徳政』(吉川弘文館、一九九四年)二〇八―九頁。
(69) 前掲注(68)海津著書二〇七―八頁。
(70) 提訴先選択が本質的には当事者の属性と訴訟の内容のいずれに依っているのかという点は問題として残るが、現時点では保留しておきたい。

（71）前掲注（68）海津著書二四四―七頁においても、京都と武家の管掌区分を明瞭化する徳政の一方で、在地勢力間ではかえって人的交流や主従関係が深まることが指摘されている。

（72）前掲注（19）新田「中世」一六七頁。

（73）前掲注（19）新田「中世」一六三頁。

（74）前掲注（19）新田「中世」一五八頁。

（75）美川圭「院政における政治構造」（『院政の研究』臨川書店、一九九六年、初出一九八八年）。

（76）佐藤雄基「院政期の挙状と権門裁判」（『日本中世初期の文書と訴訟』山川出版社、二〇一二年、初出二〇〇八年）一五二頁。

表見相続人の和解行為に関する追認問題

——Scaev. D. 2, 15, 3, 2——

菅尾　暁

一　はじめに

本稿は、Scaev. 1 dig. D. 2, 15, 3, 2（以下、本法文第二項）の分析を通じて、無権限者の一例である表見相続人によってなされた和解をめぐる問題を考察するものである。(1)

本法文第二項は、債権者が質物を売却し、死亡した後、債務者が遺言判明前に法定相続人と称する者（表見相続人）と和解をなし、僅少の金銭を支払っていた場合に、債務者が遺言相続人（真正相続人）に対して質訴権を行使したときに、真正相続人は和解に基づく抗弁を援用できず、そして表見相続人の受領した金銭をコンディクティオによって返還請求できないという内容である。

本法文第二項は、従来の見解では、「私人間の無方式合意が他人の権利を侵害することがない」という原則の下、概ね序項との関連で理解されている。

しかし、本法文第二項における表見相続人の和解は未確定無効に過ぎないのであるから、真正相続人はこれを追認しうるにもかかわらず、スカエウォラが和解に基づく抗弁の援用を否定するのはなぜか。また、従来の理解では法文で用いられるminimoという用語を十分に活かせていないのではないか。

そこで、本稿では、すでにバシリカ法典や『標準注釈』で指摘される追認可能性を踏まえて、先行研究に示されていない新たな視点の提示を試みるものである。(2)

二　Scaev. 1 dig. D. 2, 15, 3, 2 概観

1　法文試訳

Scaev. 1 dig. D. 2, 15, 3, 2 (=Bas. 11, 2, 3)(3)

Debitor, cuius pignus creditor distraxit, cum Maeuio, qui se legitimum creditoris heredem esse iactabat, minimo transegit: postea testamento prolato Septicium heredem esse apparuit. quaesitum est, si agat pigneraticia debitor cum Septicio, an is uti possit exceptione transactionis factae cum Maeuio, qui heres eo tempore non fuerit: possitque Septicius pecuniam, quae Maeuio ut heredi a debitore numerata est, condictione repetere, quasi sub praetextu hereditatis acceptam. respondit secundum ea quae proponerentur non posse, quia neque cum eo ipse transegit nec negotium Septicii Maeuius gerens accepit.

学説彙纂第二巻第一五章第三法文第二項（スカエウォラ『法学大全』第一巻）

「自身の質物を債権者が売却した債務者は、債権者の法定相続人であると称する(4)マエウィウスと、僅少(5)〔の金銭〕(6)で和解した。その後、遺言が開封(7)されて、セプティキウスが相続人であることが明らかとなった。債務者がセプティキウスに対して質訴権(8)で訴えるときに、次のことが問われた。その者〔＝セプティキウス〕はそ

の時[9]に相続人でなかったマエウィウスとなした和解に基づく抗弁を用いることができるか。そして、セプティキウスは、相続人であるとしてマエウィウスに債務者から支払われた金銭を相続財産の名目[10]で受領したものとしてコンディクティオによって返還請求できるか。次のように解答した。提示された事柄によれば、〔セプティキウスはいずれも〕できない。というのも、自ら〔＝セプティキウス〕はその者〔＝債務者〕と和解したのではないし、マエウィウスはセプティキウスの事務を管理する者として受領したのではないからである。」

2　事案の概要

スカエウォラは次のような事案を提示している。

①被相続人と債務者は債権債務関係にあり、②債務者は債権者である被相続人に質入れしていた。③債権者（質権者）は質物を売却して債務の弁済に充てたが、完済には至らなかった。④債権者が死亡し、⑤法定相続人であると称するマエウィウス（表見相続人）が、債務者と和解した。その和解の内容は債務者が表見相続人に僅少の金銭を支払うというものであり、⑥その和解に基づいて、債務者は表見相続人に僅少の金銭を支払った。⑦その後、遺言によってセプティキウス（真正相続人）が遺言指定相続人であることが判明した。⑧真正相続人が債務者に対して残債務請求をし、⑨債務者が真正相続人に対して質訴権を行使した。この場合に、⑩真正相続人は債務者の質訴権に対して抗弁を援用できるか、⑪表見相続人に対してコンディクティオによって返還請求できるかが問われた。なお、⑧については本法文に明示されていないが、本稿の検討で明らかにする。

以下、順次検討する。

［関係図］

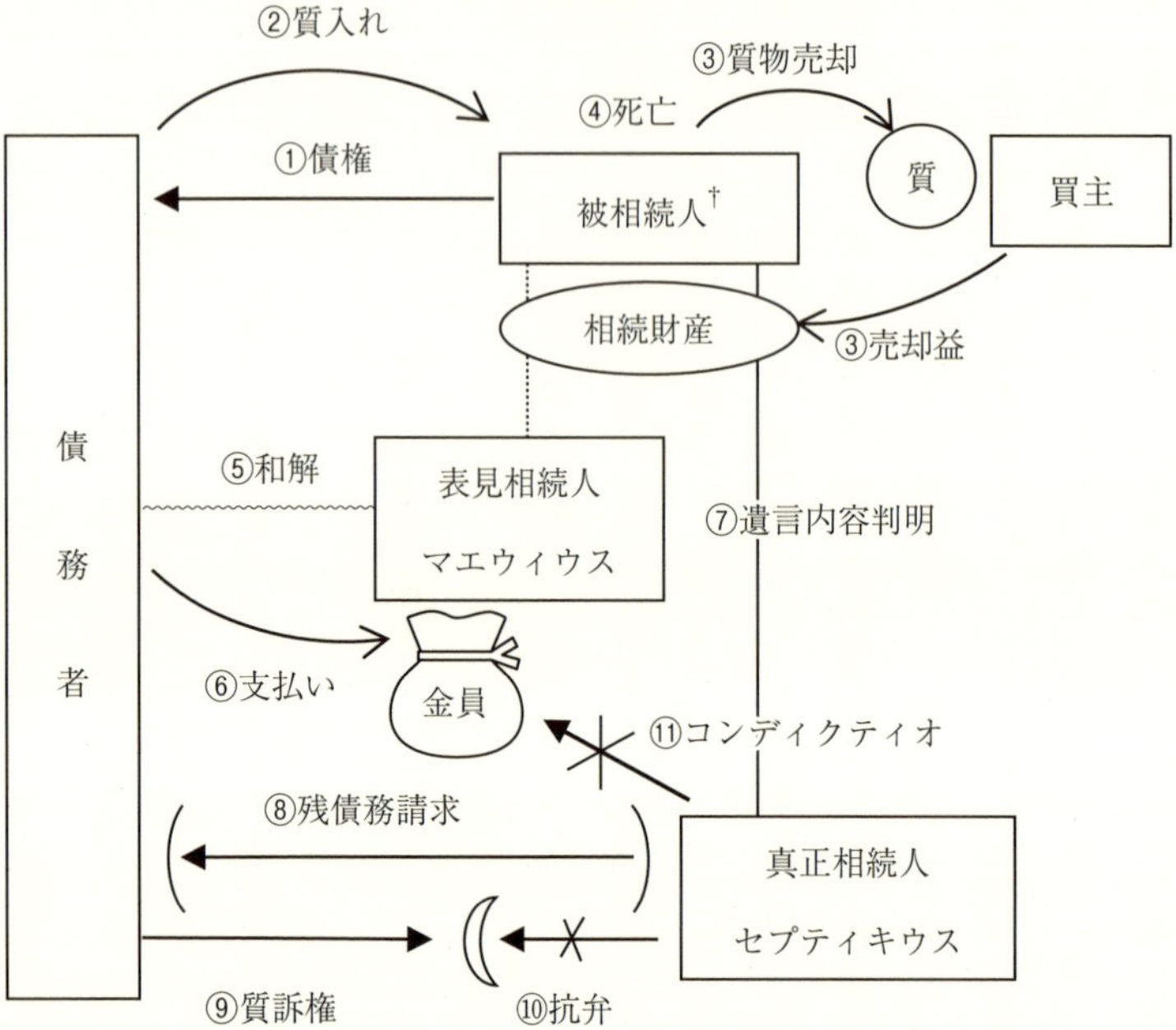

(1) **質物売却**

債務者が債権者に質入れしていたところ、その質物が売却されたという設定である。後に表見相続人であるマエウィウスが債務者と和解をすることから、債務者が債権者に対して何らかの訴権を有することが前提であると考えられ、それゆえ、質物売却は不当なものであったと思われる。[11] このことは後に質訴権の提起があることからも明らかである。不当な質物売却がなされたのは、具体的には、弁済期が未到来であった場合、債権者が債務者に適切に催告しなかった場合[12]、合意によって売却権を排除されて債権者が売却権（jus distrahendi）を有さなかった場合[13]、売却権が明示的に排除されていないが不当に安価であった場合など[14]が想定されよう。質物売却の態様が具体的にいずれであるかは判然としないが[15]、必ずしも質物売却の具体的態様を一つに絞る必要はない。むしろ、ここでは、債務者が質物売却を不当と考えて質訴権行使に至る要因が存在すること、[16]質物売却益で被担保債権の完済に至らず債権者が残債務請求をする余地があることが、和解締結の前提としても、スカエウォラの議論との関係において、重要である。

(2)　債務者と表見相続人間の和解

次に、債務者は法定相続人と称するマエウィウスとの間で、僅少の金銭を支払う旨の和解[17]をしているという設定である。和解するということは、その前提として当事者間に疑わしい事柄あるいは紛争があったことを示している。[18]具体的には、被相続人によってなされた質物売却が不当売却だったのか否か、不当売却であったのであれば、適切な売却益がいくらだったのかなどについて争いがあったか不確実であったときに、本件質物売却が不当売却であったこと、正当な質物売却額が確認され、その正当な売却額と残債務額の差引計算の結果として債務者は僅少の金額を支払い、両者とも訴権を放棄する旨の和解合意がなされたと推測しうる。[19]

(3)　遺言による指定相続人の登場

遺言により、セプティキウスが真正相続人であることが判明した。被相続人とマエウィウス、そしてセプティキウスの関係が明らかではないので限定できないが、被相続人が遺言においてマエウィウスを相続廃除し、セプティキウスを単独相続人として指定したものと考えられる。[20]

(4)　スカエウォラの問いと解答

スカエウォラは、真正相続人と債務者の関係、真正相続人と表見相続人の関係に関する二つの問いを立て、解答している。すなわち、先ず、真正相続人は債務者の質訴権行使に対して、表見相続人と債務者間の和解に基づく抗弁[21]を援用することができるかという問いであり、真正相続人が債務者と和解したのではないことを理由に、和解に基づく抗弁の援用を否定する解答がなされた。次いで、真正相続人は表見相続人に対して表見相続人の受領金銭を相続財産の名目で受領したものとしてコンディクティオで返還請求できるかが問われ、表見相続人は真正相続人の事務を管理するものとして金銭を受領したのではないから、コンディクティオを行使できないと解答された。スカエウォラの解答は理由を示さないものが多い中で[22]、ここでは理由が明示されていることは注目に値する。

3　D. 2, 15, 3, 2 に先行する法文

学説彙纂編纂者は、第二項を、これに先立つ序項・第一項と同一法文として採録し、レーネルの再構成でもそれに従う[23]。もっとも、法学大全の編纂時に、その編纂者がスカエウォラによる著述をそのまま踏襲したのか[24]、あるいは、学説彙纂の編纂者が同じ巻の異なる箇所に分散して著述されていたものを集成したのか[25]、いずれの可能性もある。

第三法文序項[26]

「皇帝アントーニーヌスとウェールスは次のように勅答した。『私人間の無方式合意が他人の権利を侵害することがないのは明白である。それゆえ、相続人と被相続人の母との間でなされた和解は、遺言を無効とせず、〔遺言から生ずる〕訴権を被解放者らあるいは受遺者らから奪われるとみなされることはできない。したがっ

て、これらの者〔＝被解放者、受遺者ら〕は遺言に基づいて何を請求する場合であれ、指定相続人を訴えなければならない。なぜなら、その指定相続人は、相続財産の和解において、相続財産から生ずる負担に関し、自分のために担保問答契約したであろうし、あるいは担保問答契約していなかったならば、自分の不注意を他人の損害に帰してはならないからである。』」

第三法文第一項(27)

「信託遺贈に関して和解がなされたとき、次いで後に小書付が発見された。被相続人の母は、和解で取得してもなお自己の相続分に不足する部分を、信託遺贈を原因として取得すべきか、と私は問う。〔取得〕すべきであると解答する。」

序項で、スカエウォラはアントーニーヌス帝とウェールス帝の勅答を引用している(28)。その冒頭で「私人間の無方式合意が他人の権利を侵害することがない」という原則が示され、次いでその具体的事案が述べられるという構成である。そこでは、相続人と被相続人（死者）の母との間でなされた和解によって被相続人による遺言が無効されることはなく、遺言で示された被解放者や受遺者などの権利を侵害することはできないとされる。

序項に引き続き、第一項でも具体的事案が述べられている。第一項は序項の勅答を踏まえたスカエウォラの展開部分である。ここでは、信託遺贈がなされた後で、信託受遺者である被相続人の母が遺贈義務者と和解をなし、さらにその後に小書付が発見されている。このとき、信託受遺者である母は、和解に基づく取得分に加えて、後に発見された小書付に基づき信託遺贈物の残余分を取得することができるとする。

序項と第一項は勅答冒頭の原則を前提に構成されており、その後、序項では、被相続人の母と相続人間の和解と、被相続人の遺言によって利益を得る被解放者や受遺者の関係が論じられ、第一項では、遺言者〔被相続人〕の母〔信託受遺者〕と信託遺贈義務者間の和解と、小書付によって利益を得る遺言者の母の関係が論じられている。

三　バシリカ法典とその注釈

ここでは、ユ帝法成立と並行してなされた各種ギリシャ語訳の集成であるバシリカ法典とその注釈を参照しよう。以下の登場人物において、パウルスはマエウィウス、ペトルスはセプティキウスに相当する者である。

バシリカ法典第一一巻第二章第三法文第二項[29]

私の債権者が私の質を売却したとき〔注釈八、九、一〇〕、私は、実際には相続人ではないあなたパウルスを相続人であると考えて、あなたと和解し、全債務額、そのために私の質〔注釈一二〕が売却されたのであるが、例えば一〇〇金に代えて五〇金〔注釈一一〕をあなたに支払った。ところが、ペトルスが真の相続人であることが明らかとなった。私が[30]訴求されることはなく、私は真の相続人であるペトルスに対して有効に質に関して訴えることができる〔注釈一三〕。真の相続人であるペトルスは、真の相続人ではなかったパウルスに和解に基づいて支払われたものを返還請求できない。というのも、このペトルスが訴えられるとき、和解の抗弁がこのペトルスに対抗されうるようにと〔注釈一九〕、ペトルス自身のために和解がなされたのではないからである。また、ペトルスがそれを返還請求すると我々が言えるようにと、パウルスが真の相続人であるペトルスの事務を管理して、支払われた金銭を受領したのではないからである〔注釈一四、一五、一六〕。

注釈八　債権者に質売却を許すという合意がなされず、また、債権者が規定を遵守しなかった場合を想定せよ。

注釈九　ある者が他の者から金銭消費貸借を受け、質を与えた。しかし、債権者は、質の売却を債権者に許すという合意もせず、また、規定も守らず質物を売却したので、このことに関して債務者は債権者に対する質訴権を有することになる。債権者はセプティキウスという者を相続人に指定して死亡した。このようなことが起こって、債務者は、自分が死んだ債権者の法定相続人であると称するマエウィウスを相手に質訴権で訴えた。しかし、友人たちが介入して、そのために質が売却された債務に代えて、僅かのものを彼に支払って、マエウィウスと和解した。しかし、その後、死者の遺言が持ち出されて、セプティキウスが相続人であることが明らかとなった。そこで、真の相続人であるセプティキウスに対して質訴権で訴える者が、マエウィウスとなされた和解に基づく抗弁で退けられるかどうか、私は問う。そして、全債務に代えて債務者によってマエウィウスに支払われたものを、セプティキウスは、相続の名目でマエウィウスに支払われたもののように、善と衡平に基づくコンディクティオによって返還請求できるかどうか、私は問う。そこで、スカエウォラは〔次のように〕述べる。提示されたところでは、債務者は先決されず、セプティキウスに対して質訴権を有効に行使できるし、セプティキウスは和解に基づいて支払われたものを返還請求できない。というのは、〔スカエウォラが〕言うには、もしセプティキウス自身が質訴権で訴えられたとしたら、和解の抗弁が対抗されるというように、セプティキウスのために和解が生じたのではないからである。そして、真の相続人であるセプティキウスの事務を管理している者が、それ〔支払われたもの〕をセプティキウスが返還請求するという結果になるように、債務者から支払われた金員を受け取り、だから、セプティキウスは債務者に対して債務に関する訴権を有する。なぜならば、真の相続人でないマエウィウスに支払ったとしても解放されないからである。

注釈一〇　キュリッルス。私の債権者が私の質を売却し、私はあなたがその相続人であると考え、あなたと和解をし、一〇〇金[31]をあなたに支払った。ティティウスが相続人であることが分かり、私は彼〔＝ティティウス〕に対して訴えを起こした。ティティウスはあなたに一〇〇金を返還請求することもできず、私を和解の抗弁で退けることもできない。

注釈一一[32]　無名氏。確かに訴え、そして価額を受け取った者が訴えられる。D. 5, 3, 16–〔筆者注、三項か[33]〕、B. 42, 1のように。同じ巻の第一四章第一七法文の終わり〔＝D. 2, 14, 17, 6〕すなわち、B. 11, 1を参照せよ。

注釈一二　B. 42, 1, 16, 2〔＝D. 5, 3, 16, 2〕を見よ。そして、汝の言うことに矛盾しないが、その1を読め。インデックス、B. ?, 3, 6も。B. 17, 1, fin.〔＝D. 3, 5, 48（49）〕。B. 24, 6, 18, 2〔＝D. 12, 6, 18〕。B. 17, 1, 5, 12〔＝D. 3, 5, 5, 14（12)?〕を注意して参照せよ。

注釈一三(34)　彼〔ペトルス〕に対して、訴えている。(35)なぜならば、ペトルス自身と和解が生じたのではないからである。

注釈一四(36)　無名氏。D. 3, 5, 48で述べられていることに従えば、事務管理訴権が相続人に帰属する、とある者は言うことができる。

注釈一五*(37)　(要約すれば)(38)和解は無効であり、債務者は債務について真の相続人から請求される。しかし、債務者は自分が表見相続人に与えたもの全て(39)を返還請求する、と言っている。

注釈一六*　以上の事から、次のことが必然的に明らかになる。ある者が他人のために事務管理をして、例えば、ペトルスのためにペトルスの相手方と和解をして、ペトルスが自身のための事務を追認すれば、和解は有効となり、ペトルス自身となしたものとみなされる。というのは、偉大なる主の息子である神皇コンスタンティーヌス帝の次の事案があるからである。ある者たちは、「ある者たちの間でなされたことは、他人にとって利益にもならず、害にもならない。他人に対して有効でもなく、また自由人の行為は他の者に帰属しない」という法を持ち出して裁判官に異論を唱えたとしても、ケロイオ市について、その市民たちが、自分たちのために、そして皇帝のために和解をした〔とされる〕。B. 10, 8, 1〔=C. 2, 25, 1〕を見よ。半分につき抗弁を持つ。

注釈一九§　その者、すなわち、ペトルス(40)自身から。

比較的詳細に論じる二つの先行研究について、スカエウォラの二つの問いと解答の理解に関係する部分を中心に論及する。

四　従来の議論

1　ハイロース（A. Heyroth）の見解

ハイデルベルク大学の学位論文の中で、ハイロースは、従来の学者に依拠しつつ、次のように論じる。(41) 同氏は、第一の問いである真正相続人による和解抗弁の援用可否に関連して、和解効力の理論を整理する。(42) 和解は第三者の不利にならないという原則（D. 2, 15, 3pr.; D. 5, 2, 29, 2; D. 2, 14, 27, 4; C. 7, 60, 2）を確認した上で、この原則の例外として三つの類型を挙げる。①和解締結者の権利承継者に関する事例（相続財産買主（D. 2, 15, 17））、②他人の物について和解をする権限がある事例（妻の財産に関する夫（C. 5, 12, 10/42〔筆者注、C. 5, 12, 42を確認できず〕）、被後見人の財産に関する後見人（D. 47, 2, 54, 5〔筆者注、55（54）, 5〕/56, 4〔筆者注、57（56）, 4〕）、息子の peculium adventicium についての父（D. 27, 9, 7, 2; C. 6, 61, 6/8））、③主債務者が和解で債務免除されたときに保証人は訴求されないとする事例（D. 46, 1, 68, 2）と上訴中に上訴し又はし得たときの和解（D. 2, 15, 7pr.）である。

以上の整理に基づいて、真正相続人には和解の利益も不利益も及ばないとする。そして、それゆえに、真正相続人は債務者に対して債務者が表見相続人に和解で免除された債務につき訴求でき、債務者は表見相続人への支払いによって解放されるということはない、と理解する(43)。

第二の問いである真正相続人の表見相続人に対するコンディクティオ行使の可否に関して、真正相続人自身が和解したのでもなく、表見相続人が真正相続人の名で和解したのでもないことから、コンディクティオの根拠となる事務（**negotium**）が欠如しており、また、非債弁済者のみが受領者から非債弁済で取り戻すことができるという非債弁済の原則からしても、表見相続人が真正相続人の計算で利得したとしても、真正相続人がその和解金につきコンディクティオで取り戻すことはできない、とする(44)。

なお、同氏は、本稿で着目する **minimo transegit** が法文中で果たす役割について、質訴権だけでは想定できないため、質訴権と残債務請求の両方が必要であるとの立場を採る(45)。また、この文言から、和解金額の多寡、和解の概念については重要視すべきではないと考えている(46)。

2　クリューガー（A. Krüger）の見解

近年の研究としては、クリューガーが第三者効について、多くの文献を網羅しつつ、比較的詳細に本法文第二項を検討している(47)。

同氏は、真正相続人による和解抗弁の援用可否に関して、真正相続人自身が和解をしなければならなかったのであり(48)、それがなされていない以上、和解の効果は第三者に及ばない。また、抗弁としては他の法源で知られている **exceptio pacti utilis**(49)であれば問題となり得た可能性があるが、真正相続人は明らかに保護に値しないので、ここで検討の余地はない。そして、和解が表見相続人に非常に有利であったという背景があるものの、その事実をもって、和解の効果が真正相続人に帰属するものではないとする(50)。

真正相続人の表見相続人に対するコンディクティオ行使の可否に関しては、表見相続人が債権者の法定相続人と称していることから明らかであるように、債務者と表見相続人は和解締結時に真正相続人のことを念頭に置いていない（置きようがなかった）ので、表見相続人が（真正相続人ではなく）自己の事務をなす意図であったことを根拠として挙げる(51)。

最後に事案の事後処理として、真正相続人は債権者（被相続人）の被担保債権に基づいて債務者に残余債務について訴求することができる。債務者は真正相続人に対しても損害賠償請求することができ、そして、債務者は表見相続人に支払った金銭を表見相続人に対して返還請求することができるとする(52)。

このように、これらの研究では、第二項を序項との関係で理解している。

五　若干の検討

1　検討すべき問題

先行研究によって、質物売却の内容、和解の内容、和解の効果について検討が加えられ、明らかとなっている。

本稿も基本的には先行研究の事案理解に則っている。

しかしながら、これら従来の理解では、すでにバシリカ法典注釈や『標準注釈』が言及する追認可能性を考慮できておらず、また、いまだ minimo transegit であることの意味が十分に捉えられていない(53)。

ここでは、先ず、真正相続人への和解の効果帰属について整理した上で、相続財産の占有者が相続財産の債権者・債務者に対してなした債務弁済・債権取立事例について検討する。次いで、上記の問題について検討を加える。

2 表見相続人による和解は真正相続人に及ぶか

真正相続人自身が和解をなしていたのであれば、当然に抗弁を援用することができる。また、真正相続人自身が和解していなくとも、真正相続人と表見相続人の間に事務管理が成立すれば、和解の効果は真正相続人に帰属するのであるから、真正相続人は和解に基づく抗弁を援用できるはずである。

ところが、本法文第二項では、スカエウォラの解答の理由付け一点目にあるように、真正相続人ではなく表見相続人が和解しており、また、理由付け二点目にあるように、事務管理の成立は認められていない(54)。スカエウォラは理由付け二点目において表見相続人の金銭受領に言及しているので、同箇所は直接的にはコンディクティオ行使の可否についての理由付けであると考えられるが、表見相続人が事務管理者として和解に基づいて金銭を受領したのでなければ、和解についても事務管理が成立していないことを意味する。表見相続人に事務管理意思がなかったことは「称する（iactabat）」という表現からも推察できる。

事務管理が成立していない以上、和解の効果は、和解当事者にしか帰属せず、和解当事者でなかった真正相続人には帰属しないがゆえに、真正相続人は和解に基づく抗弁を援用できないと解しうる。

この理解は、無方式合意の第三者効の原則にも合致する。和解は、本法文序項・第二項などを根拠として、第三者の害にも利益にもならないと解されている(55)。さらに、和解(transactio)と無方式合意(pactum)の近接性から(56)、無方式合意と第三者の関係に言及する次の法文が参考になる(57)。この法文は、バシリカ法典注釈一一に挙がる。

学説彙纂第二巻第一四章第一七法文第六項(パウルス『告示註解』第三巻)(58)

「他人の相続財産の占有者が無方式合意をした場合において、もし〔相続人が相続財産を〕回復したときは、相続人にとって害にも利益にもならない、と大多数の者は考えている。」

ここでは、多数説によると、相続財産の占有者による無方式合意が相続人に影響を与えないことが示されている。すなわち、被相続人が債権者であった場合に表見相続人が債務免除の無方式合意をしても、その無方式合意は真正相続人には害にならないし、また、被相続人が債務者であった場合に表見相続人が無方式合意をしても、無方式合意は真正相続人の利益にならず、真正相続人は債務から解放されないのである。他方で、「大多数の者は考えている(plerique putant)」という文言からは、多数説とは異なる見解が存在したことが窺われる。

このように、和解の効果は当事者以外には及ばないと理解すれば、第三法文の中では理論的に整合し、和解後に明らかとなった事実によって和解内容に錯誤が生じる点についても第一項との関係で理解することが可能である。

スカエウォラは和解の効力について明示的に論じておらず、表見相続人と債務者間の和解が当然に無効かどうかは明らかではない[59]。というのも、スカエウォラは、真正相続人自身が和解していないことを理由に、表見相続人と債務者間の和解に基づく抗弁を援用することができない、と述べるに留まるからである。しかしながら、和解が未確定無効であるからこそ[60]、スカエウォラは「抗弁を用いることができるか」という問いを設定していると考えられる。

3　表見相続人による弁済受領と債務弁済

表見相続人という無権限者のなした行為の法的効果が真正相続人たる本人にどのような条件下で帰属するかについて、検討する。

本法文第二項では、債務者が和解に基づいて表見相続人に金銭を支払っている。その点で、被相続人の債務者が相続財産占有者に弁済した場合と同一の構造を構成する。また、前掲のバシリカ法典無名氏注釈一四では、真正相続人が表見相続人に対して事務管理訴権を有するという理解が示されている。

そこで、以下では、表見相続人が被相続人の財産管理をするときに、⑴表見相続人が相続財産の債務弁済を受領する場合と、⑵表見相続人が相続財産の債務を履行する場合について、検討する。

⑴　表見相続人が相続財産の債務弁済を受領する場合

まず、表見相続人が相続財産債務者から債権を取り立てる事例について検討する。

Ulp. - Iul. D. 5, 3, 25, 17では、相続財産占有者が相続財産に含まれる物を売買した事例を読み解くために、ウルピアーヌスは、相続財産占有者が相続財産債務者から債権を取り立てた事例に関するユーリアーヌスの言明に言及している。このユーリアーヌスの言明が本法文第二項との関係では重要である。

学説彙纂第五巻第三章第二五法文第一七項（ウルピアーヌス『告示註解』第一五巻）(61)

「（略）債務者らから取り立てたものを占有者が相続財産の請求者に支払ったならば、債務者らは解放され、債務者らから債務を取り立てた者が善意の占有者であろうと略奪者であろうと、法上当然に解放される、とユーリアーヌスは法学大全第四巻で述べている。(62)」

ユーリアーヌスの言明によると、受領した代金が相続人に支払われる（すなわち、相続財産に含まれる）ならば、占有者の善意悪意を問わず、債務者は相続財産債務から解放される。(63) そのため、相続人は債務者に対してもはや請求することはできない。表見相続人が債務者から金銭を受領している本法文第二項との関係で解するならば、相続財産債務者から受領した金銭が真正相続人に渡るのか表見相続人に留まるのかが重要な要素であるといえる。

(2)　表見相続人が相続財産の債務を履行する場合

バシリカ法典無名氏注釈一四において、本法文第二項にも事務管理(64)が成立する可能性が指摘されている。その根拠法文として示されているAfr. D. 3, 5, 48（49）は相続財産の債権者に対する弁済事例である。アフリカーヌスは、無権利者の売却目的物が滅失した前半の事例と、弁済によって債務が消滅した後半の事例を対比している。(65) ここでは後半の事例、すなわち相続財産占有者が被相続人の債権者に遺贈を履行する事案のみを挙げる。

学説彙纂第三巻第五章第四八（四九）法文（アフリカーヌス『質疑録』第八巻）(66)

「（略）これと反対に、あなたが私に属する相続財産を〔相続人である〕自分のものであると信じたために、あなた自身の物を遺贈として支払っていた場合に、私がその支払いにつき解放されるので、私を相手方として〔事務管理反対訴権が〕あなたに与えられる。」(67)(68)

自己を相続人と誤信した相続財産占有者が自己の財産から相続財産債権者に遺贈支払いをした場合に、その支払いによって相続人が債務から解放され、遺贈支払いをした相続財産占有者に事務管理反対訴権が付与されるという。ここでは、相続財産占有者は自己の財産から支出していることから、自己の名で債務を履行している。このように、アフリカーヌスは、自己の事務と誤信して他人の事務を管理する事案において事務管理が成立すると考える。債権者との関係が解消されているがゆえに(69)、相続人と占有者間の問題として処理せざるを得ず、事務管理訴権が生じるものと考えられる。

一般債権者に履行する事案に関しては、Ulp. – Iul. D. 5, 3, 31 pr. 冒頭に叙述される。ここでは、相続財産占有者が被相続人の債務を支払ったときに、相続財産の引渡しに際して相続財産からの弁済額控除が論じられている。

学説彙纂第五巻第三章第三一法文序項（ウルピアーヌス『告示註解』第一五巻）(70)

「相続財産の占有者が債権者らに何かを支払ったとき、相続財産請求者〔＝真正相続人〕を法上当然に解放するものではないとしても、〔差引〕計算しなければならない。というのも、ある者が債務者の名ではなく自己の名で支払ったものは、債務者を解放しないからである。それゆえに、ユーリアーヌスは法学大全第六巻で、〔占有者が〕請求者を防御すると保証したならば、占有者は支払ったものを計算に入れるものとする、と著述する。しかし、支払ったものに関して〔占有者が〕利得したとはみなされないので、善意の占有者も防御の保証をしなければならないかは、検討されねばならないであろう。（略）」

ユーリアーヌスによれば、相続財産から弁済額を控除できるのは、占有者が債権者からの請求や二重払いを回避するために相続人を防御するために保証していた場合である。[71] ウルピアーヌスはユーリアーヌスの言明を踏まえてさらに、善意の占有者は保証する必要はなく、悪意の占有者は保証したときのみ控除ができる、と展開する。ここでは善意の占有者について触れる。

相続財産占有者が自己を相続人と誤信して、それゆえ自己の名（suo nomine）で、被相続人の債権者に弁済したとき、真正相続人がその弁済によって市民法上解放されることはない。[72] このとき、不当利得の一般原則から、善意の占有者は、非債弁済した場合には、非債弁済の不当利得返還請求訴権（condictio indebiti）で取り戻すことができる。[73] 前述のように、占有者は相続財産を相続人に返還する際には弁済額分を控除できるので、[74] 占有者は債権者に非債弁済の不当利得返還請求することなく、相続人への相続財産返還に際して控除することが認められよう。

自己の名による支払いに関するウルピアーヌスの見解を反対解釈すれば、相続財産占有者が債務者の名（debitoris nomine）で支払ったときには、事務管理となるため、[75] 真正相続人は当然に債務から解放され、占有者が債権者に対して非債弁済の不当利得返還請求することは認められない[76]。その場合、善意の占有者は真正相続人に対して相続財産を返還する際に、弁済額を相続財産から控除できるであろう。D. 3, 5, 48（49）後半事例では、相続財産占有者が相続財産債権者に支払ったことが認められ、真正相続人が債務から解放されるので（quandoque de ea solutione liberarer）、真正相続人と占有者の間に事務管理が認められる。これに対して、D. 5, 3, 31pr. によれば、占有者が自己の名で支払ったときは真正相続人は当然に解放されるのではないが、債務者の名で支払ったときには事務管理が認められる。

以上の検討を踏まえると、(1)表見相続人が相続財産の債権を取り立てる場合には、相続財産に算入するか、表見相続人の下に留めるかによって区別される。(2)表見相続人が相続財産の債務を履行する場合には、相続財産の債務を履行するに当たり、自己の財産に基づいて履行する事案と表見相続人自身の財産に基づいて履行する事案があり、表見相続人自身の名で履行されたか、債務者の名で履行されたかが相続人が債務から解放されるかに決定的な役割を果たすことが明らかとなった。

本法文第二項の事案に則して述べると、仮に債務者が和解に基づいて表見相続人に金銭を支払い、受領した金銭が相続財産に含まれて真正相続人に帰すれば、債務者は解放されたであろう。ところが、実際には、真正相続人の表見相続人に対するコンディクティオ行使で明らかなように、受領した金銭が表見相続人の下に留まっており、真正相続人に渡っていないので、債務者は解放されていないと考えられる。つまり、表見相続人と債務者の間に事務管理は成立しておらず、債務者と真正相続人の間で訴権が存続しているのである。そうであれば、真正相続人が債務者に残債務を請求できると考えるのが自然である。

4　追認構成の可能性

表見相続人と真正相続人の関係では、追認（ratihabitio）が問題となり得る。追認については、すでにバシリカ法典新注釈一六及び『標準注釈』において言及されているが、それが本法文第二項においてどのような意味を持ちうるのかについて十分に検討されておらず、クリューガーにおいてはそもそも追認の問題があるとは認識されていない。無方式合意が合意の当事者以外に効果が及ばないという先述の原則は、当事者以外の者がその無方式合意を追認したときに、その効果が追認した者に及ぶことを否定するものではなかろう。そうであれば、本法文第二項において、和解当事者でない真正相続人に和解の効果が直ちに帰属するものではないが、真正相続人が未確定無効である和解を追認するならば、和解の効果が帰属する真正相続人は和解に基づく抗弁を援用できるはずである。

5　僅少の金銭支払いの和解

本法文第二項において、「（債務者が）僅少（の金銭を支払う旨）で和解した（minimo transegit）」と述べられる理由は何か。この表現は、支払いの主体と支払額の多寡を明らかにするが、そのことだけでは和解内容が誰にとって有利不利かを必ずしも断定することができない。というのも、支払う必要がないにもかかわらず和解のために僅少の金銭を支払うことにしたと理解することも、あるいは、より多くの金銭を支払うべき債務者が僅少の金銭支払いに留めることができたとも理解することが、可能だからである。

債務者に有利な（相続人に不利な）和解内容であったとすれば、債務者に自発的な質訴権行使の動機はないので、債務者が質訴権を行使するには、和解に反するような真正相続人の行為や真正相続人による残債務請求が考えられるところ、この想定では真正相続人が和解の抗弁を援用する理由は失われてしまう。これに対し、債務者に不利な（相続人に有利な）和解内容であったとすると、債務者が真正相続人に対して質訴権を行使する動機は十分にあるので、この理解が妥当であろう。

もっとも、後者の理解に立ったとしても、なぜ「僅少の金銭（minimo）」でなければならないのかは依然として疑問が残る。債務者が質訴権を行使するための仕組みであるならば、「僅少の金銭（minimo）」である必要性はなく、債務者による金銭支払いの事実さえあれば足りるからである。この点、従来の理解では、スカエウォラが minimo と示すにもかかわらず、その意図を汲んだ解釈ができていない。

6　追認拒絶構成の可能性

前述**2**のように、表見相続人によってなされた和解は確定的に無効とはならず、しかしながらその和解の効力は当然に第三者に及ぶものではない。また、**3**で明らかとなったように、債務者は表見相続人に支払っても当然には債務から解放されない(77)。そうであれば、表見相続人と真正相続人の間に事務管理が成立しておらず、真正相続人が追認していなければ、真正相続人は債務者に対して依然として残債務を請求できるはずである。それにもかかわらず、事務管理が成立しておらず、追認も認められていない本法文第二項では、債務者と真正相続人間の訴権攻防について、債務者による質訴権行使とそれに対する真正相続人の抗弁援用が言及されるのみである。真正相続人を主体として捉えると、債務者に対して被担保債権の残債務を請求することもできるはずであるが、真正相続人は債務者の質訴権行使に対して抗弁を援用するだけという設定となっている。

このときに、真正相続人が抗弁を援用するということは、抗弁発生原因である表見相続人による和解を追認したことになるであろう。真正相続人は和解を認めるからこそ、和解に基づく抗弁を持ち出すのである。

追認に関しては、すでにバシリカ法典新注釈一六において、真正相続人が表見相続人による和解を追認すれば、真正相続人自身がなしたものとみなされるとされており、コンスタンティーヌス大帝下の事例が言及される。また、スカエウォラよりも一世紀後のものであるが、勅法（Diocl. et Max. C. 2, 25（26）,1［a. 294］）が引用されている。[78]『標準注釈』注釈kは、[79]指定相続人（セプティキウス）がマエウィウスに支払われたことを知ったときに占有者がなした事務を追認することができたのだが、本事案では追認をしていなかった、と述べる。これはすなわち、セプティキウスが和解を追認していれば、和解に基づく抗弁を用いることができていたという理解である。スカエウォラは無権限者の行為を追認することができること自体は知っていた。[80]それにもかかわらず、ここでは和解に基づく抗弁の援用を認めていない。前掲の『標準注釈』引用部分にもあるように、「追認をしていなかった」のであれば、確かに整合的であるが、実際には和解の抗弁を援用するという追認相当行為をなしていることと矛盾するのである。

前述のように、本法文第二項では真正相続人が債務者に残債務請求することもありうる。真正相続人は、抗弁を援用する前にすでに、この残債務請求という追認拒絶に相当する行為をなしてしまっていたが故に、和解に基づく抗弁の援用が否定された。真正相続人の残債務請求が隠されているのであれば、真正相続人が債務者に対して残債務を請求したことこそ、この追認拒絶に相当する行為（自己の先行行為に矛盾する行為）であると言えよう。追認拒絶をした後は、表見相続人の和解が真正相続人に帰属しないことが確定し、追認をなしたとしても、それは覆らないのである。

このように理解すると、5で示した「僅少の金銭（minimo）」が意味を有することになり、次のように解することができるであろう。和解内容は、債務者に不利なものであると評価できた。法定相続人と称する表見相続人としては有利に和解をしたのであるから、真正相続人は残債務請求しないのが自然である。しかし、真正相続人は表見相続人が僅少の金銭しか受領していないことから、有利な和解であるとは認識せずに、和解を不当として拒否し、被担保債権の残債務につき請求した。これに対して、債務者が質訴権を行使してきたことで、改めて和解内容が自身に有利であることに気付いた真正相続人は和解を持ち出して抗弁を援用しようとした。しかし、すでに追認拒絶とみられる残債務請求をしていたので、和解に基づく抗弁の援用は認められなかった。

もっとも、この追認拒絶構成に対しても、本法文第二項が追認・追認拒絶に関わる事案であれば、スカエウォラがこのことに明示的に言及しないのは不自然であるという疑問があるかもしれない。しかし、スカエウォラは非常に優秀な弟子であるパーピニアーヌスらを相手にしていたこと、それにより当然の前提を省略しても理解される立場であったであろうこと、そして、スカエウォラは他の議論においても事案の省略をしている例がみられること(81)から、スカエウォラは真正相続人が追認できることを当然の（暗黙の）前提に理論を巧妙に組み立てていたと理解すべきであろう。そうであれば、本法文第二項において、追認拒絶構成が隠されているという理解は成り立ちうる。

7　余論―表見相続人に対する真正相続人のコンディクティオ否定の理由

コンディクティオの可否に関しては、前述の従来の見解（四1と2）によって明らかである。コンディクティオは弁済者自身が行使しうるという原則からすると、真正相続人が表見相続人に金銭を給付したのではないことから、コンディクティオを行使しえない。また、コンディクティオが弁済者以外に帰属する場合があるが[82]、これにも該当しない。表見相続人は自分が相続人であると考えて和解をしたことから[83]、事務管理意思を有していなかった。表見相続人は真正相続人の事務を管理していないので、事務管理に基づいて請求することはできない[84]。真正相続人自身の和解ではなく、事務管理の成立も認められていないので、相続財産には含まれるものとは理解されず、それゆえ、真正相続人によるコンディクティオの行使は認められないのである[85]。

ところで、真正相続人から表見相続人への相続回復請求権行使の可能性があるにもかかわらず、スカエウォラはなぜ真正相続人による表見相続人に対する相続回復請求権（hereditatis petitio）を論じていないのであろうか。コンディクティオだけが論じられていることから疑問が生じうる。「相続財産の名目で受領した」金銭であるならば、真正相続人は表見相続人に対して相続財産に関しては相続回復請求権を行使しうるはずである[86]。相続人の事務管理者に対しては相続回復請求権を行使できないところ[87]、前述のように表見相続人は真正相続人のために事務管理をしていないので、相続人の事務管理者に該当しない。他方で、相続人は、相続人であると考えて占有する者に対しても[88]、また、相続財産の事務管理者に対しても、相続回復請求権を行使できる[89]。この点、クリューガーが論じるように、相続回復請求権が問題となるのは、相続財産の占有者が請求者（相続人）の相続権を否定する場合を前提とするが、ここでは表見相続人が相続権を争っていないため、相続回復請求権は問題となっていないのであろう[90]。それゆえ、あくまで「相続財産の名目で受領したものとして」コンディクティオの行使が論じられているものと考えられる[91]。仮にマエウィウスが相続権を争っていれば、コンディクティオの行使はできないが、相続回復請求権を行使できることとなり、事案が複雑となった。スカエウォラは、債務者と真正相続人間の問題を重視したために、簡明な事案を設定したものと考えられる。

六　小　括

以上の叙述を整理すると、本法文第二項を次のように要約できよう。

被相続人が債務に充当するために質物を売却したが、完済には至らなかった。被相続人の死後、債務者が法定相続人と称する者（表見相続人）に対して、質物売却が不当であったとして質訴権を行使し、その者との間で和解をし、それに基づき僅少の金銭を法定相続人に支払った。遺言内容が判明し、遺言相続人（真正相続人）の存在が明らかとなった。真正相続人が残債務を請求したところ、債務者は真正相続人に対して質物売却が不当であるとして質訴権を行使した。真正相続人は表見相続人のなした和解に基づいて抗弁を援用できるか、またコンディクティオで金銭の返還請求できるかという問いをスカエウォラは立てたが、いずれも否定した。

真正相続人としては、表見相続人のなした和解について、追認しうる余地があった。真正相続人が追認していれば、表見相続人のなした和解につき真正相続人に効果が帰属し、真正相続人は和解の効果を援用することができた。また、表見相続人の受領金銭を返還請求できたであろう。しかし、それが否定されたのは、真正相続人が追認拒絶をしていたからである。追認拒絶していれば、表見相続人のなした和解につき真正相続人に効果が帰属しないことは確定的となり、その後に追認をしたとしても覆らない。それゆえ、真正相続人は和解に基づく抗弁を援用することも、表見相続人に対して受領した金銭の返還請求をすることもできない。

本稿では、真正相続人は、和解を不利な内容と考え、残債務を請求していたがゆえに、表見相続人による和解を追認拒絶していたものと扱われ、それゆえ、債権者は、債務者の質訴権行使に対して、有利な内容と判明した和解に基づく抗弁援用を認められなかったとする解釈を提示した。これにより、先行研究では考慮されていなかった追認の問題と、法文中その存在が浮いていた minimo の存在意義が解決することとなる。

本稿のテーマは無権限者の行為の有効性と追認の問題に広く関わるものの、残された課題も多い。無権限者の処分行為と追認の問題に関しては、表見相続人以外の無権限者（falsus procurator, tutor, curator など）の行為と追認の関係、追認が認められる行為の範囲について、である。また、質権者の占有に関しては、他の債権者から防御する権能として「管理占有」について言及がある。[92] 今後の検討課題としたい。

（1） 無権限者による処分行為、効果帰属をめぐっては古くから議論がなされている。現代では無権代理構成がその解決方法の一つとされるものの、代理制度が知られていなかったとされるローマ法では、無権限者による行為は事務管理や委任と一定の近接性をもって捉えられ、事後的に追認（ratihabitio）がなされる場合にその効力が認められていた（Ulp. 80 ad ed. D. 46, 8, 12, 1; Ulp. 10 ad ed. D. 3, 5, 5, 11–12など。M. Kaser, Das Römische Privatrecht I 2. Aufl., Müünchen 1971〔以下、RPR I〕, S. 265 参照）。

この無権限者による処分行為として、表見相続人による処分行為が挙げられよう。表見相続人の処分行為の効力に関しては、相続回復請求権との関係で予てより議論のあるところであり、特に第三者が表見相続人を真の権利者と考えて相続財産の譲渡や弁済、弁済の受領をなしていた場合に問題となる（日本法を中心とした分析として、近藤英吉「相続回復請求権と表見相続人の地位」法学論叢第三〇巻第二号（一九三四年）一七五頁以下など）。

なお、ローマ法上の無権限者の行為の有効性については、さらなる研究の必要性が指摘されている（**Kaser, RPR I, S. 265 Anm. 42**）。

（2） 本法文第二項は事務管理との関係も論じられるので、事務管理について若干付言しておく。他人の事務を自己の事務と誤信して処理する、つまり他人のために処理していない場合について、現代的には準事務管理が問題となる。準事務管理に関しては、日本における学説の状況について、好美清光「準事務管理の再評価」『不当利得・事務管理の研究⑶』（有斐閣、一九七二年）三七一頁以下、ドイツ法とフランス法を比較しつつ言及したものとして谷口知平「事務管理者が本人の名でした法律行為の効果」民商法雑誌第四六巻第五号（一九六二年）九〇六頁以下などがある。また、ドイツ民法六八七条一項も参照。

（3） 本稿における学説彙纂のテキストは、**Th. Mommsen, Digesta Iustiniani Augsti. 2 Bde., Berlin 1868/70** を、勅法彙纂のテキストは、**P. Krueger, Codex Iustinianus, Berlin 1877** を使用する。試訳中の括弧内については筆者が補足した。また、バシリカ法典のテキストについては、シェルテマ版は **H. J. Scheltema – N. van der Wahl** の校訂による **Basilicorum Libri LX, Series A**〔以下、**Sch** 版〕、ハイムバッハ版は **G. E. Heimbach – C. G. E. Heimbach** の校訂〔以下、**Hb** 版〕を指す。バシリカ法典を含めたビザンツ法源の研究動向については、西村重雄「ビザンツ法源研究」法制史研究第三九号（一九八九年）一八五頁以下を参照。

（4） **Vocabularium Iurisprudentiae Romanae, Berlin**〔以下、**VIR**〕1910, III-1, Spal. 284 s. v. iacto, D) adfirmare, gloriari, supra modum laudare の意味で対格不定法とともに用いられる例として、本法文第二項と共に四法文が挙がる。これら Paul. 11 respons. D. 38, 2, 47, 1; Pap. 28 quaest. D. 46, 3, 95, 3; Ulp. 9 de off. proc. D. 48, 19, 6pr.; Tryph. 1 disput. D. 50, 16, 225には、僭称するといった否定的な意味による使用例はない。なお、法史料辞典である **H. G. Heumann – E. Seckel, Handlexikon zu den Quellen des römischen Rechts, 9. Aufl., Jena 1926**〔以下、**Heumann – Seckel**〕, S. 242 s. v. iactare 4）には、上記以外に Paul. 5 sent. D. 28, 1, 31

が挙がる。

A. Heyroth, Die L. 3 § 2 D. 2, 15 und das Recht des Bürgerlichen Gesetzbuches, Diss. Heidelberg, Borna-Leipzig 1910〔以下、Heyroth〕, S. 2は、「称する（iactabat）」という表現からマエウィウスを悪意の占有者であると捉えるよりは、「遺言が開封されて（testamento prolato）」とあることを根拠に善意の占有者と理解する方が説得的であるとする。また、悪意の場合には詐欺に基づく和解となってしまい、本法文第二項の判断が全く異なったものとなってしまうことを指摘する。これらはいずれも正当であろう。

（5） VIR〔前掲注（4）参照〕1983, III-2, Spal. 1905 s. v. minimus に本法文第二項と同じ用例で挙がるのは、Gai. 2,226；Ulp. 32 ad ed. D. 19, 1, 11, 12；Ulp. 32 ad ed. D. 19, 1, 13, 5；Iav. 7 Epist. D. 50, 17, 200 の四法文である。極めて少ない、低い程度を示すものとして用いられている。

（6） ここでは明示されていないが、コンディクティオの対象として「支払われた金銭（pecuniam … numerata est）」とあることから、金銭であると理解できる。

（7） VIR〔前掲注（4）参照〕1985, IV-3/4, Spal. 1204 s. v. profero では testamentum proferre の用例として、本法文以外に、Ulp. 22 ad ed. D. 11, 1, 11, 8；Paul. 3 ad Sab. D. 12, 6, 4；Ulp. 45 ad ed. D. 29, 1, 1pr.；Paul. 57 ad ed. D. 29, 2, 70pr. を挙げる。

（8） H. Kehlmann, De la transaction en droit romain, Paris 1934〔以下、Kehlmann〕, S. 119 によれば、F. Hotomanus, In septuag. tit. Digestorum et Codicis, Tit. De Transactionibus, 1575 は pigneraticia について itp. の可能性を指摘する。

（9） モムゼン版注記には eo testamento の可能性が示されるが、ゲバウエル版には注記はない。A. Watson, The digest of Justinian, Latin text edited by Theodor Mommsen with the aid of Paul Krueger, English translation, Philadelphia 1985〔以下、ワトソン訳〕: "under that will", R. Knütel, et al., Corpus Iuris Civilis Text und Übersetzung, Heidelberg 1995〔以下、クニューテル訳〕: "nach jenem Testament" は後者に従う。これに対して、C. E. Otto – B. Schilling – C. F. F. Sintenis, Das Corpus iuris civilis in's Deutsche übersetzt, von einem Vereine Rechtsgelehrter, Bd. I, Leipzig 1839〔以下、ジンテニス訳〕: "zu der Zeit", A. D'ors, et al., El Digesto de Justiniano, Pamplona 1968: "en aquel tiempo" とする。

（10） VIR〔前掲注（4）参照〕1985, IV-3/4, Spal. 1091 s. v. praetextus は sub praetextu の用例として、本法文第二項以外に九法文

を挙げる。Ulp. 1. opin. D. 1, 18, 6, 3/5; Ulp. 1 ad leg. Iul. et Pap. D. 23, 2, 43, 9; Ulp. 34 ad ed. D. 25, 6, 1, 7; Paul. 41 ad ed. D. 37, 5, 15, 3；Ulp. 37 ad ed. D. 47, 3, 1pr.；Ulp. 4 opin. D. 47, 11, 2；Marc. 3 instit. D. 47, 22, 1pr.；Ulp. 8 de off. proc. D. 48, 18, 1, 24.

Heumann – Seckel, S. 455 s. v. praetextus は、Vorwand, Vorschützung（口実）を意味として示し、用例として本法文第二項を挙げる。

（11） Glossa ordinaria（Gothofredus=Fehus 版 Corpus iuris ciuilis, 1627 Lyon〔一九六六年復刻版を使用〕）〔以下、『標準注釈』〕注釈 f [distraxit] non iure. ジンテニス訳〔前掲注（9）参照〕S. 361 Anm. 108 も同様である。A. Krüger, Die Drittwirkung des Vergleichs im klassischen römischen Recht, Frankfurt am Main 1993〔以下、A. Krüger〕, S. 52 は「不当な方法（ungerechtfertigterweise）」と理解し、その具体例として、質入れの合意に反してなされた売却や必要な注意をすることなくなされた売却を挙げる。後者の例（債権者が質物を悪く扱ったために、価値が低下し、廉価で売却せざるを得なくなった）に関して、Ulp. 30 ad ed. D. 13, 7, 24, 3 参照。

（12） 古典期には三度の通告（denuntiatio）が必要とされた（Ulp. 41 ad Sab. D. 13, 7, 4）。Kaser, RPR I〔前掲注（1）参照〕, S. 471 Anm. 11 は古典期以降に itp. が加えられたと考える。Alex. C. 8, 27, 4〔a. 225〕も参照。

（13） Ulp. 41 ad Sab. D. 13, 7, 4〔前掲注（12）〕；Pomp. 19 ad Sab. D. 13, 7, 5.

C. F. Glück, Ausführliche Erläuterung der Pandekten, Bd. 5-1, Erlangen 1798〔以下、Glück〕, S. 81 は「独断で（eigenmächtig）売却した」と理解する。Bas. 11, 2, 3（＝D. 2, 15, 3, 2）Hb 版注釈三 [Cum creditor] も同様であろう。“Pone, pactum non esse initum, quo creditori pignorum distractio permittitur, neque observationes constitutionibus statutas ab eo esse servatas.” 明示的に排除されない限りは売却権が含まれることにつき、Kaser, RPR I, S. 470f.；W. W. Buckland, A text-book of Roman law from Augustus to Justinian, Cambridge 1921, p. 477 参照。

（14） Glück〔前掲注（13）参照〕, S. 82 は廉価での賠償（Entschädigung um ein Billiges）で和解したと理解する。ジンテニス訳〔前掲注（9）参照〕および、春木一郎『ユースティーニアーヌス帝学説彙纂プロータ』（有斐閣、一九三八年）〔以下、春木訳〕注記では、不適当な行為で質物売却がなされたので債務者が損害賠償請求権を取得した場合を想定している。

（15） Kehlmann〔前掲注（8）参照〕, S. 118ff. は、後二者の可能性を挙げる。

(16) Heyroth〔前掲注（4）参照〕, S. 8. また、A. Krüger〔前掲注（11）参照〕は債務者による質物売却の剰余金（superfluum）返還請求が問題となる可能性は認めつつも（S. 57）、その可能性があまりないとして想定から排除し、不当売却による損害賠償のみを質訴権の対象とする（S. 55 Anm. 151）。

(17) 古典期において和解は無方式合意（pactum）でなされたと理解されている（Kaser, RPR I〔前掲注（1）参照〕, S. 642 ; A. Krüger〔前掲注（11）参照〕, S. 11）。

(18) Ulp. 50 ad ed. D. 2, 15, 1

Qui transigit, quasi de re dubia et lite incerta neque finita transigit. qui uero paciscitur, donationis causa rem certam et indubitatam liberalitate remittit.

学説彙纂第二巻第一五章第一法文（ウルピアーヌス『告示註解』第五〇巻）

「和解する者は、疑わしい事柄、又は不確定で終結していない争いについて和解する。これに対して、合意約束する者は確定した疑いのない権利を贈与目的で恩恵的に放棄する。」

(19) Vgl. A. Krüger〔前掲注（11）参照〕, S. 56.

(20) 被相続人が自身の権力下にある息子を個別的に名を示して相続廃除した（nominatim exheredare）場合、または被相続人の権力下にある者以外の自権者（例えば被相続人の孫）を名を指示せずに相続廃除した場合である。原田慶吉『ローマ法〔改訂〕』（有斐閣、一九五五年）〔以下、原田〕三四四頁、Kaser, RPR I〔前掲注（1）参照〕, S. 705f..

(21) A. Krüger〔前掲注（11）参照〕, S. 58 Anm. 160 は、exceptio pacti utilisとしての可能性を示す。M. Kaser, Studien zum römischen Pfandrecht, Napoli 1982, S. 84 は、和解の抗弁を悪意の抗弁や合意の抗弁に近接するものではあるが、事実抗弁（exceptio in factum）と理解する。原田〔前掲注（20）参照〕二四八頁も参照。

(22) レーネルの再構成で本法文に先行する Scaev. 1. dig. D. 2, 14, 47pr./1 もその一例である。

(23) Otto Lenel, Palingenesia Iuris Civilis, Leipzig 1889, vol. 2, p. 216–217, Scaev. 1 dig. では、[De pactis et conventionibus（E. 10）] の章に D. 2, 14, 47 と本法文が配され、本法文が後置されている。

(24) 法学大全をまとめたのはスカエウォラ自身ではなく、後世の別の者と考えられている。F. Schulz, History of roman legal sci-

ence, Oxford 1946, p. 232–233 ; F. Wieacker, Römische Rechtsgeschichte, 2 Abs., München 2006, S. 105–106.

(25) 同一法文として採録されたものが著作の中で連続して配置されていたものであったかについて、Vgl. W. Kaiser, Die Inskriptionen der Exzerpte aus Gaius, ad edictum provinciale in D. 11.7 (De religiosis et sumptibus funerum), in : Der Bürge einst und jetzt Festschrift für Alfons Bürge, Zürich 2017, S. 321ff..

(26) Scaev. 1. dig. D. 2,15,3pr.

Imperatores Antoninus et Uerus ita rescripserunt : 'Priuatis pactionibus non dubium est non laedi ius ceterorum. quare transactione, quae inter heredem et matrem defuncti facta est, neque testamentum rescissum uideri posse neque manumissis uel legatariis actiones suae ademptae. quare quidquid ex testamento petunt, scriptum heredem conuenire debent : qui in transactione hereditatis aut cauit sibi pro oneribus hereditatis, aut si non cauit, non debet neglegentiam suam ad alienam iniuriam referre.'

(27) Scaev. 1. dig. D. 2, 15, 3, 1

Cum transactio propter fideicommissum facta esset et postea codicilli reperti sunt : quaero, an quanto minus ex transactione consecuta mater defuncti fuerit quam pro parte sua est, id ex fideicommissi causa consequi debeat. respondit debere.

(28) アントーニーヌス帝はマルクス・アウレリウス帝（在位一六一～一八〇年）、ウェールス帝は、共同皇帝のルキウス・ウェルス帝（在位一六一～一六九年）と考えられてきたが、前者については、アントーニーヌス・ピウス帝（在位一三八～一六一年）との見解も提示されている（クニューテル訳〔前掲注（9）参照〕S. 254）。

(29) Τοῦ δανειστοῦ μου τοῦ τωλήσαντος τὸ ἐνέχυρόν μου νομίσας ἐγώ σε τὸν Παῦλον εἶναι κληρονόμον μὴ ὄντα τῇ ἀληθείᾳ κληρονόμον διελυσάμην μετὰ σοῦ καὶ δέδωκά σοι ἀντὶ τυχὸν τῶν ἑκατὸν νομισμάτων τοῦ παντὸς χρέους νομίσματα πεντήκοντα ὑπὲρ ὧν ἐπράθη τὸ ἐνέχυρόν μου. Εὑρέθη δὲ Πέτρος ὁ ἀληθὴς κληρονόμος. Οὔτε ἐγὼ καταδικάζομαι, ἀλλ' ἐνδυνάμως κατὰ τοῦ Πέτρου τοῦ ἀληθοῦς κληρονόμου περὶ τοῦ ἐνεχύρου κινεῖν δύναμαι, οὔτε ὁ Πέτρος ὁ ἀληθὴς κληρονόμος δύναται ἀπαιτεῖν τὰ λόγῳ διαλύσεως καταβληθέντα τῷ Παύλῳ τῷ μὴ ἀληθεῖ κληρονόμῳ˙ οὔτε γὰρ πρὸς αὐτὸν τὸν Πέτρον γέγονεν ἡ διάλυσις, ἵνα ἐὰν ἐναχθῇ αὐτὸς ὁ Πέτρος, ἀντιτεθῇ αὐτῷ τῷ Πέτρῳ ἡ τῆς διαλύσεως παραγραφή˙ οὔτε δὲ ὁ Παῦλος τοῦ Πέτρου τοῦ ἀληθοῦς κληρονόμου τὴν τῶν πραγμάτων αὐτοῦ χειρίζων διοίκησιν τὰ καταβληθέντα χρήματα ἐδέξατο, ἵνα εἴπωμεν ταῦτα τὸν Πέτρον ἀπαιτεῖν.

Ca8： Ὑπόθου μὴ γεγονέναι σύμφωνον ἐπιτρέπον τῷ δανειστῇ τὴν τῶν ἐνεχύρων διάπρασιν, μήτε μὴν τὰς ἀπὸ τῶν διατάξεων παρατηρήσεις παρ' αὐτοῦ φυλαχθείσας.

Ca9： Ἐδανείσατό τις παρά τινος καὶ ἐνέχυρα δέδωκεν. Ἀλλ' ὁ δανειστὴς μήτε πάκτον τὴν πρᾶσιν τῶν ἐνεχύρων αὐτῷ ἐπιτρέπον, μήτε τὴν τῆς διατάξεως παρατήρησιν φυλάξας ἐπώλησε τὰ ἐνέχυρα, ὡς ἁρμόσαι κατ' αὐτοῦ τῷ δεβίτορι τὴν πιγνερατικίαν ἐπὶ τούτοις. Ὁ δανειστὴς ἐτελεύτησε Σεπτίκιόν τινα γράψας κληρονόμον. Καὶ τούτων οὕτως ἐχόντων ἦλθεν ὁ δεβίτωρ κατὰ Μαεβίου τὴν πιγνερατικίαν κινῶν λέγοντός τε καὶ θρυλλοῦντος ἑαυτὸν λεγίτιμον εἶναι κληρονόμον τοῦ τελευτήσαντος δανειστοῦ. Φίλων δὲ μεσασάντων διελύσατο πρὸς τὸν Μαέβιον ἀντὶ παντὸς τοῦ χρέους ὀλίγα τινὰ τούτῳ καταβαλὼν ὑπὲρ ὧν ἐπράθη τὸ ἐνέχυρον. Ἀλλὰ μετὰ ταῦτα τῆς διαθήκης τοῦ τελευτήσαντος προσενεχθείσης ὤφθη Σεπτίκιος ὢν κληρονόμος. Τὸ οὖν ζητούμενον, εἰ κινῶν κατὰ Σεπτικίου τοῦ ἀληθοῦς κληρονόμου τὴν πιγνερατικίαν ἐκβάλλεται παραγραφῇ διὰ τὴν πρὸς τὸν Μαέβιον γενομένην διάλυσιν. Κἀκεῖνο δὲ ζητῶ, ἆρα, τὰ ὑπὲρ παντὸς τοῦ χρέους καταβληθέντα τῷ Μαεβίῳ νομίσματα παρὰ τοῦ δεβίτορος δύναται διὰ τοῦ ex bonos παεκοῦς κονδικτικίου ῥεπετιτεύειν Σεπτίκιος οἷα δὴ προφάσει καὶ προσχήματι τῆς κληρονομίας τῷ Μαεβίῳ καταβληθέντα. Λέγει τοίνυν ὁ Σκαέβολας ὅσον ἐκ τῶν ἀφηγηθέντων μήτε τὸν δεβίτορα προκριματίζεσθαι, ἀλλ' ἐνδυνάμως κατὰ τοῦ Σεπτικίου τὴν πιγνερατικίαν κινεῖν, μήτε τὸν Σεπτίκιον δύνασθαι τὰ λόγῳ διαλύσεως καταβληθέντα ῥεπετιτεύειν. Οὔτε γὰρ πρὸς αὐτόν, φησίν, τὸν Σεπτίκιον γέγονεν ἡ διάλυσις, ἵνα, ἐὰν ἐναχθῇ αὐτὸς ὁ Σεπτίκιος τῇ πιγνερατικίᾳ, διαλύσεως ἀντιτεθῇ παραγραφή, οὔτε δὲ νεγότιον τοῦ Σεπτικίου τοῦ ἀληθοῦς κληρονόμου χειρίζων τὰ καταβληθέντα παρὰ τοῦ δεβίτορος ἐδέξατο χρήματα, ἵνα εἴπωμεν ταῦτα τὸν Σεπτίκιον ἀπαιτεῖν. Ἔχει οὖν κατὰ τοῦ δεβίτορος τὴν ἐπὶ τῷ χρέει ἀγωγὴν ὁ Σεπτίκιος· οὐ γὰρ ἠλευθερώθη καταβαλὼν Μαεβίῳ τῷ μὴ ὄντι κληρονόμῳ.

Ca10： Κυρίλλου. Τοῦ δανειστοῦ μου, ὅς ἐπώλησεν τὸ ἐνέχυρόν μου, νομίσας σὲ εἶναι κληρονόμον διελυσάμην μετὰ σοῦ δεδωκώς σοι ρ'. νομίσματα. Εὑρέθη Τίτιος κληρονόμος, καὶ ἐκίνησα κατ' αὐτοῦ τὴν πιγνερατικίαν. Οὐ δύναται Τίτιος οὔτε σε ἀπαιτεῖν τὰ ρ'. νομίσματα οὔτε ἐμὲ ἐκβάλλειν τῇ τῆς διαλύσεως παραγραφῇ.

Ca11： Τοῦ Ἀνωνύμου. Ὁ μέντοι ἐναγαγὼν καὶ λαβὼν τὴν ἀποτίμησιν ⟦ὡς⟧ ἐνάγεται, ὡς βιβ. ε'. τιτ. γ'. διατ. ις'. θεμ. –, ἤτοι βιβ. μβ'. τιτ. α'. Ἀνάγνωθι τούτου τοῦ βιβλίου τιτ. ιδ'. τὸ τέλος τοῦ ιζ'. διγ. ἤτοι τιτ. α'.

Ca12： Ζήτει βιβ. μβ'. τιτ. α'. κεφ. ις'. θεμ. β'.[Bas. 41, 1, 16, 2=D. 5, 3, 16, 2], καὶ μή σοι ἐναντιωθῇ, ἀλλ' ἀνάγνωθι τὸν εἰς αὐτὸ

Ἴνδικα καὶ τιτ. γ'. αὐτοῦ κεφ. ς'. καὶ βιβ. ιζ'. τιτ. α'. κεφ. τελευτ [Bas. 17, 1, ult.=D. 3, 5, 48]. καὶ βιβ. κδ'. τιτ. ς'. κεφ. ιη'. θεμ. β' [Bas. 24, 6, 18, 2=D. 12, 6, 18, 2]. Πρόσσχες αὐτῷ ἐπιμελῶς· καὶ βιβ. ιζ'. τιτ. α'. κεφ. ε'. θεμ. ιβ' [Bas. 17, 1, 5, 12=D. 3, 5, 14 (12)].

Ca13： Τούτῳ σύναφον τὸ· οὔτε γὰρ πρὸς αὐτὸν τὸν Πέτρον γέγονεν ἡ διάλυσις.

Ca14： Τοῦ 'Ανωνύμου. Δύναταί τις λέγειν ἁρμόζειν τῷ κληρονόμῳ τὸ νεγοτιόρουμ γεστόρουμ κατὰ τὰ εἰρημένα βιβ. γ'. τιτ. ε'. διγ. ὑστέρῳ.

Ca15： [Τὸ ὅλον] λέγ[ει], ὅτι ἡ διάλυσις ἀνατρέπεται καὶ ὁ χρεώστης ἐνάγεται π[ερὶ τ]οῦ χρέους παρὰ τοῦ ἀληθοῦς κληρονόμου· αὐτὸς δὲ ὁ χρεώστης ἀπαιτεῖ, ὅσα δέδωκε τῷ πλαστῷ κληρονόμῳ.

Ca16： Σημείωσαι ἐκ τούτου ἀναγκαῖον, ὅτι ἐὰν νεγότιον πράττων τις ὑτέρ τινος, τυχὸν ὑπὲρ Πέτρου διαλύηται μετὰ τοῦ ἀντιδίκου τοῦ Πέτρου, ὁ δὲ Πέτρος, ὑπὲρ οὗ τὸ νεγότιον, ῥατοναβιτεύσῃ, ἔρρωται ἡ διάλυσις καὶ μετ' αὐτοῦ τοῦ Πέτρου δοκεῖ γενέσθαι. Οὕτω γὰρ παρηκολούθη καὶ ἡ ὑπὸθεσις τοῦ σεβαστοῦ κυροῦ Κωνσταντίνου τοῦ υἱοῦ τοῦ μεγάλου δούκου, ἣν εἶχε μετὰ τῶν Κερροιωτῶν, ἐν ᾗ διελύσαντο οἱ ἄνθρωτοι αὐτοῦ καὶ ὑπὲρ ἑαυτῶν καὶ ὑτὲρ τοῦ σεβαστοῦ, κἄν τινες ἠναντιώθησαν δικασταὶ προβαλλόμενοι νόμους τοὺς λέγοντας· τὰ μεταξὺ ἑτέρων γινόμενα ἑτέρους οὐδὲ ὠφελεῖ οὐδὲ βλάπτει, καὶ ὅτι ἐτερωτᾷ ἑτέροις οὐδείς, καὶ ὅτι δι' ἐλευθέρου προσώτου ἀγωγή τινι οὐ προσπορίζεται. Ζήτει καὶ βιβ. ι'. τιτ. η'. κεφ. α'. περὶ τὰ μέσα καὶ τὴν ἐκεῖ παραγραφήν.

Ca19： 'Αντὶ τοῦ παρ' αὐτοῦ τοῦ Πέτρου.

(30) Hb版〔前掲注（3）参照〕は、「パウルスを」を補う。

(31) 僅少ではない一〇〇金を想定していることから、少なくともキュリッルスはスカエウォラの minimo の意図を十分に解していなかったように見られる。

(32) Hb版〔前掲注（3）参照〕注釈五に相当する。

(33) Hb版〔前掲注（3）参照〕は、“θεμ. －,”は記載していない。

(34) Hb版〔前掲注（3）参照〕注釈六に相当する。

(35) Hb版〔前掲注（3）参照〕は、“σύναφον τὸ”を“ἐνάγει”とする。

(36) Hb版〔前掲注（3）参照〕注釈七に相当する。

(37) Hb版〔前掲注(3)参照〕注釈八に相当する。

(38) Hb版〔前掲注(3)参照〕は、“τοῦτο”を補う。

(39) Hb版〔前掲注(3)参照〕は“δέδωκε”と“τῷ”の間に“λόγῳ διαλύσεως”を記載する。

(40) Sch版〔前掲注(3)参照〕S. 652のApp. 10行目によると、「CaとP写本。Hb版はパウロ一に修正しようとする。しかしおそらくは“*ab* ipso Petro”(ペトロ一自身から)と訳されるであろう。参照、BS(Sch版スコーリア)366 I, 20〔=本稿本文掲載の注釈一九〕」。

(41) 前掲注(4)参照。

(42) Heyroth〔前掲注(4)参照〕, S. 9–11. 同氏が参照するGlück〔前掲注(13)参照〕, S. 82ff. も参考となる。

(43) Heyroth〔前掲注(4)参照〕, S. 12.

(44) Heyroth〔前掲注(4)参照〕, S. 17.

(45) Heyroth〔前掲注(4)参照〕, S. 2.

(46) Heyroth〔前掲注(4)参照〕, S. 8.

(47) A. Krüger〔前掲注(11)参照〕, S. 52ff..

(48) A. Krüger〔前掲注(11)参照〕, S. 57.

(49) A. Krüger〔前掲注(11)参照〕, S. 58は、Afr. 8 quaest. D. 21, 1, 51, 1を例示する。

(50) A. Krüger〔前掲注(11)参照〕, S. 58f. また、債務者とマエウィウスは、マエウィウスが債権者の相続人であることを前提に和解をなしていることから、錯誤(caput non controversum)について言及する。そして、先行する第一項においても、和解後に存在が判明した小書付によって和解の基礎に錯誤が認められることと関連付けて、和解の無効の可能性も指摘し、もし錯誤により無効であるならば、第三者効の問題になっていないであろうとする。もっとも、A. Krüger〔前掲注(11)参照〕, S. 59 Anm. 161によれば、C. Bertoni, Della transazione secondo il diritto romano, Torino 1900, S. 303やM. E. Peterlongo, La transazione nel diritto romano, Milano 1936〔以下、Peterlongo〕, S. 17f. は、和解は第三者効を生じえないので、セプティキウスは和解に拘束されない、と理解する。

（51） A. Krüger〔前掲注（11）参照〕, S. 60.

（52） A. Krüger〔前掲注（11）参照〕, S. 60.

（53） Heyroth〔前掲注（4）参照〕, S. 3 ; S. 8 は、“minimo transegit” に着目して検討してはいるが、和解内容の分析に留まり、minimo でなければならないのかについては明確な解答を用意できていない。

（54） バシリカ法典 Sch 版〔前掲注（3）参照〕ではこの箇所（οὔτε δὲ）に注釈一四、一五、一六が付されている。

（55） これについて、B. Windscheid – T. Kipp, Lehrbuch des Pandektenrechts, Bd. II 9 Aufl., Frankfurt am Main 1906, S. 838 Anm. 15 は、本法文序項・第二項以外に Ant. C. 2, 4, 1〔a. 211〕; Ulp. 5 opin. D. 5, 2, 29, 2 を挙げる。また、M. Kaser, Paulys Realencyclopädie der classischen Altertumswissenschaft, neue Bearb. von G. Wissowa – W. Kroll – K. Mttelhaus – K. Ziegler〔以下、RE〕Stuttgart 1937, VI A. 2, Spal. 2144 s. v. Transactio は、本法文序項・第二項に加えて、Paul. sing. ad leg. Falc. D. 35, 2, 3, 1 を挙げる。その他、Glück〔前掲注（13）参照〕, S. 80 ; Peterlongo〔前掲注（50）参照〕, S. 17f., S. 253ff. ; A. Palermo, Studi sulla «exceptio» nel diritto classico, Milano 1956, S. 128f. ; A. Krüger〔前掲注（11）参照〕, S. 149f. も参照。和解の効力が当事者以外に効力を及ぼす場合については、Glück〔前掲注（13）参照〕, S. 81ff. 参照。第三者効について最近広く扱ったT. Finkenauer, Drittwirkende pacta im klassischen Recht, SZ 135（2018）, S. 178ff. は、注目すべきことに、序項との関連では第三者効に言及していない。

（56） Peterlongo〔前掲注（50）参照〕, S. 321 は学説彙纂における章の連続性から無方式合意と和解に一定の近接性を認める。また、Kaser, RE〔前掲注（55）参照〕VI A. 2, Spal. 2141 ; A. Berger, Encyclopedic dictionary of roman law, Philadelphia 1953, p. 740 s. v. transactio も参照。本法文序項で皇帝の勅答で無方式合意に関する原則が示された後で、和解の事案が展開されていることも、無方式合意と和解に一定の近接性があることを補強する。

（57） その他、Paul. 3 ad ed. D. 2, 14, 27, 4 ; Quint. Muc. Scaev. sing. ὅρων D. 50, 17, 73, 4 ; Diocl. et Max. C. 7, 60, 2〔a. 293〕.

（58） Paul. 3 ad ed. D. 2, 14, 17, 6

Cum possessor alienae hereditatis pactus est, heredi, si euicerit, neque nocere neque prodesse plerique putant.

（59） 本法文第二項の和解に関しては、人に関する錯誤（error in persona）との関連で論争がある。これに関して整理する Heyroth〔前掲注（4）参照〕, S. 22ff. 特に S. 24 によると、Pap. 2 quaest. D. 2, 15, 17 や Ant. C. 2, 4, 2〔a. 213〕は有効という立場を補強するが、Paul. 2 quaest. D. 10, 2, 36 は共有物分割においては無効であるとの見解を示す。W. Erdmann, Irrtum beim Vergleich, Greifswalder Diss., Greifswald 1895, S. 12 Anm. 2（Heyroth〔前掲注（4）参照〕, S. 24 Anm. 1 掲載）は有効という立場を採る。バシリカ法典 Sch 版新注釈一五（Hb 版注釈八）は、錯誤について言及していないが、和解が無効であると解する。

(60) Heyroth〔前掲注（4）参照〕, S. 22ff. も「無効ではない（nicht unwirksam）」と理解している。未確定無効に関しては、ドイツ法の研究であるが、H. Palm, Die nachträgliche Erteilung der verweigerten Genehmigung, Bielefeld 1964 S. 12；K. Schmidt, Beseitigung der schwebenden Unwirksamkeit durch Verweigerung einer Genehmigung, AcP（＝Archiv für die civilistische Praxis）189（1989）, S. 1–18 参照。

(61) Ulp. 15 ad ed. D. 5,3,25,17

“ nam et si id quod a debitoribus exegit possessor petitori hereditatis soluit, liberari debitores Iulianus libro quarto digestorum scribit, siue bonae fidei possessor siue praedo fuit qui debitum ab his exegerat, et ipso iure eos liberari.”

(62) クニューテル訳〔前掲注（9）参照〕S. 534 Anm. 1 は、おそらく第六巻であると指摘し、D. 5, 3, 31, 5〔後掲注（63）〕の参照を指示する。

(63) Ulp. 15 ad ed. D. 5, 3, 31, 5

Quod autem possessori solutum est an restituere debeat, uideamus : et si bonae fidei possessor fuit siue non, debere restituere placet, et quidem si restituerit, ut Cassius scribit et Iulianus libro sexto, liberari ipso iure debitores.

学説彙纂第五巻第三章第三一法文第五項（ウルピアーヌス『告示註解』第一五巻）

「占有者に支払われたものを取り戻されねばならないかを我々は検討する。善意の占有者であったか又はそうではなかったか、いずれにしても返還しなければならず、もし返還したのなら、債務者は市民法に従い解放される。カッシウスとユーリアーヌスが〔法学大全の〕第六巻で書いているように。」

Iul. 54 dig. D. 46, 3, 34, 9

Si praedo id, quod a debitoribus hereditariis exegerat, petenti hereditatem restituerit, debitores liberabuntur.

学説彙纂第四六巻第三章第三四法文第九項（ユーリアーヌス『法学大全』第五四巻）

「略奪者〔＝悪意の占有者〕が相続財産の債務者から取り立てたものを、相続財産を請求する者に回復したならば、債務者は解放される。」

Kaser, RPR I〔前掲注（1）参照〕, S. 738 Anm. 32 参照。

(64) 意図的でない他人の事務管理として、Kaser, RPR I〔前掲注（1）参照〕, S. 588 Anm. 18.

(65) 長きにわたり、この法文は間違ったものである、あるいは不真正なもの（unecht）であるとされていたが（例えば、H. H. Seiler, Der Tatbestand der negotiorum gestio im römischen Recht, Köln 1968, S. 26f.）、近年はこの考えに疑問が投げかけられている。Historisch – kritischer Kommentar zum BGB, Band III Schuldrecht：Besonderer Teil §§433–853, S. 1682 Anm. 101 [Nils Jansen].

(66) Afr. 8 quaest. D. 3, 5, 48（49）

"sicut ex contrario in me tibi daretur, si, cum hereditatem quae ad me pertinet tuam putares, res tuas proprias legatas soluisses, quandoque de ea solutione liberarer."

(67) "res tuas proprias legatas" について、相続財産占有者が受遺者として受領した物をもって債権者に弁済したとも考えらえるが、相続財産占有者が自己のものと信じて支払ったことを前提とすれば、自身が受遺者である場合ではなく、相続人として受遺者に遺贈をなした場合と考えるのが自然であろう。ゲバウエル版注記59によると、Ha. 版は legatas の場所に legataris を代置するとする。K. A. v. Vangerow, Lehrbuch der Pandekten III 6. Aufl., Marburg 1856, S. 520〔以下、Vangerow III〕は、遺贈の目的物を形成する自己固有の species を表見相続人が受遺者に渡す事例と理解している。参照、ジンテニス訳〔前掲注（9）参照〕"deine eigenen Sachen, die legirt waren"、春木訳〔前掲注（14）参照〕「遺言者の遺贈せる汝自身の物」、ワトソン訳〔前掲注（9）参照〕"a legacy consisting of your own property"、クニューテル訳〔前掲注（9）参照〕"deine eigenen [schuldrechtlich] vermachten Sachen".

(68) 『標準注釈』〔前掲注（11）参照〕注釈 i [soluisses] scilicet nomine hereditario, secus si suo, et sic non「相続財産の名義で。自己の名義であれば異なり、認められない。」

(69) Vangerow III〔前掲注（67）参照〕, S. 520 は、本人が事務管理によって債権債務関係から解放されるときのみ、例外的に事務管理反対訴権を用いることができるとする。

（70） Ulp. 15 ad ed. D. 5, 3, 31pr.

“Si quid possessor soluit creditoribus, reputabit, quamquam ipso iure non liberauerit petitorem hereditatis : nam quod quis suo nomine soluit, non debitoris, debitorem non liberat. et ideo Iulianus libro sexto digestorum scribit ita id imputaturum possessorem, si cauerit se petitorem defensum iri. sed an et bonae fidei possessor debeat defendendum cauere, uidendum erit, quia in eo quod soluit non uidetur locupletior factus ...”

（71） G. H. Maier, Regreß wegen Zahlung fremder Schulden, wenn nicht nomine debitoris gezahlt ist?, SZ 50（1943）〔以下、Maier〕, S. 492.

（72） Afr. 7 quaest. D. 46, 3, 38, 2

“ et magis simile esse, quod, cum possessor hereditatis existimans se heredem esse soluerit, heres non liberetur : tunc enim propterea id euenire, quod ille suo nomine indebitam pecuniam dando repetitionem eius haberet. ”

学説彙纂第四六巻第三章第三八法文第二項（アフリカーヌス『質疑録』第七巻）

「そして、次のこととむしろ類似する。相続財産の占有者が、自身が相続人であると考えて〔＝善意で〕支払ったとき、相続人は解放されない。なぜならば、その者は、自己の名で非債の金銭を与えたので、その返還請求を有するということが生じるからである。」

これに対して、カラカラ帝は判決が下された事案について取戻しを認めない。

Ant. C. 3, 31, 5 [a. 213]

De hereditate, quam bona fide possidebas, si contra te pronuntiatum est, in restitutione eius detrahetur, quod creditoribus eiusdem hereditatis exsolvisse te bona fide probaveris : nam repeti a creditoribus, qui suum receperint, non potest.

勅法彙纂第三巻第三一章第五法文（アントニーヌス帝、二一三年）

「あなたが善意で占有していた相続財産に関して敗訴したならば、相続財産の返還に際して、相続財産債権者に善意で支払ったことが証明されたものを控除する。というのも、債権者らは自己のものを受領したので、〔あなたは〕返還請求できないからである。」

（73）　Pomp. 22 ad Sab. D. 12, 6, 19, 1

Quamuis debitum sibi quis recipiat, tamen si is qui dat non debitum dat, repetitio competit： ueluti si is qui heredem se uel bonorum possessorem falso existimans creditori hereditario soluerit： hic enim neque uerus heres liberatus erit et is quod dedit repetere poterit： quamuis enim debitum sibi quis recipiat, tamen si is qui dat non debitum dat, repetitio competit.

学説彙纂第一二巻第六章第一九法文第一項（ポンポーニウス『サビヌス註解』第二二巻）

「ある者が自己の債権として受け取るとしても、弁済者が非債弁済するときには、返還請求権が付与される。例えば、自分が相続人であるか相続財産の占有が自分に属すると誤信した者が、相続財産債権者に支払ったような場合である。なぜなら、この場合、真正相続人も解放されないし、弁済者も支払ったものを取り戻し得るべきだからである。すなわち、ある者が自分の債権として受け取るとしても、弁済者が非債弁済するときには、返還請求権が付与されるのである。」

Paul. 17 ad Plaut. D. 12, 6, 65, 9

Indebitum est non tantum, quod omnino non debetur, sed et quod alii debetur, si alii soluatur, aut si id quod alius debebat alius quasi ipse debeat soluat.

学説彙纂第一二巻第六章第六五法文第九項（パウルス『プラウティウス註解』第一七巻）

「非債とは、そもそも負われていない場合だけでなく、しかし、ある者に負われているものが他の者に支払われる場合や、ある者が負っていたものを他の者があたかも自身が負っているかのように支払う場合も含む。」

D. 46, 3, 38, 2〔前掲注（72）〕。K. A. v. Vangerow, Lehrbuch der Pandekten II 6. Aufl., Marburg 1854〔以下、Vangerow II〕, S. 416 参照。

（74）　Ant. C. 3, 31, 5［a. 213］〔前掲注（72）〕。これについて、Maier, SZ 50〔前掲注（71）参照〕, S. 486ff. さらに Kaser, RPR I〔前掲注（1）参照〕, S. 636 Anm. 13 参照。

（75）　Vangerow II〔前掲注（73）参照〕, S. 416 参照。

（76）　Bas. 42,1,31（＝D. 5, 3, 31pr.〔前掲注（70）及び対応本文参照〕）Hb 版〔前掲注（3）参照〕注釈三［liberat debitorem］参照。ここでは次の法文が挙がる。

Paul. 14 ad Plaut. D. 12, 6, 44

Repetitio nulla est ab eo qui suum recepit, tametsi ab alio quam uero debitore solutum est.

学説彙纂第一二巻第六章第四四法文（パウルス『プラウティウス註解』第一四巻）

「真の債務者以外の者が支払ったとしても、〔債権者は〕自己の債権の弁済を受けたのであるから、取り戻すことはできない。」

Gai. 3 de uer. obl. D. 3, 5, 38（39）

Soluendo quisque pro alio licet inuito et ignorante liberat eum : quod autem alicui debetur, alius sine uoluntate eius non potest iure exigere. naturalis enim simul et ciuilis ratio suasit alienam condicionem meliorem quidem etiam ignorantis et inuiti nos facere posse, deteriorem non posse.

学説彙纂第三巻第五章第三八（三九）法文（ガーイウス『言語債務関係について』第三巻）

「ある者が他の者のために支払うときは、たとえ〔本人の〕意思に反し〔本人が〕不知であってもその者を解放する。しかしながら、他の者に義務付けられているものを別の者はその者の意思なくして適法に取立てることはできない。というのも、自然上並びに法律上の理 ratio は、〔他人の〕不知又は意思に反するとしても、我々は他人の状態をより良くできても、より悪くはできないとするからである。」

Ulp. 14 ad ed. D. 17, 1, 28

Papinianus libro tertio quaestionum ait mandatorem debitoris soluentem ipso iure reum non liberare（propter mandatum enim suum soluit et suo nomine）ideoque mandatori actiones putat aduersus reum cedi debere.

学説彙纂第一七巻第一章第二八法文（ウルピアーヌス『告示註解』第一四巻）

「債務者の委任者が支払っても、債務者は法上当然には解放されず（というのも、〔委任者は〕自己の委任のために自己の名で支払ったからである）、そのため、債務者に対する訴権を委任者に譲渡しなければならない、とパーピニアーヌスは質疑録第三巻で述べる。」

なお、この他 Inst. 3, 29〔筆者注、序項か〕がある。

（77） このことは、バシリカ法典 Sch 版〔前掲注（3）参照〕注釈九の末尾、新注釈一五も指摘する。

（78） Diocl. et Max. C. 2, 25（26）,1［a. 294］

Nec si maior quinque et viginti annis soror vestra fuit, vobis non mandantibus nec ratam transactionem habentibus de iure vestro quicquam minuere potuit. nam si cognitis quae gesserit his consensum post viginti et quinque annos aetatis commodastis, quamvis illa minor pro portione propria restitutionis auxilium implorare possit, vobis tamen ad communicandum edicti perpetui beneficium eius aetas patrocinari non potest.

勅法彙纂第二巻第二五（二六）章第一法文（ディオクレーティアーヌス帝・マクシミアーヌス帝、二九四年）

「あなた方の妹が二五歳以上であったとしても、あなた方が（妹に）委任もせず、また〔妹が締結した〕和解を追認もしないのであれば、妹はあなた方の権利を決して減少させることはできない。〔妹が〕管理したことを知り、〔妹が〕二五歳になった後で〔あなた方が〕妹に合意（consensum）を与えたときは、二五歳未満者であった妹は自己の持分につき原状回復の助けを求めることができるとしても、〔あなた方は〕妹の年齢を理由として永久告示の利益を受けることはできない。」

（79）『標準注釈』〔前掲注（11）参照〕注釈 k［Non posse.］“illud verum est cum institutus heres habet ratum quod gessit possessor illico, cum scit solutum esse Maeuio : hic cum non habet ratum”.

（80） VIR〔前掲注（4）参照〕1939, V-1, Spal. 3-4 s. v. ratihabitio / Spal. 85-86 s. v. ratum habere は、追認に関するスカエウォラの言及として次の法文を挙げる。ratibabitio として、D. 3, 5, 8 ; D. 46, 8, 4 の二法文、ratum habere として、D. 3, 5, 8 ; D. 13, 1, 18 ; D. 17, 1, 60, 1 ; D. 24, 3, 50 ; D. 32, 41, 11 ; D. 44, 3, 14, 4 ; D. 46, 3, 89, 1 ; D. 46, 8, 5 の八法文である。

（81） Vgl. S. Nishimura, Eine raffinierte Falllösung zur *condictio indebiti* : Scaev. D. 12, 6, 67, 4, in : ed. U. Manthe – S. Nishimura – M. Igimi, Aus der Werkstatt römischer Juristen : Vorträge der Europäisch – Ostasiatischen Tagung 2013 in Fukuoka, 2016, S. 291ff..

（82） A. Krüger〔前掲注（11）参照〕, S. 60 Anm. 162 は、指図による第三者の支払いに関する法文、Ulp. 29 ad ed. D. 16, 1, 8, 3 ; Cel. 28 dig. D. 39, 5, 21, 1 ; Paul. 71 ad ed. D. 44, 4, 5, 5 を挙げる。

（83） “Maeuio, qui se legitimum creditoris heredem esse iactabat” と叙述されていることもこの証左といえる。これに関して、A. Krüger〔前掲注（11）参照〕, S. 60 参照。

（84） これに対して、「表見相続人が相続人の事務管理をしていたのであれば、真正相続人は訴権を行使できる（Afr. 8 quaest. D.

3, 5, 48 (49)〔前掲注（66）及び対応本文参照〕）」。バシリカ法典Sch版〔前掲注（3）参照〕注釈一四（＝Hb版〔前掲注（3）参照〕注釈七）参照。

（85）法務官法上の無方式合意の一種である履行約束（constitutum）について、表見相続人が被相続人の債務者と履行約束をしたときに、表見相続人自身には履行約束に基づく訴権は帰属せず、真正相続人に付与されるという法史料がある。

Paul. 6 brev. D. 13, 5, 22

Si post constitutam tibi pecuniam hereditatem ex senatus consulto Trebelliano restitueris, quoniam sortis petitionem transtulisti ad alium, deneganda est tibi pecuniae constitutae actio. idem est in hereditatis possessore post euictam hereditatem. sed magis est, ut fideicommissario uel ei qui uicit decernenda esset actio.

学説彙纂第一三巻第五章第二二法文（パウルス『抄録』第六巻）

「あなたに金銭が履行約束された後で、トレベッリアーヌス元老院議決に基づいてあなたが相続財産を返還するときは、あなたが元本請求を他の者に移転したのであるから、金銭の履行約束の訴権はあなたには否定されねばならない。相続財産が追奪された後の相続財産の占有者においても同様である。しかし、信託受遺者又は勝訴者〔＝真正相続人〕に訴権が是認されるべきであるというのがより正当である。」

（86）Ulp. 15 ad ed. D. 5, 3, 16, 1

Sed et is qui pretia rerum hereditariarum possidet, item qui a debitore hereditario exegit, petitione hereditatis tenetur.

学説彙纂第五巻第三章第一六法文第一項（ウルピアーヌス『告示註解』第一五巻）

「しかし、相続財産目的物の対価を占有する者は、相続財産債務者から債権を回収した者と同様に、相続回復請求権で責任を負う。」

（87）次の法文の後半部分参照。

Ulp. 15 ad ed. D. 5, 3, 16, 3

Non solum autem a debitore defuncti, sed etiam a debitore hereditario peti hereditas potest: denique ab eo, qui negotia hereditaria gessit, et Celso et Iuliano uidetur peti hereditatem posse, sed si heredis negotium gessit, nequaquam: ab heredis enim debitore peti hereditas non potest.

学説彙纂第五巻第三章第一六法文第三項（ウルピアーヌス『告示註解』第一五巻）

「しかし、被相続人の債務者に対してだけでなく、相続財産債務者に対しても相続回復請求しうる。例えば、相続財産の事務を管理する者に対して、相続財産は請求されうる。しかし、相続人の事務を管理したときは、できない、とケルススもユーリアーヌスも考える。というのも、相続人の債務者に対して相続財産を請求しえないからである。」

この法文はバシリカ法典Sch版〔前掲注（3）参照〕注釈一一で挙がる。

（88） Ulp. 15 ad ed. D. 5, 3, 11

Pro herede possidet, qui putat se heredem esse. sed an et is, qui scit se heredem non esse, pro herede possideat, quaeritur : et Arrianus libro secundo de interdictis putat teneri, quo iure nos uti Proculus scribit. sed enim et bonorum possessor pro herede uidetur possidere.

学説彙纂第五巻第三章第一一法文（ウルピアーヌス『告示註解』第一五巻）

「自分を相続人であると考える者は相続人として占有する。しかし、自分が相続人でないと知っている者もまた相続人として占有するかが問われる。そしてアッリアヌスは、特示命令について第二巻で、〔そのような者は相続回復請求権で〕責任を負わされると考え、我々はこの法を用いるとプロクルスは著述する。また、相続財産占有者についても、相続人として占有すると考えられる。」

（89） Ulp. 15 ad ed. D. 5, 3, 16, 3〔前掲注（87）〕前半部分。Kaser, RPR I〔前掲注（1）参照〕, S. 737 Anm. 17 参照。

（90） A. Krüger〔前掲注（11）参照〕, S. 61.

（91） バシリカ法典Hb版〔前掲注（3）参照〕注釈四は ἰνδεβίτου κονδικτικίου（condictio indebiti）と想定する。Sch版〔前掲注（3）参照〕注釈九が εx bonos παεκοῦς κονδικτικίου（ex bonos et aequo condictio）と校訂することは注目に値する。

（92） 木庭顕『新版　ローマ法案内』（勁草書房、二〇一七年）一七九頁以下。

中世京都の赦免

高谷　知佳

はじめに

前近代においては、「赦」「免者」などと呼ばれる、犯罪者に対する裁判や受刑者に対する刑罰の免除が、律令とともに中国から導入され、儒教的な徳政として、また仏教的な作善としての意義をもち、祥瑞・災異・改元・即位・仏事・行幸など、政権の威信を示す多様な契機に、朝廷や幕府によって行われてきた。

これらは現代の改元などの国家的慶事における恩赦のルーツでもある。そのため先行研究ではしばしば、これらの赦免を恩赦と呼び、その契機・頻度・適用対象となる罪や囚人について、多くの成果があげられてきた。

古代については、仏教思想や律令制との関係についての研究があるが[1]、最も包括的なものは、中国から日本への導入と比較、また古代から院政期までの変化を描き出した、佐竹昭氏による一連の研究である。それによれば、皇統の不安定な八世紀には、立皇太子・元服・皇位継承のキーパーソンの延命祈願など、皇位継承と密接に結びつく多様かつ頻繁な契機に「赦」「免者」が行われたが、皇統が安定した九世紀には、頻度が減少し内容も定型化して、制度として安定を迎えるとともに、国司の官物不正などの新たな問題に対応するようになるとされ、背景にある古代王権のあり方が描きだされる。そして中世の入口である院政期には、十二世紀中盤をピークとして院の御願寺建立や追善仏事などが激増し、それに伴う作善としても行われたことが指摘されている[2]。

近世については、高柳真三氏による先駆的な研究があり[3]、近年では谷口眞子氏により、刑事政策全体の中に赦免を位置づける一連の研究がある。それによれば、江戸幕府や各藩は、将軍や各藩主の祝儀や法事を契機として赦を行ったが、その際、適用対象となる囚人について一人一人の罪と減刑のバランスを厳密に吟味した上で決定していたこと、つまり裁判外の契機によって裁判の効力を変更するという弊害を、赦の慎重かつ公平な適用によって実質的に解消していたことが指摘される。流刑・追放刑など期限の定めのない刑罰における刑期終了や、未決囚の長期勾留の解消などの近世刑事政策上の問題も、こうした赦の公平な適用によって実質的に補完されていたことも論じられた(4)。

いわば古代においては政治史としての面から、近世においては刑政史としての面から捉えられており、さらに「法の威信と政治の判断のバランス」「刑法の衡平的適用」など、近現代と共通する視点からの議論もみられる。しかし一方、立法・行政・司法の明確な権力分立を想定できない前近代の政権が行う赦免は、司法以外の権力が裁判の効力を変更する現代の恩赦とは本質的な相違があるため、本稿では赦免と呼ぶこととしたい(5)。

むしろ前近代において注目すべきは、多元的な裁判のもとで当事者間交渉による個別の赦免や減刑も多く行われた中で、当事者や事件とは直接関係のない、政権の威信を示す契機による赦免には、政治史としても刑政史としても、政権の志向や特徴が強く反映されるという点である。

古代と近世の間にある中世については、朝廷による「赦」「免者」が改元や仏事に伴う儀礼的なものと考えられがちであったこと、その対象となる京都の獄制や囚人について未解明な部分が多く、朝廷のみならず鎌倉・室町幕府法のいずれにも規定が少ないことから、実施に当たった検非違使の研究で触れられる以外はこれまで専論がなく、研究上のミッシングリンクとなっている(6)。このような注目の少なさは、前近代を通して中世はもっとも多元的な裁判が行われ、政権による赦免より当事者間交渉が、研究上も重視されてきたことを反映している。

しかし近年の研究により、朝廷や室町幕府による赦免の契機である天皇の追善仏事や「大法」と呼ばれる祈禱は、両統迭立以降の皇位継承や室町期の公武関係を解明する手がかりとして、つまり古代と同様に重要な政治史の題材として注目され、主体・財源・規模などについて多くの実証がなされている(7)。赦免についても、こうした政治史のアップデートを踏まえた上で検討する意義がある。また追善仏事や祈禱はきわめて頻繁であったため、京都においては赦免が頻繁に行われることとなったが、政権によるその運用や弊害への配慮について、近世の方法論に学びつつ検討することは、不明な部分の多い京都の刑事政策・獄制史にとって重要な手がかりになる。

本稿では、中世京都において、政権によって行われた赦免について、古代・近世の視点に学びつつ、政治史としての面・刑政史としての面の双方から検討することとしたい。**一**では朝廷による赦免の契機や種類といった基礎的事項について概観し、**二**では鎌倉期の朝廷による赦免について、**三**では室町期の朝廷および京都支配を担った幕府による赦免について考察する。

表Ⅰ　朝廷による赦免の契機（後鳥羽～後醍醐）

	天　皇		恩赦の契機	種　類	人　数	出　典
1	後鳥羽	元暦元(1184)7/2	鳥羽院国忌	免物		山槐記
2		元暦２(1185)7/2	鳥羽院国忌	免物	軽犯41人中19人	山槐記
3		文治元(1185)8/14	元暦→文治改元	赦		山槐記
4		文治元(1185)9/5	東大寺大仏開眼供養、後白河行幸	非常赦		百錬抄
5		文治３(1187)4/3	後白河病	非常赦	流罪も	玉葉
6		文治３(1187)7/2	鳥羽院国忌	免物	20人	玉葉
7		文治４(1188)4/8	延暦寺千僧読経、後白河行幸	免物	63人	玉葉
8		文治４(1188)7/2	鳥羽院国忌	免物	23人	玉葉
9		文治５(1189)5/4	四天王寺千僧読経、後白河行幸	赦	流罪も	玉葉
10		文治６(1190)1/7	白馬節会	恩赦		愚昧記
11		建久元(1190)4/11	文治→建久改元	赦		山丞記
12		建久元(1190)10/1	延暦寺千僧読経、後白河行幸	非常赦		玉葉
13		建久２(1191)閏12/18	後白河病	非常赦		玉葉
14		建久３(1192)5/2	後白河院七々日	免物	40余人	玉葉
15		建久４(11193)1/15	後鳥羽病、七仏薬師法	免物		玉葉
16		建久５(1194)7/2	鳥羽院国忌	免物		玉葉
17		建久６(1195)3/12	東大寺大仏殿落慶供養、後鳥羽行幸	赦		東大寺続要録
18	土御門	正治２(1200)8/9	修明門院出産、七仏薬師法	赦	96人	門葉記
19		建仁２(1202)11/22	朔旦冬至節会	赦		猪隈関白記
20		建仁３(1203)5/27	法勝寺供養、後鳥羽行幸	赦免		猪隈関白記
21		元久元(1204)2/20	建仁→元久改元	赦		猪隈関白記
22		元久２(1205)12/24	赤斑瘡	赦		赦事詔書官符
23		元久３(1206)2/30	七仏薬師法	免物		三長記
24		建永元(1206)4/27	元久→建永改元	赦		猪隈関日記

25		建永元(1206)7/2	鳥羽院国忌	免物	22人	三長記
26		承元元(1207)10/25	建永→承元改元	赦		猪隈関白記
27		承元2(1208)7/2	鳥羽院国忌	赦、免物	2人	猪隈関白記
28		承元3(1209)7/2	鳥羽院国忌	赦		猪隈関白記
29	順徳	建暦2(1212)6/27	七仏薬師法	免者		百錬抄
30		建暦3(1213)4/25	法勝寺九重塔供養、後鳥羽行幸	赦		百錬抄
31		建保元(1213)12/6	建暦→建保改元	赦		猪隈関白記
32		建保4(1216)7/21	七仏薬師法	赦		門葉記
33		建保5(1217)3/22	中宮九条立子出産	免者	25人	百錬抄
34		建保5(1217)7/17	後鳥羽病	非常赦		百錬抄
35		建保6(1218)8/2	七条院逆修	免者		百錬抄
36		承久3(1221)1/22	七仏薬師法	赦		七仏薬師法御修法記
37	後堀河	承久4(1222)1/7	白馬節会	赦		広橋家記録
38		元仁元(1224)11/20	貞応→元仁改元	赦		猪隈関白記
39		嘉禄元(1225)4/20	元仁→嘉禄改元	赦		広橋家記録
40		嘉禄2(1226)7/2	鳥羽院追善	免物		民経記
41		嘉禄3(1227)5/14	後高倉院国忌	免者		民経記
42		安貞元(1227)12/10	嘉禄→安貞改元	赦		広橋家記録
43		寛喜元(1229)3/5	安貞→寛喜改元	赦		民経記
44		寛喜2(1230)11/20	客星	非常赦		百錬抄
45		寛喜3(1231)3/13	後白河院国忌	免者	12人	民経記
46		寛喜3(1231)5/14	後高倉院国忌	免者		民経記
47		寛喜3(1231)7/2	鳥羽院国忌	免者		民経記
48		貞永元(1232)4/2	寛喜→貞永改元	赦		民経記
49		貞永元(1232)5/8	後高倉院国忌	免者		民経記
50		貞永元(1232)7/2	鳥羽院国忌	免者		民経記
51		貞永元(1232)8/19	藻壁門院出産	免者	9人	民経記
52		貞永元(1232)10/4	四条天皇に譲位	免者		民経記
53	四条	貞永2(1233)1/17	高倉院国忌	免者		民経記
54		貞永2(1233)3/13	後白河院国忌	免者		民経記

55		天福元(1233)5/14	後高倉院国忌	免者		民経記
56		文暦元(1234)11/5	天福→文暦改元	赦		頼資卿改元定記
57		文暦2(1235)3/11	九条教実病	常赦・大赦		玉蘂
58		文暦2(1235)3/13	後白河院国忌	免者	?	玉蘂
59		嘉禎元(1235)9/19	文暦→嘉禎改元	赦		頼資卿改元定記
60		嘉禎4(1238)6/8	霖雨	免者		師守記貞和3/6/3
61		暦仁元(1238)10/23	嘉禎→暦仁改元	赦		経俊卿記
62		延応元(1239)2/7	暦仁→延応改元	赦		改元部類記
63		延応元(1239)6/4	九条道家病、七仏薬師法	赦	3人	門葉記
64		仁治元(1240)7/16	延応→仁治改元	赦		改元部類記
65		仁治2(1241)11/30	近衛家実病	非常赦		百錬抄
66	後嵯峨	仁治4(1243)2/22	後鳥羽院国忌	免者		百錬抄
67		寛元元(1243)6/6	大宮院出産、七仏薬師法	赦	30余人	門葉記
68		寛元2(1244)2/26	西園寺公経病、七仏薬師法	赦		門葉記
69		寛元3(1245)2/25	彗星、孔雀経法	免者		百錬抄
70		寛元3(1245)10/8	天変、七仏薬師法	赦		百錬抄
71	後深草	寛元4(1246)6/17	祈雨	免者		葉黄記・民経記
72		寛元4(1246)7/2	鳥羽院国忌	免者		葉黄記
73		寛元4(1246)10/11	土御門院国忌	免者		民経記
74		宝治元(1247)6/9・15	祈雨	免者	18人	葉黄記
75		宝治元(1247)7/2	鳥羽院国忌	免者		葉黄記
76		宝治元(1247)9/7・25	大宮院出産、七仏薬師法	赦・免者	7日9人・25日7人	門葉記・葉黄記
77		宝治元(1247)10/11	土御門院国忌	免者		経俊卿記
78		宝治元(1247)12/25	検非違使政	免者		経俊卿記
79		宝治2(1248)3/13	後白河院国忌	免者	10人	葉黄記

80		宝治 2 (1248) 7/2	鳥羽院国忌	免者	20人	葉黄記
81		宝治 2 (1248) 8/8	獄巡検	免		葉黄記
82		宝治 2 (1248) 10/11	土御門院国忌	免者	36人	葉黄記
83		宝治 2 (1248) 11/4	検非違使庁始	免者	2人	葉黄記
84		宝治 3 (1249) 3/13	後白河院国忌	免者	19人	岡屋関白記
85		建長元 (1249) 3/18	宝治→建長改元	赦		岡屋関白記・葉黄記
86		建長 5 (1253) 12/22	法勝寺阿弥陀堂供養	非常赦		経俊卿記
87		康元元 (1256) 10/5	建長→康元改元	赦		民経記
88		康元 2 (1257) 3/13	後白河院国忌	免者		経俊卿記
89		正嘉元 (1257) 3/14	康元→正嘉改元	赦		民経記
90		正嘉 3 (1259) 3/5	一切経供養、大宮院御願	赦		西園寺一切経並後宴等記
91		正元元 (1259) 10/11	土御門院国忌	免者		民経記
92	亀山	弘長元 (1261) 2/20	文応→弘長改元	免囚人		民経記
93		弘長 2 (1262) 5/10	東二条院出産、七仏薬師法	免物		門葉記
94		文永元 (1264) 2/28	弘長→文永改元	免囚人		民経記
95		文永 2 (1265) 閏4/22	七仏薬師法	免者		新抄
96		文永 2 (1265) 7/21	京極院出産、七仏薬師法	免者		門葉記
97		文永 4 (1267) 2/22	後鳥羽院国忌	免者		民経記
98		文永 4 (1267) 3/13	後白河院国忌	免者		民経記
99		文永 4 (1267) 5/23	如法経十種供養	免者		民経記
100		文永 4 (1267) 7/2	鳥羽院国忌	免者		民経記
101		文永 4 (1267) 9/19	検非違使政	免者		民経記
102		文永 4 (1267) 10/11	土御門院国忌	免者	9人	民経記・吉続記
103		文永 4 (1267) 11/24	京極院出産、七仏薬師法	赦、免者	4人 12/1 1人	民経記・門葉記
104		文永 5 (1268) 7/24	七仏薬師法	免者		吉続記(20日)
105		文永 5 (1268) 10/17	後嵯峨院逆修五七日	免者	17人	民経記

106	後宇多	文永11(1274)7/2	鳥羽院国忌	免物		文永代始公事抄
107		文永11(1274)10/11	土御門院国忌	免物		文永代始公事抄
108		建治2(1276)11/17	新陽明門院出産	免者	一両人	勘仲記
109		弘安元(1278)2/29	建治→弘安改元	赦		続史愚抄
110		弘安3(1280)5/14	九条仁子（近衛基平母）逆修	免者		勘仲記
111		弘安4(1281)4/8	異国降伏、七仏薬師法	赦免		門葉記
112		弘安5(1282)7/2	鳥羽院国忌	免者		勘仲記
113		弘安5(1282)8/10	七仏薬師法	赦、免者		勘仲記・門葉記
114		弘安6(1283)2/17	後嵯峨院国忌	免者		勘仲記
115		弘安7(1284)3/13	後白河院国忌	免者		勘仲記
116		弘安7(1284)7/2	鳥羽院国忌	免者		勘仲記
117		弘安7(1284)10/11	土御門院国忌	免者		勘仲記
118		弘安9(1286)8/19	如法経十種供養	免者		勘仲記
119		弘安9(1286)10/11	土御門院国忌	免者		勘仲記
120		弘安10(1287)2/17	後嵯峨院国忌	免者	5人	勘仲記
121		弘安10(1287)2/22	後鳥羽院国忌	免者	5人	勘仲記
122		弘安10(1287)3/13	後白河院国忌	免者		勘仲記
123		弘安10(1287)5/14	後高倉院国忌	免者	4人	勘仲記
124		弘安10(1287)7/2	鳥羽院国忌	免者		勘仲記
125		弘安10(1287)10/11	土御門院国忌	免者	8人	勘仲記
①	伏見	弘安11(1288)1/13	検非違使庁始	免者	雑犯なし	公衡公記
126		正応元(1288)10/11	土御門院国忌カ	赦		勘仲記
127		正応4(1291)8/1	後深草重厄祈祷、七仏薬師法	赦		門葉記
128		正応4(1291)11/18	中宮(後の永福門院)病	免者	10人	実躬卿記
②		正応5(1292)9/9	大宮院病、死去により中止	非常赦		勘仲記
129		永仁元(1293)8/5	正応→永仁改元	赦		勘仲記
130		永仁2(1294)2/17	後嵯峨院国忌	免者		実躬卿記

131		永仁 2 (1294) 2/22	後鳥羽院国忌	免者		勘仲記
132		永仁 2 (1294) 3/13	後白河院国忌	免者	3人	実躬卿記
133		永仁 2 (1294) 7/2	鳥羽院国忌	免者	3人	勘仲記
134		永仁 3 (1295) 3/13	後白河院国忌	免者		実躬卿記
135		永仁 5 (1297) 3/15	彗星、七仏薬師法	免者		師守記康永4.7月
	後伏見					
136	後二条	乾元 2 (1303) 2/17	後嵯峨国忌	免者		続史愚抄
137		乾元 2 (1303) 4月	昭訓門院出産、七仏薬師法	免者	閏4/19に2人､5/9に5人	公衡公記
138		嘉元元 (1303) 8/5	乾元→嘉元改元	免囚人		冬平公記
139		嘉元 2 (1304) 3/10	東二条院七七日	免者	2人	実躬卿記
140		嘉元 2 (1304) 8/20	後深草院五七日	免者	5人	公衡公記
141		嘉元 2 (1304) 10/11	土御門院国忌	免者		実躬卿記
142		嘉元 3 (1305) 8/25	亀山法皇病	非常大赦	63人+流罪も	実躬卿記
143		嘉元 4 (1306) 2/22	後鳥羽院国忌	免者		実躬卿記
144		嘉元 4 (1306) 5/13	如法経供養	免者		実躬卿記
145		徳治元 (1307) 12/14	嘉元→徳治改元	赦		冬平公記
146	花園	延慶 3 (1310) 10/13		免者		花園天皇宸記
147		延慶 4 (1311) 1/7	白馬節会	赦		師右記
148		延慶 4 (1311) 1/27	広義門院出産	免者	2人	鎌倉遺文24188
149		延慶 4 (1311) 2/22	後鳥羽院国忌	免者		園太暦
150		応長元 (1311) 4/28	延慶→応長改元	赦		続史愚抄
151		応長 2 (1312) 3/13	後白河院国忌	免者		花園天皇宸記
152		正和元 (1312) 3/20	応長→正和改元	赦		続史愚抄
153		正和 2 (1313) 2/17	後嵯峨院国忌	免者	2人	花園天皇宸記
154		正和 2 (1313) 2/22	後鳥羽院国忌	免者		花園天皇宸記
155		正和 2 (1313) 3/13	後白河院国忌	免者		花園天皇宸記
156		正和 2 (1313) 7/2	鳥羽院国忌	免者		花園天皇宸記

157		正和 2 (1313)7/5	広義門院出産、七仏薬師法	免者	5 人	花園天皇宸記
158		正和 2 (1313)7/16	後深草院国忌	免者		花園天皇宸記
159		正和 3 (1314)2/7	疱瘡	免者		花園天皇宸記
160		正和 3 (1314)2/17	後嵯峨院国忌	免者		花園天皇宸記
161		正和 3 (1314)2/22	後鳥羽院国忌	免者		花園天皇宸記
162		正和 3 (1314)3/13	後白河院国忌	免者		花園天皇宸記
163		正和 4 (1315)2/17	後嵯峨院国忌	免者		師守記暦応 4/2/22
164		正和 4 (1315)3/29	検非違使庁始	免者	1 人	公衡公記
165		正和 4 (1315)4/11	如法経供養	免者		公衡公記
166		正和 4 (1315)7/30	西園寺公衡病	免者	17人	公衡公記
167		文保元(1317)2/3	正和→文保改元	赦		続史愚抄
168	後醍醐	元亨元(1321)2/23	元応→元亨改元	赦		続史愚抄
169		元亨 3 (1323)10/23	天変、七仏薬師法	免者		師守記康永 4.7月
170		正中元(1324)12/9	元亨→正中改元	赦		続史愚抄
171		嘉暦元(1326)4/26	正中→嘉暦改元	赦		続史愚抄
172		嘉暦 4 (1329)3/13	後白河院国忌	免者		師守記暦応 4/2/22
173		元徳 2 (1230)2/17	後嵯峨院国忌	免者		師守記貞和 5/3/16
174		元徳 2 (1230)2/22	後鳥羽院国忌	免者		師守記貞和 5/3/16
	光厳					
175	後醍醐	建武元(1334)1/29	元弘→建武改元	赦		続史愚抄
176		建武元(1334)9/23	東寺塔供養	赦		東寺塔供養記
177		建武 2 (1335)6/25	後宇多院国忌	免者	5 人	匡遠記
178		延元元(1336)2/29	建武→延元改元(南朝)	赦		続史愚抄

代始改元は赦なし
元徳元(1329)8/29改元における赦は不明
元弘元(1331)8/9改元における赦は不明

表Ⅱ　朝廷による赦免の契機（光明〜土御門）

179	光明	暦応 3 (1340) 7/10	後深草国忌	免者		師守記
180		暦応 4 (1341) 2/18	後嵯峨国忌	免者		師守記
181		暦応 4 (1341) 2/22	後鳥羽国忌	免者		師守記
182		暦応 4 (1341) 3/12	後白河国忌	免者		師守記
183		康永元 (1342) 4/27	暦応→康永改元	赦		中院一品記
184		康永元 (1342) 7/16	後深草国忌	免者		師守記
185		康永 3 (1344) 2/22	後鳥羽国忌	免者		園太暦
③		康永 3 (1344) 4/6	後伏見国忌	免者	無軽犯囚	師守記
186		康永 3 (1344) 6/29	鳥羽国忌	免者		師守記
④		康永 3 (1344) 9/3	伏見国忌	免者	無指犯囚	師守記
187		康永 4 (1345) 2/17	後嵯峨国忌	免者		師守記
188		康永 4 (1345) 2/22	後鳥羽国忌	免者		師守記
189		康永 4 (1345) 3/13	後白河国忌	免者		師守記
190		康永 4 (1345) 4/6	後伏見国忌	免者		師守記
191		康永 4 (1345) 7/16	後深草国忌	免者		師守記
192		康永 4 (1345) 9/3	伏見国忌	免者		師守記
193		康永 4 (1345) 10/11	土御門国忌	免者		師守記
194		貞和元 (1345) 10/21	康永→貞和改元	赦		園太暦
195		貞和 3 (1347) 3/13	後白河国忌	免者		中院一品記
196		貞和 3 (1347) 9/3	伏見国忌	免者		師守記
197		貞和 3 (1347) 9/7	熊野戦勝祈願、七仏薬師法	免者		師守記・園太暦（8/29）
198		貞和 4 (1348) 4/6	後伏見国忌	免者		園太暦
199	崇光	貞和 6 (1350) 2/22	後鳥羽国忌	免者		園太暦
200		観応元 (1350) 7/30	地震、七仏薬師法	免者	3人	門葉記
201	後光厳	延文元 (1356) 3/28	文和→延文改元	赦		愚管記
202		康安元 (1361) 2/29	延文→康安改元	赦		愚管記
203		貞治元 (1362) 9/23	康安→貞治改元	赦		迎陽記
204		貞治 5 (1366) 10/6	検非違使庁始	免者	幕府より	師守記
205		応安元 (1368) 2/18	貞治→応安改元	赦		迎陽記
206		応安元 (1368) 5/25	七仏薬師法	免物		後愚昧記

207	後円融	永和５(1379)1/29	後光厳国忌	免者		迎陽記
208		康暦元(1379)3/22	永和→康暦改元	赦		迎陽記
209		永徳元(1381)2/24	康暦→永徳改元	赦	２人、幕府より	後鑑
210	後小松	嘉慶元(1387)8/4	至徳→嘉慶改元	赦		迎陽記
211		康応元(1389)2/9	嘉慶→康応改元	赦		迎陽記
212		明徳元(1390)3/26	康応→明徳改元	赦		迎陽記
213		応永元(1394)6/5	明徳→応永改元	赦		迎陽記
214	称光	応永32(1425)4/27	後円融国忌	赦		師郷記
215	後花園	永享７(1435)10/20	後小松国忌	赦		師郷記
216		永享11(1439)10/20	後小松国忌	免者	３または５人	師郷記・建内記
217		嘉吉元(1441)2/17	永享→嘉吉改元	免者	１人	管見記
218		文安元(1444)2/5	嘉吉→文安改元	赦	２人、幕府より	師郷記・康富記
219		文安２(1445)10/20	後小松国忌	免者		師郷記
220		宝徳元(1449)7/28	文安→宝徳改元	赦		続史愚抄
221		宝徳元(1449)12/14	朔旦冬至	免者	２人、幕府より	康富記
222		宝徳４(1452)5/18	三合並疱瘡	非常赦	２人	師郷記
223		享徳元(1452)7/25	宝徳→享徳改元	赦		師郷記
224		康正元(1455)7/25	享徳→康正改元	赦	２人	康富記・宗賢卿記
225		康正元(1455)10/20	後小松国忌	免者		康富記
226		康正３(1457)7/20	称光33回忌	免者		続史愚抄
227		康正３(1457)8/29	後崇光１周忌	免者		続史愚抄
228		長禄元(1457)9/28	康正→長禄改元	赦		続史愚抄
229		寛正元(1461)12/21	長禄→寛正改元	赦		続史愚抄
230	後土御門	文明元(1469)3/14	応仁→文明改元	赦	獄の掌握できず	改元部類

代始改元は赦なし

応仁元(1467)3/5改元における赦は不明

表Ⅲ　赦免を伴う追善仏事

天皇	追善対象	践祚～即位間、「免者なし」言及
後鳥羽・土御門・順徳	鳥羽	
後堀河	鳥羽･後白河･後高倉	
四条	鳥羽･後白河･高倉･後高倉	
後嵯峨	後鳥羽	
後深草	鳥羽･後白河･土御門	
亀山	鳥羽･後白河･後鳥羽･土御門	
後宇多（大覚寺統）	鳥羽･後白河･後鳥羽･土御門･後高倉･後嵯峨	
伏見（持明院統）	鳥羽･後白河･土御門･後嵯峨	
後伏見（持明院統）	なし	
後二条（大覚寺統）	後鳥羽･土御門･後嵯峨	
花園（持明院統）	鳥羽･後白河･後鳥羽･後嵯峨･後深草	
後醍醐（大覚寺統）	後白河･後鳥羽･後嵯峨･後宇多	
光厳		
光明	鳥羽･後白河･後鳥羽･土御門･後嵯峨･後深草･伏見･後伏見	
崇光	後鳥羽	白河・後深草
後光厳		後白河・土御門・伏見
後円融	後光厳	
後小松		
称光	後円融	
後花園	後小松･称光(33回忌)･後崇光(１回忌)	

表Ⅳ　非常赦と対象外の罪

4	文治元(1185)9/5	東大寺大仏開眼、後白河行幸	触大神宮並賀茂社訴之輩、並殺害実宴法印之中人	玉葉
5	文治３(1187)4/3	後白河病	「触神祇訴之者」、平家・源義経の党類、強盗	玉葉
12	建久元10/1(1190)	延暦寺千僧読経、後白河行幸	触太神宮八幡宮等訴	玉葉
13	建久２(1191)閏12/18	後白河病	触太神宮八幡宮等訴	玉葉
34	建保５(1217)7/17	後鳥羽病		百錬抄
44	寛喜２(1230)11/20	客星		百錬抄
65	仁治２(1241)11/30	近衛家実病		百錬抄
86	建長５(1253)12/22	法勝寺阿弥陀堂供養	破檜隈山陵者並毀害勘解由次官朝基之輩及強盗	経俊卿記
②	正応５(1292)9/9	大宮院病（死去により中止）		勘仲記
142	嘉元３(1305)8/25	亀山病		実躬卿記
義満	応永６(1399)9/15	相国寺塔供養		相国寺塔供養記
222	宝徳４(1452)5/18	三合・疱瘡		師郷記

一　中世京都の赦免の基礎的考察

1　中世の赦免の契機と理念

まず本節では、朝廷による赦免の契機を、中世を通して概観する。**表**Ⅰは後鳥羽から後醍醐まで、**表**Ⅱは光明から土御門までの『天皇皇族実録』『大日本史料』から赦免の記事を抽出し、関連する古記録で補完することによって、管見の限り事例を集めて通し番号を振ったものであり、以降はこの番号を用いる(8)。あわせて赦免の種類を表す語・釈放された人数・出典を併記しており、準拠する史料は、出典となる古記録の同日条が対応する。また、赦免の予定が状況の変化や囚人の不在などで直前に中止になった事例が四件あり、それらは①〜④の記号を振っている。

鎌倉期の朝廷による赦免の契機としては、**表**Ⅰから、主にA代始以外の改元、B過去の院・天皇の追善仏事、C院や天皇の行幸を伴う大規模な仏事、D院・天皇・重臣の病気平癒の祈禱、E后妃出産の祈禱に分類できる。その他にも、白馬節会や朔旦冬至における叙位、院の逆修、彗星・赤疱瘡・異国降伏などの祈禱に際して行われた事例がある。また、京都の警察・獄制を担い、赦免の実務も行った検非違使庁は、庁始などの政を契機として単独でも赦免を行っている(9)。

室町期になると、**表Ⅱ**が示すように、A代始以外の改元、B過去の院・天皇の追善仏事が主な契機となる。しかし、初期には天変や霖雨に際して実施の先例が調査されたり[10]、中期には彗星による尊星王法、朔旦冬至、三合・疱瘡などを契機に行われたりと、他の契機にも積極的に行おうとしていたことが見受けられる。

一見すると叙位や改元以外、ほとんど仏教的な契機が多いが、その場合も、赦免は儒教的徳政と仏教的作善のどちらの意義もあわせもつと考えられていたようである。古代において、中国にはみられない天皇の延命祈願を契機とする赦免は、仏教の影響とともに、天皇の病を儒教的な災異と読み替えて行われたものであることが指摘されているが[11]、中世においても、166の重臣の病気平癒祈禱について、「攘災招福必憑幽冥処者不勝徳、可有祈禱、可有徳化、免者事古今存例」「有恩免之沙汰者、可為第一御祈[12]」、すなわち赦免は「祈禱」かつ「徳化」であると考えられていた。またDやEで用いられた七仏薬師法は、彗星や疫病などの天災に対しても修せられている。

B過去の院・天皇の追善仏事自体については、近年の研究により、承久の乱・両統迭立・南北朝内乱と、錯雑した皇位継承の正統性を示す政治的手段の一つであったことが明らかにされている。鎌倉期については布谷陽子氏の研究があり、院政期のルーツである白河・鳥羽・後白河に加え、それぞれの天皇の皇統に連なる院・天皇の命日に、法華八講などの大規模な追善仏事が「公家沙汰」つまり朝廷の財源によって開催されていたことが論じられている[13]。これらの天皇の命日は、中世の古記録で「国忌」「聖忌」と呼ばれているが、同じ名称であっても律令や延喜式で定められているものとは異なり[14]、明確な基準なく柔軟に増やされていた。南北朝期については曽根原理氏や久水俊和氏の研究があり、光厳が院政を行った光明・崇光期には、北朝正当化の必要性から持明院統の追善仏事が盛んに行われたことが指摘されている[15]。

表Ⅲは追善仏事に伴って赦免が行われた人物について、実施した天皇ごとにまとめたものである。天皇の践祚から即位までの間の追善仏事には赦免が行われないが、「その期間であるゆえに行わない（＝本来は行う）」という言及があったものを別項目として付け加えた。承久の乱直後の後堀河期を含め、中世を通して、先行研究で皇統と密接に関わると指摘された院や天皇の追善仏事の多くに、赦免も行われたといえる。また光明・崇光期には、追善対象となる天皇の数が最も多いのに加えて、後三条・後高倉国忌でも赦免を行うかどうか先例の確認があり、さらにその数を増やそうとしていたことも指摘できる。(16)

2　常赦・非常赦・免者

中世の赦免をさす語としては、免者（免物）・赦・大赦・常赦・非常赦・非常大赦など多様なものがあり、**表Ⅰ・表Ⅱ**では古記録でどの語が用いられたかを併記している。本節ではこれらの区別について検討する。

古代について、『二中歴』に常赦・大赦・非常赦の定義があり、それを踏まえて佐竹昭氏や島善高氏の議論がある。それによれば、本来の律令における常赦とは、一定の罪は赦の対象にしないという赦のことであり、その対象外となる罪が何であるかは自明でなかった。しかし平安期には、常赦において「八虐、強窃二盗、故殺、謀殺、私鋳銭」を対象外とすることが定型化し、事実上「八虐、強窃二盗、故殺、謀殺、私鋳銭を対象外とする赦」が「常赦」、それらを対象外としない赦が非常赦と呼ばれるようになったという。一方、大赦は『二中歴』では、常赦・非常赦と並ぶ一類型かつ賑給を伴うものと定義されているが、実際には「全国に対するもの」という意味合いが大きく、定型化した常赦と非常赦の二類型が最も重要であったと論じられる。(17)

中世においても、基本的にはこの定型化した常赦・非常赦と免者（免物）の三類型に分けられ、古記録上では漠然と「赦」「赦令」と記されることも多い。

常赦について、例として85の鎌倉中期の建長改元の詔書から該当部分を挙げる。改元定により年号が決定したのちに発せられる改元詔書の末尾に、ほぼ定型化した赦の文言が載せられている。

史料一　『岡屋関白記』宝治三（建長元）三月一八日条

大赦天下、今日昧爽以前、大辟以下罪無軽重、已発覚・未発覚、已結正・未結正、及僧俗未得解由者、悉以原免、各加教督令得自新、但犯八虐・故殺人・謀殺人・強竊二盗・私鋳銭、常赦所不免者、並触神社訴之輩、不在赦限、又寛元二年以往調庸未進在民身、免除之、又賑給天下老人、百歳以上給穀三斛、九十以上二斛、八十以上一斛、鰥寡孤独不能自存者量給物、庶幾施玄渙於九域、保宝祚於億齢、布告遐邇、明俾聞知、主者施行、

「今日昧爽以前」は、赦免の対象となる犯罪の発生時期を定めており、昧爽は夜明けをさす。「大辟以下、罪無軽重」は赦免の対象となる犯罪を定めており、大辟すなわち死刑以下、罪の軽重を問わないとする。「已発覚・未発覚、已結正・未結正、及僧俗未得解由者、悉以原免」はこの赦令発布時における罪や身分をめぐる段階をさし、罪の発覚前・発覚後、判決前・判決後、僧・俗、また官職が不正なく引き継ぎされたことを示す解由状を得ていない者、いずれも対象となる。「但犯八虐・故殺人・謀殺人・強竊二盗・私鋳銭、常赦所不免者、並触神社訴之輩、不在赦限」は赦免から除外される罪状を規定している。定型化した除外規定のほか、院政期以降、強訴の盛行を背景として「触神社訴訟之輩」すなわち神社から処罰を求められた者も対象外となったことが指摘されている(18)。上卿が改元詔書に目を通し内記に清書を命じたのち、検非違使を召して赦を命じ、検非違使官人が獄に赴いて、詔書執行

以前に釈放を行う。また、これ以降の部分は賑給についての規定であるが、そちらは準備や実施の形跡はない。

非常赦については、赦免の対象外となる罪の部分に変更が加えられる。非常赦は本来、対象外となる罪がないはずであるが、鎌倉期には神社関連やその時点で問題となっていた事件が対象外となる場合が多い。**表Ⅳ**では**表Ⅰ**・**表Ⅱ**から非常赦を抽出し、対象外となった罪を挙げているが、**5**では神社が訴えた者のみならず強盗や平家・源義経の一党を除外し、**13**では強窃盗を赦免することで非常赦としての特殊性を強調しつつも伊勢・八幡が訴えた者を除外し、**86**では檜隈山陵破壊・勘解由次官殺害・強盗などを除外している。ただし次節以下でみるように、赦免の対象についてどのような言及があるにせよ、常赦・非常赦・免者のいずれも、実際に釈放されるのは軽犯囚のみであった。そして室町期になると「触神社訴訟之輩」への言及は常赦・非常赦ともにあまりみられなくなるが、一方で非常赦自体が激減する。

免者（免物）は、釈放される囚人の名が記された免者宣旨、またその準備として作成された囚人勘文にもとづいて行われる。例として**77**の土御門院国忌、また**166**の西園寺公衡の病気平癒のための免者宣旨をあげておきたい。

史料二　『経俊卿記』宝治元年一〇月一一日条

原免未断囚人事

合三人

散禁

字太郎男　　藤井行信

字児女

右少史中原俊秀仰偁、右少弁正五位下藤原朝臣顕雅伝宣、従二位権中納言藤原朝臣公光宣、奉　勅、今日者土御門太上天皇辞南浮州、遷西方界之聖忌也、因茲、奉祈十号之尊位、為延八講之初日、故九品之蓮座、弥増階級、三人之囚徒宜従原免者、

宝治元年十月十一日　右衛門少志中原明盛奉

史料三　「官人章房記」『公衡公記』正和四年八月八日条

原免未断囚人事

合拾七人

散禁

字平次郎男　妙仏法師　字聟次郎男
字松女　熊法師　字亀石冠者
字金剛冠者　字副次郎男　字又次郎男
字菊鶴冠者　字千熊次郎男　散所亀鶴法師
順覚法師　字六郎次郎男　前右看督長末彦
字左衛門次郎男　字次郎男

従二位行権中納言平朝臣惟輔宣、奉勅、入道左大臣者朕之外祖也、雖腕名於公府、未忘忠於王家、迺者休居、罹霧露之疾、禅昧乖晨夕之例、三代之医、施術何悉不已、一朝之士、荷恩何感不通、然猶垂天恵而解網、令秋官而縮刑、是庶茂徳於修竹、宜貫遐算於大椿矣、件等之囚、皆従原免者、

正和四年八月八日　主税助兼左衛門権少尉安芸権介中原朝臣章房奉

どの契機にいかなる種類の赦免を行うかについては、Aの改元は常赦であり、Cの行幸やDのうち治天の重病などは概ね非常赦、その他のB・D・Eは免者が中心であるといえよう。

赦と免者の手続上の相違としては、宮崎康充氏が25の事例をもとに、赦は検非違使佐（弁官家）、免者は法家検非違使が奉行となるという点を指摘されている(19)。

ただし必ず作られる改元詔書を除けば、赦令詔書や免者宣旨が残る事例、またその作成過程がみられる事例は少数であり、「赦令」や「仰」とのみ書かれている赦や「可被免者云々」「免者如例」とのみ書かれている免者がほとんどで、その中には「赦」「免者」の区別が曖昧なものもある。例えばBの国忌やD・Eの七仏薬師法においては、同一の赦免に対し「赦」「免者」両方の語を用いる事例が指摘できる（27・76・103・113など）。しかし一方で、七仏薬師法で「今度赦不被行之、時之免物許也」（93）と峻別する場合もある。この点について、同時代の記録に即してもう少し探ってみたい。

同一の契機の中で、赦と免者のどちらを行うかが問題となる事例は、Dに多くみられる。

一つは死去の前後による区別である。140の後深草院五七日法事においては、朱雀院崩御時に大赦が行われたことに倣って大赦が予定されていたが、実際には朱雀院の大赦は生前に行われたものであったため、免者に切り替えられた。また②の大宮院病気平癒のための非常赦は、それが行われる前に女院が死去したため、免者もなく全面的に中止とされた。これらの事例から、赦は生前に行うものと考えられる。

また一つは、重臣の病気平癒の際の区別であり、166の西園寺公衡の事例において赦と免者それぞれの嘉例が調べられ、赦の例として藤原道長・頼通・忠実・57の九条教実、免者の例として白河天皇中宮養母の源麗子が挙がっている。[20] 166は結局免者を行うこととなり、その免者宣旨が前掲の**史料三**である。しかし、何を基準として赦ではなく免者と判断したのかは明確でない。

両者を直接対比させた表現としては、「黄沙之恩免者、可為使庁之成敗、紫泥之赦令者、可為依　公家之聖断」[21]すなわち「免」は使庁、赦は朝廷の判断によるというものがある。一方、獄の巡検をめぐる記録では「赦者被拘之囚被行、免者雖為重科令疲極者有勅免欤」つまり赦は囚人一般に対して行われるが、免者は囚人の中で重罪であっても疲弊した者に対する「勅免」であると述べられている。[22] つまり赦と免者を対比・区別するという認識はみられるが、どちらを適用するかの判断基準は明確でなかったといわなければならない。

これらを踏まえて、次章以降では、鎌倉・室町期について、こうした赦免の適用対象となる罪や囚人が、実際にいかにして決定されたかを検討する。

二　鎌倉期の赦免

1　獄制をめぐる研究史

まず前提として、京都の獄をめぐる研究史を確認しておきたい。

京都の警察・獄制機能は、鎌倉期においては検非違使と六波羅探題が分掌し、室町期においては侍所が担い、検非違使の下部組織などを事実上手足としたことが指摘されている。[23] 検非違使は、警察・司法機関としての面とともに、非人や放免を使役して身分や浄穢の秩序を守る面をもち、[24] いずれの面でも獄・囚人と深く関わった。

検非違使と獄の関わりについては、平安期を中心に、義江彰夫氏や前田禎彦氏の研究がある。それによれば、律令裁判制度のもとでは検非違使庁の勘奏に対し刑部省が量刑判断を下し、その刑罰は笞・杖・徒・流・死で拘禁刑はなかったが、九世紀末に刑部省と検非違使庁の権限分掌が途絶えたため、検非違使庁における未決勾留が実質的な刑罰となったとされる。一一世紀には拘禁の場が多様化し、左右獄のみならず看督長・放免宅などが活用され、一二世紀前期にはそれが庁例として制度化したという。[25]

中世の獄に関する専論は数少なく、鎌倉期の朝廷と六波羅探題の獄について扱った上杉和彦氏や森茂暁氏の研究が代表的なものである。一三世紀後半に右獄が消滅する一方、検非違使のもとでは拘禁の場がいっそう多様化し、囚人に対する常時の着鈦や拘禁自体が忌避されていたこと、しかし、こうした相対的に自由な獄のあり方は治安悪化につながり、これに対処するため六波羅探題の京都に対する警察機能が拡張され、朝廷からの重罪人請取りや「大籠」と呼ばれる独自の獄舎設置などが行われ、鎌倉後期には朝廷の獄に倍する囚人が大籠に収容されていたことが論じられる。[26]

赦免についての専論はないが、密接に関連するのは、近年の渡邉俊氏の研究である。これは義江彰夫氏の、平安期の公家法では財産刑を行わないとする説と、五味文彦氏の、鎌倉期の検非違使の検断では住宅破却と没収が盛んに行われたという説との間を架橋する議論である。律令法では、釈放された囚人は本貫地に戻ることができ、例外として京戸の囚人のみ京都の治安維持のため追放されていたが、院政期の赦・免者の増加により、京都からの追放の実質化を図るため、検非違使が囚人の生活基盤である住宅破却を行うようになったとする(27)。これは赦免の結果としての治安悪化に対処するための刑罰の変化を論じたものであり、時代は異なるものの刑事政策という点で本稿の関心とも近い。

しかし本稿では、その前段階である赦免の適用それ自体に焦点を当て、近世の方法論に学び、鎌倉期の赦免のプロセスを細かく検討し、赦免をめぐる刑事政策をみることとしたい。鎌倉期には、政権中枢に位置する摂関家と実務担当者である蔵人や検非違使いずれの立場からの史料も豊かである。

2　罪の決定

常赦・非常赦では赦免の対象外となる罪を定め、それ以外の罪を犯した囚人を釈放するという形式をとる。前述のとおり、中世の常赦は「八虐、強窃二盗、故殺、謀殺、私鋳銭」を除外するものとして定型化し、非常赦も本来の性質とは異なり、その都度の対象外の罪が定められていた。ここではその対象外となった罪の決定プロセスについて改めて事例をあげて検討したい。

5の後白河法皇の病による非常赦をめぐっては、九条家本『玉葉』文治三年四月三日条に詳細な記録がある。この前日の二日に、法皇の病による赦令実施が決まり、三日、九条兼実は蔵人右少弁で院司を務める藤原親経を通して、赦令を非常赦とすべきこと、また神社から訴えられた者・強盗・海賊・平家や源義経の一党は赦免の対象外とすることを進言した。親経は鳥羽に赴き法皇の同意を得たのち、京に戻って兼実に報告し、御所において赦令を発する準備に入る。

しかし、上卿を務める検非違使別当藤原頼実が遅参しているうちに、今釈放しうる囚人の中に強盗がいないことが判明したので文面から削るべきか、また法皇の病状が回復したので赦令を止めるべきかといった問題が実務担当者である内記から持ち上がり、親経は再び兼実を訪ねて相談する。兼実はこれに対し、強盗については「未だ発覚していない者も対象であるため、今強盗を犯した囚人がいなくとも削るべきではない」、また法皇の回復については「赦令を行うと定めた験として病状が回復したのかもしれない」また「赦令に先立つ回復は、別当の遅参という不測の事態によって起きたことであり、法皇に覆奏もしないまま中止すべきではない」という見解を示した。最終的に、強盗については先例がないという理由で別当が削除するよう判断し、親経の報告を受けて兼実も不本意ながら了承する。

非常赦をめぐるこのめまぐるしい一日から読み取れるのは、後白河法皇や九条兼実といった政権中枢の人々が、対象外とする罪について直接判断を下していることである。もちろん兼実は先例を重視し、赦令に先んじて両大外記に先例を勘申させ、また強盗をめぐる実務担当者からの指摘を尊重しているが、一方で状況の変化に応じて逐一判断を求められている。また、対象外となる罪を定める以外にも、獄においてそれに対応する囚人がいるかどうかもあわせて把握されている。

3　囚人の決定

次いで、赦免を受ける囚人の決定過程をみてゆきたい。ここでは釈放される囚人の名が列挙される免者宣旨の作成を題材として検討する。

まず、獄から釈放される囚人の候補を選ぶ段階について、囚人の詳細を把握している検非違使官人がリストを作成する。一例を挙げると、**表Ⅰ**には入っていないが弘安年間と考えられる如法経十種供養の免者に際し、検非違使官人中原章綱がその候補として、「軽犯」として窃盗犯の次郎男を挙げ、この者を含め、五月に著鈦を行っている軽犯囚は翌年までに免者となるのがよいと、披露の際に伝えるべきだと記している(28)。こうして作成されるのが囚人勘文であり、室町期の225では「囚人折紙」とも呼ばれている。

次にこの囚人勘文を、治天・天皇・摂関家のもとに蔵人が順に持参して披露し、実際に釈放される囚人の決定を受ける。116の鳥羽院国忌の免者を例とすると、七月一日に治天亀山院のもとに蔵人広橋兼仲が囚人勘文を持参し、院から「爪点」を受けて兼仲が墨点を加え、勘文の袖に「勘合」を行った。囚人は「一人二横法師〈日吉前宮仕〉神輿入洛之時狼藉之犯人、一人松石法師於北畠辺伐宅犯人、一人原八男、於禅林寺殿山猟鹿之犯」と、名前も罪状も明確に示されている。翌日鷹司兼平の内覧を受けるが、本来は勘合を行う前に内覧を受けるべきであったという。最後に御所において後宇多天皇が確認して免者宣下が行われ、亀山院が爪点を加えた三人が釈放された。亀山院政下では、治天→摂関家→天皇という順序での囚人勘文の回覧が121・122・125にもみられる。

この過程で囚人が選択・増減されることもあった。前述の中原章綱は、候補に挙げた次郎男について、「以前にも免者の機会はあったが、そのときには他の囚人が『勅点』を入れられたため釈放されなかった」旨を述べている。また45の後白河法皇国忌の免者においては、九条道家が免者の連続を理由に囚人勘文から二人減らしたところ、次に回覧した天皇が減らすべきではないと判断した。125の土御門院国忌では、亀山院が免者勘文を回覧した際、「軽犯囚三人雖注進、八人被下御点了」つまり検非違使が注進したよりも多くの人数を釈放するよう指示している。これらのことから、囚人勘文には、実際に釈放が見込まれるよりも多数の囚人が記載された上で、治天・天皇・摂関の判断を順繰りに仰いでいったものと思われる。

こうした囚人の決定を踏まえ、免者宣旨の宣下がなされる。検非違使官人が提出した囚人勘文に合点をつけたものの下付が行われる場合もある（79、82など）[29]。室町期の210の嘉慶改元に際し、大判事坂上明宗が、囚人勘文が赦令当日に返されなかったと申入れ、大外記清原良賢が、改元では詔書に赦令が記されるので勘文は返付されないと答える事例があり、免者だけでなく赦においても検非違使官人が囚人勘文を作成し提出したことが推測される[30]。

免者はBの追善仏事やD・Eの祈禱を契機として行われたが、免者宣下はそれらの仏事の最終日に御所において行われる。御所以外で仏事が行われている場合も同様に宣下は御所で行われ、検非違使官人によって獄舎へ伝達された。また79で「近年免者入夜陰無四度計、仍日中為令原免也」つまり免者は夜でなく日中に行うべきとする記述があり、治安への配慮と推測できる。

また釈放される囚人は、基本的に軽犯囚のみであった。2の鳥羽院国忌の免者では、軽犯囚四一人の中から一九人が選ばれたことが明記されており、166の西園寺公衡の病気平癒の免者でも、「免者事古今存例、笞杖軽科之囚恩免」とされている[31]。

164の検非違使庁の庁始の赦免では、より事細かな検討過程がみられる。釈放する囚人を決定する別当のもとに提出された囚人勘文には「一人孫太郎丸、闘殺害人之犯〈去年三月日禁云々〉、今一人窃盗之犯〈章古沙汰、今年二月日禁云々、孫太郎丸可為合点囚之由兼日治定云々〉」という二人が挙がっていた。これに対し「律令の規定にもとづくと、闘殺害すなわち不慮の殺人は刑罰としては絞に該当し、窃盗は盗品の額によって軽重あるが、絞またはそれより重い斬に該当する」「斬は時間を置かず執行するが、絞は立春から秋分まで死刑を奏上しないため恩赦の可能性がある」「赦書には強窃盗と私鋳銭を除外することとある」などを理由として、最終的には闘殺の孫太郎丸のみが釈放された。

ただし窃盗は軽犯として扱われることも多く、81の獄巡検では「贓物湯帷一領」の囚人を釈放し、83の庁始では何を盗んだか記録のない窃盗犯を、記録するほどの盗みではなかった、つまり軽犯囚とみなして釈放している。164は三月末に行われた決定であり、孫太郎丸はそれまでに一年近く拘禁されていたのに対し、窃盗犯はその前月に拘禁されたばかりというのも影響したのかもしれない。

以上のように、朝廷による赦・免者においては、赦免の適用対象外となる罪や適用対象となる囚人の罪状・拘禁の長さまで、検非違使官人がきわめて詳細に把握し、軽犯囚を中心として囚人勘文を作成したこと、さらに治天・天皇・摂関など政権中枢の人々が囚人勘文を回覧し、増減まで含めた実質的な判断を行ったことが指摘できる。頻繁な赦免は、徳政かつ作善として朝廷には必要なものであったが、治安悪化や罪刑均衡を損なうという弊害を社会にもたらす。鎌倉期においてはこの問題に対し、近世のように刑期の相場を意識するまでには至らないものの、適用する罪や囚人の決定を慎重に行うことによって、治安悪化に配慮していたといえるのではないか。

加えて、囚人の人数を減らす以外での赦免の抑制についても触れたい。

4　赦免の抑制

朝廷が赦免に対して慎重になる局面としては、一つは短期間に連続する場合、また一つは即位や神事など他の行事との兼ね合いが問題となる場合が挙げられる。

短期間の赦免の連続は、両統迭立の中でBの追善仏事の対象が増加した上に、Dの病気平癒やEの后妃出産など臨時のものが重なったためにしばしば生じる。特に、后妃の出産祈禱は不可避的に長引くこともあり、76・104・137などでは僧侶から複数回の免者が求められている。特に137では祈禱中に二回、出産時に結願としてもう一回の免者が行われる事態に、「為朝議如何、諸葛亮理蜀十年不赦、而蜀大化云々」と、そもそも赦そのものを望ましくないとするような述懐がなされている。

このように赦免が連続すると、釈放すべき囚人が用意できるかが懸念される。57では国忌と重臣の病気平癒の赦が立て続けに行われた結果、「大赦不経幾日者、不可有囚人疑之由、雖有被行了」と囚人の有無が危ぶまれる中で実施され、80では二〇人が免者となるものの「近年囚人不幾之間、譏被免四五人、当時多其数、仍為攘災、殊申行之」つまり実際の囚人でない者も含めて行ったという。

朝廷の獄にそもそも囚人が少なかったことも指摘されているが(32)、前述のようなきめ細かな囚人勘文作成のあり方や、これに続く室町期には軽犯囚不在ゆえに赦免自体を中止する事例があることを踏まえると、これらの場合にも、囚人がまったくゼロになったというより、釈放に適した囚人がいなかったと考えられる。

一方、他の行事との兼ね合いが問題となるのは、刑事政策というより儀礼的な理由による。

まず新天皇との関係として、もともと代始の改元においては赦を行わず、また践祚から即位までの間の追善仏事では免者を行わないとされるが、寛元四年三月一三日の後白河国忌の免者は、後深草即位から三日以内であるために行われなかった。また53の高倉院国忌の免者は、一月一七日と年始最初であるため憚りがあると躊躇われ、建長三年七月二日の鳥羽法皇国忌の免者は、新造の閑院内裏における最初の公事としては憚りがあり、同月末に阿弥陀堂仏事でも免者があるからという理由で行われなかった(33)。このように新たな区切りの最初の公事としてはふさわしくないという認識があったものと思われる。

また、神事との関係として、47では鳥羽院国忌と十社奉幣、123では後高倉院国忌と宇佐八幡宮造営日時の決定など、免者と神事を同日に行うことが問題となった。47では、国忌に先立つ六月二九日に議論がなされ、神事に近接して改元の赦令が行われたという先例は、同様に仏事の免者を行う先例にはならないとされていることから、赦免そのものではなく仏事が問題視されたようである。しかし、いずれも最終的には先例ありとして実施された。

5　赦免と鎌倉期の社会

しかし、このように慎重な適用といえども、頻繁に赦免が行われると、社会の側でも、自らの赦免への期待や、逆に紛争相手の赦免への懸念が生じる。

赦や免者で実際に釈放されるのは京都の獄囚であったが、改元における常赦は「大赦」すなわち全国規模のものとされており、非常赦の7・9・142では流人の召還も行われている。また鎌倉幕府法においても、遠国にいて赦免を知らない者のための法、重犯は赦免すべきでないという法、本来は十年経過後に罪の軽重に応じ放免される殺害人を飢饉のため早期に放免するという法など、赦免の存在を前提とする追加法が発せられている[34]。これらのことから、鎌倉期の社会において、赦免はある程度広く認識されていたと思われる。

本節では、断片的ながら、朝廷の赦免に対する社会の対応について、いくつかの事例をあげておきたい。

まず、自らが赦免を受けたいという期待を示す事例としては、正応五年一〇月、勅勘および衾宣旨を蒙った佐伯俊宗という人物が「通常であれば数年で赦免されるのが例であり、まして自分は無実なので、九月九日に亡くなった大宮院追善で行われるであろう非常大赦の適用を求める」という内容の愁状を出した(35)。実際には、大宮院の病気平癒のため予定された非常大赦は中止されており(②)、また表Ⅰをみても、国忌の免者は多くとも死去直後の赦・免者はほとんどないのが実態であった。しかし同時代の社会では、天皇や女院の死去直後に赦免が行われるとの強い期待があったことが読み取れる。

また、集団内の訴訟や告発において、相手方の罪が「朝廷の常赦不免にあたる罪であること」を主張する事例がある。一例を挙げると、前述のように鎌倉期の常赦の多くは「触神社訴訟之輩」を対象外としたが、仁治二年、春日社氏人が氏長者政所に兄の殺害犯の処罰を求める中で、先例として神主を殺害した者が使庁の左右獄に拘禁され赦を受けずに獄死した例をあげ、自らの訴えも同様に赦免の適用されない重罪であると強調している(36)。

さらに、「朝廷の常赦不免にあたる罪」でなくとも、「この先常赦が行われても集団内部では赦免されない罪」という意味で「常赦不免之重科」という語を用いている事例がある。文保三年、東大寺にて関東下向の使者を決める際に、「就落書乍被差定其仁、寄事于左右、於難渋者、永削寺僧之名帳、可処常赦不免之重科事」すなわち構成員の無記名投票である「雨垂惣落書」を行うが、それによって選ばれたにもかかわらず拒絶する者がいれば、寺僧の名帳から削り、「常赦不免之重科」に処すとされている(37)。また元徳二年にも、同じく東大寺で、兵庫関の件で関東下向の使者に選ばれながら背くようなことがあれば、寺帳からの排除・所職の改替を受け、その処罰は常赦不免となることを認める起請文が寺僧から提出されている(38)。つまり、東大寺という集団内部の秩序における罪について、「朝廷からの常赦があっても東大寺では赦免されることはない」という基準を定めているのである。

以上のように、鎌倉期の朝廷の赦免は、実際に適用され釈放されるのは京都の獄囚が中心であったが、広く社会からも期待や懸念が寄せられたり、集団内部における重罪の基準とされたりと、刑罰をめぐる認識の中に取り込まれていたといえよう。

6　小括と室町期への展望

鎌倉期京都の赦免について、ここまで論じてきたところをまとめておきたい。

政治史の視点からは、赦免の契機として最も多いのは、皇統の正統性を強調するためにきわめて頻繁に行われた追善仏事であることを指摘できる。

刑政史の視点からは、常赦・非常赦・免者のいずれも、京都の獄囚という限られた対象ではあるが、実務官人が軽犯囚から罪状を細かく確認した上で選んだ候補を政権中枢が直接決定し、また短期間での赦免の連続を避けるなど、きわめて頻繁ながら十分に慎重な適用が行われていたといえる。赦免は徳政かつ作善ではあるものの、抑制的に行われていた。また社会においても赦免の予測はある程度織り込まれ、追善を契機に赦免を求めて申し出たり、集団内の罪に常赦不免が一つの基準となったりという事例がみられる。

また、次の室町期との対比で、鎌倉期の京都における赦免の主体が、一貫して天皇または治天であったことは確認しておきたい。**表I**で、臣下のために行われた赦免の事例は六例あるが、詳細にみてゆくと、いずれも治天や天皇との関係にもとづいて行われたものである。57・166は外戚である九条教実・西園寺公衡の病気平癒のための赦・免者であり、65は「雖非外戚、執政之故異他之故也」と外戚でないことを踏まえた上で特例としての近衛家実の病気平癒のための赦であった。63は九条道家の病気平癒のため、直接に赦を行ったのではなく、作善として赦と放生を伴う七仏薬師法が行われた事例であるが、勧賞に蔵人らが関わっていることから朝廷が命じたものと思われる。

110の九条仁子（九条道家娘、近衛基平母）逆修は、臣下のための赦免の中で唯一病気平癒以外のもので、免者の実施に準拠すべき先例がないとされているが、これは七々日曼荼羅供を亀山院自らが主催したために行われたと考えられる。68の西園寺公経の七仏薬師法のみは西園寺五大堂での私修であり、『門葉記』では赦の手続は判然としないが、しかし囚人の釈放を一貴族が私的に行うことは難しいため、赦免については朝廷の関与を得ていたと思われる。

また、六波羅探題は警察機能には関わるものの赦免を行うことはなく、検非違使庁は独自に赦免を行っているが、この点については丹生谷哲一氏が論じられる通り、検非違使が天皇に直属する点を強調しておきたい(39)。

これを踏まえて、次章では、新たに京都支配を担うこととなった室町幕府による赦免への関与に注目しながら、室町期について検討する。

三　室町期の赦免

1　朝廷による赦免と室町幕府の関与

まず朝廷による赦免について概観する。**表Ⅱ**にみえるように、室町期の朝廷の赦免の契機は、A改元B追善仏事が主であり、特に初期には北朝正当化の必要性から、持明院統の多くの天皇に対する追善仏事が行われた(40)。

室町期の赦免をめぐる史料は、実務担当者の古記録が中心であり、治天・天皇・摂関家などの史料はないため、鎌倉期のように政権中枢が判断するあり方が変化したのか否かは不明であるが、判明する範囲で手続きをみてゆきたい。

頻繁に行われたB追善仏事の場合、数日前に蔵人から大外記に対して免者の実施が伝達されて宣旨の作成が命じられ、外記が請文を提出する。(41)大外記中原家の『師守記』や『康富記』の月末や紙背文書には、その翌月の公事について四人の少外記の分担一覧が記されており、その中には「免者」の項目もある。(42)

一度当たりの免者の人数は二、三人と少ないが、同時期の獄への施行で「当時十五人有之」という記録がみられ、そもそも囚人の数が少なかったことが窺われる。(43)また鎌倉期同様、釈放するのは軽犯囚であり、③後伏見国忌・④伏見国忌などは軽犯囚不在を理由に免者が中止となっている。

そして観応年間以降、大きな変化として、204・209・218・221などの事例で、室町幕府が朝廷の赦免に対して囚人を用意していることが挙げられる。鎌倉期においては、幕府が朝廷のために囚人を用意した事例はなく、51の中宮出産祈禱の折の囚人勘文に載せられた一人が、武家から検非違使庁に引き渡された者であることが判明し、武家に知らせず釈放することが問題視されたという事例があり、むしろ朝廷と鎌倉幕府のどちらが逮捕した囚人かということは、引き渡して以降も区別されていたといえる。(44)

室町幕府による囚人の用意はその後も続いたようであり、文明年間に松田貞頼が記した『武政軌範』の「侍所沙汰」に「赦沙汰事」という一項がある。

史料四　『武政軌範』侍所篇（『中世法制史料集』二所収）

一　赦沙汰事
正月十六日節会、於内裏北陣、検非違使官人出獄舎者、含　宣命追放之、是例年之儀也、又国忌並武家御追善之時、有其沙汰、至大赦者、召返流刑人、放免囚獄者、仍毎度執行内談、召出流帳獄記、勘弁其軽重、被赦免之、流人者、対頭人成奉書、禁獄者、対所司代遣奉書、令下知之、是則為開闔之所役乎

赦は正月十六日節会・朝廷の国忌・将軍家の追善を契機として行い、その準備として内談において「流帳獄記」をもとに罪の軽重が勘案され、流刑の召還については侍所頭人に、獄囚の釈放については所司代に奉書が下されるという。(45)つまり囚人の選定という、鎌倉期に朝廷が判断を下していたプロセスを、室町幕府の内談が担ったのである。ただし前述の210の改元の事例では囚人勘文作成に検非違使官人が関わっているため、朝廷の実務家層は継続して関与した可能性がある。

室町期の獄制についてはきわめて不明な点が多いが、文安年間に侍所頭人の任務を「獄の鎰を請け取る」と表現していることや、文明年間の『武政軌範』のこうした記述をあわせると、室町期を通して、侍所にとって獄の掌握は重要なものであり続けたといえるだろう。(46)

注目すべきことは、朝廷の赦免において、ごく僅かな人数であろうとも実際に釈放が行われることが重要視されていたことである。室町初期の先例調査においても、赦令のみで実態のなかったものは先例として数えられていない。(47)そして文明改元の際、応仁の乱の最中で朝廷・幕府とも獄を掌握できておらず、囚人が用意できない状況のもとで、赦をどのようにすべきか諮問を受けた一条兼良は、実際に釈放することができないならば改元詔書に赦を記載すべきではないと答えている。

史料五　『糠粕記』応仁三年四月十七日条（『大日本史料』八編二）

大赦事者、東西獄以下、定不可有其実候、且両陣諸敵最中事、與以相違之様候、然者詔書文言可被略候哉、可被用何度哉事者、毎度必不可然候、殊今度事者、不可有比例候哉、

議論の結果、このときも赦は記載されることとなった。しかし、ほとんど定型化していた改元の常赦であっても、実際に囚人の釈放が行われないならば削除すべきであると、当時の代表的知識人である兼良が述べていることは重要である。

それ以降も、応仁の乱から室町期の終わりまで改元詔書には赦が記載されるが、追善仏事などに赦・免者が行われた史料はなく、また追善仏事そのものも激減した(48)。また、同時期の短期的な政権交代の繰り返しとともに、治安・警察機能や獄制の変動なども見えにくくなるため(49)、本稿では室町期の赦免をめぐる議論は文明期までとし、以降は今後の課題としたい。

2　義満以前の幕府による赦免

鎌倉期までは、京都における赦免はいわば朝廷の専権事項であり、内容からも形式からも天皇が命令主体となっていた。鎌倉幕府は、鎌倉において源実朝や北条政子の法事、宗尊親王の病などを契機とする赦免を行ったが、京都において六波羅探題に赦免を行わせることはなかった(50)。しかし室町期になると、京都において将軍も赦免を行うようになった。その契機は主として、将軍父母の追善と「大法」と呼ばれる祈禱である。

初期に赦免が検討された事例としては、貞和四年の足利直義による尊星王法が挙げられる。醍醐寺房玄による『貞和四年記』では、この祈禱は武家としては室町幕府が初めて行うとされており、このとき幕府に注進された「此法修中条々可有其沙汰篇目等云々」には、この祈禱とともに大赦や非人施行を行うべきとしている。

先行研究において、この祈禱は天下静謐を目的とし、また尊星王法は前述の七仏薬師法などとともに「大法」と呼ばれる祈禱法の一つであったため、公武関係論の視点から注目されてきた。丹生谷哲一氏は「天下静謐の尊星王法が統治権的支配権を象徴するものであることはいうまでもない」、「清水坂非人に対する施行、大赦、徳政の興行」は「いずれも本来、王権に固有の政道とみられていたものである。それがいまや国家的祈禱とともに直義の統治権的支配のもとで沙汰されているのである」と述べた(51)。しかし、このとき尊星王法は行われたが「寺注儀軌等不可有本説事歟、難被指南云々」と、注進された大赦や非人施行は実施されなかった。

そののち、貞治四年の足利義詮母の七七日法要において「今日有赦事、籠者被出之、其内院御所侍両三年依盗人被入籠之処、逢赦出之云々」と、赦が行われ、盗みの罪で三年間拘禁されていた院御所の侍が釈放されたとの記事がある(52)。拘禁を「入籠」と表記しているが、六波羅探題が京都に設けた牢獄が「大籠」と呼ばれていたことから、室町幕府もこの牢獄、またはその名称を引き継いだものと考えられる。前節で触れた、朝廷の赦免に幕府が囚人を用意した最初の事例である204はこの翌年であることから、この時期に幕府が獄を掌握したといえよう(53)。

その後、追善・「大法」ともに赦免を伴うものはしばらくみられず、次にみられるのが義満期である。

3　義満の赦免

室町期の公武関係論においては、佐藤進一氏の「室町幕府論」以降、幕府が朝廷の諸権限を吸収したとする研究が重ねられ、それを前提として義満の王権簒奪説までが唱えられた。(54)しかし近年では、王権簒奪説は概ね否定され、義満は公家社会の一員として朝儀復興を行ったと評価されることが多い。

将軍職を退き北山に居を移して「北山殿」と呼ばれた時期の義満が、自らを法皇に擬した振舞いを行ったこと、また太上天皇号を暗に欲したことは指摘されているが、そうした極端な部分を除けば、武家の首長であるとともに公家や寺社をも含む秩序の頂点に立つという義満の地位は「室町殿」と呼ばれ、以降の足利将軍家家長も基本的にはこの地位を継承していったとされる。(55)

そして義満による赦免が行われるのは、その北山殿としての時期である。

まず応永六年九月、義満の権力のシンボルと呼ぶべき相国寺大塔供養が行われた。長く中世権力のシンボルであった白河院の法勝寺九重塔より高いこの大塔の供養は、建久六年の東大寺大仏殿落慶供養に擬して千僧供養を行い、顕密の権門寺院に僧の出仕を割り当て、また多数の公家に供奉させるというものであったが、このとき非常赦が行われている。

前述のように、院政期以来、院や天皇の行幸を伴う大規模な仏事を契機として多く非常赦が行われており、この大塔供養が手本とした東大寺大仏殿落慶供養においても、17で後鳥羽天皇行幸のもとに赦が行われている。しかし、今回は治天や天皇は不在であるが、関白一条経嗣の『相国寺塔供養記』によれば、「左のおとど、東の壇下にくだりて、検非違使佐をめし、赦の事を宣下せられて又詔書つくるべきよしを大内記に仰せらる、是はかようの御願あるとき、非常赦とていかなるおもき罪をおかしたるものをも残さずゆるし給ふ」と、院や天皇の行幸と同様の手続きで非常赦が行われている。詔書やその他の古記録を欠くため、これ以上の詳細は不明であるが、これは義満を院として見立てたものといえるであろう。

また北山第では、北山殿大法と呼ばれる蕩尽的な祈禱が繰り返されたが、この「大法」に伴う赦免がいくつかみられる。前述の直義による「大法」である尊星王法を、丹生谷氏は「統治権的支配権を象徴するもの」と呼んだが、北山第大法をめぐっても、九〇年代の公武関係史研究はこれを朝廷の「国家的祈禱権」の吸収と評価した(56)。しかし近年の研究では、これが私的な身体護持目的であり「大法」が直ちに国家的祈禱とはいえないことが明らかにされている。その根拠の一つとして、鎌倉期にも同じく臣下の身体護持の「大法」私修があったことが指摘されており(57)、その一例として前述の68西園寺公経の七仏薬師法が挙げられている。

「大法」に伴う赦免に注目すると、『兼宣卿記』によれば、応永七年二月一五日七仏薬師法の「免者事、被仰所司代了」、応永八年六月二十日経供養の「今朝於法勝寺有施行、料足二千疋被下行之、彼寺僧致奉行了、免者同被行之、軽罪者三人被出之、仰侍所所司代了」、応永一一年一月二三日尊星王法の「修中可被行赦事〈下知飯尾美濃入道、軽罪者一人被放免、十八日行之〉」、応永一三年一月二三日尊星王法の「修中可被行赦事〈伺時宜、尋日次、下知飯尾事〉」などの例がある。いずれも軽罪の者をごく少人数のみ釈放しており、実務にあたるのは侍所所司代や奉行人飯尾氏であり、朝廷の関与は一切みられない。これに対し、68の七仏薬師法でも免者が行われているが、その手続きは不明であり、また朝廷の関与なしに行えたとは考えがたい。

つまり、相国寺大塔供養という儀礼の場では、義満を院の行幸に擬えた手続に基づく非常赦が行われ、北山殿大法では、朝廷の関与なく、所司代や奉行人への下知など、幕府内で完結する手続で赦・免者が行われている。いわば前者は朝廷と同等の赦免、後者は朝廷から独立した赦免で、どちらも義満には可能であったといえる。

この赦免をめぐる議論から、権限吸収論に戻るような議論、たとえば北山殿大法の位置づけの再論や、幕府による朝廷の「恩赦権」の吸収などを想定するのは適切でない。しかし、鎌倉期には天皇のみが京都の赦免の主体となったのに対し、室町期には義満を主体とする赦免が行われたということだけは指摘できよう。

4　室町殿の赦免のゆくえ——個別の恩恵付与へ

義満以降も、足利将軍家家長は、武家・公家・寺社を支配する「室町殿」であり続けた。しかし、院の行幸に擬した非常赦や蕩尽を尽くした北山第大法は途絶えた。

かわりに室町殿による赦免は、父母や自らの追善仏事を契機とするものが中心となった。追善仏事の場となった相国寺の『蔭涼軒日録』によれば、永享一二年一一月二七日の義教逆修においては、飯尾為行が「獄中軽罪」の者を赦免するよう命じられ、また寛正三年六月二四日の義教仏事においては、治部国通が一人を赦免しているが、このとき「毎年赦之時、免許不過一二人也」と、毎年の赦免で一、二人のみが釈放されると記されている。また翌寛正四年八月二四日の義政母の三七日法要においても、「大赦御沙汰」で十人が赦免を受けている。いずれも軽罪の獄囚を少人数だけ赦免し、奉行人が実務にあたる。

また、これまで本稿でみてきた赦免は、当事者や事件とは直接関係のない契機により獄囚を赦免するもの、いわば当事者ではなく政権が主体性をもつものであったが、これ以降の室町殿の赦免では、契機は従来通りであるが、当事者からの働きかけが加わったものも増える。

まず、獄囚だけなく公家・武士・僧侶で室町殿の怒りを買った者が、取り次ぎを受けて赦免される事例が増える。応永二七年、義持の病を契機に「公武僧家突鼻之輩数十人」が赦免されたが、これを取り次いだのは「青蓮院殿」すなわち後に義持以上の暴君と化す義教である(58)。義教が将軍となったのち、永享三年の義教母の三三回忌では「日野一品禅門・大館等」が赦免され、また翌永享四年の義満仏事では、義教の怒りを買っていた相国寺僧喝食が帰寺を許され、また永享三年の赦免からは外されていた裏松義資も許されている(59)。

近年の研究により、室町殿による公家や寺社に対する裁判は、第三者としての公正な紛争解決というよりも、室町殿への奉仕などに対する庇護・権益分配という性格が強いことが示されている(60)。室町殿による処罰＝突鼻は、それ自体では出仕停止などのいわば私的な制裁にとどまるが、事実上庇護から排除されることで生計を支える基盤が断たれ、深刻な困窮に追い込まれる者も多かった。そうした生殺与奪を握られた状況を象徴するのが、この永享三年・永享四年の突鼻からの赦免を、貞成親王が「大赦」と呼んでいることである。

その後、嘉吉の変で義教が横死した直後、「若公御成人之間ハ管領政道可申沙汰云々、武家被突鼻人々、皆管領免許云々(61)」「今度恩赦事依予入魂、先日示遣中山宰相中将了、有慇懃之返報、日来御突鼻人々可注給之由管領示中山、中山送注文云々(62)」等と、管領細川持之が幼い義勝の代理として、義教から処罰を受けた人々を赦免している。

義政期にも、従来通り父母の追善仏事に獄囚を赦免する例もある一方、寛正五年八月七日の義政母の仏事では「依来八日御仏事自管領赦免出頭之事、以状被申也」と管領による赦免希望者の出頭取次ぎが行われている(63)。さらに追善仏事が、罪の赦免に限らず、広く私的な陳情を行う場と化してゆくことも指摘できる。たとえば『蔭涼軒日録』寛正三年二月二四日においては寺僧から「年忌之前有御免」として隠居が願い出られている(64)。そして応仁の乱以降になると、朝廷とともに室町殿においても、追善仏事に伴う赦はみられなくなる。

5　小括

室町期の赦免について、これまでの議論をまとめておきたい。

政治史としての視点からは、「室町殿」という権力のあり方を、赦免もまた反映したといえる。院同然の振る舞いを行った義満期には、朝廷と並びたつ、あるいは朝廷から独立した赦免が行われたが、それは彼以降には引き継がれなかった。義持期や義教期には、室町殿の病やその父母の追善仏事を契機として、獄囚の釈放と並んで個別の制裁解除も行われるようになっていった。しかし、公家・武家・寺社を支配する室町殿の制裁は、その社会の構成員にとっては生殺与奪を握られるも同然であり、それゆえにその解除は公家から「大赦」と認識されていたのである。義政期になると、その強権性が弱まるとともに、追善仏事における赦は、最終的には私的な陳情への応答へと縮小していった。

刑政史としての視点からは、朝廷・室町殿ともに、前代と同様、軽犯囚をごく少数釈放するにとどまった。つまり中世を通して、政治史からも刑政史からも、大規模に獄囚を許すことによって権力を誇示するというような手法はとらなかったといえる。

室町期の社会が赦免をいかに受容していたかについては、本稿では論じることができなかったが[65]、鎌倉期とは異なって赦免を前提とする追加法がないこと、また流人殺害慣行が横行していたことなどから、いったん処罰された先の赦免はあまり期待されていなかったのではないかと考える。

むすびにかえて――近世への展望

中世京都の赦免について、本論で述べてきたところは、各章の小括でまとめたため、ここでは繰り返さず、最後に近世への展望について述べたい。

応仁の乱以降、京都における赦免は、改元を除いて朝廷・幕府ともにほとんど見られなくなる。

戦国期の分国法ではほとんど赦免の規定はなく、唯一定めているものは、大内政弘による長享三年四月二六日の「被行常赦事」と題された法であるが、「為常徳院殿御追善、於御分国中、所被行常赦也、諸人可存知之由、為令告知、依仰壁書如件、」すなわち将軍義尚追善のための常赦であった(66)。

同日に発せられた次の条文でも、義尚追善のため、四月二六日から翌年三月二六日まで分国中で殺生禁断を命じている。大内氏は「小京都」と呼ばれる城下町建設をはじめ、京都の文化の模倣を好んでおり、この将軍追善の赦もその一環であると思われるが、しかし当の京都ではこの時期に義尚追善のために赦が行われた形跡はない。

朝廷の改元の常赦のみを例外として、中近世移行期の京都から、赦免はいったん姿を消した。

かわりに室町末期の混乱の中で見せしめの処罰などが増え、それを収拾した豊臣政権は、平和とともに厳罰をもたらした。室町期には捨て置かれていた政治的な落書の類が死罪の対象となるなど、京都に対して、豊臣政権は歴史上突出して苛烈な処罰を行った(67)。近世への最後の過渡期として、「赦免」と表裏にある「厳罰」を行った権力の時代をいかに位置づけるかを、今後の課題としたい。

（1）細川亀市「王朝時代の恩赦」上・下（『公法雑誌』一―六・七、一九三五）、渡辺茂「奈良時代に於ける恩赦の思想的背景」（『人文論究』一〇、一九五三）、杉山晴康「わが古代における赦についての一考察」（『日本の古代社会と刑法の成立』一九六九）、竹内正「律および大赦についての一考察（一）」（『刑法雑誌』一四―一、一九六五）、島善高「律令時代の恩赦―その種類と内容」（『國學院雑誌』八一―九、一九八〇）、同「律令時代の恩赦―その種類と効力」（『法制史研究』三四、一九八五）など。

（2）佐竹昭『古代王権と恩赦』（雄山閣出版、一九九八）。

（3）高柳真三『江戸時代の罪と刑罰抄説』（有斐閣、一九八八）。

（4）谷口眞子「恩赦をめぐる幕府権威と仏教世界」（井上智勝・高埜利彦編『近世の宗教と社会』二、吉川弘文館、二〇〇八）、同「幕藩権力による恩赦の構造と特質」（『日本史研究』六〇七、二〇一三）など。

（5）現代の恩赦は「行政権の作用によって、国家の刑罰権の全部または一部を消滅させ、犯罪者を宥免する制度」とされており、日本では政令で罪の種類を定めて行う政令恩赦（大赦・減刑・復権）と、特定の者に対して随時行う個別恩赦（特赦・減刑・刑の執行の免除・復権）がある。これらは「裁判の効力を政治的観点から変更するものであるため、みだりに行われると法の威信を害することになるが、他面、時の経過に伴う刑罰思想の変動に対応して刑法の衡平的運用を図る機能ももっている」とされる（『法律学小辞典　第五版　補訂版』七四頁、高橋和之ほか編、有斐閣、二〇一六）。

（6）大饗亮『律令制下の司法と警察』（大学教育社、一九七九）、宮崎康充「白河・鳥羽院政期の検非違使佐」（『日本中世の諸相』上、吉川弘文館、一九八九）、同「鎌倉時代の検非違使」（『書陵部紀要』五一、一九九九）など。

（7）布谷陽子「承久の乱後の王家と後鳥羽追善仏事」（羽下徳彦編『中世の地域と宗教』吉川弘文館、二〇〇五）、曽根原理「室町時代の御八講論議」（『南都仏教』七七、一九九九）、久水俊和「改元をめぐる公家と武家」「改元と仏事からみる皇統意識」（『室町期の朝廷公事と公武関係』岩田書院、二〇一一）など。

（8）近年、谷口眞子氏は、近世朝廷の恩赦についての網羅的な事例検討を進められている（特定課題研究助成費成果報告書『朝廷の行事を契機とする恩赦事例史料集』上、研究代表者谷口眞子・児玉憲治、二〇一七）。中世の恩赦は朝廷によるものが中心であるため、本稿は谷口氏の手法を参考としてこの表を作成した。

(9) 前田禎彦「検非違使庁の〈政〉」(『富山国際大学紀要』七、一九九七)。
(10) 『師守記』康永四年七月一日条、貞和三年六月三日条、『園太暦』康永四年七月六日条など
(11) 前掲注(2)佐竹書二四二〜二四四頁。
(12) 「官人章房記」『公衡公記』正和四年七月二九日条。
(13) 前掲注(7)布谷論文。
(14) 中村一郎「国忌の廃置について」(『書陵部紀要』二、一九五二)。
(15) 前掲注(7)曽根原論文、久水論文。
(16) 『師守記』康永元年五月一日条。
(17) 前掲注(1)島「律令時代の恩赦—その種類と効力」、前掲注(2)佐竹書二九〇〜三〇一頁。
(18) 前掲注(2)佐竹書三七〇〜三七九頁。
(19) 前掲注(6)宮崎「鎌倉時代の検非違使」。
(20) 「官人章房記」『公衡公記』正和四年七月三〇日条。
(21) 『鎌倉遺文』三六四二。
(22) 「官人章房記」『公衡公記』正和四年八月四日条。
(23) 五味文彦「使庁の構成と幕府」(『歴史学研究』三九二、一九七三)。
(24) 保立道久「日本中世の諸身分と王権」(『講座 前近代の天皇』三、青木書店、一九九三)、丹生谷哲一「非人施行と公武政権」(『増補検非違使』平凡社、二〇〇八、初出一九八六)。
(25) 義江彰夫「摂関院政期朝廷の刑罰裁定体系」(永原慶二他編『中世・近世の国家と社会』東京大学出版会、一九八六)、「王朝国家刑罰形態の体系」(『史学雑誌』一〇四—三、一九九五)、告井幸男『摂関期貴族社会の研究』(塙書房、二〇〇五)、前田禎彦「摂関期裁判制度の形成過程」(『日本史研究』三三九、一九九〇)、前掲注(9)前田論文、同「検非違使別当と使庁」(『史林』八二—一、一九九九)、同「平安時代の法と秩序——検非違使庁の役割と意義」(『日本史研究』四五二、二〇〇〇)、同「古代の裁判と秩序」(大津透他編『岩波講座日本歴史五 古代五』岩波書店、二〇一五)など。

（26）上杉和彦「京中獄所の構造と特質」「摂関政治期における拘禁処分をめぐって」（『日本中世法体系成立史論』、校倉書房、一九九六）、森茂暁「六波羅探題と検非違使庁」（『鎌倉時代の朝幕関係』思文閣出版、一九九一）。その後、京都の獄については長く専論がなく、近年の古代史の成果として、平安京以前の宮都および唐との比較を通して平安京の左右獄制の成立過程を論じた研究がある（橋本義則「日本古代宮都の獄」新宮学編『近世東アジア比較都城史の諸相』白帝社、二〇一四）。

（27）渡邉俊「使庁における追放と財産刑の形成」（『中世社会の刑罰と法観念』吉川弘文館、二〇一一）、前掲注（23）五味論文、前掲注（25）義江論文。また同書の「京中獄制の特質と社会的機能」は注（26）上杉書を踏まえ、朝廷の獄と社会との接点を概観する。

（28）『鎌倉遺文』一五九一七「中原章綱請文」（『勘仲記』弘安一〇年五月巻裏文書）。この正確な年は不明であるが、六月一三日という日付から、弘安七年六月一七日に亀山院が行幸した靡殿如法経十種供養のための免者と考えられる（『勘仲記』同日条）。

（29）『葉黄記』宝治二年七月二日条「予参内、候小板敷、蔵人佐宣下之、予給勘文下官人章種、次第如例、参仕官人左尉章種以下七人也」など。

（30）『大外記清原良賢記』嘉慶元年八月六日条「次召右大史秀職被問官人参否、次大判事明宗参軾奉赦事〈仰詞云令行免囚事興云々〉、囚勘文兼日書渡職事云々、不被下之、不審之由明宗申之、是常免者之時、被下囚人勘文、改元赦被載詔書之間、不被下囚人勘文哉、」。

（31）「官人章房記」『公衡公記』正和四年七月二九日条。

（32）前掲注（26）上杉書。

（33）『葉黄記』寛元四年三月一三日条・『岡屋関白記』建長三年七月二日条。

（34）『中世法制史料集』一、追加法二二四条・一一七条・三三〇条など。

（35）『鎌倉遺文』一八〇四二「佐伯俊宗愁状」（『勘仲記』永仁元一〇・一一月巻裏）に「定被行非常大赦者歟」。

（36）『鎌倉遺文』五九五九。

（37）『鎌倉遺文』二六九九六。

(38)『鎌倉遺文』三一〇二〇。
(39)前掲注(24)丹生谷書。
(40)前掲注(7)曽根論文、久水論文。
(41)『師守記』暦応三年七月一〇日条・暦応四年二月一〇日条など。
(42)『師守記』貞治三年二月末条、同四月二九日条、同五月末条、同七月末条など、『康富記』応永二九年正月末条「二月公事」など。
(43)『師守記』康永四年二月一九日条、父の供養として「今日施行獄舎囚人、当時十五人有之」。
(44)『民経記』貞永元年八月一九日条。
(45)『武政軌範』の年代については設楽薫「私の室町幕府研究と「史料」探索」(『月報』二〇、『展望日本歴史11室町の社会』東京堂出版、二〇〇六)。
(46)『康富記』文安四年五月五日条「侍所事、京極辞退之後、一色左京大夫領掌、雖然獄之鎰未請取時分也、依之開闔布施民部大夫此間致毎事之成敗」。
(47)『園太暦』康永四(貞和元)年七月六日条「赦令等雖存例、或当時難治、如赦令不可有其実歟、仍不能注入也」。
(48)前掲注(7)久水論文。
(49)近年の研究として、木下昌規『戦国期足利将軍家の権力構造』(岩田書院、二〇一四)など。
(50)実朝三回忌において施行とともに三十人ほどの赦免(『吾妻鏡』承久三年一月二七日条「次有施行、乞食千人々別十疋、亦犯科者三十許輩原免之」)、北条政子追善における流罪の御家人二人の赦免(同・嘉禄元年八月二七日条)、宗尊親王の病と炎旱による赦免(同・建長四年六月一六日条「為御祈被行赦及数十人云々」)など。
(51)前掲注(24)丹生谷書一二二頁、『貞和四年記』(『群書類従』第二九輯下)。
(52)『師守記』貞治四年六月二三日条。
(53)同時期に侍所による流人追却・武家検非違使の就任もみられ、204とともに侍所が京都の警察権を掌握した画期として評価されている。森茂暁『増補改訂　南北朝期公武関係史の研究』三四八頁(思文閣出版、二〇〇八)。

(54) 佐藤進一「室町幕府論」(『日本中世史論集』岩波書店、一九九〇、初出一九六三)、今谷明『室町の王権』(中公新書、一九九〇)。
(55) 小川剛生『足利義満』(中公新書、二〇一二)、大田壮一郎「足利義満」(榎原雅治・清水克行編『室町幕府将軍列伝』、戎光祥出版、二〇一七)。
(56) 富田正弘「室町時代における祈禱と公武統一政権」(日本史研究会史料研究部会編『中世日本の歴史像』創文社、一九七八)、「室町殿と天皇」(『日本史研究』三一九、一九八九)、前掲注(53)森書。
(57) 大田壮一郎「足利義満の宗教空間」『室町幕府の政治と宗教』(塙書房、二〇一四)。
(58) 『康富記』応永二七年一〇月一三日条。
(59) 『看聞日記』永享三年五月八日条・永享四年五月三日条。
(60) 山田徹「室町幕府所務沙汰とその変質」(『法制史研究』五七、二〇〇七)、同「室町期領主社会の形成と武家勢力」(『ヒストリア』二二三、二〇一〇)など。
(61) 『看聞日記』嘉吉元年六月二六日条。
(62) 『建内記』嘉吉元年七月八日条。
(63) 『蔭凉軒日録』寛正五年八月七日条。
(64) 『蔭凉軒日録』寛正三年二月二四日。
(65) 清水克行「室町幕府「流罪」考」(『室町社会の騒擾と秩序』吉川弘文館、二〇〇六)。
(66) 『中世法制史料集』三、武家家法I、一二九条。
(67) 拙著『怪異の政治社会学』一三九頁(講談社選書メチエ、二〇一七)、福田千鶴『淀殿』八五〜八七頁(ミネルヴァ書房、二〇〇七)、河内将芳『落日の豊臣政権』(吉川弘文館、二〇一六)。

ドイツ第二帝政期における「領邦君主の家族」の身分と法学

ザクセン、コーブルク＝ゴータ、オルデンブルク

藤川 直樹

一　近代ドイツにおける私的君侯法の変容と「領邦君主の家族」の身分

1　神聖ローマ帝国期において領邦高権を有する帝国直属身分、所謂「上級貴族」（Hochadel, hoher Adel, illustres）は、その自律立法（Autonomie）[1]や慣習形成、特権の獲得などを通じ、家族関係及び相続関係について——婚姻法における同格出生原理（Ebenbürtigkeitsprinzip）[2]と相続法における長男子相続制（Primogeniturordnung）に代表される——一般私法とは異なる独自の法を形成していた。それは第一義的にはそれぞれの家の家憲（Hausgesetze）[3]ないし家慣習（Hausobservanzen）として立ち現れるものであったが、しかしかような特殊規律に留まらず、家の枠組を超えて上級貴族身分全体に共通する「普通ドイツ法（gemeines deutsches Recht）」として学問的に再構成され、適用されうるものであった。このような身分的特別法は「私的君侯法（Privatfürstenrecht, ius principum privatum）」と呼ばれ、ドイツ各地の大学法学部では一八世紀から一九世紀中頃まで独立の講義科目として編成された。[4]

一九世紀初頭の神聖ローマ帝国の崩壊と所謂「陪臣化（Mediatisierung）」は、後述するように私的君侯法の基礎となる「上級貴族」の身分的一体性の基礎を掘り崩すものであった。しかし、ヴィーン体制における正統主義の一環として、伝統的な「上級貴族」身分の一体性は少なくとも自律立法権と婚姻法については維持・保障され（ドイツ同盟規約一四条）[5]、その後一八六六年以降のドイツ同盟体制の瓦解からドイツ帝国創設に至る政治的変動、そして第二帝政期初頭から進行した帝国司法制度改革（一八七七／七九年）及びドイツ民法典の編纂・施行（一八九六／一九〇〇年）[6]を経験した後においても、私的君侯法は普通ドイツ法として補充的に適用されうるものとして実務的にも学問的にも[7]

存立し続けた。

しかし、神聖ローマ帝国の崩壊という国制史的画期にはなお著大なる意義が認められなければならない。第一に、帝国の枠組の消滅とライン同盟の成立により、従来の帝国直属身分は主権を獲得するに至り、これに対して陪臣化された旧帝国等族（Standesherr）の家は主権的領邦に臣従することとなった。[8]第二に、更にこのような二極化は主権を有するに至った家の内部にも生じた。これまで領邦君主と同様に帝国に直属する身分であると考えられた領邦君主の家族は、領邦君主の主権化に伴い、その臣民の地位に甘んじることとなった。この二つの変化は、領邦君主の家（**landesherrliche Familie, regierende Familie**）と国家との関係性の根本的変容とも対応していた。一八六〇年代以降、伝統的に領邦君主の家法によって規律されてきた王位継承と近代的憲法秩序観念との緊張関係に対する認識から「君侯法（**Fürstenrecht**）」という領域が――少なくとも観念的には[9]――私的君侯法から離陸する傾向を見せる。[10]第三に、帝国権力とともに帝国の裁判権が消滅し、ドイツ同盟がそれに代わる裁判権を有しなかったことは、領邦高権に対する領邦君主及びその家族の諸権利（領邦高権に対する占有権・請求権＝王位継承権）にとって司法的救済ルートの途絶を意味した。それ故に領邦君主やその家族が有する領邦高権に対する権利を裁判権によって救済されうる「私権」として構成することの実践的意義は失われ、「公権」としての王位継承権という新しい観念も一八五〇年代以降急速に支配的となった。[11]王位継承紛争の解決の場は名実ともに裁判所から国際政治における実力行使と外交の現場に移ったのである。

2　そこで我々の関心は「上級貴族」の全体から、近代における国家観念の変容と構造的に連動し、公法と私法との交錯地点を形成していた「領邦君主の家族」に絞られてくる。一八七〇年代初頭のドイツ帝国建設によって新たに成立した統一的な立法権に基づき、一八七四年以降、帝国司法制度改革が進展し、その成果として裁判所構成法・民事訴訟法・刑事訴訟法・破産法が各施行法とともに公布・施行されたが、そこでは帝国を構成する（三つの共和制の自由都市を除く）二二の君主制領邦の君主の家族は、固有の法秩序を形成している限りにおいて、通常の訴訟法が適用されない特別の身分として位置づけられることとなった。裁判所構成法施行法（EGGVG）五条は「領邦君主及び領邦君主の家族の構成員（Mitglieder der landesherrlichen Familien）、またはホーエンツォレルン侯家構成員については、王室家制（Hausverfassungen）または領邦法律に別異の定めのない場合に限り、裁判所構成法の規定が適用される」と規定している[12]。更にその後の民法典編纂過程を経て、同様の帝国法律適用除外の規定が民法典施行法（EGBGB）五七条として定められた。周知の通り、私的君侯法や家族信託遺贈財産法など貴族的な法制度は依然として鞏固な現実として屹立しており、市民的法観念はこれを法典編纂からひとまず除外せざるを得なかったのであるが[13]、「領邦君主の家族」の法はいわばその典型として帝国による立法的法統一の例外として位置づけられたのである。もっとも、市民法と領邦君主の家法の適用範囲は必ずしも常に截然と区別されえたわけではない。また帝国刑法典においても「領邦君主の家族」は不敬罪等について領邦君主に準じた特別の身分として刑法的保護を与えられたが、その場合の「領邦君主の家族」の範囲もやはり争われえた。本稿ではまず、**二・三**において、第二帝政期に実際に発生した民刑事の事例と法学からの応答を紹介することで這箇の消息を詳らかにし、「領邦君主の家族」の身分と法に関する具体的イメージを獲得するとしよう。

3　無論、「領邦君主の家族」の身分と結びついた権利義務のなかでも最も重要なのは王位継承権である。ところで、伝統的に不可奪的な「既得私権」として観念されてきた王位継承権は、「私権」としての意義の喪失と立法権に抵抗しうる「既得権」観念の解体とともに、一八七〇年代以降、領邦君主によって裁可される領邦法律によって任意に変更されうるものと理解されるようになっていた。一八九〇年代に勃発する小邦リッペの侯位継承権を巡る摂政家と傍系との紛争はこうした理解の是非を問い直す機縁となり、領邦立法のみによって王位継承を規律しうるのか、それとも王室家憲も必要なのかということが俄かに公法学の争点となった。王位継承を巡る紛争の法的解決の場も再び模索された。紛争の火種は婚姻の適法性要件である同格出生であり、まさに「領邦君主の家族」の身分が問題となったが、事件は摂政就任権や立法による王位継承権の変更可能性の問題として展開しており、民事裁判による解決はあり得なかった。それ故に、常設君侯裁判所の設置が構想されただけでなく、領邦間紛争や領邦憲法紛争に関する帝国の裁定権を定める帝国憲法七六条の適用可能性が争われ、多数の法学者が鑑定意見書などを通じて実践的に関与した。しかし、結局においてこの紛争は、当事者の仲裁契約に基づく仲裁判断と、これを受諾する旨の領邦議会の議決によって解決を見ることとなった(14)。

これに対して、一九〇〇年代のオルデンブルク大公国の紛争事例では、王位継承権の基礎となる「領邦君主の家族」としての地位確認訴訟が民事訴訟ルートに乗り、帝国大審院の裁判による解決が図られることとなった。リッペ事件に比して小規模ながら少なくない法学者の関与が見られるこの紛争において、まさに「領邦君主の家族」の身分を法的に規律するのは領邦立法なのか「領邦君主の家族」の自律立法権なのかという同様の問題が浮上し、リッペの事例とは一見逆転した学説分布が観察される事態となった。本稿では**四**においてこの紛争を採り上げることによって、リッペ侯位継承事件の分析から往々にしてその一面が誇張される嫌いのある第二帝政期公法学の王位継承法論に別の側面から光を当てることとしたい。

二 「領邦君主の家族」の身分喪失と法適用
――ザクセン王太子妃ルイーゼのスキャンダル

1 一九〇二年、ハープスブルク家に属するトスカーナ大公の娘であり、ザクセン王太子フリードリヒ・アウグスト（Friedrich August von Sachsen）に嫁ぎ既に六人の子を儲けていた妃ルイーゼ（Luise Antoinette Maria von Oesterreich-Toscana）に不義密通の容疑が浮上した。一九〇三年一月一四日にはザクセン王国官報においてルイーゼの身分放棄の旨の告示がなされ、二月一一日には特別裁判所によって婚姻錯誤による無効の判決が下された。

『ドイツ法曹新聞』紙上においてこの問題を論じたのは、ユダヤ出自の法制史家でキール大学の私講師であったO・オペット（Otto Opet, 1866–1941）であった。(15) 彼はまず論説『身分及び位階の喪失』（一九〇三年）を著し、市民私法と私的君侯法との関係について単なる一般論を超えた詳細な検討の必要性を強調したうえで、具体的な論点として「領邦君主の家族」からの強制脱退（Ausschluß）とそれによる身分喪失の法的効果を採り上げた。オペットは、王室家憲によって認められた王室内部の秩序維持のために必要な措置を講じることのできる家長の権限（ザクセン王室家憲四条）に強制脱退可能性が含まれるという解釈を示しながら、脱退者は上級貴族身分と結びついた家族法的関係（王室経費に対する請求権、王族会議参加権、家族信託遺贈財産継承権）から切り離されるが、通常の市民私法における家族法的関係は存続する（例えば家名・紋章は上級貴族に係る標識を除外して継続される）とする。更に一九〇三年一月二七日に発表されたエスターライヒ皇帝によるルイーゼのハープスブルク家構成員としての資格停止（Suspension）については、ルイーゼの婚姻とその後の上級貴族としての出生身分（Geburtsstand）の離脱によって無意味なものとなっていると論じ、結論としてかつての「王太子妃ルイーゼ・アントワネット・マリーア・フォン・ザクセン」は「ルイーゼ・アントワネット・マリーア・フォン・ザクセン」となっており、旧氏を選択した場合には「ルイーゼ・アントワネット・マリーア・フォン・ロートリンゲン゠ハープスブルク゠トスカーナ」となるとされる。(17)

更に、この当時、ルイーゼは第七子を懐妊していたため、その嫡出性についても争われえた。オペットは同じく『ドイツ法曹新聞』紙上に論説『私的君侯法における嫡出否認について』（一九〇三年）を著して次のように論じた。民法典一五九一条以下の嫡出性に関する規定が上級貴族に適用されるか否かについて、ザクセン王室の問題で賑わう一般紙（Tagespresse）の論調は概ね肯定的な立場を採っている。確かに、嫡出性については個別の王室家憲に特に規定が設けられていない。しかし王室家憲の明文規定がなくとも「普通私的君侯法」の補充適用はありうる。民法典施行法五七条によって民法典の適用を除外する「王室家制または領邦法律」は、成文法規だけではなく「普通私的君侯法」を含む。嫡出性に関する私的君侯法の内容は基本的に民法典と同様であるが、例外的に民法典によって排除されたかつての普通法の規律（婚姻前発生・婚姻中誕生の子を非嫡出子とし、嫡出否認権を父だけでなく法的利益を有する者にも認める）を維持したものであるから、母や子自身によっても嫡出否認がなされうるのだ、とオペットは論じるのである。(18)

2 領邦君主の家族からの脱退や身分喪失の問題に学問的関心を惹起した(19)このスキャンダルは、一九〇四年の国王交代後、新たな局面を見せた。すなわち離婚により子を残して宮廷を去ったルイーゼは逐電（"Flucht" と表現されている）した先で娘を出産し、自らのもとに留めているのであるが、新国王である父はザクセン王族である娘の引渡しを要求しており、対してモンティニョーゾ女伯（Gräfin Montignoso）を名乗り始めたルイーゼは国王のもとで養育されている我が子との接見を望んだのである。

この問題について、やはり『ドイツ法曹新聞』紙上で論じたのはベルリーン大学の員外教授C・ボルンハーク（Conrad Bornhak, 1861–1944）であった。彼の論説『モンティニョーゾ事件における国法的・国際法的諸問題』（一九〇五年）は次のように論じる。民法典一六三五条によれば、専ら一方配偶者が有責である場合には他方配偶者に子の養育権があり、この利益のために特別の理由のある場合には後見裁判所は別異の命令を発することができる。また有責配偶者にも子に接見する権利は認められており、同じく後見裁判所が接見の方法等について詳しく規律しうる。これに対しザクセン王室家憲四条は家長たる国王に家族監督権と紀律権を認めており、それによって上級後見権も国王に帰属している。つまり市民私法における後見裁判所の権能は国王に属しているわけである。そして民法典施行法五七条の規定により、実体的にはルイーゼの接見請求は国王の紀律権に劣後し、形式的には国王の上級後見権により接見が規律され、その決定に対して法的救済ルートは存在しない。もちろんルイーゼは一九〇三年にザクセン王室から離脱し、ハープスブルク家にも復帰していないので王室紀律権に服することはなく一般市民法のもとにある。しかし請求の対象がザクセン王室の構成員に関わる以上、王室家憲の規定が優越するのである。[20]

私的君侯法の適用関係を専ら当事者の属性に求めるボルンハークの脇の甘い説明に批判を加えたのはミュンヒェン大学の私講師であった若き国際私法学者K・ノイマイアー（Karl Neumeyer, 1869–1941）である。彼の批評論文『私的君侯法と普通法の限界画定について』（一九〇五年）は、まず或る法圏に属する者に対してはおよそその法のみが適用されると考え、異なる法圏間の衝突の調整を優劣関係で捉えるのは誤りであることを指摘する。[21] 例えば君主が市民の遺言によって相続人に指定されたとしても王室家憲の相続法は適用されないだろうというわけである。

問題は、異なる身分の者（Standesfremde）が当事者となる場合に当該事案が君侯法の問題であるか否かということに尽きる。当事者の身分が決め手でない以上、争われている法関係の性質が決定的であるとして、彼は抵触法の発想を援用し、それは「法関係の所在（Sitz des Rechtsverhältnisses）」に求められるべきであると主張する。而して民法典において離婚した両親と子との関係は親権の問題として把握され、更に民法典施行法一九条一文によれば両親と子との関係はまず父を基準に判断されるのであるから、結論としてはボルンハークが論じたようにこの問題においては王室家憲の規定が適用されるのだとされる(22)。

右に見たルイーゼの事例は、民法典施行後における「領邦君主の家族」の身分に関する法適用関係の非自明性と学問的・理論的検討の必要性を示すだけではない。先に見た嫡出否認権に関するオペットの論攷は一般紙の論調に触れてこれを学問的観点から訂正するという性格を有していたが、マスメディアが発達し、皇帝のメディア露出も高まるヴィルヘルム二世統治期(23)における世論は、「領邦君主の家族」の身分と法——そしてスキャンダル——に少なからぬ関心を寄せていたのである。法学はこのような広い関心に応えるという側面を有していた。

それでは「領邦君主の家族」は第二帝政期の法学文献においてどのように論ぜられたのだろうか。節を改めて見ていこう。

三　「領邦君主の家の構成員」の範囲と二元的家概念
――ブルガリア侯不敬罪事件

1　君主の親族関係は一般市民のそれとは異なり、各人からの親等の距離によって相対的に把握されるのではなく、通常は共通の始祖（Ahnherr）――領邦高権をその家で初めて取得した者（Ersterwerber）――という系譜上の絶対的起点によって規定され、適法な婚姻に基づくその男系卑属集団が家（Haus）と呼ばれる一種の社団的集団を形成する。有力な家には複数の所領が帰属しうるが、長男子相続制が導入・貫徹されない限り、所領の統一はなされえないし、その時々に所領を保持する者によって長男子相続制が導入されると、その系（Linie）――始祖の卑属集団内における特定の男系親を共通の祖先とする下位集団――が断絶しない限り当該所領に対する領邦高権はその系に留保されることとなる。これを分家（Spezialhaus）といい、これに対してもとの家全体を総本家（Gesamthaus）という。分家内部で更に分家化がなされることもあり、複合的な家の組織がこうして成立する[24]。もちろん、このような家組織は近代においても国民国家の理屈に服しない国際的な性格を保持しており、貴族に流れる「青き血」の網は国境を超えてヨーロッパ全域を覆っていた[25]。とりわけドイツ帝国内の三領邦――コーブルク＝ゴータ・マイニンゲン・アルテンブルク――を統治するヴェッティン家エルネスト系分家のゴータ総本家はイングランド国王をはじめとするドイツ帝国外の諸外国に国家元首を送り込んでおり、誰がどのように「領邦君主の家族」として扱われるのかということは実践的な法解釈問題たりえた。

この問題に関してF・シュテルク（Felix Soerk, 1851–1908）は、グライフスヴァルト大学学長就任講演を基にした『領邦君主の家からの脱退』（一九〇三年）において「これ（領邦君主の家における婚姻・相続・家産）に関する諸関係のセンシティヴで内密な性質に直面して、恰もドイツにおける実質的批判は更に攻究することを断念してきたかの如くである」と当時の学問状況を証言している。(26) しかしそれでもリッペ侯位継承事件やモンティニョーゾ女伯事件（二）など規模と重要性において多様な事件が立て続けに発生すると法学もこれを放置するわけにいかない。「近年の重要な諸事件によって、ドイツにおいても更に進んで幾つかの紛争の根底を明らかにし、領邦君主の家族の内部構造を解釈学的検討に附すこと［……］が必要とされている」のである。(27) 世紀転換期におけるかような法学的課題を引き受け、「特にヘルマン・シュルツェによってバランスよく蓄積された法源資料を初めて鋭い切れ味によって解釈学的な点において明らかにし、領邦君主の家の構成員の家族法的・公法的連関を規定する諸原理を浮き彫りにした」論攷としてシュテルクが自らの議論の基礎とすることができた研究こそ、(28) エアランゲン大学教授H・レーム（Hermann Rehm, 1862–1917）の『領邦君主の家』（一九〇一年）に他ならなかった。

レームは「領邦君主の家」を「広義の家」と「狭義の家」に区別し、それぞれの所属関係に応じて領邦君主の家族構成員の権利義務を整理する。「広義の家」とは始祖を共通にする男系卑属集団であり、(29) 領邦君主を含む男系親とその適法な配偶者及び娘（女系継承が認められている場合には更にその子孫）が含まれる。「広義の家」は、王位継承権を有する者によって構成される社団であり、自律立法権としての家憲制定権（Hausautonomie）の主体である。それ故に「広義の家」の構成員は――王位継承権を有する男系親であれば――家憲制定権に関与する権利を有し、また家憲に服従する義務を有する。(30) これに対して「狭義の家」とは、領邦君主の有する家長権（Familiengewalt）の客体となる人的集団である。「狭義の家」の構成員は家長権に服するが故に、例えば婚姻に際しては家長たる領邦君主の許可を要する。領邦君主自身は家長権の主体であり、また他家に嫁いだ娘または寡婦、他国の主権を獲得した男系親及びその配偶者と子孫は家長権の客体ではないから「狭義の家」には含まれない[31]。このような区別によって往々にして王室家憲の規定において領邦君主が「領邦君主の家族」に含まれていない事態が説明される[32]。しかしそれと同時に、レームにおけるこの区別の実質的意義は、男系親社団のもつ家憲制定権を国家元首の権能である家長権から区別し[33]、家憲制定権を国家立法権から独立したものと捉え、王位継承権の根拠を自律的法秩序に定位することに存していた[34]。このような構成は、リッペ侯位継承事件以降の王位継承権の立法的侵害可能性を巡る論争におけるレームの見解、すなわち領邦と王統はドイツ国制における相互独立的な並立項であり、領邦立法は王統（「広義の家」）の権利を一方的に剥奪しえないのだという著名な議論と連動しており、事実、レームの手による第二帝政期の最も浩瀚な君侯法の体系書『現代君侯法』（一九〇四年）も、この二重概念論を体系的基礎として構築されているのである[35]。

2　このようなレームの二重概念論は、批判の多い彼のテーゼにも関わらず、その後の国法学文献にも一定の影響を及ぼしているが[36]、しかし実は彼の独創に係るものではなく、一八九一年九月二八日の帝国大審院（Reichsgericht）刑事第三部判決（RGESt 22, 141）に既に示されたものであった。

ドイツ帝国刑法典では皇帝・君主・他国の元首に対する傷害罪（九四条・九八条）と不敬罪（九五条・九九条・一〇三条）と並んで、「領邦君主の家の構成員」に対する傷害罪（九六条・一〇〇条）と不敬罪（九七条・一〇一条）が規定されていた。

「九七条　自らの属する国家の領邦君主の家の構成員（Mitglied des landesherrlichen Hauses）ないし摂政、あるいは連邦加盟国に滞在したるときはその国の領邦君主の家の構成員ないし摂政に不敬の行為をなしたる（beleidig[en]）者は、一月以上三年以下の懲役若しくは要塞禁錮に処する。」

この「領邦君主の家の構成員」の解釈を巡って、ドイツ帝国刑法典成立当初から刑法学界に学説対立が見られた。プロイセンの司法官僚であるF・オッペンホフ（Friedrich Oppenhoff, 1811–1875）(37)の注釈書によれば、「『領邦君主の家』の構成員とは同格出生の婚姻による当該家の始祖の後胤であることが確かな両性の血族（Blutverwandten）である。但し婚姻によって他の君家の構成員となった女性構成員及びその子孫を除く。男性構成員の同格出生たる配偶者はこれに含まれる(38)」。ここでは私的君侯法による説明が基礎となっているが、補充的な普通ドイツ法の基準としてではなく全ドイツに一様に妥当する定義として打ち出されている。これに対し、裁判官でベルリーン大学員外教授でもあるE・T・ルーボー（Ernst Traugott Rubo, 1834–1895）(39)の注釈書によれば、「誰が領邦君主の家の構成員と見做されるべきかは、法律的効力を伴って公布された当該連邦加盟国の諸規定によって決せられる。[……]オッペンホフは[……]一般的に妥当する概念説明を試みているが、この試みは徒労である。領邦君主の家の構成員資格は一般的承認を受け、国法的に確立した概念ではないからである」とされる(40)。ここではドイツの全領邦に一律に妥当する基準は否定され、各領邦の立法のみが決定的であるとされる。こうした学説対立において、各領邦の実定法源（憲法及び王室家憲）が基準であり、但し通常はオッペンホフの説明する通りであるとするのがおそらく主流の見解だったとみることができよう(41)。

3　一八九一年の帝国大審院判決はこのような学説状況において新たな観点を提示した。この裁判においては、一八八七年にブルガリア侯に選出され、事実上（de facto）ブルガリア侯国の国家元首として統治を行っていたザクセン゠コーブルク゠ゴータ公家のフェルディナンド公に対し、ゴータ市内においてプレスによる不敬がなされた事案において、刑法典九七条に定められた不敬罪の保護客体としての「領邦君主の家の構成員」の範囲が問題となった。というのも被告人側から、ブルガリア侯への選出によりフェルディナンド公はもはやゴータ家の構成員ではなく、少なくとも被告人はそのように認識していたのだと主張されたからである。このような被告人の主張は第一審（ゴータ地方裁判所）では退けられたが、帝国大審院は原判決を破棄し、原審に差し戻した。

帝国大審院は原審の論理を否定しながら次のようにいう。原審はザクセン゠コーブルク゠ゴータ公家の構成員たる地位を血統関係（男系血統の同格出生原理を充たした適法な婚姻による子孫）のみによって条件付けられるものとし、何らの法行為によっても影響を受けないものとしているが、国法上は懸念があり、刑法上は誤りである。何となればここで問題となるのは相続権その他の身分的諸権利ではなく不敬罪の概念及び可罰性が皇帝及び領邦君主の一身を越えて「領邦君主の家」に及ぶ範囲を確定することだからである。「領邦君主の家の構成員」に対する不敬罪がそれを媒介にして領邦君主に対してなされる間接的不敬罪であることは刑法典九六条・九七条の制定過程及び規定の仕方からして明らかであり、また刑法典九六条・九七条が依拠する一八五一年のプロイセン刑法典七六条・七七条はまず王妃及び「王位継承者」に対する不敬罪に拡大したうえで、その他の王族に拡大しており、その他の領邦の刑法典も間接的不敬罪として規定するか、個人的利益に対する罪に含めるかのいずれかであったのであるから、帝国刑法典が一足飛びに王族血縁者全員を保護するようになったとは考えられない（S. 141–143）。――かような検討を通じて帝国大審院は次のような新しい基準を定立する。

「刑法九六条・九七条は不敬罪との直接的結び付きにおいて『領邦君主の家（Haus）の構成員』という語を

用いているが、『領邦君主の家』という概念はここでは家長（caput familiae, chef de famille）としての主権者が彼に事実上かつ直接的に服従する家族構成員に対して及ぼすところの家長権（hausherrliche Familiengewalt）に限定された狭い意味において用いられており、従ってドイツ君侯法（deutsches Fürstenrecht）において主権者に帰するところの家長権の領域の外部に存するような構成員までも含むものではないと考えられる。ドイツ領邦君主の持つこの家長権は極めて本質的かつ実際的意義を有するものであるので〔……〕、この主権的家長権の限界は、事物の本性からして、他の主権的権力の自律的支配領域にその限界を見出さざるをえない。王家の公女が婚姻によって家憲においては通常、父母の家の結合体から離脱し、その配偶者の属する『家』の構成員になる、という原審によっても承認された命題は第一義的にはこの観点に基づく。」（S. 143）

当該判決によって破棄されるゴータ地方裁判所の原判決の原本は、テューリンゲン州立史料館ゴータ分館における筆者の調査によっては発見できなかったので、その正確な内容について知る術はない。しかしながら、帝国大審院判決の次の記述は、原審判決が前述のオッペンホフの論理に依拠して構築されたものであったことを強く推認させるものであり、まさにその論理を公的に否定したのがこの大審院判決なのである。

「このことから出発すれば、『領邦君主の家の構成員』に関する一般的に妥当する定義を『血統（Blutverwandtschaft）』と『出生同格者との婚姻（ebenbürtige Ehe）』という一般的な道具立ての助けを借りて定立しようとすることが誤りであることは容易に分かる。」（S. 144）

男系血統と婚姻の同格出生原理で説明するオッペンホフの一義的な定義がかように帝国大審院判決によって退けられるわけであるが、だからといって各領邦の法律の規定が決定的であるとして事足れりとされたわけではない。帝国大審院は先の引用に続けて次のように述べる。

「そうではなくまずドイツの主権を有する家のさまざまな家憲が少なくとも否定的側面においては決定的でなくてはならないであろう。つまり、これらの家憲が領邦君主の家に属せしめていない、或いはもはや属せしめない者は、刑法上もこの家の構成員と考えなくてよい。しかし家憲によって承認された構成員の内部においても、右に陳べたところの家長権の観点からこれをみれば、この家長権に直接的に服従するところの狭義における領邦君主の家の構成員と、一定の相続権、継承権及びその他の男系男子の諸権利を与えられた広義における家の構成員を区別しなければならない。前者のみが刑法典九六条・九七条によって保護されるのである。」(S. 144)

つまり「領邦君主の家の構成員」であるか否かは各王室の家憲の定めによって決せられるが、その家憲によって構成員としての諸権利が認められている場合であっても、家長権に服していない者は刑法の不敬罪規定にいう「領邦君主の家の構成員」ではないというのである。このような観点からこの事案を検討すれば、ザクセン゠コーブルク゠ゴータ公家家憲（一八五五年三月一日）八五条乃至九一条は他国の王位を獲得した構成員とその配偶者及び子孫がゴータ公の家長権に服さないことを明示している。それ故に帝国大審院の結論は左の次第である。

「他国の主権者となったザクセン＝コーブルク＝ゴータ公家の構成員は血統に基づく君侯家族としての諸権利（fürstliche Familienrechte）を維持する限りでは当該家の構成員でなくなることはないが、しかしかような構成員は家憲上、もはやザクセン＝コーブルク＝ゴータ公の家長権に服さないのであるから、その侮辱が領邦君主の家に対する侮辱として同時に刑法典九七条におけるドイツの領邦君主に対する間接的な不敬罪となるような、この狭義における『家（Haus）』に属する構成員の一人として数えられるべきでない。」（S. 144–145）

このように帝国大審院は「広義の家」と「狭義の家」を区別し、それを隔字体強調によって家族（Familie）と家（Haus）との区別に対応させながら、不敬罪規定における「家」を専ら「狭義の家」と結びつける。しかしフェルディナンド侯はブルガリア侯に選出され、事実上の統治活動を開始してはいるものの、まだベルリーン条約で予定された他国の承認を受けた元首ではなかった。その場合にフェルディナンド侯がザクセン＝コーブルク＝ゴータ公家の一員でなくなったといいうるのであろうか。この問題に対する帝国大審院の結論は「否」である。帝国大審院が「領邦君主の家」を家長権の及ぶ範囲という「狭義の家」に限定したのは、刑法典一〇三条に規定されるドイツ国外の国家元首及び摂政に対する不敬罪との関係にも配慮したからでもある。

「一〇三条　ドイツ帝国に属しない国家の領邦君主ないし摂政に対し不敬の行為をなしたものは一月以上二年以下の軽懲役又は要塞禁錮に処す（但し当該外国において公布された国家条約又は法律によりドイツ帝国との相互性が保証されている場合に限る）。訴追は当該外国政府の告訴によってのみ行われる。」

帝国大審院によれば、刑法典一〇三条の規定は外国の君主を刑法上保護することがドイツ帝国刑法典の課題ではないということを前提としているから、仮に九七条の保護をドイツの王室とたまたま血縁関係のある外国の君主に及ぼすことになると、一〇三条に規定される相互性や外国政府の告訴によらず処罰できることになり、また相互性や外国政府の告訴がある場合に九七条と一〇三条の観念的競合になってしまう。こうした扱いは外国の主権者の地位を無視するか、血縁関係の前の些事として処理することになり、初歩的な国際法のルールに反する。また仮に問題の不敬の行為がドイツ王族の血縁者としての被害者に向けられたのか、それとも外国の君主としての被害者に向けられたのかを区別するとしても、同じ区別を被告人の主観に問うことにならざるをえないから、理論上も実務上も問題がある。しかしながらブルガリア侯国はスルタンの宗主権のもとにあり、またブルガリア公の選出に関して一八七八年七月一三日のベルリーン講和条約第三条で要求されたトルコ政府及び条約調印国（特にドイツ帝国）の同意を経ていない以上、フェルディナンド侯はブルガリアの正統な君主ではなく、いまだザクセン゠コーブルク゠ゴータ公家の構成員であるから、本件の不敬の行為は九七条の適用を受ける（S. 145–147）。

しかし帝国大審院は結論において第一審判決を破棄する。刑法五九条は「法律的構成要件に該当し又は刑を加重する事実を知らずして可罰的行為をしたものは、その罪を論じない」と規定しており、被告人はフェルディナンド公がもはやザクセン゠コーブルク゠ゴータ公家に属しないと信じていたとして同条を援用している。原審は被告人の主張する錯誤は構成要件的事実の錯誤ではなく九七条・一〇三条の範囲に関わる法解釈の誤りに過ぎないとし、右の錯誤が真に存在したか否かを審理していない。しかし不敬の行為を受けた者がドイツ帝国構成国の「領邦君主の家の構成員」であることは不敬罪の前提すなわち構成要件的事実であり、五九条の不論罪規定が適用されるべきである。「〔法の不知は不可罰とならないことから出発する原審の考えは〕誰が家憲そのほか私的君侯法上の諸規範及び国法の規準において『領邦君主の家の構成員』であるかという問題が明らかに刑法の問題ではなくして刑法の外の問題であり、これら王室家憲やその他の公法上の諸規範を根拠としてのみ決せられうる問題だということを見落としている」。刑法固有の命題以外の全ての民事法・公法に関する法的錯誤は五九条の適用を受けるのである。したがってザクセン＝コーブルク＝ゴータ公家家憲及び公国憲法の誤った解釈によりフェルディナンド公が公家の構成員ではなくなったと信じた被告人は五九条により罪を論ぜられないのであり、原審はかかる錯誤が真に存在したか否かを審査していないのであるから、結局原判決は破棄されるべきである（S. 147–148）。

4 「領邦君主の家」に関する一八九一年判決の解釈論は、その後、ブラウンシュヴァイク公国摂政アルブレヒト公不敬罪事件判決（一八九二年九月一六日）[42]やブラウンシュヴァイク公国摂政ヨハン・アルブレヒト公不敬罪事件判決（一九〇八年三月一四日）[43]において踏襲され、確立した判例となる。一八九一年判決は一方においてオッペンホフに準拠したと思われるゴータ地方裁判所の論理を公式に否定し、しかし他方において各領邦の実定法源の解釈にも一定の枠組を与えた。F・v・リスト（Franz von Liszt, 1851–1911）の教科書をはじめとするその後の刑法学文献では、この判決の論理を受容（復唱?）するのが凡その傾向である[44]。但し他国の元首になった領邦君主の家の構成員についてはその国際法的地位のみが考慮されるべきであり、その際には事実としての国家元首の地位のみで十分であるとする批判も、L・v・バー（Ludwig von Bar, 1836–1913）[45]とK・ビンディング（Karl Binding, 1841–1920）[46]によって展開された。彼らにとって王室家憲に規定された家長権からの離脱ではなく、刑法典一〇二条以下との関係が直接に問題にされるべきなのである（この説によればフェルディナンド侯はブルガリアの事実上の国家元首である以上、ドイツの「領邦君主の家」の構成員として考慮されない）。

ところで一八九一年判決は「領邦君主の家」の解釈論を刑法外部の法領域の問題とすることによって不論罪規定

の適用を導いており、実際、帝国大審院は私的君侯法に関する従来の定評ある文献を少なからず参照している。しかし帝国大審院の判決論理は、二〇世紀初頭の「君侯法」の専門家の容れるところとならなかった。レームはまさに「領邦君主の家」の二元的区別を出発点として、不敬罪規定その他の特権の根拠は家長権への服従（「狭義の家」への所属）ではなく領邦君主を輩出する血統共同体としての家の構成員身分（「広義の家」への所属）ではないかとこの判決を批判するのである(47)。確かに帝国大審院が強調するように「領邦君主の家」の構成員に対する刑法的保護が「間接的不敬罪」として君主との関係性によって基礎づけられるとすれば、その関係性それ自体の質が問われてしかるべきであろう。しかしレームも刑法典一〇三条との関係を立ち入って検討したわけではなく、レームの議論がその後の刑法学の議論に影響を及ぼすこともなかった。

「領邦君主の家」の構成員に関する刑法学の議論は、総じて下火であった。「領邦君主の家」は、それが刑法の構成要件であった限り、第二帝政期ドイツの一般市民の行為規範にとって無意味ではなく、刑法学も固有の論理を持たないではなかった。しかし、初期の論点が帝国大審院判決によって解決されると、それ以上の問題は原則として憲法及び王室家憲の規定の解釈に委ねられることとなったのである。

無論、その解釈自体、自明ではありえなかった。最後に節を改めて、オルデンブルク大公位継承紛争における「領邦君主の家族」の身分を巡る紛争とそこで展開された学説の対立を見ることとしよう。

四　王位継承紛争における「領邦君主の家族」の身分
――ヴェルスブルク伯対オルデンブルク大公家

1　オルデンブルク大公家はロシア皇帝を家長とするホルシュタイン=ゴットオルプ総本家（Gesamthaus Holstein-Gottorp）の分家であるが、二〇世紀初頭には男系断絶の危機にあった。オルデンブルク大公国憲法（一八五二年一一月二二日）によれば領邦統治の継承は「ペーター・フリードリヒ・ルートヴィヒ公の男系卑属」に限定され（一七条の一）、男系断絶の場合における補充的女系継承も明文規定によって排除されていた（一七条の二）。このような法状況において、一九〇〇年にフリードリヒ=アウグスト大公（Friedrich August, 1852–1931）が即位した時点で、大公家の男系親は大公の子息ニコラウス公（Nikolaus, 1897–1970）と、独身の弟ゲオルク=ルートヴィヒ公（Georg Ludwig, 1855–1939）のみであった。大公自身は五〇歳前後の年齢であり、大公太子は生まれて間もないので摂政設置の可能性も考慮に入っていた。憲法上の大公位継承権者の断絶に対する対処については大公国憲法それ自体によって憲法改正手続が明示に予定されており（一八条）、憲法改正には選挙を挟んだ二回の領邦議会の議決と、議員の四分の三の参加が必要とされていた（二一二条）。

この事態に対し、ホルシュタイン=ゴットオルプ家においては、まずロシア皇帝により、ロシア皇帝家への復帰可能性を留保の上で、オルデンブルク大公国憲法改正によってゴットオルプ家に属するシュレースヴィヒ=ホルシュタイン=ゾンダースブルク=グリュックスブルク（Schleswig-Holstein-Sondersburg-Glücksburg）系に継承権を与えられることを条件としてオルデンブルク公領（大公国の一部）の継承権を放棄する旨の宣言が、ロシア帝国外務大臣の副署とともに行われ（一九〇三年八月二九日）、次いでグリュックスブルク系当主フリードリヒ＝フェルディナンド公（Friedrich Ferdinand, 1855–1934）もそれを受諾する旨の意思表示を行った（一〇月五日）。ロシア皇帝による大公位継承権の放棄（譲渡）宣言を受け、オルデンブルク政府も大公家とロシア皇帝家の意向に沿った憲法改正に向けて調整を行い、一九〇四年初頭からは議会での答弁も始まった。

しかしゾンダースブルク系にはグリュックスブルク系に長ずるアウグステンブルク（Schleswig-Holstein-Sonders-burg-Augustenburg）系があり、後者を跳躍することができるかということは、この当時の新聞・雑誌を賑わせる主題となっており、実際、一九〇四年三月一五日にはアウグステンブルク系のエルンスト＝ギュンター公（Ernst-Günther, 1863–1921）がオルデンブルク政府に対し自らの系の優先権を主張し、そのことを議会にも通知することを要求した。アウグステンブルク系に継承権がないことを前提に作業を進めていたオルデンブルク政府は、議会に事情を通達すると同時に、政府がアウグステンブルク系に継承権を承認したことはないと答弁した。そして遂に政府は大公国憲法にグリュックスブルク公フリードリヒとその子孫に継承権を認める追加的な条文を議会に提出したのである。(48)

ところで、一九〇四年は国家立法権による王位継承権の不可奪性テーゼの再興を企図したレームの『現代君侯法』が出版された年でもある。事実、同時期に進行していたオルデンブルク大公位継承問題は、リッペ侯位継承事件に次いでレームの君侯法理論に実践の機会を提供するものとなった。実はアウグステンブルク系の抗議理由もレームによって草案が作成されたものであった。(49) レームによれば、王位継承権は血統権によるものと契約に基づくものとが存在し、血統権に基づくオルデンブルク大公位継承権者は現大公家の構成員以外には存在しない。つまり領邦高権取得以前に分岐したホルシュタイン＝ゴットオルプ家の他の系のもつ継承権は全て契約に基づく継承権である。それは一七六一年に断絶したプレーン（Plön）系が留保していた復帰請求権（Rückfallsanspruch）が現在ゾンダースブルク家全体に帰属するに至っているものであり、而してゾンダースブルク家に長男子相続制が妥当している限り、幼系のグリュックスブルク系ではなく長系であるアウグステンブルク系に復帰請求権が帰属する。更に復帰請求権の条件とされたデンマーク王家の断絶は既に一八六三年に成就している。確かに復帰請求権の客体はオルデンブルク大公国の一部所領に限定されており、国家の不可分性の原理も妥当するが、しかし権利それ自体が消滅したわけではないのである。(50) 王位継承に対する国法と君侯法の協働的規律を主張するレームの理論的立場(51)からすれば、この場合には大公国憲法の改正手続と並行して金銭的補償などにより権利放棄を促すか仲裁裁判による判断が必要だという結論に落ち着くこととなろう。(52) これに対して国家立法権による規律の優位を主張する「通説」的立場に立つボルンハークは、レームと同様にアウグステンブルク系に優先的な継承権を認めつつも、かような継承権は憲法改正の障害になることはないと論じた。(53)

その後、八月二七日にオルデンブルク議会の改選が行われ、憲法改正が目前となったところでレームはこの問題を再論してアウグステンブルク系の継承権を主張するとともに、国家による継承権剥奪の現象はドイツの全ての王室にとって危機的問題であることを強調した。(54) だが一〇月一九日の憲法改正法律(55)によってグリュックスブルク公フリードリヒとその子孫の大公位継承権が定められるに至った（一七条の一、二項以下）。

2　しかし問題は憲法改正法律の成立とほぼ同時に新たな展開を見せ始めた。一九〇四年一〇月一六日、フリードリヒ＝アウグスト大公の叔父エリマール公（Elimar, 1844–1895）の遺児ヴェルスブルク伯アレクサンダー（Alexander Graf von Welsburg）が大公家の構成員であることを主張し、大公家の構成員であることの身分確認と、未払いの王族年金（Apanage）の給付を求める民事訴訟をオルデンブルク地方裁判所に提起したのである。争点となったのは、従来身分不等婚と考えられてきたエリマール公とフリーゼンホーフ男爵令嬢の婚姻（一八七五年）が、果たして真に同格出生原理を充たしていなかったのか、ということである。

ヴェルスブルク伯の弁護人の役を買って出たのはヴィーンの宮廷弁護士M・ザクスル（Maximilian Saxl）であった。彼はヴェルスブルク伯の継承権を主張して一九〇四年七月に覚書を完成させ、一一月頃に公刊にこぎつけた。彼の論理の筋は以下のようなものであった。――まず普通ドイツ私的君侯法の同格出生の規律は上級貴族の公子と市民身分の婦女との婚姻のみを身分不等婚とするものであり、オルデンブルクの慣行もこれと異なる所はなく、下級貴族の婦女との婚姻は同格出生原理を充たす。従ってペーター＝フリードリヒ＝ルートヴィヒ公の子孫であるヴェルスブルク伯も継承権を有する大公家の一員である。一八七二年の大公家家憲はこれに対して厳格な同格出生原理を導入し、王位継承要件を変更しているにも関わらず、憲法二九条によって要求される議会の同意を経ていない。従って大公家家憲の同格出生の規律は憲法上無効である。(56)――オルデンブルク大公国憲法一七条は同格出生原理を明文化しておらず、また二九条は「その他、大公家の諸関係は大公により家憲において規定される」、「家憲は周知のため、または必要な限りで同意を得るために領邦議会に提示されなければならない」と規定している。それ故に、一八五二年憲法の時点におけるオルデンブルク大公家の同格出生規律の内容が如何なるものであったか、一八七二年の大公家家憲の制定によってそれが加重されたのか否か、加重されたとすれば憲法二九条に定められた「必要な限りで同意を得る」手続の不在により大公家家憲の規律が無効であるのか否か、が論点となったのである。

このザクスルの学友で弁護士時代の仕事仲間であったヴィーン大学員外教授のF・テツナー（Friedrich Tezner, 1856–1925）もこの問題に関心を持ち、大部の論攷『オルデンブルク公子アレクサンダーの継承権及び親族権』（一九〇五年）を物した。テッナーは、王位継承は純粋な公法的制度であり、王位継承法は議会の協賛を経た国家制定法によって定められなければならないという見解に立ち、そこから憲法二九条を根拠として一八七二年大公家家憲の王位継承規律としての効力を否定する。同様に、ヴェルスブルク伯が幼少の頃に母親によってなされた伯身分の受諾（継承権放棄を含意する）も法律形式によってなされなければ王位継承を左右しないとする。更にテッナーはヴェルスブルク伯の継承権を巡る紛争は法律によって処理されるべきであり、民事裁判は適切な解決の場ではないと論じている。(57)「君侯法」に対するテッナーの見解は一意に明快であり、近代国家に残存する家産的要素を可能な限り局限することを志向し、また王位継承法の改変に対する王族男系親の同意権も否定するなど、ドイツにおけるレームの議論と対抗するものであった。(58)

ところが、総論的立場としては対極に位置するレームも、『オルデンブルク大公位継承権者』（一九〇五年）においてテッナーと同じ結論を導き出した。レームによれば大公国憲法が王位継承の資格要件である同格出生について明示的な規定を設けていない事実は、従来のオルデンブルク大公家の同格出生原理の内容がいわば「隠された憲法（verstecktes Verfassungsrecht）」として国法化されているということを意味する。それ故に、その変更には国家立法と家憲制定の双方が必要である。そして一八五二年時点のオルデンブルク家の同格出生原理は、古侯身分としては例外的に、下級貴族との通婚を適法とする所謂「緩やかな同格出生」であり、而して一八七二年の大公家家憲によって導入された所謂「厳格な同格出生」は議会の同意を経ていない以上、家法としては有効であるとしても、国法として国家を拘束するものではない。また一九〇四年の憲法改正で導入された「厳格な同格出生」も大公家断絶の場合の継承者とされたグリュックスブルク系にのみ妥当するものであり、ペーター・フリードリヒ・ルートヴィヒ公の子孫には適用されない。従って、ヴェルスブルク伯はオルデンブルク国法においてはなお大公位継承権を有するとされるのである。[59]

ザクスル、テツナー、レームに対し、ヴェルスブルク伯の継承権を否定すべく筆を執ったのがマールブルク大学教授W・シュッキング（Walther Schücking, 1875–1935）であった。彼は先立って『国家と王族男系親』（一九〇二年）[60]を著しており、この著作がヴェルスブルク伯対オルデンブルク大公家訴訟における大公家側弁護士ローゼ（Lohse）の目に留まり、一九〇五年一月にローゼはシュッキングにこの事件に対する意見を求めたのである。これを機縁として関心を深めたシュッキングは、『オルデンブルクにおけるヴェルスブルク伯アレクサンダーの王位請求権の無効性』（一九〇五年［序文は四月三日］）を上梓するに至った。[61] シュッキングはこの論攷において、第一にゴットルプ家全体とは異なりオルデンブルク大公家においてもともと「厳格な同格出生」が妥当しており、第二に大公国憲法が同格出生原理について沈黙している以上、それは全くの家内事項として大公家家憲によって任意に定めることができると論じたのである。[62] このことは、そのような場合であっても立法手続が必要だとした旧説[63]の撤回であり、家憲制定が国家立法によって委任されている限り、家憲によって規律されれば必要十分であるとするG・アンシュッツの学説に従うものである。[64] それと同時に、そのような家憲制定主体としての「領邦君主の家族」を「国家の特殊立法機関」として構成するG・イェリネクの学説[65]もここで採用される。

3　右の学者間の論争と並行して、オルデンブルク地方裁判所に提起されたヴェルスブルク伯の訴訟が順次進行していた。[66] 一九〇五年六月二六日には、第一審であるオルデンブルク地方裁判所が、同格出生原理について議会の同意は不要であり大公家家憲九条は合憲的に成立したとして請求を棄却し、一二月六日には控訴棄却（控訴審はオルデンブルク上級地方裁判所）、翌一九〇六年一〇月二三日には上告棄却（帝国大審院民事第三部）という結果に終わった。

この訴訟における論点は多岐に渉る。そもそも王位継承権の主張を含意した「領邦君主の家族」の身分に関する紛争は当時の裁判制度においてどのように対処されうるのだろうか。前提として民事訴訟法の適用除外を基礎づけるべき法規範は憲法及び大公家家憲に見出されなかったのであるが、この訴訟における被告が大公や政府ではなく「大公家」であったことは争点たりえた。この点、「領邦君主の家族」を含む「上級貴族」の家がそれ自体として法人格を有するという通説的見解が援用された（当時すでに判例であった）。また、王位継承が公法問題であるとすると、王位継承権の争いは公法事件であり民事裁判権の管轄ではないこととなるが、控訴審はここでザイン＝ヴィトゲンシュタイン＝ザイン家事件判決（帝国大審院民事第三部、一八八〇年五月七日）(67) 以降の陪臣化された旧帝国等族に関する帝国大審院判例を援用する。これらの旧帝国等族の家も各種の公法的特権を享受する身分であるが、帝国大審院は公法的特権それ自体ではなく家族法に基礎づけられた身分が争われる限りにおいて訴訟の適法性を認めていたのである。ドイツ第二帝政期の裁判システムにおいて、当該請求が家族法の問題として構成されうる限り、そして領邦法や家憲に特段の除外規定がない限り、「領邦君主の家族」の身分を巡る紛争も通常の裁判による解決を期待しえた。

次に問題となったのは、大公家家憲の効力審査を裁判所がなしうるのかという問題である。当時の通説的説明によれば法律の効力に関する形式的審査権は憲法に特別の定めがない限り原則として裁判所に帰属する。オルデンブルク憲法一四一条二項は「然るべく公示された法律及び命令」に関する審査権を議会に留保しているが、それが大公家家憲に及ぶか否かは問題である。控訴審は大公家家憲が法律と同様に公示されたことを理由に裁判所の審査権を否定したが、この点に対する上告は帝国大審院によって理由あるものと認められた(68)。

同格出生原理の実体的判断について見れば、控訴審は一般論として、王家の権力が国家以前の存在であり国家も多くの場合王家によって創られたものであるから、同格出生も憲法によって王位継承の要件として明示されているのでなければ原則として家内事項（res mere domestica）、つまり家法（Hausrecht）の問題であり、このことは憲法で規律される王位継承の要件となっていることによっても動じないと論じる。更に控訴審は、「男系」の語によって同格出生が国法に組み込まれたとするレームの学説を明示に退けながら、オルデンブルク憲法は同格出生原理を国法的規範に高めておらず大公家の自律権に残しており（belassen）、また憲法二九条の「その他」とは憲法第一章で規律していない国法上の意味を有しない事項であると判示する。ここでレームの「男系」概念に対する批判は、ヴェルスブルク伯事件訴訟の被告側の鑑定意見書として用いられた(69)シュッキングの見解を容れたものであろう(70)。上告審においても同様に、憲法制定過程で論点化しなかった同格出生は「隠された憲法」になっていないし、一九〇四年憲法改正でグリュックスブルク系について家憲の同格出生規律に言及されているのは現在の大公家に関する同格出生原理の確認であると判断されることとなる(71)。

4　「領邦君主の家族」の身分は、公法と私法の交錯する問題領域を形成していた。オルデンブルクにおける一九〇四年の憲法改正に向けた動きは外交的な問題とも絡んで発展し、また民事訴訟として提起されたヴェルスブルク伯の訴訟では憲法規定の解釈が必要となり、大公家家憲の効力に対する裁判官の法令審査権が論点として浮上した。そもそもヴェルスブルク伯が直接に王位継承権を争うのではなく、ひとまず身分確認と未払い王族年金の給付を求めたのは、そもそも帝国ないし領邦といった政治的支援者がない限り仲裁裁判等によって直接に争う手段を欠いたからであるが、しかし家族法的論点が王位継承権の有無に係る判断の先決問題であり、もしこの点を裁判所に認められた場合には世論を背景に政治問題にすることも可能だという判断によるものであっただろう。

ヴェルスブルク伯及びオルデンブルク大公家にとっても、やはり専門知による支援が必要であった。ここでもリッペ侯位継承事件におけるのと同様に法学者の助言や鑑定意見書の執筆が求められた。そしてそこで繰り広げられた学説の対立は論争に発展し、専門雑誌に場を移して継続されたのである。(72)

この論争で注目を惹くのが、大公家家憲による同格出生規律についてザクスル、テツナー、レームがそれぞれ異なる理論的前提から議会の協賛の不在を理由としてこれを憲法上無効と論じ、これに対して近代国法の理念に帰依するシュッキングが議会の協賛から自由な家憲制定権を認めていることである。オルデンブルクの事例におけるこの学説分布は、リッペ侯位継承問題における議論状況とは異なる印象を与えうるであろう。リッペ侯位継承事件においては国家立法権による王位継承の変更を支持する支配学説と、家憲の協働を要求するレームの学説が対抗しており、後者は、現在の第二帝政期公法学史研究において、君主制危機の時代における「新正統主義」的・「新絶対主義」的理論として一種の強烈な君主主義的主張として理解されてきた。(73) しかしながら、オルデンブルクの「領邦君主の家族」としての身分を巡るこの紛争においては、国家立法と家憲制定の双方の協働を要求するレームの君侯法理論は、寧ろ議会の協賛を要求する立場として、そしてシュッキングの学説は寧ろ議会の協賛を排除した大公家家憲による規律領域を広く認める立場として、それぞれ立ち現れるのである。(74) そしてシュッキングの立場がアンシュッツの学説を基礎としていた限り、レームを「正統主義者」として批判していた学説の方が寧ろ、実定法の状況によっては、議会の協賛に拘束されない「領邦君主の家族」の自律的領域を広く保障する理論的支柱となりえたわけである。

結　「領邦君主の家族」とドイツ第二帝政期の法学

第二帝政期のプロイセン学派の実定法学を代表するボン大学教授のPh・ツォルン（Philipp Zorn, 1850–1928）は、ある書評（一九〇二年）の冒頭に次のように記している。

「ドイツの各王室の人的君侯法（persönliches Fürstenrecht）の諸問題は、近年、度々ドイツの世論の関心を惹起し、それどころか世論を興奮させてさえいる。この種の問題は、今日、もはや君主の執務室の静寂のなかだけで解決されるものではない。それは寧ろ部分的に、例えば帝国組織の基礎に接し、或いは個別国家の立憲的基礎と必然的に連関しながら、公共生活に関わっている。そしてこの種の諸問題の判断においては、疑いなく、非常な不確実性が存しているのである。そもそも『私的君侯法』の概念からしていかに不明確で自己矛盾的であることか。これまでの立法の不十分性は明らかとなった。帝国というドイツ全体をも考慮に入れた新しい秩序付けが急務である。学問は立法者の立つべき確実な基礎を徐々に準備する任務を負っている。これはその解決のためにこれまで殆ど基本的方針すら立てられてこなかったような、包括的で重い課題である。」(75)

ドイツ第二帝政期、とりわけ一九〇〇年頃は、国制的変容と世襲君主制に関わる観念変化、そして何よりも様々な紛争事例の発生を受けて、「領邦君主の家族」を法学的に再把握することが急務となった時期である。既に一八六〇年代以降、H・シュルツェ（Hermann Schulze, 1824–1888）が王室家憲と君侯法の諸問題について多数の業績により一定の権威を獲得しており、また『ドイツ王室家憲集成・全三巻』（一八六二―一八八三年）を編纂し、これまで必ずしも公表されていなかった家憲テクストの公示性の向上、それを通じた「領邦君主の家族」の「法治国家」的権利保障を狙っていた。(76) しかしラーバント以降の「法学的」公法学の展開により、一九〇〇年当時、シュルツェの君侯法論は旧式かつ不十分なものとなりつつあった。そのようななかで登場した一つの成果が本稿でも特に紹介したレームの『領邦君主の家』であり、右に引用したツォルンの言もこの論攷に対する書評の一節であった。そして、彼の『現代君侯法』（一九〇四年）は――批判の集中した王位継承権の不可奪性テーゼを別として――「領邦君主の家族」の法の体系書として当時の標準的業績となった。

本稿で紹介した事例からも明らかなように、「領邦君主の家族」の身分に対する関心は決して王位継承問題のみに限定されていたわけではなく、また決して貴族趣味や君主主義的志操によって導かれたものでもなかった。「領邦君主の家族」の身分と法に関わる法的疑義を解消することは、当の「領邦君主の家族」及び貴族身分はもとより、「世論」によっても斉しく求められたのである。(77) それ故に、当時の法学者による「君侯法」の法解釈学的研究は勿論、レームによる「君侯法」の体系化も、縦令そこに一定の含意が認められるとしても、(78) 決して「挑発的」(79) な試みではなく、寧ろシュルツェの君侯法学を継承した、「領邦君主の家族」内部の法関係の明確化と「法治国家的」権利保障の試みとして理解されよう。(80) そして、果たしてこの時期の「君侯法」に対する法学的関心がかようなものであったとすれば、その議論や学説を――王位継承問題についてすら――例えば君主主義と議会主義の二項対立で捉えようとすることは必ずしも常に有効な切り口ではあるまい。(81)

二〇〇四年にヴィロヴァイト教授が「貴族的世界である旧ヨーロッパ」と「君侯法の諸問題」に対する法制史学

の無関心に疑義を呈されて以来、[82] 既に一五年の時が経過した。その間の研究の進展は芳しいものとはいえない。本稿は、ドイツ第二帝政期について、比較的マイナーな事例を紹介することによって「領邦君主の家族」の身分の問題性を素描し、また法学的関心の所在と背景を明らかにすることにより、現時の研究状況に多少の寄与を試みたものである。リッペ侯位継承事件やレームの君侯法理論を巡る論争など、一般的関心の高い重要な事例や論点を採り上げることは勿論必要であるが、しかしそれだけでは十分ではない。第二帝政期の君侯法論に関する理解は、今後、寧ろかような個別的な事例や論点の分析を通じて不断に修正・再構築される必要があろう。[83]

注

（1） 「上級貴族の家」は法人格を有する社団として自律的立法権を有すると考えられた（但し争いあり）。Vgl. R. M. Mizia, Der Rechtsbegriff der Autonomie und die Begründung des Privatfürstenrechts in der deutschen Rechtswissenschaft des 19. Jahrhunderts, 1995.

（2） 上級貴族の婚姻は相手方の身分が「相応」でなければ適法ではなかった。このことは子の嫡出性、妻子による家名・紋章の利用可能性、その他財産的請求権の帰趨に影響した。私的君侯法において違法な婚姻は "Mißheirat" と呼ばれた。Vgl. Dietmar Willoweit, Standesungleiche Ehen des regierenden hohen Adels in der neuzeitlichen deutschen Rechtsgeschichte. Rechtstatsachen und ihre rechtliche Beurteilung unter besonderer Berücksichtigung der Häuser Bayern und Pfalz, 2004；R. Scheyhing, Art. „Ebenbürtigkeit“, in：HRG I（1. Aufl., 1971）, Sp. 793 ff.；D. Gottwald, Art. „Ebenbürtigkeit“, in：HRG I（2. Aful., 2008）, Sp. 1172 ff.；F. Hauptmann, Das Ebenbürtigkeitsprinzip in den Familien des deutschen Hochadels, in：AöR 17（1902）, S. 529 ff.；E. Abt, Mißheiraten in den deutschen Fürstenhäusern, 1911.

（3） 多くの場合において複数形で表記されることからも分かるように、「家憲」とは必ずしも「家の法律」というような明確な形式を採るものではなく、遺言処分や契約などおよそ家に関する何らかの規範を創設するテクスト群の総称として用いられる。Vgl. A. Erler, Art. „Hausgesetze（Hausverträge）“, in：HRG I（1. Aufl., 1971）, Sp. 2026 ff.；W. Brauneder, Art. „Hausgesetze“, in：HRG II（2. Aful., 2012), Sp. 805 ff.; v.a. Beiträge von H. Mohnhaupt（Die Lehre von der „Lex Fundamentalis“ und die Hausgesetzgebung europäischer Dynastien), J. Weitzel（Die Hausnormen deutscher Dynastien im Rahmen der Entwicklungen von Recht und Gesetz）und J. Kunisch（Hausgesetzgebung und Mächtesystem), in: J. Kunisch（Hg.), Der dynastische Fürstenstaat, 1982.

（4）右に掲げた論文の他 vgl. A. Arndt, Fürstenrecht（Privatfürstenrecht), in: F. Stier-Somlo/A. Elster（Hg.), Handwörterbuch der Rechtswissenschaft Bd. 2, 1927, S. 566 ff.; D. Willoweit, Art. „Privatfürstenrecht“, in: HRG Bd. 3（1. Aufl., 1984), Sp. 1966 ff.; B. Albers, Begriff und Wirklichkeit des Privatfürstenrechts, 2001; D. Gottwald, Fürstenrecht und Staatsrecht im 19. Jahrhundert, 2009; 西村貴裕「一九世紀ドイツ法学におけるゲノッセンシャフトの概念と私的諸侯法——上級貴族の家の法理論的位置づけ」『比較法史研究』八号（一九九九年）。その他の文献については参照、拙稿「一九世紀ドイツ公法学における『君侯法』（一）——王位継承法理論の展開を中心として——」国家学会雑誌一三一巻七・八号（二〇一八年）五五三頁以下。

（5）一九世紀前半における「上級貴族」概念への批判については vgl. Gottwald, Fürstenrecht und Staatsrecht (a.a.O.), S. 32 ff.

（6）立法実務においてはドイツ民法典編纂作業において、「上級貴族の家族法」たる私的君侯法がそれ自体として法典体系のなかに積極的に位置づけられることがなかった事実は指摘しておく必要がある。民法典編纂作業の進行するなか、ベルリーン大学のドイツ法学者G・ベーゼラー（Georg Beseler）は私的君侯法を積極的に法典に組み込むことを主張して論陣を張っていた（Beseler, Ueber die Stellung des bürgerlichen Gesetzbuchs Deutschlands zu dem Familienrechte des hohen Adels, 1877)。私的君侯法は、民法典の適用除外を定める民法典施行法五七条・五八条により自律的な効力を引き続き認められた。これについては参照、西村貴裕・前掲論文。

（7）「普通ドイツ私的君侯法」の存立可能性に対する学問的批判が皆無だったわけではない。若き日のO・v・ドゥンガーン（Otto von Dungern）の批判（Dungern, Grenzen des Fürstenrechts, 1906）がそれである。但し、彼の論攷は普通ドイツ法とは直接的・優先的に適用されるものだという（少なくともドイツ法学における一般的な理解からかけ離れた）前提から議論を展開するものとなっており、端的に「勉強不足」（Rehm, Rezension, in: Göttingische gelehrte Anzeigen 1907, S. 48 f.）の感が否めない。領邦君主の婚姻における同格出生の問題を私的君侯法によって把握することに対しては後述のように批判がある。

（8）なお一八六六年以降に主権を喪失した旧領邦君主は“Depossedierten”と呼ばれ、“Mediatisierten, Standesherrn”から区別される。第二帝政期のいくつかの帝国法律において旧領邦君主の家（ホーエンツォレルン侯家、旧ハノーファー王家、旧ヘッセン選帝侯家、旧ナッサウ公家）は領邦君主と同等に扱われた。

（9）領邦君主の家族法・相続法は、直接に憲法秩序の問題となる王位継承その他の問題を除けば、実体的には概ね私的君侯法によって把握された。事実、「君侯法」の概念と体系を構築したH・シュルツェ（Hermann Schulze）は「私法的君侯法」の問題として家の組織・婚姻・財産関係を伝統的な私的君侯法の議論の延長で論じている（Schulze, Das Deutsche Fürstenrecht, 1882（Separatabdruck aus Holtzendorff（Hg.）, Encyklopädie der Rechtswissenschaft, 4. Aufl.）, S. 1271 ff.）。但し領邦君主の家の家族法・相続法はやはり王位継承その他の問題と不可分に結びついているものであるので、私的君侯法からの「君侯法」の離陸の契機は、例えば婚姻法の領域にも及ばずにはいなかった。すなわち、ドイツ諸領邦の近代的主権国家化に鑑みて、領邦君主の家族のみに関わる身分的同格性に関する新たな基準が探求されるべきである（具体的にはいわゆる新侯身分の同格性判断を厳格化して下級貴族との通婚をおよそ違法なものと理解する）という主張が見られた。これがリッペ侯位継承事件におけるP・ラーバント（Paul Laband）の立場であり（Laband, Die Thronfolge im Fürstenthum Lippe, 1891, S. 9 f.）、伝統的な私的君侯法による判断枠組を墨守するW・カール（Wilhelm Kahl）の鑑定意見書と対抗した。しかし実務の対応として、帝国大審院判事から組織された第一次仲裁裁判所がカールの論理によって仲裁判断を下したことが十分に例証的である（詳細は拙稿「一九世紀ドイツ公法学における『君侯法』（四）」国家学会雑誌一三二巻五・六号（二〇一九年））。

（10）「君侯法」概念の成立過程について詳細は参照、拙稿「一九世紀ドイツ公法学における『君侯法』（一）」（前掲）。

（11）参照、拙稿「一九世紀ドイツ公法学における『君侯法』（三）」国家学会雑誌一三二巻三・四号（二〇一九年）。

（12）同様の規定は民事訴訟法施行法（EGCPO）五条、刑事訴訟法施行法（EGStPO）四条、破産法施行法（EGKO）七条に設けられている。その他の帝国法律においては一八七五年の人籍法（Personenstandesgesetz）七二条［身分登録及び婚姻に関する例外］と同年の成人年齢に関する法律（Gesetz, betr. das Alter der Großjährikeit）二条［成人年齢の例外］、一八九七年の土地登記法（GBO）九〇条［領邦君主の家族の土地登記は申請によるものとする］にそれぞれ「領邦君主の家族」に関する特別の規定を置いている。

（13）Vgl. F. Wieacker, Privatrechtsgeschichte der Neuzeit, 2. Aufl., 1967, S. 448, 462; G. Dilcher, Der alteuropäische Adel — ein verfassungsgeschichtlicher Typus?, in：Hans-Ulrich Wehler（Hg.）, Europäischer Adel 1750–1950, 1990, S. 57 ff.

（14） 参照、拙稿「一九世紀ドイツ公法学における『君侯法』（四）・（五・完）」国家学会雑誌一三二巻五・六号、七・八号（二〇一九年）。なお、既に優れた研究として A. Bartels-Ishikawa, Der Lippische Thronfolgestreit, 1995 がある。

（15） Vgl. Ch. Hattenhauer, in：NDB 19（1999）, S. 547 f.

（16） この問題に関連して更に Otto Opet, Zugehörigkeit in andere Häuser verheirateter Erzherzoginnen zum Hause Habsburg-Lothringen, in：Notariat und freiwillige Gerichtsbarkeit in Österreich, 1903 がある由であるが、未見である。

（17） Vgl. Otto Opet, Standes- und Rangverlust, in：DJZ 8（1903）, S. 139 ff.

（18） Vgl. Otto Opet, Zur Anfechtung der Ehelichkeit nach Privatfürstenrecht, in：DJZ 8（1903）, S. 189 ff.

（19） 任意脱退の問題については同時期にF・シュテルク（Felix Stoerk）の論攷（Austritt aus dem landesherrlichen Hause, 1903）が現れており、議論の活性化を伺わせる。

（20） Vgl. Conrad Bornhak, Staats- und Völkerrechtliche Fragen im Falle Montignoso, DJZ 10, Sp. 284 ff——ボルンハークが「国際法的問題」を主題としているのは、当時ルイーゼがイタリアに居住していたことに関わる。彼によれば子の引渡し請求は訴訟としては民事裁判所に提起しなければならず、判決によって執行名義を得ることができるが、執行はイタリアで行われなければならない。かつてセルビア王太子が離婚された母に連れられてプロイセン領内にあった際には、政治的判断から外交的な求めに応じて警察的な協力がなされたことがあるが、王位継承者ではない七女ではそうした政治的判断がなされるとは限らないから、父による子の引渡し請求という私法的請求ルートによらざるをえない。そしてイタリア民法典では家族関係の規律はその国籍国の法によることとなっているから、請求それ自体はドイツ法によって判断されることになる。

（21） Vgl. Ch. Waldhoff, in：NDB 19（1999）, S. 172 f.

（22） Vgl. Karl Neumeyer, Zur Abgrenzung zwischen Privatfürstenrecht und gemeinem Recht, DJZ 10, Sp. 494 f.

（23） Vgl. M. Kohlrausch, Der Monarch im Skandal. Die Logik der Massenmedien und die Transformation der wilhelminischen Monarchie, 2009.

（24） Vgl. Hermann Rehm, Modernes Fürstenrecht, 1904, S. 352 ff.

(25) このような知見を政治史学において強調するものに今野元『多民族国家プロイセンの夢――「青の国際派」とヨーロッパ秩序――』(名古屋大学出版会、二〇〇九年)。

(26) Felix Stoerk, Austritt aus dem landesherrlichen Hause, 1903, S. 2.

(27) Ebd.

(28) Stoerk, Austritt, S. 1 f. Fn. 1.

(29) Hermann Rehm, Das landesherrliche Haus. Sein Begriff und die Zugehörigkeit zu ihm (Sonderabdruck aus der Festschrift der Universität Erlangen zur achtzigsten Geburtstages Sr. Königlichen Hoheit des Prinzregenten Luitpold von Bayern), 1901, S. 3 ff. ――レームによれば「領邦君主の家とは、その始祖が領邦君主である家であり、領邦君主の家族とは領邦君主(Landesherr)の地位の最初の取得者から始まるこの家族の血を引く者である」(S. 3)。このような解釈によって退けられているのは、「領邦君主」の地位ではなく旧帝国崩壊によって獲得された「主権」の取得者を起点とする理解である。帝国法律では「領邦君主の家(族)」という文言が選ばれるが、各領邦の法律、特に憲法典では「領邦君主の家」ではなく「王家」・「大公家」・「公家」・「侯家」などと規定される。この点について、レームは現在の位階(王・大公・公・侯)の最初の所得者の子孫のみを指すとする字義的解釈は実定法解釈として妥当ではないと論じている。第一に、憲法典が「王家」・「大公家」云々と謂っているのは当該憲法典発布時に統治していた具体的な家を考えているに過ぎない。例えばプロイセン憲法五三条が「王位は王室家憲に従って王家の男系血族に相続される」と規定しているのは既存の具体的な王家及び王室家憲が前提されているからであって、憲法が位階を明示しているのはその位階と結びついた範囲に王位継承権を限定する趣旨のものではない(S. 5–10)。第二に、それぞれの具体的な家の継承権は憲法によって初めて法的に創設されたのではなく、既に法的に基礎づけられたものとして前提されているのであり、それは各領邦の憲法が単に「王家」などといって「〇〇家」などと規定しないことにも現れている(S. 10–11)。第三に、王位継承権は憲法だけでなく家憲にその基礎を有しており、当該家憲は王・大公・公・侯などの位階を有していない時代に成立したものである(S. 11–12)。

(30) レームによれば広義における「領邦君主の家」は私法上・公法上の法人格を有する社団である(従って家産の所有主体となり、また相続兄弟契約の当事者となりうる)。王室家憲に家憲制定に関する規定がない限り、自律立法権を有する共同体の本旨に従い、明示的に排除された未成年者や女系親を除く全ての男系親に家憲制定に対する協働権が帰属するものと推定されなければならない（Rehm, Das landesherrliche Haus, S. 13, 17 f.）。

（31） Rehm, Das landesherrliche Haus, S. 20 ff.

（32） Rehm, Das landesherrliche Haus, S. 19.

（33） レームによれば既存の王室家憲は家憲制定権を家長権と区別して規律するか、そもそも家憲制定権について何ら規定しないかのいずれかの方針を採っているのであるから、実定法において少なくとも家憲制定権は家長権に含まれていない。また、一部の王室家憲が「必要な限りで」領邦議会に提示され、その協賛を経て公布されているのは王室家憲の規律事項に王位継承など国家に関わる事項を含むからであり、また重ねて別の法律が公布されないのは手続的省略の便が採られたに過ぎない。それ故に、王室家憲は国家元首の家長権によって制定されたものとは言えない（Rehm, Das landesherrliche Haus, S. 15 ff.）。

（34） 要するに「家の男系親は［…］家憲制定権に関しては社団的結合体の構成員として現れ、それ故に家長と同等の権利を有する。かれらはこれに対して領邦君主の家長権には服従する。［…］君主の家は広義においては社団的団体であり、後者においてはハウスヘルシャフト的団体である」（Rehm, Das landesherrliche Haus, S. 19）。

（35） 領邦と王統を並立させるレームの議論については既に拙稿「ドイツ立憲君主政における王統と国家――ヘルマン・レームの公法学――」『国家学会雑誌』一二六巻三・四号（二〇一三年）、三二〇頁以下、拙稿「一九世紀ドイツ公法学における『君侯法』（五・完）」（前掲）。

（36） Vgl. Wilhelm van Calker, Das Staatsrecht des Großherzogtums Hessen, 1913, S. 37 f. Fn. 5 ; Walter Schücking, Das Staatsrecht des Großherzogtums Oldenburg, 1911, S. 75 f.

（37） Vgl. A. Thier, in : NDB 19（1999）, S. 576.

（38） F. Oppenhoff, Das Strafgesetzbuch für den norddeutschen Bund, 1871, S. 208 f. ;（hrgb. v. Th. Oppenhoff）12. Aufl., 1891, S. 264

（39） Vgl. A. Schoetensack, in : ADB 53（1907）, S. 572 f.

（40） E. T. Rubo, Kommentar über das Strafgesetzbuch vom 31. Mai 1870, 1879, S. 581.

（41） リュードルフの注釈書は「領邦君主の家の構成員であるか否かは家憲及び憲法によって判断されるべきである」と述べた

直後にオッペンホフの概念説明を「適切なもの」とし（H. Rüdorff, Strafgesetzbuch für das Deutsche Reich, 3. Aufl., 1881, S. 294 f.）、マイアー『普通ドイツ刑法教科書』は「誰が連邦諸侯の家の『構成員』であるかという問題は、各国の憲法及び家憲によって判断されるべきである」と述べながらも「それによれば通常は同格出生の婚姻によりその家の始祖の血を受け継ぐ全ての者（公子及び公女、但し後者は婚姻するまでに限る）、及び君主及び公子の配偶者である」と述べている（H. Meyer, Lehrbuch des gemeinen deutschen Strafrechts, 2. Aufl., 1877, S. 655, Fn. 9）。

（42） RGSt 23, 239.

（43） RGSt 41, 177.

（44） F. v. Liszt, Lehrbuch des Deutschen Strafrechts, 18. Aufl., 1911, S. 558 Fn. 10；H. Meyer/Ph. Allfeld, Lehrbuch des Deutschen Strafrechts, 7. Aufl., 1912, S. 634；F. Wachenfeld, Lehrbuch des Deutschen Strafrechts, 1914, S. 540；R. Frank, Das Strafgesetzbuch für das Deutsche Reich, 14. Aufl., 1914, S. 208；学説状況を示すものとして J. v. Olshausen, Kommentar zum Strafgesetzbuch für das Deutsche Reich I, 10. Aufl., 1916, S. 406.

（45） Ludwig v. Bar, Lehrbuch des internationalen Privat- und Strafrechts, 1892, S. 270 mit Fn. 24.

（46） Karl Binding, Lehrbuch des Gemeinen Deutschen Strafrechts. Besonderer Teil, Bd. 1, 2. Aufl., 1902, S. 173 f.

（47） Rehm, Modernes Fürstenrecht, S. 118 f.；ders., Das landesherrliche Haus, S. 35 f.

（48） 以上の経緯については vgl. Conrad Bornhak, Die Thronfolge im Grossherzogtume Oldenburg, in：AöR 19（1905）, S. 201 ff.

（49） Vgl. Hermann Rehm, Oldenburger Thronanwärter, 1905, S. 22.

（50） Vgl. Hermann Rehm, Die Oldenburger Thronfolgefrage, in：Hirths Annalen 1904, 321–351；Hermann Rehm, Der Oldenburger Thronfolgestreit, DJZ 9（1904［1. Mai］）, Sp. 417–420. ――『ヒルト年報』における右の論攷の末尾においてレームは「正義は王国の基礎である（justitia est fundamentum regnorum）」と述べている。

（51） 参照、拙稿「ドイツ立憲君主政における王統と国家」（前掲）、三二〇頁以下。

（52） 実際にレームはオルデンブルクの事件について――契約解釈の問題が含まれることも考慮して――仲裁裁判による解決が適切であると主張している（Rehm, Die Oldenburger Thronfolgefrage, S. 351；Rehm, Der Oldenburger Thronfolgestreit, Sp. 417,

420)。

（53） Bornhak, Die Thronfolge im Grossherzogtume Oldenburg, S. 217 ff. und 226.

（54） Hermann Rehm, Nochmals die Oldenburger Thronfolgefrage, Hirths Annalen 1904, S. 576 ff. [584].

（55） ドイツでは伝統的に、憲法改正は法律形式でなされる。但し議会の特別多数が必要とされる。現在においても、基本法七九条一項は「基本法は、この基本法の文言を明示に変更し又は補完する法律（Gesetz）によってのみ、変更されうる」と規定している。

（56） Maximilian Saxl, Die Thronfolgeberechtigung des aus der im Jahre 1875 abgeschlossenen Ehe weiland Seiner Hoheit des Herzogs Anton Friedrich Günther Elimar von Oldenburg mit dem hochwohlgeborenen Fräulein Natalie Vogel Freiin von Friesenhof am 29. August 1878 entsprossenen Sohnes Alexander und dessen Zugehörigkeit zum Großherzoglich Oldenburgischen Hause. Denkschrift, 1904.

（57） Friedrich Tezner, Die Successions= und Verwandtenrechte des Prinzen Alexander von Oldenburg genannt Graf von Welsburg auf Grund des derzeitigen Olbenburgischen Staats= und Hausrechts. Ein Beitrag zum modernen Fürstenrecht, 1905, S. 27 ff., 67, 97 ff., 119. テツナーの解釈によれば一八七二年家憲は議会によっても「法律」と考えられていない（S. 92 ff.）。

（58） Tezner, Die Successions= und Verwandtenrechte des Prinzen Alexander von Oldenburg, S. 55 ff.

（59） Rehm, Oldenburger Thronanwärter, 1905, S. 43–68.

（60） Walther Schücking, Der Staat und die Agnaten, 1902.

（61） 以上の経緯も含め vgl. Walther Schücking, Die Nichtigkeit der Thronansprüche des Grafen Alexander von Welsburg in Oldenburg, 1905.

（62） Schücking, Die Nichtigkeit der Thronansprüche des Grafen Alexander von Welsburg, S. 52 ff. ——更にシュッキングはオルデンブルク憲法一七条、二九条が厳密な家内事項だけではなく同格出生についても緩やかに大公家の自律権に委ねているとする（S. 72 ff., 80 ff., 87 ff.）。

（63） Schücking, Der Staat und die Agnaten, S. 42.

（64） Georg Meyer/Gerhard Anschütz, Lehrbuch des Deutschen Staatsrechts, 6. Aufl., 1905, S. 258 f.

（65） Georg Jellinek, System der subjektiven öffentlichen Rechte, 2. Aufl., 1905, S. 187.

（66） 以下で参照する第一審から第三審までの判決理由は Riesebieter, Der Prozess des Grafen von Welsburg gegen das Großherzogliche Haus Oldenburg, in: ZgStW 63（1907）, S. 295–315 の紹介による（控訴審については S. 297 ff.、上告審については S. 313 ff.）。

（67） RGZ 2, 145.

（68） なおシュッキングは、憲法一四一条二項の規定は「形式的意味の法律」、すなわち議会の協賛に係る国家制定法に限定されるものであり、大公家家憲に及ばないという解釈を示していたが（Walter Schücking, Der Fall Welsburg, Sp. 1141 f.）、控訴審により退けられた。もっとも、シュッキングは王室家憲制定要素としての領邦君主の家を国家の立法機関と構成する学説に与するが、このことと裁判官の法令審査権解釈との平仄が合うかは検討の余地があるはずである。

（69） Vgl. Brief Tezners an Saxl, abgedr. in: Saxl, Zur Duplik, S. 52.

（70） 憲法が同格出生について沈黙していても「男系（Mannesstamm）」という語に従来の同格出生原理が埋め込まれているというのがレームの考えであり（Rehm, Oldenburger Thronanwärter, S. 42）、シュッキングは「アクロバット（Saltmortale）」と批判している（Schücking, Die Nichtigkeit der Thronansprüche des Grafen Alexander von Welsburg, S. 68）。

（71） なお、レームの議論は、ヴェルスブルク伯の訴訟においてオルデンブルク家の同格出生規律の内容及びそれとの憲法規定の関係の解釈については退けられた。但し、判決が問題としたのは適法な民事訴訟となりうる家族法的な身分確認限りのことであり、大公家家憲の効力についてレームは家族問題としては有効（王位継承問題としては無効）とするものであったことに留意する必要がある。

（72） Vgl. Maximilian Saxl, Zur Duplik des Herrn Professor Schücking. Streiflichter, 1905; Hermann Rehm, Die Thronfolgefähigkeit des Grafen von Welsburg in Oldenburg, in: Hirths Annalen 1905, 441–447; Walther Schücking, Nochmals der Fall Welsburg, in: Hirths Annalen 1905, S. 903–910, ders., Fürstenrechtliche Fragen, in: Hirths Annalen 1907, S. 858–864; ders., Der Fall Welsburg, in: DJZ 1906, Sp. 1140 ff.; ders., Die Regelung der oldenburgischen Thronfolgefrage im Jahre 1904, in: JöR 5（1911）, S. 561–569.

（73） 上山安敏『憲法社会史』（日本評論社、一九七七年）、第三章・第四章、B. Schlüter, Reichswissenschaft, 2004, S. 410;

Gottwald, Staatsrecht und Fürstenrecht, 2009, S. 223 ff.

（74）それ故に、テツナーはザクスルに宛てた書翰のなかでシュッキングに対する失望感を露わにすることになる（Brief Friedrich Tezners an Saxl am 25. 4. 1905, abgedr. in: Saxl, Zur Duplik, S 51 ff.）。

（75）Zorn, in: DLZ 23（1902）, S. 1021.

（76）詳細については参照、拙稿「一九世紀ドイツ公法学における『君侯法』（三）」（前掲）、二七八頁。

（77）法学者の多くは市民階層出身であり、その限りで、貴族身分の法に対する観察は「外部観察」（Gottwald, Fürstenrecht und Staatsrecht, S. 1 ff.）としての性格を帯びる。しかし貴族身分や「領邦君主の家族」も、その身分法に関する正確な知見を、やはり法学者の助言や鑑定意見書に求めざるを得なかった。無論、そのような意見書は法学者の専門知とそれによる権威を期待して依頼されるものであり、依頼人たる紛争当事者の利益が法学的論証に当然に影響しうるわけではない（このメカニズムについては参照、拙稿「一九世紀ドイツ公法学における『君侯法』（五・完）」（前掲））。また、君侯法や私的君侯法に関わる鑑定意見書は、具体的な紛争とは別に複雑な問題や争いある論点について法学者に解説してもらうことを目的として依頼されることもある。陪臣化された旧帝国等族の団体（Verein der Deutschen Standesherren）の依頼によるこの種の文献のうちレームによるものとして例えば Rehm, Prädikat-und Titelrecht der deutschen Standesherren, 1905; ders., Die juristische Persönlichkeit der standesherrlichen Familie, 1911; ders., Die standesherrliche Schiedsgerichtsbarkeit, 1912. がある。

（78）「第一義的には「現行」王室法の体系書であるが、「近代」にも自律的王室法が妥当しているのだという含意がある」（拙稿「ドイツ立憲君主政における王統と国家」（前掲）、三四九頁（註一七二））。なお筆者はその後、同様の含意を読み込むと思しきハチェックの書評（Julius Hatschek, Kritische Streifzüge durch die Literatur des öffentlichen Rechts, in: ASSP 27（1908）, S. 205 f.）に接した。

（79）Gottwald, Fürstenrecht und Staatsrecht, S. 225 はレーム『現代君侯法』の書名が“provozierend”であると述べる。

（80）筆者はこれまで研究会報告等の席上において、「レームを『新絶対主義者』といえないとしても、彼がわざわざ君侯法の体系を著したのには何らかの動機があるのではないか」という趣旨の質問を頂戴してきたが、十分な回答をなしえなかった。本文の記述はこうした疑問に対する筆者の回答である。

(81) 無論、上山・前掲書の基本的コンセプトである。
(82) Willoweit, Standesungleiche Ehen (a.a.O), S. 21.
(83) なお、拙稿「一九世紀ドイツ公法学における『君侯法』(五・完)」(前掲)では、本稿の成果に加え、更に王位放棄論とルクセンブルク大公位継承問題の分析を通じて、筆者なりに一定の展望を示している。

* 本研究は、JSPS科学研究費(19K13487)の助成を受けたものである。

天保・弘化期のオランダ法典翻訳における burger 関連語の訳出

『和蘭律書』「断罪篇」を中心に

山口 亮介

はじめに

一　『和蘭律書』とその周辺――オランダ法典翻訳と史料の状況

二　burgerschapsregten の訳出における「府民身分の法度」のあり方

三　burgerschapsregten と burgerijken staat の訳出における「士分」のあり方

おわりに

はじめに

日本において初めて西洋の成文法典がまとまったかたちで翻訳に着手されたのは、天保・弘化期（一八四〇年代初頭から中頃）のことであるとされる。天保一二（一八四一）年、当時の老中水野忠邦によって幕府天文方和解御用に「和蘭の政書兵書」の翻訳が命じられ、同一四年頃には「和蘭五法の一なる国憲」が訳されたとされるほか、その前後の時期には幾つかの法典が訳出されている(1)。この翻訳事業の成果の一部は、穂積陳重によって「本邦法学史上無類の珍籍(2)」と紹介されたことがある。また近年においても、医学や薬学などをはじめとする自然科学を中心に発達した近世の蘭学に西洋人文社会科学の知識の受容の道が切り開かれていく歴史的転換点という視角のもとで、この事業を西洋法の限定的な摂取が始まった「第一期」と位置づける研究がみられる(3)。本稿はこの「第一期」に相当する時期に翻訳されたオランダ法典翻訳のうち、宇田川榕菴・興齋訳『和蘭律書(4)』を主な素材として、この翻訳法典の原典にみえる burger とその関連語を主な手がかりとしながら、これらの語に対する訳語の当てはめのあり方に対する検討を行うものである。

前稿において筆者は、江戸時代後期作成の蘭日辞書（桂川甫周（編）『和蘭字彙(5)』）や、明治元（一八六八）年に刊行された神田孝平によるオランダ憲法典の訳書たる『和蘭政典(6)』第五篇などのテキストの翻訳のあり方に対する考察を通じて、これらの翻訳が行われた時期の日本における regt およびその関連語をめぐる西洋の法や裁判にかかわる諸観念の理解のあり方や、その背景にある当時の国内における法観念の特質の抽出を試みた。こうした作業を通じて、『和蘭字彙』にみえる regt の関連語に対しては「捌キ」や「裁判」などと並行して「公事」や「政治」などといった国内の政務に軸足を置いた訳語が多く用いられていることを確認するとともに、『和蘭政典』において原法典中の burgerlijke regt に与えられた「民法」あるいは「民間諸利権」という訳語に対しても、諸民を統治の客体として扱うことを前提とした訳出がなされているとみられることを指摘した(7)。尤も、以上のような西洋の法や裁判をめぐる観念のあり方に対する見通しは、regt に対する訳語のもつ意味内容に軸足を置いた考察によって得られたものであった。その一方で、この regt の語を含む burgerlijke regt などの原語のうち、burgerlijke やその名詞形である burger に対応して用いられる「民」に関連する訳語の持つ意味合いに対しては、十分な検討を加えることができなかった。

しかし、江戸後期から明治初期にかけての日本における西洋の法や裁判、さらに権利にかかわる諸観念についての情報の把握のあり方を読み解く上では、この「民」自体についての意味内容の射程に対する検討を行うことも必要であると考えられる。ここにおいて、『和蘭字彙』の burger の項目には、「町人〈素姓正シキ由緒アル町人ヲ云ナリ彼国ニテハ此者トモ政道ニモ與リ此方ノ士ノ如クニテ賤シカラス者之事アル時ハ王ヲ助テ一方ヲ防ク者ナリ〉〔括弧内は割註〕」との註記がみられることが注目される。前稿では簡潔な紹介を行うにとどまりその内容に触れることはできなかったが(8)、この辞書項目においては burger に対してひとまず「町人」という訳語が与えられつつも、その註記には「政道」への参与など、一見して西洋近代社会を構成する〈市民〉の地位やその役割を想起させる表現が見られる。また、ここにいう「町人」のもつ役割は、国内においては武士によって担われるものであるという補足説明がなされていることが確認できるのである(9)。さらにその後、国語史学や語彙論の研究の蓄積にも示唆を得つつ江戸後期の辞書やテキストの調査を進めるなかで、如上の burger の項目についての註記は H. Doeff 編・吉雄権之助ほか訳『道譯法児馬』（以下、音訳表記に従い『ドゥーフ・ハルマ』と表記）[11]の段階で既に見られることを改めて確認するとともに、一九世紀中頃に翻訳されたとみられる複数の蘭書翻訳テキストにおいて、これらの辞書の記述を参照したとみられる特記項目が散見されることを見出した。[12]このように辞書項目にみえるburgerという原語とこれに対する「町人」という訳語は、西洋の法や政治に関する情報が本格的にもたらされる以前から「被支配的地位にある農民以外の町居住者」[13]といった日本近世における町人の概括的定義とは異なるかたちで「民」にかかわる概念を指し示す語であることが意識され、実際に蘭学者の訳業にも利用されていたということができるのである。

それでは、先行研究は、こうしたregtやburgerに関連する語やこれらをめぐる諸観念をどのように取り扱ってきたのであろうか。江戸後期から明治初期にかけての西洋法概念の学習や受容をめぐる諸観念の生成については、法学のみならず政治思想、比較文化論などの多岐にわたる分野による研究の蓄積がある。尤も、それらの研究は、基本的に翻訳概念としての「権利」の語の持つ意味合いに即してregtやdroit、rightなどの語を中心とした検討を行うものであった。[14]これらに関連する研究の中には、明治期の民権論に言及するための前提として、明治二年以降に箕作麟祥によって着手されたフランス法典の翻訳に即して「ドロワ・シビル」に与えられた「民権」という訳語に言及するものもある。[15]しかしながらそうした研究は、同時期に政府において開催された民法会議の席上で箕作に発せられた「民に権があると云ふのは何の事だ」[16]という批判に注目するものが殆どで、その分析の多くは「民」よりも「権」の字義の位置付けを問うことに力点を置くものであると言える。[17]このように、蘭学の蓄積を基にして西洋法にかかわる諸概念の学習と受容を行い始める時期における、西洋近代社会を構成する政治参加の主体としての〈市民〉に相当するburgerに与えられた訳語の持つ意味内容の射程は、未だ十分な検討に付されているとはいえないのである。

以上のような関心と研究状況のもとで分析を行う上で、冒頭に言及した天保・弘化期の「和蘭の政書」は、その原典が文字通り箇条書きで構成された成文法典であることからも、蘭語原文と訳文との対照作業に比較的容易に着手することが可能なテキストであるといえる。また、そうした原法典のうちの幾つかには、上述した蘭語辞書にみたような「政道」に参与する存在としての burger に関して、その権利や地位を指し示す burgerschapsregten などの語が随所に用いられているものがあることが確認できる。これらのことから、こうした法典の翻訳テキストは、burger とその関連語の翻訳のあり方を検討する上で好個の史料であると考えられる。本稿では、オランダ法典とその翻訳テキストとの対照を通じて、burger やその関連語が指し示す語義のうち、「政道」に参加する主体たる〈市民〉をめぐる権利や地位などに関わる諸観念を当時の翻訳者らがいかに把握しようと試みていたかにつき、その試行錯誤のあり方を明らかにするとともに、実際に与えられた訳語の持つ特質についての考察を行っていきたい。以下ではまず、本稿において主な検討材料とする宇田川訳の『和蘭律書』をはじめとする当時の法典翻訳事業をめぐる史料状況について概観した上で（一）、burger やその関連語の翻訳をめぐる状況について、『ドゥーフ・ハルマ』などの記述に見られる「政道」への関与のあり方を補助線としながら検討していく（二・三）。

一 『和蘭律書』とその周辺——オランダ法典翻訳と史料の状況

さて、『和蘭律書』と題される史料には、本稿で主に取り扱う「断罪篇」以外にも複数のものがあることが確認されている。冒頭に言及したこれらの法典翻訳事業と関連するテキストのあり方については既に先学により整理されているが[19]、その後の研究の進展を踏まえつつ、関連する史料の状況について本章であらかじめ確認しておきたい。

天保年間に水野忠邦が命じたオランダ法典の翻訳のうち、現在参照の便に供することができるものとして、箕作阮甫によって翻訳された「和蘭律書　公事部」の条文の一部[20]と宇田川興齋らによる『和蘭律書』全一四冊（「按罪篇」（八冊・全四六六条）および「断罪篇」（六冊・全四八四条[21]））が挙げられる。

1　箕作阮甫訳「和蘭律書　公事部」

このうち、前者の箕作阮甫訳「和蘭律書　公事部」（以下、「公事部」と表記）についてはF. B. Verwaijenによって詳細な原典対照の基礎作業が行われている[22]。これにより、この「公事部」の原法典がオランダ民事訴訟法典（Wetboek van burgerlijke regtsvordering, 1838）であることや、翻訳の残存部分（三二九〜三八四条）が主に上訴手続（beroep）に関する箇所の翻訳であることが明らかにされた。このほかにもVerwaijenは、「公事部」においては訴訟手続に関する事柄が全体として「公事」と訳されていることや、裁判所については「訟廷」や「裁判役所」といった表現に加えて、「大議政府」などといった政務にかかわる訳語の当てはめが行われていることなどを含む多くの指摘を行っている[23]。

こうした研究に学びつつ、原法典との対照を試みたところ、少なくとも現在残されている「公事部」の諸条文の中には、burgerやその関連語・派生語は含まれていないことが確認された。このため本稿では、表題の「公事部」がburgerlijke regtsvorderingの翻訳であるとみられるということをさしあたり確認するにとどめ、同史料の内容については直接取り扱わない。

2 宇田川興齋ら訳『和蘭律書』「按罪篇」・「断罪篇」

続いて宇田川興齋訳の『和蘭律書』「按罪篇」および「断罪篇」（以下、それぞれ「按罪篇」、「断罪篇」と表記）について確認していこう。これらの法典は簿冊の巻名の通り、「按罪篇」、「断罪篇」の順で翻訳され、嘉永元（一八四八）年頃に完成したとみられる(24)。

これらのうち、まず「按罪篇」については、その条文の数や章・節等の配置から、一八三八年に施行されたオランダ刑事訴訟法（Wetboek van Strafvordering）(25)が原典であると推定される。これは、フランス統治期の一八一一年にオランダに適用されていたフランス治罪法（Code d'Instruction Criminelle）を廃して新たに作られたものである(26)。次に「断罪篇」については、第一冊の冒頭、第一条に先立って「千八百十年（文化七年）第二月十二日に於て建定し同月二月十二日遍く申渡せる創世規法〔括弧は割註〕」との付記があり、また末尾の第四八六条の後に、同法制定に際してのナポレオンをはじめとする国務大臣や法務大臣らの官員の署名を含めた翻訳がなされている。これらのことから、一八一〇年に成立したフランス刑法典がオランダにおいても施行されたものであるということはこれまでにも先学により指摘されていたものの、具体的な翻訳原典については言及されてこなかった(27)。あらためてその原典について見通してみると、原法典とみられる Wetboek van Strafregt（Code Pénal）は、一八一〇年にオランダ王国が第一帝政期のフランスに併合された際、オランダにもナポレオン法典を適用すべくウィレム・ビルデルダイク（Willem Bilderdijk）(28)が翻訳を命じられ、翌一一年三月に施行されたものである(29)。現時点で宇田川らが翻訳に直接利用した原典史料を見出すことはできていないが、オランダで発行された「公式版」（Officiele uitgave）(30)を見る限り、上述の巻末の署名群までもが忠実に翻訳されていることが確認できること、また段、章、節の冒頭に記載されている公布や施行の年月日だけでなく、時折条文中に挿入されるフランス語の術語の註記などを含めて翻訳と原典とがほぼ対応しているとみられることからも、この公式版を原語の対照に用いていきたい。

以上のような「按罪篇」と「断罪篇」という二つの翻訳法典のうち、「按罪篇」の原法典中には、**burger** の語は単体ではみられない。これに関連する語はもっぱら形容詞 **burgerlijk** を伴った表現（**burgerlijk regter**、**burgerlijk regtsvordeling**、**burgerlijk zaken** など）として現れるが、これらに対しては「各国の裁判」や「国法を行ふ官員」、「市中の公事」、「公役軍兵」などといったかたちで、主に規則や制度に関する訳語が用いられているということができる[31]。その一方で「断罪篇」には、冒頭に挙げた蘭語辞書における「町人」の語の註釈に関連する意味合いを持つ **burger** やその関連語が少なからず含まれていることが確認できる。**burger** という名詞のみに着目してさしあたり条文全体を概観するだけでも、「府民」（第八七、九一、九六条）や「ビュルゲル（府の長）」（第一五五条）などといった「府」の民という表現や、「士分《ビュルゲル》」（第一八四条）のように武士を想起させるもの、またこのほかにも、「役人」（第二三〇条）のように官職や官務に就く者を思わせる表現[32]や、「府民の軍兵」（第一〇〇条）という兵役義務に関わるものとみられる表現[33]を確認することができるのである。

こうした史料の状況を踏まえて、以下では、「断罪篇」についてこれらの **burger** についての訳語を導きの糸としつつ、現代においてそれぞれ〈市民権（公民権）〉と〈市民の地位・身分〉という概念を指し示す **burgerschapsregten** と **burgerlijken staat** という二つの原語に特に着目し、これらの語に関する訳語の用いられ方を中心として検討を加えていきたい。

なお、翻訳者の宇田川父子のうち、父の榕菴については、蘭書翻訳の過程で **burger** の語について関心を寄せていたことが窺われる。彼が晩年に翻訳に着手した『和蘭志畧』[34]（弘化元〜二（一八四五〜四六）年頃訳稿）の第五巻「官職政事通商志畧」中には、一八一五年のオランダ国王即位下における官職を紹介する項目がある。ここでは、「会議廳」としての「尾刺汾法尾府」（Binnenhof の音訳か）や諸官制の記述と並んで「ビュルゲル」が一項目として設けられているが、その内容は「「ビュルゲル」ハ素姓正シク由緒アル町人ニテ政道ニモ与カリ国主ヲ助ケテ一方ヲ防モノナリ」というものであり、ここにも『ドゥーフ・ハルマ』中の burger の参照[35]が見出される[36]。しかしながら『和蘭律書』にみえる burger やその関連語の訳出に当たっては、こうした辞書項目の記述がそのままのかたちで利用されているわけではないとみられることには注意を要する。次章以降に詳述するように、宇田川らは音訳を含む様々な語を駆使しながら、その内容に対する把握を試みているということができるのである。

二 burgerschapsregten の訳出における「府民身分の法度」のあり方

1 「府民の法度」と「府民身分の法度」

前置きが長くなったが、ここから「断罪篇」の諸条文に即して具体的な検討に入っていきたい。

さて、「断罪篇」は、第一冊中に見える全体の総則的規定のうち、第一条で「過失」[37]（eenvoudige overtreding あるいは vergrijp）や「悪業」（wanbedrijf）、そして「罪過」（misdaad）という三つの犯罪区分を示す。そしてその直後に、第一段(38)「罪過悪業の事件に於ける刑法并其刑法の列次」（第六～八条）と題する項目の中で、同書中において罰されるべきそれぞれの罪の基本的な定義や内容を列記する。このうち、「罪過」に相当する刑罰の内容については、第七条で死刑や流罪のほか無期および有期の「苦艱の業」（dwangärbeid：強制労働）、「懲治院」への投入、そして「烙印《ヤキイン》」や財品取上などの刑が示されるのに引き続いて、第八条で「辱治の刑」（blootelijk onteerende straffen）に相当するものとして次のような刑が挙げられている(39)。

其一　カーク（軽き罪人を縛り付けてさらす臺）
其二　追放（原名ライトハンニング）
其三　ビュルゲルスカップス、レクテン（府民身分の法度の義）を奪ふ刑
〔括弧は割註、原文ではカナ部分に傍線があるが省略。引用中に説明ある場合を除き以下同様〕

また、続く第九条では、「悪業」の類型に対応する刑罰を次のように紹介する(40)。

（第九条）　悪業の者に処する過怠の刑左の如し
其一　年月を限りて誡懲院（原名フルベーテルホイス身持の悪しき者を躾《シツケ》の為めにいれをる所）へ投入する刑
其二　ビュルゲルスカップス、レクテン自注に又ドロイツ、シヒキュヱスと云（即府民身分の法度の義前に出）ビュルケルレーケ、レクテン自注に又ドロイツシヒルスと云（即府民の法度の義）及縁族の法を一時遅延せしむる事

このように、「断罪篇」の冒頭の諸条文からは「ビュルゲルスカップス、レクテン（府民身分の法度の義）」の剥奪や「ビュルケルレーケ、レクテン（府民の法度の義）」などの一時遅延という刑罰を見出すことができる。ここでは音訳の「ビュルゲ（ケ）ル」に対応するものとして、「府民」という語が用いられていることもさしあたり指摘しておきたい。「断罪篇」中には「府民」そのものの定義を示す箇所はみられないが、たとえばオランダの基礎自治体に相当する gemeente に対しては、「都邑」（第三六条）、「府邑」（第九一条）、「郡邑」（第一一〇条）などの異なる訳語が与えられていることが確認される。このことから、「断罪篇」にみえる「府」は、特定の行政区画のことを厳密に指すものではなく、都府あるいは役所の所在地といった意味合いで用いられているものとみられる。また、これらの条文では、「ドロイツ、シヒキュヱス」（droits civiques）や「ドロイツシヒルス」（droits civils）の音訳がそのまま併記されていることも目を引く。これは刑法典原文のオランダ語に括弧書きで挿入されているもので、前章に見たように「断罪篇」の原典たるオランダ刑法典がフランス刑法典の影響下にあることに関係するものである。

話を第八、九条の翻訳に戻そう。それでは、これらの条文の音訳に付記された「府民身分の法度」や「府民の法度」を奪うなどといった制裁の具体的な内容は、いかなるものであるだろうか。第四二条においては、「悪業」に適用される「過怠刑」（boetstraffelijke geregten）のうち、「ビュルゲルスカップス、レクテン自注に又ドロイツ、シヒクヱヌスと云（即府民身分の法度）ビュルゲルレーケ、レクテン自注に又ドロイツシヒルスと云（即府民の法度）及縁族の法を禁し或は其一分を禁す」るものとして、具体的に次のようなものが挙げられる。

其一　事を決し撰ミを定むる法

其二　事を決すべき法度

其三　誓を立る役目及他の官職或は権勢ある職務に申付らるることの法度及官職を実験するを《ママ》の法度
其四　銃砲及ひ他の兵器を帯ぶことの法度
其五　縁族の事に関渉する規則の決定を執る法度
其六　縁族の撰挙にて其子の爲より後の後見たる事の法度
其七　一二の事件に就て通告或は吟味者に挙用せられ公事掛リとなるるか或は書上の事に於て証人となること の法度
其八　専ら弁明書をなすことの外衙聽へ証拠を立つることの法度(41)

この第四二条の各号で全部又は一部の停止が命じられるものとして挙げられているのは、原法典の内容に照らし合わせれば、それぞれ選挙権、被選挙権、公職に就く権利、武装権、親族会の議決権、後見人となる権利、陪審員になる権利、そして裁判の鑑定委員や証人となる権利を指す(42)。訳文を見る限り、翻訳者の宇田川らが原語の解釈に苦心し、相当の試行錯誤を重ねてその内容に迫ろうと試みていることが窺われる。

以上の条文の翻訳からは、「ビュルゲルスカップス、レクテン」（burgerschapsregten）と「ビュルゲルレーケ、レクテン」（burgerlijke regten）とがそれぞれ「府民身分の法度」と「府民の法度」というかたちで「身分」という語の有無によってひとまず訳し分けられていること(43)、また、これらの語に添えられたregtenや第四二条の各種の権利（het regt）に対しては、「（〜の）法度」あるいは「（〜の）法」といった、江戸期を通じて成文の掟や禁令に用いられる語が与えられていること、そしてこれらが剥奪（ontzetting）や「遅延」（opschorting）、あるいは「禁す」る対象とされていたことが注目される。次節以下では、こうした点に着目しつつ、burgerschapsregtenとburgerlijke regten

それぞれの翻訳のあり方を分析していきたい。

2　burgerlijke regten と「府民の法度」

それではまず、第九条で「府民の法度」と訳された「ビュルケルレーケ、レクテン」（burgerlijke regten）について見ていこう。「断罪篇」において、この語は、前節に紹介したものを除けば「罪過」に対する刑罰の総論規定の一つである次の条文中に確認できる。

（第一八条）　永世艱苦を為さしむる刑の申渡及永世流罪の申渡は府民の人を殺せる者に共に此を行ふべし
　但ホーゲ、レケーリング（大政廳の意）より其流罪の地へ送り遣る所の府民に府民の法則を用ることを許し又其科条の一二を許すべし(44)

この第一八条の但書に見るように、「永世流罪」を科される「府民」に対しては、配流先で一定の「府民の法則」（burgerlijke regten）の行使が認められるとされている。ここで「法則」と訳されている原語の対応箇所（regt）は第九条において「法度」と表現されていたが、これらはほぼ同じ意味を持つものとして翻訳されているものとみられる。この点については後述するが、いずれにせよこの条文の翻訳からは、第四二条の各号にみられるような「法」や「法度」のうち、どれがここにいう「府民の法則」に該当するものであるかは判然としない。

また第九条では、先述の通り原典条文中の burgerlijke regten にフランス語の droits civils が併記されている。これは、同時期のフランス民法典に見られるような非政治的性質を持つ私的権利としてのdroits civils(45)のことを指しているると考えられる(46)。しかしながら「断罪篇」の翻訳においては、こうした私的権利に関する意味合いが、「府民の法則」という訳語の当てはめに際して何らかの予備情報によって補完されたとみることはできないように思われる。このことは、同条前段の原文burgerlijke dood（mort civile）を「府民の人を殺せる者」と訳していることからも推測される。というのも、このburgerlijke dood（mort civile）は、被適用者の生存中に一般的な権利能力を喪失させること（いわゆる民事上の死、準死）を意味するが(47)、「断罪篇」ではこうした原義のように法律の上で死と同等の扱いを行うという意味合いが何らかの参照情報によって補足された形跡は窺われず(48)、doodの持つ「死」や「殺人」という辞書的な用法の通りに翻訳がなされているからである。

これらのことから、「断罪篇」の中で、burgerlijke regtenに対する「府民の法度」という訳語の当てはめのあり方をこれ以上たどることは難しい。これに対して、burgerschapsregtenについては、次節に見るように幾つかの条文を手がかりとして、この原文に対応する翻訳のあり方を考察することが可能であると思われる。

3　burgerschapsregtenと「府民身分の法度」

1で言及した第四二条においては「悪業」の罪に関して「府民身分の法度」、「府民の法度」、そして「縁族の法」を包括したかたちでこれらに対する禁止の内容が列挙されていたが、「罪過」の罪に関する第三四条では、このうち「府民身分の法度」の基本的な内容を確認することができる。

（第三四条） ビュルゲルスカップスレクテン（府民身分の法度）を奪ふ刑は罪ある官員の役儀を取放し且つ第二十八条に載たる法制を奪ふ事たり(49)

ここでは、「ビュルゲルスカップスレクテン（府民身分の法度）」（burgerschapsregten）の剥奪の刑の内容として、第一に「官員の役儀」の召し上げが挙げられている。また、同条で言及されている第二八条には、次のような制裁が盛り込まれている。

（第二八条） 年限ある艱苦の刑追放刑懲治院の刑カークの刑を受る者の諸輩は決て誓詞を立る者となることを得ず又何の事件に於ても公事掛りとなして通告する者となり或は吟味者となることを得ず又一二の書上或は誠實の取極の事に於て証人となることを得す并ニ直に人の弁明をなすことの外衙廳へ一二の証拠を立ることを得ず
又其縁族よりの選挙にて其子の為メより外には後見を差出すことを得ず
又其者を銃砲及ヒ兵器を帯する法を落され及ヒ国の軍兵に加はることを除かるべし

これら二つの条文で定められた剥奪の内容は、1にみた第四二条第三、七、八、六、四号に概ね対応するものであるといえよう。これらの翻訳を整理すると、ここにいう「府民身分」とは、「誓を立る役目及他の官職或は権勢ある職務に申付らるること」およびその「官職を実験」すなわち現に官務を執り行うこと、「一二の事件に就て通告或は吟味者に挙用せられ公事掛リとなるるか或は書上の事に於て証人となる」こと、「専ら弁明書をなすことの外衙廳へ証拠を立つる」こと、「縁族の撰挙にて其子の爲より後の後見」となること、「銃砲及ひ他の兵器を帯」びること、そして「国の軍兵に加はる」ことにそれぞれ携わることのできる資格であるとひとまず定義することができよう。

ここで、burgerschapsregten に関連する辞書の項目を確認しておきたい。「断罪篇」翻訳当時に完成していた蘭語辞書の中には、burger の関連語として burgerschap を取り扱っているものがある。たとえば『波留麻和解』[50] の burgerschap の項目には、「町ノ掟」という訳が見られる。一方で、『ドゥーフ・ハルマ』は、この単語に「「ビュルゲル」ノモチマヘ」という語を与えていることが注目される。というのも、同辞書の他の項目では、この「モチマヘ」（持前）という語が、現在における権利の意味合いを含むとみられる文脈で、まさに regt の訳語として用いられていることが指摘されているからである[51]。

それでは、このような「モチマヘ」に関する意味合いは、「ビュルゲルスカップスレクテン（府民身分の法度）」の翻訳にも反映されているということができるであろうか。ここにおいて、第三四条が第二八条にみえる一連の資格の剥奪のことを、「法制を奪ふ」（versteken van alle de regten）と表現していたことが想起される。ここで第八、九、二四条のそれぞれの箇条にみえる「法度」や「法」がそれぞれ regt およびその関連語（het regt、burgerschapsregten（傍点筆者））の翻訳であるとみられることと照らし合わせると、これらの条文にいうところの burgerschapsregten の剥奪については、上述した官務への従事などをはじめとする一定の公的な活動に携わる資格としての「府民身分」に対して、その資格のあり方が「法度」や「法則」、「法制」を通じて統治権力によって規定されていることを前提とした翻訳がなされているということができるように思われる[52]。

また、以上のような regt の語に対する翻訳の傾向は、第三冊所収の第二節「国政に対する罪科の捌方」(53)第一款にみえる次の条文にも確認することができる。

(第一一三条) 随意に事の判決を賣買する各箇(賣る者買ふ者)の府民は短して五年長して十年の間府民身分の権職及諸般《シナシナ》の公道の官務を取上る刑に処すべし(54)

同条で注目されることとして、第一に、「事の判決」(in de verkiezingen, eene stem:選挙における投票)と第四二条中の第一号「事を決し撰ミを定むる法」(Het regt van stemming en verkiezing)のそれぞれの原文が、ほぼ同じ語を用いているとみられることが挙げられる。同条ではこの第一号を含む各種の「法」や「法度」の一部又は全部の禁止が「悪業」に相当する罪の類型に当てはまるものとされていたが、この第一一三条に見える「事の判決」の売買行為に対する一定期間の「府民身分の権職」の剥奪という制裁についても、第四二条冒頭と同じような翻訳が行われているということができる。また第二に、第一一三条の「府民身分の権職」の箇所に対応する原語は regten van burger であるとみられるが、このうち regt に対応する「権職」という語には、これに先立つ同節第一〇九条(55)において、「権職《ヤクメ》(原名レグト)」というかたちで原語の音訳と「ヤクメ」という傍註が加えられていることが挙げられる。

ここにおいて、上述の条文にみえる regt とその関連語に対する訳語の当てはめのあり方を踏まえると、この「権職《ヤクメ》」という訳語は、傍註の通り「ヤクメ」(役目)を通じて「府民身分」を規定するというかたちで、これまでの「法」や「法度」、「法則」、そして「法制」と同様の意味合いで用いられているということができよう。これらのことからも、「断罪篇」の諸条文を通じて剥奪や禁止の対象とされる「府民身分の法度」という翻訳語は、その原語である burgerschapsregten の前提をなすフランス語の「ドロイツ、シヒキュヱス」（droits civiques）のように公的・政治的な性格を持つ〈市民〉の権利(56)そのもののことを意味するものであるというよりはむしろ、第四二条に見たような「府民身分」がもつ一連の資格が、「法」や「法度」などによってその内容に規制を受けるということに翻訳上の力点が置かれているということができるように思われる。

なお、ここまでに見てきたような一連の burgerschapsregten の剥奪に相当する罪については、第三六条によれば、その罪条を「州省の首都罪科を申渡たる都邑悪業を成したる地の市街罪科に行《ママ》ひたる土地の市街及罪者の居住せる土地」にそれぞれに貼り出すことと定められている(57)。この罪条の公示は同条で死刑や流罪などをはじめとする刑を受ける場合と同様の取り扱いであると規定されていることからも、ここまでにみたような性格を持つ「府民身分の法度」の剥奪は、社会的にも大きな意味をもつ制裁であるということが窺い知られる(58)。

4　burgerschapsregten の剥奪の内容とその翻訳のあり方をめぐる諸問題

前節では、「断罪篇」において burgerschapsregten が「府民身分の法度」と翻訳されたことにつき、これを「府民身分」と「法度」のもつ訳語の意味合いに即して検討を加えてきた。それでは次に、burgerschapsregten に対応する訳語が、ここまでに見たような総論的な内容を持つ条文以外の箇所で、どのようなかたちで現れるかについて検討していきたい。

さて、ここで**【表1】**を概観すると、burgerschapsregten の剥奪に関する表現は、第三冊に所収の第三段第一章第二節（「国政に対する罪科の捌方」）中に八点、第四冊所収の第二篇（「役人己れの勤方に就ての過失軽罪重罪の事」）に

【表１】『和蘭律書』「断罪篇」（静嘉堂文庫所蔵）とオランダ1811年刑法典（Van het Strafregt. Officiwle uitgave）の“burgerschapsregten の剥奪”関連条文

章・條数	訳　語	原典条文の対応語	備　考
（第３冊・第２節・第２款）第114条	公道の官員代理事官及大政廳の一二の官務を領する官員より事の害瑞〔ヤブレ〕を引出すべき自己隨意の仕業を以て人のフレイヘイド（前に出）或は一人若くは数人の府民身分の法則或は地方政事の上に令して行へるに於ては府民身分の法則を取放す刑に處すべし（後略）	Wanneer een openbaar amptenaar, een agent of in eenige post aangestelde van de Hooge regeering, eenige daad van willekeur en waardoor inbreuk, geschiedt het zij op de persoonlijke vrijheid, het zij op de burgerschapsregten van een of meer burgers, het zij op de staatsregeling van het Rijk, zal hij tot de straf van ontzetting van de burgerschapsregten veroordeeld worden.（…）	第２節「国政に対する罪科の捌方」第２款「フレイヘイド（掛合ひの亡き事自由なるを云）を侵す所の仕業捌方の事
（第３冊・第２節・第２款）第119条	請負人を警固する爲の家に於て又は官の支配へ通告せることを明さしめさる所の各人に於て不法即隨意なる事を戒むる牢舎よりして実情を顕はさしむるが爲に正法を以て申渡せる呼出の命を拒み若しくは怠れる所の警誡衙廳を領する公道官員は府民身分の法則を取上る刑に処し且つ第百十七条に載たる損金及利金の事に處置すへし	De openbare amptenaren met de regeerings- of regtspolicy belast, die weigerig of nalatig zijn aan een wettigen opeisch （of reclamatie）, strekkende om van onwettige en willekeurige hechtenissen te doen blijken, het zij in de huizen ter bewaring van verzekerde personen, het zij elders, te voldoen, en die niet zullen doen blijken dezelve aan hooger gezag aangegeven te hebben, zullen gestraft worden met ontzetting van de burgerschaptsregten, en in de schaden en intressen gehouden zijn, welke geregeld zullen worden, als bij artykel 117 gezegd is.	
（第３冊・第２節・第２款）第121条	警誡衙廳の諸員の經辯総督即帝家の經辯官其代職を務る官員（原名プラーツフルハンゲル）及諸審判官等国政所の差図に出る者をして適宜〔ホドヨク〕制理することなく猥に一員の上政官大評議社の一員及国政評議廳即制律所よりの査検に期したる命令書或は申渡を行ひ或は記し下せる輩又は現在成し居る所の悪業露見の外に在て右同様に制理することなく一員或は数員の上政官大評議社及国政評議廳の数員及制律所よりの命令或は申渡を行ひ又は記し下せる輩は其官務の罪に係る者として府民身分の法則を取上る刑に處すへし	Als schuldig aan amptsmisdaad, zullen met ontzetting van burgerschapsregten gestraft worden, alle amptenaren van regtspolicy, alle procureurs generaal of keizerlijke procureurs, alle stedehouders, alle regters, die een vonnis, een bevelschrift, of last, het zij gevorderd, het zij gegeven of geteekend zullen hebben, strekkende tot persoonlijke vervolging of beschuldiging, het zij van een Minister, het zij van een lid van den Senaat, van den Staatsraad, of van het wetgevend lichaam, zonder daartoe gemagtigd te zijn als bij de Staatsregeling is voorgeschreven; of die, buiten het geval van bevinding op heeter daad of van den openbaren kreet, zonder op gelijke wijze daar toe gemagtigd te zijn, het bevel of de last tot het gevangennemen of in hechtenis stellen van een of van meer Ministers, of leden van den Senaat, van den Staatsraad, of van het wetgevend lichaam, gegeven of geteekend zullen hebben.	
（第３冊・第２節・第２款）第122条	經辯総督即帝家經辯官及其代職を務る官員及諸の公道官員等猥に人を大政廳及支配所にて定めたる場處の外に牢舎し或は押込め又は一府民を未た罪状も定めたる已前に会議衙廷或は格別なる衙廷へ呼出すに於ては并に府民身分の法則を取上る刑に處すべし	Desgelijks zullen met de ontzetting der burgerschapsregren gestraft worden de procureurs generaal of keizerlijke procureurs, hun stedehouders, de regters of openbare ambtenaren, die iemand vastgezet zullen hebben of hebben doen vastzetten buiten de plaatsen, door de Hooge regeering, of door het regeeringsbewind bepaald; of die eenen burger zullen hebben betrokken voor een Hof van zittingen of voor een bijzonder geregtshof, zonder dat hij vooraf wettig in staat van beschuldiging gesteld is geworden.	
（第３冊・第２節・第３款）第123条	仮令人々連結に由り或は公道支配の一二部を執扱ふ人との連合に由り又は相互の交通〔ツキアイ〕に由る者たりとも凡そ法律に悖りたる手配の結構〔トリコシラヒ〕を制〔シダシ〕したるに於ては軽して二	Alle gemeene beraming van maatregelen , die met de wetten strijdig zijn, het zij door vereeniging van personen of lichamen aan wie eenig gedeelte van het openbaar gezag is toevertrouwd, het zij door afgevaardigden of onderlinge verstandhonding, zal gestraft worden met gevangenzetting ten minste voor twee, ten hoogste voor	第３款「官員結党の事」

	箇月重して六箇月の間入牢の刑に処し且つ長して十箇年の間府民身分の法則を取上け并に總て公道の官職を取放すべし	zes maanden van ieder schuldige: en zal deze bovendien veroordeeld mogen worden tot onzetting van de burgerschapsregten en van alle openbare ampten, ten langste voor tien jaren tijds.	
（第３冊・第２節・第３款）第126条	公道の官員等公事掛りの職務又は一二の職務の任命〔ヒキウケ〕を支障し或は遅滞せんかための主意を以て其役目を遁れんと謀る者を官務の罪に當し及府民身分の法則を取上る刑に行ふべし	Schuldig aan amptsmisdaad（forfaiture）zullen zijn, en met ontzetting van de burgershapsregten gestraft worden, De openbare amptenaren, die bij beraadslaging, besloten zullen hebben, hun afscheid te nemen, waarvan het oogmerk of gevolg zoude zijn dat daar door, het zij de bediening der regtsoefening, het zij de vervulling van eenige dienst, hoegenaamd ook, verhinderd of opgeschort wierd.	
（第３冊・第２節・第４款）第127条	官務の罪に属し及府民身分の法則を取上る刑に處すべき者左の如し 第一　掟を立る所の命令を含める法則を造るに由り又は一欵或は多欵の法則を止め或は延引する事に由り又は掟を読聞せ或は布き行哉を評議する事に由て掟を立る所の役儀を領したる審判官經辯総督即チ帝家經辯官或は其代役を務るポリシーの事を司る官員等 *(後略)*	Schuldig aan amptsmisdaad zullen zijn en met ontzetting van de burgerschapsregten gestraft worden, 1°. De regrets, procureurs generaal, of keizerlijke procureurs, of hun stedehouders, en de policy amptenaren, die zich eenige uitoefening van de wetgevende magt aangematigd zullen hebben, het zij door reglementen te maken die wetgevende verordeningen inhouden, het zij door de werking van eene of meer wetten op te houden of op te schorten, het zij door raad te plegen of de wetten afgekondigd of in werking gebragt zullen worden.（…）	第４款「支配の役儀を恣に取行ふ者の捌方」
（第３冊・第２節・第４款）第130条	プレクト（官名按に奉行又は鎮台の類）オンデルプレクト（官名按に奉行の下に班なる官員）マイト（官名按に府民の長官の類）及アドミニステウル（官名）即支配官等若し第百十七条の第一段に載たる例と同様の仕方にて掟を立る勢威を領する者或は衙廳ヒールシカール（裁判所又表向きにて罪人を死刑に行ふ事の次第を申渡す所）に何の状態に限らす命令を告知することに期したる總決を取ることに自任したる者を府民身分の法則を取放す刑に行ふべし	De prefekten, onderprefekten, maires, en andere administrateurs of bestuurders, die zich op de wijze als by het eerste nommer van artykel 127 vermeld is, eenig bedrijf van wetgevende magt aangematigd zullen hebben, of die zich aangematigd zullen hebben algemeene besluiten te nemen, strekkende om aan de geregtshoven, vierscharen of geregten eenig gebod of verbod, van wat aart ook, aan te kondigen, zullen met ontzetting van de burgerschapsregten gestraft worden.	
（第４冊・第２篇・一般の規則）第167条	總て役人の過失に重き罰を申付るに及ざる程の罪科は其士分仲間の格式〔ビュルゲルシカップスレフート〕を去るべし	Alle amptsmisdaad, waar op de wet geene zwarer straffen stelt, wordt gestraft met ontzetting van de burgerschapsregten.	第２篇「役人已れの勤方に於ての過失軽罪重罪の罰」
（第４冊・第２篇・第４章）第183条	總て裁判役支配役として人を愛憎する者は職の罪人なり故に士分仲間の格式を除き罰すべし	Alle regtets of bestuurders die zich uit toegenegenheid of vijandschap voor of tegen iemand bepaald hebben, zullen schuldig zijn aan amptsmisdaad, en met ontzetting van de burgerschapsregten gestraft worden.	
（第５冊・第７編・第１章）第366条	町並の事にて誓詞を爲し或は誓詞に與りたる者偽の誓をしたる時は其罰士分の籍を削るべし	Die gene aan wien in civiele zaken de eed opgedragen, of weder overgedragen（gedefereert of gerefereert）is, en die aldus een valschen eed gedaan zal hebben, zal met ontzetting van de burgerschapsregten gestraft worden.	第７編「偽の証拠を引く事　誣言の事　侮慢の語及ひ譏刺の文言の事　隠密を訐く事」第１章「偽の証拠を引く事」

＊　訳文中の丸括弧（ ）は割注、亀甲括弧〔 〕は傍注。傍線は筆者による。

二点、そして第五冊所収の第七篇（「偽の証拠を引く事、誣言の事、侮慢の語及ひ譏刺の事、隠密を訐く事」）中に一点確認できる。これらの条文中の原語はいずれも ontzetting van burgerschapsregten であり、各条文は、どのような行為をなした場合に、誰に対して burgerschapsregten の剥奪（ontzetting）の刑が科されるかについて規定するものであると言える。

これらの条文の内容のうち、まず行為の側面に着目すると、一部文意が不明なものを除けば官務上の専断行為（第一一四条）、法律や命令に対する違反・懈怠（第一一九、一二三、一二七条）、職務怠慢（第一二六条）、過失（第一六七条）、裁判における私情を交えた判断（第一八三条）、偽の宣誓（第三六六条）などが問題とされていることが確認できる。また、これらの条文の中には「官務の罪」（第一二一、一二六、一二七条）や「役人の……罪科」（一六七条）、「職の罪人」（第一八三条）という訳語で表される amptsmisdaad（瀆職の罪）という語が用いられていることからもわかるように、条文自体の趣旨が職務上の犯罪に関するものであることを示しているものも確認できる。

次に burgerschapsregten の剥奪の対象となる人の側面に着目すると、「公道の官員」（第一一四、一一九、一二六条）や「經辯総督即帝家經辯官及其代職を務る官員」（第一二一、一二二条）、「プレクト（官名按に奉行又は鎮台の類）」以下の諸官（第一三〇条）、「役人」（第一六七条）、「裁判役支配役」（第一八三条）、「町並の事にて誓詞を成し或は誓詞に与りたる者」（第三六六条）などを挙げることができる。このうち、最後の「町並の事」（civiele zaken）に関して誓詞を扱う者については、たとえばこの第三六六条と同篇中に「役儀向或は町並の事」について偽の宣誓を行った者を罰するというかたちで「町並の事」と「役儀向」（policy zaken）とを同列の事柄として扱う条文（第三六四条）[59]があることからも、この誓詞に携わる者が私的な立場からではなく、町内の事務に関する一定の公的な立場に即して誓いを行うものであると考えられる。

このように、burgerschapsregten の剥奪に相当する刑罰は、「断罪篇」を通じて、官職や「町並」などに関する一定の公的な活動への参加を前提として、この活動に従事する上での問題ある行為に対して科されるもの、という意味合いで翻訳されているということができるのである。

三　burgerschapsregten と burgerijken staat の訳出における「士分」のあり方

前章では、「断罪篇」第一冊から第三冊にかけて、burgerschapsregten に対して「府民身分の法度」や「府民身分の法則」という翻訳がなされていることを確認するとともに、これらの訳語にいうところの「府民身分」とは、一定の公的な活動に従事する資格ともいうべき意味合いを持つということを指摘した。

尤もここで、ひとつ留意しなければならないことがある。あらためて【表1】を確認してみると、原法典において burgerschapsregten の剥奪（ontzetting van de burgerschapsregten）に言及のある条文の中には、これまでの翻訳で見られた「府民身分の法則の取放し」などとは異なる訳語が与えられている箇所が確認できるのである。たとえば先述した第三六六条においては、「町並の事」につき誓詞に関与する者が偽の誓をなした場合などに科される罰が規定されているが、その罰には、「士分の籍を削る」という訳がなされている。また、第四冊第二篇では、「士分仲間《ビュルゲルカップスレフート》の格式を去る」（第一六七条）、「士分仲間の格式を除き罰す」（第一八三条）などといったかたちで、burgerschapsregten に対応する部分に「府民身分」ではなく「士分」や「士分仲間」という、一見したところ武士の地位や身分に関わる意味合いを指し示す語が用いられているのである。本章ではこうした訳語の変化をめぐる状況について、原法典において burger の地位に関わる意味合いを指し示す burgerlijken staat という語の翻訳のあり方を補助線として、簡潔にではあるが見通していきたい。

1　burgerlijken staat の訳出をめぐる情報のあり方

先述のように、burgerschapsregten の訳語の変化は、「断罪篇」の第四冊以降に確認される。この第四冊には第一六三条から二九〇条までが収められており、「士分」や「士分仲間」という訳語が確認できるのは、「断罪篇」の条文全体を見る限り、同冊の条文中に限られる。これに加えて指摘されることとして、「士分」という語は、burgerschapsregten の翻訳だけに用いられているというわけではないということが挙げられる。後述するように「士分」に対応する原法典中の表現は複数存在するが、そのなかでも burgerlijken staat に対してこの語が用いられる割合が最も多いといえる。

【表2】は、「断罪篇」中で burgerlijken staat に対する翻訳が行われている箇所を条文ごとに整理したものである。これにより、まず、法典中に burgerlijken staat が現れるのは第四冊所収の第二篇以降であることがわかる。先程の【表1】と照らし合わせると、これはちょうど burgerschapsregten の訳語が「府民身分の法則」から「士分仲間の格式」へと変化する箇所と一致するといえる。次に、burgerlijken staat 自体の訳語も必ずしも一定していないことが確認される。第四冊を通じて「士分」の語が用いられていた burgerlijken staat は、第五冊に入ると「国民中に居るべき身分」（第二号第六篇標題）あるいは「国民の身分」（第三四七条）と翻訳されているのである。

これらの条文にみえる訳語の変化を検討するに先立って、burgerlijken staat の原義や、これに関する当時の情報

【表 2】『和蘭律書』「断罪篇」（静嘉堂文庫所蔵）とオランダ1811年刑法典（Van het Strafregt. Officiwle uitgave）の“burgerlijken staat”関連条文

章・條数	訳　語	原典条文の対応語	備　考
（第 4 冊・第 2 篇）第 6 章標題	士分〔ビュルゲルレーキスタント〕の極め書を執行ふに就て悪き所業の罰	Van eenige wanbedrijven, betrekkelijk het houden der akten van den burgerlijken staat.	第 2 篇「役人已れの勤方に於ての過失軽罪重罪の罰」
（第 4 冊・第 2 篇・第 6 章）第192条	士分の極メ書を執行ふ役人若し其極め書を他紙に書する者は少くも一箇月多くも三箇月過怠牢に繋き十六フランク乃至二百フランクの罰金を處すべし	De amptenaren over het houden van de akten van den burgerlijken staat gesteld, die hunne akten op bloote losse bladen ingeschreven zullen hebben, zullen gestraft worden met eene gevangenis van ten minste eene, en ten hoogste drie maanden, en met eene geldboete van zestien tot tweehonderd franken.	
（第 4 冊・第 2 篇・第 6 章）第193条	若し婚姻の事に就き父母及ひ他人の免許を検査するを*［こと？］*ありて士分の管たる役人其免許あるや否やを知らされば此罪十六フランク乃至三百フランクの罰金にして少なくも六箇月多くも一箇年過怠牢に繋くべし	Wanneer de wet, tot krachthebbing van een huweiijk de toestemming van vader, moeder of andere personen vereischt, en de amptenaar van den burgerlijken staat, zich van het werkelijk bestaan dezer toestemming niet verzekerd heeft, zal hij gestraft worden met een geldboete van zestien tot driehonderd franken, en eene gevangenzetting van ten minste zes maanden, ten hoogste een jaar.	
（第 4 冊・第 2 篇・第 6 章）第194条	又士分を管する役人若し既に嫁せる婦人婚姻の極め書を此律の第二百二十八条に定むる期限前に免すときは此役人十六フランク乃至三百フランクの罰金に當るべし	De amptenaar van den burgerlijken staat zal desgelijks met zestien tot driehonderd franken geldboete gestraft worden, zoo wanneer hij een huwelijksakte van eene vrouw, die reeds te voren getrouwd is geweest, voor den tijd, bij artykel 228 van het Wetboek Napoleon gesteld, aangenomen（gepasseert）zal hebben.	
（第 4 冊・第 2 篇・第 6 章）第195条	若し極め書の没収を催促せす又は後日に事起りてこれを没収するも其役人は前条士分を管する役人の罪科に同し*（後段略）*	De straffen, bij de vorige artykelen tegen de amptenaren van den burgerlijken staat gesteld, zullen hun opgelegd worden, ook zelfs dan, wanneer de nietigverklaring van hunne akten niet gevorderd, of de nietigheid zelfs door het later gebeurde weggenomen zou mogen zijn.（…）	
（第 4 冊・第 3 篇）第 1 章標題	士分の身上を破る罪過を罰する事	Van overtredingen die den burgerlijken staat der personen in gevaar zouden kunnen brengen.	第 3 篇「法教の徒己の職を勤るに公法を妨害する罪に當るものを記す」
（第 4 冊・第 3 篇・第 1 章）第199条	一　宗旨の徒の法教の教師たる者宗旨の徒中婚姻ある時預め士分の官員より許たる婚姻の極書あると否を詳にせずして妄に婚姻の法教の儀礼を行ふものを初回ならは十六フランク乃至百フランクの罰金を出さしむ	Alle geestelijke of kerkleeraar van eenig Godsdienstgenootschap die tot het bedienen der godsdienstige plechtigheden van een huwlijk overgaat, zonder dat hem behoorlijk gebleken is van een huwelijksakte, vooraf bij de amptenaren van den burgerlijken staat aangegaan, zal voor de eerste reize met een geldboete van zestien tot honderd franken gestraft worden.	
（第 5 冊・第 2 号）第 6 篇標題	小児の国民中に居るべき身分の証拠を妨け或は之を破り又其小児の生命を危からしむる罪悪並に越度の事〇少年を誑り奪ひ或は此を盗み取りたる事〇埋葬の掟を破りたる事	ZESDE AFDEELING. Misdaden en wanbedrijven, strekkende om het bewijs van den burgerlijken staat van een kind te verhinderen of te vernietigen, of zijn bestaan in gevaar te brengen. — Oplichting of vervoering van minderjarigen. — Inbreuk op de wetten over het begraven.	第 2 号「各人に対する罪及悪行」
（第 5 冊・第 2 号・第 6 篇・第 1 章）第347条	総て初生の児を見当りて民法五十八条の如く国民の身分を司る役人に其事を告さる人を皆前条の罰を以て刑せらるべし 然れとも前件の規則は其小児を貰ひ取るへきの約束ありて其貰ひ受くへき事を其小児出産せる地の評議役所に告け置きたる人には当らずとす	Al wie een jonggeboren kind gevonden hebbende, hetzelve niet aan den amptenaar van den burgerlijken staat overgegeven zal hebben, als bij artykel 58 van het Wetboek van Napoleon voorgeschreven wordt, zal gestraft worden met de straffen, bij het vorig artykel gesteld. Deze verordening is niet toepasselijk op den genen die het kind tot zijn laste mogt willen nemen en deswegens voor de municipaliteit der plaats waar het kind gevonden is, verklaring gedaan zal hebben.	第 1 章「小児の事に関りたる罪悪並に越度」

＊　訳文中の亀甲括弧〔 〕は傍注。角括弧［　］および傍線は筆者による。

のあり方について簡潔に触れておきたい。

まず原法典をフランス法典との対比を行いつつ見通してみると、burgerlijken staat はフランスの état civil に対応する概念であることがわかる。この état civil とは社会おける自然人の地位を定め、私権の享有とその行使に関して本人と他者を区別する資質の総体を指し示す概念である。(60) また、こうした資質の総体についての確実な証拠を提供するために身分吏（officier de l'état civil、蘭語原典では amptenaar van den burgerlijken staat）によって作成されるのが身分証書（actes de l'état civil、蘭語原典では akten van den burgerlijken staat）である。この身分証書を通じた出産、婚姻、死亡を基本的な柱とする全国的身分登録制度は、各地方や、教区における聖職者によって個別に行われていた人民の把握をめぐる法制を統一する意味を持っていた。これはナポレオン法典において条文化され、フランスによる併合時にオランダにおいても形式的にではあるが採用されていたものである。(61) それでは、こうした état civil をめぐる諸制度に対応する原語に対して、蘭語辞書にはどのような訳語を確認することができるであろうか。まず、「断罪篇」の翻訳時に参照が可能であったと考えられる各種の辞書には burgerlijken staat を取り扱った項目はなく、管見の限り他の項目の例文などの中にも burgerlijken staat について言及するものを見出すことはできない。ここで個別の単語に着目して staat の項目を確認すると、『ドゥーフ・ハルマ』においてはたとえば「国」、「有サマ又躰タラク」、「貴キ位」、「積リ書」のほか、関連語として「国ノ……」といった表現がみえる。また、「断罪篇」と同時期に着手された宇田川榕菴の訳業のうち、『和蘭志畧』第九巻所収の「涅徳尓蘭土王國政法コンスチテュチー」との見出しを持つ項目においては、蘭語文が筆写された箇所のすぐの脇に「シヒーレ　ビュルケルレイキスタンド即生誕、死亡、婚儀ノト、ケナドノルイ」(62) との書き込みが行われていることが確認される。

これらの辞書項目や蘭書翻訳の情報を踏まえれば、**【表2】**の第五冊の条文に見るように、burgerlijken staat を

「役人」が国に関する業務の一環として、人々の出生や婚姻、死亡に関する事項を処理するというかたちで、「国民中に居るべき身分」（第六篇表題）や「国民の身分」（第三四七条）と翻訳することはひとまず可能であったように思われる。尤も、そうであるとするならば、ここにいう「国民」とは、国によって管理される民といった意味を持つものであるとみられ、明治初年に翻訳された『仏蘭西法律書　民法』(63)第七条中の「国民《シトワイヤン》」に加えられた「民権及ひ政権を行ふことを得可き人民」という補足説明のような意味合いを直ちに含むものでないことには留意が必要であろう。

2　burgerlijken staat の翻訳における「役人」と「士分」

それでは、「断罪篇」四冊において、burgerlijken staat に対して前節に見たような辞書やテキストなどにみえる表現とは異なるかたちで「士分《ビュルゲルレーキスタント》の極め書」（akten van den burgerlijken staat）や「士分を管する役人」（amptenaren van den burgerlijken staat）という訳語が採用されているのは、いかなる事情によるものであろうか。ここで第四冊の条文全体に目を向けると、この中には、ここまでに見たような burger の関連語とは異なる原語に対して「士分」の語を用いている箇所が見られるのである。たとえば、第四冊所収の第四篇第一章第二二四条においては、翻訳者による註釈の中に「士分」についての言及を確認することができる。

（第二二四条）　勤役する役人（士分ミニストル）或は召捕方の辯理官に対し其勤役中に言語頤指若は脅迫して之を辱むれは十六フランケンより二百フランケンの罰を出すへし(64)

同条の原文には burgerlijken staat や burgerschapsregten などの語は含まれておらず、「勤役する役人」（bedienend beampte）の箇所に対して翻訳者が独自に「士分ミニストル」という補足を行っているものとみられる。ここにおいてこの「勤役する役人」という訳語については、第二三〇条[65]にも同様の表現を見出すことができる。同条では、「現勤役人」（bedienenden amptenaar）に対する註釈として、「オッヒシール、ミニステリール」[66]という音訳が付されている。これらの条文は「役人」（amptenaar または beampte）が職務上起こした問題ある行動に対する処分を規定するものであるが、ここではこの「役人」と「士分」とが翻訳の上で直接に関連付けられているということができよう。

ここでふたたび【表2】を見てみると、burgerlijk staat に対して「士分の極メ書」（第一九二条）や「士分を管する役人」（第一九四条）などといった「士分」に関する訳語が与えられている第四冊第二篇は、まさにその表題が「役人己の勤方に対する重罪軽罪の事」であることが確認される。このように、第四冊において burgerlijk staat に対して「士分」の語が用いられるに際しては、役人をはじめとする一定の公務に携わる者との関係が意識されているということができるのである。

これらを踏まえてあらためて第四冊の burgerlijk staat に対する訳語の当てはめのあり方を見通すと、「士分」の語は、「極メ書」などを通じて「士分」の管理を行う役人や、そうした管理の役目を実際に執り行うことという文脈を中心として用いられているということができる。

3　burger と burgerschapsregten の翻訳における「役人」と「士分」

前節にみたような「士分」の訳語の持つ意味合いをふまえたうえで、いまいちど【表1】の burgerschapsregten に対する翻訳のあり方に検討を加えていきたい。

あらためて第一六七、一八三、三六六条を見てみると、これらは二4にも見た通り、いずれも役人の過失、裁判における恣意的判断、「町並の事」に関する偽りの誓詞などの公的な活動の従事をめぐって問題ある行為をなした者に対して burgerschapsregten の剥奪を刑罰として科すという内容の条文であった。その意味においては、これらの条文の中であらわれる「士分仲間の格式」や「士分の籍」の剥奪や削除は、「断罪篇」第三冊にみられる「府民身分の法則」の剥奪と基本的な趣旨を同じくしているということができる。このため、burgerschapsregten が用いられている条文のみを見通すだけでは、この原語に対する訳語が「府民」から「士分」へと変化した事情を確かめることはできない。これに対して、前節までに確認したように、第四冊で現れる burgerlijken staat に対しては、「役人」の勤めに関する意味合いに対応するかたちで「士分」や「士分の身上」といった訳語が与えられていたことが注目される。このように burgerschapsregten に対する「府民」から「士分」への訳語の変化は、第四冊における burgerlijken staat の翻訳のあり方と密接な結び付きを持ったものであるとみられるのである。

なお、第四冊の前後では、ここにみた burgerschapsregten だけでなく、burger 自体の訳語にも変化が見られることも指摘できる。第三冊後半の第三節第一款では、それまでの条文で「府民」と訳されていた burger が「ビュルゲル（府の長）」というかたちで音訳を優先するようになる。さらに第四冊に入ると、同じく音訳を付したかたちで「士分《ビュルゲル》」（第一八四条）と表記を行うものが現れ、さらに「公勤を蒙りたる役人」（第二三〇条）というかたちで端的に役人の語を用いるものも現れるのである。このように、「断罪篇」の翻訳においては、burger そのものが現に統治の担い手として官務に携わる存在として意識されているということができよう。

おわりに

本稿は『和蘭律書』「断罪篇」の翻訳原典にみえる burger の関連語のうち、それぞれ〈市民権（公民権）〉と〈市民の地位・身分〉という概念を指し示す burgerschapsregten と burgerlijk staat という二つの表現を主な手がかりとして、これらの語が有する「政道」に参加する主体たる〈市民〉をめぐる権利や地位などに関わる諸観念に対する訳語の当てはめのあり方についての分析を行った。これまでに論じたことを整理すると、次の通りである。

第一に burgerschapsregten の翻訳のあり方について、「断罪篇」冒頭部の総則的規定の中で用いられていた burgerschapsregten の語は、当初「府民身分の法度」と翻訳された。ここでは誓詞を立てること、官職に就きその職務に従事すること、公事に関与し証人となること、縁族の後見人となること、武器を身につけること、そして国の軍兵に参加することなどという一連の資格が「府民身分」を構成しているということができる。その意味においては、これらの burgerschapsregten をめぐる諸々の訳語は、冒頭にも言及したような被支配的な地位にある町居住者としての近世町人とは異なる身分のあり方を指し示すものであるということができる(67)。尤も、ここにいう「府民身分の法度」という表現は、burgerschapsregten（および原法典に併記されているフランスの droits civiques）の持つ原義のように、公的・政治的な性格を持つ〈市民〉の権利の主体としての性格を持つものという理解のもとでただちに用いられていたわけではないとみられることには注意が必要であろう。ここでは **regt** に相当する箇所に「法度」のほか、「法制」、「法則」、「権職《ヤクメ》」という語が用いられていることからも、上述したような一連の資格をもつ「府民身分」は、あくまでも権力による規律と規定の対象として把握されていたとみられる。

第二に、上述のように「府民身分の法度」などと訳された原語の **burgerschapsregten** は、その後の条文においては「役人」として官務に従事する上での職務違反や虚偽の誓詞を行うことなど、現に一定の公的な活動に携わる際に問題ある行為をなした者に対して **burgerschapsregten** の剥奪を行う、という趣旨で現れるようになる。こうした中で、**burgerschapsregten** に対する訳語は「断罪篇」第四冊以降に「士分の格式」などといったかたちで「士分」という語を用いて表されるようになる。このような訳語の変化がもたらされた要因として、同じく第四冊に現れる **burgerlijk staat** に対する訳語として「士分」が用いられていることが注目される。この **burgerlijk staat** は、原義では出生や婚姻、死亡に関する事柄につき身分証書への記載を通じて管理される私権の享有に関する資質の総体を意味するが、翻訳の上ではこうした出産や婚姻などを通じて生じる民事的な身分関係の変化が「士分の極め書」を通じて役人に管理されること自体に重点が置かれているということができる。このほか、第四冊ではさらに **burgerschapsregten** や **burgerlijk staat** に対する翻訳以外にも、「勤役する役人」（bedienend beampte）という訳語の補註として「士分」が用いられている。このように、**burgerschapsregten** に対する訳語の変化については、こうした「役人」の職務に対応した統治の担い手としての「士分」、すなわち武士の地位のあり方を前提とした国内の統治や政務の実態との関連を指摘することができるのである。

ところで、以上のように当時の蘭学者がオランダ法典中の同一の原語に対して複数の異なる訳語を当てはめたり、他方で異なる原語に同一の訳語を採用したりしたことにつき、F. B. Verwaijen はこれを西洋法のもつ体系性や論理性などに対する理解の欠如によるものであると指摘するとともに、結論として原法典のもつ情報は的確に国内にもたらされることはなかったであろうとの評価を行っている(68)。しかしながら本稿で論じてきたように、burger に対する「府民」や「士分」などの訳語の当てはめのあり方の変化は、むしろ西洋の〈市民〉の地位に関わる概念と当時の国内における町人や武士に関わる身分のあり方の相異を照らし出すという側面を持っていたということができよう。このように、『和蘭律書』をはじめとするオランダ法典の翻訳書は、当時の国内における西洋法概念と国内の諸観念との社会的・文化的位相の相異を前提とした「知的格闘」の軌跡をたどるという視座のもとで検討を行う素材として、あらためて好個のテキストであるということができよう。

なお、本稿は紙幅の都合から、刑法典に対する翻訳書から burger や burgerschapsregten、burgerlijk staat などの語を抽出するにとどまった。日本における西洋の法や権利にかかわる諸概念の摂取のあり方について更なる分析を行う上では、憲法典や民事法典の翻訳を検討することが必要であることは言を俟たないが、当時水野忠邦により翻訳が命じられたオランダ法典の中には「国憲」(69)があったことは知られているものの、そのテキストは未だ発見されておらず、民法典については翻訳に供されたかが判然としない。これらについては、史料状況の再検討を含む調査を行う必要がある。これらの作業や検討はいずれも、今後の課題としたい。

（1）「律書は（宇田川）榕菴の受持とす（杉田）成卿は和蘭五法の一なる国憲を訳述せしなり〔括弧内は筆者補足〕」（大槻如電『新撰洋学年表』（柏林社書店・一九二七）一二六、一二八頁）。本稿では取り扱わないが、同書においては「兵書」に関しても

「天保末に至り外警頻至於是海防用として銃陣兵艦の訳書多く出つ多年医家専用の姿なりし蘭学も一転して武士禦侮の具となる是れ日本洋学一大変動を与ふ」との学問的潮流の変容に関する指摘が行われていることが注目される（一二六頁）。

（2）穂積重遠編『穂積陳重遺文集　第三冊』（岩波書店・一九三四）五三八～五三九頁。

（3）大久保健晴『近代日本の政治構想とオランダ』（東京大学出版会・二〇一〇）七～九頁。大久保はこうした「第一期」の翻訳事業に対して、江戸末期に蕃書調所に登用され、その後明治期を通じて活躍する津田真道、西周らをはじめとする蘭学者・洋学者らの活動を「第二期」と位置づけるとともに、その知的営為を日本における「西洋法制度・法学・政治学・経済学の理解と普及を飛躍的な形で推し進めた」ものと評価する。同書の論述は、この「第二期」以降の時期を中心としたものである。

（4）宇田川興斎瀛（訳）・山路彌左衛門諧孝（校）『和蘭律書』「按罪篇」（一～八冊）・「断罪篇」（一～六冊）」（静嘉堂文庫所蔵・開成所、大槻文庫蔵印（副本））。史料上は訳者として興斎のみが挙げられているが、嘉永元（一八四八）年に「本書反訳宇田川榕菴の負担なりしが嗣子興斎を挙け代て其任に当らしむ……困苦し三年竟に其任を完うす」（大槻如電・前掲註（1）一三三頁。このほか一二八頁参照）とされることからも、榕菴が同書の翻訳に携わっていたことが知られる。翻訳全体を通じて榕菴の関与がどの程度のものであったかは明らかでないが、この記事と本文冒頭に言及した水野忠邦による翻訳指示の時期を事実と捉えるならば、榕菴は法典翻訳に三年程度は従事し得たと考えられる。「按罪篇」および「断罪篇」の割註の中には、興斎の号（「瀛」）を主語とした訳註が付される箇所が散見されるが、これらについては引継ぎ後の翻訳であるとみてよいであろう。

（5）桂川甫周（国興）編『和蘭字彙』（山城屋佐兵衛・一八五五～五八（序跋））。

（6）神田孝平（訳）『和蘭政典――千八百四十八年校定』（戊辰窮冬（明治元年）序）。

（7）拙稿「十九世紀日本におけるオランダ法情報を通じた西欧法認識の一断面」（法政研究・八一（三）・二〇一四）四八六～五〇一頁。

（8）桂川甫周（国興）編・前掲註（5）Bの部一四七丁表。なお、同書に収録されるburgerの関連語や派生語は、基本的に「ビュルゲルの……」というかたちで音訳表記されている。

（9）拙稿・前掲註（7）四八八、五〇〇頁。

(10) 岡田袈裟男『江戸の翻訳空間［新訂版］』（笠間書院・二〇〇六）一七一頁、同『江戸異言語接触』（笠間書院・二〇〇六）一〇五～一一六頁、杉本つとむ『江戸時代蘭語学の成立とその展開（Ⅲ）』（早稲田大学出版部・一九七八）二四六～二四七頁。

(11) H. Doeff 編・吉雄権之助ほか訳『道譯法児馬』（寛保八（一七九六）年成立）。本稿では静嘉堂文庫所蔵本（三省堂蔵版）を参照した。burger の項目についての詳細な註釈に対する具体的な情報源は明らかではないが、同辞書はドゥーフと吉雄権之助をはじめとする通詞らの共同事業の成果であり、同辞書全体にみえる註釈は、ドゥーフを通じた語学学習や諸語の質疑等に多くを依拠したものであると考えられる。吉雄については杉本つとむ『江戸時代蘭語学の成立とその展開（Ⅳ）』（早稲田大学出版部・一九八一）一九五～二〇九頁参照。

(12) たとえば、オランダ史書の翻訳とみられる渋川六蔵訳「和蘭紀畧」（向山篤編『向山誠齋雑記及雑綴』所収・丙午（弘化三（一八四六）年）頃刊）の中には、西暦一七四七年にフリースラント他三州の都督などと共に「蒲兒厄兒」がウィレム四世の州総督就任を支持したとの記述が見られる。ここで burger の音訳表記とみられる「蒲兒厄兒」には、「由緒アル町人ヲ云フ、本邦ノ士ノ如クニテ政事ニモ預リ、事アル時ハ主ヲ助ケテ一方ヲ防クモノナリ」との割註が付されていることが確認できる。

(13) 「「町人」には「工商」ではあらわせない身分や階層の社会的表現を可能にさせる語感があった。（中略）支配者との関係を抜きにしては、その生業が成立しないという近世に特有の経済構造においては、生産行為そのものをあらわす工商よりも、その政治的な社会関係を表現するには町人のほうが適切であった」（水江漣子「初期江戸町人」（西山松之助編『江戸町人の研究 第一巻』（吉川弘文館・一九七二）所収）四五～四七頁）。

(14) 中田薫「法制史漫筆 三九 権利」（同『法制史論集』第三巻（下）（岩波書店・一九七一）一一六一～一一六四頁、野田良之「権利という言葉について」（学習院大学法学部研究年報・一四・一九七九）四～五頁、出原政雄「明治初期における「権利」観念について」（社会科学（同志社大学人文科学研究所）・二九・一九八二）六五～七七頁、柳父章『翻訳とはなにか 日本語と翻訳文化』（法政大学出版部・一九八五）九六～九八頁、熊谷開作「「権利」の語の定着時に脱落した二つの観念」（同『近代日本の法学と法意識』（法律文化社・一九九一）所収）一二〇～一四〇頁、前田正治「「権理」と「権利」覚え書」（法と政治・二五（三・四）・一九七五）三七二～三七五頁、大久保健晴「権利」（米原謙編『政治概念の歴史的展開 第九巻』（晃洋書房・二〇一六）所収）二一一、二一九～二二四頁。

（15）出原政雄・前掲註（14）八六〜九〇頁、柳父章・前掲註（14）九二〜一〇六頁。
（16）大槻文彦『箕作麟祥君傳』（丸善・一九〇七）一〇一〜一〇二、八九頁。
（17）これらに対し、明治草創期の翻訳における「民権」の「民」の語に着目するものとして、大久保泰甫の研究が挙げられる。これによれば、箕作麟祥によるフランス刑法典（第九条）の翻訳（箕作麟祥口訳・辻士革筆受『仏蘭西法律書　刑法』（官版）（大学南校・一八七〇）三〜四丁）の中では droits civiques および droits civils に対して当初一括して「民権」という訳が与えられているが、その後明治八年に刑法典の改訳版を発行する際には、同条の droits civiques に対して新たに「公権」という語が用いられていることが確認される（大久保泰甫「近代日本における輸入情報の「処理」」（竹内敬人編『言語とコミュニケーション』（東京大学出版会・一九八八）所収）二〇七〜二一〇頁）。尤もこの研究は、明治期の『仏蘭西法律書』の翻訳に焦点を当てたもので、それ以前の時期の翻訳のあり方については触れられていない。大久保による言及はないが、上述した訳語の変化は、民法典第七条の翻訳における citoyen への「国　民《シトワイヤン》（国の戸籍に入りて民権及ひ政権を行ふことを得可き人民を云）」（括弧内は割註）と（箕作麟祥口訳・辻士革筆受『仏蘭西法律書　民法』（官版）（大学南校・一八七一）三丁）との音訳を含む補足説明を通じて、「民権」の指し示す意味の範囲が droits civils のみに対応するかたちに絞り込まれていったことに関係しているものと考えられる。
（18）池田哲郎「江戸時代のオランダ系「歴史」」（福島大学学芸部論集・八（一）・一九五七）、同「江戸時代のオランダ系「地理」――日本見在蘭書目録」（福島大学学芸部論集・一二（一）・一九六一）において、幕府の紅葉山文庫、天文台、蕃書調所、洋書調所、開成所などに所蔵されていた歴史、地理（地誌等）関係の蘭書と翻訳書と対応関係についての整理が行われている。尤も、これらはその作業の一部を示したにとどまるものであり、当時国内にもたらされていた原書と翻訳書の対応関係については、未だ不明のものが少なくない。
（19）水田義雄『西欧法事始』（成文堂・一九六七）六七〜七〇頁、塙叡「幕末・明治初年のオランダ法摂取について」（蘭学資料研究会研究報告・三〇七・一九七六）一〇一〜一〇四頁。
（20）箕作阮甫訳「和蘭律書　公事部」（七）（国立国会図書館憲政資料室寄託「箕作阮甫、麟祥関係文書」（一三五号））。
（21）宇田川興齋瀛（訳）・山路彌左衛門諧孝（校）・前掲註（4）。また、この大槻文庫蔵印版には、穂積陳重による筆写版が存在する（水田義雄・前掲註（19）六八頁。この「穂積本」は未見）。このほか水田による言及はないが、宇田川版の『和蘭律書』には、この静嘉堂文庫蔵版系列のほかに文部省や東京府書籍館の図書印の付された国立国会図書館古典籍資料室蔵のもの（「按罪篇」第二、三冊のみ）がある。これは本文中に大幅な加筆修正が含まれており、訳稿版であると考えられる。

（22） F. B. Verwaijen, *Early Reception of Western Legal Thought in Japan 1841–1868*, proefschrift ter verkrijging van de graad van doctor aan de Rijksuniversiteit te Leiden, 1996, pp.79–252参照。

（23） Verwaijen・前掲註（22）pp.231–248.

（24） 大槻如電・前掲註（1）一三三頁。

（25） 本稿では、前年に刊行されたとみられる公式版（Wetboek van Strafvordering, officiëele uitgave, 's Gravenhage, 1837）を参照した。

（26） たとえば一八一一年刑事訴訟法の施行にともなって導入された陪審制がフランスの統治から解放された一八一三年中に速やかに廃止されたことなどから、フランス刑事訴訟法の内容が無条件にオランダに適用されたわけではないとしつつ、全体を通してみればこうしたフランス型法典がもつ実質的内容は一八三八年刑事訴訟法にも強く残存していると評する研究がある（P. J. Meij, *De driehoeksverhouding in het strafrechtelijk vooronderzoek*, Kluwer, 2010, pp.33–36）。Meijはこうした歴史的沿革の中で、regter-commissaris（予審判事）による公判前手続が、被疑者や一般人民の法的権利の保護よりも優先される傾向があったことなどを、刑事手続全体を通じた予審判事やofficier van justitie（（地方）裁判所判事）、そして弁護側（verdediging）の弁護士（advocaat）の位置付けなどから論じている。本稿では紙幅の関係で取扱うことができないが、『和蘭律書』「按罪篇」の訳業においても、これらの語に対しては「コミサリス」（「欽差」など）、「ユスチチー」（「公議」、「政班」、「議政」、「公事裁判所」など）、「アドホカート」（「代舌人」）などのように音訳や註釈を交えながら慎重な翻訳が試みられていることを指摘しておきたい。

（27） 水田義雄・前掲註（19）六八頁。このほか、Verwaijenは、箕作阮甫の翻訳（「公事部」）についての分析を行う中で、宇田川訳の『和蘭律書』の翻訳のあり方にしばしば言及する（Verwaijen・前掲註（22）pp.248–250）。しかしながらこうした言及はあくまで関連事項の紹介にとどまるものであり、個別の語の詳細に触れるものではない。

（28） Martijn van der Burg, *Nederland onder Franse invloed : Culturele overdracht en staatsvorming in de napoleontische tijd 1799–1813*,

Amsterdam : De Bataafsche Leeuw, 2009, p.175.

(29) オランダでは一八〇六年のバターフ共和国廃止とルイ・ボナパルトの即位によるオランダ王国発足の後、一八〇九年に王国刑法典（Crimineel Wetboek voor het Koningrijk Holland）が発効しているが、これは Wetboek van Strafregt（Code Pénal）の施行とともに廃止された（ペーター・タック（中山研一ほか訳）『オランダ刑事司法入門』（成文堂・二〇〇〇）七頁）。

(30) Van het Strafregt. Officiele uitgave. op de keizerlijke drukkery voor rekening van Joh. Allart en Immerzeel en Comp, te Amsterdam en Rotterdam, 1811. この公式翻訳版は、見開きごとに一八一〇年 Code Pénal のフランス語原典とオランダ語翻訳を併記している。

(31) 「按罪篇」の原法典中にみえる burgerlijken の語に対する翻訳として、たとえば次のようなものが挙げられる。

「各国の裁判」（第四条：burgerlijken regter、第二三二条ではこれを「国法（ブルゲルレーゲンレグテル）を行ふ官員」と訳出）、「公役軍兵（オーペンバーレ、ビュルケルレーケ、オフ《ママ》、ゲワーヘンデマクト）」（第九一条：openbare burgerlijke of de gewapende magt、第一〇三条ではこれを「公役兵」、第三七二条では「公道義社（原名オーペンバーレ、ビュルゲルレーケ、マクト）即ち兵仗」と訳出）、「バュルゲルレイキの公事」（第三五一条：burgerlijk regtsgeding）、「市中の公事（原名ビュルケルレーキサアケーン）」（第四三六条：burgerlijke zaken）、「市中刑罰篇（ビュルケルレイケレクトッホルデリング）」（第四四九条：Wetboek van Burgerlijke Regtsvordering）。

(32) 「公勤を蒙りたる役人」（een burger, die met het bedienen van een openbaren dienst belast）。ここでは、burger（「役人」）が公務に関わる存在として翻訳されていることが指摘されよう

(33) 形容詞 burgerlijke を伴うものとして、「府民の軍兵」（第一〇〇条：der burgerlijke magt）のほか、「府民の兵勢」（第一二四条：de burgerlijke magten）、「府人の権」（第二三四条：het burgerlijke (of civiele) gezag）がみられる。このうち、二三四条の「府人」の「権」とは、原典に照らせば文民による、軍隊の指揮官らに対する（bevelhebber, officier, of onderofficier van den gewapenden arm）法に基づいた指揮権（na wettelijke vordering door het burgerlijke (of civiele) gezag）といった意味あいで用いられているものとみられる。ここでは、burger（「府民」）が、国の軍事上の事柄に対し一定の関与を持つことが示唆されているということができよう。

（34）武田科学振興財団杏雨書屋所蔵、宇田川榕菴訳稿『和蘭志畧』（全一六巻・弘化元〜二年頃稿）。

（35）宇田川榕菴は『和蘭志畧』（前掲註（34））の翻訳の中で、特に法制に関する記述箇所を中心に、「ラード ファン スターテン〔道氏譯日國の物評議役〕」（第一〇巻）などといったかたちで、しばしば『ドゥーフ・ハルマ』の参照を史料中に明記している。

（36）このほか、『和蘭志畧』一一巻中の翻訳からは、「ユスチチー、ラーゲホフ」などの組織の構成員として、「公班衙勤仕《ツキ》の身分の者」と並んで「ビュルゲル身分の者」が参画するという訳述が確認できる。

（37）（第一条）「法に於てポリシー刑（前巻に出）に處すべき所の破法の者は只一箇の破法に屬する者にして即チ一の過失に出るものとす／法に於て過怠の罰に處すべき破法の者を一箇の悪業に出るものとす／法に於て肉刑を以て辱治すべき破法の者は一箇の罪過に出るものとす」。ここにいう「過失」、「悪業」、「罪過」はそれぞれ、フランス刑法の違警罪（contravention）、軽罪（délit）、重罪（crime）に相当する。「ポリシー刑」については、たとえば「按罪篇」の第四冊（第六章第一款）第二三三条に「ポリシー（市中へ示す法令）」（原文：de policie-straf）との訳者による補足を確認できる。

（38）Eerste boek, Van de straffen in zake van misdaad en wanbedrijf, en de gevolgen dier straffen.「断罪篇」の章節等については、原文の Boek（対照される原典の仏語：livre）、Tytel（title）、Hoofdstuk（chapitre）、Afdeeling（section）、Onder afdeeling（§）、Foort（classe）について、それぞれにたとえば「段」、「号」、「篇」、「節」、「章」、「段」という語が用いられているが、これらを一見する限りでも Boek と Foort の両方に「段」を用いていることや、Afdeeling に「節」ではなく「篇」や「区」という語を用いている箇所が散見されるなど、全体として訳語の当てはめが一定していない。

（39）Art. 8. De Blootelijk onteerende straffen zijn:
1°. De kaak; 2°. Uitbanning; 3°. Ontzetting van burgerschapsregten.

（40）Art. 9. De Boetstraffen(op wanbedrijf gesteld)zijn:
1°. Gevangenzetting voor een tijd in een verbeterhuis. 2°. Opschorting voor een tijd, in zekere burgerschapsregten（droits civiques）, burgerlijke regten（droits civils）, en regten van maagschap; 3°. Geldboete.

（41）Art. 42. De boetstraffelijke geregten zullen in zekere gevallen iemand het genot en gebruik van de volgende burgerschapsregten (droits civiques), burgerlijke regten (droits civils), en regten van maagschap, voor het geheel of ten deele mogen ontzeggen: te weten, 1°. Het regt van stemming en verkiezing; 2°. Dat van stembaarheid; 3°. Dat van beroepen of benoemd te worden tot de post van gezworene (juré), of andere openbare bedieningen, of posten van bewind, of om deze posten en bedieningen waar te nemen; 4°. Dat van geweer of wapen te dragen; 5°. Dat van stemhebbing in de regeling van de gemeene belangen der maagschap; 6°. Dat van voogd of kurateur te zijn, behalven ten aanzien van zijne kinderen, en, alleen op het goedvinden der maagschap; 7°. Dat van in eenige zaak, als des kundige, het zij tot opnemer of berigter, benoemd of gebruikt te kunnen worden, of als getuige in of over akten te staan; 8°. Dat van in regte getuigenis af te leggen, verder of anders dan om eene eenvoudigeopgave te doen.

(42) フランスではここで挙げられた権利の総体が「市民権」(droits de citoyenneté)を構成するとされる(イヴ・ジャンクロ、小梁吉章(訳)「フランス刑法典の二〇〇年」(広島法学・三六(三)・二〇一三)一一九〜一二一頁)。本稿では「縁族の法」すなわち家族についての諸権利については深く立ち入らないが、一八一一年オランダ刑法典の原典に相当する一八一〇年フランス刑法典(Code Pénal)は、この第四二条五、六号に見られるように、受刑者個人の自由や財産に対する制裁を行うにとどまらず、家族に対する自然権や社会に対する個人の権利の禁止といったかたちで個人の「内側」に踏み込むものであったと評価される(同一二一頁)。

(43) 前掲註(17)で見た通り、箕作麟祥『仏蘭西法律書　刑法』(明治三年刊)においては当初 droits civiques と droits civils とが訳し分けられておらず、一括して「民権……等」と表現されている。

(44) Art. 18. De veroordeeling tot eeuwigen dwangärbeid, en die tot wegvoering naar een oord van ballingschap zullen de burgerlijke dood (mort civile) meebrengen.

Echter zal de Hooge regeering den weggevoerde in de plaats zijner ballingschap het gebruik der burgerlijke regten (droits civils), of eenigen van die, mogen toestaan.

(45) フランスにおける droits civils の概念は元来、私的な性質の諸権利に限定されるものと政治的権利を含む多様な権利という大きく分けて二つの観念を含むものであったが、このうち後者は革命期の民法制定構想が一八〇四年に民法典として結実する過程で政治的権利のみに絞り込まれていき、結果として droits civils から切り離されてしまったとされる(水林彪「近代民法の本源的性格」（民法研究・五・二〇〇八）三八～四三頁、岡田正則「フランス民法典とドイツの国民国家形成――civil 概念の対外的機能に関する考察」（水林彪ほか編『法と国制の比較史』（日本評論社・二〇一八）所収）一七六～一七七頁）。こうした **droits civils** の訳語として水林は「国法的権利」、「国法上の権利」の使用を提言するが（水林・三五～三六頁）、これに対しては岡田による批判がある（岡田・一九三頁）。尤も筆者は、この議論に立ち入るだけの材料を有していない。

（46）前註にみたような **droits civils** の観念を含む民法を翻訳し、実際に運用することに迫られたオランダにおいては、ルイ・ナポレオンの指示によりJ・リンデン（**Joannes van der Linden**）の草案作成やA・ゲネップ（**Arnoldus van Gennep**）を座長とする委員会による審議を経て一八〇九年五月に「オランダ王国のための修正ナポレオン法典」（**Wetboek Napoleon, ingerigt voor het Koningrijk Holland**）が発行された。同法典は形式の上ではフランス民法典を踏襲しているが、家族法や物権法についてはオランダの旧法の要素を維持したとされる。しかしながらその後、フランスに直接併合されたオランダでは、一八一〇年一一月八日と翌年一月六日のデクレによってフランス法典が導入され、言語上の解釈問題に直面した場合をはじめ、条文や判例学説、各種の法理を含めてフランスの直接的影響下にあったとされる（オラフ・モールマン・ファン・カッペン（矢澤久純訳）「オランダにおけるフランス民法の影響について」（一）・（二）（比較法雑誌・三三（三、四）・一九九九）（一）二五八～二六七頁、（二）一三八頁参照）。このことから本稿では、**burgerlijke regten** に対してもひとまずフランスの **droits civils** の観念を踏襲した表現を用いることとする。本稿では、「断罪篇」の記載によらない場合は **burgerlijke regten** を非政治的性質を持つ私的権利あるいは私的権利と表現する。

（47）**burgerlijke dood** に関し、一八〇四年フランス民法典（**Code Civil**）中の準死（**mort civile**）規定のオランダへの適用に際しては、準死の言い渡しを受けた者に対する法律婚の解消と婚姻の禁止についての規定（第二五条）の修正が試みられている（**Martijn van der Burg**・前掲註（28）**pp.129–130**）。

（48）箕作麟祥の『仏蘭西法律書　刑法』においては、**mort civile** は「准死」と訳されるとともに、これに「佛語ニ「モールシビール」ト云ヒ総テノ民権ヲ剥奪シ其人未タ死セスト雖トモ法律上ニ於テハ既ニ死タル者ト看做セシヲ云」との註釈が付されている（大久保泰甫・前掲註（17）二〇四頁）。

（49）**Art. 34. De ontzetting van burgerschapsregten bestaat in het afzetten en uitsluiten van den veroordeelde, uit en van alle openbare be-**

dieningen of ambten, en in het versteken van alle de regten in artykel 28 uitgedrukt.

（50）稲村三伯編『波留麻和解』（寛政八（一七九六）年成稿）。

（51）Verwaijen・前掲註（22）p.247. Verwaijen は『和蘭字彙』からこれらの語を抽出して箕作阮甫訳の「公事部」の翻訳のあり方を分析しているが、『和蘭字彙』の刊行は安政五（一八五八）年以降であり、箕作阮甫や宇田川興齋らの法典翻訳よりも後の時期であることには注意を要する。あらためて辞書項目を検討してみると、これらの記述は『ドゥーフ・ハルマ』の時点で既に記載がなされていることを確認することができる。こうした史料状況を踏まえた上で概観すると、たとえば、afstappen という単語の文例中には「己カ持前ノ事ヨリ手放スル」（Van zijn regt afstappen; in zijn regt toegeeven）、また verdedigen の文例中には「己ヶ持前ノ事ヲ防ギ守ル」（Zijn regt verdedigen）というかたちで、regt に対して「持前」という訳語が与えられている。

（52）その意味において、ここにいう「法度」という訳語は、「高権力によって制定され、その命令意思を内容とするもの」（石井紫郎『日本人の国家生活』（東京大学出版会・一九八六）一七四、二一八頁）という幕藩体制下の法度や法の基本的定義に近い意味を持っているものと考えられる。また石井は、ここにいう法度や法の内容は概ね行政・警察関係の事柄に限定されていると指摘する（同二三六～二三七頁）。

（53）（Tweede hoofdstuk.）Van de misdaden en wanbedrijven tegen de Staatsregeling（of Constitutie des Rijks）. ここで「国政」に対応する原語は Staatsregeling（of Constitutie des Rijks）、すなわち現代語でいうならば憲法を意味する。こうした訳語のあり方からは、明治元年閏四月に発された「政体書」の名称がアメリカ合衆国憲法（Constitution）の翻訳であったとみられること（稲田正次『明治憲法成立史』（上巻）（有斐閣・一九六〇）二三～三四頁参照）が想起されよう。

（54）Art. 113. Ieder burger, die in de verkiezingen, eene stem, voor welk eenen prijs ook, gekocht of verkoche heeft, zal gestraft worden met ontzetting van de regten van burger, en van alle openbare ampten of bedieningen, ten minste voor vijf, en ten hoogste voor tien Jaren. なお、これに続く後段は「断罪篇」では翻訳がなされていないため省略した。

（55）**（第一〇九条）**「府民若し多少の結党及び暴戻なる所業に由て其府民身分の法則の支障《サシサハリ》を受たるに於ては其罪を犯せる者は短して六箇月長くして二年の間牢舎に属し且其他短して五年長して十年の間事を判決する権職《ヤクメ》（原名レグト）を取放す（筆者註：met ontzetting van het regt van stemgeving en stembaarheid）刑に処すべし」。同条では他人の「府民身分の法則」を妨げた者（burgers）についての処罰として「事を判決する権職《ヤクメ》」の一定期間の剥奪が規定されていることも注目される。このほか、第一一二条に一〇九条と同趣旨で「権職」の語を使用していることが確認できる。

(56) ここにいうフランス語の civique は citoyen の形容詞形のひとつであり、古代ギリシャ・ローマで用いられていた〈市民〉の原義に忠実な公的・政治的意味で用いられているとされる（菅原真「フランス一七八九年人権宣言における「市民」観念と外国人」（名古屋市立大学大学院人間文化研究科　人間文化研究・一一・二〇〇九）一四頁）。

(57) **（第三六条）**「死刑永世艱苦の刑年限ある艱苦の流罪懲治院の刑カーク（前に出）の刑追放ビュルゲルスカップスレクテン（前に出）を奪ふ刑等を記したる罪条書を罪状抜書（原名オイトトレックセル）の例に準して開板する事とす／此罪条を州省の首都罪科を申渡たる都邑悪業を成したる地の市街罪科に《ママ》行ひたる土地の市街及罪者の居住せる土地に偏く貼出すべし」。

(58) このほか、burgerschapsregten に関連する一般的な規定として、第五六条には「凡罪過に処せられたる者又再度の罪過を犯してビュルゲルスカップス、レクテン（府民身分の法度）を奪ふ刑法を受たる者にはカーク（前に出）の刑に処すべし〔後略〕」といったかたちで、「罪過」の罪に相当する累犯に関する処罰規定が定められている。

(59) **（第三六四条）**「過料の事役儀向或は町並の事に於て偽りの証拠を引き金銭若くは謝物を取り又は其外の約束を為したる者は期限ある苦役を以て是を罰すべし〔後段略〕」。

(60) 山口俊夫『概説フランス法（上）』（東京大学出版会・一九七八）三六九〜三七三頁。山口はこの état civil に「民事的身分」という訳語を与えている。なお箕作麟祥は、『仏蘭西法律書』の「刑法」や「民法」において、actes de l'état civil を「民生ノ證書」と訳している。

(61) オランダにおいても従来は教会の教区や地方の行政単位ごとに身分登録が行われていたが、フランス統治下で行われた法典審議（一八〇八年）を経て、ナポレオン法典に基づいてこれらの身分登録を統合する試みがなされた。この結果として、全国的な身分証書制度は形の上では効力を持ったものの、実質的には旧来の教区や地方ごとの身分登録は残存していたとされる（Martijn van der Burg・前掲註（28）pp.130–132）。

(62) 宇田川榕菴・前掲註（34）第九巻参照。引用箇所の直後には、「又別に「ホーゲ・ミリタイレ　ゲレクツホフ」と云庁を建て海陸官軍の公事を断す但し此も「シヒーレ　サーケン」に属するはビユルゲルレイキ裁判処に遣して断せしむるなり」との記述がみえる。

（63）箕作麟祥・前掲註（17）参照。

（64）Art. 224. De beleediging met woorden, gebaarden, of dreigementen aan eenig bedienend beampte, of een de gewapende magt in handen hebbend agent, in de waarneming of ter gelegenheid van de waarneming zijner bediening gedaan, zal gestraft worden met een geldboete van zestien tot tweehonderd franken.

（65）**（第二三〇条）**「現勤役人（オッヒシール、ミニステリール）召捕方の辯理官或は公勤を蒙りたる役人に対し二百二十八条に載せたる類の暴行ありて殊に其勤務の時に之あれは一箇月より六箇月の入牢を以て之を罰すべし」。

（66）この「オッヒシール、ミニステリール」という註釈の表現は、第二三〇条のフランス刑法典原典版にみえる officier ministériel の音訳であるとみられる。このことから、「断罪篇」の翻訳に実際に供されたオランダ刑法典は、本稿で用いた公式版のようにフランス語とオランダ語が併記されたものであるか、あるいはオランダ語条文に公式版よりも多くのフランス語註記が入ったものである可能性があることが指摘できよう。

（67）水江漣子・前掲註（13）四五～四七頁。

（68）Verwaijen・前掲註（22）pp.84–92, 231–248. 同書では主に箕作阮甫の翻訳（「公事部」）を基にかかる評価を行っているが、その論述や結論中には宇田川訳の『和蘭律書』に対する分析も部分的に含まれる（pp.248–250）。このため、Verwaijen の評価の射程は、これらの訳業全体に対するものであるとみることが可能であると考えられる。

（69）大槻如電・前掲註（1）一二八頁。

〈付記〉 本稿はJSPS科研費（17K13600）による研究成果の一部である。

古代ローマの提示訴権と評価額減殺

学説彙纂第10巻第4章第9法文第8項（ウルピアーヌス『告示註解』第24巻）に見る「価額を下回る」(1)

佐々木 健

1　問題の所在

学説彙纂に伝わるウルピアーヌス文(2)は、大略以下のようなネラーティウス文〔以下、**史料①**〕を引用する。即ち、

> 係争物不提示により失った便益額は、裁判者が評価する。評価の対象となるのは、原告の便益額であって、係争物の価額ではない。この便益額は、時として、係争物の価額を下回る。

本稿は、この法文史料に言う「評価額が価額を下回る」場合を如何に想定すべきか、その背景と共に具体的根拠を検討するものである。検討に際しては、差し当たりネラーティウス（後1世紀後半から2世紀前半）の真意を汲み取ることを優先し、関連する法文史料の参照は最小に留める。

この方法を採用する理由は、第一に、史料の残存状況から、ウルピアーヌス（後3世紀前半）による引用の意図を詮索する方法は断念せざるを得ないからである。我々の手にあるネラーティウス文は、**史料①**という提示訴権(3)を巡る議論の中にある。しかも、その前段〔以下、**史料⓪**〕(4)に配置される法学者4名（後2世紀のユーリアーヌス、ポンポーニウス、マルケッルス、後1世紀のサビーヌス）の諸見解と並べられており、このような引用が複雑に入り組む文体は、学説彙纂では決して珍しくない。紹介者に徹する行論から、ウルピアーヌスの時代における提示訴権や係争物評価を云々することには限界がある。

第二に、法典編纂者の意図を探ることは、意図しない。第一点と同様、コンスタンティノープルでの収集方針や編別・採録順を考慮しても、原著者の意図は解明されない。研究目的を6世紀の法典編纂事業そのものの解明とする方法は大いにあり得る有意義なものだが、その目的に上記史料が最適か否かは別問題である。本稿の目的はこれとは異なり、本来のテクス

トが記された時期の含意を問う。

第三に、ウルピアーヌスによる引用や編纂者の採録が有した意図が、原著者の想定する事態を反映したとは考えない。寧ろ伝言ゲームのような誤解や曲解、更には引用者・編纂者が有する目的に適う切り貼りをこそ疑うべきである。従って、法文を可能な限り素朴かつ率直に扱う。

第四に、上記第三点からの帰結として、テクスト・クリティーク（原文批判）は校訂者に委ねる。歴史社会学的比較法学の対象として古代ローマを取り上げ、往時の法実務（実践）に接近したい、というのが本稿の狙いである。原文伝承過程の検証や古典学としての文言解釈は、筆者個人の能力を大きく超える。しかし、そればかりか、所与のテクストを解釈し新たな光を当て、歴史的法を再構成すること自体は、別の重要な課題でもある。註釈学派以来の伝統はその価値を体現する（但し本稿は前述の通り、ラテン語ローマ法源を縦横に操作する方法は採用しない）。年代をネラーティウスの時期に限る以上、我々の利用できる素材は、彼を引用する帝政（前）期の法学著作に求めるのが妥当である（但し、関連する碑文その他の史料が発見される余地は残る）。その意味で、校訂や古典文献学の知見を反映させる余地はなかった。

なお、第五に、勅法彙纂第11巻第48章第23法文第５項には関連個所が見出されるようである(5)。しかし同法文は、６世紀段階で、他人の奴隷をそれと知らず支配下に受け入れた者に、返還義務対象として奴隷に特有財産やその子を含める趣旨である。これに対し学説彙纂に限ってネラーティウスに言及する例を悉皆調査しても、評価額減殺に論及する箇所は管見の限り見当たらない(6)。加えて、「評価額が価額を下回る」に相当する表現は、ウルピアーヌスによる引用としての**史料①**だけである(7)。併行的に比較対照すべき史料は知られず、先行研究(8)も具体例を挙げていない。

そこで、本稿では、評価額とその増減に関わる諸法文を駆使するのではなく、レーネルによる再構成(9)に従いつつ、ネラーティウスの見解とされる諸史料から、彼が想定したであろう事例を再現する。元首政（帝政前）期法学者の活動実態(10)からして、一方で実務的な法律相談への解答が基礎にあろう。他方で同時に、所与の法務官告示に対する註解という形式で、

事案と規範とが相互にフィードバックし・される関係に立つ。その限りで、ウルピアーヌスによる諸法学者引用が続く行論自体にも注目する（但し上述の通り、前提たる告示との関係で触れるのみであって、註解者ウルピアーヌス自身の取捨選択に立ち返って分析する訳ではない）。

ところで、前述の通り、これまでは提示訴権に関する議論の中で**史料①**の扱いは小さく、特に、「下回る」との意義を十分に解明するには至っていない(11)。例えば、クヤキウスは、「目的物ではなく便益額が評価されるのであって、概して物の価額を超える」(12)と言う。それでは、一体、如何なる事例で、便益額は目的物の価額を下回ることになるのだろうか。

ウルピアーヌスは、告示註解第24巻で提示訴権を扱い、その中でネラーティウスの見解を引用する。学説彙纂における採録もこれに従う。本稿もこの理解を踏襲し、従って**史料①**におけるネラーティウスは、不提示に関する原告の便益額を評価する際に、提示目的物の価額を評価額が下回ることがあり得る、という趣旨であったことを前提とする(13)。

そこで、先ずはウルピアーヌスの議論枠組みを再構成し、引用の意図ないし全体的文脈を解明する。これにより、間接的ながら、ネラーティウスの真意・含意を明らかにし得るものと考える。

次章では、レーネルの再構成に従い、学説彙纂第10巻第４章に伝わる、ウルピアーヌスによる『告示註解』第24巻の「提示訴権」の節（レーネル『永久告示録』第90番）(14)を検討する。これによって、裁判者による評価・査定の意義を明確化しておく。その上で、ウルピアーヌスとパウルスとが引用するその他のネラーティウス文を検討し、ネラーティウスが評価や利害関係額について如何なる要素を考慮していたか、ネラーティウスの用語法を明らかにする。加えて、パウルスがネラーティウスに対する註解の中で、特有財産の減少・控除 deductio を論じていることから、評価額が物の価額を下回る一例として、奴隷と特有財産との合算査定を想定する。こうした分析を通じ、奴隷不提示を**史料①**でネラーティウスが想定したことが明らかとなろう。

2　事例分析

2-1　法文の文脈化

レーネルの再構成によれば、ウルピアーヌス『告示註解』第24巻に含まれる「提示訴権」関連法文は、以下のように区分される[15]。

718番：学説彙纂第10巻第4章第1法文
719番：学説彙纂第10巻第4章第3法文首項～第14項
720番：学説彙纂第10巻第4章第3法文第15項、同第5法文首項～第6項、同第7法文首項～第7項
721番：学説彙纂第10巻第4章第9法文首項～第4項
722番：学説彙纂第10巻第4章第9法文第5項～第8項、同第11法文首項～第2項

ここで提示訴権とは、目的物を法廷で吟味すべく提示させることを内容とする。例えば、所有物取戻訴訟の提起に先立ち目的物を同定するために、奴隷など遺贈物の選択権を有する受遺者のために、加害奴隷を同定し賠償請求する前提として、付合物を分離させる目的で、或いは相手方が返還を免れるべく占有を喪失した場合には損害賠償を求めるために、提示訴権が提起され、不提示者は最終的に金銭有責判決を下される[16]。また、利害関係を有する者に広く原告適格が認められ、裁判が疎明で行なわれる点が特徴的である[17]。他方、返還権限を有する者に被告適格が承認されるため、判決以前に任意で返還されれば訴訟は終結し、悪意で占有を喪失した場合などには原告宣誓額で判決が下され得る。提示したが既に状態が劣化していた場合には提示義務が存続し、違反状態が継続することで不提示と

同視される[18]。

ウルピアーヌスが述べる通り、提示訴権は日常的に活用され[19]、奴隷を識別するためにも用いられる[20]。更に、不提示により相続財産を得られない場合には、裁判者により原告の損害額が算定・評価される[21]。そこで、次に、如何にして、またどのような範囲で、裁判者が損害額を認定し得るかを検討すべきである。

提示訴権が付与されるには、目的物を返還する権限・可能性を被告が有する必要がある[22]。被告は、提示訴権の係争物たる奴隷が生んだ子も返還せねばならない[23]。こうした「果実」は法律に従い評価される[24]。

判決額は原則として原告の宣誓（訴訟上の誓約 *iusiurandum in litem*）を通じて決せられるが、損害の範囲は裁判者の評価により限定される[25]。奴隷が提示されなかった故に相続財産を得られなかった場合には、逃した相続財産からの逸失利益相当額が損害として裁判者の評価を受ける[26]。提示訴権が必要とされる事例として、罰訴権で損害賠償を求める原告に、奴隷集団が提示されなかったせいで加害者を特定できなかった場合も挙げられる[27]。

史料①で問題となっているのは、原告にとっての目的物の利用価値である。しかしながら、少なくともネラーティウスによる限り、評価額は客観価値よりも低額になり得るとされている。ところが、上記２例（いずれもウルピアーヌスに帰せられる）では、逸失相続財産や加害責任に基づく損害賠償などを加えた評価額は、奴隷自体の価額に比して高くなると思われる。こうした見解の相違がある以上、提示に関する利害関係額を算定する基準は当時存在せず、寧ろ、個別事例毎に様々な解釈が許されるカズイスティクないし柔軟性を特徴とする[28]。ネラーティウスによれば、裁判者は提示訴権についての「正当でしかるべき理由 *iusta et probabilis causa*」を吟味する[29]。不提示の故に有責判決を受け訴訟物評価額を支払う場合には、「自由人提示に関する *de homine libero exhibendo*」特示命令を改めて支払人が申請し得る[30]。従って、問うべきは、裁判者が如何なる態様で評価を下していたのか、であろう[31]。

2－2　ネラーティウスの思考

ウルピアーヌスは、その『告示註解』で何度かネラーティウスを引用する。**史料③**〔D.9.2.23 pr.（Ulp.18 ad ed.)〕に言うネラーティウスの記述によれば、相続人に指定された奴隷が殺害された場合、相続財産の額も評価対象に含まれる、とされる(32)。その限りで、ネラーティウスとウルピアーヌスとは、失われた相続財産を損害と認定する同様の思考を共有したと解される。

他方、**史料⑤**〔D.11.3.11 pr.（Ulp.23 ad ed.)〕によれば、ネラーティウスは、奴隷評価額に事後の盗を含めない(33)。しかし本稿にとって重要なのは、ネラーティウスの弁が、価額ではなく原告の利害関係に着目する点である。そうして、パウルスによる**史料⑥**〔D.18.1.57 pr.（Paul. 5 ad Plaut.)〕では、ネラーティウスは購入家屋焼失事例で売買代金支払義務減免を認め、これを「利害関係 interesse」と表現する(34)。つまり、家屋の半分以下が焼失した場合に、買主は売買契約履行を強いられるが、火災による家屋の価値減少分に応じ、良き人士の判断による評価を通じ債務は減額されるのである。

2－3　特有財産

本稿の問題設定に関連する**史料⑧**〔D.15.1.56（Paul. 2 ad Ner.)〕は、パウルスを通じネラーティウスの考えを伝えるものと解される。これによれば、奴隷が主人にとっての債務者に代わり債務を引受けた場合には、その額が特有財産から控除される(35)。

奴隷による債務引受は、主人の財産減少を意味するが、そもそも主人は、奴隷に設定した特有財産を随時、取り上げることが出来る。この意味で、特有財産は主人にとって債権と同視し得る。一方で奴隷は、原則として解放時に特有財産を返還せねばならない（しかし慣習として、主人は特有財産相当額を（元）奴隷に贈与・遺贈する)。他方で特有財産は、奴隷による暴

行などの行為に対する主人の責任に関して、引当財産となる。このようにして、本来返還されるべき特有財産相当額を控除することで、主人は責任を減じられ得る。つまり、奴隷の不法行為に限らず、契約責任の追及に際しても、主人は特有財産の限度で責めを負う一種の有限責任が観念され得る(36)。特有財産訴権はその後、主人の責任を拡張すべく、支配人任命や指図に注目した形へと展開し、更に紀元前1世紀段階では主人が元本を優先回収し、他方で主人が得た利益を返還させる転用物訴権が登場する(37)。

こうした特有財産を巡る責任追及を考慮すれば、原告の便益額(38)は様々な増減要素を含むことが分かる。奴隷不提示を例とすれば、以下の定式化が許されよう。

> 「原告の便益額（α）＝提示目的物たる奴隷の市場価格（β）(39)＋逸失相続財産などの利益（γ）＋特有財産（Δ）―不法行為などの債務（ε）」

つまり、通例は市場価格（β）の高下に着目し便益額（α）の増減ないし柔軟性が語られるが、不提示による逸失利益（γ）が少なく、主人が奴隷に設定した特有財産（Δ）との合計（γ+Δ）に比して不法行為債務ないし主人が負うべき契約責任（ε）が多額である場合、便益額は減少する。このように、原告の便益額は、通常は奴隷の価額を超えるが、奴隷が第三者に加えた損害などの債務を特有財産から控除すれば、奴隷の額よりも評価額が下回るのではなかろうか。

3　結　　語

史料⑥に見られる売買に関するネラーティウスの「利害関係」概念は、**史料**①における提示訴権を解釈する際にも有益であろう。双方の史料においてネラーティウスは、支払債務が如何にして減じ得るかを論じている。

従って、**史料**①では、主人に対する奴隷の特有財産に対し債務が減じられた結果、原告にとっての便益額も奴隷自体の価額に比して減じたと考えられる。このようにして、利害関係額は物の価額を下回ることがあり得たと言える。

ところで、ウルピアーヌスが不提示物評価額に関し特にネラーティウスを挙げている背景として、二点を区別して注意する必要がある。第一に、評価額が価額を下回るとの見解がネラーティウスの創意（ないし再結晶化）に基づくと解される点である。少なくともウルピアーヌスにとっては、議論の出発点として、ネラーティウスが表現したことに注目すれば十分だと考えられていたのである。第二に、そうだとすれば、異説が存在したことになる。前述の通り(40)、「評価額が価額を下回る」に相当する表現は**史料**①以外に知られず、従って寧ろ、ネラーティウスの弁こそ、得難い少数説ではなかったか。すると、通説ないし多数説は、原告の便益額は目的物の客観（市場）価額を超えることのみに注目していたのであろう。その限りで、ネラーティウスの卓見は、元首政期ローマでは大きな影響力を持たなかったのかもしれない。本稿は議論の射程を画するため、「下回る」と表現したネラーティウス個人に着目したが、正にそれ故の限界として、多数説を模索することが出来なかった。この点、反省として残る。

また、ネラーティウスが活動した元首政期については、経済史の観点から幾つかの特徴が指摘されている。即ち、エリート層による遺贈文化が都市の競技開催を支え、具体的には遺贈された金銭を余剰資産として貸付けて利息収入を得る金融活動が看取される(41)。こうした活動から貨幣経済が進展し、福祉を充実させるだけの経済成長が実現した(42)。更に、中長期的視点から指摘される通り、共和政以来のローマ（ないしイタリア）による属州搾取、特に奴隷を用いた大土地保有から政治的指導者層に富が蓄積する二重構造経済は帝政期も持続したが、内乱の１世紀を収め属州の行政機能不全を回復した初代皇帝アウグストゥスの治世以降、平和が所有の保全や通貨の安定をもたらし、インフラ整備と経済発展、特に農林水産業・工業のみならず第三次産業でも付加価値から利潤を得て、租税再配分が実現した(43)。それは同時に、銀行業の発展と金銭消費貸借の活発化を意味

する(44)。経済史的画期を元首政から専主政への以降に見出すべきか、争いはあるが(45)、少なくとも帝政前期たる元首政期には、奴隷市場や金銭評価、債権回収を実現する金融システムが近世欧州に比肩されるほどに十全に機能したと言える。

なお、請求者たる原告にとっては利用価値に乏しいが、提示しない被告にとっては主観的に非常に有益な奴隷を想定することも出来るかもしれない。例えば、被告の運営する楽団や農場でこそ、能力を発揮するなどの場合である。そうした意味で、原告にとっての便益額が客観的に低額であることを、**史料**①が指し示す可能性もないではない。しかしながら、それが係争物の価額を下回ることになるのか、現時点では判然としない。まして、ネラーティウスが想定する事態にとって、被告の主観的価値が比較対象であったか、或いは更に進んで、往時の法学者にとって、そうした対比が多く語られたのか、少なくとも学説彙纂の悉皆調査からは関連史料が得られなかった。上記と併せ、今後の課題としておく。

（1） 本稿は、2015年９月にイスタンブール、メフ大学にて開催された古代法史国際学会第69回総会における研究報告「D.10.4.9.8（Ulp.24 ad ed.）：《minoris erit quam res erit》nell'azione esibitoria」に大幅に加筆修正を施したものである。報告に前後して原稿に関し議論を交わし指導を下さったトーマス・フィンケナウアー教授に感謝する。また、その後、こうした経緯を受けて、2017年３月に京都大学で開催されたローマ法研究会における研究発表「提示訴権における『物が有する額を下回る minoris erit quam res erit』：D.10.4.9.8（Ulp.24 ad ed.）」に際し参加者との討論から得た示唆も反映させた。関係者各位に深謝する。

なお、本稿における雑誌略号は *L'année philologique* に、文献略号は *The Oxford Classical Dictionary*⁴, 2012に基本的に従う。

（2） **史料**①D.10.4.9.8（Ulpianus 24 ad ed.）：Praeterea utilitates, si quae amissae sunt ob hoc quod non exhibetur vel tardius quid exhibetur, aestimandae a iudice sunt： et ideo Neratius ait utilitatem actoris venire in aestimationem, non quanti res sit, quae utilitas, inquit, interdum minoris erit quam res erit.
学説彙纂第10巻第４章第９法文第８項（ウルピアーヌス『告示註解』第24巻）：更に、提示されないこと、又は遅れて或る物が提示されることに基づいて失われた便益は、裁判者によって評価されねばならない。そしてそれ故に、ネラーティウスが言うに、評価されるのは原告の便益であって物が有する額ではなく、彼が言うに、この便益は時として物が有する額を下回ることもあるものとする。

なお、厳密には、第2文「そしてそれ故に、……ものとする。」のみがネラーティウスの見解であって、第1文「更に、……されねばならない。」はウルピアーヌスによる議論の導入とも解される。しかし本稿は、第2文に言う「評価」や「便益」が実質的に第1文の語に対応すると考える。この点については後掲本稿註(13)対応本文も参照。評価対象たる便益額が係争物価額を下回る具体例を探る本稿の趣旨に鑑み、不提示で失われた便益を想定することも差し当たりは是認されるものと思われるからである。勿論、「逸失利益」の代表例が不提示に基づくものとは考えていない。評価額の高下については後掲本稿註（6）及び註（7）も参照。

（3） 提示訴権については本稿**2－1　法文の文脈化**及び後掲本稿註（16）参照。

（4） **史料⓪**D.10.4.9（Ulpianus 24 ad ed.）：

pr. Iulianus scribit : si quis hominem quem possidebat occiderit sive ad alium transtulerit possessionem sive ita rem corruperit ne haberi possit, ad exhibendum tenebitur, quia dolo fecit quo minus possideret. proinde et si vinum vel oleum vel quid aliud effuderit vel confregerit, ad exhibendum tenebitur.

§1：Glans ex arbore tua in fundum meum decidit, eam ego immisso pecore depasco : qua actione possum teneri? Pomponius scribit competere actionem ad exhibendum, si dolo pecus immissi, ut glandem comederet : nam et si glans extaret nec patieris me tollere, ad exhibendum teneberis, quemadmodum si materiam meam delatam in agrum suum quis auferre non pateretur. et placet nobis Pomponii sententia, sive glans extet sive consumpta sit. sed si extet, etiam interdicto de glande legenda, ut mihi tertio quoque die legendae glandis facultas esset, uti potero, si damni infecti cavero.

§2：Si quis rem fecit ad alium pervenire, videtur dolo fecisse quo minus possideat, si modo hoc dolose fecerit.

§3：Sed si quis rem deteriorem exhibuerit, aeque ad exhibendum eum teneri Sabinus ait. sed hoc ibi utique verum est, si dolo malo in aliud corpus res sit translata, veluti si ex scypho massa facta sit : quamquam enim massam exhibeat, ad exhibendum tenebitur, nam mutata forma prope interemit substantiam rei.

§4：Marcellus scribit, si tibi decem nomismata sint sub condicione legata et mihi decem usus fructus pure, deinde heres pendente condicione non exacta cautione decem fructuario solverit, ad exhibendum eum actione teneri, quasi dolo fecerit quo minus possideret : dolus autem in eo est, quod cautionem exigere supersedit a fructuario effectumque, ut legatum tuum evanesceret, cum iam nummos vindicare non possis. ita demum autem locum habebit ad exhibendum actio, si condicio extiterit legati. potuisti tamen tibi prospicere stipulatione legatorum et, si prospexisti, non erit tibi necessaria ad exhibendum actio. si tamen ignarus legati tui a fructuario satis non exegit, dicit Marcellus cessare ad exhibendum, scilicet quia nullus dolus est : succurrendum tamen legatario in factum adversus fructuarium actione ait.

§5：Quantum autem ad hanc actionem attinet, exhibere est in eadem causa praestare, in qua fuit, cum iudicium acciperetur, ut quis copiam rei habens possit exsequi actione quam destinavit in nullo casu quam intendit laesa, quamvis non de

restituendo, sed de exhibendo agatur.
§6：Proinde si post litem contestatam usucaptum exhibeat, non videtur exhibuisse, cum petitor intentionem suam perdiderit, et ideo absolvi eum non oportere, nisi paratus sit repetita die intentionem suscipere, ita ut fructus secundum legem aestimentur.
§7：Quia tamen causa petitori in hac actione restituitur, Sabinus putavit partum quoque restituendum, sive praegnas fuerit mulier sive postea conceperit： quam sententiam et Pomponius probat.
§8：Praeterea ...
学説彙纂第10巻第４章第９法文（ウルピアーヌス『告示註解』第24巻）：
首項：ユーリアーヌスが記すに、或る者が自ら占有する奴隷を殺害し、他人に占有を移転し、又は所持され得ないように物を毀損したときは、提示訴権で責めを負うものとする。なぜなら悪意で占有をやめるようにしたからである。従って、葡萄酒、オリーブ油その他を流出させ又は台無しにしたときも、提示訴権で責めを負うものとする。
第１項：あなたの樹木から団栗が私の地所に落ち、私は家畜を放ち団栗を食べ尽くさせた。如何なる訴権で私は責めを負うことがあり得るだろうか。ポンポーニウスが記すに、提示訴権が帰属するのは、私が悪意で家畜を放ち団栗を食むようにしたときである。というのも、団栗が残存し私が持ち去ることをあなたが許容しないときも、提示訴権であなたが責めを負うことになるからである。それはちょうど、或る者が自らの農地に落ちた私の物質を持ち出すことを許容しないときと同様である。そして、団栗が残存しようと費消されていようと、我々にとってポンポーニウスの見解が是認される。しかし残存するときは、私には三日目毎に樹果を採取する権限があるように、私が未発生損害担保問答契約を供するときには、樹果採取に関する特示命令を私が用いることも出来るものとする。
第２項：或る者が物を他人に帰するようさせたときは、悪意で占有をやめるようにしたと見られる。但しこれを悪意を以て行なったときに限る。
第３項：しかし、或る者が劣化した物を提示したときは、依然として提示訴権で責めを負う、とサビーヌスは言う。但し、確かにこれが妥当するのは、悪意で別の物体へと物が変形されたときであり、例えば杯から鋳塊が作られたときである。というのも、鋳塊を提示したにも関わらず、提示訴権で責めを負うものとされるからであり、なぜなら変えられた形質が物の実質をほぼ台無しにするからである。
第４項：マルケッルスが記すには、あなたに貨幣10金が条件付きで遺贈され、私に10金の用益権が無条件に遺贈された場合において、次いで相続人が条件未確定の間に担保問答契約を求めることなく10金を用益権者〔たる私〕に弁済したときは、相続人は提示訴権で責めを負うのであって、それは悪意で占有をやめるようにしたのと同様であるが、ところで悪意は、用益権者に担保問答契約を求めることをせず、あなたの遺贈が消滅するようにさせた、ということの中に在り、なぜなら最早あなたは金銭を返還請求し得ないからである、と。しかし、提示訴権が用いられるのは、遺贈の条件が成就したときだけであるものとする。他方で、あなたは遺贈の問答契約によって自身にとっての備えとすることが出来たのであっ

て、あなたが備えをしていたときには、提示訴権はあなたには不要であるものとする。これに対して、あなたへの遺贈を知らない相続人が用益権者に担保を求めなかったときは、マルケッルスが述べるには、提示訴権は機能せず、その理由は当然ながら如何なる悪意も存しないからである。しかし、受遺者のためには、用益権者を被告とする事実訴権が救済となるべきである、とマルケッルスは言う。
第５項：ところで、本訴権に関することとして、提示することとは、訴訟が受諾された時点でそれがあったのと同一の状態で示すことであり、それは物に対する権能を有する者が、請求する際に決して、意図する訴権を害されずに行使できるようにである。たとえ、返還することではなく、提示することについて、訴えが提起されているとしても。
第６項：従って、争点決定後に使用取得された物を提示するときは、提示したとは見られず、なぜなら請求者はその請求の趣旨を失ったからであり、それ故に相手方は免訴されることを要しない。但し請求された日に請求の趣旨を受諾し、法律に従って果実が評価されるようにする用意があった場合はこの限りではない。
第７項：ところで、本訴権においては請求者に状態が回復されるが故に、サビーヌスが考えたのに、女性が妊娠していたのであれその後に懐妊し始めたのであれ、子も返還されねばならない。この見解をポンポーニウスも是認している。
第８項：更に、……（以下略）〔＝**史料①**：前掲本稿註（２）〕
なお以下では、各項に分け、**史料⓪**（pr.）～（７）と略記する。

（５）　本文上述の通りネラーティウスの真意が勅法に反映されたとは確認できないため、邦訳し紹介するに留める。

史料②CJ.11.48.23.5：Idem（＝ Justinianus）A. Iohanni pp.）: Sed et si bona fide eum susceperit, postea autem reppererit eum alienum esse constitutum, admonente domino vel ipsius adscripticii vel terrae et hoc faciente per se vel per procuratorem suum hunc restituere cum omni peculio et subole sua : et si hoc facere supersederit, omnis quidem temporis, quo apud eum remoratus est, publicas functiones sive terrenas sive animales pro eo inferre compelletur cura et provisione tam eminentissimae praefecturae quam praesidis provinciae : coartetur autem et sic ad restitutionem eius secundum veteres constitutiones et poenas eis insertas. 〈a 531–534〉.
勅法彙纂第11巻第48章第23法文第５項：
同（＝ユースティーニアーヌス帝）が近衛長官ヨーハンネースに掲示す。
更に、善意でその者を受入れたが、その後、他人物として約定の対象となっていた旨を知ったときは、通知者が農奴自身の主人であれ土地所有者であれ、またそれを自身で行なったのであれ執事を通じてであれ、その者を特有財産総額及び卑属と共に返還すること。そしてこれを怠ったときは、ある者の許に留まっていた全期間については確かに、貴顕なる長官や属州総督の監督と配慮のもとで、土地や生物に関しその者が負う公租を支払うよう強いられるものとする。更に、古来の定めに従いその交付まで拘禁され、長官や総督により刑罰を科されるものとする。〈531–534年〉

（６）　管見の限りでは、ネラーティウスが評価 aestimatio について言及すると見られる史料は、学説彙纂に５ないし６法文見出される（**史料③～⑧**）。いずれも評

価額の範囲を伝えるが、減額に関連する史料は後述**2－2　ネラーティウスの思考**、及び**2－3　特有財産**で検討する。なお、以下では、原文及び邦訳の双方で「**下回る minoris**」など減額に相当する語に網掛け・下線を施し**太字**として、他の語から区別した（次註も同様）。また、金額で評価される点を文脈上、強調すべきと思われる際には、特に「算定評価」と訳出した箇所がある。この点については本稿後掲註（21）及び対応本文も参照。

史料③D.9.2.23 pr.（Ulpianus 18 ad ed.）：Inde Neratius scribit, si servus heres institutus occisus sit, etiam hereditatis aestimationem venire.

学説彙纂第9巻第2章第23法文首項（ウルピアーヌス『告示註解』第18巻）：

それ故、ネラーティウスが記すには、相続人に指定された奴隷が殺害されたときは、相続財産の評価も行なわれる、とする。

史料④ D.11.3.9.3（Ulpianus 23 ad ed.）：Sed quaestionis est, aestimatio utrum eius dumtaxat fieri debeat, quod servus in corpore vel in animo damni senserit, hoc est quanto vilior servus factus sit, an vero et ceterorum. et Neratius ait tanti condemnandum corruptorem, quanti servus ob id, quod subpertus sit, **minoris** sit.

学説彙纂第11巻第3章第9法文第3項（ウルピアーヌス『告示註解』第23巻）：

しかし、疑問となるのは、算定評価とは果たして、奴隷が身体又は精神に被害を蒙ったこと、即ち奴隷が価値を落した分についてだけ行なわれるべきなのか、それともこれに対してその他の事柄についても行なわれるべきなのか、である。そこでネラーティウスが言うには、奴隷がされたことの故に**価値を落とした額**について、堕落させた者は有責判決を受けるべきである、と。

史料⑤ D.11.3.11 pr.（Ulpianus 23 ad ed.）：Neratius ait postea furta facta in aestimationem non venire. quam sententiam veram puto： nam et verba edicti “quanti ea res erit” omne detrimentum recipiunt.

学説彙纂第11巻第3章第11法文首項（ウルピアーヌス『告示註解』第23巻）：

ネラーティウスが言うに、事後に盗がなされた際には、評価に含まれない。私が考えるに、この見解が正しい。というのも、告示の文言も、不利益全般を「その事物が有するであろう額」とするからである。

史料⑥ D.18.1.57 pr.（Paulus 5 ad Plaut.）：Domum emi, cum eam et ego et venditor combustam ignoraremus. Nerva Sabinus Cassius nihil venisse, quamvis area maneat, pecuniamque solutam condici posse aiunt. sed si pars domus maneret, Neratius ait hac quaestione multum interesse, quanta pars domus incendio consumpta permaneat, ut, si quidem amplior domus pars exusta est, non compellatur emptor perficere emptionem, sed etiam quod forte solutum ab eo est repetet： sin vero vel dimidia pars vel minor quam dimidia exusta fuerit, tunc coartandus est emptor venditionem adimplere aestimatione viri boni arbitratu habita, ut, quod ex pretio propter incendium decrescere fuerit inventum, ab huius praestatione liberetur.

学説彙纂第18巻第1章第57法文首項（パウルス『プラウティウス註解』第5巻）：

私は家屋を購入したが、我々、私も売主もこの家屋が焼失したことを知らなかった。ネルウァ、サビーヌス、カッシウスが言うに、たとえ敷地が存続しているとしても、何も売却されておらず、支払われた金銭についても不当利得返還請求が

提起され得る、と。しかし家屋の一部が存続しているときは、ネラーティウスが言うに、この問題につき利害関係を大いに有するのは、火災により滅失した家屋のどの程度の部分が残存するのかであって、それは、なるほど家屋の大部分が焼き払われたときは、買主は購入を完遂するよう強いられることはなく、図らずも買主から支払われていた分についても請求するためである。しかしながらこれに対し、半分又は半分未満が焼き払われたときは、買主は、良き人士の裁量により下された算定評価に基づき売却を実現するよう強制されるべきであって、それは、火災の故に価額から減じることが明らかな額は、その支払いから解放されるようにである。

なお、「利害関係を大いに有する multum interesse」との表現は、「非常に重要である」との趣旨とも解される。しかし、「利害関係額 id quod interest」を「便益額 utilitas」に関連づけ理解してきた先行研究〔本稿後掲註（8）参照〕も参考に、金銭評価の場面では便益額として問題化し、ネラーティウス自身もそのような問題意識を持っていた、と解しておく。勿論、同一の用語が趣旨を常に同じくし、異なる用語は常に異なる意味を持つとは考えないし、複数の異なる表現が時に同様の範疇として用いられることがあるからと言って、文脈次第でそれぞれ別々の語義を有する用例たることは排除されない。ただ、**史料⑥**では、無視しえない重要度が認められる以上、算定評価に影響する旨が表現されていると思われる。この点について、明示する先行研究は管見の限り見出されないが、本稿後掲註（34）対応本文参照。

史料⑦ D.21.2.37.2（Ulpianus 32 ad ed.）：Si simplam pro dupla per errorem stipulatus sit emptor, re evicta consecuturum eum ex empto Neratius ait, quanto minus stipulatus sit, si modo omnia facit emptor, quae in stipulatione continentur： quod si non fecit, ex empto id tantum consecuturum, ut ei promittatur quod minus in stipulationem superiorem deductum est.

学説彙纂第21巻第２章第37法文第２項（ウルピアーヌス『告示註解』第32巻）：
錯誤によって、二倍額の代わりに一倍額を買主が問答契約で約束した場合において、客体が追奪されたときには、ネラーティウスが言うには、買主訴権によって彼が取得することになるのは、問答契約で約束されなかった額であり、それは、問答契約の対象となる事柄を全て買主が行なった場合にのみである。しかし彼がこれをしなかった場合には、先の問答契約で除外されていなかった事柄が彼に対して約束される、ということだけを、買主訴権で達成するものとする。

なお、下記**史料⑧**は、前半部分がネラーティウスの思考を反映したものと解し得る。

史料⑧ D.15.1.56（Paulus 2 ad Ner.）：Quod servus meus pro debitore meo mihi expromisit, ex peculio deduci debet et a debitore nihilo minus debetur. sed videamus, ne credendum sit peculiare fieri nomen eius, pro quo expromissum est. Paulus： utique si de peculio agente aliquo deducere velit, illud nomen peculiare facit.

学説彙纂第15巻第１章第56法文（パウルス『ネラーティウス註解』第２巻）：
私の奴隷が私の債務者に代わり私のために債務引受を行なった分は、特有財産から控除されねばならず、それでも債務者は義務を負う。しかし我々が検討すべき

は、債務引受で肩代わりしてもらった人物の債務名義は特有財産に属する、と考えるべきではないか、ということである。パウルスによれば、特有財産に関する訴えを提起した者に対し控除を主張しようとするときは、その債務名義を特有財産としたことは確かである。

（7） 評価額が低額になる趣旨の文言は、**史料④**〔前掲本稿註（6）〕の他に学説彙纂に9例が確認される（**史料⑨〜⑰**）が、ネラーティウスは登場せず、提示訴権にも関連しない。なお、減額訴権 actio quanti minoris に関する学説彙纂第21巻第1章第18法文首項（ガーイウス『高等按察官告示註解』第1巻）D.21.1.18 pr.（Gaius 1 ad ed. aedil. curul.）; 同第43法文第6項（パウルス『高等按察官告示註解』第1巻）D.21.1.43.6（Paulus 1 ad ed. aedil. curul.）、増減を否定する学説彙纂第30巻第109法文第1項（アーフリカーヌス『質疑録』第6巻）D.30.109.1（Africanus 6 quaest.）; 同第35巻第2章第30法文第1項（マエケナートゥス『信託遺贈論』第8巻）D.35.2.30.1（Maecenatus 8 fideic.）、減額査定すべきでないとする学説彙纂第39巻第2章第18法文第11項（パウルス『告示註解』第48巻）D.39.2.18.11（Paulus 48 ad ed.）、国庫からの廉価購入を誅求する学説彙纂第49巻第14章第1法文首項（カッリストゥラートゥス『国庫法論』第1巻）D.49.14.1 pr.（Callistratus 1 d. i. fisci.）は含めないこととした。なお、「**低額 minoris**」等に付す網掛け・下線・**太字**については、前註を参照。

史料⑨D.2.13.8.1（Ulpianus 4 ad ed.）: Is autem, qui in hoc edictum incidit, id praestat, quod interfuit mea rationes edi, cum decerneretur a praetore, non quod hodie interest: et ideo licet interesse desiit vel **minoris** vel pluris interesse coepit, locum actio non habebit neque augmentum neque deminutionem.

学説彙纂第2巻第13章第8法文第1項（ウルピアーヌス『告示註解』第4巻）:

ところで、この告示に該当する者は、法務官に命じられた時点で私にとって帳簿が出されることにつき利害関係のあった額の責めを負うのであって、現時点で利害関係ある額ではない。そしてそれ故、利害関係がなくなり、又は利害関係額が**低額に**若しくは高額になったとしても、訴権行使に際しては増加も減少もないものとする。

史料⑩ D.4.8.32 pr.（Paulus 13 ad ed.）: Non distinguemus in compromissis, **minor** an maior sit poena quam res de qua agitur.

学説彙纂第4巻第8章第32法文首項（パウルス『告示註解』第13巻）:

我々は、仲裁について、制裁金が果たして係争物よりも高額か、それとも**低額**か、区別しないものとする。

史料⑪D.9.2.51.2（Iulianus 86 dig.）: Aestimatio autem perempti non eadem in utriusque persona fiet: nam qui prior vulneravit, tantum praestabit, quanto in anno proximo homo plurimi fuerit repetitis ex die vulneris trecentum sexaginta quinque diebus, posterior in id tenebitur, quanti homo plurimi venire poterit in anno proximo, quo vita excessit, in quo pretium quoque hereditatis erit. eiusdem ergo servi occisi nomine alius maiorem, alius **minorem** aestimationem praestabit, nec mirum, cum uterque eorum ex diversa causa et diversis temporibus occidisse hominem intellegatur. quod si quis absurde a nobis haec constitui putaverit, cogitet longe ab-

surdius constitui neutrum lege Aquilia teneri aut alterum potius, cum neque impunita maleficia esse oporteat nec facile constitui possit, uter potius lege teneatur. multa autem iure civili contra rationem disputandi pro utilitate communi recepta esse innumerabilibus rebus probari potest： unum interim posuisse contentus ero. cum plures trabem alienam furandi causa sustulerint, quam singuli ferre non possent, furti actione omnes teneri existimantur, quamvis subtili ratione dici possit neminem eorum teneri, quia neminem verum sit eam sustulisse.
学説彙纂第９巻第２章第51法文第２項（ユーリアーヌス『法学大全』第86巻）：
ところで、死者に対する算定評価は、〔加害者〕両名について同一となる訳ではない。というのも、先に負傷させた一名が責めを負うことになるのは、負傷の日から365日間遡って直前の１年間に奴隷が有した最高額についてであり、後に負傷させたもう一名が責めを負うことになるのは、奴隷が生命を失った日から直近の１年間になり得た最高額についてであり、この最高額には相続財産の価額も含まれることとなるからである。従って、同一奴隷殺害のために、一人が比較的高く、他方が**比較的安い**評価額について責めを負うものとし、これが驚きではないのは、彼らはいずれも異なる原因に基づいて異なる時期に奴隷を殺害したと解されるからである。しかし、或る者が、我々がこのように考えることを不合理であると考えたとすれば、両者のいずれもがアクィーリウス法によって責めを負わず、又は一方こそが責めを負うと考えるのは遥かに不合理であることを想起すべきである。なぜなら、悪行が処罰されないことはあってはならず、いずれが寧ろ法律によって責めを負うべきか、定めることは容易には出来ないからである。他方で、多くのことが市民法によって議論の理に反して共通の便益のために受け入れられていることは無数の事例で立証され得る。差し当たり、一つのことを挙げれば私には十分である。複数人が、一人では運ぶことの出来ない他人の梁を窃取するために持ち去った場合、たとえ、誰か一人がそれを持ち去ったというのは事実ではないという巧妙な理由によって彼らの誰も責めを負うことはない、と言われ得るとしても、盗訴権によって全員が責めを負うと評価されるべきである。

史料⑫ D.10.3.6.8（Ulpianus 19 ad ed.）：Si fundus communis nobis sit, sed pignori datus a me, venit quidem in communi dividundo iudicio, sed ius pignoris creditori manebit, etiamsi adiudicatus fuerit： nam et si pars socio tradita fuisset, integrum maneret. arbitrum autem communi dividundo hoc **minoris** partem aestimare debere, quod ex pacto vendere eam rem creditor potest, Iulianus ait.
学説彙纂第10巻第３章第６法文第８項（ウルピアーヌス『告示註解』第19巻）：
共有地が我々に属するところ、私によって質物として与えられたときは、なるほど共有物分割訴訟の対象となるが、質権は、たとえ裁定付与されていたとしても、債権者に留まるものとする。というのも、持分が共有者に引渡されたときも、〔質権は〕十全に留まるからである。ところで、共有物分割に際して、合意に基づいて債権者はこの物を売却し得るが故に、仲裁人は持分を**低額で**算定評価せねばならない、とユーリアーヌスは言う。

史料⑬D.12.3.5.2（Marcianus 4 reg.）：Item et si iuratum fuerit, licet iudici vel absolvere vel **minoris** condemnare.

学説彙纂第12第３章第５法文第２項（マルキアーヌス『法範録』第４巻）：
更に、宣誓がなされたときも、裁判者には、免訴することも**低い額**の有責判決を下すことも、認められる。

史料⑭D.13.4.2 pr.（Ulpianus 27 ad ed.）：Arbitraria actio utriusque utilitatem continet tam actoris quam rei： quod si rei interest, **minoris** fit pecuniae condemnatio quam intentum est, aut si actoris, maioris pecuniae fiat.

学説彙纂第13巻第４章第２法文首項（ウルピアーヌス『告示註解』第27巻）：
専決〔仲裁約款付き〕訴権は、原告及び被告の双方にとっての利益に関わる。しかし被告にとって利害関係があるときは、請求表示がなされた額よりも**低い**金銭の有責判決となり、或いは原告にとって利害関係があるときは、高い金銭の有責判決となる。

史料⑮D.19.1.3.4（Pomponius 9 ad Sab.）：Quod si per emptorem mora fuisset, aestimari oportet pretium quod sit cum agatur, et quo loco **minoris** sit. mora autem videtur esse, si nulla difficultas venditorem impediat, quo minus traderet, praesertim si omni tempore paratus fuit tradere. item non oportet eius loci pretia spectari, in quo agatur, sed eius, ubi vina tradi oportet： nam quod a Brundisio vinum venit, etsi venditio alibi facta sit, brundisi tradi oportet.

学説彙纂第19巻第１章第３法文第４項（ポンポーニウス『サビーヌス註解』第９巻）：
これに対して買主によって遅滞に陥ったときは、評価されることを要するのは、訴えが提起された時点での価額であり、そしてどの場所で**低額**となるのかである。ところで、遅滞に陥ると見られるのは、売主の如何なる困難も、引渡がなされないよう妨げるものではない場合であり、特にいつでも引渡す用意があったときである。同じく、考慮されねばならないのは、訴えが提起される場所における価額ではなく、葡萄酒が引渡されねばならない場所における価額である。というのも、ブルンディシウム渡しで葡萄酒が売却された故に、たとえ別の場所で売却が約定されたとしても、ブルンディシウムで引渡されねばならないからである。

史料⑯D.21.2.15.1（Paulus 5 ad sab.）：Si usus fructus evincatur, pro bonitate fructuum aestimatio facienda est. sed et si servitus evincatur, quanti **minoris** ob id praedium est, lis aestimanda est.

学説彙纂第21巻第２章第15法文第１項（パウルス『サビーヌス註解』第５巻）：
用益権が追奪されるときは、収益の良さに応じて評価がなされるべきである。更に、役権が追奪されるときも、それ故に地所が**減額される**分について、訴訟物評価がなされるべきである。

史料⑰D.23.3.12.1（Ulpianus 34 ad sab.）：Si mulier se dicat circumventam **minoris** rem aestimasse, ut puta servum, si quidem in hoc circumventa est, quod servum dedit, non tantum in hoc, quod **minoris** aestimavit： in eo acturam, ut servus sibi restituatur. enimvero si in aestimationis modo circumventa est, erit arbitrium mariti, utrum iustam aestimationem an potius servum praestet. et haec, si servus vivit. quod si decessit, Marcellus ait magis aestimationem praestandam, sed non iustam, sed eam quae facta est： quia boni consulere mulier debet, quod fuit aestimatus：

ceterum, si simpliciter dedisset, procul dubio periculo eius moreretur, non mariti. idemque et in **minore** circumventa Marcellus probat. plane si emptorem habuit mulier iusti pretii, tunc dicendum iustam aestimationem praestandam idque dumtaxat uxori **minori** annis praestandum Marcellus scribit : Scaevola autem in marito notat, si dolus eius adfuit, iustam aestimationem praestandam : et puto verius, quod Scaevola ait.
学説彙纂第23巻第３章第12法文第１項（ウルピアーヌス『サビーヌス註解』第34巻）：
妻が詐術により事物を**低く**算定評価した旨を自ら主張するときは、例えば奴隷について、なるほど奴隷を与えることに関し詐術を受けたときは、**低く**算定評価したことに関してだけではなく、奴隷が自らに返還されるべきことに関し訴えるべきものとする。しかし実際、算定評価の額において詐術を受けたときは、果たして正当な算定評価〔額〕を給付すべきか、それとも寧ろ奴隷を給付すべきかという、裁量判断は夫に属するものとする。そしてこのことは奴隷が存命のときであって、これに対して死亡したときは、マルケッルスが言うに、寧ろ算定評価〔額〕が給付されるべきであるが、それは正当な算定評価〔額〕ではなく、下された算定評価額である。なぜなら、妻は、下された算定評価額を男性に相談せねばならないからである。その他に、単に与えたときは、疑いなく危険は妻に留まるのであって、夫には属さない。そして同じことを、**若年で**詐術を受けた女性についてマルケッルスは是認する。明らかにも、妻が正当価格での買主を有したときは、正当な算定評価〔額〕が給付されると言うべきであり、これは**若年の**妻にのみ給付されるべきである、とマルケッルスは記す。ところで、スカエウォラが夫について注記するに、夫の悪意が存在したときは、正当な算定評価〔額〕が給付されるべきである。そして私が考えるに、スカエォラの語ったことが一層正しい。

（8） M. Marrone, *actio ad exhibendum*, AUPA 26（1958）, 480：494：522：652–669；［M. Talamanca, Recensione critica ad Marrone（1958）, Iura 10（1959）, 273］；D. Medicus, Id quod interest. Studien zum römischen Recht des Schadensersatzes, 1962, 257–260；S. Tafaro, La interpretatio ai verba ‘quanti ea res erit’ nella giurisprudenza romana; l’analisi di Ulpiano, 1980, 14：124–128；［P. Voci, Recensione critica ad Tafaro（1980）, Iura 32（1981）, 183］；M. Lemosse, Ad exhibendum, Iura 34（1983）, 67–73. これらは、評価の裁量を指摘する中で減額（及び増額）の弾力性を**史料①**に見出す。従って、価額を下回る事例の具体化には関心を示さない。**史料①**ではなく金銭給付の遅滞に着目する H. Honsell, Quod interest im bonae-fidei-iudicium : Studien zum Römischen Schadensersatzrecht, 1969, 167–175も、同様の視座に立つ。他方、逸失 amissum と評価との関連で**史料①**に言及する W. Kaiser, Collectio Gaudenziana und Textkritik der Codex Iustinianus, ZRG 132（2015）, 227も関心は勅法校訂にあり具体化には寄与しない。

これに対し、U. Babusiaux, Die Durchsetzung ökonomischer Interessen im klassischen römischen Zivilprozess, in : E. Lo Casio, D. Mantovani（a cura di）, Diritto romano e economia. Due modi di pensare e organizzare il mondo（nei primi tre secoli dell’Impero）, 2018, 707–746は、**史料①**で「便益額 utilitates」が「用益 Nutzungen」

と「使用利益 Gebrauchsvorteilen」とを包含する意味で用いられているとし、また、利害関係額について、ウルピアーヌスが用益賠償能力をネラーティウスに依拠して判断すると指摘する Medicus 前掲書を引用する（734–735頁）。Babusiaux 論文は、所有者によらない提示訴権提起の特殊性（占有保護）に注目し、盗訴権と類比的に論じる（735–736頁：なお、この点は既に J. Burillo, Carácter arbitrario de la acción exhibitoria, AHDE 31（1961）, 430も指摘する）。しかし同時に、その表題が示す通り、利害関係額が「評価 aestimatio」「査定 taxatio」に服することから、原告の請求表示ないし請求の趣旨 intentio を基礎にしながらも裁判者 iudex が交換価値 Tauschwert を根拠に判決額を決する点に注目する。その行論からは、本稿の関心である価額を下回る具体的事例が問題となることはなく、従って詳細な検討を欠く。なお、筆者自身と交わした私信では、彼女自身、この点の検討不十分を嘆き、将来の課題とするそうである。これに関連すべき所有物取戻訴訟と提示訴権との関係は、A. Ehrhardt, Litis aestimatio im römischen Formularprozess : Eine Untersuchung der materiellrechtlichen Folgen der Geldverurteilung, 1934, 138–140に遡る伝統論点であるが、P. Voci, Risarcimento e pena privata nel diritto romano classico, 1939, 11: 59–66も指摘する通り、金銭判決で利害関係額を「便益額 utilitas」として評価する際には、原告の主観的価値が出発点となる。G. Valditara, Dall'aestimatio rei all'id quod interest : evoluzione del criterio di stima del danno aquiliano, 1995, 150も参照。同書184頁は、「便益額」の用例を、（1）柔軟解釈、（2）判決評価額、（3）「利害関係額 id quod interest」に三分する（同書43–44: 50: 82頁も参照）。

こうした学界状況の中、本稿は、判決額の客観化という上記難問に対し、極限的（限界）事例としての「価額を下回る」事例から遠回りして新たな光を照らすことで一定の解明に繋がると信じるものでもある。

なお、S. Stepan, Scaevola noster : Schulgut in den 'libri disputationum' des Claudius Tryphoninus ?, 2018, 67–72は、奴隷の特有財産と設定者たる主人への帰属、これに基づく責任や主人の資産回収につき、スカエウォラ（紀元後2世紀）の思考を跡付ける。

（9） O. Lenel, Palingenesia iuris civilis, II, 1889, 556–560 ＝［Ad exhibendum（E. 90)］. なお、同書 I, 780（n.124）にも出典不明 loci incerti ながらネラーティウスに由来するとして**史料①**が採録されている。

(10) 林智良「ローマ元首政の始まりと法学者――ラベオーとカピトーの軌跡から」佐々木有司編『法の担い手たち』（国際書院, 2009年）15–36頁参照。なお、共和政期からの連続性も重要であるが、本稿では立ち入る余裕がない。共和政期については、林智良『共和政ローマの法学者と社会――変容と胎動の世紀』（法律文化社, 1997年）、特に第五章・第六章「神官クィーントゥス・ムーキウス・スカエウォラの法学者像（一）（二）」99–209頁、同「ガーイウス・アクィーリウス・ガッルス C. Aquilius Gallus の周辺――共和政末期ローマの政治的・社会的・法学的文脈において」『法と政治』第62巻第1号744–716頁（2011年）参照。また、古代ローマの法学者に関する概観は、林・前掲書も引用する W. Kunkel, Die Römischen Juristen : Herkunft und soziale Stellung, 2001,〔初出1952年〕に詳しい。

(11) C. Schieder, Interesse und Sachwert : Zur Konkurrenz zweier Grundbegriffe des Römischen Rechts, 2011, 151–163は、提示訴権における利害関係額を検討するが、**史料①**を挙げない。

なお、同書は**史料⑪** D.9.2.51.2 (Iulianus 86 dig.)〔前掲本稿註 (7)〕を67頁と104頁で挙げるが、評価額の主観性を指摘するに留まる。

(12) Cujas, Opera Omnia, Tom. VII, 651,《Et ideo non aestimatur res, sed vtilitas, quae plerumque pretium rei egreditur》.

(13) 本稿前掲註 (2) 対応本文参照。

(14) O. Lenel, Das edictum perpetuum : Ein Versuch zu seiner Wiederherstellung, 1927, 220–225. 残念ながら同書224頁で**史料①**を含む部分が「提示条項の解説」とされるに留まる。なお、同書では、第15章「誰かの財産中にあるものについて Tit. XV : De his quae cujusque in bonis sunt」の中に、60番〜90番までの告示が採録され、従って**史料①**は章末にあたる。

(15) なお、疑問符の付いた723番に挙がる学説彙纂第29巻第2章第16法文 (ウルピアーヌス『告示註解』第24巻) D.29.2.16 (Ulpianus 24 ad ed.)、ウルピアーヌス『告示註解』第34巻への参照〔修正〕指示がある学説彙纂第25巻第4章第1法文 D.25.4.1は除外した。

(16) A. Berger, Encyclopedic Dictionary of Roman Law, 2002 [1 ed.1953], 463 ; 学説史として Burillo, Carácter arbitrario〔前掲本稿註 (8)〕; J. Burillo, Contribuciones al estudio de la 'actio ad exhibendum' en derecho clásico, SDHI 26 (1960), 190–281 ; M. Kaser, Die 'formula' der 'actio ad exhibendum', in : Studi in onore di E. Volterra, 1971, 545–577 ; Kaser, Nochmals über Besitz und Verschulden bei den 'actiones in rem', ZRG 98 (1981), 77–146 ; M. Marrone, Sulle formule dei giudizi di libertà, in : Sodalitas, studi in onore di Guarino, 6, 1984, 2947–2956.

(17) **史料⑱**D.10.4.3.9 (Ulpianus 24 ad ed.) : Sciendum est autem non solum eis quos diximus competere ad exhibendum actionem, verum ei quoque, cuius interest exhiberi : iudex igitur summatim debebit cognoscere, an eius intersit, non an eius res sit, et sic iubere vel exhiberi, vel non, quia nihil interest.

学説彙纂第10巻第4章第3法文第9項 (ウルピアーヌス『告示註解』第24巻) : ところで、知られるべきは、我々が述べた人々だけに提示訴権が帰属するのではなく、提示されることに利害関係のある者にも帰属することである。従って、裁判者が概略的に審査せねばならないのは、その者に利害関係があるのか否かであって、物がその者の有に帰するか否かではなく、そしてそれ故に、利害関係があるとして提示を命じるか、利害関係がないことを理由として提示を命じないかの、いずれかを要するものとする。

なお、疎明に相当する「概略的審査」については D. Simon, Summatim cognoscere : Zwölf Exegesen, ZRG 83 (1966), 142–218 ; その基礎にある B. Biondi, Summatim cognoscere, BIDR 30 (1921), 220–258 ; H. Krüger, Das summatim cognoscere und das klassische Recht, ZRG 45 (1925), 39–86、原告適格については Schieder〔前掲本稿註 (11)〕, 153参照。

(18) **史料⓪** (3)〔D.10.4.9.3 (Ulpianus 24 ad ed.) 前掲本稿註 (4)〕.

(19)　**史料⑲**D.10.4.1 (Ulpianus 24 ad ed.): Haec actio perquam necessaria est et vis eius in usu cottidiano est et maxime propter vindicationes inducta est.
学説彙纂第10巻第4章第1法文（ウルピアーヌス『告示註解』第24巻）：
本訴権は大いに必要であり、その効力は日々用いられる。そして概して、所有物取戻訴訟のために導入された。
　なお、Schieder〔前掲本稿註（11)〕, 153; 156も同旨。

(20)　**史料⑳**D.10.4.3.7 (Ulpianus 24 ad ed.): Si quis noxali iudicio experiri velit, ad exhibendum ei actio est necessaria: quid enim si dominus quidem paratus sit defendere, actor vero destinare non possit nisi ex praesentibus, quia aut servum non recognoscit aut nomen non tenet? nonne aequum est ei familiam exhiberi, ut noxium servum adgnoscat? quod ex causa debet fieri ad designandum eum, cuius nomine noxali quis agit, recensitione servorum facta.
学説彙纂第10巻第4章第3法文第7項（ウルピアーヌス『告示註解』第24巻）：
或る者が加害訴訟を提起しようと欲するときは、その者には提示訴権が必要である。というのも、なるほど所有者は防御〔応訴〕する用意があるが、原告は、その奴隷を知らず又は名を得ていないが故に、その場にいる者の中からでなければ確定出来ないときには、どうにもなろう筈はないからである。加害奴隷を識別できるように、その者に奴隷が提示されることは、衡平ではないであろうか。このことは、事案に基づいて、或る者が加害について訴える相手方を選定するために、奴隷の調査が行われた上で、なされねばならない。

(21)　**史料㉑**D.10.4.11 pr. (Ulpianus 24 ad ed.): Sed et si hereditas amissa sit ob hoc, quod servus non exhibeatur, aequissimum est aestimari officio iudicis damnum hereditatis.
学説彙纂第10巻第4章第11法文首項（ウルピアーヌス『告示註解』第24巻）：
更に、奴隷が提示されないことの故に、相続財産が失われたときも、裁判者の職務によって相続財産の損害が算定評価されるのが非常に衡平である。
　なお、Burillo, Contribuciones〔前掲本稿註（16)〕, 281は、不提示に対する判決額は、原則として目的物の価額（quanti ea res erit tantum pecuniam）を出発点とした、と考える。

(22)　**史料㉒**D.10.4.5.6 (Ulpianus 24 ad ed.): Item si quis facultatem restituendi non habeat, licet possideat, tamen ad exhibendum non tenebitur, ut puta si in fuga servus sit: ad hoc plane solum tenebitur, ut caveat se exhibiturum, si in potestatem eius pervenerit. sed et si non sit in fuga, permiseris autem ei ubi velit morari, idem erit dicendum, aut peregre a te missus sit, vel in praediis tuis agat, ad hoc solum teneberis, ut caveas.
学説彙纂第10巻第4章第5法文第6項（ウルピアーヌス『告示註解』第24巻）：
同じく、或る者が、占有しているにも関わらず、返還する権限〔ないし可能性〕を有しないときは、提示訴権で責めを負うことはないものとし、例えば、奴隷が逃亡中であるときは、明らかなことに、責めを負うべき範囲は、奴隷がその者の権力下に至ったときは自ら提示することとする旨、担保設定することだけである。更に、奴隷が逃亡中ではないが、奴隷が望む場所に留まることをあなたがその奴

隷に許すときも、同じことが言われるべきものとし、或いはあなたによって国外に派遣され、又はあなたの地所で活動するときは、あなたは担保設定することについてのみ、責めを負うものとする。

(23) **史料⓪**（7）〔D.10.4.9.7 (Ulpianus 24 ad ed.) 前掲本稿註（4）〕.

(24) **史料⓪**（6）〔D.10.4.9.6 (Ulpianus 24 ad ed.) 前掲本稿註（4）〕.

(25) **史料㉓**D.10.4.3.2 (Ulpianus 24 ad ed.): Praeterea in hac actione notandum est, quod reus contumax per in litem iusiurandum petitoris damnari possit ei iudice quantitatem taxante.
学説彙纂第10巻第4章第3法文第2項（ウルピアーヌス『告示註解』第24巻）:
更に、本訴権において注記すべきは、濫訴者〔＝提示命令抗拒者〕たる被告が、請求者〔＝原告〕による訴訟上の誓約を通じて請求者に対し有責とされ得るのであって、その額は裁判者が査定することである。
なお、Burillo, Carácter arbitrario〔前掲本稿註（8）〕, 425は、上記**史料㉓**を引用し、宣誓に非難という性格を指摘する（430頁)。当初は盗訴権が用いられ、従って損害額の認定を目的としたと解し、所有物取戻訴訟による返還ではなく不法に対する制裁と被害者保護とを目指した、という。これに対し、Kaser, Die 'formula'〔前掲本稿註（16)〕, 572によれば、評価も訴訟上の誓約も、「物が有するであろう価額」とは関連しない、とされる。

(26) **史料㉑**D.10.4.11 pr. (Ulpianus 24 ad ed.)〔前掲本稿註（21)〕.

(27) **史料⑳** D.10.4.3.7 (Ulpianus 24 ad ed.)〔前掲本稿註（20)〕.

(28) Simon, Summatim cognoscere〔前掲本稿註（17)〕, 204は「柔軟なカズイスティク flexible Kasuistik」と呼ぶ。

(29) **史料㉔**D.10.4.3.11 (Ulpianus 24 ad ed.): Si mecum fuerit actum ad exhibendum, ego ob hoc, quod conventus sum ad exhibendum actione, agere ad exhibendum non possum, quamvis videatur interesse mea ob hoc, quod teneor ad restituendum. sed hoc non sufficit: alioquin et qui dolo fecit quo minus possideret poterit ad exhibendum agere, cum neque vindicaturus neque interdicturus sit, et fur vel raptor poterit: quod nequaquam verum est. eleganter igitur definit Neratius iudicem ad exhibendum hactenus cognoscere, an iustam et probabilem causam habeat actionis, propter quam exhiberi sibi desideret.
学説彙纂第10巻第4章第3法文第11項（ウルピアーヌス『告示註解』第24巻）:
私を被告として提示訴権が提起されたときは、私は提示訴権で訴えられているということを理由として、たとえ私は返還することにつき責めを負うということの故に私には利害関係があると見られるとしても、私は提示訴権を提起し得ない。しかしながら、これでは十分ではなく、更に、悪意で占有をやめるようにした者も、所有物取戻訴訟を提起しようとする訳でも特示命令を申請しようとする訳でもないにも関わらず、提示訴権を提起し得ることとなり、盗人も強盗も提示訴権を提起し得ることとなる。このことは決して正しくない。従って、ネラーティウスが適正にも定義するに、裁判者が提示訴権について審理するのは、自らへと提示されることを欲するだけの、正当でしかるべき理由を訴権について有するか否か、である。
Schieder〔前掲本稿註（11)〕, 163はこの**史料㉔**を引用し、価額理論を厳格解釈

の中に位置づける。盗訴権から提示訴権への拡大過程を論じるに、「プロークルス学派の」ネラーティウスと紹介するなど、法学派内部の伝承影響関係を重視するようである。この点は後掲本稿註（32）で再び詳述する。

（30） Marrone, Sulle formule〔前掲本稿註（16）〕, 2953は、これに関し下記**史料㉕**D.43.29.3.13を引用し、被告は提示訴権に基づく訴訟物評価額を支払うことで返還を拒絶し得ると指摘し、利害関係額を評価額と類比的に捉える（2954, nt.30）。

史料㉕D.43.29.3.13（Ulpianus 71 ad ed.）：Si tamen, posteaquam hoc interdicto actum est, alius hoc interdicto agere desideret, palam erit postea alii non facile dandum, nisi si de perfidia prioris potuerit aliquid dici. itaque causa cognita amplius quam semel interdictum hoc erit movendum. nam nec in publicis iudiciis permittitur amplius agi quam semel actum est quam si praevaricationis fuerit damnatus prior accusator. si tamen reus condemnatus malit litis aestimationem sufferre quam hominem exhibere, non est iniquum saepius in eum interdicto experiri vel eidem sine exceptione vel alii.

学説彙纂第43巻第29章第３法文第13項（ウルピアーヌス『告示註解』第71巻）：

ところで、この特示命令によって争われた後で、別の人がこの特示命令によって争うことを望んだ場合、明らかなことに後になってこの別の人に〔特示命令が〕与えられるべきときはほぼないものとする。但し、先の人の不誠実について何らかのことが言われ得るときを除く。従って、事案が吟味された上で、一度を超えてこの特示命令が発せられるべきものとする。というのも、公訴訟においては、一度訴えが提起された上に訴えが提起されることが認められるのは、先の訴追者が馴れ合いについて有責判決を受けた場合だけだからである。他方で、有責判決を受けた被告が、奴隷を提示することよりも、寧ろ訴訟物の評価額を引受けることを望む場合、彼を相手方として重ねて、或いは同一人のために抗弁なしに、或いは別の人のために、特示命令で争うことは不当ではない。

（31） ローマ証拠法の弾力性については、G. Pugliese, Per l'individuazione dell'onere della prova nel processo romano per formulas, in：Studi in onore di G. M. de Francesco, I, 1957, 535-540；Pugliese, Regole e direttive sull'onere della prova nel processo romano per formulas, in：Scritti giuridici in memoria di Piero Calamandrei, III, 1958, 579-582；Pugliese, La prova nel processo romano classico, in：Jus. Nuova serie：rivista di scienze giuridiche 11（1960）, 390-424；G. Longo, L'onere della prova nel processo civile romano, IVRA 11（1960）, 181-182；Longo, L'onere della prova nel processo civile romano, in: Studi in onore di Emilio Betti, III, 1962, 363-365; R. Feenstra, La preuve dans la civilisation romaine：rapport de synthese, in: Recueils de la Société Jean Bodin pour l'histoire comparative des institutions 16（1963）, 654-655; Kaser, Die 'formula'〔前掲本稿註（16）〕, 555.

（32） **史料③** D.9.2.23 pr.（Ulpianus 18 ad ed.）〔前掲本稿註（６）〕.

なお、Schieder〔前掲本稿註（11）〕, 103は、**史料③**を引用しつつ、「古典期」の「盛期」の「発展」を説く中で、ネラーティウスからユーリアーヌスを経てウルピアーヌスに至る伝承を見る。本稿は、元首政期が法学「古典期」であったか否かを判断する史料を欠き、従ってその「盛期」が後２世紀であったとの評価の是

非は判断を留保する。また、利害関係額や便益額に関する同一の語が複数の法学者により使用されたからといって、概念規定が各法学者の生涯に亘り一定の範囲に収まっていたとは限らない。まして、文言に着目して「発展」や「展開」「変遷」が世代に跨り語られ得るとの幻想を共有しない。ネラーティウス個人に注目し史料を限定する本稿の立場は、上記からする当然の帰結である。但し、モムゼン流の差額説を基本枠組みと指摘する点（104頁）には同意する。便益額 utilitas については後掲本稿註（38）参照。

（33） **史料⑤** D.11.3.11 pr.（Ulpianus 23 ad ed.）〔前掲本稿註（６）〕.

（34） **史料⑥** D.18.1.57 pr.（Paulus 5 ad Plaut.）〔前掲本稿註（６）〕.

（35） **史料⑧** D.15.1.56（Paulus 2 ad Ner.）〔前掲本稿註（６）〕.

（36） A. Di Porto, Impresa collettiva e schiavo “manager” in Roma antica（II sec. a. C.-II sec. d.C.), 1984. 木庭顕『新版　ローマ法案内』（勁草書房2017年）、192–200頁［５－６　特有財産 peculium］も参照。

（37） 木庭・前掲書〔前掲本稿註（36）〕198頁註（13）では、共和政末の法学者ルーフスに帰せられる。

（38） Schieder〔前掲本稿註（11）〕, 15は下記パウルス文（**史料㉖**D.9.2.22 pr.（Paulus 22 ad ed.））を引きつつ、奴隷の使用価値喪失分を便益額と呼ぶ。55–77頁では、キケローから元首政期に至る過程での便益額概念と利害関係額概念の交錯、90–102頁では市場売買を想定したその後の展開を論じるが、136頁に見られる通り、時代毎に法学者集団が「便益額」概念を共有している前提に立つ。しかし、本稿の観点から言えば、ネラーティウス以外に「価額を下回る」との表現が見られないことは、上記の前提にとって説明困難となろう。

史料㉖D.9.2.22 pr.（Paulus 22 ad ed.）：Proinde si servum occidisti, quem sub poena tradendum promisi, utilitas venit in hoc iudicium.

学説彙纂第９巻第２章第22法文首項（パウルス『告示註解』第22巻）：

従って、あなたが罰として引渡すべき奴隷を殺した場合、便益額がこの訴訟の対象となる。

（39） Schieder〔前掲本稿註（11）〕, 95–97は下記パウルス文（**史料㉗**D.19.1.21.3（Paulus 33 ad ed.））に言う「物自体を巡る…便益額 utilitas ... circa ipsam rem」を市価と解する。

史料㉗D.19.1.21.3（Paulus 33 ad ed.）: Cum per venditorem steterit, quo minus rem tradat, omnis utilitas emptoris in aestimationem venit, quae modo circa ipsam rem consistit : neque enim si potuit ex vino puta negotiari et lucrum facere, id aestimandum est, non magis quam si triticum emerit et ob eam rem, quod non sit traditum, familia eius fame laboraverit : nam pretium tritici, non servorum fame necatorum consequitur. nec maior fit obligatio, quod tardius agitur, quamvis crescat, si vinum hodie pluris sit, merito, quia sive datum esset, haberem emptor, sive non, quoniam saltem hodie dandum est quod iam olim dari oportuit.

学説彙纂第19巻第１章第21法文第３項（パウルス『告示註解』第33巻）：

目的物を引渡さないことが売主の責任である場合、買主のあらゆる便益額が評価対象となり、それは物自体のみを巡って構成される。というのも、例えば葡萄酒

を取引し利得を得ることが出来た場合も、そのことは評価対象となるべきではないからであり、それは小麦を購入したが引渡されなかった故に奴隷が飢餓に苦しんだ場合と同様である。なぜなら、支払われるのは小麦の価額であって、飢餓で死亡した奴隷の価額ではないからである。また、葡萄酒が今では価値を増した場合、その後に訴えが提起されたからといって、たとえ額が大きくなったとしても、債務は大きくならないのが正当である。なぜなら、引渡されていたときには、買主が保持し、引渡されなかったときは、かつて既に引渡されることを要したものが今やともかく引渡されるべきだからである。

(40) 前掲本稿註（7）対応本文参照。

(41) D. Hoyer, Money, culture, and well-being in Rome's economic development, 0–275 CE, 2018, 36–37; 46–47; 49. これによれば、公金が6～12%の利息で運用されるのに対し、私募債では低金利も見られる。こうした金融媒介者はやがて銀行家として職業化すると共に、奴隷、元奴隷たる被解放自由人、あるいは庇護民を手足に用いることで、金銭を扱うべきでないとのタブーに抵触しないようにした、とされる。

(42) Hoyer〔本稿前掲註（41)〕, 67; 158–161. これによれば、兵士への給与支払いが大きな影響力を持ったが、市場で日用品を購入するには金貨は不適であり、大金であれば銀貨、日常的には青銅貨が用いられつつ、複数の貨幣を併存させる「金本位」体制であった、とされる。また、行財政を支えた上流指導者層が、大土地保有を背景に資本を蓄積させ、工業化を進展させると共に都市サービスやインフラを整備することで公共財への市民アクセスが確保され、投資のサイクルが金融や市場の発達をもたらした、とされる。本稿の観点からは、市場が活発に機能していた点を確認しておく。

(43) U. Fellmeth, Pecunia non olet: die Wirtschaft der antiken Welt, 2008, 80–83; 120–124. これによれば、遠隔の農場と都市の市場とを結ぶ道路網が確保され、最大半径20キロ程度の商圏で日用品では利益率約5％が標準的であったところ、軍事的平和防護のため、兵士や行政官への給与支払いが地域経済を発展させた、とされる。

(44) Fellmeth〔本稿前掲註（43)〕, 141–142; 175–176. これによれば、一方で金市場が必要とされ、他方でローマは征服地で旧来の行財政システムを温存し、在地の裁判制度や貨幣鋳造権も都市共同体が留保した。こうした自立的行政機構が経済介入を行なうのは、市場の不全や食糧供給などが社会問題化した場合に限られる。確かに、支配する側が被支配者共同体から租税として資源を搾取する帝国構造は決して「経済政策」と呼ぶには似つかわしくないが、在地の独立的経済を温存する「補完性原則」は元首政期ローマにも見出される。

(45) Hoyer〔本稿前掲註（41)〕は表題の通り、「3世紀の危機」で地域分断が進みローマ人の向社会性が失われた点を強調するため、元首政を一時代と見る。これに対しFellmeth〔本稿前掲註（43)〕は、中期的視点、特にギリシア世界とローマ世界の対比を重視し、アルカイック期ギリシア、古典期ギリシア、ヘレニズム期、ローマ共和政、及びローマ帝政という5区分を採用する。両書とも碑文や貨幣など物的・非文献史料も駆使し、金融手段が様々に形成され機能したと描く。

【付記】 本稿は、科学研究費（基盤研究（B）（一般） 課題番号19H01402、基盤研究（A）（一般） 課題番号18H03806、及び若手研究（B） 課題番号16K16974）の助成を得て行なった研究の成果の一部である。

贖罪・収贖から罰金刑へ

明治初期の刑事罰と法典化

髙田 久実

1 はじめに

明治期の法典編纂事業において、政府が西洋法を参照したことは広く知られており、明治13年に公布された刑法典（以下、旧刑法と呼称）は、西洋化ないし近代化を表象する最初の具体的な成果であると位置づけられている。もっとも、法典という形式を考えたとき、明治３年に定められた新律綱領と、同６年頒布の改定律例の存在を忘れてはならない。これらは、旧刑法が施行されるまで並んで効力をもったが、明治政府が当初に掲げていた王政復古という指針の所産として、律の系譜に連なる刑事法典として理解されている(1)。法典の編纂を、関連する諸規範が体系的な編成のなかに明文化されていく過程であると理解するならば、日本における法典の編纂をより具体的に把握するためには、新律綱領・改定律例も踏まえて考察することが必要であろう。

このような問題意識のもと、本稿では「金銭の剥奪」という制裁に着目して考察を試みる。新律綱領には、律の伝統的な刑罰体系である五刑に準じて「笞・杖・徒・流・死」が定められていたが(2)、明治５年４月太政官第113号布告により(3)、笞と杖が懲役に改められたうえで、明治６年に頒布された改定律例には「懲役」が設けられ(4)、旧刑法が施行する前に、刑罰のいわゆる近代化は進みつつあった(5)。一方で、新律綱領・改定律例が効力を失うまで維持された律的な制裁も認められる。中国律には贖罪や収贖、納贖等という名のもと、換刑として科される「金銭の剥奪」が定められていたが、新律綱領・改定律例にも同様の規定が引き継がれ、明治15年に旧刑法が施行されるまで、運用されていた。

また、「金銭の剥奪」は、「罰則」の主たる制裁として用いられていたことにも目を配らなければならない(6)。罰則と呼ばれ、罰金ないし科料という「金銭の剥奪」を内容とした明治政府が発する単行の法令が、明治初年期の日本に存在していたのである(7)。

以上のように、旧刑法が施行される以前の日本には贖罪・収贖や罰金な

どの制裁が運用されていたが、「金銭の剥奪」という制裁に刑罰としての地位を与えた契機は旧刑法であったと考えられている。すなわち、「日本では、旧刑法（明治13年太政官布告第36号）において、罰金刑が初めて採用され（旧刑法８条３号、10条５号、26条）、現行法へと受け継がれた（刑法９条、15条）」と理解されているが(8)、そのような旧刑法の罰金刑に関する編纂議論を見ると、お雇い法律顧問のボアソナードがフランス刑法学に自説を織り交ぜながら編纂作業に従事する一方で、司法省官吏の日本人編纂者は明治初期の日本における現行制度を参照しながら編纂議論に参加していたことを看取できる(9)。換言するならば、明治初期の日本に存在していた「金銭の剥奪」を内容とする制裁は、旧刑法の編纂によって刑罰という地位を与えられると同時に、西洋近代的な法典のなかに位置づけられたと解することができるが、その経緯を辿ることは、日本における刑法典の編纂を理解するために有益な素材になると考えられよう。

以上のような問題意識のもと、本稿では「金銭の剥奪」を内容とする制裁に着目し、新律綱領・改定律例、罰則、旧刑法の関係性について考察を試みる。法典の編纂を刑罰という論点から捉え、新律綱領・改定律例が運用されるなか、西洋法を模範とした刑法典の編纂が行われながら、明治初年期の日本において法秩序がかたちづくられていった様相の一端を明らかにすることを期し、本論を始めることとしたい。

2　明治初期の法令における「金銭の剥奪」

2－1　贖罪・収贖と罰金

（1）　新律綱領・改定律例および罰則における「金銭の剥奪」

まず、明治初年期に行われていた「金銭の剥奪」を内容とする制裁を理解するため、新律綱領・改定律例に加え、法の解釈ないし法的判断にあたって指針とされた司法省の指令などを踏まえながら、整理を行いたい(10)。

明治３年に制定された新律綱領と、同６年に頒布された改定律例には、贖罪と収贖という「金銭の剥奪」が規定されていた。これらは「犯罪時の主観状態や受刑能力という観点から見た場合の犯罪人の人格的属性に着目して用いられる換刑」としての「罰金刑」と理解されている[(11)]。贖罪は、過失などのように情状を鑑みて本刑を科し難い場合に、収贖は、老人や子供、婦人、病人などの本刑を科すことが適当でない場合に行われた[(12)]。

また、改定律例では、官吏および華族にも「贖」が認められるようになり、官吏公罪贖例図[(13)]、官吏私罪贖例図[(14)]および華族贖罪例図[(15)]が定められた。華族贖罪例図は「過誤失錯ノ罪」が行われた場合に適用すると定められていた一方[(16)]、官吏の「贖」については、「職務をそのまま遂行させることと両立しうる刑罰として、罰金刑が採用された」と指摘されている[(17)]。そして、このような官吏の「贖」が認められたことは、新律綱領の「贖罪・収贖」から、「贖そのものに性質の変化が生じたことを意味」した[(18)]。もっとも、明治９年４月14日太政官第48号布告が「新律綱領改定律例中官吏ノ公罪ニ係ル者ヲ廃」すとして、「公罪贖例図、公罪罰棒例図、官吏犯公罪、同僚犯公罪、公事失錯、失出入人罪、及ヒ改定律例第百五十四条等ノ類」を廃止するとともに、「自今官吏職務ノ上過失ハ有心故造罪私罪ニ入ル者ヲ除クノ外」は「懲戒処分」を行うことが宣言されたことを受け[(19)]、明治９年４月14日太政官第34号達の官吏懲戒例が定められた[(20)]。これに対し、同じく官吏の「贖」について規定しながらも、官吏私罪贖例図および官吏犯私罪条例は廃止されなかったので、官吏の「私罪及ヒ有心故造ノ罪」で懲役100日にあたる罪は「贖フコトヲ聴」すことが認められたてい[(21)]。なお、官吏の犯した私罪が徒刑にあたる場合は「士族犯罪法ノ如ク閏刑ニ処ス」と定められていたため[(22)]、改正閏刑律に基づいて禁錮が科されることとなっており[(23)]、比較するならば、軽微な罪の場合に「贖」が許されていたといえよう[(24)]。

そして、贖罪・収贖には、さらなる代替の手段が用意されていた。すなわち、改定律例には第30条から第34条にわたって平民犯罪不実断条例（原庶人犯罪不的決律※括弧内は割書：筆者注）が設けられ、「無力ニシテ贖フコト能ハサル者」への対応が規定されている[(25)]。第30条から同32条にかけ

ては、各条で「平民罪ヲ犯シ贖罪ス可キ者」、「老小廢疾者」[26]、「過失殺傷」の場合について、「無力」であるために贖罪・収贖の金額を支払えない場合には、懲役あるいは懲治監に入れることと定められた[27]。また、婦女犯罪条例の第39条では「収贖ス可キ」婦女が「無力」であった場合における懲役の日数換算が規定されている[28]。なお、司法省がまとめた明治9年分の犯罪等に関する統計表では、「抑贖罪収贖ハ刑律ノ恩典」であるが、「贖フヘキ資力ナキヨリ此恩典ニ漏レ更ニ実決ノ刑ヲ受クル者」が「前年ヨリ倍加」したことは、「果シテ民力ノ盛衰ニ関スルモノトセハ亦歎息スヘキニアラスヤ」とも付言されている[29]。

さらに、贖罪・収贖が言い渡されたが、その金額を支払えない場合の代替として、「親属」による代納も許されていた。新律綱領には贖罪・収贖の代納に関する規定はなかったが、明治6年1月12日司法省指令が「親族《ママ》」による収贖の代納を認め[30]、前述の改定律例第34条は「凡贖罪収贖ス可キ者無力ニシテ贖フコト能ハス親属代テ贖フコトヲ願フ者アレハ聴ス」として、親属による代納を定めた。さらに、明治7年11月12日司法省指令は「他人ト雖モ代テ贖フコトヲ願フ者アレハ聴ス」と述べ[31]、他人による代納も認めている。

そして、このような新律綱領・改定律例の贖罪・収贖と同様に、「金銭の剥奪」を内容とする制裁として、罰則上の罰金が存在していた[32]。司法省の刑事統計年報上には「罰則犯罪」という表がまとめられており、罰則の違犯者に対する主な制裁として、罰金という名称の「金銭の剥奪」が科されていたことを看取できる[33]。ただし、贖罪・収贖とは異なる追徴方法が、罰金には用いられていた[34]。すなわち、明治9年9月19日司法省指令で、「罰金科料ニ処断ノ者五日内完納」できなければ「直ニ民法身代限リノ処分ニ依リ六十日間掲示」し、当該期間中に完納すれば「身代限リノ処分ニ及サス」と示されているように[35]、罰金が支払われない場合は、「民法身代限」がなされることとされた[36]。ただし、罰金に対する身代限については「民法身代限」とは異なる取り扱いが認められてれており、取り上げる物がなかった場合にはそのまま放免とし、後に「身代持直シ」たとしても、「再度取上ルニ不及」という明治6年9月19日司法省指令を

見受けられる(37)。また、郵便罰則５条を違反した場合に「罰金ヲ収ムル資力無之候ハハ相当ノ権衡ヲ以テ実断相成度」という伺が内務卿大久保利通から、太政大臣三条実美宛に発せられたところ、「罰金ヲ収ムル資力無之候ハハ子孫ニ及ハサルノ身代限可申付事」という回答が明治８年６月13日に出された(38)。このように、罰金に対して行われる身代限は、身代限を行った時点で不足だった分を追って充当せずとも許され、実断にも換える必要もなく、あるいは子孫が不足分を支払う義務もないと理解されていたのである。

以上のように、言い渡された者がその金員を支払えない場合、新律綱領・改定律例の収贖・贖罪では代納と換刑が認められていた一方、罰則の罰金には換刑を行わず、のちに充当する必要のない身代限がなされていた。そして、このような棲み分けが意識されていたことを示す事例として、明治７年11月10日太政官第122号布告をめぐる伺と指令を挙げたい。明治６年３月第110号布告鳥獣猟規則を改正するために出された明治７年11月20日太政官第122号布告には、その第16条に「若シ無力ニシテ罰金ヲ出ス事能ハサル者ハ懲役法ニ依ルヘシ」と規定されていた(39)。すなわち、鳥獣猟規則の違犯者が罰金を支払えない場合には「懲役」が科せられると定められたのであるが、これについて、司法省が明治８年１月14日に「鳥獣猟規則ノミ無力ノ者ハ懲役法ニ依リ処分」するというかたちでは、「他諸罰則ノ比例ニ於テ不都合」であるので、「第十六条削除」としたうえで、「他諸罰則同様身代限処分」に改めるように希望する伺書を出した(40)。そして、明治８年１月29日太政官第９号布告が「明治七年（十一月※括弧内は割書：筆者注）第百二十二条《ママ》布告改正鳥獣猟規則中第十六条削除候条此旨布告候事」と定め、第16条は削除された(41)。

上記の経緯に関し、次のような伺と指令を確認できる。例えば、明治７年12月25日付の山口県伺が、「自今御改正第二章第十六条ニ従ヒ若シ無力ニシテ罰金ヲ出ス事能ハサル者ハ懲役法ニヨルヘキノ条ヲ以テスル時ハ贖罪例図ニ照シ一日何十銭ト見做シ懲役ニ該シ可然哉」、あるいは「罰金ニ限リ別ニ実断ニ処スルノ法有之候哉」、または「総テ諸罰則何箇条ヲ犯ス者ニテモ罰金取立カタキモノハ悉ク比例ニ従ヒ可申哉」という質問を発し

たところ、明治8年2月7日司法省指令は「本年第九号布告ヲ以テ鳥獣猟規則第十六条刪除ニ付無力ノ者ハ身代限ノ処分ニ及フ可シ」と回答した(42)。また、明治7年12月7日付の大分県伺が「本年第百二十二号御布告改正鳥獣猟規則第十六条」の「罰金ヲ懲役日数ニ折スルハ改定律例改正贖罪例ニ比照」するべきかと尋ねたところ、明治8年2月8日司法省指令は、「本年第九号布告ヲ以テ規則第十六条刪除ニ付」き、「無力ノ者処分ノ儀ハ一度身代限取上ルニ止ム」と指示している(43)。いずれの伺も、鳥獣猟規則第16条が削除される明治8年1月29日より以前に発せられており、罰金に懲役法を用いることは、実際に法を適用する人々に疑義を抱かせるような規定として認識されていたことを窺えよう(44)。

また、贖罪・収贖の支払いがなされないときに身代限を用いることも明確に否定された。度會県が「贖罪収贖セシムヘキモ無力ナレハ云々トアリ此無力ト称スルモ本人ノ身代限追徴シ可然哉又延期ヲ願フモ難納旨申立レハ身代限迄ノ処分ニ不及直ニ本罪ヲ実断シ可然哉」と伺を出したところ、「身代限迄ニ及ハス贖フ能ハサル者ハ改定律例第三十条三十一条ノ通リ処分ス」という回答が明治9年1月22日司法省指令によってなされた(45)。さらに、明治9年3月20日司法省指令は、同年2月29日付の鶴ヶ岡県による「罰金ハ身代限リヲ以テ追シ贖罪金ハ資力限ヲ以テ追シ可然哉」という伺に対し、「伺ノ通」と返答しており(46)、罰金と贖罪金の追徴方法は区別されるべきであるとの意識を看取できる。

以上のように、支払いがなされない場合の対応について、新律綱領・改定律例の贖罪・収贖と罰則の罰金は区別されるべきであるという意識がはたらいていた。さらに、両者の取り扱いは異なるという認識は、贖罪・収贖と罰金を科す局面でも見受けられるので、次節で詳しく検討したい。

(2) 科刑上の調整——量刑と二罪俱発

贖罪・収贖と罰金を区別することは、それらを科する局面でも行われていたと考えられる。具体的には、量刑の方法および罪の数え方について、両者の棲み分けを図ろうとする意識を読み取ることができるので、順に検討していきたい(47)。

新律綱領・改定律例の刑罰体系は、「中国律のやり方をそのままに踏襲して、等級性的秩序として存在」していた(48)。このようなシステムは、「律的な罪刑法定主義を形成」するために「本質的に行政の領域に属するとされる量刑について、裁判官の裁量を許さぬ仕組として構想され、実体化」されたと理解されているが(49)、その換刑である贖罪・収贖も同様であり、等級性に従った換算表が例図として定められていた(50)。

これに対し、罰則上における罰金には、贖罪・収贖のような等級性は見られなかったと考えられる。明治7月4月18日付で水澤県が、郵便罰則上の罰金に関し、その金額の範囲および裁判官の裁量について、「裁判官ノ見込ニテ範囲中適宜ニ処分スル」ならば、「二十円ノ罰ニ処スルモ一毛ノ罰ニ処スルモ妨ナキニ似」ており、「然レハ官吏ノ稍々寛酷ナルハ犯人ノ幸不幸トナリ却テ公平至当ニ帰スルコトヲ得ベカラス」と伺い出たところ(51)、次のような返答がなされた。すなわち、明治7年5月12日司法省指令は、「凡二十円以内ノ罰金ト有之類」は「犯罪ノ情状ヲ酌量シ裁判官ノ見込ヲ以テ其相当ト思料スル所ノ罰金ヲ申付」けることによって、「情ノ軽重ニ依リ罰ノ権衡ヲ定メ以テ公平至当ニ帰スルヲ要スル所以」であり、「故ニ範囲中適宜ニ処分スルハ裁判官ノ意見ニ任セ同犯ニシテ罰金ノ差異ヲ生スルモ固ヨリ妨ケサル事」と回答した(52)。他にも、「証券印税御規則」の第4則第8条以下について(53)、「凡何円以下ノ過料ト有之類ハ其大綱ノミヲ示シテ細目ヲ掲ケサル者ハ犯罪ノ情状ヲ酌量シテ範囲中適宜ニ処断ス可シ預メ一定ノ区別ヲ設ケス」と述べる明治7年11月14日司法省指令のような説明も見受けられる(54)。以上のやりとりからは、罰則の罰金を量定する裁量は裁判官にあると考えられていたことを看取できよう。

さらに、罰金の金高については、次のような指令と伺も交わされている。すなわち、明治6年7月12日付の入間裁判所伺が、「芸妓酌婦其他右ニ類シ候渡世ノモノ其規則」を「犯シ候」者に対する「罰金ノ儀計算候処重キハ金十八円以上ニ相成新律ヘ比較候ヘハ余リ過酷ニ過キ」るのではないかと尋ねたところ、明治6年8月8日司法省指令は、「罰金ノ儀ハ一時取締ノタメ取設ケ候モノ」であり、「新律ノ権衡ニ比較シ難」く、「定税ノ三倍ヨリ不多一倍ヨリ不少」と定められているのであるから、「右範囲中ニテ

適宜ニ処分スヘキ事」と指示した(55)。

以上のように、「一時取締ノタメ取設」けられた罰金には、律の制裁に特徴的な等級性がなく、裁判官による裁量が大幅に認められ、「新律」との均衡な金額は必要ないと考えられていたのである。

また、罰則における罰金は、罪の数え方においても、新律綱領・改定律例の贖罪・収贖と異なる取扱いがなされていたと推察できる。明治6年7月28日付の奈良県伺が「一ハ常律ヲ犯シ一ハ諸税罰則」を犯した場合の対応を問い合わせると、明治6年8月25日司法省指令は「二罪倶発律ヲ以テ論セス各自ニ罪ヲ科ス可シ」と返答した(56)。また、明治7年3月15日付で発せられた「規則ト律トノ軽重ハ如何比較致シ可然哉」という長野県の伺に対しては、「諸規則ノ罰例ハ律ノ権衡ニ比較シ難」いものであるから「各自ニ処断」するべきであり、「二罪倶発重ニ従テ論スルノ律ニ依ル可ラサル事」という返答を明治7年4月8日司法省指令が行った(57)。

指令の中で言及されている二罪倶発とは、一人が複数の罪を行った場合に関する新律綱領・改定律例上の科刑方法であり(58)、個別の罪に規定されている場合を除き、新律綱領の二罪倶発以重論および改定律例第70条から第74条の二罪倶発以重論条例に基づいて科すべき刑が計算された。原則として、新律綱領の二罪倶発以重論に基づき、「凡二罪以上。倶ニ発覚スレハ。一ノ重キ者ヲ以テ論」するとされたうえで(59)、本稿が対象としている贖罪・収贖については改定律例第70条および第74条により、贖罪あるいは収贖のそれぞれが「実断」と「並発」した場合の取扱いが規定されていた。すなわち、第70条には「実断贖罪並発スルニ罪各等キ者ハ一ノ実断ヲ以テ論」じるか、あるいは「若シ贖罪実断ヨリ重キ者ハ重キニ従ヒ贖罪ニ処ス」と(60)、第74条には「実断収贖並発スル者ハ収贖折減法ニ照シテ重キニ従ヒ実断ニ処ス」と定められており(61)、これらの規定に基づいて軽重を計ったうえで、贖罪または収贖もしくは実断のいずれか一個が選択された。

しかしながら、すでに確認したように、罰則と新律綱領・改定律例を同時に違犯した者には、二罪倶発を用いず、それぞれに制裁を行うべきであると考えられていた(62)。新律綱領の二罪倶発は、「唐律及び明律の規定を

逐字的に国訳したもの」であるという指摘もされているが[63]、そのような律に淵源をもつ科刑方法は、罰則に適用されなかったのである。

以上のように、贖罪・収贖を定める新律綱領・改定律例と罰金を定める罰則はその適用を行う場面においても、棲み分けが図られており、その背景には新律綱領・改定律例と罰則が区別されるべきであるという意識が存在していたことを看取できよう。しかし、新律綱領・改定律例の中には、新律綱領・改定律例ではない法令に対する違犯を内容とした罪が存在していた。違令、違制、違式である。

違令とは、新律綱領の雑犯律違令に「凡令ニ違フニ重キ者ハ笞四十軽キ者ハ一等ヲ減ス」と定められているように[64]、「令」に対する違犯を処罰するものである。そして、改定律例の名例律断罪無正条条例第99条で[65]、「凡律例ニ罪名ナク令ニ制禁アリ及ヒ制禁ナキ者各所犯ノ軽重ヲ量リ不応為違令違式ヲ以テ論シ情罪重キ者ハ違制ニ問擬ス」と定められたうえで[66]、改定律例雑犯律違令条例第287条「凡制ニ違フ者ハ懲役百日軽キ者ハ一等ヲ減ス」[67]、第288条「凡式ニ違フ者ハ懲役二十日軽キ者ハ一等ヲ減ス」において[68]、「制」あるいは「式」を違犯する者を処罰することとされている。

そもそも、「律は刑法典、令は行政の組織と執務準則の基本を定めた法典であり、令には刑罰規定は含まれていない」が、「律の中のかなりの多くの規定は、令の中の或る規定を対応してその違反に対する刑罰を定める形」となっている[69]。さらに、「律のうちに『違令』条なる一箇条があって、令に違反する行為は、律に個別の規定がないならば、すべて笞五十という、比較的軽い一定の刑罰を科すべきもの」と定めていた[70]。そして、このようなかたちで「律と令は連結」しており、両者は「基本原理を異にしているわけではない」と理解される[71]。しかしながら、明治政府は律と対になるような形式を備えた令は作らなかったと考えられる。例えば、太政官制を導入する契機となった明治２年７月８日第622号の職員令は、その名称に「令」を掲げていたが[72]、律の系譜にある新律綱領・改定律例と対になるような内容を網羅しておらず[73]、さらに、明治４年７月29日太政官第385号に基づいて太政官職制が改めて規定されるとともに[74]、

同年８月10日太政官第400号によって官制等級が整備されていく(75)。

このような状況のもと、明治８年２月の福島県伺が、「雑犯律違令条ニ制令式ニ違フモノ云々」という規定によって「軽重三段ノ別ヲ設」けられているが、「制令式ノ三文字何ヲ以テ分界トスルヤ」が不明確と言わざるを得ず、「詔勅ヲ以テ下ルモノヲ制トシ院省使府県等ヨリ下布スル所ノ諸公告諸規則等ヲ令トシ其尤モ軽者ヲ式トスル訳ニモ之アルヤト想知セラルルト雖」も、「律法上已ニ三字ノ軽重ヲ設ケラルルヤ自ラ何ヲ制トシ何ヲ令式トスルトノ判然タルモノ」がないのであろうかと尋ねた(76)。これに対し、明治８年３月10日司法省指令は次のような指示を発した。すなわち、「詔勅ヲ制トシ院省使ヨリ公布スル所ノ諸公告ヲ令トシ府県ヨリ下布スル諸規則ヲ式ト為ス」が、「然レ共事理重キ者ハ院省使ノ布令ト雖モ違制ニ問擬スルコトモ」認められ得るので、「畢竟事件ノ軽重ニ依テ分擬スルヲ要ス」として(77)、「制」を「詔勅」、「令」を「院省使ヨリ公布スル所ノ諸公告」、「式」を「府県ヨリ下布スル諸規則」とみなし、それぞれを違犯した者に違制、違令、違式を適用するように述べたのである。また、その末尾には「畢竟事件ノ軽重ニ依テ分擬ス」とも断られており、これに基づきながら、違制、違令、違式が個別の事件において適切な刑罰の加減を行う装置として用いられていたことも指摘されている(78)。

もっとも、これまで確認してきたように、新律綱領・改定律例とは区別されるべきであると認識され、かつ、その制裁として罰金を科す罰則が存在しており、本稿で言及した「鳥獣猟規則」(79)、「郵便罰則」(80)、「証券印税御規則」(81)を例に挙げるのであれば、それらは全て、太政官から発されているとともに、実際の規定を見ても、罰金が制裁として明記されている(82)。これらのような罰則と、違制、違令、違式はどのような関係にあったのだろうか(83)。節を変えて考察を試みたい。

2－2　新律綱領・改定律例と罰則の接続

（1）　政府による規範と違令・違式

これまで検討したように、新律綱領・改定律例の贖罪・収贖と、罰則の

罰金は区別されるべき制裁として認識されていたことを窺える。その一方、律である新律綱領・改定律例と対になるべき令については、それを「院省使ヨリ公布スル所ノ諸広告」とみなしたうえで、違犯した者に違令を適用するという指示も見受けられる。たしかに、明治９年に書かれた新律綱領・改定律例の注釈書にも(84)、違令に対しては「此条ハ。律《リツ》ノ文《ブン》ニハ見《ミ》ヘズ。触書《フレガキ》等ニ違フヲ云フ。」と説明されたうえで(85)、「凡令《レイ》ニ違《タガ》フニ。重キ者〔布告《フコク》ノ触《フレ》出シノ内。重キ箇《カ》条ナリ。※括弧内は割書：筆者注〕」と断られている(86)。ただし、改定律例第287条の違制については、「厳禁《ゲンキン》ノ仰《オホ》セ出《ダ》シニ。違フ者ノ罪ヲ謂《イ》フ」と述べられており(87)、前述の明治８年３月10日司法省指令とは少々異なった理解が見受けられる。さらに、改定律例第288条違式に至っては解説が付されていない(88)。

そこで、罰則と違令で対応すべき法令との関係が、実際の判決上でいかに捉えられていたかを明らかにすることを目的とし、明治政府における裁判機関の意図を把握すべく、最上級の裁判所として位置づけられた大審院の判決を検討したい。その際、対象の期間は、大審院の裁判が始まった明治８年から、新律綱領・改定律例が効力を有した明治14年までとする(89)。そのうえで、前述の問題設定に従い、新律綱領・改定律例ではない法令の違犯が件名として掲げられ、かつ違令が言い渡されている事件を**別表１**、「違令」の件名が付され、かつ新律綱領・改定律例ではない規範に違反している事件を**別表２**、行った行為が件名として記載され、かつ違令が言い渡されている事件を**別表３**として抽出する。さらに、これらの事件において、違犯した法令として記載されていたものを**別表４**としてまとめた。なお、**別表１**から**別表３**からは、件名の記載方法に関する法則を残念ながら現時点では見出すことができず、また、**別表１**から**別表３**に重複して記載されている法令も存在しているので、それらを一括し、法令番号の順に並べて**別表４**を作成した。また、それらの法令に違犯した際の制裁が明記されている場合はその制裁を示し、制裁が表記されていない場合は各判決で違犯が認められた条文の語尾を引用した。

それらの表を見ると、明治政府がその都度に制定した法令に違犯したとき、新律綱領・改定律例の違令が適用されており、かつその場合は４種類

に分けられることに気づく。第１に、その法令の規定上で違犯時には「違令」に科すことが明記されているとき。第２に、「違令」とは限定されていないが、違犯時には「常律」あるいは「律」に照らして処罰すると規定に書かれているとき。第３に、当該法令に違犯した場合に科せられる具体的な制裁が明記されておらず、「一切禁止」や「厳禁」などの文言を使って、その行為を禁止しているとき。第４に、違犯時の制裁あるいは禁止の文言が明記されてはいないが、その法令が指示している一定の作為あるいは不作為に違反したとき。以上の場合について、制定された法令への違犯を理由に、新律綱領・改定律例の違令が適用されていた。すなわち、新律綱領・改定律例ではない、その都度に明治政府が発した法令上に罰金という制裁が明記されていないとき、その違犯時に違令が適用されていたと推察できよう。

このような考察を踏まえつつ、続いて違式についても同様の集計を試みる。すなわち、新律綱領・改定律例ではない法令の違犯が件名として掲げられ、かつ違式が言い渡されている事件と、「違式」の件名が付され、かつ新律綱領・改定律例ではない法令に違反している事件、行った行為が件名として記載され、かつ違式が言い渡されている事件を抽出し、まとめて**別表５**とする(90)。そのうえで、これらの事件で違犯したと認められた法令を一括し、法令番号順に並べ、**別表６**を作成した。

なお、新律綱領・改定律例以外の制定された法令を違犯したとして、違制が適用されていた事件は、管見の及ぶ限りでは見当たらなかった(91)。

別表１から**別表４**と、**別表５**および**別表６**を比較するならば、次の２点を指摘できよう。第１に、違犯された法令を発した主体および種類である。違令が適用されていた全22件のうちの15件が太政官から発せられていたことに対し、違式が用いられた６件のうち、太政官が発した法令は２件に過ぎず、その残りは省が発した達ないし布達であった。また、その違犯に違式が適用された太政官による法令のうちの一個である明治９年２月19日太政官第17号布告は、その違犯時に違令が科されていた事件も存在している(92)。このように考えると、具体的な制裁が明記されていない太政官からの法令に違犯した場合は主として違令が適用され、補充的に違式が用い

られていたという傾向を導き出せるのではないだろうか(93)。

第2に、採録した事件は原則として、贖罪あるいは収贖に換刑されていたことにも着目したい(94)。新律綱領・改定律例における贖罪・収贖とは、一定の条件を満たした場合に科されるべき換刑として定められていた。しかしながら、表中の判決では、ただちに「贖」が認められており、実質的に見れば「金銭の剥奪」という制裁が科されていたのである。このような観点にたち、**別表1**ないし**別表6**の中から4件の判決を取り上げ、以下で詳しく検討を行いたい。

まず、明治14年2月25日大審院第229号判決「違式ノ件」に着目する(95)。同事件は、明治7年7月2日司法省第13号布達の違犯が論点とされていた。原審は「改定律例第二百八十八条違式軽ニ問ヒ懲役十日贖ヲ聴シ贖罪金七十銭申付ル」と言い渡したが、これを不当として大審院は「改定律例第二百八十八条違式軽ニ問ヒ懲役十日」という判断を下した。その理由として、明治7年7月2日司法省第13号布達には、違犯者に対して「違式軽ヲ以テ論シ実断ス」と明記されているので「懲役十日ノ実断ニ処ス可キ者」であるにもかかわらず、原審が「違式軽ニ問ヒタルハ相当ナリト雖モ之ヲ実断セスシテ聴贖セシハ失当ノ裁判ナリトス」と述べられている。ここからは、明治政府が発した法令に制裁規定が置かれている場合はその制裁規定に従って処罰されことを読み取れるとともに、さらに言えば、原審において誤って「贖ヲ聴」すほど、明治政府がその都度に発した法令に対する違犯には、「金銭の剥奪」を行うという意識が、法を適用する人々の間に浸透していたという証左にもなるのではないだろうか。

次に、明治13年9月16日大審院第549号判決「違令ノ件」に言及する(96)。「明治元年十二月二十三日布告」を違犯したとして、合計で19名に違令が認められた事件であるが、違令に基づいて「懲役」が言い渡されたのち、全員に対して直ちに「贖ヲ聴」すとして、「贖罪金」が言い渡された。しかし、そのうちの一名が「年十五以下ナルヲ以テ名例律老少癈疾収贖条」に照らし、さらに減等されたうえで、他の者より低額の「贖罪金五十銭」が科されており、名例律の「贖罪金」と、制定法に違犯して科せられる「贖罪金」が区別されていることを看取できる。一方、明治14年12月3日大審

院第1446号判決「煙草印紙不貼用ノ件」では[97]、明治10年第14号布告の違犯に対して違令が認められたのち、「懲役三十日仍ホ情法ヲ酌量シ二等ヲ減シ懲役十日婦人ナルヲ以テ収贖セシム」として、「収贖金二十五銭」が言い渡されている。この判決と同日の明治14年12月3日大審院第1447号判決「煙草税則違犯ノ件」は[98]、ほぼ同じ内容の事実であり、同じく違令が言い渡されているが、被告人が男性であるため、「懲役三十日仍ホ情法ヲ酌ミ二等ヲ減シ懲役一十日ノ贖ヲ聴ス」として「贖罪金七十五銭」が申し付けられた。これらの判決を並べると、名例律の収贖と、制定された法令を違犯した際の違令による贖罪金は適用上で区別されながらも、実質的には同種の制裁として用いられていたとも見ることができよう。

以上の考察をまとめると、贖罪・収贖は、実質的には「金銭の剥奪」を内容とする制裁として用いられていたといえよう。さらに言い進めるならば、新律綱領・改定律例と明治政府がその都度に発した法令とを接続する媒介として、「金銭の剥奪」を内容とする制裁が機能していたといえるのではないだろうか。ただし、その一方で、罰則と新律綱領・改定律例は異なる種類の法令であるとして、その分化が企図されていく様子も看取できる。この点について、次節で考察したい。

(2)「府県庁ヨリ布達スル所ノ条規ニ違犯スル者」をめぐる違令・違式と罰則

明治8年3月10日司法省指令では、「式」を「府県ヨリ下布スル諸規則」とみなしてその違犯者に違式を適用することが述べられていたが[99]、実のところ、「各府県庁ヨリ布達スル所ノ条規ニ違犯スル者ハ裁判官ニ於テ一円五十銭以内ノ罰金ヲ科スヘシ右布告候事」と定め、府県が定める法令を違犯する者に罰金を科す罰則として、明治10年1月29日太政官第13号布告が存在していた[100]。そして、同布告の運用について、違令・違式との関係性にふれている大審院判決が見られるので、以下で検討したい。

まず、明治10年1月29日太政官第13号布告を制定する契機となった明治9年11月28日付の司法省伺を見ると、「各府県管内限ノ布達スル所ノ条規ニ違背スルモノ処分方ノ儀」は、「是マテ違令又ハ違式ノ罪ニ区処シ一定ノ成則無之」という状況である一方、「昨年」に「府県税則取設」られた

ことを受けてその「違犯ノモノ罰則府県ヨリ伺出ノ都度大蔵省ヨリ当省ヘ協議ノ上指令」をしてきたが、「自然各地ノ処分区々相成罰金ノ権衡不当ノ廉有」るため、「今後政府ノ布告ヲ除クノ外府県限ノ布達ニ違背スルモノ」は、「違警罪ノ権衡」を踏まえ、「総テ一円五十銭ヨリ多カラサル罰金ヲ追徴」することが提案されている[101]。そして、これによって「各地ノ罰則大抵同一ニ帰シ不権衡ノ弊」がなくなるであろうという展望が示されるとともに、「処分方ノ儀ハ従前ノ通裁判所ニ於テ取扱」う希望が述べられている[102]。そして、司法省の伺は、元老院および法制局の審議を経たうえで認められ[103]、上記の布告が発せられるに至ったが、その適用に言及した大審院の判決が見受けられるので、次に確認していこう。

まず、明治13年８月21日大審院第449号判決の「無届旅行ノ件」を取り上げる[104]。事実の概要は、無届で家を離れ、ようやく帰宅したところ、「永々音信モ不致帰宅モ不仕候」であったために父が「家出ノ御届」をすでに提出していたので、自首したというものであった。これに対し、名古屋裁判所は「地方庁ノ条規ニ違ヒ無断旅行スル科」として「明治十年第十三号公布ニ依リ処断スヘキ」であるものの、自首を理由として免罪を言い渡したところ、それに不服を唱えて愛知県九等警部が上告を提起した。上告の主張は次の２点である。まず、当該無届旅行は「明治四年四月公布戸籍法則第十四則及ヒ同年七月二十二日寄留並旅行スル者届方云々公布但書等ニ違犯シタルモノナルヲ以テ律例第二百八十八条ニ照シ違式軽ニ問ヒ笞一十贖ヲ聴スヘキ」ことが求められた。また、無届旅行に関する「明治十一年当県甲第八号」は「諭達」であり、「明治十年第十三号公布」がいうところの「各府県庁ヨリ布達スル所ノ条規」には該当しないと主張された。

大審院は、第１点目について、「戸籍法第十四則」は、明治４年「七月二十二日ノ布告ヲ以テ取消サレ」るとともに、その布告と関係する「戸籍法第五則」は「旅行ノ出立帰家ヲ届出ヘキ義」ではないと反駁した。そして、第２点目について、明治11年愛知県第８号達の末尾に「布達候事」という文言が使われており、「其県ノ条規タルコト分明」であり、当該違犯を「明治十三《ママ》年第十三号公布ニ依リ処断」するべき事案であるという判断を示したうえで、自首の免罪を与えた原審は正しいと結論づけた。

上告で挙げられている「明治四年四月公布戸籍法則第十四則」は、明治4年4月4日太政官第170号（布）第14則「凡ソ旅行スルモノ官員ハ其官省等ノ鑑札ヲ所持シ自余ハ臣民一般其管轄庁ノ鑑札ヲ所持スヘシ」という規定である[(105)]。また、「同年七月二十二日寄留並旅行スル者届出方」とは、その内容から考えて明治4年7月22日太政官第365号（布）「寄留旅行ノ者へ鑑札可相渡旨兼テ相達置候処不及其儀候条更ニ相達候事但寄留並ニ出入届方寄留表取調等都テ規則ノ通可相心得事」を指していると考えられる[(106)]。そして、いずれにも違犯時の制裁は明記されていないが[(107)]、これまでの考察を踏まえるならば、これらの違犯に対して上告が「改定律例第二百八十八条ニ照シ違式軽」を求めることは[(108)]、不自然ではないと考えられよう[(109)]。これに対し、大審院は明治11年の愛知県甲第8号を「各府県庁ヨリ布達スル所ノ条規」としてみなしたうえで、その違犯が成立すると判断し、最終的には自首による免罪という結論を出すものの、明治10年1月29日太政官第13号布告による処罰を認めたのである。

その一方、同様に「無届旅行ノ件」という件名をもちながらも、明治10年1月29日太政官第13号布告を用いなかった大審院判決も見出せる。明治13年8月9日大審院第416号判決の「無届旅行ノ件」は[(110)]、ある者が家族に告げないまま、参詣を目的として長崎へ出かけたが、旅行先で病にかかったために帰村が遅くなったところ、実兄が「脱走ノ儀御届」を提出していたので、自首したという事案だが、大審院は無罪という結論を出した原審を支持し、上告を却下した。

上告は、「明治十年太政官第七十六号ヲ以テ逃亡律例廃止ノ義公布有之候得共明治四年四月太政官ヨリ府藩県へ戸籍法御達」があり、「同第五則中出生死去出入等ハ其時々戸長へ届出ヘキ旨明文ニ依リ無届他出スルハ違式罪ノ者」として処罰すべきところを、無罪とした原審は不適当であると批判した。これに対し、大審院は次のように述べて上告を否定する。すなわち、「明治四年四月四日公布戸籍法第五則」は「旅行出立帰宅ノ出入届ヲ為スノ明文ナリト看做スコト」はできず、「逃亡条例ヲ廃シ官庁ニ陳告セスシテ私擅ニ他管ニ出テ五十日ヲ過ル者ヲ処断スル法律無之以上」は「刑法ニ於テ問フ可キノ罪ナキモノトス」と述べ、原審を支持した。たしかに、

改定律例第117条から第120条に定められた逃亡条例のうち[111]、改定律例第120条で「凡官庁ニ陳告セスシテ私擅ニ他管ニ出テ五十日ヲ過ル者ハ違令重ニ問フ」と定められていたので、当該事件は違令が科される可能性があったといえよう[112]。しかし、逃亡律および逃亡条例は明治10年11月2日太政官第76号布告によって削除されていたので[113]、大審院の判決がなされた明治13年の段階では適用の根拠となる規定が存在しない。さらに、当該行為は戸籍法則第五則に該当しないと大審院は判断した。

当該判決に示されている事実関係は、先に挙げた明治13年8月21日大審院第449号判決「無届旅行ノ件」のそれはほぼ同一であるといえよう。しかし、後者の判決では、明治11年愛知県甲第8号達の存在が確認されたうえで、その違犯が成立するとして、明治10年1月29日太政官第13号布告の適用が認められた。一方で、明治13年8月9日大審院第416号判決では、愛媛県が定めた法令への言及はなく、「無届ニ出シ他管ニ在テ数月ヲ経過シ帰宅ノ上明治十三年四月十一日其始末ヲ首出シタル所為ハ刑法ニ於テ問フ可キノ罪ナキモノ」であるとされるのみで、明治10年1月29日太政官第13号布告の存在には触れられない。これらを比較するのであれば、「県庁ヨリ布達スル所ノ条規」と罰則が連動して運用されていたことを看取できるのではないだろうか。

明治8年3月10日司法省指令は、より具体的な方法を示し、「令」を「院省使ヨリ公布スル所ノ諸公告」、「式」を「府県ヨリ下布スル諸規則」とみなして、それぞれの違犯に違令または違式を適用するように述べていた。そのようななか、前述のように、明治10年1月29日太政官第13号布告によって「府県庁ヨリ布達スル所ノ条規ニ違犯スル者」は罰金によって処罰されることとなり、罰金が科される場面は拡大したと推察できる。その背景には、「各地ノ罰則大抵同一ニ帰シ不権衡ノ弊」をなくすという目的があったことが、同布告を制定する契機となった司法省の伺からは読み取れる。もっとも、明治政府がその都度に発した法令の違犯に違令・違式が適用されていた事案が皆無になるわけではなく、新律綱領・改定律例が効力を失う明治14年までの大審院判決上に確認できることは、前節で確認した通りである。

このように考えると、新律綱領・改定律例と罰則は互いに排斥する関係

ではなく、違令・違式を媒介として接続し、法秩序を漸次的に形成していったと考えられるのではないだろうか。事実、前述した明治13年8月21日大審院第449号判決「無届旅行ノ件」で示されているように、自首は罰則にも認められていたが、それは新律綱領・改定律例を根拠としていたと考えられる。新律綱領には犯罪自首(114)、改定律例には犯罪自首条例という規定が置かれ(115)、犯罪を自首した者に対する減免の方法が定められていた。実のところ、罰則違犯者に対して自首の成立を指示する司法省指令が複数回にわたって出されている。例えば、「罰則ヲ犯ス者」が自首した場合の対応に関する三重県伺に対しては、「自首スル者ハ律例ニ照準シ放免」し、「其密造過造ノ品ハ没収」するように明治7年4月15日司法省指令は回答している(116)。明治13年8月21日大審院第449号判決「無届旅行ノ件」での判断を併せて考えるならば、罰則違犯者が自首した場合に減免を許すことは継続的に行われていたと見てよいだろう。

もっとも、あくまで罰金と贖罪・収贖は異なる種類の制裁であるという認識は存在し続けたと考えられる。例えば、明治14年3月17日大審院判決第315号「違令ノ件」では(117)、「明治十三年第二十一号公布」によって罰金を言いつけられた被告人がその金額が高額に過ぎるとして行った上告に対し、大審院は「該布告ニ期《ママ》定アル其範囲内ニ科罰スルハ該裁判官ノ権内ニ委シタルモノ」であるから、「其罰ノ軽重ヲ以テ破毀」を求めることは不当であると宣言した。罰金に関して裁判官の広範な裁量を認めることは、前章で確認した司法省指令と整合的であろう。

以上のように、贖罪・収贖を定める新律綱領・改定律例と罰金を定める罰則は、異なる種類の法令であると認識されながらも、必要な場合には両者の接続が認められていた。ところで、明治10年1月29日太政官第13号布告の契機となった明治9年の司法省伺を先に挙げたが、その中に言及されている「違警罪」とは、後に制定される旧刑法の第四編違警罪を指していると推察できる(118)。なぜなら、旧刑法第4編違警罪の編纂議論がボアソナードと鶴田の間で行われた時期は明治10年であるが、それ以前に司法省側で「違警条例」という草案を用意し、法典の編纂に備えていたと考えられており(119)、このような状況のもと、当該司法省伺が「違警罪」という

文言を挙げているということは、すでに明治8年から着手されていたフランス刑法典を参考とする刑法典の編纂が意識されながら、明治10年1月29日太政官第13号布告は起案されたと推察できよう[120]。つまり、旧刑法の編纂から影響を受け、法秩序の整備が図られたと考えられるが、これと同様に、明治政府がその都度に発した法令に旧刑法の草案が影響を与えたと思われる事例が他にも確認できるので、旧刑法の編纂過程を踏まえつつ、章を改めて考察を進めたい。

3　法秩序の再編と制裁の統一

3-1　旧刑法の編纂に伴う「金銭の剥奪」の再構成

（1）　罰金刑をめぐる旧刑法の編纂議論と明治13年3月31日太政官第11号布告

明治13年に日本で公布された旧刑法は[121]、その編纂過程を4段階に区分できると考えられているが[122]、施行された旧刑法のたたき台は、司法省で行われたお雇い法律顧問のボアソナード[123]と、司法省官吏の鶴田皓[124]の議論に基づいてまとめられた司法省段階の草案であったといわれており、その時の対話は『日本刑法草案会議筆記』に収められている[125]。

旧刑法には、「金銭の剥奪」を内容とする制裁として、軽罪に科せられる罰金と[126]、違警罪に科せられる科料が定められていた[127]。まず、第26条で罰金は2円以上とされたうえで[128]、第27条では罰金が支払われない場合の取扱いが次のように規定されている。すなわち、第27条第1項では1円を1日に換算して禁錮に換刑することとされ、同条第2項でその換刑の決定権は裁判官に所在することが明記された。そして、続く第3項では換刑をした後に本人あるいは親属その他の者が罰金額を納めることによって禁錮を免れることが認められている[129]。一方、科料については、第29条で5銭以上1円95銭以下と金額が設定されるとともに、第30条に基づいて支払われない場合の対応は第27条を準用することとされた[130]。こ

れらの規定の基本的な枠組みは司法省案と同様であることから、司法省段階で旧刑法の「金銭の剥奪」が定められたと理解してよいだろう(131)。もっとも、その時に行われた議論において、鶴田とボアソナードはいくつかの点に関して意見を違えており、さらに、その対話は、旧刑法における罰金刑の法的な性格に関わるとともに、後の立法作業へ影響を少なからず与えたと考えられるので、ここで整理しておきたい。

鶴田とボアソナードは、「金銭の剥奪」を内容とする制裁として、罰金刑を旧刑法に規定すること自体には合意していたが、受刑者が罰金を支払わない場合の対応について、彼らの意見は対立していたと考えられる。まず、罰金が支払われないときに、代納および換刑を認めることにボアソナードと鶴田は合意していた。しかし、ボアソナードが述べた次の２点について、鶴田は否定的な姿勢を見せる。第１に、相続財産への追徴について、ボアソナードは、「罰金科料没収ノ如キ金額物品ヲ以テ贖フヘキ刑ハ消滅セサルモノトス故ニ其相続人ヨリ直チニ納ルト否トニ関セス政府ヨリ人民ヘ貸シ置キタルモノト見為スヘキ」ものであるから、「其義務ノ相続人ニ帰スルハ自ラ言外ニ存スヘキ」ことであり、「罰金ハ必ス子孫ニ係リ取立ツヘキ」と主張した(132)。第２に、「罰金ハ恰モ政府ノ貸金ヲ追徴スルカ如キ者ニ付身代限迠ニ至ルハ不可ナシ」とも述べつつ、この方法が「日本ニテ現今通常行ノ所」であるとも付言し、換刑した後には、身代限でさらに罰金を追徴することも求めた(133)。

なお、司法省の旧刑法編纂会議上において、ボアソナードが発した言葉は、「身代限」ではなく、「要償ノ勾留《コントラント、パル、コール》」ないし「禁獄ノ罰金《アマンド、パルラ、プリゾン》」であったと推察できる(134)。“la contrainte par corps” とは、現在では滞納留置と翻訳され、悪意によって罰金が支払われない場合に、受刑者を一定の期間で拘束する処分として説明される(135)。19世紀後半のフランスにおける判例および学説では、罰金が国庫の利益であると考えられており、支払われない場合は、国庫の債権を実現するため、税収吏などが滞納留置を行うが、支払い能力がないと証明された場合は解除されるべきであり、当該処分はあくまで刑罰ではないと理解されていたのである(136)。もっとも、ボアソナード自身は、母国で行われていた “la contrainte par corps” に否

定的であり、自らの意見を踏まえた改善策について、明治19年に刊行された彼の注釈書で次のように主張していた。すなわち、受刑者本人が罰金を支払わない場合を、現実に資力がなくて罰金を支払えないときと、悪意のもとで無資力を装って罰金を支払わないときに区別したうえで、前者については資力を得るまで納入を猶予し、後者については、禁錮という名称の制裁（le nom même “d’emprisonnement”）を科すべきであると彼は述べている(137)。すなわち、「悪意又ハ単ニ弁済ヲ欲セサルノ心ニ出タルノ証拠明瞭ナルトキハ禁錮」を科し、「反対ノ場合ニ於テハ受刑者資力ヲ得ルニ至ルヲ待ツヘキ」であるとして(138)、悪意による罰金の不払いに対する刑罰としての役割を換刑に与えていたのである(139)。

もっとも、先述したように、これらの点について鶴田は消極的な姿勢を見せており(140)、制定された旧刑法の規定は結果として、鶴田の理解と矛盾しないと考えられる。すなわち、相続財産に関しては、明治14年12月19日太政官第67号布告刑法附則第20条「罰金科料ノ宣告ヲ受ケ未タ納完セサル前ニ於テ犯人死スル時ハ之ヲ徴収セス付加ノ罰金ニ於ル亦同シ」が定められ(141)、受刑者の死亡後に相続財産へ追徴することが明確に否定された(142)。また、身代限については明文が旧刑法および附則に見当たらない。実のところ、鶴田は、旧刑法の施行以前である明治14年３月に行った質疑応答で、「若シ資力アルモノハ必ス罰金ニテ取立テントスルニ於テハ財産調ヲナシ身代限ノ処分ヲナスニ至ラザレバ資力ノ有無判然セサルベシ。斯ノ如キ煩雑ノ手数ヲナストモ利益ヲ見ル事ナキカ故ニ納完セサルノ原由如何ヲ論セズ納完セサルモノハ禁錮ニ換フルトシタルモノナリ。」と発言しており(143)、身代限という追徴方法を行わない理由として、「煩雑」であるとともに、「利益」もないことを挙げている。

そして、以上のような旧刑法の規定にあわせるかたちで、「金銭の剥奪」という制裁は統一化が図られていくことになる。旧刑法が公布される以前に発せられた明治13年３月31日太政官第11号布告が「諸罰則ヲ犯シ罰金科料ニ処セラレル者処分左ノ通相定候条此旨布告候事」として(144)、罰則に対して行われていたそれまでの徴集方法が改められたが、それはまさに旧刑法の草案における罰金刑に倣ったものであった。前章で指摘したように、

罰則上で用いられていた罰金は、支払われないときには身代限によって徴収されるのみであったが、明治13年３月31日太政官第11号布告は、罰則上の罰金が支払われない場合について、禁獄への換刑、他者による代納および併科時の対応を定めたのである。

当該布告は、司法省が起案したものであるが、その理由書には、「諸罰則ヲ犯シ罰金科料ニ処セラレ納完スルコト能ハサル者ハ身代限ヲ以テ取立ツル成規」だが、「人民未タ民権ヲ重セサル」ために「身代限ノ汚辱ナルヲ知ラサル者」が少なくなく、「罰金ノ為メ身代限ヲ為スモ借金ノ為メ身代限ヲ為スモ乃チ一ナリ敢テ身ニ痛痒ナキコト」であり、不適当であると述べられている。これを受けて、法制局が「其処分方法ハ過日上奏ノ刑法審査草案ニ準拠セシ者ニシテ穏当ノ儀」と承認した。「刑法審査草案」とは、司法省で作られた草案を審議するために太政官内に設けられた刑法草案審査局でまとめられた旧刑法の草案を指していると考えられる(145)。実際に比較しても、同布告の規定は、理由書で言及されている刑法審査修正案とほぼ同一であり(146)、当該布告が成立した経緯を踏まえるならば、明治13年３月31日太政官第11号布告は、刑法審査修正案に準拠するかたちで定められたと見てよいだろう。

しかし、実のところ、同布告の法案は、司法省内で一旦は却下され、二度目に作られた法案が審議を通過し、公布に至ったのである。そして、さらに興味深いことに、その経緯を繙くと、ボアソナードの罰金刑観や前節で確認した贖罪・収贖の運用方法に合致する見解を看取できるので、節を改めて詳しく検討することとしたい。

（2） 司法省修補課における立法議論

司法省修補課とは、当時の現行法における欠陥や不備を修正することを目的として、明治12年２月から同13年４月まで司法省内に設置された機関であるが(147)、同課の審議資料をまとめた「修補課各委員意見書類」の中には、その内容から判断して明治13年３月31日太政官第11号布告の法案と思われる２個の資料が綴られている。すなわち、明治12年５月14日発第38号「諸規則ヲ犯シ罰金科料ニ処セラレ無力納完スル能ハサル者ヲ拘留ニ換

ユルノ議ニ付上申案」(以下、第38号修補課案と呼称)(148)と、明治12年6月3日発第46号「無力者ノ罰金科料ヲ禁獄ニ換フル義ニ付左案ヲ草シ各委員ノ高議ヲ乞フ」(以下、第46号修補課案と呼称)である(149)。そして、後者が修補課において採択され、司法省による上申へ経たうえで、明治13年3月31日太政官第11号布告として交付されるに至った(150)。以下では、これら2個の議案を検討していく。

まず、「諸規則ヲ犯シ罰金科料ニ処セラレ無力納完スル能ハサル者ヲ拘留ニ換ユルノ議ニ付上申案」と題された明治12年5月14日発第38号修補課案を取り上げる。「児島」という名前が「起草委員」として記載されていることから(151)、児島惟謙が起草者であると推定できるが(152)、その起案理由を見ると、「従来酒類税則証券印税規則煙草税則等ノ諸罰則ヲ犯シ及ヒ府県ノ条規ニ違ヒ裁判所ノ喚出ヲ受ケ遅不参スル者」を処罰するために、「罰金科料ノ刑」を用いてきたが、「若シ本犯無力ニシテ納完スル能ハサレハ直チニ之ヲ放免」しており、「更ラニ之レニ換ユルノ法」がなかったため、「無力ノ犯人」に対しては「毫モ懲戒ノ効」がなく、「全ク徒法ニ属」するとともに、「有力者ノ一方ニ対シ相当ノ効験アリナカラ無力者ノ一方ニノミ毫モ効験ナキ」状況となっていることを改めるために起案したと述べられたうえで、次のような規則案が掲げられている(153)。

規　則　案

第一条　罰金科料ハ裁判確定ノ日ナ《ママ》リ十日内ニ納完セシム若シ限内納完セサル者ハ五十銭ヲ一日ニ折算シ之ヲ拘留ニ換フ

但シ五十銭以下ト雖モ仍ホ一日ニ計算ス

第二条　罰金科料ヲ拘留ニ換スルキ《ママ》更ラニ検事ノ求メヲ要セス裁判官ヲ直チニ之ヲ命令スヘシ

但シ該命令ニ対シ控訴及上告ヲ為スヲ許ルサス

第三条　拘留一日ニ換ユル者ハ其命令ニヨリ執行シタル当日ノ時刻ヲ論セス翌日正午十二時之レヲ放免ス二日以上幾百日ニ至ルモ之ニ準スヘシ

但シ拘留中親属及其他ノ者罰金科料ヲ代納スル時ハ其経過シ

タル日数ヲ金数ト控除シテ拘留ヲ解《ママ》ルス

資料には「可」の欄に６名[154]、「否」の欄に８名の名前が見えるが[155]、それぞれの見解を整理していこう。まず、反対者として、「磯部」の名で付された意見に着目すると、「往昔物件負債返納期限延滞ヨリ官其延滞者ヲシテ強テ返却セシメン為メ一時之ヲ拘留センコト」は日本のみならず、各国で行われていたが、現在では「人ノ自由ヲ束縛スルヤ仮令一日一瞬間ト雖モ価ヲ以テ論ス可カラサル所ロ」であるため、「不得止ハ単ニ身代限ヲ以テ其所及ヲ尽サシムルノミ」と現状を説明する。そして、「罰金ト云エ通常負債ト云其依テ生スル所ロ異ナルト雖モ義務者ヨリ之ヲ見レハ官ニ要スルモ平人ニ要スルヤ一ナリ」であるので、「平人ニ要スルモノハ之ヲ償ハシムルニ身代限」を用いることに対し、「官ニ要スル」もののみを「其身ヲ拘留シ一日五拾銭ノ価ヲ以テ人生貴重ノ自由ヲ束縛スル」ことは、「官独リ其権ヲ恃ミ私スル所アルニ似タリ」と考えられると述べたうえで、当該法案を否定した[156]。

また、「犬塚」は次のように反対意見を述べている。すなわち、「罰金科料ハ是レ刑」であり、「民事ノ追還償金ト固ヨリ同視」してはならないものの、「已ニ其言渡シヲ為シタルニ於テハ官徴収ノ権利ヲ生シ」ているので、「犯人之レカ義務ヲ負フ猶ホ通常民事ノ債主負債主アルカ如シ」と考えられ、この点こそが「金銭ノ刑ハ亦自カラ他ノ刑ト其成リ立旨趣ヲ異ニスル所」である。以上のことから、「罰金科料ノ言渡ヲ受ケ其命ニ従ハサルモノヲ拘留スルハ格別ナリト雖モ（民事ノ性質ヲ帯フルモノ拘留督促ノ謂ニアラス※括弧内は割書：筆者注）其無力ニシテ納完シ能ハサルモノヲ俟ニ拘留ノ刑ヲ以テスルハ甚タ酷」であるため、「予ハ其身代限ノ法ヲ穏当ニ不如スト思考ス」と説明している[157]。

「磯部」とは磯部四郎[158]、「犬塚」とは犬塚盛巍[159]であると推定されているが[160]、これらの反対意見は共に、政府に対する「負債」として「罰金」を観念したうえで、その負債を身体の「拘留」に代えることが不適当であると主張している。もっとも、実のところ、このような意見は少数派であり、第38号修補課案に反対した８名のうちの６名は、換刑すること自

体には賛成し、日数や金額の計算方法などについて再考を求め、不可としていた。例えば、清浦圭吾は、「原案ノ精神ハ可ナリ規則ニ付テハ不備ノ条件アリ依テ左ノ如ク改補セントス」として試案を作成している(161)。また、「岡本」は、当初、「罰□科料ハ贖罪収贖ト性質ヲ異ニスル者ニシテ其□科タルヤ金円ヲ出スニ止リ実決スヘキモノニ□サレハ身代限ニ止マルヘシ且ツ本律上ニ於テモ篤疾者ノ収贖金ノ如キハ無力ナレハ効験ナシ況ンヤ罰金科料ヲヤ」と反対したものの、「再按」として「前説ハ法理上ニ就テ云フ之ヲ事実ニ徴スレハ原案ヲ可トス但拘留ニ換フルノ細目穏妥ナラス土師判事ノ節ヲ優レリトス」と述べた。すなわち、換刑の具体的な方法には再考の必要があるものの、あくまで最初の主張が「法理上」の建前であるとして、「事実ヲ徴シ」て賛成の意を改めて表しており、この意見の下には「箕作」の名前で「同説」という意見も付されている(162)。「岡本」とは岡本豊章であると考えられるが(163)、彼が支持している「土師判事」こそ、明治12年6月3日付の発第46号「無力者ノ罰金科料ヲ禁獄ニ換フル義ニ付左案ヲ草シ各委員ノ高議ヲ乞フ」と題された明治12年6月3日発第46号修補課案の起草者であった。そこで、次に同議案を検討したい。

明治12年6月3日発第46号は「無力者ノ罰金科料ヲ禁獄ニ換フル義ニ付左案ヲ草シ各委員ノ高議ヲ乞フ」という議案で、土師経典から提出された(164)。同案に対しては、「可」の欄に4名、「否」の欄に2名の名前が見えるとともに、その第46号修補課案に書かれている起案理由が明治13年3月31日太政官第11号布告で記載されている司法省の上申とほぼ合致することから(165)、第46号修補課案が修補課内の採択を得て、同布告のたたき台となったと見てよいだろう(166)。

ただし、規定内容について、第46号修補課案と明治13年3月31日太政官第11号布告は、第2項と第3項はほぼ同様であるものの、第1項に定められている日数および金額の数え方が異なっている。第46号修補課案が、罰金科料の金額を8段階に分け、それぞれに禁獄の日数を設定して等級性を定めていることに対し、明治13年3月31日太政官第11号布告は「罰金科料ハ宣告ノ日ヨリ一月内ニ納完セシム若シ限内納完セサル者ハ一円ヲ一日ニ折算シ禁獄ニ換フ其一円以下ト雖モ仍ホ一日ニ計算ス」として、1円を1日に換算す

るという基準を設け、比例的に計算をしている。実際のところ、司法省からの上申を受けた法制局が「尤モ其処分方法ハ過日上奏ノ刑法審査案ニ準拠セシ者ニシテ穏当ノ儀ト存候」と述べている通り(167)、刑法審査修正案第27条第1項は「罰金ハ裁判確定ノ日ヨリ一月内ニ納完セシム若シ限内納完セサル者ハ一円ヲ一日ニ折算シ之ヲ軽禁錮ニ換フ其一円ニ満サル者ト雖モ仍ホ一日ニ計算ス」と定められているので(168)、明治13年3月31日太政官第11号布告の第1条と合致している。よって、当該規定は、刑法審査修正案に準拠するかたちで第46号修補課案を修正し、制定されたと導き出せよう(169)。

しかし、その換刑の方法こそが、第38号修補課案の可否をめぐる論点となっていたことは前述の通りである。そこで、第46号修補課案の第1条に対する意見を以下で検討したい。まず、第38号修補課案で反対していた磯部を見ると、彼は賛成に票を投じ、次のように述べている。「無力者ノ罰金科料ヲ禁獄ニ換フルトアルハ敢テ真ノ無力者ヲ責ムルニ此ノ法ヲ以テセント欲スル」のではなく、「無力ヲ口実トシ官ヲ弄シテ其刑ヲ免レントスルノ黠漢ヲ矯正セント欲スルニ在ルノミ」である。その際、「本案ノ禁獄ヲ加ルヤ罰金幾価ヲ以テ禁獄ニ換フルニ或ハ禁獄五日ヲ以テシ或ハ四十日ヲ以テスル」かは、「必ヤ判官ノ明智活断時ニ臨シテ事実ヲ暢瞭シ苟モ人民ヲシテ刑ノ何者タルヲ知ラシメ」るべきであると説明した(170)。

また、第38号修補課の検討中に賛成へ転じた岡本は、「罰金科料ヲ禁獄ニ換ユル法律上ヨリ論スレハ充当ナサラルカ如シト雖モ実際ニ就テ之ヲ考レハ大ニ情理ニ適スル者」であるから、本案を支持するとしたうえで、「讒謗律及ヒ新聞条例等ノ罰則ニ禁獄罰金ヲ併科シ若クハ偏科スルコトアリテ罰則ニ禁獄ノ例ナキニシモアラサレハ無力者ノ罰金ヲ禁獄ニ換ユルハ法理ニ戻ルモノニモアラス」と付言している(171)。

ここで、磯部と岡本の意見を比較すると、彼らが異なる観点から第49号修補課案を見ていることに気づく。すなわち、罰金を禁獄に換えることについて、磯部は「無力ヲ口実トシ官ヲ弄シテ其刑ヲ免レントスルノ黠漢ヲ矯正」するためのものであると理解しているが、このような磯部の考え方は、前節で述べたボアソナードの理解と合致しているといえるのではないだろうか。ボアソナードは、罰金が支払われないことが「悪意又ハ単ニ弁

済ヲ欲セサルノ心ニ出タルノ証拠明瞭ナルトキハ禁錮」を科し、「反対ノ場合ニ於テハ受刑者資力ヲ得ルニ至ルヲ待ツヘキ」として(172)、悪意による罰金の不払いに対する「刑罰」としての役割を換刑に与えていたことは前述の通りであるが、このような考え方は磯部が第46号修補課案に対して述べている理解と同趣旨であると見ることができよう。

一方、岡本の考え方は、これまで考察してきた新律綱領・改定律例と罰則の関係性に矛盾しない。岡本は、新律綱領・改定律例ではない罰則に換刑を許すことは「法律上ヨリ論スレハ充当」しないが、「実際」的には「情理」に適うので認めるべきであると述べつつ、それを補強するために「讒謗律及ヒ新聞条例等ノ罰則ニ禁獄罰金ヲ併科」していることを例として挙げている。実のところ、ここで彼が挙げている讒謗律(173)と新聞紙条例(174)には、違犯時の制裁として罰金が規定されるとともに、讒謗律については司法省の統計において新律綱領・改定律例の項目中では唯一、罰金を制裁とする犯罪類型として計上されていた(175)。岡本は、「法理」とは反するものの、「実際」の「情理」を鑑みて、本議案を支持するわけだが、その根拠はあくまで、目前に存在していた罰則の存在であったのである。

ここで、岡本が第38号修補課案に対して「拘留ニ換フルノ細目穏妥ナラス」と述べていたことを思い返したい。第38号修補課案では、換刑の方法が50銭を1日に代えると定められていたことに対し、第46号修補課案では、罰金科料の金額を8段階に分け、それぞれに禁獄の日数を設定して等級性を定めており、岡本は前者を否定したうえで、後者を支持したのである。贖罪・収贖に認められる等級性は、律の特徴として考えられていることは前章で述べたが、第38号修補課案について、「罰□科料ハ贖罪収贖ト性質ヲ異ニスル者」であり、「其□科タルヤ金円ヲ出スニ止リ実決スヘキモノ」ではないと述べていた岡本の意見を併せて考えるとき、彼が認めうる換刑とは、等級性のもとで測られるものに他ならなかったという推察が許されるのではないだろうか。そして、等級性を採用することには、磯部も賛成していた。もっとも、彼の文脈では、それはあくまで裁判官の裁量が適切に行われることにより、「人民ヲシテ刑ノ何者カヲ知ラシメル」ことが目的とされていた。このように、岡本と磯部の寄る辺はあくまで異なってい

たが、それぞれの観点から、同案は支持され、修補課内の採択を得ることができ、司法省から太政官に対する上申へとつながっていったのである。

しかしながら、前述した通り、このような第46号修補課案の第１条は、法制局での審査段階において、刑法審査修正案に依拠するかたちで改められたうえで、明治13年３月31日太政官第11号布告が公布された(176)。このように考えると、新律綱領・改定律例をめぐる理解、ボアソナードが持ち込んだ刑法学、刑法審査修正案の規定のすべてが混淆しながら、同布告が明治初期の日本で成立しえたといえるのではないだろうか(177)。そして、このような混淆は、旧刑法が施行した後にも生じたと考えられるので、次項で詳しく検討したい。

3－2　旧刑法の制定後における「金銭の剥奪」を媒介とした法秩序の整理

前節で確認したように、旧刑法の編纂から影響を受けながら、「金銭の剥奪」という制裁は再編成されていった。そして、旧刑法に伴う法秩序の整理はさらに続く。すなわち、旧刑法が施行される直前に発せられた明治14年12月28日太政官第72号布告により(178)、「法律規則中罰例」の制裁と適用方法が次のように改められた(179)。

明治十五年一月一日ヨリ刑法施行候ニ付法律規則中罰例ニ係ルモノハ左ノ例ニ照シテ処断スヘシ

第三条　凡罰金及ヒ科料ハ二円以上ヲ罰金ニ処シ二円未満ヲ五銭以上一円九十五銭以下ノ科料ニ処ス

第四条　法ニ照シ律ニ照シ若クハ違令違式ニ照シ処断ストアリ及ヒ咎可申付トアルハ総テ二円以上百円以下ノ罰金ニ処ス

第五条　法律規則ヲ犯シタル者ニハ刑法ノ再犯加重及ヒ数罪倶発ノ例ヲ用ヒス

第六条　法律規則中罰例アリト雖モ刑法ニ正条アルモノハ刑法ニ依テ

処断ス

当該布告の契機となった明治14年12月23日の参事院による上申書には、「従来ノ諸罰則ヲ以テ之ヲ改正刑法ニ比照スルニ刑ノ権衡平準ヲ失スル」とともに、「抵触ノ廉」があるため、「明治十五年一月一日ヨリ刑法実施セラルルニ至テハ忽チ障碍ヲ生ス」ることが見込まれることから、「諸罰則ヲ改正」しないといけないが、「逐条審議セントスル時ハ許多ノ時日ヲ費シ到底期日迄」に間に合わないので、「茲ニ一時便宜ノ方法ヲ設ケ本案ノ布告ヲ発行」し、「焦眉ノ急ヲ救」うために起案したと述べられている(180)。すなわち、布告の冒頭には、「法律規則中罰例」という文言が使われているが、これまで本稿が考察の対象としてきた罰則と旧刑法の関係を整理するために当該布告が定められたと考えてよいだろう(181)。

第3条は、罰金を2円以上、科料を5銭以上1円95銭にすると定めているが、この金額は旧刑法の罰金と科料に合致しており(182)、旧刑法を基準として法律規則中罰例における「金銭の剥奪」の金額が再設定されたことがわかる。また、第4条では、既存の法律規則中罰例に置かれている「法ニ照シ律ニ照シ若クハ違令違式ニ照シ処断ストアリ及ヒ咎可申付」という文言は、その制裁を「罰金」に読み替えることが宣言されている。ここで、第2章での検討を思い返したい。原則として、罰則上には「金銭の剥奪」を内容とする罰金が制裁として用いられていたが、そのような具体的な制裁が明記されていない法令もあり、それに対する違犯には新律綱領・改定律例の違令あるいは違式が適用されていた。換言すれば、新律綱領・改定律例と罰則が違令あるいは違式を介して接続しており、そのような状態を前提として、明治14年12月28日太政官第72号布告が罰則ないし法律規則中罰例上の制裁をすべて旧刑法の罰金刑に読み替えたといえよう。

このように、旧刑法上の刑罰を基準として法律規則中罰例上の制裁が整理されたが、一方で、法典と法律規則中罰例はあくまで異なる種類の法令として位置づけられたことにも留意しなければならない。すなわち、第5条により、法律規則中罰例が適用される者には、旧刑法の「再犯加重及ヒ数罪倶発ノ例」を用いず、科刑上で法律規則中罰例は各別に計算されるこ

ととなった。また、第6条は法律規則中罰例があっても、「刑法ニ正条」がある場合は「刑法」が優先されると定めており、適用上で「刑法」と法律規則中罰例は区別されるべきものとして理解されたのである。

ただし、このような取り扱いは、あくまで旧刑法が制定される以前から存在していた法律規則中罰例に限ることを、旧刑法第5条および明治12年12月28日太政官第72号布告に関する伺と指令から読み取れる。まず、旧刑法第5条第1項は「此刑法ニ正条ナクシテ他ノ法律規則ニ刑名アル者ハ各法律規則ニ従フ」としたうえで、第2項は「若シ他ノ法律規則ニ於テ別ニ総則ヲ掲ケサル者ハ此刑法ノ総則ニ従フ」と定めており(183)、「法律規則」に「総則」がない場合には、「刑法」の総則が用いられることが宣言されている。これに関し、前述した明治14年12月28日太政官第72号布告第5条の適用範囲について、次のようなやり取りがなされた。すなわち、明治17年に長崎始審裁判所から司法省へ寄せられた伺が、「該五条ハ実施以前ニ制定セラレシ法律規則ニノミ適用ス可キ総則」であり、旧刑法の「実施後創定ノ法律規則中総則ヲ掲ケサルモノハ刑法第五条第二項ニ従」い、「総テ刑法ノ総則ニ依リ再犯加重及数罪倶発ノ例ヲモ用ユ可キ」であるかと問い合わせたところ(184)、明治17年5月22日司法省指令が「伺之通」と回答した(185)。

以上のように、既存の法律規則中罰例と旧刑法との調整が図られると同時に、旧刑法の「実施後」に定められた法律規則については特別の規定がない限りにおいて旧刑法の「総則」が適用されるべきことが確認された。換言するならば、既存の法秩序が完全に排斥されるのではなく、組成されるべき要素の1個として看做されたうえで、旧刑法を中心とした法秩序の形成が企図されたといえるのではないだろうか。

4 むすび

本稿では、「金銭の剥奪」に着目し、新律綱領・改定律例および罰則の関係性を検討したうえで、旧刑法の編纂に伴って法令における「金銭の剥奪」という制裁が統一されていく様相について考察を行った。旧刑法が罰

金刑を定める以前にも、「金銭の剥奪」という制裁は明治初期の日本で用いられており、新律綱領・改定律例には、贖罪・収贖という「金銭の剥奪」が一定の条件を満たす場合に許される換刑として規定されていた。また、明治政府がその都度に発する罰則では罰金という「金銭の剥奪」が第一次的な制裁として運用されていたことが明らかになった。もっとも、同じ「金銭の剥奪」を内容としながらも、それらは追徴や量刑、科刑上の方法で区別されており、異なる制裁として認識されていたことを司法省の取り扱う伺・指令や大審院判決から読み取れる。

ただし、新律綱領・改定律例と罰則には、補充的な関係性も見出すことができ、罰則上に具体的な制裁が規定されていない場合、その違犯に対しては新律綱領・改定律例の違令・違式が適用されたうえで「贖」が聴されていた。すなわち、新律綱領・改定律例が援用されたうえで、実質的には「金銭の剥奪」が制裁として科されていたのである。また、新律綱領・改定律例の自首が罰則の違犯者に認められた大審院判決も存在しており、新律綱領・改定律例と罰則の「金銭の剥奪」は、適用上で区別されながらも、補い合って運用されていたと考えられる。

そのようななか、旧刑法の編纂が進むに伴い、「金銭の剥奪」という制裁も再編成されていく。明治13年3月31日太政官第11号布告により、旧刑法の草案に準拠して、罰則上の罰金が支払われない場合の対応が改められた。もっとも、同布告が審議される過程では、旧刑法の編纂に際してボアソナードが示した見解に沿うような意見や、当時の新律綱領・改定律例と罰則の運用方法に基づいた理解が述べられており、それらが混淆したうえで、旧刑法の罰金刑に基づく「金銭の剥奪」が、罰則の制裁として規定されたと考えられる。

また、明治14年12月23日太政官第72号布告は、既存の罰則ないし法律規則中罰例における制裁をすべて旧刑法の罰金または科料に読み替えることにより、「金銭の剥奪」という制裁の統一化を旧刑法への準拠というかたちで実現させた。読み替えの対象には、違犯時に違令または違式が適用されていた罰則も含まれており、本稿での考察を踏まえるならば、新律綱領・改定律例と罰則の関係性を前提としてこそ、そのような包括的な読み替え

が可能になったといえよう。ただし、新律綱領・改定律例と罰則の関係性が、明治14年12月23日太政官第72号布告でいうところの法律規則中罰例と旧刑法の間にそのまま置き換えられたわけではない。旧刑法が定められた以前の法律規則中罰例は、各々の法律規則中罰例に特別の規定がない場合にのみ旧刑法の総則が適用される一方、旧刑法が定められた以降の法律規則中罰例は原則として旧刑法の総則を適用することとされた。換言するならば、既存の法秩序を前提とするとともに、それとの調整を図ることによってこそ、旧刑法を中心に据えた新たな法秩序のかたちが作り上げられたといえよう。そして、その際には「金銭の剥奪」という制裁が、各種の法令をつなぎ合わせ、同一の法秩序内に定位させる機能を果たしたと考えられるのではないだろうか(186)。

以上のように、「金銭の剥奪」という制裁を媒介とし、法令間の関係性が調整されながら、明治初期の法秩序が形成されていった。もっとも、その過程は、決して単線的ではなく、新律綱領・改定律例と罰則の相違性あるいは補充性が活用された局面や、旧刑法の編纂によって持ち込まれた近代西洋的な刑法学からの影響などのさまざまな要因がはたらきあいながら、漸次的に進んでいた(187)。法制官僚として活躍した井上毅は、明治20年代に「命令罰則意見」と題する意見書をまとめ、「命令」に刑罰を規定する当否を論じているが(188)、法形式に対する彼の着目はすでに明治８年に見られ、「法律命令意見案」と題した意見書で「凡ソ刑ハ必ス法ニ据ル其ノ条例及布達ニ違フ者ハ単ヘニ違式ヲ以テ論ス新律綱領違令条ヲ廃ス」ことを提案している(189)。その目的は、「其ノ軽重ヲ分タズシテ而シテ重キ者従テ軽キニ陥ル」ように法が氾濫している状態を改善することであると述べられているが(190)、翻って考えるならば、日本の法形式はその時々において必要な検討あるいは修正が施されながら、徐々に整備されていったといえよう。

もっとも、このような観点から見るとき、本稿での検討は旧刑法が施行される時点までの経緯を整理することにとどまってしまったため、旧刑法が施行された後における罰金刑の運用実態にも考察を及ぼし、「金銭の剥奪」という制裁が果たしうる処罰としての効果を検証しなければならない(191)。また、フランス刑法学におけるボアソナードの罰金刑理論の位置

づけや、そのようなボアソナードが持ち込んだ刑法学が旧刑法を対象としながら日本でいかなる発展を辿っていったかについて検討することは、現行の罰金刑制度を理解するために有益であろう(192)。さらに言えば、明治中期以降に諸法典の編纂や法制度の整備が進んでいくなかで「金銭の剥奪」という制裁が果たした役割について考えることにより、日本における法秩序の形成に対して制裁という要素がいかに機能するのかという問題を考察する手がかりを得られるのではないだろうか(193)。これらを今後の課題として示し、本稿の結びに代えたい。

(1) 新律綱領と改定律例ついては次を参照。水林彪「新律綱領・改定律例の世界」(石井紫郎・水林彪編『法と秩序　日本近代思想大系7』岩波書店、1992) 454-551頁。藤田弘道『新律綱領・改定律例編纂史』(慶應義塾大学出版会、2001)。奥村郁三「新律綱領と明律」(同『日本史上の中国——金印・那須国造・飛鳥・新律綱領・令集解』阿吽社、2015)。小林宏「『改定律例』管見——伝統的法典編纂の終焉」(同『日本における立法と法解釈の史的研究第三巻近代』汲古書院、2009) 69-104頁。

(2) 内閣記録局編『法規分類大全第54巻刑法門 (一) 覆刻版』(原書房、1980) 145-146頁。なお、以下では特に断らないかぎり、『法規分類大全』を用いる場合には覆刻版に拠り、書名および巻数を表記する。また、引用を行う際は固有名詞等を除き、異体字・旧字は新字体に改める。

(3) 『法規分類大全第54巻』198-200頁。

(4) 『法規分類大全第54巻』271-272頁。

(5) 兒玉圭司「明治前期の監獄における規律の導入と展開」(『法制史研究』64号、2014) 1-57頁などを参照。

(6) 手塚豊「法規分類大全〈刑法門〉解題」(『法規分類大全第55巻』) 7頁や、髙田久実「旧刑法における罰金刑の成立過程」(高塩博編『刑罰をめぐる法文化』国際書院、2018) 21-66頁を参照。

(7) 罰則上の「金銭の剥奪」を内容とする制裁には、「罰金」や「科料」、「過料」といった複数の名称が見受けられる。これらの相違については稿を改めて検討する予定である。よって、本稿では、罰則上の「金銭の剥奪」を内容とする制裁を一括して「罰金」と呼称することとしたい。なお、金銭刑の名称ないし翻訳の問題について、日本、中国、台湾の刑事法を検討した業績として、高橋孝治「日本語の「罰金」と中国語の「罰款」の訳についての考察——日中台の刑事法基礎理論の視点から」(『Law&Practice』第11号、2017) 141-158頁。

(8) 永田憲史「財産刑」(『罪と罰』52巻2号、2015) 119頁。

(9) 前掲・髙田「旧刑法における罰金刑の成立過程」を参照。

(10)　司法省の指令と伺については次を参照。沼正也「家族関係法における近代的思惟の確立過程（その一）」、同「司法省指令の形成をめぐる明法寮の役割」、同『財産法の原理と家族法の原理（新版）』（三和書房、1980）206-405、662-696頁。霞信彦『明治初期伺・指令裁判体制の一掬』（慶應義塾大学出版会、2016）など。
(11)　前掲・水林477-478頁に依拠。
(12)　前掲・水林497-498頁を参照。
(13)　『法規分類大全第54巻』260頁。なお、官吏の「公罪及ヒ過誤失錯ノ罪」については、勅任・奏任・判任の官吏が懲役100日以下にあたる罪を犯した場合は「贖」に換算されるが、等外吏が懲役100日にあたる罪を犯した場合は、「平民贖罪例」に依った（同書260頁）。一方、懲役１年以上に該当する「公罪及ヒ過誤失錯ノ罪」を犯した場合は、基本的に「官吏公罪罰棒例図」が適用されるが、官等14等以下は「平民贖罪例」に依るとされていた（同書260-261頁）。
(14)　『法規分類大全第54巻』261-262頁。
(15)　『法規分類大全第54巻』262-263頁。
(16)　『法規分類大全第54巻』262頁。
(17)　前掲・水林480頁。
(18)　前掲・水林479頁。
(19)　『法規分類大全第54巻』347-348頁。
(20)　内閣官報局『法令全書明治九年』（博聞社、1890）293-294頁。以下、『法令全書』から引用するときは、年数と頁数のみを表記する。
(21)　『法規分類大全第54巻』261頁。
(22)　『法規分類大全第54巻』275頁。
(23)　『法規分類大全第54巻』273頁。なお、明治７年６月24日太政官第69号布告により、禁錮は禁獄に改められる（同書325-326頁）。
(24)　職制律の削除については、律ないし律系刑法典の近代化を考察することを期し、官吏に関わる旧刑法上の犯罪類型との関係を視野に入れながら、別稿で考察を試みたい。なお、職制律が削除された経緯や官吏懲戒例の立法過程については、次の論考を参照。後藤武秀「連座責任の法理――新律綱領名例律下同僚犯公罪条の実証的研究」（『中央大学大学院研究年報』第11号Ⅰ法学研究科編、1982）139頁以下。後藤武秀「仮刑律下における他律の援用」（『法学新法』第89巻第11・12号、1983）169頁以下。後藤武秀「職制律の廃止と官吏懲戒例の制定について」（『敦賀論叢』第４号、1990）91頁以下。原禎嗣「司法省判事に対する出入人罪状適用に関する若干の考察」（『法学政治学論究』第１号、1989）129-160頁。原禎嗣「明治初期の進退伺制度に関する若干の考察――三業会社設立不服訴訟との関連を中心に」（『法学政治学論究』第６号、1990）217-246頁。原禎嗣「明治９年太政官第48号布告をめぐる若干の考察」（『法学政治学論究』第７号、1990）211-239頁。
(25)　『法規分類大全第54巻』276-277頁。
(26)　なお、改定律例第45条から第48条の老小廢疾収贖条例と、同第49条から同50条の犯罪時未老疾条例に、さらに細かな換算方法等が定められている（『法規分類大全第54巻』277-278頁）。
(27)　ただし、明治７年３月22日の指令に基づき、老幼廃疾婦女の犯罪者を「禁獄」

に換刑していたことが指摘されている（根本敬彦「明治初年の「禁獄」(一)」『警察研究』第57巻第1号、1986、34-40頁）。換刑後の処遇については、「金銭の剥奪」という制裁の処罰効果という観点から別稿で詳しく検討を行いたい。

(28) 『法規分類大全第54巻』277頁。

(29) 『司法省第二年報明治九年』12頁。

(30) 『司法省日誌一』（東京大学出版会、1983）128-129頁。以下では、『司法省日誌』から引用をする場合、日本史籍協会編に依拠し、書名・巻数・頁数を表記する。

(31) 『司法省日誌十一』141-145頁。

(32) なお、これから検討していく司法省の指令と伺には「規則」という文言が使われている場合もあるが、明治政府がその都度に発した法令で、かつ「罰金」という「金銭の剥奪」を制裁としていることから、これらの「規則」も本稿でいうところの「罰則」として取り扱うこととする。

(33) 前掲・高田「旧刑法における罰金刑の成立過程」42頁。

(34) 前掲・高田「旧刑法における罰金刑の成立過程」47-50頁を参照。

(35) 『法規分類大全第55巻』148頁。

(36) 明治期の身代限については、次の研究を参照。瀧川叡一『明治初期民事訴訟の研究――続・日本裁判制度史論考』（信山社出版、2000）1-3頁。梅田康夫「明治期における民事執行機関の形成について（一）」（『金沢法学』45巻2号、2003）311-335頁。小柳春一郎「明治10年代の滞納処分における国税の自力執行力と優先権」（『法学政治学論究』第23号、1994）31-64頁。小柳春一郎「明治期の国税滞納処分制度について」（『税大ジャーナル』14号、2010）1-28頁。なお、民事法領域の身代限では、執行された時点で取り上げる物が無かった場合、充当できる状態になったときに貸主へ不足分を支払い、完済することとされていた（前掲・瀧川『明治初期民事訴訟の研究――続・日本裁判制度史論考』37-40頁）。

(37) 『司法省日誌三』559-560頁。

(38) 「郵便犯罪ノ者実決ノ儀伺」（『公文録明治八年六月内務省伺四』2A/9/1510）。

(39) 『法規分類大全第55巻』476頁。

(40) 「鳥獣猟規則中第十六条刪除」（『太政類典第二編第三類第百六十五巻産業十四雑一自明治四年八月至同十年十二月』2A/9/387）。

(41) 『法規分類大全第55巻』476頁。

(42) 『司法省日誌十五』31-33頁。

(43) 『司法省日誌十五』48-50頁。

(44) 鳥獣猟規則については、小柳泰治『日本の狩猟法制――殺生禁断と乱場』（青林書院、2015）を参照。鳥獣猟規則に懲役の規定が設けられた経緯については、別稿にて考察を試みる予定である。なお、鳥獣猟規則は明治6年1月20日第25号布告に制定され、同年6月3日に改正されており、本文で挙げた明治7年11月の布告はそれらを改正する形式をとっているが、明治6年1月20日第25号布告にはすでに第20条として「若シ無力ニシテ罰金ヲ出スコト能ハサル者懲役法ニ依ルヘシ」と規定されていた。『法規分類大全第55巻』473-474頁。

(45) 『司法省日誌十八』131、134、137頁。

(46)　『司法省日誌十九』196-197頁。
(47)　本稿では、贖罪・収贖と罰金の比較という観点から、量刑および二罪倶発を取り上げるが、罰則の適用に際し、時間にかかわる効力の問題をめぐって交わされた伺と指令も見受けられる（例えば、『司法省日誌十一』106-110頁、『司法省日誌十四』328-329頁等）。当該論点については、罰則の適用実態をより明確にすることを目的として、別稿で検討を試みたい。
(48)　前掲・水林「新律綱領・改定律例の世界」480頁。
(49)　前掲・水林「新律綱領・改定律例の世界」481頁。
(50)　改定律例に、改正贖罪収贖例図、改正過失殺傷収贖例図、官吏公罪贖例図、官吏私罪贖例図、華族贖罪例図、改正懲役限内老疾収贖例図、改正誣軽為重収贖例図が規定されていた（『法規分類大全第54巻』145-146、198-200、258-267、271-273頁）。なお、官吏公罪贖例図は、明治9年4月太政官第48号布告をもって廃止（同書260頁）。
(51)　『司法省日誌七』105-106頁。
(52)　『司法省日誌七』106-107頁。
(53)　『法規分類大全第55巻』267-269頁。証券印税規則第4則第8条は、「規則ニ従テ貼用セシ諸証書帳簿ノ証券印紙ニ調印セサル者ハ三十円以下ノ過料タルヘキ事」と規定されている。なお、「明治六年二月太政官第五十六号以下追々及布告候証券印紙規則総テ相廃止」されたうえ、明治7年7月29日太政官第81号布告「証券印税規則」が定められているので（『法令全書明治七年』69-70頁）、当該伺と指令が言及している法規範は、後者であると推定した。
(54)　『司法省日誌十一』221-223頁。
(55)　『司法省日誌二』592-593頁。
(56)　『司法省日誌三』15-16頁。
(57)　『司法省日誌六』371-372頁。
(58)　前掲・水林「新律綱領・改定律例の世界」517-518頁。
(59)　『法規分類大全第54巻』152頁。
(60)　『法規分類大全第54巻』281頁。
(61)　『法規分類大全第54巻』281頁。
(62)　『司法省日誌六』372頁。
(63)　小野清一郎「旧刑法とボアソナードの刑法学」（同『刑罰の本質について・その他』有斐閣、1955）465頁。
(64)　『法規分類大全第54巻』189頁。
(65)　明治初期の律系刑法が中国律の系譜にあるが、その理念や原理、法体系のすべてが新律綱領に導入されたわけではないとして、両者の相違性も指摘されている（前掲・奥村「新律綱領と明律」167-231頁）。また、違式と違令は、「律逸文、雑律には違令条はあるが違式条は存在しないけれ共」、「違式の語は我が王朝期の律に見ゆる違式罪より出るもの」とされる一方で（小早川欣吾『明治法制史論公法之部（下巻）』厳松堂書店、1940、1055頁）、諸律を参考として「違式」の名が決められたといわれる（後藤武秀「新律綱領「違令条」、改定律例「違式」条および「違制の条の一考察――『司法省日誌』の分析を通して」『東洋法学』35巻

2号、1992、96-97頁)。違制は、「いかなる経緯により設けられたかは明らかではない」ものの、仮刑律(明治元年二月事編纂)・雑犯・制旨及令違条にある規定がその典拠として推測されている(同書97頁)。これらの指摘を踏まえつつ、明治初期における違制・違令・違式の運用に着目した考察を別稿で行いたい。

(66) 『法規分類大全第54巻』284頁。

(67) 『法規分類大全第54巻』305頁。

(68) 『法規分類大全第54巻』305頁。

(69) 滋賀秀三『中国法制史論集——法典と刑罰』(創文社、2003)20頁。

(70) 前掲・滋賀『中国法制史論集——法典と刑罰』20頁。

(71) 前掲・滋賀『中国法制史論集——法典と刑罰』20頁。

(72) 『法令全書明治二年』49-264頁。

(73) 次の文献等を参照。笠原英彦「太政官制成立の政治過程」(同『明治国家と官僚制』芦書房、1991)18-64頁。門松秀樹「明治政府の成立と太政官制の復活」(笠原英彦編『日本行政史』慶應義塾大学出版会、2010)7-9頁。奥田春樹『維新と開化』(吉川弘文館、2016)109-115、204頁。

(74) 『法令全書明治四年』296-305頁。

(75) 『法令全書明治四年』317-321頁。

(76) 『司法省日誌十五』381-383頁。

(77) 『司法省日誌十五』383頁。

(78) 前掲・後藤「新律綱領「違令」条、改定律例「違式」条および「違制」条の一考察」131-132頁。このような科刑の調整という側面については、髙田久実「明治初年期における“紙幣”の法秩序」(林康史編著『貨幣と通貨の法文化』国際書院、2016)317-345頁も参照。

(79) 明治6年1月20日太政官第25号(布)(『法令全書明治六年』18-22頁)。

(80) 明治6年3月10日太政官第97号(布)のうち、罰則は第1条から第22条として規定されている(『法令全書明治六年』127-130頁)。なお、同規則以降、「郵便規則及罰則」は毎年、新たに定められていった(『法規分類大全第55巻』382-420頁を参照)。

(81) 明治7年7月29日太政官第81号布告(『法令全書明治七年』69-84頁)。

(82) 『法規分類大全第55巻』266-270、382-420、472-477頁。

(83) 明治初期における法形式については、岩谷十郎「明治太政官期法令の世界」(同『明治日本の法解釈と法律家』慶應義塾大学出版会、2012)3-63頁を参照。

(84) 近藤圭蔵編著『皇朝律例彙纂』(明治9年、阪上半七)を参照。同書については、手塚豊「新律綱領、改定律例註釈書」(同『明治刑法史の研究(上)』慶應通信、1984)189頁に詳しい。

(85) 前掲・近藤『皇朝律例彙纂巻六雑犯律』23頁。ルビは原文ママ。

(86) 前掲・近藤『皇朝律例彙纂巻六雑犯律』23-24頁。ルビは原文ママ。

(87) 前掲・近藤『皇朝律例彙纂巻六雑犯律』24頁。ルビは原文ママ。

(88) 前掲・近藤『皇朝律例彙纂巻六雑犯律』24頁。

(89) 以下で大審院判決を引用する場合は、文生書院による復刻版を用い、書名・巻数・頁数を記載する。

(90) 違式の件数は少数であるため、一括した表を作成した。
(91) 違制の判決は、改定律例第99条に基づいて情状を酌量した結果として改定律例第287条を適用した1件（『大審院刑事判決録』1巻、355頁）、「警察官ノ拘引ニ抗シタル等ノ所為」に対して違制が適用された1件（『大審院刑事判決録第11巻』、266-277頁）、新律綱領の闘殴律威力制縛条の違犯が1件等を収集している（『大審院判決録第18巻』、341-342頁）。明治8年3月10日司法省指令を踏まえつつ（『司法省日誌十五』383頁）、違令・違式との比較を通し、別稿で考察を行う。
(92) 同じ法令について、違令と違式という異なる犯罪が認められた理由については、稿を改めて検討する。
(93) ただし、制定された法令の違犯だけではなく、政府の関係者が発した「命令」に対する違犯に違令・違式が適用されていた事例が大審院の判決上に見いだせる。例えば、明治13年11月9日大審院第811号判決では、「派出官吏ヨリ前顕ノ如ク命令ヲナスモ更ニ拒絶シテ遵法セサル科」を「官庁ノ命令ヲ故ラニ拒ムノ罪」であるとして、「違令軽」が適用されている（『大審院刑事判決録第14巻』288-290頁）。そして、実のところ、違式については、このような事例が多く散見される。違制および新律綱領・改定律例の「不応為」との比較を踏まえながら、別稿で考察を試みる。
(94) 制定された法令の違犯に対して違式が適用されたうえで懲役が科され事件は、管見の及ぶ限りでは明治14年2月25日大審院第299号判決の1件のみである（『大審院刑事判決録第15巻』467-468頁）。同判決については後述する。
(95) 『大審院刑事判決録第15巻』467-468頁。以下、同判決の引用は当該箇所による。
(96) 『大審院刑事判決録第13巻』145-151頁。以下、同判決の引用は当該箇所による。
(97) 『大審院刑事判決録第18巻』230頁。以下、同判決の引用は当該箇所による。
(98) 『大審院刑事判決録第18巻』230-231頁。以下、同判決の引用は当該箇所による。
(99) 『司法省日誌十五』383頁
(100) 『法令全書明治十年』12頁。
(101) 『太政類典第二編自明治四年一月至明治十年十二月第三百四十六巻刑律二』(2A/9/581)。
(102) 『太政類典第二編自明治四年一月至明治十年十二月第三百四十六巻刑律二』(2A/9/581)。
(103) 『太政類典第二編自明治四年一月至明治十年十二月第三百四十六巻刑律二』(2A/9/581)。
(104) 『大審院刑事判決録第12巻』338-339頁。以下、同判決の引用は当該箇所による。
(105) 『法令全書明治四年』119-120頁。傍点は原文ママ。
(106) 『法令全書明治四年』288頁。
(107) 『法令全書明治四年』115-124頁。
(108) 前節の検討によれば、明治政府の中央組織が出した布達ないし達に対する

違犯に主として違式が適用されていた事例が多く見られるものの、布告の違犯に対して違式が適用されている事例も確認できたので、本文で挙げた二個の法規範の違犯に対して違式の適用が求められたことは、不自然とはいえないだろう。なお、違式と違令の棲み分けについては、個別の事例検証を踏まえながら、違制との相違を検討しつつ、別稿での考察を試みる。

(109)　なお、『司法省日誌十二』331-332頁なども参照。

(110)　『大審院刑事判決録第12巻』265-266頁。以下、同判決の引用は、当該箇所による。

(111)　新律綱領・改定律例の逃亡律・逃亡条例については、個別的な事例への検討を通した考察を改めて行う。

(112)　例えば、明治7年12月27日司法省指令は、「他管ニ出五十日以外ニ及フ者」は違令を適用すべきと指示している（『司法省日誌十二』331-332頁）。

(113)　『法規分類大全第54巻』352頁。

(114)　『法規分類大全第54巻』152頁。

(115)　『法規分類大全第54巻』280-281頁。

(116)　『司法省日誌六』475-476頁。

(117)　『大審院刑事判決録第16巻』69-71頁。

(118)　「府県庁ヨリ布達スル条規ニ違犯スル者処分方之儀伺」に端を発する議論のなかでは、違式詿違条例の「違詿罪」と、明治10年1月29日第13号布告に基づく「府県庁ヨリ布達スル所ノ条規ニ違犯スル者」への処罰は異なるものとして認識されていた（『公文録明治十二年第六十一巻明治十二年六月内務省一2A/10/2483』）。紙幅の関係で本稿では言及することが叶わないが、違式詿違条例と、明治10年1月29日第13号布告については、稿を改めて考察したい。

(119)　吉井蒼生夫「「日本刑法草案」（確定稿）の編纂過程」（西原春夫、吉井蒼生夫、藤田正、新倉修編著『旧刑法〔明治13年〕（2）――Ⅰ日本立法資料全集30』信山社出版、1995）8頁。

(120)　違警罪の編纂過程については、内田誠「明治一五年刑法第四編違警罪の編纂とボアソナード」（『早稲田大学大学院法研論集』第33号、1984）1-25頁、同「明治前期における行政警察的取締法令の形成――違式詿違条例から旧刑法第四編違警罪へ」（『早稲田法学会雑誌』第33巻、1982）29-59頁、山火正則「軽微な犯罪類型の系譜――地方違式詿違条例から軽犯罪法へ」（『神奈川法学』第46巻1号、2013）231-290頁などを参照。

(121)　明治15年施行の刑法典に関する研究は次の文献を参照。吉井蒼生夫「近代日本における西欧型刑法の成立と展開」（同『近代日本の国家形成と法』日本評論社、1997）83-116頁。「ミニシンポジウム「近代日本の法典編纂――1880年刑法（旧刑法）を再読する」」（『法制史研究』47号、1997）139-176頁。岩谷十郎「刑法典の近代化における「旧なるもの」と「新なるもの」」（同『明治日本の法解釈と法律家』慶應大学法学研究会、2012）257-270頁など。

(122)　旧刑法の編纂過程に関する文献は、前掲・髙田「旧刑法における罰金刑の成立過程」注（9）・注（10）を参照（58頁）。

(123)　ボアソナードの来歴は、大久保泰甫『ボワソナアド』（岩波書店、1977）を

参照。

(124) 鶴田の来歴は、鶴田徹『続元老院議官鶴田皓』(鶴鳴社、2008) を参照。

(125) 早稲田大学鶴田文書研究会編『日本刑法草案会議筆記』第Ⅰ～Ⅳ分冊、別冊、校異表 (早稲田大学出版部、1976)。以下では、『会議筆記』と表記し、巻数と頁数を示す。

(126) 『法規分類大全第54巻』393頁。

(127) 『法規分類大全第54巻』393頁。

(128) 罰金および科料の金額が決定された経緯については、別稿で検討を行う。

(129) 『法規分類大全第54巻』395頁。

(130) 『法規分類大全第54巻』395頁。

(131) 旧刑法の罰金刑については、前掲・髙田「旧刑法における罰金刑の成立過程」を参照。

(132) 『会議筆記第Ⅰ分冊』180頁。

(133) 『会議筆記第Ⅰ分冊』114頁。

(134) 前掲・髙田「旧刑法における罰金刑の成立過程」35-38頁。

(135) 山口俊夫編『フランス法辞典』(東京大学出版会、2011) 123頁。

(136) Chauveau (A.) et Helie (F.), *Théorie du Code pénal*, tome 1er, Paris, 1872, pp.242-214.

(137) 『仏文・刑法草案註釈〔復刻版〕(ボアソナード文献双書⑰) *Projet révisé de Code pénal pour l'Empire du Japon*』(宗文館書店、1988) 159頁。

(138) ボアソナード『刑法草案註釈 (上巻)〔復刻版〕(ボアソナード文献叢書⑱)』(宗文館書店、1988) 209頁。

(139) 明治10年に元老院へ上呈され、その2年後に刊行された仏文草案にも、第34条第1項には「L'amende correctionnelle qui n'est pas payée en totalité, dans le délai d'un mois à partir du jour où la condamnation est devenue définitive, peut être convertie en un emprisonnement simple, à raison de 1 jour par chaque yen ou fraction de yen, jusqu'à concurrence de la totalité de ladite amende ou de ce qui reste dû.」と記載されていることも本文における考察の証左となろう (西原春夫・吉井蒼生夫・藤田正・新倉修編著『日本立法資料全集31旧刑法〔明治13年〕(2)-Ⅱ』信山社出版、1995、450頁)。なお、同草案については、岩谷十郎「仏文草案から見た旧刑法編纂の展開」(西原春夫・吉井蒼生夫・藤田正・新倉修編著『日本立法資料全集30旧刑法〔明治13年〕(2)-Ⅰ』信山社出版、1995) 29-41頁を参照。

(140) 前掲・髙田「旧刑法における罰金刑の成立過程」35-38頁。

(141) 『法規分類大全第54巻』486頁。

(142) 旧刑法附則の編纂過程については、藤田正「旧刑法草案「刑法審査修正案」の成立について」(『法学研究』第51巻第4号、2016) 445-447頁を参照。なお、旧刑法附則の委員には、鶴田も名を連ねている (同書、446頁)。

(143) 前掲・鶴田『続元老院議官鶴田皓』149頁。

(144) 『法規分類大全第55巻』148-149頁。

(145) 参考文献は、浅古弘「刑法草案審査局小考」(『早稲田法学』第57巻第3号、

1982）379-407頁。藤田正「旧刑法草案「刑法審査修正案」の成立について――新発見資料による再検討」（『法学研究』第４巻、2016）421-453頁。以下、同案を「刑法審査修正案」と呼称。

（146） 早稲田大学鶴田文書研究会『刑法審査修正関係諸案』（早稲田大学比較法研究所、1983）205頁。

（147） 手塚豊「司法省修補課（明治十二、三年）関係資料」（同『明治刑法史の研究（下）』、慶應通信、1986）261-269頁を参照。

（148） 法務図書館所蔵『修補課各委員意見書類第一巻』（XB/S4/1a）による。なお、同史料は手塚豊「司法省修補課（明治十二、三年）関係資料」283-285頁にも翻刻されている。

（149） 法務図書館所蔵『修補課各委員意見書類第一巻』（XB/S4/1a）。

（150） 前掲・手塚「司法省修補課（明治十二、三年）関係資料」277頁。

（151） 法務図書館所蔵『修補課各委員意見書類第一巻』（XB/S4/1a）。

（152） 前掲・手塚「司法省修補課（明治十二、三年）関係資料」277頁。

（153） 法務図書館所蔵『修補課各委員意見書類第一巻』（XB/S4/1a）。

（154） そのうちの１名は、具体的な名前を判別できない。前掲・手塚「司法省修補課（明治十二、三年）関係資料」283頁も参照。

（155） 法務図書館所蔵『修補課各委員意見書類第一巻』（XB/S4/1a）。

（156） 法務図書所蔵『修補課各委員意見書類第一巻』（XB/S4/1a）。

（157） 法務図書館所蔵『修補課各委員意見書類第一巻』（XB/S4/1a）。

（158） 前掲・手塚「司法省修補課（明治十二、三年）関係資料」277頁。

（159） 前掲・手塚「司法省修補課（明治十二、三年）関係資料」279頁。

（160） 前掲・手塚「司法省修補課（明治十二、三年）関係資料」279-280頁。

（161） 法務図書館所蔵『修補課各委員意見書類第一巻』（XB/S4/1a）。

（162） 法務図書館所蔵『修補課各委員意見書類第一巻』（XB/S4/1a）。

（163） 前掲・手塚「司法省修補課（明治十二、三年）関係資料」277頁。

（164） 前掲・手塚「司法省修補課（明治十二、三年）関係資料」277頁。

（165） 『法規分類大全第55巻』148-149頁。

（166） 前掲・手塚「司法省修補課（明治十二、三年）関係資料」277頁。

（167） 『法規分類大全第55巻』149頁。

（168） 早稲田大学鶴田文書研究会『刑法審査修正関係諸案』（早稲田大学比較研究法研究所、1984）205頁。

（169） ただし、第46号修補課案および明治13年３月31日太政官第11号布告は禁獄へ換刑することとされているが、刑法審査修正案は軽禁錮となっている。旧刑法の施行に伴う刑罰体系の再編成および換刑後の処遇という観点のもと、別稿で考察を行いたい。なお、禁獄については、次の文献を参照。根本敬彦「明治初年の禁獄（一）（二）（三）（四）」（『警察研究』第57巻第１、３、４、５号、1986）31-48、45-58、38-51、44-55頁。根本敬彦「明治七年・英国公使館事件考」（手塚豊編『近代日本史の新研究Ⅲ』（北樹出版、1984）278-312頁。兒玉圭司「明治前期の処遇にみる国事犯」（堅田剛編『加害／被害』国際書院、2013）69-95頁。

（170） 法務図書館所蔵『修補課各委員意見書類第一巻』（XB/S4/1a）。

(171) 法務図書館所蔵『修補課各委員意見書類第一巻』(XB/S4/1a)。

(172) 前掲・ボアソナード『刑法草案註釈』209頁。

(173) 明治8年6月28太政官第110号布告の讒謗律は違犯者に罰金と禁獄を科している(『法令全書明治八年』151頁)。司法省がまとめた新律綱領・改定律例の統計表における分類なども踏まえ、讒謗律については、旧刑法の「誣告及ヒ誹毀ノ罪」との関係に対する考察を別稿で行う予定である(『法規分類大全第54巻』431-432頁)。なお、讒謗律の適用や存廃をめぐる効力については、次の文献に収録されている事例を参照。手塚豊「讒謗律の廃止に関する一考察」(同『明治刑法史の研究(下)手塚豊著作集第6巻』慶應通信、1986)329-365頁。手塚豊「讒謗律をめぐる二つの大審院判例」(同『明治刑法史の研究(下)手塚豊著作集第6巻』慶應通信、1986)367-395頁。また、讒謗律に規定された制裁の運用については、前掲・根本「明治初年の「禁獄」(二)」53-55頁、前掲・根本「明治初年の「禁獄」(四)」44-46頁を参照。

(174) 『法令全書明治八年』152-155頁。新聞紙条例に規定された制裁の運用については、前掲・根本「明治初年の「禁獄」(二)」55-58頁、前掲・根本「明治初年の「禁獄」(四)」44-46頁を参照。

(175) 前掲・髙田「旧刑法における罰金刑の成立過程」41-42頁を参照。

(176) 近年の研究により、刑法審査修正案の具体的な起案過程が明らかにされている(前掲・藤田正「旧刑法草案「刑法審査修正案」の成立について」を参照)。罰金刑は、罰金が支払われない場合に行われる換刑が、任意的な換刑から必要的な換刑へと刑法審査修正案で変更されたことを看取できるので(前掲・髙田「旧刑法における罰金刑の成立過程」58-59頁を参照)、このような研究成果に預かりながら、注(137)から(139)およびボアソナードが刑法審査修正案の起案に関与しなかったことを踏まえつつ、当該変更点に対する考察を別稿で行いたい。

(177) 新律綱領・改定律例の贖罪・収贖について、支払いがなされないときに換刑が認められた背景ないし理由に関しては、「金銭の剥奪」という制裁に期待された効果や、懲役・禁獄・禁錮との相違、監獄の運用実態等を踏まえながら考察を行いたいと考えている。例えば、違式詿違条例の違犯者が贖金を支払えない場合に、「情実ヲ憐憫シ拘留中ノ食費ハ無籍囚人ノ賄ニ同視シ官費ヲ以テ支給」することが認められているが(『法規分類大全第57巻』300-301頁)、このような金銭上の処遇と刑罰としての効力との関係性を考察しながら、明治初期の日本における「金銭の剥奪」という制裁の意義について別稿での考察を試みたい。なお、旧刑法施行後における罰金刑の処罰効果については、岩谷十郎「明治時代の罪と罰」(水林彪・大津透・新田一郎・大藤修編『新体系日本史2法社会史』山川出版社、2001)457-461頁等を参照。

(178) 『法規分類大全第55巻』149-151頁。

(179) 当該布告第1条では「懲役」を重禁錮あるいは拘留に、第2条で「禁獄及ヒ禁錮」を軽禁錮あるいは拘留に読み替えることとされた。これらの規定については、注(173)を踏まえ、讒謗律や明治7年7月2日司法省第13号布達等を素材とし、稿を改めて検討する。

(180) 『法規分類大全第55巻』149-150頁。

(181) 以下、明治14年12月28日太政官第72号布告との関係で、明治政府がその都度に発した法令について言及する際には「法律規則中罰例」と呼称する。

(182) 『法規分類大全第54巻』395頁。

(183) 『法規分類大全第54巻』392頁。

(184) 旧刑法の数罪倶発をめぐる編纂議論や制定過程については、次の文献を参照。三田奈穂「旧刑法「数罪倶発」条成立に関する一考察——司法省段階における編纂を中心として」(『法学政治学論究』第76号、2008) 547-579頁。同「旧刑法の成立と村田保——数罪倶発条を手掛かりとして」(『法学政治学論究』第79号、2008) 131-163頁。

(185) 『法規分類大全第55巻』150頁。

(186) 「金銭の剥奪」という制裁がこのような役割を果しえた理由については、次に示す先行研究に預かりながら日本近世の過料や贖刑との関係を視野に入れ、考察を試みたいと考えている。金田平一郎「徳川幕府『過料』刑小考」(蝋山政道編『国家学会五十周年記念国家学論集』有斐閣、1937) 53-84頁。小林宏「徳川幕府法に及ぼせる中国法の影響——吉宗の明律受容をめぐって」(同『日本における立法と解釈の史的研究第二巻近世』汲古書院、2009) 40-46頁。小林宏「徳川吉宗と科料刑の成立——立法における経書の意義に寄せて」(同『日本における立法と解釈の史的研究第二巻近世』汲古書院、2009) 69-90頁。片保亮介「近世日本の贖刑論の一考察 (一) (二)」(『立命館法学』第377号、第381・第382号、2018) 31-67、1-32頁。

(187) 前掲・岩谷「刑法典の近代化における「旧なるもの」と「新なるもの」」257-270頁を参照。

(188) 國學院大學圖書館内井上毅傳記編纂委員會編『井上毅傳史料篇第二』(國學院大學図書館、1966)、146-149、251-276頁。

(189) 國學院大學圖書館内井上毅傳記編纂委員會編『井上毅傳史料篇第一』(國學院大學図書館、1966)、66頁。

(190) 國學院大學圖書館内井上毅傳記編纂委員會編『井上毅傳史料篇第一』(國學院大學図書館、1966)、64頁。

(191) 前掲・岩谷「明治時代の罪と罰」457-461頁を参照。

(192) 永田憲史『財産的刑事制裁の研究——主に罰金刑と被害弁償命令に焦点を当てて』(関西大学出版部、2013) を参照。

(193) 過料の法的性格について、行政法学の観点に基き、明治期から戦後にわたって詳細な検討を行った近年の業績として、須藤陽子『過料と不文の原則』(法律文化社、2018)。

別表1　新律綱領・改定律例ではない法令の違犯が件名として掲げられ、かつ違令が言い渡されている大審院判決

	年	月日	判決番号	事件名	適用された新律綱領・改定律例上の規定	科された制裁	違犯条文・違犯事項	典拠		
1	明治11年	3月21日	第74号	漂流物取扱規則ヲ犯セシ件	違令軽（略）窃盗条ニ依リ賍金一円以上懲役五十日	二罪倶発以重論条ニ照シ一ノ重キ窃盗条ニ依リ懲役五十日ノ処情状ヲ酌量シ二等ヲ減シ懲役三十日	明治八年四月布告内国船難破及ヒ漂流物取扱規則第二十九条ニ違犯セシ者ナルニ因リ違令軽（略）其持帰リシ杉丸太ノ末口ニテ舟楫棒ヲ拵ヘ私用ニ供セシ科ハ右規則第三十六条第二十八条ニ照シ窃盗条	189–192頁	2巻	自判
2	明治11年	7月31日	第192号	芸娼妓解放ノ令ニ違セシ件	違令律ノ重	懲役四十日ノ贖罪金三円申付ル	明治五年第二百九十五号公布	75–80頁	3巻	却下
3	明治12年	6月13日	第129号	烟草印紙犯則ノ件	雑犯律違令条違令軽	懲役三十日贖ヲ聴ス　贖罪金二円二十五銭	明治十年二月三日第十四号公布第一項（略）ニ違反	379–380頁	4巻	自判
4	明治12年	6月17日	第136号	徴兵令違犯ノ件	雑犯律違令条違令軽	懲役三十日ノ処事情ヲ酌量シ二等ヲ減シ懲役一十日贖ヲ聴ス　贖罪金七十五銭	明治八年十一月五日太政官第百六十二号布告改訂徴兵令第六章第十三条（略）ニ違背	402–403頁	4巻	自判
5	明治12年	12月1日	第542号	度量衡改正（ママ）規則違犯ノ件	雑犯律違令軽	懲役三十日贖ヲ聴シ　贖罪金二円二十五銭	明治九年第十七号公布度量衡改定規則第二条	3–8頁	8巻	自判
6	明治12年	12月19日	第601号	度量衡規則違犯ノ件	雑犯律違令軽	懲役三十日無官ノ時罪ヲ犯シ有官ノ後発覚セシ者ナルヲ以テ無官犯罪条ニ拠リ官吏私罪贖例図ニ照シ贖罪金四円五十銭申付	度量衡改定規則第三条ニ違フヲ以テ同則第六条	228–230頁	8巻	却下
7	明治13年	5月20日	第260号	度量衡犯則ノ件	違令軽	懲役三十日仍ホ贖ヲ聴ス　贖罪金二円二十五銭	明治九年太政官第十七号布告度量衡改定規則第二条（略）云々トアル其禁令ヲ犯シタル者ニツキ同規則第六条	166–167頁	11巻	自判

8	明治13年	11月15日	第841号	煙草税則違犯ノ件	雑犯律違令軽キ	懲役三十日贖ヲ聴シ贖罪金二円二十五銭申付ル	明治十年第十四号公布ニ違	360頁	14巻	却下
9	明治13年	11月16日	第846号	煙草税則違犯ノ件	雑犯律違令条令ニ違フノ軽キ者	情ヲ量テ二等ヲ減シ懲役十日贖ヲ聴シ且煙草税則第三則第十条ニ依リ贖罪金七十五銭科料金二十銭	明治八年十月四日第百五十号布告煙草税則第三則第十条（略）ニ違背（略）明治十年二月二日第十四号布告初項（略）ニ違犯	366–367頁	14巻	自判
10	明治13年	11月22日	第872号	煙草税則違犯ノ件	雑犯律違令軽	懲役三十日士族ナルヲ以テ閏刑ニ換ヘ禁獄三十日贖ヲ聴シ贖罪金二円二十五銭申付ル	明治十年第十四号公布ニ違フ	394–395頁	14巻	却下
11	明治14年	2月4日	第129号	徴兵令避ノ件	雑犯律違令軽／雑犯律違令軽	懲役三十日ノ贖罪金二円二十五銭申付／従トナシ一等ヲ減シ懲役二十二ノ贖罪金一円五十銭申付ル	明治十二年第四十六号公布徴兵令第六十六条／明治十三《ママ》年太政官第四十六号公布徴兵令第六十七条	361–363頁	15巻	却下
12	明治14年	5月20日	第658号	代言人規則違犯ノ件	除名シ得タル金五十円ハ坐贓ヲ論シ	懲役四十日ノ贖罪金三円申付ル	代言人規則第二十二条中ヲ犯シタルヲ以テ同則第二十三条	412–414頁	16巻	却下
13	明治14年	6月15日	第810号	徴兵令違犯ノ件	雑犯律違令軽	贖ヲ聴シ贖罪金二円二十五銭	改正徴兵令第六十一条（略）ニ違背	59–60頁	17巻	自判
14	明治14年	6月27日	第874号	煙草税則違犯ノ件	雑犯律違令条	懲役三十日贖ヲ聴ス　贖罪金二円二十五銭	明治十年第十四号布告（略）ニ違反	107頁	17巻	自判
15	明治14年	7月8日	第938号	煙草税則違犯ノ件	雑犯律違令条違令軽	懲役三十日聴贖　贖罪金二円二十五銭	明治十年第十四号布告及ヒ明治十年大蔵省甲第三十四号布達ニ違背	157頁	17巻	自判
16	明治14年	9月27日	第1162号	度量衡規則ニ違犯セシ件	雑犯律違令條違令軽	懲役三十日贖ヲ聴ス　贖罪金二円二十五銭	明治九年二月二十二日史官達ニ本年第十七号布告度量衡改定規則第六条中〔第四条以下〕ハ〔第二条以下〕ノ誤トアルニ照シ其第三条ニ違犯	327頁	17巻	自判
17	明治14年	11月16日	第1358号	煙草税則違犯ノ件	雑犯律違令条違令ノ軽	懲役三十日仍ホ情法ヲ酌量シ二等ヲ減シ懲役十日贖ヲ聴ス　贖罪金七十五銭	明治十年第十四号公布第一項（略）ニ違犯	152–153頁	18巻	自判

18	明治14年	12月3日	第1447号	煙草税則違犯ノ件	雑犯律違令条ニ依リ違令ノ軽キ	懲役三十日ノ処仍ホ二等ヲ減シ懲役十日ノ贖ヲ聴ス　贖罪金七十五銭	明治十年第十四号布告（略）又明治十年大蔵省甲第三十四号布達（略）本犯ハ則該公布ニ違反	230–231頁	18巻	自判
19	明治14年	12月5日	第1453号	烟草税則違犯ノ件	雑犯律違令条違令軽キ	懲役三十日仍ホ情法ヲ酌量シ二等ヲ減シ懲役一十日贖ヲ聴ス　贖罪金七十五銭	明治十年第十四号布告（略）又明治十年大蔵省甲第三十四号布達（略）本犯ハ則該公布ニ違犯	236頁	18巻	自判
20	明治14年	12月8日	第1469号	煙草税則違犯ノ件	雑犯律違令条違令軽	仍ホ情法ヲ酌ミ二等ヲ減シ懲役十日贖ヲ聴ス　贖罪金七十五銭	明治十年第十四号公布第一項（略）本犯ハ則該公布ニ違犯	247頁	18巻	自判
21	明治14年	12月16日	第1510号	煙草税則違犯ノ件	雑犯律違令条違令ノ軽	仍ホ情法ヲ酌ミ二等ヲ減シ懲役一十日贖ヲ聴ス　贖罪金七十五銭	明治十年第十四号公布第一項（略）又明治十年大蔵省甲第三十四号布達（略）本犯ハ則該公布ニ違犯	279頁	18巻	自判
22	明治14年	12月21日	第1520号	煙草税則違犯ノ件	雑犯律違令条違令軽キ	懲役三十日仍ホ情法ヲ酌量シ二等ヲ減シ懲役十日贖ヲ聴ス　贖罪金七十五銭	明治十年第十四号公布第一項（略）該公布ニ違犯	287–288頁	18巻	自判

・『司法省蔵版明治前期大審院刑事判決録』第1巻–第18巻（文生書院、1987–1988）から引用。頁数は当該判決が掲載されている全頁を記載した。

・大審院の意図を明確に把握できる判決として、大審院が原審を否定し、自ら判断をした場合か、あるいは原審の判断を支持して上告を却下した場合を採録した。なお、前者を「自判」、後者を「却下」として付記している。

・原則として、「自判」の場合は大審院の判決から引用し、「却下」の場合は原審の判断から引用した。

・日にちは、判決が出された日を記載した。

※明治14年2月4日大審院第129号判決「徴兵令規避ノ件」（『大審院刑事判決録第15巻』、361–363頁）は、徴兵令違犯に加え、改定律例第246条の適用が論点となっており、大審院は前者については原審を支持し、後者については自判を行った。本稿の趣旨を鑑みて、徴兵令の違犯に着目したため、本表では「却下」に分類した。

※明治14年5月20日大審院第658号判決「代言人規則違犯ノ件」（『大審院刑事判決録第16巻』、412–414頁）は、「違令」が適用されているわけではないが、規則違犯に対して新律綱領・改定律例上の「贓金」が認められたうえで、「贖罪金」が申し付けられているので、本表に採録した。この事例については、財産犯との関係を踏まえながら、詳しく検討する予定である。

別表２　「違令」の件名が付され、かつ新律綱領・改定律例ではない法令に違反している大審院判決

	年	月日	判決番号	事件名	適用された新律綱領・改定律例上の規定	科された制裁	違犯した条文または違犯した事項	典拠		
1	明治12年	6月20日	第154号	違令ノ件	雑犯律違令条違令ノ軽キ	懲役三十日ニ処スヘキ処情ヲ量リ一等ヲ減シ懲役二十日贖ヲ聴ス　贖罪金一円五十銭	明治十年第十四号布告ニ違フ科	448–450頁	4巻	自判
2	明治12年	9月3日	第312号	違令ノ件	雑犯律違令条違令ノ軽キ	懲役三十日ニ処スヘキ処情ヲ量リ一等ヲ減シ懲役二十日贖ヲ聴ス　贖罪金一円五十銭	明治十年第十四号布告ニ違フ科	34–36頁	6巻	自判
3	明治12年	12月5日	第557号	違令ノ件	雑犯律違令重キ	懲役四十日住職ハ士族ニ準スルヲ以テ禁獄四十日ニ換フル贖罪金三円申付ル	明治六年第二百四十九号公布及明治九年教部省第三号達ニ違フ科	61–65頁	8巻	却下
4	明治13年	3月18日	第136号	違令ノ件	雑犯律違令条令ニ違フ軽キモノ	懲役三十日ノ処情状ヲ酌量シ一等ヲ減シ懲役二十日贖ヲ聴シ　贖罪金一円五十銭	明治五年第百九十七号布告人民実印ノ儀（略）ニ違犯	96–100頁	10巻	自判
5	明治13年	3月23日	第141号	違令ノ件	雑犯律違令条	懲役四十日贖ヲ聴ス　贖罪金三円	明治五年五月三日太政官第百四十二号布告（略）ニ違反	118–121頁	10巻	自判
6	明治13年	7月20日	第381号	違令ノ件	雑犯律違令重	懲役四十日贖ヲ聴シ　贖罪金三円	明治元年十二月二十二日ノ公布ニ違犯	141–146頁	12巻	自判
7	明治13年	6月23日（ママ）	第514号	違令ノ件	雑犯律違令条違令重キ	懲役四十日贖ヲ聴ス　贖罪金三円	明治七年太政官第六号改正地所質入規則第九条（略）明治七年太政官第五十二号布告改正地所質入書入規則第十条（略）ニ違犯セシ	53–55頁	13巻	自判
8	明治13年	9月16日	第549号	違令ノ件	雑犯律違令条違令軽／雑犯律違令条違令軽／雑犯律違令条違令	懲役三十日贖ヲ聴シ各　贖罪金二円二十五銭／懲役三十日従犯ナルニ依リ一等ヲ減シ懲役二十日贖ヲ聴シ各　贖罪金一円五十	明治元年十二月二十三日布告（略）ニ違犯	145–151頁	13巻	自判

					軽	銭／懲役三十日従犯ナルニ依リ一等ヲ減シ懲役二十日贖ヲ聴シ贖罪金一円五十銭申付ヘキ処十五以下ナルヲ以テ名例律老少癈疾収贖条ニ照シ贖罪金五十銭				
9	明治13年	9月29日	第606号	違令ノ件	雑犯律違令軽キ	懲役三十日ノ贖罪金二円二十五銭申付	明治十年第十四号布告（略）ニ違犯セシモノ	287頁	13巻	却下
10	明治13年	10月5日	第635号	違令ノ件	違令軽キ	従トナシテ論シ一等ヲ減シ懲役二十日仍ホ贖ヲ聴ス贖罪金一円五十銭	明治七年司法省第三十号達	24-25頁	14巻	自判
11	明治13年	10月19日	第712号	違令ノ件	雑犯律違令条令ニ違フノ軽キ者	情ヲ量テ又一等ヲ減シ懲役二十日贖ヲ聴ス　贖罪金一円五十銭	明治十年二月三日第十四号布告初項(略)ニ違犯	147頁	14巻	自判
12	明治13年	10月22日	第733号	違令ノ件	違令軽キ	懲役三十日仍ホ情状ヲ酌量シ二等ヲ減シ懲役十日贖ヲ聴シ　贖罪金七十五銭	明治十年第十四号公布（略）ニ違犯	174頁	14巻	自判
13	明治13年	11月4日	第783号	違令ノ件	雑犯律違令条令ニ違フノ軽キ者	情ヲ量テ又一等ヲ減シ各懲役二十日贖ヲ聴ス　贖罪金一円五十銭宛	明治十年二月三日第十四号布告初項(略)ニ違犯	240-242頁	14巻	自判
14	明治13年	11月12日	第829号	違令ノ件	雑犯律違令軽	懲役三十日士族ナルヲ以テ閏刑ニ換ヘ禁獄三十日贖ヲ聴シ贖罪金二円二十五銭申付ル	明治十年第十四号公布ニ違	338-339頁	14巻	却下
15	明治13年	11月13日	第835号	違令ノ件	雑犯律違令軽	懲役三十日贖ヲ聴シ贖罪金二円二十五銭申付ル	明治十年第十四号公布ニ違	352頁	14巻	却下
16	明治13年	11月17日	第849号	違令ノ件	雑犯律違令軽	懲役三十日贖ヲ聴シ贖罪金二円二十五銭申付ル	明治十年第十四号公布ニ違	370頁	14巻	却下
17	明治13年	12月17日	第1001号	違令ノ件	違令軽キ	情法ヲ酌量シ二等ヲ減シ懲役十日仍ホ贖ヲ聴ス　贖罪金七十五銭	明治五年太政官第百四十二号公布	135-136頁	15巻	自判
18	明治14年	2月8日	第150号	違令ノ件	雑犯律違令条違令軽	懲役三十日贖ヲ聴ス　贖罪金二円二十五銭	明治五年十月二日第二百九十五号公布第三項（略）ニ違犯	384-385頁	15巻	自判

19	明治14年	2月25日	第232号	違令ノ件	雑犯律違令条違令軽	懲役三十日聴贖ス　贖罪金二円二十五銭	明治十年第十四号公布（略）ニ違犯	468-469頁	15巻	自判
20	明治14年	5月2日	第540号	違令ノ件	雑犯律違令条違令軽	懲役三十日聴贖ス　贖罪金二円二十五銭	明治十年第十四号公布（略）ニ違犯	304-305頁	16巻	自判
21	明治14年	5月14日	第617号	違令ノ件	雑犯律違令条違令軽	懲役三十日未発前自首スルニ付名例律犯罪自首条ニ照シ　免罪	明治七年第百二十号布告地所名称区別民有地第一種但書（略）ニ違背	364頁	16巻	自判
22	明治14年	9月24日	第1151号	違令ノ件	雑犯律違令条例ニ違フ軽キ	懲役三十日仍ホ情状ヲ酌量シ二等ヲ減シ懲役十日贖ヲ聴シ　贖罪金七十五銭	明治十年第十四号布告（略）ニ違ハサル	318頁	17巻	自判
23	明治14年	10月15日	第1269号	違令ノ件	雑犯律違令条違令重	懲役四十日聴贖　贖罪金三円	明治七年第十三号公布（略）ニ背キタル	81-82頁	18巻	自判
24	明治14年	12月3日	第1448号	違令ノ件	雑犯律違令条ニ依リ違令ノ軽キ	情法ヲ酌ミ二等ヲ減シ懲役十日贖ヲ聴シ　贖罪金七十五銭	明治十年第十四号布告（略）又明治十年大蔵省甲第三十四号布達（略）本犯ハ則チ該公布ニ違反	231頁	18巻	自判
25	明治14年	12月27日	第1586号	違令ノ件	違令軽	懲役三十日婦人ナルヲ以テ例図ニ照シ収贖金七十五銭申付ル	教部省明治六年第二号布達（略）ニ違犯	357頁	18巻	却下

・『司法省蔵版明治前期大審院刑事判決録』第1巻-第18巻（文生書院、1987-1988）から引用。頁数は当該判決が掲載されている全頁を記載した。
・大審院の意図を明確に把握できる判決として、大審院が原審を否定し、自ら判断をした場合か、あるいは原審の判断を支持して上告を却下した場合を採録した。なお、前者を「自判」、後者を「却下」として付記している。
・原則として、「自判」の場合は大審院の判決から引用し、「却下」の場合は原審の判断から引用した。
・日にちは、判決が出された日を記載した。
・同一の欄内に記載したスラッシュによる区切りは、『大審院刑事判決録』に一件として記載されている事件で、複数人が異なる判決を言い渡された内容を列記していることを示す。

別表3　行った行為が件名として記載され、かつ違令が言い渡されている大審院判決

	年	月日	判決番号	事件名	適用された新律綱領・改定律例上の規定	科された制裁	違反条文・違反事項	典拠		
1	明治12年	1月13日	第7号	実印ヲ他人ニ托セシ件	違令軽	懲役三十日ニ処スヘキ処情法ヲ酌量シ三等ヲ減シ尽シテ　無科	明治五年七月十日太政官第百九十七号布告（略）ニ違フ	16–17頁	4巻	自判
2	明治13年	10月5日	第633号	漂流船ヲ拾ヒシ件	違令軽	懲役三十日贖ヲ聴ス　贖罪金二円二十五銭	明治八年第六十六号布告内国船難破及ヒ漂流物取扱規則第二十九条（略）ニ違背	21–23頁	14巻	自判
3	明治13年	10月30日	第758号	漂流物ヲ隠匿セシ件	雑犯律違令条違令ノ軽キ	懲役三十日贖ヲ聴シ　贖罪金二円二十五銭	内国船難破及ヒ漂流物取扱規則第二十九条（略）ニ違背	204–206頁	14巻	自判
4	明治14年	2月1日	第100号	私擅埋葬自首ノ件	雑犯律違令条令ニ違フノ軽キ	懲役三十日贖ヲ聴スヘキ処自首スルヲ以テ　免罪	明治五年第百九十二号布告	333–334頁	15巻	自判
5	明治14年	9月24日	第1150号	製造煙草ニ印紙ヲ貼用セサル件	雑犯律違令条例ニ違フ軽キ者	懲役三十日情ヲ量シ二等ヲ酌減シ同十日収贖ス　収贖金二十五銭	明治十年第十四号布告（略）該布告ニ違背	317–318頁	17巻	自判
6	明治14年	9月30日	第1189号	偽造斛斗秤尺ノ件	雑犯律違令条令ニ違フ軽キ者	懲役三十日贖ヲ聴シ　贖罪金二円二十五銭	明治九年第十七号布告度量衡改定規則第二条（略）ニ違背	352–353頁	17巻	自判
7	明治14年	10月8日	第1223号	製造烟草ニ印紙ヲ貼用セサル件	雑犯律違令条違令軽	仍ホ情法ヲ酌シ二等ヲ減シ懲役十日贖ヲ聴ス　贖罪金七十五銭	明治十年第千四号（ママ）公布第一項（略）則該公布ニ違犯	33頁	18巻	自判
8	明治14年	12月3日	第1446号	煙草印紙不貼用ノ件	雑犯律違令条違令ノ軽	懲役三十日仍ホ情法ヲ酌量シ二等ヲ減シ懲役十日婦人ナルヲ以テ収贖セシム　収贖金二十五銭	明治十年第十四号公布第一項（略）本犯ハ則該公布ニ違犯	230頁	18巻	自判
9	明治14年	12月6日	第1459号	煙草印紙不貼用ノ件	雑犯律違令条違令軽キ	仍ホ情法ヲ酌シ二等ヲ減シ懲役一十日贖ヲ聴ス　贖罪金七十五銭	明治十年第十四号公布第一項（略）又明治十年大蔵省甲第三十四号達（略）本犯ハ則該公布ニ違犯	239–240頁	18巻	自判

10	明治14年	12月6日	第1460号	煙草印紙不貼用ノ件	雑犯律違令条違令軽	仍ホ情法ヲ酌量シ二等ヲ減シ懲役十日贖ヲ聴ス　贖罪金七十五銭	明治十年第十四号公布第一項（略）本犯ハ則該公布ニ違犯	240頁	18巻	自判
11	明治14年	12月6日	第1461号	煙草ニ印紙不貼用ノ件	雑犯律違令条違令軽	徴役三十日ノ処仍ホ情法ヲ酌ミ二等ヲ減シ懲役一十日贖ヲ聴ス　贖罪金七十五銭	明治十年第十四号公布第一項（略）又明治十年大蔵省甲第三十四号布達（略）本犯ハ則該公布ニ違犯	240頁	18巻	自判
12	明治14年	12月15日	第1506号	烟草ニ印紙ヲ不貼用ノ件	雑犯律違令条違令軽	懲役三十日ノ処仍ホ情法ヲ酌ミ二等ヲ減シ懲役一十日贖ヲ聴ス　贖罪金七十五銭	明治十年第十四号公布第一項（略）又明治十年大蔵省甲第三十四号布達（略）本犯ハ則該公布ニ違犯	276頁	18巻	自判
13	明治14年	12月19日	第1516号	煙草ニ印紙ヲ不貼用ノ件	雑犯律違令条違令軽キ	懲役三十日仍ホ情法ヲ酌量シ二等ヲ減シ懲役十日贖ヲ聴ス　贖罪金七十五銭	明治十年第十四号公布第一項（略）則チ該公布ニ違犯	284頁	18巻	自判

・『司法省蔵版明治前期大審院刑事判決録』第1巻–第18巻（文生書院、1987–1988）から引用。頁数は当該判決が掲載されている全頁を記載した。

・大審院の意図を明確に把握できる判決として、大審院が原審を否定し、自ら判断をした場合か、あるいは原審の判断を支持して上告を却下した場合を採録した。なお、前者を「自判」、後者を「却下」として付記している。

・原則として、「自判」の場合は大審院の判決から引用し、「却下」の場合は原審の判断から引用した。

・日にちは、判決が出された日を記載した。

※　なお、表中では採録しなかったが、明治11年9月12日大審院第234号判決「実印ヲ預リシ件」（『大審院刑事判決録第3巻』186–188頁）では、原審は「不応為ノ軽」に基づいて「禁獄三十日」を言い渡した。しかし、同事件について、大審院は「雑犯律費用受寄財産条」の減等の結果として「罪ナキ」、および「明治五年第百九十七号布告人民実印ノ儀」の違犯として「雑犯律違令条」の「違令軽」を認めたうえで、「二罪倶発」および「改正閏刑律」に従って「禁獄三十日」を言い渡したうえで、原審を批判しながらも、「違令条ニ問フモ不応為軽ニ問ヒシモ刑ニ軽重ノ差ナキヲ以テ破毀ノ限ニ非ストス」と結論付けた。このような不応為と違令の関係性は稿を改めて考察したい。

※　なお、表中では採録しなかったが、明治13年10月12日大審院第735号判決は（『大審院刑事判決録第14巻』175–179頁）、「不応為ノ件」という件名を持つとともに、国立銀行条例第八十八条の違犯に対して「雑犯律違令重キニ問擬シテ懲役四十日」とされている。この件については、偽造との関連で、改めて考察することとしたい。

※　明治14年12月8日大審院第1470号判決は、「烟草ニ印紙不貼用ノ件」と題されているが、人違いのため、「罪ノ問フヘキナシ」と判断されたので、採録しなかった（『大審院刑事判決録第18巻』247–248頁。

別表4　大審院の判決上で、違犯時に違令が適用された法令

	法令の番号	判決上で記載されていた法令の名称	条文番号	条文の語尾あるいは制裁規定	典拠
1	明治元年12月23日 行政官第1124号(布)			厳禁被　仰出候事	『法令全書自慶応三年十月至明治元年十二月』416頁。
2	明治5年5月3日 太政官第142号(布)			自今令禁止候事	『法令全書明治五年』94頁。
3	明治5年6月28日 太政官第192号(布)			向後不相成候条（略）可相頼候事	『法令全書明治五年』134頁。
4	明治5年7月10日 太政官第197号(布)			屹度可及所置候事	『法令全書明治五年』135頁。
6	明治5年10月2日 太政官第295号(布)	芸娼妓解放ノ令	第3項	証文可相改事	『法令全書明治五年』201頁。
7	明治6年1月15日 教部省第2号			自今一切禁止候条	『法令全書明治六年』1627頁。
8	明治6年7月17日 太政官第249号(布)			自佀ニ処分可致筋無之候条	『法令全書明治六年』353頁。
9	明治7年1月19日 太政官第6号布告		第9条	ス可シ	『法令全書明治七年』19頁。
10	明治7年1月29日 太政官第13号布告			此旨布告候事	『法令全書明治七年』20頁。
11	明治7年5月12日 太政官第52号布告		第10条	引渡可申事	『法令全書明治七年』39-40頁。
12	明治7年11月7日 太政官第120号布告		民有地第一種但書	官ノ許可ヲ乞フヲ法トス	『法令全書明治七年』164頁。
13	明治7年12月20日 司法省第30号達			違令軽重ニ問フテ代價ヲ追徵ス	『法令全書明治七年』1354頁。
14	明治8年4月24日 太政官第66号布告	内国船難破及漂流物取扱規則	第28条	律ニ照シテ処分ス可シ	『法令全書明治八年』90-91頁。
15	明治8年4月24日 太政官第66号布告	内国船難破及漂流物取扱規則	第29条	報知ス可シ／届出可シ	『法令全書明治八年』91頁。
16	明治8年11月5日 太政官第162号布告	徴兵令	第6章第13条	届出ツヘシ／差出タスヘシ	『法令全書明治八年』227頁。
18	明治9年2月2日 教部省第3号達書			此旨為心得相達候事	『法令全書明治九年』1309頁
19	明治9年2月19日 太政官第17号布告	度量衡改定規則	第6条	第二条以下ノ禁令ヲ犯ス者ハ其品取上ケ律ニ照シテ処断スヘキ事	『法令全書明治九年』10頁。

20	明治10年2月3日 太政官第14号布告			致シ可置	『法令全書明治十年』12頁。
21	明治10年11月10日 大蔵省甲第34号布達			致置可申此旨布達候事	『法令全書明治十年』525頁。
22	明治12年10月27日 太政官第46号布告	徴兵令	第61条	届出ヘシ／出スヘシ	『法令全書明治十二年』100頁。

・原則として、『法令全書』から引用し、判決で問題となっていた条文が掲載されている頁数を記載した。

・判決文上では、法令番号の月や日が割愛されている法令もあったが、年・制定主体・法形式・号数から言及されている法令を同定したうえで、法令番号を記載した。

・記載している条数は、当該法令に違反した場合に科される制裁が明記されているものである。たとえば、明治13年5月20日大審院第260号判決（『大審院刑事判決録第11巻』166–167頁）では、明治9年2月19日太政官第17号布告の第2条違犯が認められているが、同布告第6条に「第二条以下ノ禁令ヲ犯ス者ハ其品取上ケ律ニ照シテ処断スヘキ事」と規定されているので（『法令全書明治九年』10頁）、本表では第6条を採録した。そして、当該法令内に違犯時の制裁規定がない場合は、判決で問題となっていた規定の語尾を引用した。

別表5　新律綱領・改定律例以外の法令に違犯した際に、違式が適用された大審院判決

	年	月日	判決番号	事件名	適用された新律綱領・改定律例上の規定	科された制裁	違反条文・違反事項	典拠		
1	明治12年	12月8日	第562号	違式ノ件	違式軽	懲役十日贖ヲ聴ス　贖罪金七十五銭	明治七年四月二十五日司法省第八号達	75–76頁	8巻	自判
2	明治12年	12月8日	第563号	違式ノ件	違式軽	懲役十日贖ヲ聴ス　贖罪金七十五銭	明治七年四月二十五日司法省第八号達	76–78頁	8巻	自判
3	明治12年	12月27日	第626号	違式ノ件	改定律例第二百八十八条	年七十以上ナルヲ以テ名例律老少疾収贖条（略）改正贖罪収贖例図ニ照シ　収贖金五十銭	明治十二年二月二十四日内務省甲第三号布達（略）右文中ニ引ク処ノ明治九年一月内務省乙第五号各県達別紙（略）	327–331頁	8巻	自判
4	明治13年	3月10日	第126号	違式ノ件	改定律例第二百八十八条ニ照シ違式軽	懲役十日贖ヲ聴シ　贖罪金七十五銭／懲役十日贖ヲ聴シ　収贖金二十五銭	明治七年司法省第八号達／明治七年司法省第八号達	60–63頁	10巻	自判
5	明治13年	6月19日	第317号	違式ノ件	雑犯律違式軽／雑犯律違式軽	懲役十日ノ処聞捕自首ニ疑シ本罪ニ一等ヲ減シ減シ尽シテ　無科／懲役	明治八《ママ》年司法省第八号達	411–415頁	11巻	自判

						十日ノ処贖ヲ聴シ　各贖罪金七十五銭			
6	明治13年	6月24日	第337号	違式ノ件	改定律例第二百八十八条凡式ニ違フ者（略）軽キ者	懲役十日ノ贖金七十五銭ノ処仍ホ改定律例第五十九条（略）本罪ニ一等ヲ減ストアルニヨリ減シ尽シテ　無科	明治七年司法省第八号達	491–492頁	11巻	自判
7	明治13年	7月9日	第361号	煙草税則違犯ノ件	雑犯律違式ノ軽	懲役十日贖ヲ聴ス　贖罪金七十五銭	明治十三（ママ）年大蔵省甲第三十四号布達（略）ニ違犯	52–53頁	12巻	自判
8	明治14年	2月25日	第229号	違式ノ件	改定律例第二百八十八条違式軽	懲役十日	明治七年七月司法省第十三号布達	467–468頁	15巻	自判
9	明治14年	3月3日	第255号	違式ノ件	違軽	贖ヲ聴シ　贖罪金七十五銭	明治七年司法省第八号布達	8–9頁	16巻	自判
10	明治14年	4月25日	第491号	違式ノ件	違式重	懲役二十日贖ヲ聴シ　各贖罪金一円五十銭	明治七年司法省第八号布達別紙第二項	252–253頁	16巻	自判
11	明治14年	5月16日	第626号	違式ノ件	改定律例第二百八十八条式ニ違フ者	懲役二十日（略）贖ヲ聴ス　贖罪金一円五十銭／従トナシ一等ヲ減シ贖ヲ聴ス　贖罪金七十五銭宛	明治七年司法省第八号達	374–375頁	16巻	自判
12	明治14年	5月25日	第694号	違式ノ件	違式軽	懲役十日聴贖シ　贖罪金七十五銭	明治七年司法省第八号布達第二項	441頁	16巻	自判
13	明治14年	6月6日	第752号	違式ノ件	雑犯律違令条例違式軽	懲役十日事錯誤ニ出ルヲ以テ贖ヲ聴シ贖罪金七十五銭申付	明治十三年福島県甲第七十九号地方税納方ノ布達（略）ニ違フ	19–20頁	17巻	却下
14	明治14年	6月15日	第809号	度量衡違犯ノ件	改定律例第九十九条ニ照シ雑犯律違式条違式	懲役二十日聴贖ス　贖罪金一円五十銭	明治九年太政官第十七号布告度量衡規則（略）第三条（略）又同規則第五条（略）ニ違背	59頁	17巻	自判
15	明治14年	6月23日	第856号	煙草犯則ノ件	改定律例第二百八十八条違式重	収贖ス　収贖金五十銭	明治十年大蔵省甲第三十四号布達	95頁	17巻	自判
16	明治14年	6月23日	第857号	煙草犯則ノ件	改定律例第二百八十八条違	贖ヲ聴ス　贖罪金一円五十銭	明治十年大蔵省甲第三十四号布達	95–96頁	17巻	自判

					式重					
17	明治14年	11月25日	第 1409号	出生無届ノ件	改定律例第二百八十八条ニ依リ違式軽	懲役十日ノ贖罪金七十五銭申付ル	戸籍法第五則（略）ニ違背	196頁	18巻	却下
18	明治14年	12月16日	第 1513号	出産無届ノ件	改定律例第二百八十八条ニ依リ違式軽	懲役十日ノ贖罪金七十五銭申付ル	戸籍法第五則ニ違背	282頁	18巻	却下
19	明治14年	12月27日	第 1597号	違式ノ件	雑犯律違式軽	懲役十日癈疾ニ罹ルヲ以テ贖ヲ聴シ収贖金二十五銭申付ル	戸籍法ニ違フ	365-366頁	18巻	却下

・『司法省蔵版明治前期大審院刑事判決録』第1巻-第18巻（文生書院、1987-1988）から引用。頁数は当該判決が掲載されている全頁を記載した。
・大審院の意図を明確に把握できる判決として、大審院が原審を否定し、自ら判断をした場合か、あるいは原審の判断を支持して上告を却下した場合を採録した。なお、前者を「自判」、後者を「却下」として付記している。
・原則として、「自判」の場合は大審院の判決から引用し、「却下」の場合は原審の判断から引用した。
・日にちは、判決が出された日を記載した。
・同一の欄内に記載したスラッシュによる区切りは、『大審院刑事判決録』に一件として記載されている事件で、複数人が各々に異なる判決を言い渡された内容を列記していることを示す。

別表6　大審院の判決上で、違犯時に違式が適用された法令

	法令の番号	判決上で記載されていた法規範の名称	条文番号	条文の語尾あるいは制裁規定	典拠
1	明治4年4月4日太政官第170号(布)	戸籍法	第5則	差出スヘシ	『法令全書明治四年』117頁。
2	明治7年4月25日司法省第8号達		別紙　第2項	情ヲ量リ違式軽重ニ問ヒ並ニ贖ヲ聴ス	『法令全書明治七年』1345頁。
3	明治7年7月2日司法省第13号達			違式軽ヲ以テ論シ実断ス	『法令全書明治七年』1347頁。
4	明治9年2月19日太政官第17号布告	度量衡改定規則	第6条	律ニ照シテ処断スヘキ事	『法令全書明治九年』10頁。
5	明治9年1月12日内務省乙第5号達		別紙第1項	授クヘシ	『法令全書明治九年』548頁。
6	明治10年11月10日大蔵省甲第34号布達			致置可申此旨布達候事	『法令全書明治十年』525頁。

・原則として、『法令全書』から引用し、判決で問題となっていた条文が掲載されている頁数を記載した。
・判決文上では、法令番号の月や日が割愛されている法規範もあったが、年・制定主体・法形式・号数から言及されている法令を同定したうえで、法令番号を記載した。
・記載している条数は、当該法規範に違反した場合に科される制裁が明記されているものである。たとえば、明治14年6月15日大審院第809号判決（『大審院刑事判決録第17巻』59頁）では、明治9年2月19日太政官第17号布告の第3条および第5条違犯が認められているが、同布告第6条に「第二条以下ノ禁令ヲ犯ス者ハ其品取上ケ律ニ照シテ処断スヘキ事」と規定されているので（『法令全書明治九年』10頁）、本表では第6条を採録した。そして、当該法令内に違犯時の制裁規定がない場合は、判決で問題となっていた規定の語尾を引用した。

ユリアヌスの法解釈

アクィリウス法を素材に

塚原 義央

はじめに

筆者はこれまでの研究において帝政期ローマの法学者のうちの一人であるケルススを分析してきたが(1)、本稿で取り上げるユリアヌスも同時代の法学者のうちの一人である。ユリアヌスはハドリアヌス帝の時代に活動したとされ高位の公職を務め、皇帝顧問会にも所属した。また法学上においては、ハドリアヌス帝の命によりそれまでの告示を集成した「永久告示録 edictum perpetuum」を編纂した(2)。

ユリアヌスについては多くの先行研究がなされているが、基本的にはユリアヌスの法学上の功績を積極的に評価した上で、個別の事例においてその例を検討するというものが多い(3)。筆者もこのような評価を否定するものではないが、本稿の問題関心はユリアヌスの法学的思考の特徴を明らかにすることである。したがって本稿の問題関心は、これまでの先行研究のそれとは異なるであろう。すなわち先行研究は、本稿の中心となるD.9, 2, 51を中心としてそれに関連する諸法文を取り上げ、それら諸法文の整合性を取ろうとしたのに対し、本稿の目的は、法解釈という行為を題材としてユリアヌスの置かれた社会的状況をも考慮しながら、その思考方法および活動の実態を明らかにするということである。このようなアプローチは伝統的なエクセゲーゼを中心とした法文理解とは趣を異にするかもしれないが、ローマの法学者たちの思考方法を明らかにし、その活動実態を解明する一つの試みとして位置づけることが可能ではないかと思われる。

本稿ではユリアヌスの法解釈、中でもそのアクィリウス法の解釈について見てみるが、本稿で取り上げるD.9, 2, 51はユリアヌスがアクィリウス法解釈について述べる法文である。同法文に関する解釈史は、中世の注釈学派にまで遡りうる先行研究の蓄積があり、本稿もこれらに依拠しつつ筆者自身の見解を加えるものである。同法文は首項、1項、2項の三つの部分からなるが、首項においてはアクィリウ法上の殺害行為について、その定義をはじめとして詳細な説明を試みている。また1項においては古法学

者の見解が紹介され、2項においては類似の事例を紹介するなど、ユリアヌスの法思考の特徴が良く現れている法文として捉えることができるであろう(4)。またアクィリウス法は共和政期以来、帝政期に至るまで古代ローマの法学者たちが様々にその解釈を展開してきた法律である。後で見るようにユリアヌスもD.9, 2, 51の中で古法学者たちveteresの同法に関する見解を紹介するが、このような長い解釈史の中でユリアヌスがどのように過去の法学に向き合い、どのように実際の問題に解決を与えたかを見るために、同法の解釈は適宜なものである。

このような問題関心からまずBundの研究成果(5)によりながらユリアヌスの出自および公職就任経歴といったプロフィールを確認する。そしてDigestaに採録されるアクィリウス法解釈に関連するユリアヌスの法文を分析し、それについての先行研究を概観する。そしてLenelがウルピアヌスNr.614として再構成するアクィリウス法上の殺害行為の解釈に関連する法文を概観した上で、D.9, 2, 51で扱われるユリアヌスの解決の意図を筆者なりに明らかにしてみたい。

1　ユリアヌスの出自及び法学修習経歴、公職就任経歴

ユリアヌスの生年については争いがあるが、100年から110年の間である。ユリアヌスが生まれた都市についてはHAのディディウス・ユリアヌス伝に父方の祖父の出身がメディオラヌム（現在のイタリア北部）、母方の祖父の出身がハドルメントゥム（アフリカ北部の都市）にあったと伝えるため諸説あるが、ハドルメントゥムであったと思われる(6)。

ユリアヌスの法学修習経歴について唯一分かることは、彼がヤウォレヌスの弟子であったということである。ヤウォレヌスは、ポンポニウスの記述によればカエリウス・サビヌスに次いでサビヌス学派の中心人物と目された者である。ヤウォレヌスは数々の公職を務め最終的にはアフリカのプロコンスルに就任したが、ユリアヌスは、ヤウォレヌスが職務でアフリカの地に就任中にその教えを受けたことが推測される。ユリアヌスが受けた

教育は同時代に通例のものであったが、彼のストア哲学や特にその論理学に対する知識は、同時代の知識階層の水準を超えていたとされる(7)。

さらにユリアヌスの公職就任経歴については、Pupputの碑文(8)が伝えている。

X vir （stlitibus iudicandis）　訴訟裁定のための十人委員(9)

Quaestor Imperatoris Hadriani　ハドリアヌス帝のクアエストル（財務官）

Tribunus plebis　トリブヌス・プレビス（護民官）

Praetor　プラエトル（法務官）

Praefectus aerarii Saturnii　国民国庫の管理官

Praefectus aerarii militaris　軍事国庫の管理官

Consul　コンスル（執政官）

Curator aedium sacrarum　神殿のためのクラトル（監督官）

Legatus Imperatoris Antonini Augusti Pii Germaniae inferioris　アントニウス・ピウス帝の下ゲルマニア属州長官

Legatus imperatorum Antonini Augusti et Veri Augusti Hispaniae citeriori　アントニヌス帝およびウェルス帝の内ヒスパニア属州長官

Proconsul Africae　アフリカ属州長官

このようなデータから、ユリアヌスがその公職経歴を「訴訟裁定のための十人委員」から始めていることが分かる。アウグストゥスの時代から当該公職は、特に相続に関する事案を担当する百人裁判所委員会の議長であった(10)。またユリアヌスはプラエトルに就任しているが、このときにハドリアヌス帝から「永久告示録」を最終的に編纂する任を負ったと推測される(11)。またハドリアヌス帝治世に皇帝顧問会 consilium principis に所属し、特別審理手続や勅答を作成する際の助言をしたものと思われ、同時代の法学の発展に大きな影響を及ぼした。またユリアヌスは consul に就任しているが、これはピウス帝治下の148年に就任したと思われる(12)。またユリアヌスはコンスルの後に属州長官としてのキャリアを積んでいるが、

Legatus は Proconsul の副官・代官として随伴し、コンスルが得た命令権を任期満了後にも行使させる命令権延長方式を採っていたことが前提になっていると思われる。

ユリアヌスの経歴を概観すると、中央の帝国行政の官職にユリアヌスの公的な活動の重点が置かれているということがわかる。ユリアヌスが legatus として派遣された皇帝属州は同時代においては平和であったため、軍事上の課題はユリアヌスにとって大きな意味をなさない(13)。

2　ユリアヌスのアクィリウス法解釈法文（D.9,2,51）

2-1　アクィリウス法について

具体的にユリアヌスの法解釈法文の分析に入る前に、まずアクィリウス法について見てみよう。同法は共和政期に定められ、正確な年代については争いがあるが、前三世紀ごろに成立したとされる。全三章から構成され、第一、第三章が不法損害に関連する。同法を完全な形で伝える史料は存在しないため断片的な史料を集めて再構成する形になるが、通説になっていると思われる同法の規定の再構成を見てみよう(14)。

第一章：「ある者が他人の男奴隷もしくは女奴隷を、または四足の家畜を不法に殺害したならば、その者は、この1年以内にその物が値した最高額について、所有者にそれに相当する金銭を与える責を負う(15)。」

第三章：「〔奴隷および家畜の殺害を除き、その他の物について〕ある者が不法にこれを焼き、砕き、壊して他人に損害を与えたならば、その者は、最近の30日以内にその物が値した(16)額について、所有者にそれに相当する金銭を与える責を負う(17)。」

同法をめぐっては共和政期以来、古代ローマの法学者たちが法律文言の適用範囲をめぐり、様々に解釈を展開してきた(18)。第一章についてはその「殺害する occidere」という文言の解釈をめぐって、また第三章については「焼き urere、砕き frangere、壊す rumpere」という文言の解釈をめぐって多くの議論が積み重ねられたようである。本稿でメインとして取り上げるユリアヌスの法文も、「殺害する」という文言について詳細な説明を加えている。

2-2　史　　料

以下に掲げる法文は Lenel の Palingenesia におけるユリアヌス著作の再構成において、「アクィリウス法註解」という章題をつけられた章の冒頭に掲げられる法文である(19)。同法文は首項、第１項、第２項の三つの部分からなるが、まずは首項部分から見ていくことにする。

学説彙纂９巻２章51法文「ユリアヌス、法学大全86巻」（Iul. Nr.821）

①　**首項**：その打撃で確かに死亡するよう奴隷が打撃を受け、さらにその間に奴隷が相続人に指定されその後、他の者から打撃を受けながら死亡した。私は問う。双方を相手方として殺害についてアクィリウス法で訴えうるかと。〔ユリアヌスは〕答える。確かに一般的にはいかなる方法であろうと、死因を与えた者が殺害したと言われる。しかしアクィリウス法によってはただ以下の者のみが責を負うとみなされた。すなわち暴力を用いそして手で死因を与えたと扱われた者であり、明らかに「殺害する caedere」や「殺害 caedes」から〔アクィリウス法の〕文言を解釈した結果である。他方でアクィリウス法によっては、直ちに死に至るよう攻撃を加えた者のみならず、加えた危害である者が死ぬことが確実になった者も責を負うと判断された。したがってある者が奴隷に致命的な危害を加え、時が経ち他の者がその奴隷に最初の危害で死亡するよりもより早く死に至るよう危害を加えた場合、彼らのうち両者ともアクィリウス法で責を負うと決定されるべきであ

る[20]。

② **1項**：このことは古法学者の決定と合致するものであり、古法学者たちは、このような奴隷が数人の攻撃によって損傷を受けたが、そのうちの誰の打撃により死亡したかは明白でないような場合には、全員がアクィリウス法にもとづいて責を負うと決定したのである[21]。

③ **2項**：だが死亡した者の賠償評価額は両者いずれも同一となるのではない。すなわち、最初に損傷を与えた者は、損傷を受けた日から365日を遡った最近一年の内に奴隷が最高価格を有していたものに相当する額を賠償し、後で打撃を加えた者は、生命を喪失した時点での最近一年の内にその奴隷が最高価格に達しうるものに相当する額について責を負うことになり、その額には遺産の価格も含められうるであろう。したがって同一の奴隷が殺害されたという理由でも、一方はより多くの評価額を賠償し、他方はより少ないものを賠償することになるけれども、各々が奴隷を殺害したのには原因にも違いがあり時も異なると理解されるので、決して奇異なものではない。もしわれわれの解決を馬鹿げたものだとする者がいるとすれば、むしろ両者のいずれもアクィリウス法にもとづいて責を負わないとしたり、あるいはいずれか一方がそれにもとづいて責を負うとする方がもっと馬鹿げたものだということを考えるべきである。なぜなら、悪行が処罰されないのは許されないことであるし、また両者のいずれがこの法律にもとづいて責を負うかを決定することも容易にはできないことだからである。ところで、多くの事柄が市民法上、議論する道理に反して共通の利益のために承認されたことは、多くの実例により証明されうる。さしあたり、ここでは一例を挙げておけば充分であろう。数人の者が窃盗を働く目的で他人の梁木を運び去った場合、ひとりひとりではそれを運ぶことはできないようなときには、厳格な理論からするなら、実際は誰ひとりその梁木を運び去ったことにはならないのであるから、誰も責を負わないと言い得るにしても、〔このような場合にはやはり〕その全員が盗訴権によって責を負うとみなされるのである[22]。

ある奴隷が二人の加害者から攻撃を受け死亡した事例において、奴隷の所有者はどのような訴権でもって加害者を訴えうるか。①においてユリアヌスは加害者二人双方を相手方として、アクィリウス法訴権でもって訴えうるとした。ユリアヌスは「殺害する」という行為について、一般的にはいかなる方法であろうとも「死因を与えること mortis causam praebere」であると説明した上で、アクィリウス法上は「暴力を用い、また手で死因を与えるものと扱われること adhibita vi et quasi manu causam mortis praebere」であるとし、アクィリウス法上の殺害行為をより厳密に定義しようとしたことが推測される。またユリアヌスは「殺害する occidere」という文言を解釈する上で、語源の「殺害する caedere」という言葉から推測するという手法を取っている。occidere は元来、ユリアヌスが言うようにどのような方法であろうと死因を与えるものと解釈され、caedere は暴力でまたは手でといった物理的な行為でもって死因を与えるものとされていた。この caedere の理解を、ユリアヌスはアクィリウス法の「殺害する occidere」という文言の解釈に援用したと思われる。

②においてユリアヌスは古法学者たち veteres の見解を紹介し、古法学者たちによれば複数の加害者がおり奴隷が死亡した場合、誰の責に帰すかが定かでないとき、加害者全員をアクィリウス法訴権で訴えうるとした(23)。

③においてユリアヌスは第一加害者と第二加害者との間で、責任の相違を述べている。①において奴隷が相続人に指定されているため、第二加害者の賠償額には奴隷が相続するはずであった相続財産の評価額も含まれるであろうとする。加害者が複数おり、誰の責に帰すべきかが明らかでない事例は共和政期からあったものと思われ、②でユリアヌスが古法学者たちの見解を引用している通りである。しかし後に述べるように、どの加害者をどの訴権で訴えるかという問題は、法学者間でも議論があったようである。③においてユリアヌスは自身の見解に反論が出てくることを予想して、「多くの事柄が市民法上、議論する道理に反して共通の利益のために承認された」と述べている。

2－3　先行研究による解釈

D.9,2,51は、以下のウルピアヌス法文と関連づけて理解されてきた注釈学派以来の研究史がある(24)。

④　学説彙纂９巻２章11法文３項　ウルピアヌス、告示註解18巻

ケルススは以下のように書く。「一人が重大な傷害で致命傷を負わせ、別の者がその後、死亡させた場合、もちろん前者は殺害したものとして責を負わないが、他の傷害で死亡したことを理由に、損傷させたものとして〔責を負う〕。後者は殺害したことを理由に責を負う。なぜならば殺害したからである」。そしてこの見解は、マルケッルスによっても支持され、さらに同意しやすい(25)。

また以下の史料においてウルピアヌスが伝えるユリアヌスの見解は、D.9, 2, 51でユリアヌスが述べている見解と矛盾すると指摘されてきた。

⑤　学説彙纂９巻２章15法文１項　ウルピアヌス、告示註解18巻（Iul. Nr. 825）

奴隷が致命傷を受け、後に倒壊または難破またはその他の打撃によって死期を早めた場合、殺害について訴えられることはできず、傷害したものとして訴えられうるが、解放されたまたは譲渡された〔奴隷が〕その負傷が原因で死亡した場合、殺害されたものとして訴えられうる、とユリアヌスは述べている。なぜこのような違いが生じるかといえば、この奴隷があなたに殺害されたというのはその者の死亡によってはじめて明らかになることであり、そしてまさにそれをあなたが傷害を与えた時点に求めるのが妥当であるけれども、これに対して右に述べた最初の事例においては倒壊等を被ったことによって殺害されたのかどうかを明らかにすることはできないからである。しかしあなたが致命傷を負った奴隷に自由人となりかつ相続人となるよう命じ、その後で

この奴隷が死亡した場合には、彼の相続人はアクィリウス法によって訴えることはできない(26)。

⑤では第一加害者は同法第三章の規定により、第二加害者は同法第一章の規定により責を負うとしており、D.9, 2, 51では両者とも同法第一章の規定により責を負うとする、というものである。

D.9, 2, 51と④の見解との相違をユリアヌスとケルススとの対立という形で捉えたSchindlerは、「追い越し原因 Überholende Kausalität(27)」への問題関心の上で両法文を取り上げ、G. BeselerによるD.9, 2, 51へのインテルポラティオの可能性の指摘(28)を紹介しながら同法文は純粋なものであるとし、以下の三点を指摘する。すなわち **a)**「追い越し原因」の事例においてユリアヌスは加害者両者が殺害について責を負うと決定し、ケルススは最初の加害者が傷害について、後の加害者が殺害について責を負うと決定した。**b)** ユリアヌスは、奴隷に死に至るような傷をつけ後に死亡した際は、損害を算出するために一年の遡及が問題となる場合、傷害を加えた時点が基準であるとし、ケルススはそのような場合において死亡時点が基準であるとした（D.9, 2, 21, 1(29)）。**c)** 傷害を受けた時点と死亡時点との間に奴隷が譲渡されたり、解放されたりまたは相続人に指定されたりした場合、アクィリウス法の何章に基づいて訴えうるかについて、⑤を根拠にユリアヌスは傷害を加えた日が基準であるとし、ケルススは他の意見であらねばならずおそらく死亡日が基準であったとし、その明確な証拠は⑤にあるとする。またマルケッルスは **a)** の事例においては④が示すようにケルススに従い、**b)** や **c)** のような事例においてマルケッルスの見解を伝える史料はないが、おそらくユリアヌスに従ったとする。またウルピアヌスは **a)** の事例においてケルススに従い、このことは④と⑤の「殺害については訴えられない de occiso agi non posse」に示されている。しかしながら **b)** と **c)** の事例においては、ウルピアヌスはユリアヌスに従った(30)。

Pugsleyは、D.9, 2, 51について①および③の部分が連なった部分であり、②はむしろ不適切な挿入とする。Pugsleyによれば、ユリアヌスの判断は①で物理的接触（adhibita vi et quasi manu）の重要性を強調しながら非常に

十分かつ詳細に論じられている。このように詳細な説明を要したのは、ユリアヌスの見解が有責性は死亡の際にのみ生じるが、それは傷害を与えた日に遡るというものだからである。しかしそのような詳細な議論にかかわらず、ユリアヌスは「彼らのうち両者ともアクィリウス法で責を負わされると決定されるべきである」というそっけない文言で結んでいる。これらの文言は真正ではないものと思われ、本来はユリアヌスが⑤で至るような結論になっていたと思われる。ユリアヌスの議論は、公序良俗にもとづけば完全に理解可能であるという理由でユスティニアヌス帝により簡略化され、その結論は変更された。それは元からあったと思われる、続く②の説明となる。ユスティニアヌス帝は自身の変更にさらなる補強が必要であったことを認識しており、同じような見解を取る古法学者たちの権威に訴えた(31)。

von Lübtow は、①について、「殺害する occidere」の必要もなく時宜を得ていない語源論的な定義から始まるとする。von Lübtow によれば、先行加害者 A の行為と後の加害者 B の行為との間の因果関係が排除されており、このテクストの結論は両者がアクィリウス法にもとづいて殺害につき責を負うというものであるが、そのような結論がユリアヌスから出るとは考えがたく、なぜならばそのような結論は論理的にありえないからである。Von Lübtow は、断定的な形で表される「決定されるべき statuendum」という文言は法学者の見解表明のスタイルには合わないとし、最初の加害行為と死亡との間の因果関係は否定され、A はアクィリウス法第三章にもとづいて傷害について責を負い、B のみが殺害について責を負うものとされたとした上で、Beseler によるインテルポラティオの指摘を肯定する形で当該法文の純粋性を否定する(32)。

Ankum は、古典期ローマ法における「追い越し原因」をテーマにした論文の中で、関係する諸法文を以下のように整理する。

I．ある者が奴隷を深く傷付け、その奴隷が一定期間経過後にその傷が原因で死亡した場合。

1 a)　ある奴隷が A から深く傷つけられた。長期間経過後にその

奴隷がその傷を理由に死亡する。その奴隷は死の瞬間まで、傷害を加える時点で主人であった者の所有下にあった。Ex. D.9, 2, 21, 1

1 b）　ある奴隷がAに深く傷つけられた。その後、その奴隷は自身の主人によって解放された。その後、奴隷はそのときの傷が理由で死亡した。Ex. D.9, 2, 15, 1

1 c）　ある奴隷がAによって深く傷つけられた。その後、その奴隷が彼の主人によって譲渡された。新しい主人のもとで、その奴隷はその時の傷が理由で死亡した。Ex. D.9, 2, 15, 1

1 d）　ある奴隷がAによって深く傷つけられた。その後、奴隷は、遺言書の中で解放及び相続人への指定を記した主人によって解放され、自由人となり主人の相続人となった。Ex. D.9, 2, 15, 1；D.9, 2, 16(33)；D.9, 2, 36, 1(34)

II．ある者が奴隷を深く傷つけ、その奴隷がその後、他の事由で死亡した場合。

2 a）　ある奴隷がAによって深く傷つけられた。その後、彼はBによって傷つけられた。「追い越し原因」の主要事例。Ex. D.9, 2, 11, 3；D.9, 2, 51, pr.；D.9, 2, 15, 1

2 b）　ある奴隷がAによって深く傷つけられた。その後、自身の遺言で奴隷を相続人に指定した者が死亡した。その奴隷が自身の主人の命令にもとづいて相続を開始する前に、Bによって傷つけられた。Ex. D.9, 2, 51, pr.；D.9, 2, 51, 2

2 c）　ある奴隷がAによって深く傷つけられた。その後、彼は家の倒壊、または船の難破により死亡した。Ex. D.9, 2, 15, 1

2 d）　ある奴隷がAによって深く傷つけられた。その後、奴隷が医師の治療行為または主人の不注意により死亡した（D.9, 2, 52, pr(35). が取り扱う事例からの類推）

その上でAnkumは、D.9, 2, 51について以下のように述べる。すなわち、一見するとこのユリアヌスの決定は論理的には支持できないが、多くの古

典期法学者が合理性Logikと合目的性Zweckmäßigkeitとが対立する事例において「有用性を理由にutilitatis causa」といった非合理的解決を用い、後者を優先させた。Bund(36)もD.9, 2, 51は論理的に飛躍したものとして捉えた上で、以下のように述べる。すなわち、ユリアヌス自身が正しいと判断した場合、彼はいとも簡単に体系的かつ教義的な論理的帰結を飛び越えてしまう。結論の有用性は、ときとして一つの解決を他の解決に優先させるために利用される、と(37)。ユリアヌスにとって概して非常に重要であった法政策的な動機rechtspolitische Motiveがここで決定要因となっている。ユリアヌスはこれを「公の有用性utilitas publica」を指摘することにより表現しており、この『公の有用性』は不法行為を罰さずにはおかないものである(38)。

またD.9, 2, 51と⑤との矛盾についてAnkumは、まず「難破またはその他の打撃によってvel naufragio vel alio ictu」が古典期より後の時代の挿入句であると指摘した上で(39)、テクストを途中で「傷害したものとして訴えられうるsed quasi de vulnerato.」という形で一度切り、「解放されたまたは譲渡された〔奴隷が〕その負傷が原因で死亡した場合、殺害されたものとして訴えられうる、とユリアヌスも述べている。Sed si manumissus vel alienatus ex vulnere periit, quasi de occiso agi posse et Iulianus ait.」という形で読むべきとする。Ankumによればウルピアヌスや他の法学者たちが告示註解やサビヌス註解において不定法を用いる場合に直説法現在を表す場合があり、この場合、話者が他の法学者について言及する場合は、「対格＋不定法」を用いる。すなわち「奴隷が致命傷……できずSi servus vulneratus ～ de occiso agi non posse,」はウルピアヌスの見解を示したものでありユリアヌスの見解を示したものではない、とする(40)。

西村は、有用性の原理utilitasが初めは法律自体を定立するための社会的必要性＝実際的要請として機能するが、後には法解釈における実践的論理として有用性の原理の形を取って現れ、それは法律が「正当でありかつ不可欠なもの」と確定されているからこそ出てきたとする(41)。その上で④で示されるケルススの見解がD.9, 2, 51に示されたユリアヌスの理論化に全く反する見解を提示するから、ユリアヌスの解決策がこの当時、共通

認識となっていなかったことは明らかであり、実際、古典後期にも必ずしも支持は得られなかったとし、しかしむしろ法の論理的推論と法律の要請(42)、すなわち不法行為に対する処罰との調整を目的とした論証の仕方に着目すべき、とする(43)。

Kortmannは、①の「ab alio ictus decessit」についてictusは動詞icereの完了分詞であるのに着目し、「誰かによって打撃を受けながら死亡した」と読むべきとする。すなわち、ユリアヌスはここで二人の加害者のうちどちらが「殺害したoccidit」という問題を扱っているのではない。言い換えれば「追い越し原因」ではなく「代替的原因alternative causes(44)」を扱っている。そのことは②においてユリアヌスが「古法学者たち」の見解を引用していることからも証明される。したがってユリアヌスは①において、何かしらの理由で二人の加害者のうち、誰が殺害したかがわからない事例を想定しているものと考えねばならない。③の「最初に傷害を与えた者qui prior vulneravit」という表現がこのような推測をより確かなものにする。すなわち、誰かが最初に傷害を加えた者であったならば、第二の者もまた「殺害した」者に対置される者として「傷害を加えた」者であらねばならない(45)。

石川は、現行民法719条1項前段の「共同の不法行為」を歴史的にたどる中でD.9, 2, 51を取り上げ、その解釈史を注釈学派の時代から紹介している。D.9, 2, 51は④のケルススの見解、および⑤が伝えるユリアヌス自身の見解と矛盾する。この矛盾を、注釈学派は①が伝える打撃ictusはより重く、④で伝えられている打撃はより小さいと解することによって解決しようとした。またクヤキウスを代表とする人文主義法学は矛盾の解消を放棄し、Vangerowを代表とする普通法学は①では第一の打撃によってすでに奴隷が瀕死の重傷を負っていたので第二の打撃の後に奴隷が死亡したのに対して、④では第二の打撃が単独で奴隷を死亡させるほど強かったと理解する。そしてインテルポラティオ研究の時代に入るとD.9,2,51は改竄を被ったものとして理解され、その例としてBeselerによる再構成を紹介する。それに対しSchindlerが当該法文は真正なものとし、Ankumをはじめとする近年のローマ法研究ではケルススとユリアヌスとの間に対立があっ

たことを前提に、Schindlerを支持しているとする。その上で甲が奴隷に致命傷を負わせ、その後、乙が同じ奴隷を殺害した場合については学説の対立があり、④よりケルススは甲が傷害行為について有責、乙は殺害行為について有責という見解であり、マルケッルスとウルピアヌスがこれを支持したのに対し、D.9, 2, 51よりユリアヌスは甲乙いずれも有責という見解であり、パウルスがこれを支持した、とする(46)。

Sirksによれば、D.9, 2, 51は追い越し原因causa superveniens(47)のコンテクストの中で解釈されてきたが、そのような枠組みではユリアヌスの見解に矛盾が生じる。同法文は紀元後一世紀に法学者たちの間で流行していた原因論に関するストアの理論のコンテクストの中で読むべきとされるが、これらストアの理論には現代の因果論におけるような追い越し原因はなく、D.9, 2, 51にそのような思考を持ち込むべきではない(48)。ストアの理論を用いれば①で扱われる事例でユリアヌスは、第一加害者に付随して起こる主要原因causa principalisの効果を熟慮した上で先行原因causa antecedensを適用し、同時に強化原因としてだけでなく死因causa mortisや十分に影響を与える原因として評価しながら第二加害者に強化因causa adiuvans(49)を適用する(50)。

Ankumまでの先行研究で共通するのは、D.9, 2, 51および④を第一加害者が傷害を加えた後、第二加害者がさらに傷害を加え死に至るケースとして考え、D.9, 2, 51ではユリアヌスが両加害者ともアクィリウス法の第一章の規定で訴えられるものとして考えたとし、④ではケルススが第一加害者をアクィリウス法第三章の規定で、第二加害者を第一章の規定で訴えるものとして考え、「追い越し原因」の事例として考えた、ということである。その上で本来はケルススの解決が妥当であり、ユリアヌスの解決は論理的に支持できないとしてユリアヌス法文にはインテルポラティオが加わっていると指摘するものもあった。またAnkumは、utilitas communisとutilitas publicaとを同一視するについては疑問があるが、D.9, 2, 51を論理的に飛躍する法文として捉えた上で、「有用性utilitas」の概念から説明しようとする。またD.9, 2, 51との関連で⑤のウルピアヌス法文が伝えるユリアヌ

スの見解との矛盾が指摘され、Ankum をはじめ両法文の矛盾を解決する試みがなされた。

石川も指摘するように、注釈学派以来、D.9, 2, 51が伝えるユリアヌスの見解と④が伝えるケルススの見解とを対置させるという流れが存在するが、Kortmann も指摘するように D.9, 2, 51が取り上げる事例と、④が取り上げる事例とは一体、パラレルに論じることができるものであろうか。すなわち Kortmann は④を「追い越し原因」の事例とした上で、D.9, 2, 51を「代替的原因 alternative causation」の事例として整理する。確かに両法文とも二人の者が同一の奴隷に危害を加え殺害したものには変わりないが、Kortmann も指摘するようにその加害の態様には違いがあるように思われる。D.9, 2, 51と⑤のウルピアヌス法文が伝えるユリアヌスの見解との矛盾も、両法文が想定する事例が異なるものとすれば無理に解決をはかる必要もない。少なくとも④の事例において、第一加害者にアクィリウス法第三章の規定の適用を推測する必要はないように思われる。

④は、Lenel がウルピアヌスの Nr.614法文として整理し、アクィリウス法上の「殺害する」という文言の理解をめぐる法学者たちの議論を整理している(51)。以下ではユリアヌスが①で示している「殺害」行為の定義および解決を理解するために、Nr.614に採録される法文を見てみたい。

3　アクィリウス法上の「殺害する」文言の理解

3－1　ウルピアヌス「告示註解」第18巻（Ulp. Nr.614）

Lenel がウルピアヌス Nr.614とする法文は、D.9, 2, 7, 1－8 、D.9, 2, 9, pr.－4およびD.9, 2, 11, pr.－5の計18法文によって再構成されている。von Lübtow によれば、これら諸法文では第一にアクィリウス法の「殺害する occidere」という文言の意味、すなわち「身体によって与えられた損害 damnum corpore datum」による殺害であることを決定する（D.9, 2, 7, 1～5）。第二に

「身体により殺害するcorpore occidere」を「死因を与えるmortis causam praebere」と区別し、それにもとづいて直接訴権actio directaまたはプラエトル法上の事実訴権acio in factumのどちらかが与えられた(D.9, 2, 7, 6–8、D.9, 2, 9, pr.–3)。第三に複数人の共同行為による殺害が扱われ（D.9, 2, 9, 4；D.9, 2, 11, pr–5)、まず加害者の寄与過失（過失相殺）の諸事例が取り上げられ（D.9, 2, 9, 4およびD.9, 2, 11, pr.)、複数の殺害者による共同行為が扱われる（D.9, 2, 11, 1–5）(52)。

D.9, 2, 7, 1ではウルピアヌスがアクィリウス法上の「殺害」行為について定義を試み、D.9, 2, 7, 3では直接的ではない間接的な物理的接触による加害行為が取り扱われる。D.9, 2, 7, 6およびD.9, 2, 9, pr.では「殺害する」とは別に「死因を与える」行為の議論がなされその具体的な事例が列挙されており、そのような事例にはアクィリウス法訴権ではなく事実訴権を適用することが述べられている。またD.9, 2, 11, 5では物理的接触をアクィリウス法適用の基準とするユリアヌスの見解が紹介される。これら諸法文は、①でユリアヌスが試みている「殺害」行為の定義を理解するに資するものと思われる。

またD.9, 2, 11, 2–4では複数の加害者による奴隷の殺害事例が取り扱われ④もこの中に位置するが、①で扱われるような二人の加害者による事例の加害の前後関係が明らかな場合や、複数加害者による殺害事例についての古法学者たちの意見が紹介されている。これら諸法文は、二人の加害者による殺害事例について両加害者にアクィリウス法の適用を認めるというユリアヌスの解決を理解するのに資するものと思われる。

このような理由から、LenelがUlp. Nr.614として再構成する諸法文のうち、本稿では以上７つの法文を見てみる。

⑥学説彙纂９巻２章７法文１項

ところで我々は、あるいは剣によろうとあるいは棍棒またはその他の武器によろうと、あるいは手によろうと(たとえば彼を絞殺した場合)、あるいは足で蹴ろうと頭突きをくらわそうとその他のいかなる仕方でも殺害されたと解すべきである(53)。

ウルピアヌスはここでアクィリウス法上の殺害行為を、武器を含めた身体による corpore 傷害行為によるものとしている。ここでウルピアヌスが述べている素手をはじめとする傷害行為への限定は、①でユリアヌスが述べる「手で manu」と符合しているように思われる。同法文以下で具体的な事例が列挙されるが、以下の法文ではアクィリウス法訴権ではなく事実訴権が適用される事例が紹介される。

⑦学説彙纂 9 巻 2 章 7 法文 3 項

それゆえある者が他人から押し倒されて損害を与えた場合、プロクルスは次のように言う。押し倒した者は殺害したのではないから責を負わず、また押し倒された者も違法に損害を与えたのではないから、彼も責を負わない。これに従えば、押し倒した者を相手方として事実訴権が付与されるべきものとする(54)。

素手をはじめとして直接的に傷害を加えた場合にしかアクィリウス法の適用はなかったが、プロクルスは上にあげる事例において他人を押し倒して傷害を加えるという間接的な傷害行為にも事実訴権を認めている。また以下に挙げる法文では「殺害する」とは別に「死因を与える」という表現が現れる。

⑧学説彙纂 9 巻 2 章 7 法文 6 項

しかしケルススは、殺害したのかあるいは死亡原因を与えたのかが非常に重要であり、死亡原因を与えた者はアクィリウス法訴権にはよらず事実訴権により責を負う、と言う。そして〔ケルススは〕薬と称して毒物を与えた者を付け加え、彼はちょうど錯乱者に剣を与えた者のように死亡原因を与えたのであり、確かにこの者はアクィリウス法ではなく事実訴権によって責を負う、と言う(55)。

ウルピアヌスはケルススの見解を紹介し、ケルススは「殺害する occidere」という行為と「死因を与える mortis causam praestare」という行為

とを区別し、前者についてはアクィリウス法訴権を、後者については事実訴権を適用する。また後者の具体例として物理的な接触を伴わない、毒を盛るというような行為を挙げている。ケルススの定義に従えば、上のプロクルスの見解も「死因を与える」行為として把握されるであろう。Nörrは、「死因を与える mortis causam praebere」という表現は遅くともキケロやアウグストゥスの時代にはあったものと推測する(56)。また④で議論されている第一加害者もここでケルススが述べていることを鑑みれば、「死因を与えた」者として事実訴権の適用が考えられたことも推測される。「殺害する」か「死因を与える」かという枠組みは、以下のラベオの史料にも見られる。

⑨学説彙纂 9 巻 2 章 9 法文首項

また助産婦が投薬しその結果、女が死亡した場合、ラベオは場合を分けて次のように言う。すなわち助産婦が自らの手で薬を服用させたときは殺害したとみなされるけれども、これに対して助産婦が女みずから服用するよう薬を与えたときは事実訴権が与えられるべきである。そしてこの見解はもっともである。というのは殺害したというより死因を与えたからである(57)。

「そして」以下の部分はウルピアヌスの発言と見られるため、ラベオが、ケルススの述べるような「殺害する」か「死因を与える」かという区別を認識していたかはわからない。しかし少なくともケルススが言うような間接的な傷害行為を「死因を与える」行為とし、事実訴権の適用範囲に含めたというのは観察できるであろう。また「自らの手で suis manibus」殺害した場合はアクィリウス法訴権が与えられる、と述べている点はユリアヌスと符合するように見える。すなわち、ユリアヌスも①でアクィリウス法上の殺害行為は「手で死因を与えるものと扱われる quasi manu causam mortis praebere」と述べている。さらに以下の法文では数人の共同不法行為による、加害者不明の事例が挙げられている。

⑩学説彙纂９巻２章11法文２項(58)

しかし数人の者が奴隷を強く叩いた場合には、あたかもその全員が殺害したものとしていずれもが責を負うのか否かについてわれわれは見ることにしよう。そこでもしそのうちのだれの打撃で死亡したのかが明らかである場合には、この者が殺害した者として責を負う。またもしそれらが明らかでない場合には、ユリアヌスはこの全員が殺害した者として責を負うと述べており、もしこのうちの一人を相手方として訴える場合でも、他の者たちは責を免れるのではない。すなわちアクィリウス法によればある者が賠償したことが他の者の責を免れさせることにはならない。なぜならば有責な行為が存在するからである(59)。

ユリアヌスは加害者が明確であればその者が責を負うが、不明であれば加害者全員が責を負うとする。その理由づけとしてアクィリウス法が罰訴権 actio poenalis であることを挙げている(60)。またウルピアヌスは以下の法文でも数人による共同不法行為の事例を挙げている。

⑪学説彙纂９巻２章11法文４項

数人の者が木を倒して奴隷を押しつぶした場合には、古法学者たちはその全員がアクィリウス法によって平等に責を負うものと認めている(61)。

この法文で述べられていることは、②でユリアヌスが述べていることと符合するであろう。すなわち、殺害者不明の共同不法行為の場合に、古法学者たちは、加害者全員が連帯して責を負うと判断した、ということである。また前述の④は、⑩と⑪との間に位置する。

さらにウルピアヌスは、加害者が飼い犬を被害者にけしかけた事例を挙げ、プロクルスとユリアヌスの見解の違いを紹介する。

⑫学説彙纂９巻２章11法文５項

また犬を怒らせてある者に噛み傷を負わせた者を相手方としては、た

とえその者が犬をつないでいなかったとしても(62)、プロクルスはアクィリウス法訴権が認められるとした。しかしユリアヌスは、犬をつないではいたがそれでもなお他人に噛み傷を負わせた者だけがアクィリウス法によって責を負い、当然、犬をつないでいなかったときには事実訴権で訴えられるべきである、と述べる(63)。

ユリアヌスは犬をつないでいた場合にアクィリウス法訴権を認めている。このことは①でユリアヌスが「手で manu」と言っていることと符合するように見える。すなわちユリアヌスはアクィリウス法訴権を行使しうるかどうかについて、あくまで物理的な接触をもったか否かを重視したということである。

3-2　ユリアヌスの解決が意図するもの

これまで Lenel がウルピアヌス Nr.614として再構成するアクィリウス法の「殺害」規定解釈関連諸法文を見てきたがこれら諸法文から推測されるのは、ユリアヌスも他の法学者もアクィリウス法適用の条件として直接的かつ物理的接触を前提にしているが、⑥でウルピアヌスが述べるように、このような理解はウルピアヌスの時代にも保持されていたことが推測される。これは Andrews も指摘するように、ローマの法学者たちはアクィリウス法第一章を解釈する際に直接的原因と間接的原因との間の区別に関する抽象的議論ではなく、単に「殺害する」という文言の核となる意味を構築することに注視し、これを慎重に拡張してきたということに起因するものと思われる(64)。このことをユリアヌスは①で「暴力を用い、そして手で死因を与えるものと扱われる」という形で再定義したのであろう。そしてその原則を、ユリアヌス自身も貫徹している。

また⑦のプロクルスの見解からわかるのは、加害者と被害者との間に直接的な接触を見いだせない場合、直接訴権 actio directa としてのアクィリウス法訴権の適用が難しい場合は事実訴権を適用したということである(65)。⑧でウルピアヌスがケルススの見解を紹介しているが、それによ

れば「殺害する」行為と「死因を与える」行為とを区別し、前者についてアクィリウス法を、後者については事実訴権を適用する。これは⑦や⑨で加害者と被害者との間に物理的接触が認められない場合にラベオやプロクルスが事実訴権を適用しているように、アクィリウス法の適用が困難な事例への事実訴権の適用という法学者たちの議論を、ケルススが再定義するような形でまとめようとしたものと思われる。

また⑩で数人の加害者による共同不法行為が取り上げられているが、これは①でユリアヌスが述べている判断と符合するように見える。すなわち注釈学派以来、D.9,2,51は「追い越し原因」の事例として取り上げられてきたが、Kortmannも述べるように、ユリアヌスは当該事例を殺害者不明の事例として、現代法的に言えば「代替的原因」の事例のように把握していたと思われる。これはアクィリウス法訴権が罰訴権 actio poenalis でもあったことを考えれば、二人の加害者に対して殺害したものとして重畳的に責を負わせる①のユリアヌスの判断も合理的に理解できるのではないであろうか(66)。

おわりに

共和政期からアクィリウス法上の「殺害する」という行為について、身体による物理的かつ直接的な傷害を加えて殺害する場合にそのように理解するという原則があったものと思われ、法学者たちは個別の事例においてどこまで殺害行為と理解するかについて判断していた。⑫からもわかるようにユリアヌス自身も立法当初からのアクィリウス法上の殺害行為の解釈の原則に従った。

しかしながらアクィリウス法の立法から時が経つにつれそのような原則ではカバーしきれない事例、例えば毒を盛って殺害するというような事例が起こり、法学者たちは「殺害する」とは別に「死因を与える」という行為でもってそのような事例を把握し、事実訴権でカバーするようになる。また複数加害者による殺害者不明の事例においては、共和政期には古法学

者たちが加害者全員にアクィリウス法で責を負わせていた。

その上でユリアヌスが、⑩で殺害者不明の事例において加害者全員に連帯して責を負わせていること、またアクィリウス法がそもそも罰訴権の性格を備えたこと、および②で「悪行が処罰されないのは許されない」と述べていることを鑑みれば、D.9, 2, 51のような二人の加害者がおり前後関係は明白であるがどちらが殺害したのかアクィリウス法の適用が争われるような事例において、ユリアヌスはあくまで「殺害する」という文言の原義に立ち返り、また古法学者たちの解決も参照した上でアクィリウス法の限界を破ろうとしたのであろう。①で、本来ならば事実訴権が付与されるべき「死因を与える」という行為でもって「殺害する」という行為の再定義を試みていることからも、アクィリウス法文言の射程範囲を拡げようとするユリアヌスの意図が伺える。

今後の課題として、ユリアヌスがアクィリウス法の文言を語源的に遡って解釈し、また古法学者の見解を引用しているが、このようなユリアヌスを含めた法学者たちの歴史的視点については検討を要する。また本稿では②法文中で用いられる「共通の有益性 utilitas communis」については検討の対象としえなかった。同概念についてはすでにいくつか先行研究もあり(67)、ローマの法学者たちが法を刷新していくうえで重要な概念であったと考えられるが、今後の課題としたい。

(1) 塚原「善および衡平」(1)および(2)、同「法律」(1)および(2)、同「元老院議決」、同「遺贈解釈」を参照。なお本稿において用いられる〔　〕は、原文には無いが、理解を容易にするために筆者が適宜補った箇所であることを示す。また法文に付せられた(　)内の数字は、Lenel の再構成において各法学者の法文に付された番号を示す。

(2) この他にユリアヌスが残した法学著作として、Digesta〔法学大全〕、Libri ex Minicio〔ミニキウス抄録〕、Ad Urseium Ferocem〔ウルセイウス・フェロクス註解〕、Liber singularis de ambiguitatibus〔多義的論点についての単巻書〕が挙げられる。

(3) 国内における業績として、芹澤「用益権」を挙げることができる。芹澤は、G. Wesener や Bund といった研究者たちを参照しながらユリアヌスが用益権取戻訴権の被告適格を初めて占有者に対しても認めるという創造的な法的判断を下す

にあたって、すでにラベオやネルウァが個別的な場合について承役地所有者としての第三者にその被告適格を認めていた事例を勿論解釈のために援用したと想定し、その意味でBundがユリアヌスの法的思考の特徴として指摘した「結合的事例思考」の一例としてD.7, 6, 5, 1を積極的に評価することができるとする。芹澤「用益権」42頁を参照。

（4） 同法文はユリアヌスの著作の一つである『法学大全』からの抜粋であるが、ユリアヌスの門弟が師であるユリアヌスに質問して解答するという形式を取っているため、法学を教授する際に定義をはじめとして詳細な説明を試みたものと思われる。

（5） 約半世紀前のものであるが、現時点で代替する存在のないユリアヌスに関する古典的な評伝と思われる。

（6） Cfr. Bund, Iulianus, S.415

（7） Cfr. Bund, Iulianus, S.417f.

（8） Cfr. CIL VIII 24094. なお帝政前期の公職就任階梯については、新保『帝国官僚』16–17頁、および127–128頁を参照。

（9） ユリアヌスが最初に就任した「訴訟裁定のための十人委員」は、「造幣三人委員 III vir monetalis」「道路管理四人委員 IV vir viarum curandarum」「死罪担当三人委員 III vir capitalis」とともに、「二十人委員 XX vir」を構成する。新保によれば、「二十人委員」のうちどれに就任するかで将来の経歴はすでにある程度予見可能であったとし、出自による偏向が厳然と存在したとする。すなわち、「造幣三人委員」の多くはパトリキ、コンスル級議員の息子、皇帝に厚遇された若者により占められ彼らには輝かしい経歴が待っていたとし、「道路管理四人委員」および「訴訟裁定のための十人委員」がこれに次ぐ経歴を後に示すことになったとする。新保『帝国官僚』128–129頁を参照。

（10） Cfr. Bund, Iulianus, S.418f.

（11） Cfr. Bund, Iulianus, S.421

（12） Cfr. Bund, Iulianus, S.427

（13） Cfr. Bund, Iulianus, S.430f.

（14） 以下、再構成はCrawford, Statutes Vol.II, p.725に拠る。

（15） Si quis servum seruam alienum alienam quadrupedem pecudem iniuria occiderit, quanti id in eo anno plurimi fuit, tantum aes ero dare damnas esto.

（16） クリンゲンベルクによれば　伝えられる文言に争いがある。すなわち、「値するであろう erit」であれば、30日の期間は損害行為以後の期間を意味する。「値した fuit」ならば、30日の期間は（第一章での一年内と同じように）損害行為以前の期間ということになる。クリンゲンベルク『債権法講義』329頁を参照。

（17） Si quis alteri damnum faxit, quod usserit fregerit ruperit iniuria, quanti ea res fuit in diebus triginta proximis, tantum aes ero dare damnas esto.

（18） 西村『損害賠償法』159頁以降で共和政期から帝政期に至るまでのアクィリウス法解釈に関連する法文を法学者毎に整理した上でそれを翻訳しており、アクィリウス法解釈の歴史の変遷を辿ることができる。本稿でアクィリウス法関連法文を試訳する際にも、同書の翻訳を参照した。

(19) Lenel, Palingenesia Vol.I, S.480f.

(20) Ita vulneratus est servus, ut eo ictu certum esset moriturum : medio deinde tempore heres institutus est et postea ab alio ictus decessit : quaero, an cum utroque de occiso lege Aquilia agi possit. Respondit : occidisse dicitur vulgo quidem, qui mortis causam quolibet modo praebuit : sed lege Aquilia is demum teneri visus est, qui adhibita vi et quasi manu causam mortis praebuisset, tracta videlicet interpretatione vocis a caedendo et a caede. Rursus Aquilia lege teneri existimati sunt non solum qui ita vulnerassent, ut confestim vita privarent, sed etiam hi, quorum ex vulnere certum esset aliquem vita excessurum. Igitur si quis servo mortiferum vulnus inflixerit eundemque alius ex intervallo ita percusserit, ut maturius interficeretur, quam ex priore vulnere moriturus fuerat, statuendum est utrumque eorum lege Aquilia teneri.

(21) Idque est consequens auctoritati veterum, qui, cum a pluribus idem servus ita vulneratus esset, ut non appareret cuius ictu perisset, omnes lege Aquilia teneri iudicaverunt.

(22) Aestimatio autem perempti non eadem in utriusque persona fiet : nam qui prior vulneravit, tantum praestabit, quanto in anno proximo homo plurimi fuerit repetitis ex die vulneris trecentum sexaginta quinque diebus, posterior in id tenebitur, quanti homo plurimi venire poterit in anno proximo, quo vita excessit, in quo pretium quoque hereditatis erit. Eiusdem ergo servi occisi nomine alius maiorem, alius minorem aestimationem praestabit, nec mirum, cum uterque eorum ex diversa causa et diversis temporibus occidisse hominem intellegatur. Quod si quis absurde a nobis haec constitui putaverit, cogitet longe absurdius constitui neutrum lege Aquilia teneri aut alterum potius, cum neque impunita maleficia esse oporteat nec facile constitui possit, uter potius lege teneatur. Multa autem iure civili contra rationem disputandi pro utilitate communi recepta esse innumerabilibus rebus probari potest : unum interim posuisse contentus ero. Cum plures trabem alienam furandi causa sustulerint, quam singuli ferre non possent, furti actione omnes teneri existimantur, quamvis subtili ratione dici possit neminem eorum teneri, quia neminem verum sit eam sustulisse.

(23) 後で触れるようにウルピアヌスも D.9, 2, 11, 4において、古法学者たちは誰が殺害したかが不明な場合、全員がアクィリウス法訴権で責を負うことを伝えている。

(24) 石川「民法719条」589～590頁を参照。同箇所では注釈学派から普通法学に至る時代までの D.9, 2, 51法文の解釈史が紹介され、D.9, 2, 51と D.9, 2, 11, 3との間の矛盾を解消するために中世以降の法学者たちがいかに考えたかが紹介されている。Lenel の Palingenesia においても、ユリアヌスの D.9,2,51がメインとなる821法文に D.9,2,11,3が含まれる形で再構成されている。Cfr. Lenel, Palingenesia Vol.I, S.481

(25) Celsus scribit, si alius mortifero vulnere percusserit, alius postea exanimaverit, priorem quidem non teneri quasi occiderit, sed quasi vulneraverit, quia ex alio vul-

nere periit, posteriorem teneri, quia occidit. Quod et Marcello videtur et est probabilius.

(26) Si servus vulneratus mortifere postea ruina vel naufragio vel alio ictu maturius perierit, de occiso agi non posse, sed quasi de vulnerato, sed si manumissus vel alienatus ex vulnere periit, quasi de occiso agi posse Iulianus ait. Haec ita tam varie, quia verum est eum a te occisum tunc cum vulnerabas, quod mortuo eo demum apparuit : at in superiore non est passa ruina apparere an sit occisus. Sed si vulneratum mortifere liberum et heredem esse iusseris, deinde decesserit, heredem eius agere Aquilia non posse.

(27) 山田はÜberholende Kausalitätを「追い越しの因果関係」と訳し、その内容は「例えば甲が乙に致命傷を与えたが、乙は前からガンにかかっていて傷害がなくても死亡したであろう場合に、傷害がガンを通りすぎて（追い越して）死亡にとってどれだけの因果関係を有するか、つまり全損害の賠償を認めるべきか、ガンを考慮して賠償額を減ずべきかというのが、追い越しの因果関係の問題である」とする。山田『用語辞典』634頁。

(28) 筆者自身はBeselerの当該箇所を確認することができなかったが、石川「民法719条」591～593頁においてBeselerによるD.9,2,51の再構成が紹介されている。

(29) D.9, 2, 21, 1 Ulpianus libro XVIII ad edictum : Annus autem retrorsus computatur, ex quo quis occisus est : quod si mortifere fuerit vulneratus et postea post longum intervallum mortuus sit, inde annum numerabimus secundum Iulianum, ex quo vulneratus est, licet Celsus contra scribit.「しかしある者が殺害されたときから一年は遡って計算される。たとえある者が致命傷を負い、その後長い時間を経たあとで死亡したとしても、ユリアヌスに従ってその致命傷を負わされた年から一年を計算するものとする。ケルススは反対のことを書いているとしても。」

(30) Schindler, Streit, S.232f.

(31) Pugsley, Causation, pp.167-168

(32) von Lübtow, Untersuchungen, S.61f.

(33) D.9, 2, 16 Marcianus libro quarto regularum : quia in eum casum res pervenit, a quo incipere non potest.「というのは、この事案においては事変を原因とするのであるが、それがこの事変から始まるものとはなしえないからである。」

(34) D.9, 2, 36, 1 Marcellus libro 21 digestorum : Si dominus servum, quem Titius mortifere vulneraverat, liberum et heredem esse iusserit eique postea Maevius exstiterit heres, non habebit Maevius cum Titio legis Aquiliae actionem, scilicet secundum Sabini opinionem, qui putabat ad heredem actionem non transmitti, quae defuncto competere non potuit : nam sane absurdum accidet, ut heres pretium quasi occisi consequatur eius, cuius heres exstitit. Quod si ex parte eum dominus heredem cum libertate esse iusserit, coheres eius mortuo eo aget lege Aquilia.「ティティウスが致命傷を与えた奴隷に、自由人となりかつ自己の相続人となれと主人が命じ、後にマエウィウスが〔相続人となった被解放自由人の〕相続人として現れた場合、マエウィウスはティティウスを相手方としてアクィリウス法訴権を持つことはない。まさにこれはサビヌスの下した判断によるものであり、彼は故人に認

められ得なかった訴権がその相続人に移転されることはないと考えた。なぜならば確かに被相続人にあたる者が殺害されたとして相続人として現れた者がその者の価格を請求するというのは、いかにも不合理な結果を生ずることになるからである。しかし所有者がその者に自由を与えて一部について相続人となるよう命じたとすれば、共同相続人はその者の死亡によりアクィリウス法にもとづいて訴訟を行なうことになる。」

(35) D.9, 2, 52, pr. Alfenus libro secundo digestorum : Si ex plagis servus mortuus esset neque id medici inscientia aut domini neglegentia accidisset, recte de iniuria occiso eo agitur.「奴隷が誘拐を原因として死亡し、それが医師の無知によるでも主人の懈怠によるでもない場合、その不法による殺害について正当に訴えうる。」

(36) Bund, Iulianus, S.445

(37) Ankum, Problem, S.341

(38) Ankum, Problem, S.349f.

(39) Ankum, Problem, S.349

(40) Ankum, Problem, S.352f. またこのような見解に対してNörrは、テクストを途中で「傷害したものとして訴えられうるsed quasi de vulnerato.」という形で一度切ることに同意している。Cfr. Nörr, Causa, S.185, Fn.101

(41) 西村、127頁を参照。

(42) ②で見出される「共通の有用性utilitas communis」を指しているものと思われる。

(43) 西村、130頁を参照。

(44) Kortmannは、alternative causesについてドイツ語のalternative Kausalitätと同義であるとするが、ドイツ法辞典ではalternative Kausalitätについて以下のような説明がなされている。すなわち、不法行為法においては複数の者が損害を生じえた一つの行為について有責であるが、被害者がどの者の行為が総じてあるいは特定の部分に損害を生じたかを示せない場合がある。このような事例は例えば多重追突事故のような複数の自動車による損害惹起の際に頻繁に起こる。そのような場合にBGB 830条1項2号は被害者に立証負担の軽減を認める。すなわち、複数の者が一つの不法行為の要件に明確に関与し、複数の関与者のうちの誰がその行為によって損害を与えたのかが明らかでない場合、全ての関与者はその損害について連帯債務者として責を負う。hrg. von H. Tilch und F. Arloth, Deutsches Rechts-Lexikon, Bd. 1, München : C.H. Beck, 2001, S.143

(45) Kortmann, Misconceptions, p.100. Kortmannは具体的な事例として、ある奴隷がアウルスから確実に死に至るような傷害を受けベッドで寝ていたところ、ブラシウスがその奴隷のもとを訪れ奴隷の頭部を殴打し奴隷はその後すぐには死亡しなかったが、後に死亡した場合を挙げている。

(46) 石川「民法719条」589–594頁。またパウルスがユリアヌスを支持したことについて、石川は同著597頁、脚注（24）においてAnkumの指摘にもとづき以下のように述べる。すなわち、D.9,2,30,4で「致命的でないnon mortfere」という文言があることについて、パウルスがケルススを支持しているとすれば奴隷が致命傷を負った場合にも「殺害についてではなく傷害について訴権が与えられる」とい

う結論になるはずであるから「致命的でない」という文言は不要であり、逆にこの文言が存在するということは奴隷が致命傷を負った場合、殺害について訴権が与えられるという結論に至る（ユリアヌス説を支持する）蓋然性が極めて高いことを意味する、と。

(47) Sirksはここでラテン語のcausa superveniensを用いているが、ドイツ語のÜberholende Kausalitätと同義であると思われる。Cfr. Sirks, Causality, p.317, note 5

(48) Sirks, Causality, pp.325–326

(49) Cfr. Sirks, Causality, pp.328–329. Sirksは、主要原因causa principalisをはじめとする諸原因の概念はギリシアに由来するが、ローマの法学者たちは、以下のテクストに示されるようなキケロによって普及した用法に依拠したとする。Cicero de fato 41：Chrysippus autem cum et necessitatem inprobaret et nihil vellet sine praepositis causis evenire, causarum genera distinguit, ut et necessitatem effugiat et retineat fatum. ‘Causarum enim’, inquit, ‘aliae sunt perfectae et principales, aliae adiuvantes et proximae. Quam ob rem, cum dicimus omnia fato fieri causis antecedentibus, non hoc intellegi volumus：causis perfectis et principalibus, sed causis adiuvantibus et proximis’.「しかしながらクリューシッポスは、「必然」というものを認めず、なおかつ、前提となる原因なしになにか事柄が起こるということも望まないから、「必然」を免れ、かつ「運命」は温存するために、「原因」の種類を区別する。彼は言う。『原因のうちのあるものは自己完結的で第一次的なものであり、あるものは補助的で直前のものである。したがって、「あらゆる事象は先行する原因によって起こる」と言う時は、「自己完結的で第一次的な原因によって」と言いたいわけではなく、「補助的で直前の原因によって」と言いたいのだ』と。」五之治昌比呂訳「運命について」（岡道男、片山英男、久保正影、中務哲郎編『キケロー選集』11巻、岩波書店、2000年、278–323頁、所収）314頁

(50) Sirks, Causality, pp.338–340

(51) Lenel, Palingenesia Vol.II, S.523f.

(52) von Lübtow, Untersuchungen, S.136

(53) Occisum autem accipere debemus, sive gladio sive etiam fuste vel alio telo vel manibus（si forte strangulavit eum）vel calce petiit vel capite vel qualiter qualiter.

(54) Proinde si quis alterius impulsu damnum dederit, Proculus scribit neque eum qui impulit teneri, quia non occidit, neque eum qui impulsus est, quia damnum iniuria non dedit：secundum quod in factum actio erit danda in eum qui impulit.

(55) Celsus autem multum interesse dicit, occiderit an mortis causam praestiterit, ut qui mortis causam praestitit, non Aquilia, sed in factum actione teneatur. Unde adfert eum qui venenum pro medicamento dedit et ait causam mortis praestitisse, quemadmodum eum qui furenti gladium porrexit：nam nec hunc lege Aquilia teneri, sed in factum.

(56) Nörr, Causa, S.23

(57) Item si obstetrix medicamentum dederit et inde mulier perierit, Labeo distinguit, ut, si quidem suis manibus supposuit, videatur occidisse：sin vero dedit, ut

sibi mulier offerret, in factum actionem dandam, quae sententia vera est : magis enim causam mortis praestitit quam occidit.

(58) Lenelは当該法文をD.9,2,51,1と同一内容として=で結んでいる。Cfr. Lenel, Palingenesia Vol.I, S.481

(59) Sed si plures servum percusserint, utrum omnes quasi occiderint teneantur, videamus. Et si quidem apparet cuius ictu perierit, ille quasi occiderit tenetur : quod si non apparet, omnes quasi occiderint teneri Iulianus ait, et si cum uno agatur, ceteri non liberantur : nam ex lege Aquilia quod alius praestitit, alium non relevat, cum sit poena.

(60) アクィリウス法訴権が「損害賠償」と「罰金」の両方を含む「混合訴権actio mixta」であることについて、クリンゲンベルク『債権法講義』333-334頁を参照。

(61) Si plures trabem deiecerint et hominem oppresserint, aeque veteribus placet omnes lege Aquilia teneri.

(62) ここでの譲歩は、後でユリアヌスが犬をつないでいなかった場合に事実訴権を認めていることから推測するに、つないでいなければ免責されるという趣旨ではない。

(63) Item cum eo, qui canem irritaverat et effecerat, ut aliquem morderet, quamvis eum non tenuit, Proculus respondit Aquiliae actionem esse : sed Iulianus eum demum Aquilia teneri ait, qui tenuit et effecit ut aliquem morderet : ceterum si non tenuit, in factum agendum.

(64) Andrews, Occidere, p.315

(65) アクィリウス法が想定していない事例についてプラエトルが準訴権及び事実訴権を案出したことについて、クリンゲンベルク『債権法講義』331頁を参照。

(66) アクィリウス法の罰訴権としての性格、および責任の重畳的競合について、原田『史的素描』348頁を参照。クリンゲンベルクによれば、アクィリウス法訴権は混合訴権であり、その目的は「損害賠償」と「罰金」の両方を含む。クリンゲンベルク『債権法講義』333頁を参照。

(67) e.g. H. Ankum, „utilitatis causa receptum“ : On the pragmatical methods of the Roman lawyers, in Symbolae iuridicae et historicae Martino David dedicatae tomus 1, Leiden, 1968, pp.1-31 ; T. Honsell, Gemeinwohl und öffentliches Interesse im klassischen römischen Recht, ZSS 95, 1978, SS.93-137

【文献略語表】

本稿において、以下の略語はそれぞれ併記されたものに対応するものとする。

(和文)

石川「民法719条」=石川真人「民法719条の歴史的背景と論理構造」(新井誠、山本敬三編『ドイツ法の継受と現代日本法:ゲルハルド・リース教授

退官記念論文集』日本評論社、2009年、583-597頁、所収）
新保『帝国官僚』＝新保良明『古代ローマの帝国官僚と行政―小さな政府と都市―』ミネルヴァ書房、2016年
芹澤「用益権」＝芹澤悟「用益権に関するユリアヌスの法的判断について」亜細亜法学41（2）、2007年、29-53頁
塚原「善および衡平」（1）＝塚原義央「法は善および衡平の術である ius est ars boni et aequi」（1）―古典期法学者・ケルススの法学分析の一端として―、早稲田大学大学院法研論集147号、2013年、185-205頁
同「善および衡平」（2）＝塚原義央「法は善および衡平の術である ius est ars boni et aequi」（2・完）―古典期法学者・ケルススの法学分析の一端として―、早稲田大学大学院法研論集148号、2013年、103-122頁
同「法律」（1）＝塚原義央「法律を知るとはその文言を把握することではなくて、その力を把握することである Scire leges non hoc est verba earum tenere, sed vim ac potestatem」（1）―古典期法学者ケルススの法解釈―、早稲田大学大学院法研論集149号、2014年、205-224頁
同「法律」（2）＝塚原義央「法律を知るとはその文言を把握することではなくて、その力を把握することである Scire leges non hoc est verba earum tenere, sed vim ac potestatem」（2・完）―古典期法学者ケルススの法解釈―、早稲田大学大学院法研論集150号、2014年、319-338頁
同「元老院議決」＝塚原義央「クイントゥス・ユリウス・バルブスおよびプブリウス・ユウェンティウス・ケルススがコンスルのときになされた元老院議決―古典期法学者・ケルススの社会的一側面―」、早稲田法学会誌66巻1号、2015年、295-336頁
同「遺贈解釈」＝塚原義央「古典期法学者・ケルススの遺贈解釈―家財道具 supellex の遺贈を中心として―」、早稲田法学会誌67巻2号、2017年、291-331頁
西村『損害賠償法』＝西村隆誉志『ローマ損害賠償法理論史』愛媛大学法学研究叢書1、1999年
原田『史的素描』＝原田慶吉『日本民法典の史的素描』創文社、1954年
クリンゲンベルク『債権法講義』＝ゲオルク・クリンゲンベルク（瀧澤栄治訳）『ローマ債権法講義』大学教育出版、2001年
山田『用語辞典』＝山田晟『ドイツ法律用語辞典（改訂増補版）』大学書林、1993年

（欧文）

Andrews, Occidere = N. H. Andrews, "Occidere" and the Lex Aquilia, Cambridge Law Journal 46（2）, 1987, pp.315-329

ANRW = Hrg. von H. Temporini, Aufstieg und Niedergang der römischen Welt : Geschichte und Kultur Roms im Spiegel der neueren Forschung, II-15, Berlin, 1976

Ankum, Problem = H. Ankum, Das Problem der „Überholende Kausalität" bei der Anwendung der lex Aquilia im klassischen römischen Recht, in De iustitia et iure, festgabe für Ulrich von Lübtow zum 80. Geburtstag, Berlin, 1980, SS.325-358

Bund, Iulianus = E. Bund, Salvius Iulianus, Leben und Werk, in ANRW, SS.408-454

CIL = Corpus Inscriptionum Latinarum

Crawford, Statutes = M. H. Crawford, *Roman Statutes*, 2 vols., London, 1996

HA = Historia Augusta

Kortmann, Misconceptions = J. S. Kortmann, Ab alio ictu (s) : Misconceptions about Julian's View on Causation, The Journal of Legal History Vol.20 No. 2, 1999, pp.95-103

Lenel, Palingenesia = O.Lenel, Palingenesia Iuris Civilis, 2 Bde., Leipzig, 1889

von Lübtow, Untersuchungen = U. von Lübtow, Untersuchungen zur lex Aquilia de damno iniuria dato, Berlin, 1971

Nörr, Causa = D. Nörr, Causa mortis : auf den Spuren einer Redewendung, München, 1986

Pugsley, Causation = D. Pugsley, Causation and confession in the lex Aquilia, TR 38, 1970, pp.163-174

Schindler, Streit = K.- H. Schindler, Ein Streit zwischen Julian und Celsus, ZSS 74, 1957, SS.201-233

Sirks, causality = A.J.B. Sirks, The slave who was slain twice : causality and the lex Aquilia (Iulian.86 dig. D.9, 2, 51), TR 79, 2011, pp.313-351

TR = Tijdschrift voor rechtsgeschiedenis.

ZSS = Zeitschrift der Savigny-Stiftung für Rechtsgeschichte. Romanistische Abtheilung.

日本統治時代台湾における未成年者犯罪の処遇

裁判実務に着目して

林　政　佑

1　はじめに

日本統治時代、西洋の刑法典を模範とした近代刑事司法制度が台湾に導入された。台湾における日本経由の近代刑事司法制度では、未成年犯罪者に関する法的論理や、成年犯罪者との相違性、処遇の実態はどのようなものであったのか。このような問題意識をもとに、本稿では、日本統治時代における台湾の裁判所が作成した刑事裁判記録を中心に分析を行い、裁判実務における未成年犯罪者の刑事責任をめぐる法解釈や、運用実態を分析する。これにより、未成年犯罪者の処遇という観点を含めながら、台湾の裁判所で未成年犯罪者の審理を担った判事が認識していた「未成年犯罪者」という概念を明らかにしたい。

日本統治時代の「未成年犯罪者」を探究する前に、清朝統治時代(1)における裁判ではどのように「未成年者」が認識されていたのかということについて、先行研究を参照しつつ、ここで要約しておこう。そもそも、清朝統治時代において、「未成年者」は西洋の近代的な概念として捉えられていたが、そのような「未成年者」とは別に、15歳以下の者に対する法的配慮が存在していた(2)。すなわち、清代中国の未成年犯罪者が関係する裁判では、矜恤原理による「強弱対比」や「情と法のバランス」などが判決の重要な判断材料となっていたのである(3)。もっとも、加害者が9歳の児童であるが、その被害者が加害者よりも年齢の差が3歳以下の場合や、加害者が正当な理由もなく、被害者をいじめる場合、相対的に強い立場に身を置いた者が人を殺した場合などには、法律上の減免が行われないこともあった(4)。その意味で、年齢はあくまでも処分を決める際の参考に過ぎなかったと理解してもよいだろう(5)。

上記のような状況のもと、1895年から台湾へ導入された日本の近代刑事法は、台湾の「未成年犯罪者」をめぐる法解釈や処遇に、どのような変化をもたらしたのだろうか。この問題に関する先行研究は大別して二種類に分けることができる。

まず、近代における「未成年者」という概念に着目しながら法と社会の変化を考察する研究である。すなわち、「未成年者」という概念が導入されたことにより、伝統的中国法に見られるような人間観とは異なった近代的な人間観に基づいた未成年者観が形成されたことが分析された上で、それが台湾の社会と法体系に影響を与えていったことが指摘されている(6)。

次に、日本統治時代台湾における不良少年に関する精神医学の言説や、少年犯罪に関する犯罪予防策と処遇について考察した、教育や精神医学などといった法の隣接分野における研究であるが(7)、ここでは、本稿で検討の対象とする成徳学院や新竹少年刑務所についての研究を例として取り上げたい。王珮瑩氏は、成徳学院（仏教関係者たちによって設立された、不良少年を収容するための施設）に関する言説、運用を明らかにし、不良少年という概念をめぐる言説を考察している(8)。そして、山田美香氏は成徳学院の成立経緯と人事、規則などの分析を通じて、成徳学院が、日本の仏教が植民地台湾に伝播するなかで造られた経緯を明らかにしている(9)。また、山田氏は、少年犯罪に対する学校の認識、予防措置や、処遇についても分析しており、司法制度のみならず、教育機関なども不良少年を管理する役割を果たしていたと指摘する。得能弘一氏と林欐嫚氏の研究は、山田氏の成徳学院をめぐる研究と同じ問題意識から出発するものであるが、日本の仏教と植民地台湾の仏教とのつながりをより明確にするかたちで、成徳学院が成立された背景をさらに詳しく解明している(10)。

しかし、これらの研究では、未成年犯罪者に関する裁判実務の実態や、裁判による量刑に連動した刑務所などにおける処遇の実態や目的、感化院が台湾の民衆からどのように利用されていたのかについては明らかにされていない。この点について筆者は、未成年犯罪者に関する裁判記録の分析を通し、日本本土の関連する法制(11)を参照しながら、台湾における未成年犯罪者の分類、刑罰の軽重等を把握することで、未成年犯罪者の処遇の意義を明らかにすることができると考えている。

以上のような問題意識のもと、本稿では、主に日本統治時代台湾の下級審裁判記録を収録した「日治法院档案」(12)を利用し、裁判実務における未成年者犯罪に関する法解釈および、未成年犯罪者の処遇（特に、未成年犯

罪者に対応した刑務所及び感化施設）という2つの点を中心として次のように検討を行う。まず、**2**で刑法（1880年太政官第36号布告、以下では「旧刑法」と表記）いわゆる旧刑法下の未成年者の刑事責任を、**3**で新刑法（1907年法律第45号、以下では「新刑法」と表記）下の未成年者の刑事責任を考察する。そのうえで、**4**では旧刑法期から新刑法期にかけての未成年犯罪者に対する処遇について分析する。後にも触れるが、旧刑法第79条から第81条では、20歳未満の未成年者について、その年齢に従って3つに区分し、それに対して新刑法では14歳を基準として未成年者を2つに区分していた。そのため、**2**および**3**では、このような区分にしたがって判決を検討する。これによって、司法運用の実態を具体的に明らかにすることはもとより、処遇を中心的な分析の対象としている先行研究の不足を補完することも可能になるだろう。

2　旧刑法期における未成年者の刑事責任について

2－1　旧刑法の依用

1895年、日本は台湾を領有すると、「台湾人民軍事犯処分令」、「台湾住民刑罰令」、「台湾住民治罪令」などの法令を相次いで施行した。これらの法令は反抗勢力を鎮圧するために施行されたものであったが(13)、日本本土の法制と比べると、制度的な不備が多かった。例えば、「台湾住民治罪令」に基づいて台湾でも西洋式の訴追制度が導入されたが、憲兵将校、守備隊長、地方行政長官など法律に関する専門知識を持たない者であっても検事の職務を担当できたことや、訴訟が一審のみとした点を挙げることができよう。また、「台湾住民刑罰令」分則に属する合計30条の条文において、そのうちの8条は法定刑が死刑のみという厳罰規定が明記されていたことも特徴として指摘できる(14)。1896年8月、台湾総督府は律令第4号で「台湾ニ於ケル犯罪処断ノ件」を施行し、台湾における犯罪については

原則として日本の刑法に基づいて処断することを定めた(15)。その後、1898年7月の「民事商事及刑事ニ関スル律令」(律令第8号)によって「台湾ニ於ケル犯罪処断ノ件」は廃止されることになったが、同令第1条では「民事商事及刑事ニ関スル事項ハ民法商法刑法民事訴訟法刑事訴訟法及其附属法律ニ依ル」と規定していたため、「台湾ニ於ケル犯罪処断ノ件」の廃止後も、日本の旧刑法に依る状況は続いた(16)。なお、1899年5月の「刑事訴訟法民事訴訟法及其附属法律適用ニ関スル件」(律令第8号)が定められ、台湾でも近代的刑事訴訟手続が導入されることになった(17)。

旧刑法第79条から第81条では、自然人の一生は4つの年齢区分に分けられている。これは、フランス刑法における未成年に関する規定の欠点や欧州の他の立法例に関するボアソナードの提言によるものである(18)。まず、旧刑法第79条は12歳を絶対的刑事責任能力の有無の分かれ目としている(以下では第1期と呼称)。つまり、12歳(19)未満の者が、刑法の規定に違反することを行っても刑事責任の対象にならない(20)。そして12歳以上は4歳ごとに区切られ(21)、12歳以上16歳未満の者(以下では第2期と呼称)については、是非を弁別するかどうかによって、罪の有無を判別し、是非の弁別能力が欠ける時には無罪とされた(旧刑法第80条第1項)。是非の弁別能力が認められる場合であっても、第2期に属する者は成人と比べれば弁別能力が不十分であるという理由から減軽の対象とされた(旧刑法第80条第2項)。16歳以上20歳未満の者(以下では第3期と呼称)につき、旧刑法第81条では、是非の弁別能力を有する成人と同等とみなせないとして、刑1等の減軽を認めている(22)。そして、20歳以上の者(以下では第4期と呼称)を成年者として扱う。このような区分は、知能の成熟に伴い、判断能力が十分に備わるという前提に基づいて設けられていたと言われる(23)。以下では、裁判記録を取り上げて、第1期から第3期までの未成年犯罪者に対して、裁判上でどのように解釈されていたのかについて検討していく。

2−2　第1期(12歳未満)に関する裁判事例

第1期に関する裁判事例を検討する前に、まず旧刑法期における第1期

【図１】　1905年から1907年の未成年犯罪者人数の分布

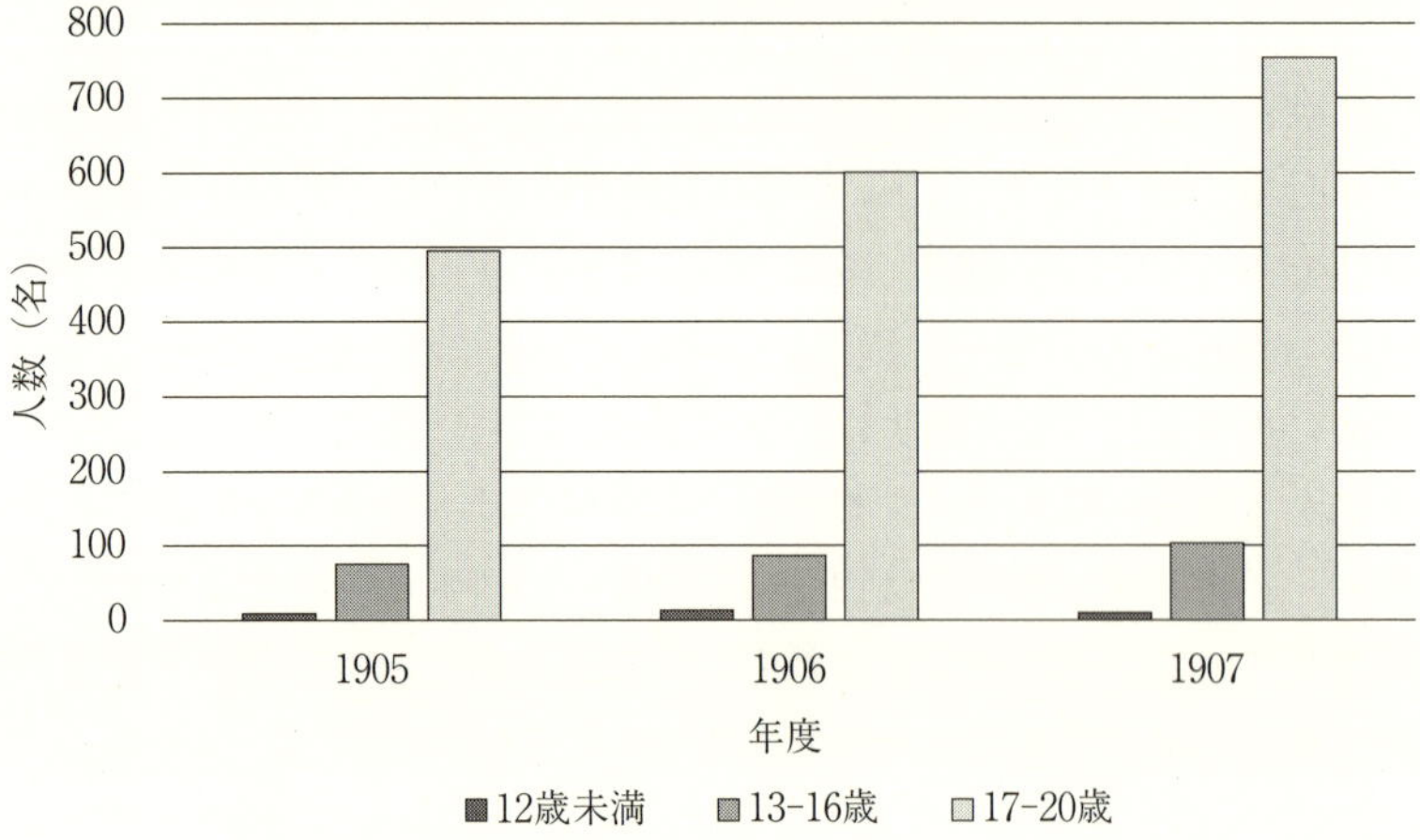

出典　台湾総督府『台湾総督府犯罪統計書』第１回−第３回。筆者作成。なお、年齢の区分および表記は、原典に従って記載した。

から第３期までの未成年犯罪者数を概観しよう。その時期の犯罪統計書をまとめ、**【図１】**を作成した。**【図１】**によると、やや旧刑法の年齢時期区分とは異なるが、20歳に近くなるほど犯罪者数が多くなることを確認できる。

【図１】を見ると、第１期に属する未成年者に関する事例は著しく少ないことがわかる。この実態と呼応して『日治法院档案』の第１期の事例も極めて稀であるが、その中から11歳の李氏が起こした失火事件に対する裁判所の判断（免訴）をここで紹介する(24)。

> 被告ハ明治30(25)年10月２日午後０時30分頃、風力ノ強キニモ拘ハラス、表戸ヲ鎖ササスシテ、其戸口ニ接近シタル竈ニ於テ昼飯ヲ炊クタメ枯草ヲ其前ニ積ミ之ヲ竈ニ焚キ居ル際、風ノ為メ火気飛テ、積ミタル枯草ニ移リ、遂ニ自宅ヲ焼キ、延テ同庄程黎外35名ノ居宅ヲ焼燬シ（中略）被告ハ犯時８歳以上12歳未満ニ付同第79条ニ基ツキ免訴スヘキモノトス。

『台湾総督府犯罪統計書』第1回から第3回によると、1905年から1907年にわたる3年間では、12歳未満の犯罪者は合計32名である。そして、その内訳は、失火が12名、窃盗罪が8名、他には殴打や、鉄道営業法の違反などに分散している(26)。12歳未満の犯罪者の中で失火罪が最も多い原因はなぜであろうか。その時、多数の幼い女性は炊事のような家事を手伝うことは一般的であった(27)。従って、当時の12歳未満の者は家事を手伝い、日常的に炊事を行う際、過失による火事がしばしば発生していたことをこの事例からは読み取れよう。また、この事例では、裁判所は旧刑法第79条に照らし、犯罪時、被告人は12歳未満であり、刑事責任能力がなかったと判断されている。他の要素を問わず、年齢を基準として刑事責任能力の有無を判断した事例であると理解できるであろう。

2－3　第2期（12歳以上16歳未満）に関する裁判事例

次に、第2期に属する者についての事例を検討する。第2期の未成年犯罪者については、旧刑法第80条によると、是非の弁別能力の有無が重要な争点になっている。そして、日治法院档案の事例に限って言うと、第2期の未成年犯罪者に是非の弁別能力があるか否かを判断した事例の中では、弁別能力がないと認定された事例が少ない。例えば、早稲田大学の浅古弘教授と研究グループメンバーが作った「日治台中地方法院刑事判決目録」(28)では、第2期の未成年犯罪者に関する判決文は22件を確認できるが、そのうちの僅かに1件のみが(29)弁別能力を備えていないとされている。

まず、弁別能力があると認められた事例を見よう。14歳の被告人林氏は、被害者の表締戸を開け、屋内に侵入した。その後、戸が開けっぱなしになっていたため、通りかかった巡査が不審に思い、家の中に入って被害者に注意を促そうとした際、林氏を発見した。裁判では、林氏に是非を弁別する能力があることが認められたが、林氏は未成年であったため、本刑から2等を減じた重禁錮2月に処せられた(30)。これ以外にも、紙幣を窃盗して起訴された14歳の被告人廖氏が、台中地方法院においてその是非弁別能力を認められ、重禁錮5月および監視6月に処せられた事例を確認でき

る[31]。このように第2期の未成年犯罪者が単独で犯罪をした時には、是非の弁別能力が備わっていると見られる傾向があった。

次に、弁別能力がないと判断された事例につき、2つの事例を紹介する。一つ目は、25歳の被告人施氏が、近所に住む被害者の財産状況を把握した上、被害者と同居する12歳の被告人王氏を教唆し、金銭を窃取させた事例である[32]。この事例では、裁判所は「(12歳の被告人）ハ是非ノ弁別ナクシテ（成年被告人）ノ教唆ニ因リ」という理由により、責任能力の欠缺で窃盗罪に該当しないと認定した[33]。

二つ目は、15歳の被告人呂氏が「匪徒刑罰令」違反の理由で起訴された事例である。呂氏は他の成年者たちと共同で台中県の山中において、通行人数名の財物を強奪した上、巡査たちとも紛争を起こした。その際、呂氏は主に見張り役に当たっていた。裁判所では、15歳の呂氏は、「是非ヲ弁別セサルモノナルニヨリ」無罪とされたが、旧刑法第80条第1号項後段「但情状ニ因リ満二十歳ニ過キサル時間之ヲ懲治場ニ留置スルコトヲ得」という規定によって、3年間の懲役場留置を言い渡された[34]。未成年犯罪者に対し、裁判所が懲治場留置を言い渡したという事実は、未成年犯罪者に対する特別な措置が設けられていたことを証明していると言えよう。

これらの2つの事例を考えると、第2期の未成年犯罪者が是非の弁別能力を具備しないという判断は、成年者の被告人と組んで犯罪を行う場合に下されたことを読み取れよう。つまり、第2期の未成年犯罪者が成年犯罪者の指示の下にあった時、その未成年犯罪者は是非の弁別能力がないと認定される傾向があったと言えよう[35]。

第2期に関する事例の場合、被告人の是非弁別能力に関する判断や、それに基づく有罪あるいは無罪の決定については、裁判官の裁量に委ねられていた。しかし、判決文には裁判官の判断根拠が示されていない。これによって、未成年犯罪者について、その是非の弁別能力の有無を判断することが困難であったことを窺える。この点については、新刑法の制定に向けた刑法改正作業に関する資料からも確認できる[36]。ただし、本章で判決文を分析した結果、第2期の未成年犯罪者が、成年犯罪者から教唆や協力要請を受けて犯罪行為を行った場合、裁判所では是非弁別能力が備わって

いないと判断する傾向にあったことを看取できた。つまり、第２期の未成年犯罪者が独立して犯罪に及んだ場合、裁判所ではその者の是非弁別能力の存在を認め、有罪判決を下す傾向にあったのではないかと推測される。

2－4　第３期（16歳以上20歳未満）に関する裁判事例

【図１】が示すように、日治法院档案に収められている未成年者を被告人とした事件の中では、第３期に属する者に関する事例が最も多い。第３期に属する被告人に対して、裁判所は、是非の弁別能力を有するが、成年と同等ではないため、旧刑法第81条に照らし、減軽するという傾向を認められるので、以下で詳しく検討していく。

例えば、18歳の呉氏は「明治31年３月２日午後１時彰化北門外新中街ノ内林観臣ノ居宅店前ニ於テ彰化祖廟住黄文波ノ次男15歳ナル黄望ト落花生ヲ売買ノ事ヨリ争論ヲ為シ黄望カ被告ノ落花生ヲ入レタル籠ヲ覆ヘシタルヨリ被告ハ担棒ヲ以テ黄望ノ胸部ヲ突キ其胸部ニ負傷セシタルカ為メ同人ハ同月８日終ニ死ニ至リタル事実」により、台中地方法院に「被告ノ所為ハ刑法第299条重懲役ニ該ルモ犯時16歳以上20歳未満ニ付同第81条ニニ《ママ》照ラシ本刑ニ１等ヲ減シ軽懲役ニ処スヘキモ原諒スヘキ情状アルヲ以テ同第89条第90条ヲ適用シテ１等ヲ減シ２年以上５年以下ノ重禁錮ノ範囲ニ於テ処断スヘキモノトス」と言い渡された[37]。この事例では、裁判所は、年齢と「原諒すべき情状」という２つの理由によって被告人の減軽を認めている。しかし、何が「原諒すべき情状」であるのかについては、判決文では明記されていない。

もっとも、未成年被告人に対して成年被告人と同等の刑が言い渡されたこともわずかではあるが存在している。19歳の陳氏は成年者である盧氏と共謀して窃盗を行なった。裁判所は、陳氏が未成年者であることを認めたが、盧氏と同様に、彼に重禁錮８月及び監視６月の刑を言い渡した[38]。未成年者である陳氏がなぜ、成年者である盧氏と同じ刑に服さなければならなかったのかについて、裁判記録には明記されていないため、これ以上の推察は残念ながら難しい。

以下では、匪徒刑罰令に違反した未成年犯罪者に対して、裁判所がどのような処分を下していたのかについて検討する。1898年11月に施行された「匪徒刑罰令」（律令第24号）の規定は、軍政時代における「台湾住民刑罰令」の武装抵抗に対する厳罰規定を踏襲したものであり、罪刑法定主義から要請される事後法禁止の原則を無視したものであったと言われている(39)。その違反者に対する最高刑とされていた死刑は、既遂犯だけでなく、未遂犯に対しても言い渡すことが可能であり、同令によって多くの台湾人が死刑を言い渡された(40)。「匪徒刑罰令」が具体的に裁判上でどのような解釈および適用をされたのかは未解明の点も多いと考えられているが(41)、本稿は日治法院檔案から、未成年犯罪者が「匪徒刑罰令」に違反した事例を取り上げて分析していく。

まず、未成年者が抗日に関わった事例を取り上げる。19歳の陳氏は、1899年９月14日に匪首の黄枝来他の匪徒数名が銃力を用いて南投弁務署を襲い、金品を掠奪し、主記(42)である大熊二郎を銃殺した際、付和随行した。また、同年の旧11月に陳氏は、他の匪徒が高橋という日本人巡査を銃殺し、阿片烟膏を掠奪した際にも、付和随行した。陳氏以外の成年匪徒は、南投弁務署を襲撃したことについて、無期徒刑を言い渡された(43)。一方、陳氏は、弁務署の襲撃および２度の殺人にも関わっていたが、いずれも付加随行のみと判断された上で、裁判所では未成年者であることを理由として減軽が認められ、懲役10年が言い渡された(44)。この量刑結果から見ると、匪徒刑罰令の事例にも第３期の未成年犯罪者に対する減軽が確かに行われていたことがわかる。

次に、一般人に攻撃を加えたとして匪徒刑罰令違反で起訴された事例を検討する。未成年者の被告人張氏は、財物を掠奪する目的のもと、暴行または脅迫を目論んで他の２名の匪徒とともに銃器等を各自で携え、台中県武東堡目宜庄の南端濁水溪のサトウキビ畑に潜伏し、1899年１月26日午後６時頃、被害者を襲い、所持していた金品を掠奪した。このような行為は、匪徒刑罰令第１条第３号および同第２条第７号に該当するものであったが、被告人張氏は犯行時に16歳以上20歳未満であったため、裁判所では刑法第81条および同第67条により１等を減じた形で無期徒刑に処せられ

た(45)。匪徒刑罰令違反の罪で起訴された成年被告人に関して、死刑判決を言い渡されることが珍しくなかったが(46)、未成年被告人の場合は、死刑から1等を減じた無期徒刑に処すという判決を下されたことがわかる。

匪徒刑罰令第2条第7号の構成要件が旧刑法の強盗罪と似ていたため、最初に強盗罪で起訴された未成年被告人が、後に匪徒刑罰令の罪で起訴された事例もある。未成年被告人の謝氏は、他の成年被告人らとともに強盗の目的で台中県苗栗一堡の民家の表戸を壊して家内に押入った後、その家の人を脅迫し、机の錠を破壊した上、その中にあった銀貨紙幣と阿片煙膏を奪った。当初、裁判所は謝氏を含む被告人らを、強盗罪として起訴したが、後に匪徒刑罰令を用いることが適切と判断した(47)。その結果、成年被告人は死刑を、未成年被告人の謝氏は無期徒刑を科された(48)。

また、犯罪行為を行った時点で20歳未満であった呉氏は、他の成年者と集合し、財物を掠奪することを企てていた。1899年旧8月のある日、呉氏は銃をもって、他の共犯者とともに「沙連下堡外埔庄付近渓底ニ潜伏シ通行人董淵ニ対シ其ノ携フル所ノ兇器ヲ以テ脅迫ヲ加ヘタル上其烟管付煙草袋ヲ掠奪」した(49)。この犯罪行為について、裁判所は「匪徒刑罰令第1条第2号ニ該ルモ被害小ニシテ其情軽キガ故ニ刑法第89条第90条ニ依リ（他の成年共同被告人）ハ2等ヲ減スヘク呉氏ハ犯時16年以上20年未満ノ点ニ付刑法第81条ニヨリ1等ヲ減シタル上猶前陳犯情酌量ノ点ニ付同第89条第90条ニヨリ更ニ1等ヲ減シ」と述べ(50)、呉氏に対して他の成年被告人と同様に懲役12年を下した。この判決文からは、裁判所が呉氏に減刑を認めた根拠を16歳以上20歳未満の者に関する規定（旧刑法第81条）に求めていたことが明らかであるが、なぜ懲役12年に付すのかという量刑の具体的な算出方法については説明がなされていない。このような点は、旧刑法下における日本内地の未成年犯罪者をめぐる状況と共通していると考えられよう(51)。

なお、1904年1月の「罰金及笞刑処分例」（律令第1号）施行後の事例のうちには、同例第7条の「笞刑ハ満16歳以上満60歳未満ノ男子ニアラサレハ之ヲ科スルコトヲ得ス」という規定を根拠として、第3期の未成年被告人に対して笞刑を科した事例も見られる。例えば、窃盗罪を犯した18歳の

男性被告人に対して笞45を言い渡した事例がある(52)。

3　新刑法期における未成年者の刑事責任について

3－1　新刑法の刑事責任に関する規定

1908年10月から依用された新刑法では、旧刑法が設けていた４期の年齢区分を廃止し、14歳を基準として人間の一生を２期に区分した（第41条：14歳ニ満タサル者ノ行為ハ之ヲ罰セス）。このように責任年齢を12歳から14歳に引き上げた理由は次のように理解されている。まず、生理学の発達に伴い、人間の知能が発育する経過についての研究が蓄積されたことにより(53)、それらの成果を踏まえながら旧刑法の規定は責任年齢が低すぎると批判する者が増加した(54)。そして、第２期に属する者の是非弁別能力の有無の判断が難しく、幼年者を処罰することが多かったことも挙げられている(55)。また、第３期に属する被告人に対して、たとえ彼らが悪質な犯罪を起こしても、旧刑法第81条によって必ず１等の減軽を認めなければならないという不都合があったため、一律には減軽を行わないという方針が立てられた(56)。すなわち、裁判官は新刑法の下でより広い裁量権限を与えられ、14歳以上の未成年者に対する法律上の減軽は必要的でなくなったのである(57)。以上のように、新刑法の下で裁判官は、14歳以上の未成年者に対して酌量減軽を行えるようになった。

そして、このような新刑法の規定は、1908年10月の「台湾刑事令」（律令第９号）の施行に伴い、台湾人および台湾在住の日本人の刑事事件に関する事項に依用されることになった。

3－2　民法における成年判断基準変更との連動

1923年以前は、日本内地の民法は台湾でまだ適用されていなかった。そ

して、台湾人の民事上の成人年齢と日本人のそれとは異なっていたため、これも刑事裁判実務上の争点の1つとなった。例えば、新刑法第248条では「未成年者ノ知慮浅薄又ハ人ノ心神耗弱ニ乗シテ其財物ヲ交付セシメ又ハ財産上不法ノ利益ヲ得若クハ他人ヲシテ之ヲ得セシメタル者ハ10年以下ノ懲役ニ処ス」と定められており、「未成年」という概念が明確に採用されている。では、本島人の行為能力について、台湾の裁判所はどのような見解を示していたのだろうか。覆審法院は、以下のような見解を示している。

（1） 刑法第248條ニ所謂未成年者トハ民法上未成年者トシテ其行為能力ヲ限定セラレタルモノ謂ニシテ、單純ニ20歳未滿ノ者トシテ年齢ヲ限定スル代リニ未成年者ナル文字ヲ使用シタルモノニアラス
（2） 本島人ノ行為能力ハ舊慣ニ依ルヘク舊慣上本島人ハ滿16歳ヲ以テ完全ナル行為能力者トスルコトハ從來民事判例ノ認ムル所ナルニヨリ滿16歳以上ノ本島人ハ民事上未成年者ニアラス從テ刑法第248條ノ未成年者ト認ムヘキモノニアラス(58)

つまり、覆審法院は本島人の民事法上の成人年齢と、旧慣による成人年齢とを同一視した上で、刑法第248条の成人年齢とみなすという見解を採っている。この見解によれば、18歳の内地人は刑法第248条の「未成年者」に該当するが、同年齢の本島人は該当しないということになる。

この見解について、2点を指摘したい。一つ目は、民事上の成人年齢につき、本島人（16歳）は内地人（20歳）よりも4歳早く成人することである。この見解はあくまでも民事上の成年について説くものであるが、16歳をもって成年とみなすという旧慣は、旧慣調査を通じて創られたものであると思われる。この点につき、高等法院法官の姉歯松平は下記のように述べている。

行為能力に關する甚だ曖昧にして確定不動の慣習と称すべきものを觀ることを得ざるは從來遺憾とせられたる點なり。然れども領臺後裁判

制度の完備に伴ひ、行為能力の制度に付ても領臺前行はれたる舊慣に條理を附加し、之を一定の準則と為し來り判例等として再三繰返さるるに至りたる結果、民法施行前此等の準則は一箇の慣習として認めらるるに至りたり(59)。

姉歯の観察に従うならば、日本によって導入された近代法に合わせるために、旧慣に「條理を付加し、之を一定的の準則と爲し来り判例等として再三繰返さるるに至りたる結果」(60)を通じて、台湾領有以前には固定化していなかった本島人の成人年齢に関する基準を設けたと言えるのではないだろうか。

二つ目は、覆審法院の見解に対する、台北地方法院検察官長小野得一郎による3つの批判である。その1点目は、新刑法第248条の立法目的から見て、16歳に達した者であってもまだ智慮浅薄である場合には、同条の保護対象にすべきというものである(61)。しかも、小野は「文化の程度は著しく低級なる本島人」が、内地人よりも先に成年するという点は明らかな矛盾であると論じている(62)。2点目は、16歳以上の本島人「少年」が自己の利益保護能力を欠くために、奸悪な者に騙されるという事件が多発していたことである。これに加えて、小野がこの批判を執筆した時点では、準禁治産や禁治産制度が台湾に適用されていなかったため、少なくとも刑法第248条の立法目的に基づき、智慮浅薄である満16歳の本島人少年にも同条を適用すべきであると主張していた(63)。最後に、法解釈から推論した場合、新刑法第248条の「未成年」は客観的な年齢そのものを表すに止まらず、「その者は智慮浅薄である」ことを意味する機能を果たしている点である(64)。以上のような小野の所論からは、16歳以上20歳未満である本島人の未成年者に対する保護が不十分であったという認識を読み取れるのではないだろうか。

1923年に、第1編から第3編に至る日本の民法を台湾でも施行し(65)、民法上の成人年齢の基準が民法第3条に基づいて20歳となった。そのようななか、裁判記録の中からは、16歳以上20歳未満の本島人であっても、新刑法第248条の「未成年」として扱われていた事例を確認できる。例えば、

1926年８月、当時19歳であった曽氏は数万円の資産を有し、母と兄の監督を脱し、遊蕩していた。被告人の１人は1926年３月頃、ほかと共謀して曽氏に対し、サトウキビ採収の請負をなすべきことを勧め、曽氏の「未成年者ノ智慮淺薄ナルニ乗シ」、曽氏に請負費用と労働者の賃金を拠出させた。また、共謀関係にあった別の被告人らは他の理由をつけて曽氏に詐欺行為を行い、曽氏から金銭を巻き上げた。台中地方法院合議部は判決を下したが(66)、被告人らはこれを不服とし、高等法院覆審部に控訴した。その後、高等法院覆審部の判決に対しても不服を申し立てた被告人らは、高等法院に上告した。

上告にあたって、弁護人である長尾景徳はいくつかの上告理由を主張した。１点目は、刑法第248条の罪が成立するためには、犯行当時、相手が未成年者かつ知慮浅薄であることを行為者が認識していたことを要するが、原判決は証明の根拠を提出していないこと(67)。２点目は、曽氏が成人になったのは1927年３月13日であるが､成年になる前日の３月12日の夜、曽氏は元被告人の一人であった何氏に証書を渡した。２審では、何氏が曽氏の知慮浅薄に乗じたことを示す証拠がないとして、何氏に無罪を宣告した(68)。しかし、２審の裁判では曽氏が何氏に証書を渡した1927年３月12日の１か月前、曽氏が他の借用証書を渡した事実をもって、曽氏が知慮浅薄であることを示すものであると判断した。つまり、裁判所の論理に従えば、わずか１ヶ月の間に、曽氏は知慮浅薄から知慮深厚になったわけであるが、果たしてこのようなことが事実上ありうるだろうか。長尾は、原判決では被害者の曽氏が知慮浅薄であったという証拠の説明や認定もなかったと批判した(69)。なお、上告審判決は原判決を支持するだけで、上告理由について詳しい言及をしていない。

この事案の各審では、民法第３条に則って19歳を未成年者とすることについては争われなかった。そして、上記の小野得一郎が強調していたような「知慮浅薄」の判断基準について、各審の判決には詳細な記載がない。しかし、長尾景徳が提出した主張を見ると、おそらく裁判官はいったん20歳未満を一律に知慮浅薄とみなした後、20歳を基準として20歳に近いほど知慮も深厚になるという傾向を考慮し、被害者の「知慮」深浅についての

判断を下していたと推測できる。

3－3　旧少年法の未施行

1920年代初期、日本における未成年犯罪者をめぐり、法制度上で変化が起きた。1922年、日本ではいわゆる旧少年法が公布され、翌1923年から施行された。この動きは日本における未成年犯罪者に対する法的統制の刷新であったと言われている(70)。この変化は台湾にも及んだのか。先に考察の結果を述べれば、日本の未成年犯罪者に対する取扱いの変化は台湾には大きな影響を与えなかったと考えられる。そこで、その原因について以下で検討する。

旧少年法は、18歳未満の犯罪少年や犯罪の虞がある少年に対する保護処分や刑事処分を定めた法律である。旧少年法は少年犯罪に対して、刑事処分で対応することを原則とし、例外的に保護処分をしているため、保護優先主義を採ったとまでは言えない(71)。もっとも、旧少年法が保護処分という画期的な制度をもたらしたことは、大きな特徴として指摘できる(72)。そして、保護処分の創設に伴い、少年審判所が設立された。少年審判所は行政機関として位置づけられるとともに、少年の個性や境遇を精査した上、その少年に最も相応しい処分を施すことを目的としていた(73)。例えば、少年審判所の補佐機関である少年保護司は当事者の少年に対し、事件の内容や動機、個性、嗜好、娯楽、資産、生活状態、家庭環境、近隣との折合、交友関係、宗教、身体の発育状況、病歴等を調査することができた(74)。そして、少年審判所はこの調査結果を踏まえて、保護処分を決定する権能をもっていた。

当時の台湾日日新報には、少年審判所による保護処分は、少年犯罪とその萌芽の除去に役に立つと評価し、台湾へも導入すべきという意見も見られる(75)。しかし、台湾において旧少年法は実施されず、少年審判所も設けられなかった。そのため、日本では旧少年法の適用対象となる14歳から18歳未満の犯罪少年も、台湾では一般の裁判所において判断された。つまり、制度的な観点から見るならば、日本と比べると台湾では少年の事情に

合わせた個別的処遇が行われにくい状況にあったのである。また、台湾では旧少年法が未実施であったため、裁判所に送致されなかった非行少年に対する公的な制度上の調査および支援体制も、日本と比べて不十分な状況にあったと考えられる。台湾の中で、少年審判所を設立することを求める声もあったが(76)、結果的にその声が総督府の政策に反映されることはなかった。

台湾において旧少年法の依用を認める法令が施行されなかった理由が分かる資料については、今のところ探し出せていない。しかし、当時、旧少年法施行から間もない時期に日本の少年審判所を視察した台中地方法院院長の田中吉雄は、台湾には、少年審判官や少年保護司として適切な人物がいまだ存在せず、保護団体や感化院、矯正院などの施設も全く存在しないため、台湾における少年審判所の設置は時期尚早であると述べている(77)。また、1924年に、台湾では行政整理が行われたが、これにともない、台湾総督府法務部も台湾総督府総督官房法務課に改編された(78)。この改編によって、予算と人員は縮小し、新たな法制の施行にも支障をきたす可能性もあった。1940年、台湾総督府官房審議室に所属していた東松雄は「近時司法關係重要法典の改廢制定を必要とするもの多く、目下審議中に屬するもの」が存在するとしたうえで、その中に少年法も含めているものの(79)、東松雄は「(法務課は) 司法機關竝に行刑事務の監督機關として將又民事、刑事に關する法律の主管課として、法務課は益々其の重要性を加重せられつつあるが、前述の如き貧弱なる機構を以てしては到底其の機能を發揮し得ない實情にある(80)」と述べている。

このような状況を見ると、組織改編にともなう職員や予算の減少という状況にあって、旧少年法をはじめとする日本の法律を台湾でも依用するような体制を作ることは容易ではなかったと考えられる(81)。日本で旧少年法が施行された当時、台湾では旧少年法を運用できるだけの施設や人材の不足とともに、台湾総督府全体の状況から見ても旧少年法を依用できるような状況にはなかった。旧少年法の依用を認める法例が台湾で施行されなかった背景には、このような状況が存在していたと推察できる。そして、旧少年法が用いられなかったため、後に述べるように、台湾における未成

年犯罪者の保護への配慮は行き届いたものではなかった。

3－4　14歳未満の未成年者に関する裁判事例

被告人李氏らの集団は、その1人である蔡氏の家の門前にある畑で賭博をしていたところを逮捕された後、裁判所へ起訴された。その中には、犯行時に14歳未満であった李氏という女性がいたが、彼女に対して、裁判所は「犯時年齢満14歳ニ達セサルニヨリ責任能力ヲ有セサルモノナレハ其行為ハ罪トナルヘキモノニアラス因テ刑事訴訟法第224条ニ則リ無罪ヲ言渡スヘキモノトス」という判決を下した(82)。つまり、14歳未満の者について、裁判所は責任能力が備わらないと判断し、無罪判決を下したというわけである。先にも指摘したように、新刑法の下では、旧刑法に見られた是非識別能力のような複雑な判断をする必要がなくなったが、この判決からも年齢が主たる基準とされていたことを読み取れよう。

また、1914年11月14日の新聞には、9歳の劉氏による強盗事件が記されている。この記事からは14歳未満の者に対して、植民地当局がどのように対応したかが分かるので、次に示したい。

> 劉□□と云ひ未だ9歳の少年ながら家庭亂れて父の劉輝は母と夫婦別れを爲し現に八重山炭坑に坑夫となりて出稼中なるが去る7月中生母某は病死したるより新店の叔父劉俊方又は各所に徬徨ひ一定の住所もなく暮らし居り遂に少年ながらも悪心を起し過般草店尾の街路にて5、6歳の男児を捕へて金製耳飾2箇を強奪して30銭に賣飛ばしたるを手初めに福徳市場前にては5、6歳の女児に武力製の玩具を與へて耳飾2箇を奪ひ又玉田路上にては6、7歳の男児が手に1圓紙幣を持來るを認めて手早く奪ひ取りし事あり又同日は玉田附近にて4、5歳の女児の耳飾2箇を無理から奪ひ取り簡氏妹と云へるに買取り呉れと相談中同人より叔父の劉俊に密告されしかば叔父は驚いて取押へんとしたるを知り疾早く逃出し市場近所に來りたる處を其筋の手に捕はれたるものにて哨船頭の耳飾強盗も此少年の所業なりしと又以上の被害

品は其時々叔父に発見されたる事とて同人保管し居り現品紙幣と共に警務課へ差出したりとの事なるが未丁年の事とて不得己厳重なる訓誨を爲し劉俊及び保正をして將来の監督を爲さしむべく引渡し釋放されたる由なるが9歳にして既に斯の如しとは未恐ろしいのチンピラなりといふべし(83)

この新聞記事からは、14歳未満の者に対して、警察は厳重に注意した後、保護者に預けるという対応を取っていたことを読み取れる。つまり、14歳未満の者に対して警察は、少年感化施設に預けるのではなく、保護者に引き渡すという処理をしていたことを窺えよう。

実際に、このような対応に対する批判も見受けられる。すなわち、台湾総督府検察官である小野得一郎は、台湾に不良少年救済施設を設立する必要があるとして、次のような主張を展開している。まず、14歳の未成年犯罪者自体の態度、性質について次のように述べている。

現行法律を以てしては、満14歳未満のものは、全く刑事上無責任者として、如何なる犯罪をも之れを不問に附するの法なるを以て、警官の之れを捕ふるものあるも、唯一片の訓戒を加へて放免するの弱味に乗し、事情を知悉して、未だ14歳に達せざるが故に大丈夫と云ふが如き憎むべき度胸を据ゑ、幾度びも之を繰返へし、終に警官の前に立つも、平然として馬耳東風の大膽を示す(84)。

また、小野は本島人の民事上の成人年齢が日本人と異なる点についても気になったようである。

余が以て寒心禁ずる能はずとなすは即ち此點にして、満14歳以下を以て刑法上の無責任者となせる獨逸法律直譯の日本刑法も、氣候の関係上内地に在つては、素より不適ならざらんも、常に温燠にして體力の發達頗る著しく、16歳を以て成年として、民事上の能力を生ずとせらるゝ本島人に對し僅かに其2年以下なる14歳のものを無責任者となす

に於ては、又法律上遺憾の點之れなきにあらず。而かも舊刑法にては此等年少犯罪者に對しては、刑罰を加ふる無かりしも、8歳以上のものは感化院に収容して、素性陶冶の方法を講ずるところありしに、新刑法に於ては即ち之れを除去したるもの、余の遺憾をして益々深からしむるものである(85)。

小野は新刑法において、14歳未満の者を刑事無責任者とする規定や、14歳未満の未成年者犯罪者に対する感化などの措置が不十分であることについて批判した。これに加えて小野は、本島人の民事上の成人年齢を16歳であるとするならば、14歳未満の者を無責任者とする規定は、規範的に不適切であるとも言う。小野は、新刑法の体制の下で、14歳未満の犯罪者に対しても法的措置を講じるべきであり、特に感化院の重要性を強調したと見受けられる。実際のところ、1911年までに日本本土の各府県における少年感化院の設置が相次いだことに対し(86)、台湾における感化院は僅か1つであったことを踏まえながら、小野の意見を読むならば、台湾の未成年犯罪者の感化事業は活発ではなかったと言わざるを得ない。

3-5　14歳以上の未成年者に関する裁判事例

14歳以上の犯罪者に対して、新刑法では原則として成年犯罪者と同様の責任能力を持つとしていた。換言すれば、新刑法では、14歳以上20歳未満の「未成年犯罪者」に対する特別な扱いはないことになるが(87)、その一方、日本本土では、前述の旧少年法をはじめとする特別法に依拠して、14歳以上20歳未満の「未成年犯罪者」に対して、保護処分をもって対応できるとしていた(88)。しかし、前述のように台湾では、旧少年法が施行されなかったために保護処分を用いて対応する正式な手続きがなかった。

一方、台湾監獄令第1条は「監獄ニ關スル事項ハ監獄法ニ依ル」とし(89)、台湾監獄令は日本の監獄法に依ると定められていた。その監獄法には、第2条第1項「2月以上ノ懲役ニ處セラレタル18歳未満ノ者ハ特ニ設ケタル監獄又ハ監獄内ニ於テ特ニ分界ヲ設ケタル場所ニ之ヲ拘禁ス」、第30条「18

歳未満ノ受刑者ニハ教育ヲ施ス可シ其他ノ受刑者ニシテ特ニ必要アリト認ムルモノニハ年齢ニ拘ハラス教育ヲ施スコトヲ得」などの規定があり、18歳未満の受刑者に対して特別な処遇を規定していることを考えると、14歳以上18歳未満の犯罪者をめぐる取扱いについて、新刑法と監獄法との間には法解釈上の問題が生じる余地もあったであろう(90)。言い換えれば、14歳以上18歳未満の者が、行刑上で特別視されていたとすれば、なぜ刑法上の責任能力については原則として成年者と同様であると規定されているのかという問題が生じざるを得なくなる。この点に関し、日本本土においては、旧少年法の施行が刑事処分の代わりに保護処分を通じて未成年犯罪者に対応することも可能であったため、成年者と異なる未成年犯罪者の保護も配慮できた。他方、台湾では旧少年法が施行されなかったことから、14歳以上の未成年犯罪者の保護への配慮は十分ではなかったと言えるであろう。

そして、実際のところ、14歳以上の未成年者であっても、刑事裁判で取り扱われず、起訴猶予や不起訴処分になった次のような事例も存在する。16歳の謝氏が犯罪をしたが、不起訴になった。その翌日、謝氏はまたしても窃盗罪を犯したが、再び不起訴になった。その後、また謝氏は窃盗罪を犯して警察に逮捕されるに至った。このような状況に対し、謝氏の家族は嘆願書を出した。その嘆願書の内容は、謝氏の釈放を求めるものではなく、謝氏を起訴し、懲役に服させてほしいというものであった(91)。新刑法の下で、14歳以上の者が成人と同等に扱われることできるが、このような対応とは異なり、なぜ謝氏に何度も不起訴処分が与えられたのか、その理由ははっきりとは分からない。ただし、この事例から一部の台湾人の未成年犯罪者への対応も窺える。犯罪を断ち切れない謝氏は家族にとって、厄介な人物だったに違いない。だからこそ、謝氏の家族は、自分たちの手で謝氏を改善させるのではなく、総督府の機関に手助けを求めたのであろう。

その一方、18歳未満の未成年者であっても、成年者と同様の刑期が宣告される場合も珍しくなかった。犯行時に18歳未満であった既婚者で無職の林氏は、34歳の陳氏と1929年12月不詳日から1930年3月13日までの間に姦通した後、逮捕および起訴された。裁判所は2人に対してそれぞれ懲役3

月という判断を下した(92)。他にも、成年者の被告人と未成年者の被告人が復讐のために共謀して、被害者を殴打した事件の被告人に対して、裁判所が両者に各笞刑70を言い渡した事例も確認できる(93)。

さらに、17歳の被告人である林氏に対する判決を掲げておく(94)。犯罪事実を明記したが、刑の量定を詳しく説明していないこのような判決は極めて多数ある。

被告人ヲ懲役１年ニ処ス

事實ノ要旨

被告人ハ犯意ヲ継続シ

1. 昭和５年10月31日午前３時頃豊原郡豊原街豊原林氏草方ニ於テ同人所有ノ現金３円40銭ヲ窃取シ
2. 昭和６年３月17日午前４時頃台中市宝町須賀野藤枝方ニ於テ同人所有ノ中古自転車１台（價格約80円相当）ヲ窃取シ
3. 昭和７年３月10日午後８時頃豊原郡豊原街豊原郵便局内ニ於テ徐耀堂ト共謀ノ上雑銅線約10斤ヲ窃取シ
4. 同年同月13日午後９時頃前前示豊原郵便局ニ於テ徐耀堂ト共謀ノ上雑銅線約11斤ヲ窃取シ
5. 同年５月19日午後８時頃豊原郡豊原街豊原女子公学校々庭ニ於テ徐耀堂ト共謀ノ上氏名不詳ノ者カ地上ニ脱キ置キタル上衣ノ物入内ヨリ金側懐中時計１個（價格金５円相当）ヲ窃取シタルモノナリ

罰条

刑法第235条、第60条、第55条

窃盗罪に関しては次のような事例も見られる。窃盗罪を犯した16歳の李氏は、かつて窃盗罪を犯して逮捕されたことがあったが、その時は起訴を猶予された(95)。しかし、その後、李氏は1921年から1922年まで20回以上にわたって窃盗行為をした。このような李氏に対して、検察は懲役１年６月を求刑した(96)。裁判所は、1921年４月と５月の犯行時点において、李氏は14歳未満であったため、同時期に行なわれた２つの窃盗行為について

は無罪を言い渡したが、1921年6月以降に行なわれた複数の窃盗罪については検察官の求刑よりも重い懲役1年10月を言い渡した(97)。

さらに1件を取り上げたい。台湾総督府の移民政策への影響を考慮して、被告人に対する戒告の意味も込めて、懲役1年6月という判決が言い渡された判決である。未成年者の被告人洪氏は、1936年、台中地方法院において窃盗罪により懲役1年が言い渡された。その後、洪氏は新竹少年刑務所で刑の執行を終えたが、洪氏に改悛の情はなく、「昭和12年7月初旬頃其被雇先ナル北斗郡ニ林街旧趙甲2番地ノ69陳四方井戸端コンクリート上ニ置キ在リタル陳四所有ノ中古クローム側腕時計1個ヲ窃取シ」た(98)。そのため、洪氏は陳四に解雇されたが、遊ぶ金に困ったため、窃盗をした。そして、この犯行に対して、裁判所は犯行地である移民部落について次のように言及した。

> 北斗郡北斗街北勢寮ノ内地人移民部落ニ目ヲ付ケ同部落カ農家ニシテ晝間殆ント留守勝ナルヲ奇貨トシ藤椅子修繕ノ注文取ナルカ如ク装ヒ徘徊中昭和13年8月23日午後2時半頃同所881番地西村一次方ノ留守ニ乗シ奥6畳ノ間箪笥ノ抽斗ヲ開キ物色中同箪笥内ニハ現金30圓ト500圓位ノ貯金通帳現在シタルモ之ヲ發見シ得サル前所用ノ爲メ耕地ヨリ立戻リタル西村一次ニ誰何セラレ一物モ窃取セス逃走シタルモノナリ(99)　（中略）　近次北斗郡移民部落ニハ水牛10数頭ノ被害事件等アリ不良本島人ニ於テ計畫的ノ犯行頻出スルコト當法院ニ顕著ニシテ斯クテハ本島ノ移民政策ニ影響スルコトモ甚大ナルヲ以テ嚴重ニ処分シ他戒ノ必要アル(100)

そして、次に示す事例は殺人と関わる事例である。17歳の日本人の未成年者であった被告人がどのように裁かれるのかについては、当時から注目されていたが(101)、これまでに確認してきた例と異なる特徴を見出すことができるので、詳しく検討したい。裁判所は被告人の悲惨な境遇に同情し、犯罪時の年齢も配慮した上で、以下のような判断を下した。

被告人ハ齢7、8歳ノ頃當時臺中州豊原郡豊原街ニ於テ理髪業ヲ営ミ居リシ叔父松本勘三夫婦ノ養子ト爲リテ大正14年3月6日入籍シ爾来豊原町街臺北市等ニ於テ養父母ノ養育ヲ受ケ昭和6年4月臺北商業學校ニ入學シ在學中ノモノナル處家庭ノ生計上養父勘三ニ於テ他所ニ出稼シタルコト等ノ爲昭和7年5、6月頃ヨリ専ラ養母コヲト起居ヲ共ニシ其ノ保護監督ノ下ニ通學スルノ止ム無キニ立到リシカ同女ノ被告人ニ對スル處遇タルヤ極メテ冷酷ニシテ同女ヨリ或ル時理不盡ニモ長煙管ヲ以テ殴打セラレ又ハ常ニ學友トノ交遊ヲ阻止サレ且炊事ノ一切ヲ命セラレ事毎ニ叱責面罵セラルル等諸種ノ虐待ヲ受ケ陰惨ナル生活ヲ續ケ行ク内性質自然憂鬱ト爲リ　（中略）　（被告人）常々既ニ死亡シタル實父母ノ温キ情愛ヲ想起憧憬シ自己ノ不運ナル現在ヲ痛ク嘆クト共ニ厭世ノ極數次自殺ヲ企テタルコトサヘアリテ只管養母コヲノ冷ヤカナル仕打ヲ恨ミ居リタル折柄昭和9年6月8日午前2時頃臺北州七星郡北投庄北投87番地ナル居宅ニ於テ不圖目ヲ覺シ眠レヌ儘不幸ナル自己ノ過シ方行ク末ヲ連想中傍ニ就寝セル養母コヲノ枕許近クニ置キアリタル腰紐ヲ認ムルヤ寧ロ之ヲ以テ同女ヲ絞殺シタル上自殺スルニ如カスト決意シ即時右腰紐ヲ養母コヲノ頸部ニ捲付ケ之ヲ緊絞シ因テ同女ヲシテ其ノ場ニ於テ窒息死ニ至ラシメ以テ之カ殺害ノ目的ヲ遂ケタルモノナリ　（中略）　法律ニ照スニ被告人ノ判示所爲ハ刑法第200条ニ該當スルヲ以テ其ノ所定刑中無期懲役刑ヲ選擇シ之ヲ處断スヘキ處被告人ハ本件犯行當時齢僅カニ15年8月餘ノ事物ニ感激シ易キ思慮未タ淺薄ナル少年學徒ニシテ而モ本件ノ如キ大罪ヲモ自然敢行スルニ至ルカ如キ恵マレサル環境ニ育チ而シテ本件犯行後ハ只管其ノ非ヲ悔悟シ改悛ノ情極メテ顕著ナル等犯罪ノ情狀洵ニ憫諒スヘキモノアルヲ以テ同法第66条第71条第68条第2號ニ依リ之ヲ酌量シ其ノ刑ヲ減軽シタル刑期範圍内ニ於テ被告人ヲ懲役8年ニ處スヘキモノトス(102)

ここで示した判決と、これまでに確認してきた判決とを比較すると、未成年犯罪者に対する刑の量定についての説明には濃淡があったことが明白

である。そして、上記の養母殺しをした時点で15歳であった少年に対する判決文のように、年齢と思慮の深浅の関係、育った環境などを詳細に考察したものはごくわずかであり、他の多数の判決文は未成年犯罪者の動機、背景などを明記せず、法文を引用するにとどまっていた。このような事実を考えるならば、具体的な未成年犯罪者の状況が、克明に記録されていたとは言い難いという推察が可能ではないだろうか。

このように、量刑の基準は不明瞭であったが、刑期についてはどうであったかを以下で検討していく。未成年犯罪者への配慮があるならば、同じ犯罪類型であっても刑期は成年者の刑期より軽いはずである。このような仮説のもと、未成年者と成年者との刑期の相違を考察することによって、裁判所の未成年犯罪者に対する認識および取扱いの一面を明らかにできると考える。現時点では、未成年者の懲役刑の刑期と、成年者の懲役刑の刑期との相違を直接的に示す統計を見つけ出せていないが、未成年受刑者だけを収容する新竹少年刑務所が出した統計と、台湾総督府の発行にかかる新竹少年刑務所を含む全台湾の刑務所受刑者に関する統計とを用いて、考察を試みたい。新竹少年刑務所での受刑者に関する統計は現時点で1936年の統計書のみを入手することができる。1936年当時、未成年者によって行われた犯罪のうちで最も多かったのは窃盗であった(103)。そのため、窃盗罪によって新竹少年刑務所に収監された未成年受刑者の刑期と、同罪によって新竹少年刑務所を含む台湾の全刑務所に収監された受刑者の刑期とを比較することとしたい。

未成年受刑者の罪名や刑期が分かる資料としては、1936年に新竹少年刑務所が発行した『少年受刑者ニ関スル統計（第１回）』の中の「入所少年受刑者罪名及刑期別」を挙げることができる。この統計によれば、窃盗罪を犯して収監された少年213名のうち、刑期が１年以下の者は129名（61％）であり、２年以下の者は72名（34％）であり、３年以下の者は７名（３％）であった(104)。また、台湾総督府編『台湾総督府統計書第40』からは、1936年度中に窃盗の罪で台湾内の刑務所に収監された新受刑者は合計1,198名であったことが分かる(105)。そのうち、刑期が１年以下の者は776名（65％）であり、２年以下を含む３年以下の刑期である者は359名（30％）であっ

【図2】　受刑者における各刑期の割合

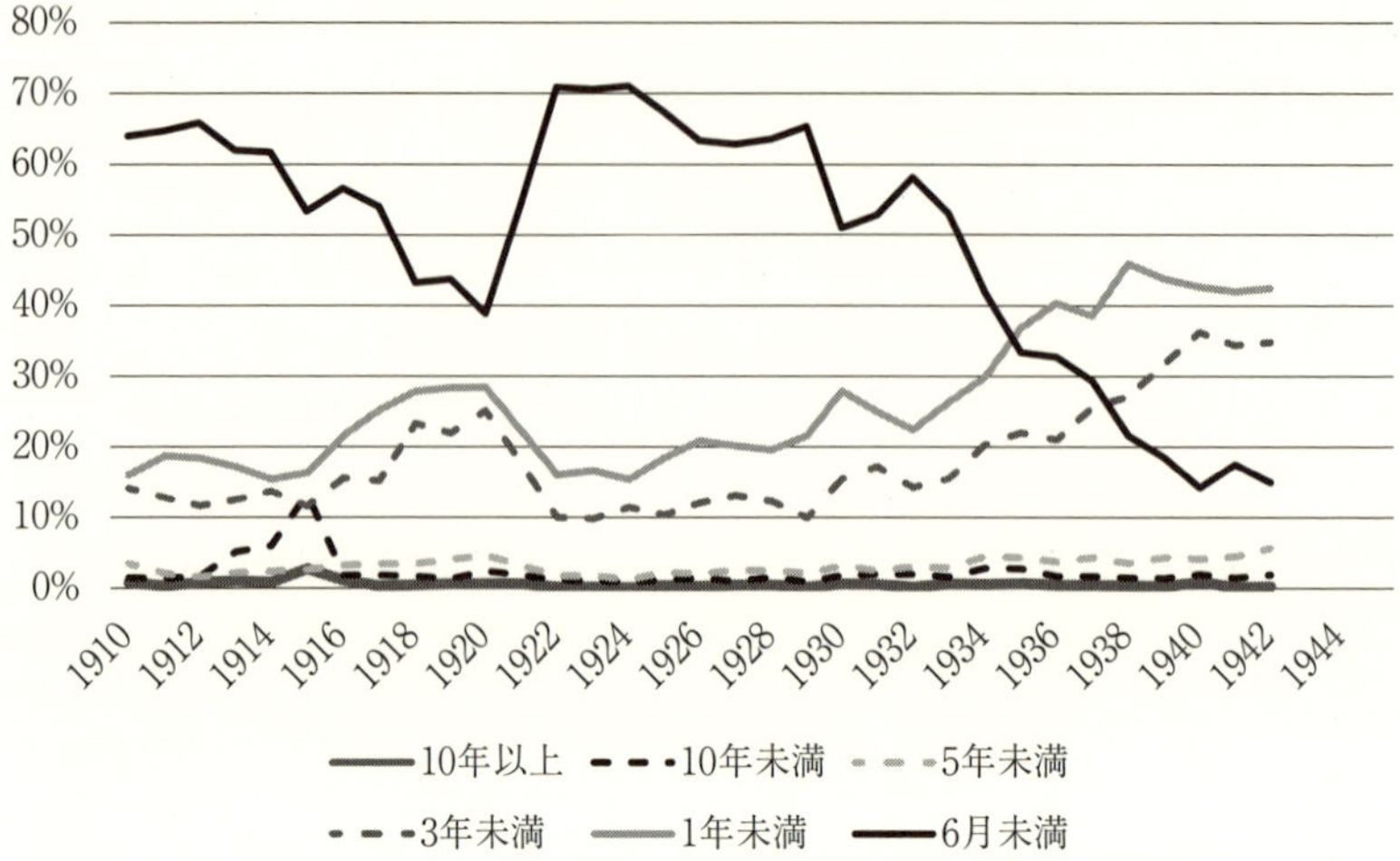

出典　台湾総督府編『台湾総督府統計書』各年報。筆者作成。

た(106)。つまり、どちらの統計でも、刑期が2年以下を含む3年以下の新受刑者数が30〜40%を占めているとともに、窃盗罪を犯して収監された新受刑者のうち、刑期1年以下の者が60%以上を占めていて最も多いことの2点が確認される。このことから、未成年犯罪者の刑期と成年犯罪者の刑期との間には大きな差がなかったと考えられよう。

一方、台湾総督府編『台湾総督府統計書』から抽出した**【図2】**を見ると、1910年から1935年の間は、刑期6カ月未満の新受刑者数が1位、1年未満が2位となっている。1932年以後、6カ月未満は次第に減少していった。そして、1935年以後、1年未満の新受刑者数が増加して1位となっている。また、3年未満の新受刑者数も1936年以後は漸次的に増加していった。全体的に言うと、台湾における懲役刑の刑期には、6カ月未満と1年未満の刑期の受刑者が多数を占めていたことが分かる。上記の新竹少年刑務所の受刑者の刑期を併せて見ると、未成年犯罪者の刑期に優遇があったとは言えないことを再度、確認できる。

1930年代末以降、台湾においても、国家総動員法などの戦時経済犯罪を

取り締まる法律が施行された(107)。特に1941年の国家総動員法改正により、物価や物資統制違反に対する法定刑は、従来の3年以下の懲役刑または5,000円以下の罰金から、10年以下の懲役刑または5万円以下の罰金に引き上げられた(108)。**【図2】**からも分かるように、1930年代末以降、台湾の刑務所に収監された刑期が6カ月以下の新受刑者が減少する一方、1年以上の新受刑者は著しく増加した。裁判記録には、他人の畑などで、鳥10羽、野菜、家畜などの合計150円相当を窃取した未成年者2名に対し、懲役3年を言い渡した事例もあった(109)。この事例で下された刑期が**【図2】**の1930年後半の刑期の引き上げと矛盾しないことから、実際に未成年者にも適用されていたことを窺えよう。

4　未成年犯罪者に対する処遇について

4-1　本島人不良少年に関する議論

犯罪者に対する処遇は、常に犯罪者に対する認識や理解から影響を受ける。例えば、ヴァイマル共和国のバイエルン州はロンブローゾの「生来性犯罪者」という思想を汲み、受刑者の処遇を「教育可能者」と「教育不可能者」に区分したが(110)、本島人のような異民族の未成年犯罪者が犯罪を起こす原因を日本人たちはどのように見ていたのであろうか。この点を検討することを通じて、本島人の未成年犯罪者に対する認識が解明できるのみならず、未成年犯罪者への処遇の背後にあった考え方が明らかにできるだろう。

台湾における未成年犯罪の中で最も数が多い窃盗罪は、特に注目されていた。本島人の少年による窃盗が多かった理由について、台湾の警部である宮本勝(111)はいくつかの要因を指摘している。宮本によれば、直接的な原因の1つには家庭の窮迫がある。台湾では幼児売買の旧慣があり、売買された幼児は温情を欠いた環境で育つ傾向にある。しかも、このような少

年は憐れむべき不遇な環境の中で、常に経済的に窮迫した状態に置かれているため、衝動的に不良行為を行うようになる、というわけである(112)。経済的に困窮した状況に置かれた家庭の少年のうちには非行に走る者もいたという状況は、台湾だけでなく日本でも見られる現象であった。もっとも、たしかにこの要因は日本本土の不良少年と家庭関係と殆ど同様であるが、宮本勝は台湾では上述の旧慣があったため、一層多いと思ったようである(113)。宮本によれば、窃盗罪が多い２番目の直接的な要因は阿片密吸食であり、３番目のそれは少年の職業である。台湾では幼い時から営利的な業務に従事させられるため、台湾の少年は早くから利欲心を有しているが、このように利欲心を有した少年に対する道徳観念の育成をおろそかにすれば、少年の品性は下劣になるしかない、というのが宮本の説明である(114)。

間接的な要因として宮本は、両親またはそのどちらかを欠く者、家庭の紊乱、貧困、無教育、無職業、信仰心の欠如などを挙げている(115)。これらの間接的な要因については、不良少年問題に関心を持つ他の実務家も指摘している。例えば、台湾総督府成徳学院書記であった三上長治は、両親が揃っていない者、家庭内関係の紊乱、貧困による過労、無教育、宗教心の欠乏を非行原因として強調している(116)。

それればかりでなく、三上は、不良少年の多くは、身体虚弱者あるいは発育の不完全な者であると指摘している(117)。三上によれば、不良少年の多くは体だけでなく、精神状態も不健康であるため、正常な判断能力を持たず、自制能力も乏しい(118)。

以上のことから、当時の日本人は、単に個人的な要素だけでなく、家庭、社会、台湾の旧慣などをも念頭に置きながら少年が非行に走る原因を分析していたと言える。

4－2　懲治監による処遇

そもそも、弁別能力が不十分である未成年者に特別の処置を行う理由は、感化や社会福祉等の手段で未成年者を教化し、社会に復帰できるように導

くことにある。つまり、未成年犯罪者に対して、単に刑罰を施すばかりでは、未成年者の要保護性と合致しないため、旧刑法では第２期と第３期の未成年犯罪者に対し、第79条「罪ヲ犯ス時12歳ニ滿サル者ハ其罪ヲ論セス但滿８歳以上ノ者ハ情状ニ因リ滿16歳ニ過キサル時間之ヲ懲治場ニ留置スルコトヲ得」および第80条第１号「罪ヲ犯ス時滿12歳以上16歳ニ滿サル者ハ其所爲是非ヲ辨別シタルト否トヲ審案シ辨別ナクシテ犯シタル時ハ其罪ヲ論セス但情状ニ因リ滿20歳ニ過キサル時間之ヲ懲治場ニ留置スルコトヲ得」として、教化を施す懲治場に収容させることができると規定していた。

台湾における懲治人（懲治監に収容される者）の処遇は、監獄に収監された成年受刑者の処遇と似ているところがある。例えば、懲治人も労働作業に従事する必要があった。懲治人の主な作業は洋裁縫工であった(119)。もっとも、洋裁縫は技術の習得に時間を要するため、短い刑期の懲治人には草履製造などの比較的容易な作業に従事させていた(120)。また、懲治人はそれ以外の受刑者が作業を行う工場とは別の工場で作業を行ったが、１日の労働作業時間は他の受刑者と同様に８時間前後であった(121)。懲治人の作業が地元の民間業者との連携によって行われていた事例も確認できる。1907年当時、本島人の懲治人６名が収容されていた台北監獄の懲治場の作業と関連して、当時の新聞には「府前街城崎洋服店主人は　（中略）　同情を表し自ら進んで之れが工場を供給せん爲め一家屋を借受け監督者並に授業者各々一人を附して彼等の修養に便せん事を申出でたりしたより典獄も大に喜び」という新聞記事が見られる(122)。この記事からは、懲治場の作業に対して、日本人の民間業者から支援が行われていたことが分かる。

懲治場では、他の受刑者と同じく、日曜日に教誨を聞くことが義務とされていたが(123)、懲治人はそれに加えて、算数、読書、習字などの教育を受けることも必要であった。懲治人は午前中２～３時間の授業を受けた。授業を担当するのは、教誨師や看守、通訳であり、本島人の懲治人に対しては公学校で教えられている内容を、内地人の懲治人に対しては各自の教育程度に応じた内容を教授していた(124)。それだけでなく、釈放時には必ず試験が行われた。このような教育を通じて、本島人の懲治人は平易な日本語を習得していったのである(125)。

また、食事に関しては、台北監獄の懲治場では当初、他の受刑者と同じく懲治人についても１人に対して１日に５合を提供していた。しかし、懲治人の中には食事の量が不十分であると訴える者もいた(126)。このような要求に対し、台北監獄典獄の志豆機源太郎は、岡山孤児院の満腹主義に倣い(127)、懲治人が満足するまで食事を提供することにした(128)。

旧刑法期を通じて、裁判所が未成年犯罪者を懲治場留置に処した事例は数多くない。事実、台湾の監獄内に設置された懲治場の収容者数は極めて少なく(129)、1901年の台湾人の懲治人は僅か４名であった(130)。

そして、新刑法の依用に伴い、懲治場は廃止されることになったが、このような懲治場の廃止は、そこに収容されていた未成年者にどのような影響を与えたのだろうか。新刑法の依用に伴う台湾刑事令の施行に際して、監獄側は下記の文書を通して、台湾総督府の指示を仰いだ。

> 刑事令施行ノ下ニ於テ小数ノ懲治人ヲ永ク懲治場ニ留置スルハ策ノ得タルモノニ無之刑法第16条ノ規程モ有之候条各懲治人ノ身上ヲ取調へ候処別紙台北及台南監獄長ノ回答ノ如クニ有之何レモ近親者若クハ出獄人保護場等ニ於テ相当保護ノ方法相立ツヘキニ付43年ニ繰越スヘキ懲治人４名ヲ本年中ニ解放シ懲治場ヲ閉鎖致度具案仰高裁(131)

1909年当時、台北監獄と台南監獄の懲治場にはそれぞれ２名の懲治人が収容されていたが、上記のように、台湾総督府はこれらの懲治人を解放する一方、保護の方策を講じる必要があるという通達を出した(132)。そして、各人について次のような取扱いが決定された。まず、大嶺氏は適当な保護者に頼むことになった(133)。しかし、米村氏には再犯のおそれがあり、適当な保護者もいないため、感化院へ移すことになった(134)。また、周氏は作業や勉強に熱心に取り組んでいたため、解放後は適当な保護者に頼むことになった(135)。これに対し、林氏は作業などの成績が不振であり、保護者も保護者として適当かどうか分からないため、感化院へ移すことになった(136)。このように、懲治人を感化院に送致するかどうかは、まず、その

懲治人に適切な保護者がいるかどうかが優先視されていた。そして、適切な保護者がいない場合には、感化院に送致するしかないと考えられていたことを窺える。すなわち、監獄側にとって、施設での感化は優先策ではなく、むしろ未成年犯罪者には家庭からの支援が重要であると考えられていたと見ることができよう。

最後に、年齢などの個人識別をどのように確認するのかという問題を検討する。以下で見る例からは、犯罪者の年齢などといった個人識別情報に誤りもあったことを確認でき、当時の裁判所や犯罪捜査機関にとって、年齢などの個人識別は簡単ではなかったことを窺える。

1907年、住所不定、原籍及び出生地不明の15歳の「陳亀」(137)という人物は、台北文武街で窃盗をした容疑で逮捕され起訴された。台北地方法院は、「陳亀」には是非の弁別能力がないと判断し、懲治監留置3年を言い渡した(138)。この判決に基づいて、「陳亀」は台北監獄に収監されることになった。しかし、その後の台北監獄の調査により「陳亀」という名前が偽名であるばかりか、年齢も20歳を超えていることが判明した。そのため、台北監獄は「陳亀」と名乗った謝氏を釈放せざるを得なくなった(139)。この事例からは、裁判所が個人を確実に識別し、把握していたとは言えないことが分かる。

4-3　短期刑による教化の困難性

先にも述べた通り、未成年犯罪者は刑期1年以下に処せられることが多かった。覆審法院検察官長の菅野善三郎は、刑期の問題について研究するため、1917年に日本へ出張した(140)。「刑の量定に就いて」という文章のなかで菅野は、日本では常に短期自由刑の弊害が意識され、不起訴や起訴猶予といった手段を用いて短期自由刑を避ける方向で刑事責任を問う傾向にあるため、短期的に監獄に入った者はさほど多くないと述べた(141)。その一方、台湾では、犯状が考慮されず、機械的に量刑がなされる傾向にあると菅野は批判した(142)。また、未成年者に対する量刑について、菅野は、1918年の時点で福岡幼年監に収監されていた18歳以下幼年囚の刑期分布

（1年以下18名、1年以上90名、2年以上77名、3年以上16名、4年以上3名、5年以上18名、10年以上5名、無期1名、合計228名[143]）と、台湾の監獄に収監されていた未成年者の刑期分布（3か月と6か月以下が多数を占め、6か月以下がもっとも多い[144]）とを比較し、台湾における未成年犯罪者の刑期は日本におけるそれよりも短いことを明らかにした。そのうえで、菅野は、台湾では日本と比べると罪を犯した未成年者を監獄によって鍛え直す時間が短いため、裁判所では長期刑を言い渡すべきであると主張した[145]。菅野によれば、台湾では刑期6月以上に処せられた未成年受刑者が極めて少なかった[146]。なお、彼は、1918年1月当時、福岡幼年監の収監者総数は228名であり、刑期1年以下の受刑者は僅か18名であったとも付言している[147]。以上をまとめるならば、未成年受刑者の刑期は、日本と台湾とでかなり異なると管野は考えていたと見てよいだろう。また、菅野は、未成年受刑者に対する短期間の学科教育や作業には実益がないという立場から、従来の刑罰方法の改善も主張した[148]。

4-4 幼年監から少年刑務所へ

1911年、台北監獄では未成年受刑者に対する特別措置を打ち出した。つまり、拘置監の構内の一部を幼年監に充てたのである。幼年監の建坪は36坪で、幼年監の中には独居房6室および雑居房4室が設置された。また、60〜70名を収容する工場も設置され、その中には教育場も設けられた。幼年監の設置は受刑者の管理の面でも有益であった[149]。台北監獄に幼年監が設置された後、ここは台湾の幼年囚（18歳未満の受刑者を指す）専用の収容所になった。台中監獄と台南監獄に収監されていた18歳未満で刑期6月以上の幼年囚を台北監獄に移監するという計画も立てられた[150]。民政長官である内田嘉吉は次のような通告を各監獄に出した。

> 台北監獄幼年監ノ新築竣工セシニ付自今刑期6月以上18（歳）未満ノ男受刑者ニシテ低脳《ママ》若ハ不具ノ為感化教育的所遇ヲ加フルノ価値ナシト認ムルモノヲ除ク他予メ打合ノ上台北監獄ニ之ヲ移監シ台北監獄ニ

> 於テ之ヲ収監シタルトキハ罪名刑名刑期犯数氏名年齢発監獄名ヲ具シ其都度報告可相成依命此段及通達候也(151)

この通達からは、台北監獄の幼年監に収容する対象が分かるだけでなく、「低能」と「不具」の受刑者が感化教育の対象外と見られていたことも看取できる。

この通達が出された直後は、台北監獄へ移監する際には事前に協議しなければならないとされていた。しかしながら、後に改めて通達が発せられ、事務の簡易化を図ることを目的として、打ち合わせなどを行うことなく、直ちに移監することが可能になるとともに、台北監獄への報告も必要ないとされ、煩雑さが解消された(152)。

幼年監では未成年受刑者に対して、作業に従事させるだけでなく、修身、算数、習字、唱歌、体操を教えるなど、感化教育的行刑を行っていた(153)。しかし、未成年受刑者の増加につれ(1919年には140名近くにまで及んだ(154))、施設が手狭になっていっただけでなく、感化教育も困難になっていった。そのため、幼年監の増設が急務となった(155)。

1921年、法務部長は幼年囚の移監につき、以下のような通牒を出した。

> 1、刑期６月以上ノ者ト雖移監時残刑期５月未満ノ者ハ移監セサルコト、２、低脳若ハ不具ノ為感化教育的處遇ヲ加フルノ価値ナシト認ムル者ハ勿論已級處遇ヲ爲ス可ラサル者ハ移監セサルコト(156)

その後、1926年10月、台湾では唯一の少年刑務所として、新竹少年刑務所が誕生した(157)。新竹少年刑務所でも、教育を重視するというそれまでの方針に従った処遇が続けられ、午前中の２時間、午後の１時間が教育の時間と定められた(158)。また、新竹少年刑務所の教師は３名になり、教室も増築され、電灯を設備して夜間教育も行った。学級数も４学級（後に５学級）とされたため、学校教育とほぼ同じ状況になった(159)。監獄法第30条「18歳未満ノ受刑者ニハ教育ヲ施ス可シ其他ノ受刑者ニシテ特ニ必要アリト認ムルモノニハ年齢ニ拘ハラス教育ヲ施スコトヲ得」という要請に

よって、18歳未満の受刑者に対する教育の必要性が他の成年受刑者より強調されていることと整合的であろう。新竹少年刑務所で施されていた教育は、成人受刑者に対する処遇と著しく異なっていると評価することができる。

4－5　少年感化施設の設置

少年感化施設に関しては、すでに紹介した先行研究を通じて、成徳学院の設置背景や、関係者、関連言説などが明らかになっている。本稿はこれらの先行研究をもとに、少年感化施設の運営と利用実態について分析し、少年感化施設の全体像と意義を考察する。

1870年代から日本内地では少年に対する感化事業の萌芽が見られるようになった。1881年には、監獄官吏の坂部寔らによって東京府知事と警視総監に対して感化院の設置が要請された(160)。坂部らの願い出が受け入れられることはなかったが、このような感化院の設立要請は、高瀬真卿による東京感化院創設の重要な契機になった(161)。日本統治に伴い、台湾にも少年感化の思潮がもたらされた。1899年、大谷派信徒総代(162)の間藤文八、浄土真宗本願寺派開教使の田中行善、台北監獄教誨師の川原教道、浄土真宗大谷派の石川馨、日蓮宗の岩井恵済、曹洞宗の佐々木珍龍ら、仏教関係者を中心としたグループによって台北県知事宛に、感化保護院の設置を求める意見書が提出された(163)。台北県知事の村上義雄は次のように総督府の指示を仰いだ(164)。

> 台北城内石防街18番戸間藤文八他10名ヨリ別紙ノ通感化保護院設置願出ニ付調査候処其趣旨ハ引取人ナキ主刑満期ノ出獄者若クハ不良子弟ヲ保護感化セントスルニ在リテ出願人ハ孰レモ身元確実ニシテ其方法等ニ於テモ敢テ不都合無之有益ノ事業ト被認候ニ就テハ左ノ命令条件ニ付シ許可可致見込ニ有之候得共曽テ前例モ無之儀ニ付一応相伺候条何分ノ儀至急指揮ヲ仰候也

これに対して、総督府は「明治32年5月4日付保第420号伺台北感化保護院設立認可ノ件」という指令を出して(165)、感化保護院の設立を許可した。

1909年、浄土真宗本願寺派台北別院は少年教導のために、財団法人台北成徳学院を設立した。健康状態が良くない場合、あるいは他の生徒に影響を及ぼす場合には、入院が認められなかった(166)。また、成徳学院の教師を、台湾の監獄教誨師に依頼した例もある(167)。成徳学院の教育と監獄との繋がりを窺えよう。さらに、未成年受刑者が成徳学院で椅子の製造に従事したこともある(168)。

1922年に成徳学院が解散する際、在院生と財産は総督府の所管に移され、私立から公立になった。その際、台湾総督府事務官である佐藤正俊が院長に命じられた(169)。1934年、日本で感化法が廃止され、代わりに少年教護法が施行されると(170)、少年教護法の一部は台湾でも施行された(171)。これに伴い、成徳学院は台湾総督府少年教護院として、台湾総督府少年教護院規則および成徳学院教科規程に基づいて運営されるようになった(172)。

成徳学院は監獄ではなく、生徒を強制的に寄宿させる国立学校として設置された。午前は小学校と同様の学科教科を、午後は2～3時間の職業教育を施した(173)。所定の課程を修了した成績優良者は、尋常小学校修了者と見なされた(174)。もっとも、当時の台湾社会では、成徳学院を監獄と同一視することもしばしばあったようである(175)。

収容者は18歳未満で、学齢以上の未成年者とされた(176)。未成年で不良行為をする者あるいは不良行為を敢えてするようになる段階の少年であった(177)。収容者には台湾人と内地人の両方が存在したが、内地人よりも台湾人のほうが多かった(178)。また、成徳学院では幼年監と同じように、男子の未成年犯罪者のみを収容をした。女子を収容しなかった1番の理由は、女子を収容する設備がなかったためである(179)。成徳学院では既に40～50名の少年を収容していたため、そこに女子を収容すれば、「猫の前に鰹節を投げ出す様な者で多数男子の感化上悪影響がある」ことは明らかであったから、女子については「差当り郷党及地方長官の監護に委ねて」いた(180)。

成徳学院への入院には大きく3つのルートが存在した。第1に、知事又

は庁長の具申によるものである。第2に、保護者の出願によるものである。第3に、裁判所の許可を得て懲戒場に入るものである(181)。成徳学院側の資料によると、第2のルートによる者が最も多く、第1と第3のルートを通じて入院する者は稀であった(182)。入院後の費用は、基本的に保護者が負担した(183)。成徳学院に収容された者はごく僅かであったが、本島人の保護者自らが自己負担であっても自身の子供の管理を植民者に依頼していたという事実は、植民者である日本がもたらした法制度を一部の被植民者である本島人が受け入れるとともに、利用していた側面を表わす。次に述べる新聞記事によっても、本島人の保護者がなぜ自分の子供を感化院に入れたがったのかを理解し得る。例えば、台南市の黄氏には公学校4年生で12歳の息子がいるが、素行が悪く、学校を退学された。黄氏の息子は毎日遊んでばかりで、彼は黄氏の言うことを聞かず、黄氏の金を盗むこともしばしばであった。そのため黄氏はやむを得ず、台南警察署に出願書を出して、息子を感化院に入れることにした(184)。

1924年度の台湾総督府の統計によれば、不良少年の数(185)は659人であったが、成徳学院へ入院しているのは43名だけであった(186)。これは成徳学院の収容定員の上限に関連するが、台湾総督府が施設での不良少年の感化策を拡大しようとすれば、他の感化院を増設することでも可能であろう。しかし、台湾総督府は財政予算の緊縮のため、感化院を増設できなかったという(187)。予算を理由に不良少年の感化策を拡大できないとするのは、感化策に積極的ではなかった証左であろう。

成徳学院の他にも、不良少年の保護施設があった。例えば、1924年、台北万華に艋舺同風会の附属事業として私立艋舺義塾が設立された。同風会の会長である呉昌才は他の台湾人教師と共に、不良少年と前科のある少年たちに教育を施した。艋舺義塾は毎朝1時間、珠算や、修身の教科書を用いた国語教育、洋裁実習などが行われた。このような教育を通して、技術を身につけた少年は、施設を卒業した後、店に雇われていった(188)。

また、浮浪者収容所への送致は、台湾における不良少年に対する統制手段の1つであった(189)。浮浪者収容所への移送の法的根拠は1906年に公布された「台湾浮浪者取締規則」(律令第2号)にある。第1条では「庁長ハ

一定ノ住宅又ハ生業ヲ有セスシテ公安ヲ害シ又ハ風俗ヲ紊スノ虞アリト認ムル本島人ニ対シ其ノ定住又ハ就業ヲ戒告スルコトヲ得」と規定し、第2条では「庁長ハ戒告ヲ為スモ其ノ効ナシト認ムル者及戒告ヲ受ケテ其ノ行状ヲ改メサル者ニ對シ定住又ハ就業ヲ命令シ必要ナル拘束ヲ加ヘテ之ヲ定住地又ハ強制就業執行地ニ送致スルコトヲ得」と規定していた(190)。そのため、行政機関の庁長は上記の要件を満たす場合、台湾人を強制就業執行地に送致して収容することができた。ここでいわれている強制就業執行地とは台湾東部にある浮浪者収容所を指す。この規則を通じて、司法機関だけでなく、行政機関にも人間の自由を奪う権力が与えられたわけであるが、このような法令は、日本はもとより植民地朝鮮にも存在しなかった。当時の台湾知識人のなかには、「文明国」では、人の自由を奪えるのは司法権だけであり、「浮浪者取締規則」は罪刑法定主義、ひいては立憲主義に矛盾すると批判する者も存在した(191)。しかし、このような批判の一方で、台湾人の保護者のなかには投獄経験も多く、改悛しない頑冥不霊な自分の子供を浮浪者収容所へ送致するよう訴える者もおり(192)、保護者には自分の子供の教育が既に手に負えないために、台湾総督府の設けた措置に依頼せざるをえなかったと推察できよう。このような事例は、植民者が作った近代法の正当性を満たしているとは言えない制度であっても、自分の利益や社会の秩序を保つために利用すべきであると考える者が存在していたことを示すものである。ここで、保護者の意向によって収容された「厄介者」が、成徳学院の多数を占めていたことをここで思い返したい。一部の保護者には未成年犯罪者あるいは不良少年が手に負えず、そのため、植民者が築いた制度を利用して、「厄介者」を「改善」させようとした事例が存在していたのであり、やはり被植民者側の能動性を指摘することが可能ではないだろうか。

5　結　　語

本稿は主に旧・新刑法時期における台湾の未成年犯罪者に関する裁判実

務、及び未成年犯罪者に対する処遇を検討した。裁判所での未成年犯罪者に関する実務、そして未成年犯罪者の処遇に関する懲治監、少年刑務所、感化院などの様相を分析した。そして、以上の考察を通じて明らかになった点を述べていく。

1　冒頭で引用した李氷逆氏の論文によると、未成年者という概念が存在しなかった清朝統治時代においては、強弱対比や情と法のバランスなどをもとに、未成年者の犯罪を処断していた。日本統治時代に入り、台湾では旧刑法および新刑法が依用されることになったが、これによって年齢を基準とし、未成年と成年とを区別されるようになり、刑事責任の有無を判断する際にも原則的に年齢が1つの基準になった。すなわち、未成年者の犯罪に対する判断基準が変化したと考えられる。

2　旧刑法の第2期未成年犯罪者に対し、「弁別能力」の有無を判断する困難を確認したが、共同して犯罪を行った成年者に従属的かどうかによって、弁別能力の有無が判断された傾向がある。旧刑法時期に作成された裁判記録には、特に第2期の未成年者の犯罪について、刑事責任能力の有無を左右する是非の弁別能力を裁判所はどのように判断していたのかを窺い得ない。同時期に日本で下された未成年犯罪者に対する刑事判決を分析している田中氏も指摘していることであるが(193)、台湾でも未成年者に対する量刑や刑事責任能力に関する説明は基本的に不十分だったと思われる。このように、詳細な説明が見られない原因としては、是非の弁別能力を具体的に説明することが難しかったということが考えられる。もしそうであるとすれば、日本が西洋から近代法とともに受容し、後に台湾に導入した「弁別能力」などの概念を、日本人の裁判官が十分には理解し得ず、円滑に解釈できていなかったということになる。しかし、本稿では、関係裁判記録の分析を通じて、裁判官による第2期未成年者の是非の識別能力の有無の基準も推察した。これによって未成年犯罪者の事件への関与の度合い、つまり成年犯罪者の支配に属すか否かが大きく関係していたことを明らかにした。単独犯罪の第2期の未成年犯罪者には是非の識別能力が

備わっていると判断し、共犯の成年犯罪者に従属していた未成年犯罪者には是非の識別能力がないと認定される傾向があったと言えよう。

3　旧刑法期における第3期の未成年者に関する事件では、基本的に減刑が認められる傾向がある。例えば、匪徒刑罰令に違反した第3期の未成年者にも刑が減軽されたことも指摘した。しかし、稀であるが、第3期の未成年者を減刑にしても、刑の重さが成年者と同等の事例があったことも示した。

4　新刑法の規定は、裁判所の14歳以上の未成年犯罪者の扱いが基本的に成年者への扱いと同等であった。本稿では、未成年受刑者とその他の受刑者との刑期の比較を通じて、多くの未成年受刑者がその他の受刑者と同じように短期刑に服していたことも確認できた。新刑法期に入ると、年齢を基準として未成年者の刑事責任能力の有無を判断するだけとなり、旧刑法期のような是非の識別能力の有無に関する判断は不要になった。実際に、14歳以上の未成年者も成人と同一視されていた事例も存在する。日本本土においては、18歳未満の未成年者は旧少年法によって、刑罰以外の保護処分をもって対応していたが、旧少年法は台湾では施行されていなかったため、台湾の未成年犯罪者に対する保護は十分ではなかったと考えられる。

5　台湾の未成年犯罪者に対する認識は精神病、遺伝などの個人的な要因及び、台湾の旧慣をはじめとした社会及び環境的な要因のいずれも重視されていた。このような考え方が背景にあったために、実務家たちは、感化院のような少年に関する社会事業が未成年犯罪者には重要であると捉えていた。

6　懲治監を廃止した後に見られた台湾の監獄側の動きや、地方長官や裁判所から成徳学院へ未成年者を送致する数の少なさなどを通して、台湾当局が施設による未成年犯罪者への感化策を積極的に利用したとは言えないことを指摘した。そして、その裏には、未成年犯罪者には家庭などからの支援や保護を優先させる考え方があったことも明らかになった。また、施設による感化を積極的に利用すると、収容人数が増加していき、施設を拡大すべき局面をむかえざるをえないことから、

総督府が少年感化の社会事業については、予算の緊縮方針を採ったようである。このような行政資源の要因が、旧少年法の未施行にも働いていたと考えられる。

7　植民地民衆の多様な法意識、法行動も確認できた。植民地の刑事司法と言えば、弾圧—抵抗という図式に結びつけられる傾向にあるが、これは植民地民衆による植民者への抵抗という要素が法意識と積極的に結び付けられていると考えられよう(194)。勿論、このような側面の重要性も否定できないが、本稿の考察を通じて、「抵抗」の法意識以外にも、一部の植民地民衆の行動に表れている「利用」という側面にも注意すべきであることが判明した。台湾人の一部の保護者が、「厄介者」となった自身の子供が手に負えず、自発的に監獄や浮浪者収容所、成徳学院へ送致していた事例も存在している。一部の民衆の「厄介払い」のニーズによって、植民者が築いた公的権力の介入も容認していた一面も垣間見える。このことを考えると、植民地の刑事司法制度は植民者から押し付けられたものであるだけでなく、植民地における一部の民衆もこれらの制度を利用していたことが分かる。

本稿は日治档案などを用いて、裁判所における未成年者に関する法の解釈や適用の問題、未成年犯罪者に対する処遇などを分析した。今後は、台湾の未成年者による犯罪としては最も多かった賭博罪および窃盗罪に関する判決文に着目し、判決文と併せて、新聞記事、雑誌、法的措置などについて分析を行うことにより、少年犯罪に関する社会的コントロールの側面から日本統治時代の台湾社会のあり方を考察したい。また、未成年犯罪者や不良少年に対する予防策と刑罰について、地域史や社会史の角度からも、さらなる考察を加えたい。

（1）　台湾史上では、清代中国に統治されていた時期（1683年から1895年まで）を、通称「清朝統治時代」とする。これによって、清代の法制が台湾で施行されることになった。王泰升『台湾法律史概論』（元照出版、2017年）35頁。

（2） 李冰逆「清律の「老小廃疾収贖」条における司法上の展開：未成年者殺人事案を中心に」『史林』（第101巻第3号、2018年）104頁。

（3） 李冰逆、前掲注（2）、104–121頁。

（4） 『清文献通考』巻202刑考、清文淵閣四庫全書、2857頁。

（5） 李冰逆、前掲注（2）、104–121頁。

（6） Yen-Chi Liu. *Legal Construction of Childhood in Taiwan: Towards a Rethinking of Child-centered Jurisprudence*. Dec, 2011. J.S.D. dissertation at University of California, Berkeley. 李燕俐「國家對兒童態度的轉變―以台灣兒童福利行政與法制發展為中心」（國立臺灣大學法律學研究所修士論文、2005年）。

（7） 得能弘一・林欐嫚「台湾少年感化教育之開端與日本真宗本願寺派的関係：以成徳学院設立之背景為考察中心」『圓光佛學學報』（第28期、2016年）135–177頁。山田美香『日本植民地・占領下の少年犯罪』（成文堂、2013年）。王珮瑩「日治時期臺灣「不良少年」的誕生」（國立清華大學歷史研究所修士論文、2010年）。

（8） 王珮瑩、前掲注（7）。

（9） 山田美香、前掲注（7）。

（10） 得能弘一・林欐嫚、前掲注（7）、135–177頁。

（11） 日本における少年法制に関する研究では、いわゆる旧少年法について特に厚い研究蓄積がある。守屋克彦『少年の非行と教育：少年法制の歴史と現状』（勁草書房、1977年）。渡邊一弘『少年の刑事責任：年齢と刑事責任能力の視点から』（専修大学出版局、2006年）。重松一義『少年法の思想と発展：法改正をめぐる歴史的アプローチ』（信山社出版、2002年）。重松一義『少年懲戒教育史』（第一法規出版、1976年）。森田明『少年法の歴史的展開：「鬼面仏心」の法構造』（信山社出版、2005年）。森田明『未成年者保護法と現代社会：保護と自律のあいだ』第2版（有斐閣、2008年）。徳岡秀雄『少年法の社会史』（福村出版、2009年）。とりわけ、明治期日本の旧刑法下の裁判記録を用いた未成年犯罪者に関する先行研究も存在する。これについては、田中亜紀子『近代日本の未成年者処遇制度』（大阪大学出版会、2005年）を参照。

（12） 「日治法院档案」とは、台湾大学法律学院の王泰升教授及び研究グループメンバーによって整理された、日本統治時代の民事及び刑事裁判記録を含む法院文書を指す。本稿で分析対象とするのは、台中地方法院及び台北地方法院で下された刑事判決であるが、これは「日治法院档案」に含まれている刑事に関する下級審の裁判記録のうち、統治初期の1896年から1945年までの刑事裁判記録を網羅しており、利用価値が高いと考えられるためである。「日治法院档案」の整理の経緯については、王泰升「日治法院档案の整理と研究」収録：王泰升編『跨界的日治法院檔案研究』（元照出版公司、2009年）37–82頁を参照。なお、個人情報の保護という観点から、本稿で裁判記録等の引用や検討を行う際は、原則として、姓のみを表記する。

（13） 王泰升『台灣日治時期的法律改革』（聯経出版、2010年）91頁。

（14） 王泰升、前掲注（13）、88–91頁。

（15） 臺灣總督府民政部文書課『臺灣總督府民政事務成蹟提要第二編　（明治二十九年）』（臺灣總督府民政部文書課、1898年）305頁。

(16) 「民事商事及刑事ニ關スル律令（附譯文)」(1898年07月16日)、〈臺灣總督府府報第330號〉、《臺灣總督府府（官）報》、國史館臺灣文獻館、典藏號：0071010330a001。

(17) 「本局人及清國人ニ刑事訴訟法民事訴訟法及其附屬法律適用（明治四十一年八月律令第十一號り以ニ廢止)」(1899年04月28日)、〈臺灣總督府府報第509號〉、《臺灣總督府府（官）報》、國史館臺灣文獻館、典藏號：0071010509a001。

(18) ボアソナード氏起稿翻訳校正『刑法草案註釈上巻』(司法省、1886年) 388-389頁。

(19) 12歳という年齢は、当時の日本人の知能的成熟程度を考慮したものと言われている。磯部四郎『刑法講義上』(八尾書店、1893年) 863頁、を参照。

(20) 下記の整理は、宮城浩蔵述『刑法講義』(明治法律学校、1884年) 366-367頁。

(21) ボアソナード氏起稿翻訳校正、前掲注 (18)、389頁。

(22) 磯部四郎、前掲注 (19)、872頁。

(23) 磯部四郎、前掲注 (19)、872-873頁。

(24) 臺中地判・明治30年12月18日（30年隱檢第164號)「日治法院檔案」司訓所、明治29-30年對審判決原本、第310頁、30年隱檢第164號。

(25) 裁判記録では、漢数字で数字が表記されているが、本稿では算用数字に書き換えて表記する。

(26) 台湾総督府『台湾総督府犯罪統計書第１回』(台湾総督府、1907-1909年) 19-25頁。台湾総督府『台湾総督府犯罪統計書第２回』(台湾総督府、1907-1909年) 27-34頁。台湾総督府『台湾総督府犯罪統計書第３回』(台湾総督府、1907-1909年) 39-46頁。

(27) 龍瑛宗「ある女の記録」中島利郎他編『日本統治期台湾文学集成　復刻版22「台湾鉄道」作品集２』(緑蔭書房、2007年) 253-259頁を参照。

(28) この目録は、浅古弘教授が2018年に台湾大学図書館へ恵贈したものである。この目録の恩恵を受けた著者は、浅古教授及び研究グループに感謝の意を申し上げたい。

(29) 日治法院檔案、司訓所、明治29-30年對審判決原本（彰化)、第155頁、30年檢第24號。

(30) 日治法院檔案、司訓所、明治29-30年對審判決原本、第82-83頁、30年隱檢第４號（30年刑第３號)。

(31) 日治法院檔案、司訓所、明治29-30年對審判決原本、第205頁、30年隱檢第125號（30年輕第69號)。

(32) 日治法院檔案、司訓所、明治29-30年對審判決原本（彰化)、第155頁、30年檢第24號。

(33) 日治法院檔案、前掲注 (32)、156頁。他の類似の事例について、日治法院檔案、司訓所、明治29-30年對審判決原本、第190頁、30年隱檢第107號（30年輕第56號)、を参照。

(34) 日治法院檔案、司訓所、明治33年對審判決原本第２冊、第152頁、33年檢第115號、32年檢第1355號（33年公第42、38號)。

(35) なお、窃盗罪を犯した15歳の被告人陳氏に対して、「12歳以上16歳未満ニシ

テ是非ノ弁別能力ナクシテ」と認定し、具体的な判断理由を論じず、犯罪事実だけを簡略に述べたうえで、懲治場留置を言い渡した事例も見受けられる。この事例は本文で取り上げた共同犯罪の事例とは異なり、単独犯罪であるが、是非の弁別能力がないと認定された。なぜこういった認定がなされたのか、史料の制限があり、詳しい説明はし難いが、稿を改めて検討したい

(36) 法典調査会編『刑法改正案参考書』(八尾書店、1901年) 59頁。

(37) 日治法院檔案、司訓所、明治31年判決原本第2冊、第14-15頁、31年台中第93號。

(38) 臺北地判・明治40年12月2日 (明治40年公第1314號)「日治法院檔案」臺北地院、刑事判決原本明治40年第12冊12月、第53-54頁、明治40年2081號;明治40年公第1313號。

(39) 向山寛夫『日本統治下における台灣民族運動史』(中央経済研究所、1987年) 233頁。王泰升、前揭注 (13)、242-243頁。

(40) 王泰升、前揭注 (13)、242-243頁。

(41)「匪徒刑罰令」の裁判実務に関する先駆的研究については、劉彦君「強盜或抗日? ——以日治法院判決中的「匪徒」為核心」(台湾大学法律研究所修士論文、2006年) を参照。

(42) 当時の官職名。

(43) 日治法院檔案、司訓所、明治33年對審判決原本第2冊、第93-95頁、33年檢第77號、93號。

(44) 日治法院檔案、司訓所、明治33年對審判決原本第2冊、第75-77頁、33年檢第117號 (33.117號)。

(45) 日治法院檔案、司訓所、明治32年判決原本第2冊、第42頁、32年檢第61號。

(46) 王泰升、前揭注 (13)、241頁。特に、1899年における匪徒刑罰令違反の裁判所で刑を宣告された被告人の全体のうち、裁判所によって死刑を言い渡された比率は60%を占めることに注意すべきであろう。

(47) 日治法院檔案、司訓所、明治31年判決原本第3冊、第312頁-第314頁、31年第480號。

(48) 日治法院檔案、前揭注 (47)、312-314頁。類似の事例は、日治法院檔案、司訓所、明治32年判決原本第1冊、第336頁-第338頁、32年檢第174號、を参照。

(49) 日治法院檔案、司訓所、明治33年對審判決原本第12冊、第277-278頁、33年第1513號 (33年公第527號)。

(50) 日治法院檔案、前揭注 (49)、279頁。

(51) 田中亜紀子、前揭注 (11)、128頁

(52) 日治法院檔案、司訓所、明治40年判決原本第2冊、第158頁、明治40年第366號。

(53) 山田正賢『改正刑法講義』(山田正賢、1907年) 333頁。

(54) 南雲庄之助編『刑法修正理由』(集文館、1907年) 117-118頁。

(55) 磯部四郎『改正刑法正解』(六合館、1907年) 86頁。

(56) 南雲庄之助編、前揭注 (54)、118-119頁。

(57) 南雲庄之助編、前揭注 (54)、118-119頁。

(58)　「判例」『臺灣警察協會雜誌』(第29期、1918年) 21頁。
(59)　姉歯松平「民事法の研究─本島人の行為能力に關する民法施行に伴ふ變遷」『臺灣警察協会雜誌』(第94期、1925年) 34頁。
(60)　姉歯松平、前掲注 (59)、34頁。
(61)　小野得一郎「本島人の未成年を論ず」『臺法月報』(第13巻第11期、1919年) 9頁。
(62)　小野得一郎、前掲注 (61)、9頁。
(63)　小野得一郎、前掲注 (61)、9頁。
(64)　小野得一郎、前掲注 (61)、9-10頁。
(65)　青木行清他編『臺灣六法』民法 (出版社不詳、1926年) 1頁。
(66)　日治法院檔案、司訓所、昭和5年判決原本 [3]、第158-205頁、昭和2年第3405號。
(67)　日治法院檔案、前掲注 (66)、224-225頁。
(68)　日治法院檔案、前掲注 (66)、第220-221頁。
(69)　日治法院檔案、前掲注 (66)、第225頁。
(70)　重松一義『少年法の思想と発展：法改正をめぐる歴史的アプローチ』(信山社出版、2002年) 第6章を参照。
(71)　丸山雅夫「少年犯罪に対する少年法と刑事訴訟手続との交錯」『南山法学』(35巻1号、2011年) 132頁。
(72)　本派本願寺社会課編『少年保護事業概説』(本派本願寺教務部社会課、1926年) 64-65頁。
(73)　服部北溟『愛の法律と少年審判法』(二松堂書店、1923年) 4-5頁。
(74)　本派本願寺社会課編、前掲注 (72)、157-167頁。
(75)　「本島少年犯罪の防止と保護　少年審判所の設置如何」『臺灣日日新報』1928年5月2日、2面。
(76)　前掲注 (75)。
(77)　田中吉雄「母國裁判事務を視察して」『台法月報』(第18巻9号、1924年) 73頁。
(78)　東松雄「法務局の設置に就て」『台法月報』(第34巻6号、1940年) 80頁。
(79)　東松雄、前掲注 (78)、80頁。
(80)　東松雄、前掲注 (78)、84頁。
(81)　東松雄、前掲注 (78)、80-84頁。
(82)　日治法院檔案、司訓所、大正7年判決原本第2冊、第55頁、7年第39號、40號。
(83)　「九歳の强盜　未恐ろしの少年之も社會の罪か」『臺灣日日新報』1914年11月14日、3面。
(84)　「年少犯罪者　不良少年增加の趨勢　救濟機關特設の必要」『臺灣日日新報』1916年12月8日、7面。
(85)　前掲注 (84)。
(86)　社会局編『感化事業回顧三十年』(社会局、1930年) 47-48頁。
(87)　たとえば、次の事例を参照。日治法院檔案、司訓所、大正2年判決原本第7

冊、第124-125頁、2年第794號。他の類似の事例もある。日治法院檔案、司訓所、昭和5年判決原本［5］、第458頁、昭和5年第2429號。日治法院檔案、司訓所、昭和5年判決原本［5］、第269頁、昭和5年第943號。

(88) 泉二新熊『日本刑法論上巻（総論)』（有斐閣、1927年）443-444頁。

(89) 「臺灣監獄令」(1908年08月28日)、〈臺灣總督府府報第2513號〉、《臺灣總督府府（官）報》、國史館臺灣文獻館、典藏號：0071012513a002。

(90) 泉二新熊講述『刑法總論』(日本大學、出版年不明）95-96頁。

(91) 「不良少年賊性難改　頻浴不起訴恩典　族親請官投獄治罪」『臺灣日日新報』1930年8月5日、4面。

(92) 日治法院檔案、司訓所、昭和5年判決原本［5］、第269頁、昭和5年第943號。

(93) 日治法院檔案、司訓所、明治45年判決原本第1冊、第51-52頁、明治44年檢第1825號。

(94) 日治法院檔案、司訓所、昭和7年判決原本［1］、第96-97頁、昭和7年第3084號。

(95) 「法廷より／圖圖しい　悪少年公判　言渡は求刑より重い」『臺灣日日新報』1922年9月9日、7面。

(96) 前掲注（95)。

(97) 日治法院檔案、臺北地院、刑事判決原本大正11年第9冊9月、第61-62頁。

(98) 日治法院檔案、司訓所、昭和13年禁錮以上合議部判決原本第4冊、第560頁、昭和13年第2876號。

(99) 日治法院檔案、前掲注（98)、560-561頁。

(100) 日治法院檔案、前掲注（98)、562頁。

(101) 「養母殺し少年に同情のある判決けふ懲役八年を言渡さる」『臺灣日日新報』1934年9月18日、2面。

(102) 日治法院檔案、臺北地院、刑事判決原本昭和9年第9冊9月、第46-47頁、昭和9年第2806號。

(103) 新竹少年刑務所『自昭和2年至昭和11年　少年受刑者ニ關スル統計　(第1回)』(新竹少年刑務所、1938年）2頁。

(104) 新竹少年刑務所、前掲注（103)、5頁。

(105) 台湾総督府編『台湾総督府統計書第40』(台湾総督府、1938年）220頁。

(106) 台湾総督府編、前掲注（105)、220頁。

(107) 「國家總動員法ヲ朝鮮、臺灣及樺太ニ施行（電報ニ依リ掲載)」(1938年05月07日)、〈臺灣總督府府報第3273號〉、《臺灣總督府府（官）報》、國史館臺灣文獻館、典藏號：0071033273a001

(108) 飯岡隆「戰時下國民凝視の改正總動員法」『台法月報』(第35巻第4号、1941年）85頁。

(109) 日治法院檔案、臺北地院、刑事判決原本昭和19年第11冊11月、第173-174頁；昭和19年略第3917號。

(110) 佐藤公紀「「教育可能者」と「教育不可能者」のあいだ—ヴァイマル共和国（1919-1933）における犯罪生物学と「教育可能性」の問題」『ヨーロッパ研究』(第

7号、2008年）29–49頁。

(111) ここで宮本勝の考えを取り上げた理由は、宮本は未成年犯罪者に接する第一線の警察官であったことから、彼の認識は当時の警察官が有していた見解の一端を具体的に表すものと考えたためである。宮本勝の履歴について『台湾総督府職員録』は、1917年から1926年まで台東庁警務課の警部補や警部として勤務していたと伝えている。彼はこの間、台北警務部、台東庁浮浪者収容所にも所属していた。『臺灣総督府職員録』1917年～1926年版、「〔台東廳警部〕宮本勝任臺北廳警部」(1920年08月01日)、《臺灣總督府檔案》、國史館臺灣文獻館、典藏號：00003108066X009、を参照。

(112) 宮本勝「本島人少年の盜癖を中心とする不良性に就て」『臺灣警察協會雜誌』(第57号、1922年) 65頁。

(113) 宮本勝、前掲注 (112)、66頁。

(114) 宮本勝、前掲注 (112)、66–67頁。

(115) 宮本勝、前掲注 (112)、67–69頁。

(116) 三上長治「不良少年と感化（九）」『臺灣警察協會雜誌』第114号、1926年、100–118頁。

(117) 三上長治「不良少年と感化（八）」『臺灣警察協會雜誌』第113号、1926年、47頁。

(118) 三上長治、前掲注 (117)、47頁。

(119) 「懲治場留置人解放及懲治場閉鎖ノ件（臺北監獄外一監獄）」(1909年12月01日)、〈明治四十二年十五年保存第四十九卷〉、《臺灣總督府檔案》、國史館臺灣文獻館、典藏號：00005206005、179頁。「臺北の懲治人（下）」『臺灣日日新報』1909年2月11日、5面。

(120) 「臺北の懲治人（下）」『臺灣日日新報』1909年2月11日、5面。

(121) 前掲注 (120)。

(122) 「臺北監獄懲治人救護成績」『臺灣日日新報』1907年4月20日、2面。

(123) 前掲注 (120)。

(124) 「臺北の懲治人（上）」『臺灣日日新報』1909年2月10日、5面。

(125) 前掲注 (124)。

(126) 前掲注 (124)。

(127) これについて、細井勇「石井十次及び岡山孤児院に関する先行研究のレビュー」『福岡県立大学人間社会学部紀要』(第14巻第2号、2006年) 75–94頁、を参照。

(128) 前掲注 (124)。

(129) 「懲治兒童」『臺灣日日新報』1905年3月24日、2面。「臺北監獄懲治人救護成績」『臺灣日日新報』1907年4月20日、2面。「臺灣諸監獄在監人員三千三百四十ヲ數フ」『臺灣史料稿本明治四十二年六月三十日』。

(130) 臺灣總督府總督官房文書課『臺灣總督府第五統計書』(臺灣總督府總督官房文書課、1903年) 355頁。

(131) 「懲治場留置人解放及懲治場閉鎖ノ件（臺北監獄外一監獄）」(1909年12月01日)、〈明治四十二年十五年保存第四十九卷〉、《臺灣總督府檔案》、國史館臺灣文

獻館、典藏號：00005206005、171頁。
(132)　前掲注（131）、172-173頁。
(133)　前掲注（131）、179頁。
(134)　前掲注（131）、180頁。
(135)　前掲注（131）、181頁。
(136)　前掲注（131）、182頁。
(137)　本稿では、個人情報保護の観点から、特定の被告人や犯罪者を指す際に、原則として姓のみを記載しているが、本件における姓名はそもそも偽名であるため、そのまま表記した。
(138)　「懲治場留置人陳龜事謝槌釋放ノ件（臺北監獄）」（1909年08月01日）、〈明治四十二年十五年保存第四十五巻〉、《臺灣總督府檔案》、國史館臺灣文獻館、典藏號：00005202006、203頁。
(139)　前掲注（138）、204頁。
(140)　菅野善三郎「刑の量定に就いて」『臺法月報』（第12巻第9号、1918年）8頁。
(141)　菅野善三郎、前掲注（140）、8頁。
(142)　菅野善三郎、前掲注（140）、9頁。
(143)　菅野善三郎、前掲注（140）、12頁。
(144)　菅野善三郎、前掲注（140）、12頁。
(145)　菅野善三郎、前掲注（140）、13頁。
(146)　菅野善三郎、前掲注（140）、11頁。
(147)　菅野善三郎、前掲注（140）、12頁。
(148)　菅野善三郎、前掲注（140）、12-13頁。
(149)　「幼年監の新設」『臺法月報』第5巻第12号、1911年、86頁。
(150)　「幼年監の開始」『臺法月報』第6巻第1号、1912年、99頁。
(151)　「各監獄ノ幼年囚ヲ新設ノ臺北監獄幼年監ニ移ス」『臺灣史料稿本明治四十四年十二月』臺灣總督府史料編纂會、1911年、234頁。
(152)　「幼年囚ヲ臺北監獄ニ移監ニ關スル件改正大三長官通達民法五五〇」『大正十三年六月　臺灣行刑法規全』行刑法規發行所、1924年、626頁。「十八歳未滿ノ受刑者移監場合報告方ノ件」（1914年01月01日）、〈大正三年十五年保存第三十四巻〉、《臺灣總督府檔案》、國史館臺灣文獻館、典藏號：00005775010、243頁。
(153)　「十八歳未滿ノ幼年囚百十四名ニシテ益々增加ノ傾向アリ」『臺灣史料稿本大正八年是歳』臺灣總督府史料編纂會、1919年。
(154)　その理由については、警察機関の拡充に伴って不良少年の取締が厳密になったこと、また社会情勢変化が考えられる。特に1919年には、第一次世界大戦の影響により、不良少年も増加した。「感化事業の急要　不良少年の増加」『臺灣日日新報』1913年1月29日、1面。「少年犯罪の激增」『臺法月報』（第13巻第5号、1919年）88頁。
(155)　前掲注（153）。
(156)　「幼年囚移監方ノ件　大一〇　法務部長通牒法四八四」『大正十三年六月　臺灣行刑法規全』（行刑法規發行所、1924年）626頁。

(157) 「新竹少年刑務所」『臺灣刑務月報』(第4巻第12号、1938年) 3頁。
(158) 前掲注 (157)、4頁。
(159) 前掲注 (157)、4-5頁。
(160) 社会局編『感化事業回顧三十年』(社会局、1930年) 4-5頁。
(161) 『財団法人錦華学院要覧』(錦華学院、1934年) 12頁。名和月之介「感化救済事業と仏教——内務省救済行政と仏教との結合様式についての一考察」『四天王寺国際仏教大学紀要』(第44号、2007年) 96頁。
(162) 「上海と蘇州」『臺灣日日新報』1898年11月25日、2面。
(163) 「台北感化保護院設立願ニ關シ臺北縣へ指令」(1899年06月03日)、〈明治三十二年乙種永久保存第二十九巻〉、《臺灣總督府檔案》、國史館臺灣文獻館、典藏號：00000397013、268-272頁。
(164) 前掲注 (163)、268-272頁。
(165) 前掲注 (163)、279-280頁。
(166) 「臺北成德學院入院認定方ニ關シ通牒 (各廳長)」(1913年07月01日)、〈大正二年十五年保存第三十八巻〉、《臺灣總督府檔案》、國史館臺灣文獻館、典藏號：00005630019、140頁。
(167) 「臺北成德學院教師任命認可ノ件」(1916年01月01日)、〈大正五年十五年保存第二十六巻〉、《臺灣總督府檔案》、國史館臺灣文獻館、典藏號：00006226007、119頁。
(168) 「大正五年經常費收支計算報告 (臺北成德學院)」(1917年04月01日)、〈大正六年十五年保存第二十一巻〉、《臺灣總督府檔案》、國史館臺灣文獻館、典藏號：00006411015、284頁。
(169) 「〔事務官〕佐藤正俊 (成德學院長ヲ命ス)」(1922年04月01日)、〈大正十一年永久保存進退 (高) 第三巻〉、《臺灣總督府檔案》、國史館臺灣文獻館、典藏號：00003446041、311-312頁。
(170) 「少年教護法」『公文類聚』第57編、1933年。
(171) 「行政諸法臺灣施行令中改正」(1934年10月10日)、〈臺灣總督府府報第2221號〉、《臺灣總督府府 (官) 報》、國史館臺灣文獻館、典藏號：0071032221a002。
(172) 『成德學院要覽』成德學院、1935年、1頁。
(173) 前掲注 (172)、2頁。
(174) 前掲注 (172)、2頁。
(175) 前掲注 (172)、3頁。
(176) 前掲注 (172)、4頁。
(177) 前掲注 (172)、3頁。
(178) 前掲注 (172)、29頁。
(179) 三上長治「不良少年と感化 (八)」『臺灣警察協會雜誌』(第113号、1926年) 49頁。
(180) 三上長治、前掲注 (179)、49頁。
(181) 前掲注 (172)、5頁。
(182) 前掲注 (172)、5頁。史料の制約があるため、これ以上の推察は難しい。
(183) 前掲注 (172)、6頁。

(184) 例えば、「請送感化院」『臺灣日日新報』1925年6月9日、4面。

(185) 「不良少年」という語句は、満8歳以上18歳未満で、禁錮以上の刑に該当する行為および遊蕩、乞丐、他の不良行為のある者の総称として使用されていた。「臺灣に於ける不良少年」『臺法月報』(第14巻第7号、1920年) 117頁。

(186) 三上長治「不良少年と感化 (一)」『臺灣警察協會雜誌』(第104号、1926年) 138頁。

(187) 「少年保護事業座談會」『社會事業の友』(第42号、1932年) 95-96頁。「第三回全島社會事業決議事項處理概要」『社會事業の友』(第40号、1932年) 35-36頁。

(188) 「民情民聲　かうして導けり　不良少年も善化　立派な職人となる　犯罪件數を減す原動力」『臺灣日日新報』1926年2月28日、3面。

(189) 「強制就業の好成績」『臺灣警察協會雜誌』(第99号、1917年) 38頁。

(190) 「臺灣浮浪者取締規則ヲ發布ス」『臺灣史料稿本』1906年3月13日、50-51頁。

(191) 「浮浪者収容所的近況」『臺灣民報』第101号、1925年4月、2頁；葉榮鐘『日據下臺灣政治社會運動史上』(晨星出版社、2000年) 145頁。

(192) 「無賴將送浮浪所」『臺灣日日新報』1928年7月6日、4面。

(193) 田中亜紀子、前掲注 (11)、128頁。

(194) 黄靜嘉『春帆樓下晚濤急：日本對臺灣殖民統治及其影響』(台湾商務、2002年) 179-204頁を参照。なお、王泰升は、台湾人の「抵抗」について、台湾の知識人は日本から近代法の知識を汲み取り、植民地当局への抵抗の武器としていたと指摘している。王泰升、前掲注 (13)、292-293頁を参照。

法制史学会70周年記念若手論文集

身分と経済

2019年12月10日　初版第１刷発行

編　者　額 定 其 労　佐 々 木 健
　　　　髙 田 久 実　丸本由美子

発行者　村 岡 侖 衛

発行所　有限会社 慈学社出版

190-0182　東京都西多摩郡日の出町平井2169の２
TEL/FAX　042-597-5387　http : //www.jigaku.jp

発売元　株式会社 大 学 図 書

101-0062　東京都千代田区神田駿河台３－７
TEL　03-3295-6861　FAX　03-3219-5158

印刷・製本　亜細亜印刷株式会社　Printed in Japan

ISBN978-4-909537-02-7